SHEILA ERNST — LUCY GOODISON

Selbsthilfe Therapie

EIN HANDBUCH FÜR FRAUEN

FRAUENOFFENSIVE

Übersetzung aus dem Englischen von Ruth Sutter, Zürich

5. Auflage, 1994

Originaltitel: In Our Own Hands. A Book of Self-Help Therapy

(Knollerstr. 3, 80802 München)

ISBN 3-88104-122-2

Satz: Fa. Seyfried, München
Druck: Clausen & Bosse, Leck
Umschlag: Inge Vogt

Dieses Buch ist gedruckt auf Papier aus chlorfrei gebleichtem Zellstoff

Lucy Goodison und Sheila Ernst

Foto: Jill Posener

DIE AUTORINNEN:

Sheila Ernst besuchte die Dartington Hall School und das Newnham College in Cambridge. Sie arbeitete als Volksschullehrerin, Sozialarbeiterin, Studienberaterin und befaßte sich mit Untersuchungen über den Schwangerschaftsabbruch. Ihr immer größer werdendes Engagement in der Frauenbewegung und in der linken Politik veränderte ihr persönliches Leben und ihre Arbeit. Obwohl sie aus einer Psychotherapeutenfamilie stammt, brachte sie erst der Kontakt mit „Red Therapy“ und die Entwicklung einer politisch engagierten Methode dazu, therapeutisch zu arbeiten. Heute arbeitet sie als Therapeutin im Frauentherapiezentrum in London. Sie hat sich in Counselling- und Gruppentherapie ausgebildet. Dieses Buch wurde kurz vor der Geburt ihres dritten Kindes fertiggestellt.

Lucy Goodison besuchte die Bushey Grammar School und das Newnham College in Cambridge. Zunächst arbeitete sie als Journalistin und Drehbuchautorin und verbrachte fünf Jahre bei der BBC, wo sie Dokumentarfilme wissenschaftlich bearbeitete und dabei Regie führte. Beeinflußt von den politischen Ideen der 68er Bewegung und der Frauenbewegung, verließ sie die BBC und beschäftigte sich mit Gemeindearbeit und erzieherischen Aufgaben. Sie half beim Aufbau der Red Therapy Group und erlernte Massagetechniken, die sie nun fachlich kompetent ausübt. Im Frauentherapiezentrum in London leitet sie Traum- und Tanzgruppen und arbeitet mit Frauen, die unter Migräne leiden. Zwei ihrer neueren Publikationen sind: „Divide and Rule – Never“, eine antirassistische Broschüre für die Schule und der Aufsatz „Women and Migraine“. Sie hat ein Kind.

Für die Red Therapy Group
ohne deren Mut und Überzeugung dieses Buch nicht hätte geschrieben werden können

DANKSAGUNG

Es haben viele Leute zu diesem Buch beigetragen. Alle früheren und gegenwärtigen Mitglieder der Red Therapy halfen uns mit ihren Erfahrungen, gaben uns ihre Unterstützung und machten uns Mut. Vor allem Jo Ryan, die lange Abschnitte des Buches las, während wir daran arbeiteten. Wir führten kontinuierliche und nützliche Diskussionen mit ihr, wobei sie uns ihre Fachkenntnisse großzügig zur Verfügung stellte. Sie hatte Vertrauen in unsere Arbeit auch dann, als wir selbst zu wenig an uns glaubten. Margaret Barnes, Linda Dove und Barbara Mound bemühten sich, gestützt auf ihre Erfahrungen mit gewissen Techniken, uns wertvolle Hinweise zu geben. Sie ließen uns auch aus ihren persönlichen Aufzeichnungen über Therapien zitieren. Marie Maguire und Sue Morrison unterstützten uns mit ihrem Wissen und ihrer Begeisterung. Tricia Bickerton und Barbara Mound ermutigten uns, indem sie mehrere Kapitel durcharbeiteten und später die Aufgabe übernahmen, neue Selbsthilfegruppen zu gründen. Jane Foot beteiligte sich zu einem entscheidenden Zeitpunkt, als wir das Buch beinahe beendet hatten, und half uns bei der Einführung.

Außerhalb der Red Therapy-Gruppe half uns Martin Richard bei der Ausarbeitung von Kapitel Acht. Sue Gerry las das ganze Manuskript kurz vor der Fertigstellung. Da sie unbelastet war, gelang es ihr, viele Abschnitte auf sympathische und taktvolle Art zu kürzen und zu raffen. Die Laurieston Hall-Gruppe, die selbst Konferenzen über Selbsthilfetherapie anregte, half uns, unsere Erfahrungen mit der Red Therapy richtig einzuschätzen; insbesondere Katriona Stamp, Linda Mallet, Alice Simpson und Dave Treanor schrieben ihre Gruppenerfahrungen auf, die wir dann für unser Buch verwendeten.

Lucy möchte ihren Eltern, Betty und Robin Goodison, danken. Sie halfen ihr geduldig und großzügig beim Betreuen ihrer Tochter Corey, damit sie ungestört schreiben konnte. Auch Joyce und David Morrison, die sich um ihre Enkelin kümmerten, waren eine wertvolle Hilfe. Nebst den Freundinnen in der Red Therapy-Gruppe war es Paul Morrison, der Lucy stets und unbeirrbar unterstützte. Er widerstand unseren Ängsten und Spannungen, las und kommentierte viele Kapitel kritisch und scharfsichtig. Er begeisterte uns stets mit seiner Überzeugung von der Bedeutung dieses Buches und seiner politischen Aussage. Corey liebt ihre arbeitende und manchmal überlastete Mutter immer noch.

Sheila möchte allen Frauen im Frauentherapiezentrum ihren Dank aussprechen. Sie unterstützten sie Tag für Tag und bestätigten die Notwendigkeit dieses Buches. Das stete und geduldige kollektive Besorgen ihres Haushalts, das gemeinsame Tragen der Verantwortung, die geteilte Sorge um Geld und Pflege der Kinder erlaubten ihr ein normales Alltagsleben. Zudem akzeptierte ihre Familie ihre unvermeidliche Zurückgezogenheit als Autorin. Jonathan Trustram und Sheilas Töchter Sarah und Emma ertrugen ihre zeitweilige Abwesenheit und ihre Inanspruchnahme. Sie bekundeten ihr Interesse und boten zu verschiedenen Zeitpunkten ihre Hilfe an. Am wichtigsten aber waren ihre Wärme und Liebe, die es ihr ermöglichten, dieses Projekt weiterzuverfolgen.

Stephanie Dowrick von der Women's Press sind wir zu besonderem Dank verpflichtet. Dieses Buch war ihr Geistesprodukt und sie war weit mehr als nur eine Verlegerin. Aus eigenem Interesse an der Therapie setzte sie sich eingehend mit vielen Ideen dieses Buches auseinander. Wir hatten andauernde und wertvolle Diskussionen mit ihr. Sie ermutigte uns immer wieder, kritisierte uns ehrlich auf überzeugende und oft humorvolle Weise. Sie leistete eine sorgfältige und genaue Arbeit beim Redigieren und Ausarbeiten des Manuskriptes.

INHALT

Einleitung

Die Ziele dieses Buches

Dieses Buch wendet sich an Frauen, die Selbsthilfetherapie betreiben möchten, sei dies in einer Gruppe, mit einer Freundin oder allein. Es richtet sich auch an Frauen, die sich informieren möchten, an solche, die sich therapeutisch ausbilden möchten.

Wir wissen, daß häufig gedankenlos und reaktionär mit Therapie umgegangen wird. Wir bieten hier eine sachliche Kritik der verschiedenen Therapie-Richtungen an und verweisen auf ihre Gefahren, aber auch auf das *Positive* in ihnen. Eine Frau, die Therapie machen möchte, hat so das notwendige Wissen und die Macht, wählen zu können. Diejenigen, die Selbsthilfetherapie betreiben möchten, finden Zugang zu praktischen Techniken, die sie für sich selbst verwenden können. Zu oft sind diese Theorien und insbesondere ihre Techniken nur privilegierten Fachleuten im Rahmen kostspieliger Ausbildungsprogramme zugänglich. Indem wir sie entmystifizieren und für alle Interessierten verfügbar machen, leisten wir einen wichtigen Beitrag zum Prozeß, Verantwortung für unsere geistige Gesundheit zu übernehmen.

Die Therapie, über die wir schreiben, ist Therapie von uns Frauen und für uns Frauen. Wir wählen Techniken aus, bearbeiten sie und verwenden sie für uns selbst. Die meisten der von uns beschriebenen Methoden wurden von Männern entwickelt. Als Feministinnen treten wir kritisch an sie heran. Bedauerlicherweise ist es eine Tatsache, daß fast ausschließlich Männer Theorien entwickelt haben. Es wäre absurd, dies nicht wahrhaben zu wollen. Von einem feministischen Standpunkt aus zu schreiben, heißt nicht, so zu tun, als ob es keine Theorien gäbe. Es heißt vielmehr, sie als Grundlage für die Entwicklung einer Theorie und Praxis benutzen, die die Erfahrungen der restlichen fünfzig Prozent der Bevölkerung widerspiegeln: nämlich die der Frauen.

Bei unserem Vorgehen trafen wir eine bestimmte Auswahl. Wir machten sehr viele Erfahrungen, die wir teilen möchten. Wir haben nicht alles zu erfassen versucht. Bei der Auswahl der Techniken gingen wir von gewissen Annahmen aus wie der Beziehung zwischen emotionalen und körperlichen Erfahrungen oder der Bedeutung von historischen und sozialen Faktoren. Theorie und Praxis feministischer Therapie stecken immer noch in den Anfängen. Wir Feministinnen beginnen erst, unsere eigenen Theorien über den Aufbau der Persönlichkeit und deren möglichen Wandel zu entwickeln. Wir haben jene Methoden ausgewählt, die mit unseren politischen Ansichten am ehesten vereinbar sind. Dabei haben wir diejenigen Theorien und Methoden besonders berücksichtigt, die unserer Meinung nach den größten Beitrag zur Entwicklung einer einheitlichen feministischen Therapie leisten.

Die Therapie hat uns sehr viel gebracht und wir haben dieses Buch in der Hoffnung geschrieben, daß es anderen Frauen ebenso ergehen möge. Viele Menschen werden es lesen, weil sie äußerst unglücklich, verwirrt, frustriert oder traurig sind; sie leiden an körperlichen Symptomen wie etwa an Migräne; sie sind sich wiederholenden, selbstzerstörerischen Verhaltensmustern unterworfen, die sie nicht ändern können; sie fühlen sich unfähig, ihr Leben aktiv in die Hand zu nehmen; sie empfinden ihre Gefühle als überwältigend oder sie befürchten, keine Emotionen zu haben. Das Ende einer wichtigen Beziehung, der Verlust eines Arbeitsplatzes, eine Geburt oder ein Todesfall, eine Zwangsräumung, eine rassistische Attacke, eine Vergewaltigung oder das Streben nach besserem Selbstverständnis können unter anderem Gründe sein, die dich zur Therapie bringen.

Den einen erscheint die Therapie als schmerzhaft oder Angst einflößender Prozeß. Andere wiederum erwarten durch sie unrealistische Veränderungen in ihrem Leben. Wir sind davon überzeugt, daß das Wesen unserer Gesellschaft unsere Fähigkeit zur Veränderung beschränkt. Die inneren durch die Therapie bewirkten Veränderungen sollten von äußeren Handlungen begleitet sein, die eine Veränderung unserer materiellen Situation außerhalb der Therapiegruppe zum Ziel haben. Dennoch sind die aus der Therapie gewonnenen Vorteile real. Sie unterscheiden sich deutlich von dem, was „Diskussionen" über Probleme im Freundeskreis oder in einer engen Beziehung erbringen. In unserer Gruppe profitierte jede Frau auf ihre Art und Weise. Einige schildern, wie sie von plötzlichen und unverständlichen Gefühlsausbrüchen überschwemmt wurden und jetzt durch das Vertrautsein mit ihrer Wut, ihrer Angst, ihrem Haß oder ihrer Eifersucht diese „verbotenen" Gefühle annehmen und besser steuern können. Weit davon entfernt, eine unkontrollierbare Flut von Gefühlen aufdecken oder ein wirres Gestrüpp an Verrücktheit entflechten zu können, machen die Frauen die Erfahrung, daß sich ihre *bewußte* Wahrnehmung erweitert. Dadurch können sie freier wählen und fühlen sich weniger kontrolliert. Wir haben gelernt, mit Wünschen, die sich widersprechen, besser umzugehen; zum Beispiel zwischen dem Wunsch, aktiv und unabhängig zu sein, und dem Verlangen, umsorgt zu werden; dem Wunsch, anderen sehr nahezukommen, aber nicht verschlungen zu werden. Viele Frauen machten die Erfahrung, daß dieses erweiterte Selbstbewußtsein sie befähigte, in ihren Beziehungen gefühlsmäßig lebendiger zu sein und mehr Energie in ihre Kontakte zur Außenwelt einzubringen. In unserer Gesellschaft, in der die menschlichen Beziehungen nicht im Mittelpunkt stehen, kann die Therapie uns helfen, Liebe zu geben und zu erhalten. Durch Selbsterforschung lernen wir, uns weniger auf das Bild, das andere sich von uns machen, zu konzentrieren, sondern mehr auf unsere eigenen, inneren Möglichkeiten. Wir erfahren unseren Körper so, wie er ist, und lernen ihn genießen. Als Frauen wurde uns beigebracht, uns selbst als Zweitbeste einzustufen und daraus resultierende Schwierigkeiten als „unser Verschulden" zu betrachten. Indem wir uns mehr akzeptieren, können wir die Sorge um uns selbst als eine berechtigte und notwendige Sache betrachten. Die Therapie kann ein äußerst wirksames Werkzeug sein, um unser Leben verstehen zu lernen und erfolgreich mit unseren Problemen und Schwierigkeiten umzugehen.

Die Frauenbewegung, Therapie und Politik

Eine der wichtigsten Stützen der neuen und stärkeren Frauenbewegung, die während des radikalen Aufbruchs der späten sechziger Jahre wieder ihren Aufschwung nahm, war die kleine, zwanglose, bewußtseinsverändernde Gruppe (consciousness-raising group). Hier trafen sich Frauen, um miteinander zu sprechen, und lernten dabei, daß ihr scheinbar individuelles Problem (wie etwa sich den Ansprüchen der anderen nicht gewachsen oder sich machtlos oder deprimiert fühlen, die Wut an den Kindern auslassen) in Wirklichkeit ein allgemeines Problem war. Wir lernten, daß diese Erfahrungen nicht das Resultat individuellen Versagens, sondern das Produkt widersprüchlicher gesellschaftlicher Forderungen an uns Frauen darstellten. Wir erkannten die Institutionen, die unsere Erfahrungen in einer patriarchalen Gesellschaft prägen: die Schule, die Familie, die Kirche, die Kliniken und das Wohlfahrtssystem. Wir sahen eine klare Verbindung zwischen unseren „persönlichen" Gefühlen als Frau und den politischen Strukturen, in denen wir leben. Diese Erkenntnisse gaben uns die Kraft, gemeinsam zu handeln. Phyllis Chesler schildert, wie anfänglich die Frauenbewegung selbst viel therapeutischer wirkte als die Therapie selbst.[1] Die Frauen, die sich an der Bewegung beteiligten, waren im allgemeinen glücklicher, selbstsicherer, aktiver, mutiger und aggressiver. Wir glaubten, daß der direkte Kampf gegen die Unterdrückung inner- und außerhalb der Familie zusammen mit der Solidarität mit anderen Frauen einen raschen Wandel herbeiführen würde. Seit Ende der sechziger Jahre sind es immer mehr Frauen, die sich für Häuser für geschlagene Frauen einsetzen, die für eine bessere medizinische Versorgung, für bessere Wohnungen und Kindertagesstätten, für bessere Lohn- und Arbeitsbedingungen, für Veränderungen in der Darstellung der Frau in den Medien, für Gesetzesänderungen zur Abtreibung und Vergewaltigung und für eine sexuelle Selbstbestimmung kämpfen. Frauen haben Frauenbuchläden errichtet, eigene Verlage, Restaurants und Bands gegründet: Einige Frauen haben sich entschlossen, ausschließlich mit anderen Frauen zu arbeiten, unabhängig von Männern.

Viele von uns versuchten, einen anderen Lebensstil zu entwickeln, um Sexismus, Konkurrenzkampf, Besitzgier und autoritäres Verhalten/Autoritätsgläubigkeit zu unterhöhlen, die alle in der Familie der kapitalistischen Gesellschaft ihre Wurzeln haben. Einige von uns begannen, in Kollektiven zu leben. Wir versuchten, die traditionellen Geschlechterrollen und Erziehungsmuster zu verändern oder die sexuellen Beziehungen zu erweitern.

Wir glaubten, durch den Wandel der persönlichen Beziehungsstrukturen auch die damit verbundenen Gefühle zu ändern. Wir hofften, daß das Verständnis der sozialen Determiniertheit gewisser Verhaltensweisen und ein bewußter Willensakt uns befähigen würden, sie zu verändern oder zum Verschwinden zu bringen. Aber selbst das Aufgehen in einer immer größer werdenden, erfolgreichen und überall aktiven Bewegung und eine radikale Neustrukturierung des Familienlebens veränderten unsere Gefühle und Beziehungen nur langsam. Die Frauen gewannen zwar neue Kräfte, fühlten sich aber immer noch schwach, unzulänglich und verwirrt.

Wir begannen, die historische Dimension unserer Unterdrückung klar zu erkennen: Das Ausmaß unserer geschlechtsspezifischen Konditionierung, die unseren Bemühungen um Veränderung beständig im Wege sein würde. Als Frauen wurden wir dazu erzogen, unterwürfig und verfügbar, verführerisch, manipulierbar und passiv zu sein. Wir wurden selten dazu ermutigt, uns für das zu entscheiden, was wir wollen, und uns offen dafür einzusetzen oder zornig, stark, fordernd zu sein, oder unsere eigenen Bedürfnisse, vor allem verglichen mit den Bedürfnissen von Männern und Kindern, als gleichwertig zu empfinden. Unbewußte, in der frühen Kindheit erworbene Verhaltensweisen sabotierten immer noch unsere bewußten Anstrengungen um Befreiung.

Uns war klar, daß wir dieses Konditioniertsein verlernen mußten. Wir machten uns daran, einige unserer unterdrückten Gefühle zutage zu fördern. Diesen Prozeß hätten wir vielleicht mit „Unbewußtes aufdecken" bezeichnen können. Es ist schade, daß wir ihn „Therapie" nannten. Den Begriff Therapie verbinden wir mit männlichen Therapeuten, die uns Frauen sagen, daß wir krank sind; er deutet auf einen Prozeß hin, der bezweckt, uns konventionellen und beschränkenden Rollen anzupassen; er erinnert an medikamentöse Behandlungen, um uns zu dämpfen, an Schocktherapien, die uns in Schrecken versetzen und verstummen lassen. Wir hingegen taten etwas ganz anderes. Wir begannen mit Therapien in kleinen Gruppen ohne Führung. Wir setzten unser feministisches Verständnis ein, um uns in eine Richtung entwickeln zu können, die unsere Stärke, Kreativität und unser Vertrauen in uns selbst und in andere Frauen vergrößern sollte. Ein Mitglied der Red Therapy formulierte es folgendermaßen: „Ich bin nicht krank. Ganz im Innern bin ich ein gesunder Mensch, der versucht, seine Stärke zu finden – die Kraft, die ich brauche, um mein Leben voll zu leben und um dieser kranken Gesellschaft begegnen zu können." Wir hofften durch ein Bewußtmachen des Unbewußten die Art und Weise, in der wir die vorherrschende Ideologie aufgenommen und verinnerlicht haben, enthüllen zu können. Wir glaubten, diese widerspenstigen Gefühle aufdecken, ausmerzen und mit ihnen umgehen zu können, um unser Gefühlsleben zu kontrollieren und effektiver zu lenken. Unsere Erfahrungen lehrten uns aber, daß die wirklichen Veränderungen erst aus einer *Verbindung* resultierten: einer Verbindung politischer Aktivität in dieser Gesellschaft mit den Ideen und Erfahrungen aus Diskussionen in bewußtseinsverändernden

Gruppen zusammen mit den Gefühlen und der emotionalen Energie, die wir aus der Therapie schöpften.

Es hat sehr lange gedauert, bis die Frauen akzeptieren konnten, daß wir eine Therapie brauchen und machen können, die wir selbst kontrollieren. Kritische Stimmen innerhalb der Frauenbewegung verweisen auf den zunehmenden Trend zum egozentrischen Individualismus in der Bewegung und auch auf die Anpassungsfunktion der herkömmlichen Therapieformen. Viele Frauen befürchten, daß uns eine sich auf das Innenleben konzentrierende Therapie für Aktivitäten in der Außenwelt lähmen könnte. Trotzdem halten in westlichen Ländern psychisches Elend und sogenannte Geisteskrankheiten schon eine von neun Frauen für einen gewissen Zeitraum in ihrem Leben in einer Klinik gefangen. Eine Therapie, die uns hilft, in einer verrückten Welt gesund zu bleiben, hilft uns auch, aktiv zu bleiben, ermöglicht uns, die Kontrolle über unser Leben zu behalten und auszudehnen. Wir betrachten die Therapie nicht als Ersatz für politisches Handeln. Wir glauben, daß die Therapie zu einem bestimmten Zeitpunkt im Prozeß des revolutionären Wandels eine wesentliche Rolle spielen kann. Die Therapie hilft uns, die Grenzen unserer Konditionierung zu sprengen. Sie befreit in uns Kräfte und eine tiefe Liebe, die uns befähigt, im eigenen und im allgemeinen Interesse zu handeln. Unsere Revolution strebt nicht bloß einen Besitzwechsel der Produktionsmittel an, sondern sie fordert unsere Sexualität, unsere Gefühle, unsere Beziehungen, unsere Arbeits- und Lebensbedingungen, unsere Kreativität in ihrer Ganzheit zurück.

Natürlich hilft die Therapie nicht nur Frauen, sondern auch Männern. Männer werden häufig zum Dominieren und Unterdrücken ihrer Gefühle erzogen. Die Folgerung aus unseren Bemerkungen zur Sozialisation der Frauen lautet, daß Männer zu ihren eigenen Frauen werden müssen. Als Folge des Wandels in der Arbeitsteilung zwischen Mann und Frau müssen sie lernen, einander etwas von der Fürsorge, Zärtlichkeit, der emotionalen und praktischen Unterstützung zu geben, die sie üblicherweise von den Frauen erwarten. Sie können dann Frauen und Kinder emotional besser umsorgen und in der Arbeit und in politischen Aktivitäten neue Rollen übernehmen, die mit unserem Ziel einer behutsameren, besorgteren und egalitären Gesellschaft vereinbar sind. Obwohl wir den Separatismus nicht befürworten (ein politischer Standpunkt, den das Kollektiv der Frauenoffensive nicht teilt, Anm. d. R.), finden wir die Bildung von Männergruppen wichtig und hoffen, daß Männer dieses Buch lesen werden. Vieles darin ist direkt auf gemischte Gruppen und Männergruppen anwendbar.

In der Therapie tauchen für Frauen und für Männer nicht bloß geschlechts-, sondern auch schicht- und rassenspezifische Probleme auf. So etwa kulturspezifische Tabus, die den Ausdruck gewisser Gefühle betreffen, die Position der Frau in der Familie, Haltungen gegenüber dem Körper und der Sexualität, und Spannungen hervorrufen. Menschen, die in der Vergangenheit wegen ihrer ethnischen Zugehörigkeit verfolgt wurden, können bestimmte Ängste und Schuldgefühle entwickeln, sobald diese Verfolgung wegfällt. Im allgemeinen werden in den psychiatrischen Kliniken Angehörige der Arbeiterschicht für eine therapeutische Behandlung als „ungeeignet“ betrachtet, jedoch als durchaus „geeignet“ für Schocktherapie und medikamentöse Therapie, ein Ausdruck von Klassenvorurteilen und Repressionen. Unsere eigenen Erfahrungen, die wir in unserer Selbsthilfegruppe, der Gemeindeberatungsstelle und in den „Eßsucht-Workshops“ gemacht haben, beweisen uns, daß Therapie für Angehörige aller Schichten und Rassen von Nutzen und Wert sein kann. Unsere Gruppe setzte sich jedoch vorwiegend aus Weißen der Mittelschicht zusammen. Wir sind uns bewußt, daß das, was wir schreiben, von unseren eigenen schichtsspezifischen Erfahrungen geprägt ist. Wir hoffen, daß Frauen mit anderen Erfahrungen dieses Buch als Ausgangsbasis für die Entwicklung eigener Methoden benutzen werden. Wir sehen darin einen wichtigen Schritt für die Weiterentwicklung der Therapie überhaupt, falls sie für alle zugänglich werden und nicht bloß ein Instrument in den Händen von Fachleuten und einer Klassenelite bleiben soll.

Wer sind wir?

Die Leute, die sich mit Therapie befassen, stammen aus unterschiedlichem Milieu und haben unterschiedliche Bedürfnisse. Wir selbst begannen uns mit der Therapie zu beschäftigen, nachdem wir uns in nicht parteizugehöriger linker Politik engagiert hatten, beeinflußt von den antiautoritären Ideen der Studenten- und der Frauenbewegung der sechziger Jahre. Wir verstehen uns als Sozialistinnen und Feministinnen, eine Tatsache, die in allen unseren Aktivitäten zum Ausdruck kommt, auch in dem, was wir schreiben. 1973 beteiligten wir uns an der Gründung einer Therapiegruppe ohne Führung, die wir *Red Therapy* nannten. Wir taten dies, weil einige von uns einfach verzweifelt waren und Hilfe brauchten. Andere wiederum hatten das Bedürfnis, sich selbst in Richtung gesamtgesellschaftlichen Wandels zu verändern. Viele von uns waren neben ihrer Arbeit politisch aktiv. Im Rahmen der Frauenbewegung beteiligten wir uns auch beim Organisieren einer Lebensmittelkooperative, eines Spielplatzes, bei Hausbesetzungen und bei der Vorbereitung der Abtreibungskampagne. Viele von uns lebten damals in Wohngemeinschaften.

Wer heute eine Therapiegruppe bilden will, findet ein toleranteres Klima vor als wir zu unserer Zeit. Wir waren heftiger Kritik ausgesetzt sowohl von Frauen innerhalb der Frauenbewegung als auch von aktiven Linken. Einige warfen uns vor, wir würden uns in eine gefährliche Sache einlassen, indem wir ohne fachliche Ausbildung Therapie betrieben. Diese feindseligen Haltungen erschwerten unsere Bemühungen, eine Gruppe ohne Leitung und mit wenig therapeutischer Erfahrung zu bilden. So tauschten wir unser Wissen untereinander aus, lernten aus Büchern und besuchten Gruppen, die gelegentlich professionell geführt wurden. Nach zwei Jahren gemischter Gruppe entschlossen wir uns, uns in eine Frauen- und in eine Männergruppe aufzuteilen. Eine gleichgeschlechtliche Gruppe erschien uns sicherer und problemloser; zudem schienen Frauen und Männer verschiedene Probleme zu haben, die es zu behandeln galt.

1977 wurden wir vom Verlag *The Women's Press* aufgefordert, dieses Buch zu schreiben. Unterdessen begann sich unsere Gruppe zu verändern. Die Frauenbewegung hatte begonnen, eine andere Haltung gegenüber der Therapie einzunehmen. Wir sahen bereits einen Teil unserer Funktion als Red Therapy-Gruppe darin, anderen bei der Gründung neuer Gruppen ohne Leitung zu helfen. 1979 hörte unsere Frauengruppe auf als Therapiegruppe für uns selbst zu wirken. Wir benötigten nicht mehr das gleiche Ausmaß an Unterstützung, um Gruppentherapie zu betreiben. Ein Großteil der Gruppenmitglieder ging dazu über, sich in kleinen Gruppen oder allein in verschiedenen Bereichen zu spezialisieren. Lucy leitet nun Massage-Tanz- und Traumworkshops, unterrichtet in Selbsthilfetechniken und interessiert sich neuerdings für den spirituellen Bereich. Sheila macht heute psychodynamische Einzel- und Gruppentherapie im Frauentherapiezentrum in London. Sie hilft auch mit bei der Bildung von Selbsthilfegruppen für Eßsüchtige. Obwohl im vorliegenden Buch die neueren Therapieformen beschrieben sind, bilden die reichen Erfahrungen, die wir während der sechs Jahre in der Red Therapy-Gruppe machten, und deren Auswirkungen doch seine Basis.

Ein Buch zu schreiben, während wir gleichzeitig für unseren Lebensunterhalt und für die Kinder sorgen mußten, bereitete uns große Schwierigkeiten. Die wachsende Anzahl von Frauen, die sich für die Selbsthilfetherapie interessieren, zusammen mit einem tatsächlich vorhandenen Bedürfnis, halfen uns, dieses Buch trotz Schwierigkeiten zu Ende zu bringen.

Wie benütze ich dieses Buch?

Dieses Buch sollte nicht in einem Zug gelesen werden. Es ist ein Handbuch und für den praktischen *Gebrauch* bestimmt. Um überhaupt zu verstehen, was der therapeutische Prozeß beinhaltet, empfehlen wir, mit dem Kapitel „Ein Weg hinein" zu beginnen. Wenn euch die politischen Möglichkeiten interessieren, fangt mit „Das Innere und das Äußere" an. Wenn ihr eine Selbsthilfegruppe gründen wollt, solltet ihr mit „Ein Weg hinein" und „Wie gründen wir eine Selbsthilfegruppe" beginnen. Seid ihr in einer Gruppe und möchtet deren Dynamik untersuchen, lest zuerst das Kapitel über „Encounter". Nach einigen Monaten werden die Probleme in „Wie halten wir eine Gruppe aufrecht" von Bedeutung sein. Im Kapitel „Wie wir unsere Bedürfnisse durch die Therapie erfüllen können" werden allgemeine Probleme behandelt in Zusammenhang mit der Wahl der Techniken, wie ihr an professionelle Therapie herangeht oder wie ihr die Therapie dem Alltagsleben anpassen und damit in Beziehung setzen könnt. In den Kapiteln Drei bis Acht untersuchen wir verschiedene Therapiemethoden. Vielleicht zieht ihr es vor, sie schrittweise durchzuarbeiten, indem ihr die Übungen anwendet, um mit den verschiedenen Techniken vertraut zu werden. Wir haben sie in einer für uns sinnvollen Reihenfolge dargestellt. Wenn ihr bestimmte

Themen bearbeiten wollt, hilft euch der Index am Ende des Buches, die wichtigen Übungen zu finden. Die Übungen sind das ganze Buch hindurch numeriert und fett gedruckt, ebenso die Verweise darauf, um sich leichter auf sie beziehen zu können. Wir haben den Ursprung einiger dieser Übungen angegeben; andere wiederum haben wir selbst erfunden; viele, deren Herkunft wir nicht kennen, wurden Teil des alltäglichen therapeutischen Vokabulars.

Nach unseren Erfahrungen ist es nicht leicht, Übungen aus Büchern zu übernehmen, ob ihr nun Therapie allein, zu zweit oder in einer Gruppe betreibt. In der Gruppe liest eine Frau am besten die Übungen laut vor, damit die anderen die Anleitungen befolgen können. Sie wird dabei selbst das nötige Vertrauen in die Übung aufbringen müssen, um den anderen Frauen die volle Teilnahme zu ermöglichen und ihnen die Hemmungen zu nehmen. Sie liest deshalb die Übung langsam vor und versucht, für die unmittelbaren Erfahrungen der anderen offen zu bleiben. Für das Strukturieren einer Sitzung genügt es nicht, einfach drei Übungen auszuwählen, um sie dann eine nach der anderen durchzuführen, ohne auf ihre Auswirkungen zu achten. Es nützt auch nichts, die Übungen stur nach einem bestimmten Plan zu befolgen, wenn je nach Situation andere Probleme im Vordergrund stehen. Bleibt offen für die inneren Vorgänge in der Gruppe. Übungen eignen sich gewöhnlich gut für den Beginn einer Sitzung oder zu bestimmten Zeitpunkten. Ihr müßt jedoch während einer Sitzung auch unstrukturierte Zeitspannen aushalten können. Die Leitung der Übungen sollte unter den Gruppenmitgliedern gleichmäßig aufgeteilt sein. Wenn ihr die Übungen allein oder zu zweit macht, nehmt euch Zeit und lest die Anleitungen langsam durch, damit ihr sie gut aufnehmen könnt. Vergeudet keine kostbaren Energien, indem ihr euch Sorgen macht, ihr könntet die Anleitungen vergessen. Ihr könnt euch jederzeit auf das Buch beziehen, ohne den Ablauf zu unterbrechen. Besonders bei den längeren meditativen Übungen könnt ihr auch ein Tonband benutzen und die Anleitungen auf Band aufnehmen, bevor ihr die Übung tatsächlich durchführt. Wie beim direkten Vorlesen solltet ihr auch hier sehr langsam mit langen Pausen sprechen und dabei auf die Worte achten.

Das ganze Buch ist voll mit Beispielen aus der therapeutischen Praxis. Wir wußten um die grundlegende Bedeutung einer Würdigung und Darstellung verschiedener therapeutischer Theorien. Die Stärke dieses Buches aber liegt darin, daß es uns an den praktischen Erfahrungen vieler Frauen in einer therapeutischen Situation teilnehmen läßt. Wir benutzen zwar erfundene Namen und Details; jedem Beispiel entspricht jedoch eine wirkliche Person und eine reale Situation. Doch selbst mit Hilfe dieser Beispiele fällt es uns schwer, die Höhen und Tiefen, die Erregung, die Dichte, die reiche und komplexe Struktur der Therapie zu vermitteln. Wir hoffen, ihr werdet sie selbst entdecken.

ANMERKUNG

1 Phyllis Chesler, *Women and Madness,* New York 1973. Deutsch: *Frauen – das verrückte Geschlecht,* Reinbek 1977.

I
Ein Weg hinein

Was ist Selbsthilfetherapie?
Wie unterscheidet sich Therapie von Bewußtseinserweiterung?
Was sind die wichtigsten „Grundregeln“ für einen Zugang zur Therapie?
Es gibt so viele verschiedene Therapiemethoden: Wie kann ich eine Entscheidung treffen?

In diesem Kapitel werden wir diese Fragen zu beantworten versuchen. Wir zeigen den Weg auf für ein Verständnis der Theorie und Praxis des therapeutischen Prozesses, indem wir die grundlegendsten Annahmen anführen, die fast allen Therapiemethoden zugrundeliegen, und die eine Therapiegruppe von einer bewußtseinserweiternden Gruppe unterscheiden. Vielleicht ermöglicht euch ein grundlegendes Verständnis einen leichteren Einstieg in die Therapie, ob ihr dies nun in einer Gruppe, zu zweit oder alleine tut. Falls ihr im Sinn habt, einen professionellen Therapeuten aufzusuchen, wird euch die Kenntnis der Grundregeln helfen, die Techniken eures Therapeuten zu demystifizieren. Deshalb haben wir hier in „Dreizehn Verhaltensregeln“ einen Auszug der Regeln angegeben, die wir für die Arbeit als nützlich erachten.

Als wir mit unserer Gruppe anfingen, hatten wir keine Grundregeln. Wir schauten uns hilflos an und versuchten herauszufinden, was in dieser neuen therapeutischen Situation erlaubt ist und was nicht, was funktioniert und was nicht. Dieses Vorgehen ermutigte jene Gruppenmitglieder, die einen Vorsprung an Selbstvertrauen und Erfahrung besaßen. Sie waren auch die aktiveren in der Gruppe. Wenn feste Spielregeln gelten, haben alle Gruppenmitglieder den gleichen Zugang zu ihnen, können so ein gleiches Maß an Selbstvertrauen entwickeln und eine aktive Rolle in der Gruppe spielen. Es lohnt sich also, falls ihr mit Selbsthilfetherapie beginnen wollt, sich mit Hilfe der vorgeschlagenen Übungen mit diesen Regeln vertraut zu machen. Vielleicht seid ihr mit ihnen nicht einverstanden oder zieht es vor, sie abzuändern. Sie bieten euch jedenfalls eine konkrete Diskussionsbasis, und ihr werdet unsere Fehler nicht wiederholen.

Die meisten Therapiemethoden betonen mit Nachdruck die Notwendigkeit, mit seinen Gefühlen in Berührung zu kommen. Besonders am Anfang werdet ihr feststellen, daß ein Großteil eurer therapeutischen Arbeit darin besteht, dies zu erlernen. Es ist kein leichter Schritt vom Reden über Gefühle zum Ausdrücken von Gefühlen, vom Untersuchen des Rationalen zum Erforschen des Irrationalen, von Bewußtseins-Erweiterung zum Aufdecken von Unbewußtem. Vielen von uns fällt es schon schwer, von sich

selbst zu sprechen, geschweige denn, anderen unseren Ärger, unsere Freude oder unseren Kummer zu zeigen. Wir brauchen nicht bloß Mut und Ehrlichkeit dazu, sondern auch einige spezifische Techniken. Ihr werdet sehen, daß viele der aufgeführten Grundregeln diesen Übergang vom „*Sprechen über*" zum „*Fühlen*" erleichtern sollen.
Hier sind die „Dreizehn Verhaltensregeln" für den Beginn einer Therapie.

DEN KREIS BEHALTEN

Für die Therapiesitzung benötigen wir im allgemeinen einen Raum ohne Möbel, wo die Frauen im Kreis auf dem Boden sitzen können, ohne Schuhe. Möbel sind in der Therapie im Wege: verschieden hohe Stühle trennen die Frauen voneinander und vermitteln das Gefühl, nicht gleichwertig zu sein. Tischkanten und Verzierungen werden hinderlich, wenn man sich frei bewegen will. Der Kreis ermöglicht jedem Gruppenmitglied den Blickkontakt mit den anderen sowie die volle Teilnahme am Geschehen; dies ist in einer ungelenkten Situation besonders wichtig, weil hier versucht wird, die Verantwortung für das Funktionieren der Gruppe gemeinsam zu tragen. Wenn eine Frau während der Therapiesitzung spricht oder ihren Gefühlen nachgeht, richtet sich die Aufmerksamkeit des ganzen Kreises auf sie, um sie zu unterstützen und zu ermutigen. Ist der Kreis nicht mehr geschlossen, wird sie abgelenkt oder fühlt sich verunsichert. Deshalb bildet der Kreis für die Dauer der Sitzung eine bindende Einheit: zieht euch nicht für einen Schwatz zurück, geht nicht weg, um zu rauchen oder einen Kaffee zu trinken. Jede Form von Langeweile, Ärger oder Kummer wird besser im Kreis geäußert, selbst wenn sie negativ zu sein scheint:

„Es tut mir leid, daß ich unterbrechen muß, aber du bist schon lange dran und ich frage mich, ob wir nicht eine kurze Pause machen könnten."
„Ich fange an, mich zu langweilen und ich lechze nach einer Zigarette."
„Was du hier machst, regt mich wahnsinnig auf; ich möchte, daß eine mit mir in den anderen Raum kommt, um mit mir zu sprechen."
„Ich werde wütend, ich möchte dir auf das, was du gerade sagst, antworten."

Die Verpflichtung der Gruppe, der jeweiligen Frau die volle Aufmerksamkeit zu gewähren, ist entscheidend für deren Gefühl der Sicherheit, ihre Gefühle ausdrücken zu können. Damit jede Frau ihre volle Aufmerksamkeit geben kann, sollte für jede Frau während der Sitzung eine kurze Zeitspanne reserviert werden. So hat jede die Möglichkeit, die Dinge zur Sprache zu bringen und auszudrücken, die sie gerade beschäftigen, auch wenn sie nicht an der Reihe ist, an einem Problem ausführlich zu arbeiten. Dieses Vorgehen empfiehlt sich besonders am Anfang und am Ende jeder Sitzung.

Wenn ihr nur zu zweit Therapie betreibt, sitzt ihr euch wahrscheinlich gegenüber. Auch hier gilt das gleiche Prinzip: Lenke deine Partnerin nicht ab, während sie einem Problem nachgeht, indem du etwa das Telefon beantwortest oder eine Zigarette holst.

Hier einige Übungsbeispiele für den Gebrauch des Kreises, die bei jeder anwesenden Frau ein gleich starkes Engagement begünstigen. Sie eignen sich ebenso gut für zwei wie für zwölf Personen.

1 Der Eröffnungs-Kreis

Zu Beginn der Sitzung sagt jede Frau kurz, wie sie sich fühlt. Dabei folgt ihr dem Kreis (damit nicht immer die Selbstsicherste zuerst spricht) und achtet darauf, daß jede Frau gleich lange sprechen kann.

2 Der Vorbereitungs-Kreis

Falls ihr unsicher seid, was ihr während der Sitzung tun sollt, geht ihr gleich vor wie oben erwähnt, nur sagt diesmal jede Frau der Reihe nach, was sie an diesem Abend gerne tun und wie sie die Zeit aufgeteilt haben möchte ...

„Ich möchte etwas Massage machen."
„Etwas geräusch- und schwungvolles alle zusammen als Gruppe."
„Ich möchte einige Gestalttechniken erlernen."
„Ich hatte bei der Arbeit einen Streit, der mich den ganzen Tag beschäftigt hat. Ich möchte diesbezüglich etwas Hilfe."

3 Unerledigte Geschäfte

Am Ende der Sitzung sagt jede Frau der Reihe nach dem Kreis folgend, was ihr die Sitzung gebracht hat, und wie sie sich jetzt fühlt. Sie hat so die Gelegenheit, ihre guten oder schlechten Gefühle mitzuteilen, welche die Sitzung bei ihr hervorgerufen hat. Es ist wichtig, daß keine mit Zweifeln oder Groll nach Hause geht und darüber bis zur nächsten Sitzung nachgrübelt:

„Ich habe mich sehr über Ann geärgert, und ich wünschte, ich hätte ihr dies gesagt."
„Ich wollte dich umarmen, aber ich wagte es nicht. Ich ging weg und fragte mich, ob ich das Risiko hätte eingehen sollen oder nicht."
„Ich dachte, die Gruppe wüßte nicht, was sie mit den bioenergetischen Techniken macht, aber ich sagte nichts, und auch sonst niemand und ich möchte nicht mehr darauf zurückkommen."
„Ihre Vorwürfe haben mich verletzt, aber ich sagte nichts."
„Ich dachte beständig an die Dinge, die ich Jenny sagen wollte, aber es fehlte die Zeit."

Diese unausgesprochenen Gefühle oder „unerledigten Geschäfte" können zwischen den Mitgliedern der Gruppe eine Schranke aufbauen. Bringen wir sie, wenn auch nur kurz, ans Tageslicht, reinigen wir damit die Atmosphäre. Die Sitzung kann dann häufig in einer stärkenden Weise beendet werden, und die Leute kommen mit guten Gefühlen in die nächste Sitzung.

KONZENTRIERE DEINE AUFMERKSAMKEIT AUF EINE PERSON

In einer Gruppen*diskussion* gilt es gewöhnlich als gutes Zeichen, wenn jede Frau daran teilnimmt und ihre Erfahrungen und Meinungen mit den anderen austauscht. In einer Selbsthilfe*therapie*gruppe ist es gewöhnlich besser, insbesondere am Anfang, die Aufmerksamkeit jeweils einer Person zu widmen. Es ergibt sich oft, daß eine Person sehr durcheinander, wütend oder mit einer Sache beschäftigt ist, die die Gruppe dringend behandeln sollte. Eine bewußtseinserweiternde Gruppe geht etwa so vor:

Ann: Ich bin wirklich wütend auf die Frau, für die ich arbeite.
Betty: Es ist irgendwie schwierig, eine Frau als Chefin zu haben, nicht wahr, weil Frauen als Vorgesetzte glauben, sie müßten sich wie Männer benehmen?
Claire: Ich kam bei meiner letzten Stelle sehr schlecht mit meiner Chefin zurecht, aber es hat mir sehr geholfen, mit ihr darüber zu sprechen.
Ann: Sie läßt ständig durchblicken, ich leiste schlechte Arbeit.
Claire: Hast du versucht, zu ihr zu gehen und ihr zu erklären ...?

In der Selbsthilfetherapie werden die Erfahrungen einer Frau nicht auf diese Art und Weise besprochen oder verallgemeinert, sondern man konzentriert sich von Anfang an auf die *Gefühle* der Frau. Anstelle eines Austausches von eigenen Erfahrungen wie in der obigen Diskussion könnte sich das Gespräch wie folgt entwickeln:

Ann: Ich bin wirklich wütend auf die Frau, für die ich arbeite.
Betty: Erzähl uns mehr darüber.
Ann: Nun, sie macht mich ständig runter und zwar wegen Kleinigkeiten. Heute hat sie ... und sie ...
Claire: Wie fühlst du dich dabei?
Ann: Sie gibt mir das Gefühl, daß ich nichts wert bin und daß ...
Betty: Was würdest du ihr gerne sagen, wenn du wirklich frei deine Meinung sagen könntest?

In diesem Beispiel veranlassen die Gruppenmitglieder Ann dazu, sich ausführlicher mitzuteilen und ihre Gefühle aufzudecken. Ihre Erfahrungen können dann verallgemeinert werden, und die anderen Frauen können sie unterstützen, indem sie zu einem späteren Zeitpunkt der Sitzung ähnliche Erfahrungen beisteuern. Dies geschieht aber erst, nachdem Ann genügend Zeit und Abstand gewonnen hat, ihrer spezifischen Wut auf ihre Chefin genauer nachzugehen mit Hilfe von Techniken, die wir in diesem Buch beschreiben.

Euer Verhalten gegenüber der Frau, die arbeitet, sollte eindeutig sein. Diese Zeit gehört ihr. Obwohl sie Hilfe von den anderen bekommt in Form von Vorschlägen und Feedback, ist sie es, die das Gruppengeschehen lenkt. Vielleicht bringt das Geschehen andere Frauen zum Weinen oder sie halten die Hand einer Frau, unterbrechen eventuell das Gespräch, um mitzuteilen, daß sie die Sache bedrückt; sie sollten jedoch versuchen, die Aufmerksamkeit der Gruppe nicht von der Frau abzulenken, die gerade an einem Problem arbeitet, bis diese selbst das Gespräch beenden möchte.

Diese Form der Unterstützung durch die Gruppe wird häufig mit „arbeiten" bezeichnet: Sarah „arbeitete" heute abend in der Gruppe, „Ich möchte an meiner Beziehung zu meinem Vater ‚arbeiten'". Das gleiche ist mit dem Ausdruck „auf dem heißen Stuhl sitzen" gemeint. In diesem Buch versuchen wir, diese Ausdrücke zu vermeiden. Wir möchten die Sache genauer erklären, wie etwa mit folgenden Ausdrücken: eine Frau „spürt ihren Gefühlen nach", „drückt ihren Schmerz aus", „läßt ihre Wut heraus", „befaßt sich mit einem Problem" oder was auch immer gerade in einer bestimmten Situation geschieht. Häufig jedoch scheinen diese Ausdrücke fehl am Platz zu sein, und dann begnügen wir uns für die Beschreibung einer Erfahrung im therapeutischen Sinne mit dem kurzen und bequemen „arbeiten".

Hier eine Übung, um die unterschätzte Fähigkeit des aufmerksamen Zuhörens zu trainieren:

4. Zuhören lernen

Diese Übung wird zu zweit gemacht.

Setzt euch paarweise gegenüber, am besten auf den Boden. Behaltet Blickkontakt und haltet euch an den Händen, wenn ihr wollt. Jede hat fünf Minuten für sich. Entscheidet, wer zuerst anfangen soll. Ihr habt fünf Minuten Zeit, um über das zu sprechen, was ihr während der letzten vierundzwanzig Stunden erlebt habt. Ihr laßt dabei vor allem eure Gefühle einfließen. Deine Partnerin sagt kein Wort, behält aber den Blickkontakt und konzentriert sich darauf, dir die *volle Aufmerksamkeit* zuzuwenden, erwidert nichts, zieht auch in Gedanken keine Vergleiche mit ihrem eigenen Leben, sondern stellt sich für ihr Gegenüber ganz auf Empfang ein. Tauscht die Rollen nach fünf Minuten, ohne irgendwelche Bemerkungen zu machen. Sich gegenseitig Aufmerksamkeit schenken bildet ein sehr wichtiges Element der Selbsthilfetherapie. Es scheint ganz einfach zu sein, ist in Wirklichkeit aber sehr schwierig. Achtet darauf, wie oft ihr den Drang verspürt, mit einem Ratschlag oder einem „Oh ja, ich empfinde dies auch ..." dazwischenzufahren und beobachtet, wie schwierig es ist, euch zurückzuhalten.

Am Ende der Übung teilt ihr zuerst eurer Partnerin und dann der ganzen Gruppe mit, was jede von euch während der Übung empfunden hat, sowohl als Sprecherin wie auch als Zuhörerin.

Diese Übung ist wie viele andere, die wir in diesem Buch vorgeschlagen haben, dem Co-counselling (Mit-Beratung) entnommen.

VERSUCHE NICHT, ALLES BESSER ZU MACHEN

Wenn jemand ein Problem hat oder mit ihren Gefühlen nicht zurechtkommt, besteht unsere unmittelbare Reaktion häufig darin, es besser machen zu wollen:

Denise: Ich bin heute nicht gerade gut gelaunt. Ich sollte mein Haar waschen, ich finde mich häßlich und unattraktiv.

Linda: Ich dachte gerade, wie gesund und gut du aussiehst.

(oder)

Jenny: Ich habe versucht mich nicht unterkriegen zu lassen, aber ich fühle mich sehr schlecht wegen meiner Fehlgeburt. Zwei nacheinander ist zuviel.

Sarah: Du solltest froh sein, daß du überhaupt schwanger werden kannst. Du hast Glück, denn es gibt Frauen, die überhaupt nicht schwanger werden können!

In diesem letzten Beispiel fährt Sarah dazwischen, um die Trauer wegzutrösten. Vielleicht möchte sie, daß Jenny sich besser fühlt, oder sie will vermeiden, von Jennys schlechten Gefühlen angesteckt zu werden. Vielleicht verspürt sie Schuldgefühle, weil sie schon ein eigenes Kind hat. Unser Impuls, eine weinende Frau in die Arme zu nehmen, soll häufig uns selbst davon abhalten, die Fassung zu verlieren. In der therapeutischen Situation wird davon ausgegangen, daß ein Schmerz nicht einfach „verschwindet", wenn eine nahestehende Person ein wenig Trost und Zuversicht spendet. Vielleicht vergeht er für eine Weile, aber er kann jederzeit wieder auftauchen. Wir lösen ihn nur auf, indem wir ihm nachgehen und ihn umfassender ausdrücken. Wenn also Jenny sagt, daß sie sich schlecht fühlt, so fragen die anderen Gruppenmitglieder sie etwa: „Kannst du uns mehr darüber erzählen, was dich am meisten verletzt?", „Wo in deinem Körper fühlst du die Traurigkeit?" und andere Fragen, die Jenny dazu bringen, ihr Gefühl noch tiefer zu empfinden. Erst *nachdem* sie ihrem Gefühl nachgegangen ist, es ausgedrückt hat (etwa durch starkes Weinen) und eigene Möglichkeiten entdeckt hat, damit umzugehen, können die anderen ihr wegen ihrer Fehlgeburt Feedback geben oder sie beruhigen. Eine der Grundannahmen der Therapie ist folgende: Das Entladen von Gefühlen kann einen Heilungsprozeß darstellen. Ein kränkendes oder schmerzliches Gefühl, das sich nicht entlädt, wird gespeichert. Dabei wird viel Energie für seine Unterdrückung verschwendet. Dieser Vorgang vermindert die Energie und die Klarsicht, die ein Mensch braucht, um neuen Situationen begegnen zu können. Ein Grund, weshalb Jenny sich schlecht fühlt, besteht im Zurückhalten ihrer Trauer; ihre Angst, sie auszudrücken, ist vermutlich so unangenehm wie die Trauer selbst. Nachdem sie geweint hat, fühlt sie sich vielleicht erleichtert. Sie fühlt sich sogar stärker, da ihr klar wird, daß ihr Schmerz nicht so überwältigend ist, wie sie befürchtet hat. Es ist nicht Sarahs Sache, ihr den Ausdruck dieser Gefühle zu verbieten, indem sie ihr sagt, daß sie sich glücklich fühlen sollte. Ironischerweise ist die Antwort häufig die hilfreichste, die das Unglück einer anderen Frau anerkennt und ihr erlaubt sich zu entlasten, die nicht versucht, ihr bloß ein Trostpflästerchen zu verpassen. Hier beschreibt eine Frau diese Erfahrung:

> Ich war sehr unglücklich in dem Jahr, bevor ich mit der Therapie anfing. Es ging mir gewöhnlich noch schlechter, wenn die Bekannten mir sagten: „Schau nur, wieviel du unternimmst, und wie viele Leute du kennst." Was ich mir wünschte, war jemand, der mir gesagt hätte: „Jawohl, du *bist* unglücklich." Paradoxerweise nützt dir dies mehr, als wenn du aufgemuntert wirst ... denn dies bedeutet, daß du als die Person, die du bist, ernst genommen wirst, du als besonderes Individuum und nicht als die Projektion des Wunsches, von fröhlichen Menschen umgeben zu sein ... für eine Person da sein, indem du sie sprechen läßt, indem du ihre Erfahrungen nicht leugnest.[1]

Die von dieser Gesellschaft an uns Frauen am meisten geschätzte Rolle beinhaltet die Verpflichtung, uns um die Gefühle der anderen zu sorgen, während wir häufig wenig oder kein Recht auf eigene Empfindungen haben. Die Therapie bietet uns eine gute Gelegenheit, dieses Verhaltensmuster zu ändern. Wir lassen unsere Gefühle zu und untersuchen sie, anstatt sie übergangen oder weggetröstet zu haben.

5 Übung für das Nicht-Trösten

Ihr sitzt euch paarweise gegenüber, behaltet Blickkontakt und gebt euch die Hände, wenn ihr wollt. Jede Frau hat zehn Minuten Zeit. Während der zehn Minuten schilderst du deiner Partnerin all die Situationen, in denen du dich in der vergangenen Woche schlecht gefühlt hast (durcheinander, ängstlich, verlegen, eingeschüchtert, verärgert oder gelangweilt). Deine Partnerin ermutigt dich, dich mehr auf diese unangenehmen Gefühle einzulassen. Etwa folgendermaßen: „Wie hast du dich gefühlt?", „Was hast du ihnen sagen wollen?", und so weiter. Häufig verschwindet ein schlechtes Gefühl, wenn wir uns stärker darauf einlassen. Wenn du versuchst, es zu leugnen, wird es weiterbestehen. Therapie hat nicht bloß mit „schlechten" Gefühlen zu tun; es ist jedoch wichtig, sie zuzulassen, damit sie geklärt werden und „gute" Gefühle aufkommen und sich ebenfalls ausdrücken können.

Als Zuhörerin merkst du dir, wie oft du daran bist, „alles besser zu machen" wie etwa deine Partnerin zu umarmen oder ihr zu sagen: „Ich bin sicher, sie haben es nicht so gemeint" oder andere tröstliche Bemerkungen von dir zu geben. Achte auch darauf, wie unangenehm dich ihre schlechte Verfassung berührt. Oft möchten wir die andere nicht um ihretwillen trösten, sondern weil wir unseren eigenen Seelenfrieden behalten wollen. Nach zehn Minuten tauscht ihr ohne weitere Diskussion die Rollen und wiederholt das gleiche nochmal.

Am Ende gebt ihr euch gegenseitig über den Ablauf der Übung Feedback (Schien sie wirklich deine Gefühle anzunehmen?). Dann teilt ihr euch dem Rest der Gruppe mit, wobei jede Frau der Reihe nach ein paar Minuten lang spricht.

Als Variante dieser Übung könnt ihr während zehn Minuten über ein bestimmtes schmerzliches Ereignis in eurem Leben berichten (zum Beispiel über einen Verlust, eine Trennung, eine Vergewaltigung).

URTEILE NICHT

Wir haben das Beispiel einer Frau geschildert, die in eine Gruppe kommt und sagt, sie empfinde sich als reizlos. In einigen feministischen Gruppen würden einer solchen Bemerkung Entgegnungen wie „Aber das Äußere zählt doch nicht", oder „Du solltest dich nicht als Sexualobjekt betrachten", „Du solltest dir nicht so viele Gedanken machen über diese Dinge" oder sogar ein feindseliges Schweigen folgen.

In anderen Gruppen sind wieder andere Gefühle tabu. In den meisten konventionellen Gruppierungen unserer Gesellschaft darf eine Frau weder aggressiv, draufgängerisch noch unmütterlich sein oder irgendwelche „bösen" Gefühle hegen. Obwohl wir uns mit Hilfe der Frauenbefreiungsbewegung verändern möchten, haben wir immer noch gewisse Gefühle mit den alten Tabus belegt. Manchmal haben wir sogar noch neue für uns selbst geschaffen:

„Du solltest nicht böse sein auf eine andere Frau, das ist nicht schwesterlich."
„Du solltest nicht so abhängig sein."
„Ich sollte nicht eifersüchtig sein, das ist bürgerlich."

Eine der Grundthesen der Therapie lautet: Du kannst Gefühle nicht verbannen, indem du sie als „böse" oder „ungehörig" verurteilst. Genausowenig verscheuchst du sie, indem du sie beruhigst. Komplizierte oder unsinnige Empfindungen verschwinden nicht, wenn du sie zensierst, verleugnest oder meidest; sie gehen erst weg, wenn du sie anerkennst und durcharbeitest. Unsere Empfindungen sind vor allem von unserer Erziehung, unserer Konditionierung und unserer Stellung als Frau in der Gesellschaft geprägt. Diese Tatsache erschwert es beispielsweise *jeder* Frau, sich ihres Äußeren nicht bewußt zu sein. Solche Gefühle werden erst aufhören uns zu beeinflussen, wenn wir sie untersuchen, ihrem Ursprung nachgehen und sie aus unserem System entfernen, indem wir sie ausdrücken. Dann kann das langsame Aufbauen neuer Strukturen und Beziehungsformen beginnen auf der soliden Basis von *Gefühlen* und nicht auf Grund von Schuldkomplexen oder einem „Du solltest“.

Darin unterscheidet sich das Vorgehen einer feministischen Therapiegruppe von dem der traditionellen Psychoanalyse oder von dem der neueren Growth Movement (Wachstums-Bewegung). In einer Growth-Movement-Gruppe zum Beispiel wird eine Frau darin unterstützt, ihre Angst, nicht attraktiv zu sein, auszudrücken. Man erwartet aber auch von ihr, anziehend zu *sein* oder dies zumindest zu wünschen; dieser Aspekt der weiblichen Rolle wird vermutlich nicht in Frage gestellt oder angefochten. In einer feministischen Selbsthilfegruppe hingegen akzeptieren wir diese Gefühle rund um das Aussehen. Wir richten oder verdammen eine Frau nicht, die solche Gefühle hat. Wir fühlen uns aber auch verpflichtet, andere Vorstellungen über das Frausein zu entwickeln. Wir möchten Wege zu unserer eigenen Identität finden und unseren Wert nicht bloß durch unsere äußere Erscheinung bestätigen müssen. Wir sehen die Widersprüche in unseren Erfahrungen als Feministinnen und wir wollen auf neue, nicht-sexistische Beziehungsformen hinarbeiten.

6 Übung für das Nicht-Verurteilen

Ihr sitzt euch paarweise gegenüber und blickt euch in die Augen. Jede Frau hat fünf Minuten Zeit. In diesen fünf Minuten sprichst du zu deiner (schweigsamen) Partnerin in Sätzen, die immer mit: „Wenn ich nicht annehmen würde, daß du mich verurteilst, würde ich dir sagen ...“ beginnen.

Der Satz wird jedes Mal anders beendet, zum Beispiel: „Wenn ich nicht annehmen würde, daß du mich verurteilst, würde ich dir sagen, daß ich Angst habe, auf die Demonstration am Samstag zu gehen“, „Wenn ich nicht annehmen würde, daß du mich verurteilst, würde ich dir sagen, daß ich mir wirklich blöd vorkomme bei dieser Übung“, „Wenn ich nicht annehmen würde, daß du mich verurteilst, würde ich dir sagen, daß ich manchmal recht eklig sein kann“.

Wenn du bei Dingen steckenbleibst, die du dich schämst mitzuteilen, beschränkst du dich auf Kleinigkeiten (die häufig genauso bedeutsam sind). Dies ist kein Ehrlichkeitsspiel, bei dem du dich zwingen mußt, deiner Partnerin ungeheure und „schändliche“ Geheimnisse preiszugeben. Du sollst dabei für dich selbst herausfinden, wie viele deiner Gefühle normalerweise mit Hilfe verschiedener Maßstäbe als „falsch“ beurteilt werden. Nach fünf Minuten tauscht ihr die Rollen. Am Schluß gebt ihr euch gegenseitiges Feedback (Was war am schwierigsten mitzuteilen? Hat deine Partnerin so reagiert, wie du es erwartest hast?) und dann diskutiert ihr dasselbe in der Gruppe.

ÜBERNIMM DIE VERANTWORTUNG FÜR DEINE EIGENEN GEFÜHLE

In einer Therapiegruppe werden die Leute dazu ermutigt, ihre eigenen Gefühle zu erkennen und die Verantwortung für sie zu übernehmen. Unser tägliches Leben bietet uns viele Möglichkeiten, dies zu vermeiden, so etwa, anderen Leuten die Schuld an unserem Gemützustand zuzuschieben: „Ich hatte jene unglückliche Liebesbeziehung schon ganz vergessen, bis du mich wieder daran erinnert hast und nun alles wieder voll da ist", „Ich war guter Laune, bis ich mit dir gesprochen habe, und nun hast du mich tatsächlich traurig gemacht".

Wenn der bloße Kontakt mit jemand dich traurig stimmt, kannst du mit Sicherheit annehmen, daß du schon vorher deprimiert gewesen bist. Vielleicht war das Gefühl unbewußt, und du wolltest es lieber nicht zur Kenntnis nehmen. Das Gefühl war aber vorhanden, und die andere Person hat dich bloß damit in Berührung gebracht. So könnte das „Du hast mich traurig gemacht" etwas ehrlicher ausgedrückt lauten: „Ich war traurig gestimmt, habe dies aber ziemlich gut unterdrückt, und durch dich ist es zum Vorschein gekommen".

Eine andere Art, uns um die Verantwortung für unsere Gefühle zu drükken, besteht darin, anderen Leuten Eigenschaften und Emotionen zuzuschreiben, die in Wirklichkeit unsere eigenen sind:

„Du konkurrierst sehr stark."
„Du scheinst mich nicht zu mögen."
„Du förderst die Arbeit der Gruppe nicht."
„Du benimmst dich zügellos."

Machst du in einer Therapiegruppe Bemerkungen dieser Art, werden dich die anderen dazu auffordern, deine tatsächlichen Empfindungen „als dir eigen anzuerkennen" und Äußerungen über dich selbst anstatt über jemand anders zu machen. Wenn zum Beispiel Ann zu Betty sagt: „Du konkurrierst sehr stark", sollte sie vielleicht sagen: „*Ich* fühle mich in Konkurrenz mit *dir*". Der Ausspruch „Du scheinst mich nicht zu mögen" meint häufig in Wirklichkeit: „*Ich* mag *dich* nicht". Eine Bemerkung wie „Du trägst nicht zur Arbeit der Gruppe bei" bedeutet vielleicht ehrlicher ausgedrückt: „Ich bin eifersüchtig auf die Art, wie du die Gruppe dominierst". „Du benimmst dich zügellos" könnte übersetzt bedeuten „Ich wünschte, du und der Rest der Gruppe würden *mir* mehr Aufmerksamkeit schenken".

Diese Art des Projizierens ist sehr verbreitet. Diese Bemerkungen fallen ganz anders aus, wenn die Frau, die sie äußert, für ihre Gefühle selbst die Verantwortung übernimmt und sie nicht anderen Leuten zuschiebt. Es sind alles negative Beispiele, weil wir uns gewöhnlich auf solche Art von unseren negativen Gefühlen distanzieren und sie verschleiern. Weil wir dazu erzogen worden sind, immer „lieb" zu sein, fällt es uns Frauen besonders schwer, negative Gefühle spontan auszudrücken. Statt dessen ziehen wir es häufig vor, uns herunterzusetzen („Ich bin für dich nicht gut genug" läßt sich leichter sagen als „Ich hasse dich, weil du dich so überheblich benimmst"). Der gleiche Vorgang spielt sich aber auch bei positiven Gefühlen ab. So kann beispielsweise die Äußerung „Du bist wirklich eine warmherzige Person", wenn sie tatsächlich als eigen anerkannt wird, bedeuten: „Ich mag dich wirklich gern und interessiere mich für dich", was schwieriger auszudrücken ist, denn es verbindet die Sprecherin mit ihren eigenen Gefühlen und verpflichtet sie, für diese einzustehen.

Eine andere Form von Projektion gilt Gefühlen aus der Vergangenheit, d. h. Gefühle, die eine bestimmte Person betreffen, werden auf eine andere Person übertragen. Wird zum Beispiel Betty während der Sitzung auf Claire wütend, kann sich herausstellen, daß ein Teil ihrer Wut oder sogar der Hauptanteil davon ihrer Mutter gilt, und Claire dabei nur die Rolle eines Auslösers oder die einer bequemen Zielscheibe spielt. Diese Tatsache schmälert aber nicht ihre Wut auf Claire – vielleicht benimmt sich Claire tatsächlich ein wenig wie die Mutter von Betty – es ist aber sehr wichtig, den Ursprung der Wut zu kennen und den Anteil an Projektion daran. Wenn ein an sich unbedeutender Vorfall sehr starke Gefühle auszulösen vermag, spielt dabei die Projektion ziemlich sicher eine wichtige Rolle: Entweder werden Gefühle aus der Vergangenheit auf die Gegenwart bezogen (Bettys Kindheitswut, die sich an Claire entlädt) oder Gefühle, die einer bestimmten Person gelten, werden auf ein Gruppenmitglied projiziert (Jeans Frustration wegen ihrer Arbeitskollegin entlädt sich auf Hannah, die sich ein wenig wie jene Kollegin benimmt). Wir neigen dazu, Gefühle auf fast jeden Menschen, den wir neu kennenlernen oder bereits kennen, zu verschieben. Wir tun dies nicht bloß bei Mitgliedern der Therapiegruppe. Ein gutes Mittel, um herauszufinden, ob du projizierst, ist die Frage: „An wen erinnert mich diese Person?" Vielleicht entdeckst du, daß sie Eigenschaften zu haben scheint, die dir an dir selbst sehr stark mißfallen, die du gern hast oder leidenschaftlich gerne haben möchtest.

Gerade weil die Projektion etwas so Alltägliches ist, ist es besser, du überlegst es dir in einer neuen Therapiegruppe sorgfältig, bevor du dich auf jemanden „stürzt", der dich ärgert. Anstatt zu sagen: „Claire, du fällst mir auf den Wecker", wäre es besser, Betty übernähme die Verantwortung für ihre Gefühle: „Claire ich ärgere mich über dich". Sie könnte sogar hinzufügen: „Ich glaube, da ist bei mir noch etwas anderes mit im Spiel". Anschuldigungen und Attacken gegen ein anderes Gruppenmitglied führen häufig zu hitzigen Auseinandersetzungen. Diese können sich positiv auswirken, es ist jedoch von Nutzen, bestimmte therapeutische Techniken zu kennen, um bloße gegenseitige Beleidigungen oder einen plötzlichen Stillstand zu vermeiden. Wir werden später darauf zurückkommen und beschreiben, wie die sorgfältige Anwendung des Encounters (Begegnung) uns dabei helfen kann.

Eine weitere Art, Emotionen vor uns selbst und vor anderen Menschen zu verbergen besteht darin, eine Äußerung in Form einer Frage zu machen, zum Beispiel: „Glaubst du, daß wir alle zu erregt sind, um damit weiterzumachen?" meint in Wirklichkeit: „*Ich* bin zu erregt, um damit weiterzumachen".

Viele Fragen bezwecken keine Informationen, sondern wollen lediglich die andere dazu bringen, die Dinge so zu sehen oder zu tun, wie wir es zu sehen oder zu tun wünschen. „Meinst du, wir sollten das Fenster öffnen?“ kommt meistens einem „*Ich* möchte das Fenster öffnen“ gleich.

Wir umgehen unsere Gefühle auch, indem wir „es“ oder „man“ anstelle von „ich“ setzen. Wenn ein Gruppenmitglied meint: „Es ist eine Spannung im Raum“, bedeutet dies gewöhnlich: „Ich fühle mich gespannt“ oder „Nach einem Arbeitstag ist man gewöhnlich reizbar“ „*Ich* bin leicht reizbar nach einem Arbeitstag“.

Diese Beispiele scheinen belanglos zu sein, für die Praxis hingegen helfen sie uns, unsere Gefühle nicht mehr zu verleugnen. Wir müssen unsere Gefühle als uns eigen anerkennen, bevor wir sie tiefer erforschen und auch ausdrücken können.

Vielleicht mag dieser Vorgang manchmal so aussehen, als ob wir alles auf uns nähmen, uns die Schuld zuschrieben und uns in ein schlechtes Licht rückten. Betty ist es vermutlich wohler beim Gedanken, daß Claire eine mühsame Tante ist, anstatt sich einzugestehen, daß sie selbst es ist, die vor Wut kocht und nur darauf wartet, zu explodieren. Unsere Gefühle als uns eigen anzuerkennen hilft uns, unsere Kraft als die unsere zu akzeptieren. Anstatt uns als passive Opfer zu erfahren, die von anderen schlecht behandelt werden, erkennen wir, daß wir voll geladen sind mit emotionaler Energie. Wir beherbergen mit den negativen auch starke *positive* Gefühle, und diese Energie ermöglicht es uns, aktiv zu sein. Indem wir unsere Projektionen als solche erkennen, schwächen wir weder unsere Gefühle noch unsere Fähigkeit zu handeln. Wir räumen lediglich Reste weg, die der Vergangenheit und anderen Situationen angehören, damit wir uns eindeutig und jeder neuen Situation angemessen verhalten können.

7 Zu seinen Gefühlen stehen

Diese Übung könnt ihr zu zweit durchführen, seid ihr jedoch eine Gruppe, die sich sicher genug fühlt, könnt ihr sie auch alle zusammen machen. Ihr macht dabei eine Reihe von Äußerungen über die eigene momentane Befindlichkeit in der Gruppe. Ihr beginnt jedes Mal mit „Ich fühle mich ...“ und beendet den Satz mit „... und ich stehe zu diesem Gefühl“. Zum Beispiel:

„Ich fühle mich müde und einsam, und ich stehe zu diesem Gefühl.“
„Ich fühle mich sehr gut, und ich stehe zu diesem Gefühl.“
„Es ärgert mich, daß Carole zu spät gekommen ist, und ich stehe zu diesem Gefühl.“

Vielleicht denkt ihr, eure Äußerungen seien banal wie etwa die folgenden: „Mir ist kalt“ oder „Ich spüre ein Stechen in meinem Fuß“. Sie sind jedoch trotzdem erwähnenswert. Das Wichtige bei dieser Übung besteht darin, euch auf das festzulegen, was ihr zum jeweiligen Zeitpunkt empfindet, und euch als aktiv Handelnde zu erkennen, die ihre eigenen Wahrnehmungen in Gang setzen. Es kommt nicht so sehr darauf an, was ihr sagt, sondern wie ihr es sagt: Spürt wirklich dieses „zu den Gefühlen stehen". Wenn ihr die Übung paarweise macht, beansprucht jede Frau drei Minuten für sich. Seid ihr eine Gruppe, macht jedes Mitglied der Reihe nach vier Äußerungen dieser Art. Gebt euch erst am Schluß Feedback, falls überhaupt noch etwas zu besprechen ist.

AUF SEINEN KÖRPER HÖREN

In unserer Gesellschaft wird uns dauernd beigebracht, unseren Verstand höher zu bewerten als unseren Körper. Ausdrücke wie: „Der Geist ist willig, aber das Fleisch ist schwach", „*Sei vernünftig!*", „Er benahm sich wie ein Tier", „Du bist hoffnungslos unvernünftig", lehren uns, den Vorgängen in unserem Körper zu mißtrauen und zu glauben, daß sie durch die ihnen überlegenen Prozesse des Intellekts und der „Vernunft" kontrolliert werden müssen. Bei all unseren Beziehungen zur Außenwelt, im Umgang mit Vorgesetzten und in den meisten Versammlungen und Gruppen (häufig auch bei Frauengruppen) werden wir dazu angehalten, uns „vernünftig" zu benehmen und unseren Körper streng zu kontrollieren.

In einer Therapie hingegen müssen wir einiges davon verlernen. Wir müssen den Botschaften unseres Körpers über die inneren Vorgänge mehr Aufmerksamkeit schenken und Respekt zollen. Die Atmung spielt dabei eine wesentliche Rolle, da wir gewöhnlich sehr oberflächlich atmen, um uns unbewußt von unseren Gefühlen loszulösen. Es ist eine gute Idee, die Gruppensitzung mit einigen Atemübungen zu beginnen. Dies entspannt die Muskeln und bringt uns mit unserem Körper in Kontakt. Auch das einzelne Gruppenmitglied im Mittelpunkt der Aufmerksamkeit, beim Durcharbeiten eines Problems oder Gefühls, sollte voll und gleichmäßig durchatmen. Heftiges angespanntes Atmen ist nicht förderlich; in den ersten Phasen einer Selbsthilfegruppe müßt ihr euch jedoch eher vor einer oberflächlichen Atmung hüten.

Alex: Ich möchte von meiner Freundin Sally sprechen. Jedesmal, wenn ich sie anrufe, sagt sie, sie hätte keine Zeit, mich zu sehen.
Brenda: Wie fühlst du dich dabei?
Alex: Oh, ich weiß nicht. Ich glaube, es macht mir im Grunde nichts aus.
(Pause)
Carol: Ich sehe, daß du fast nicht mehr atmest. Atme ein paar Mal in deinen Bauch.
Alex: (Atmet ein paar Mal tief durch)
Carol: Was fühlst du?
Alex: Ich fühle mich wirklich traurig. Ich möchte sie sehen, und sie will mich nicht sehen. Ich bin sehr unglücklich darüber. Ich möchte weinen.

In Fällen wie diesem ist das volle Durchatmen ein nützliches Hilfsmittel, um an verdrängte Gefühle heranzukommen. Eine andere nützliche Methode ist das Konzentrieren auf den Körper als Ganzes:

Ann: Ich komme nicht mehr weiter. Ich möchte noch etwas an dem Streit arbeiten, den ich heute mit meinem Kind hatte. Ich habe euch erzählt, was passiert ist, aber ich weiß nicht wie es weitergehen soll. Ich weiß nicht, wo anfangen.
Barbara: Was geht in deinem Körper vor?
Ann: Nun, mein Magen ist angespannt. In meinem Kopf spüre ich ein leichtes Hämmern. Meine Hände zittern ...
Barbara: Laß sie noch stärker zittern. Was wollen sie dir mitteilen?
Ann: Ich glaube, sie haben Angst ... Ich habe Angst ...
Barbara: Wovor hast du Angst?
Ann: Ich habe wirklich Angst, es zu treffen, zu verletzen ...

Wie dieses Beispiel zeigt, läßt sich oft von der Körperhaltung der Frau, die gerade arbeitet, auf deren Gefühle schließen:

„Du bist ganz zusammengekauert auf deinem Stuhl. Versuch dich auszustrecken und schau, ob du dich dann nicht leichter ausdrücken kannst."
„Merkst du, daß deine rechte Faust geballt ist? Was möchte sie gerne tun?"
„Die Art und Weise, wie du deine Brust herausstreckst, sieht für mich recht herausfordernd aus. Paßt dies zu deinem Empfinden?"

Wir geben keine „Anweisungen". Die Gruppenmitglieder stellen einfach Fragen oder streichen etwas hervor, was ihnen am Körperausdruck der Frau auffällt. Die angesprochene Frau kann die Interventionen annehmen oder ablehnen. Die Körpersprache ist sehr komplex, wir werden noch ausführlicher darauf zurückkommen im Kapitel drei und fünf. Zunächst wollen wir für den Körperausdruck allmählich sensibler werden und uns vor allem auf die Atmung konzentrieren, wenn eine Person ihre Gefühle auszudrücken versucht.

Das Körperbewußtsein spielt immer eine wichtige Rolle, deshalb beschreiben wir hier vier Übungen zu diesem Thema. Wie bei allen Übungen gilt auch hier: Schuhe ausziehen und lockere Kleidung.

8 Bewußtheit mittels Atmung

Diese Übung eignet sich gut für den Beginn einer Sitzung. Legt euch auf den Boden, wenn möglich im Kreis, den Kopf der Mitte zu und laßt eine Frau langsam und laut das Folgende vorlesen:

„Konzentriere dich auf die Atmung ... Bei jedem Ausatmen stellst du dir vor, du würdest die Spannung in deinem Körper wegatmen ... versuch dich zu entspannen ... Konzentriere dich auf die Körperpartien, die den Boden berühren ... Spür das Gewicht des Körpers auf dem Boden ... Atme die Spannung mit jedem Atemzug aus. Versuch, dich noch mehr zu entspannen und deinen Körper schwerer auf den Boden sinken zu lassen ... Nun gibst du bei jedem Ausatmen einen Seufzer von dir, entspanne dich und atme die Spannung aus ... (Pause)

Nun legst du eine Hand auf den Bauch gerade unterhalb des Nabels. Beim Einatmen atmest du in den Bauch, so daß sich deine Hand beim Einatmen hebt und beim Ausatmen wieder senkt. Atme langsam aus mit einem Seufzer, laß jedesmal alle Luft aus deinen Lungen ... Atme ein Weilchen auf diese Weise ... Vergewissere dich, daß dein Bauch jedesmal beim Einatmen deine Hand hebt ... (Pause)

Nun versuche herauszubekommen, wo die Spannung in deinem Körper sitzt, beginne mit den Füßen. Spüre die Spannung in deinen Füßen. Beim Einatmen übertreibst du die Spannung und streckst deine Füße angespannt nach oben, beim Ausatmen entspannst du die Füße wieder und stellst dir dabei vor, du würdest die ganze Spannung in den Füßen wieder hinausatmen. Wiederhole dies ein paar Mal. Verstärke die Spannung in den Füßen beim Einatmen und streck sie angespannt nach oben, und dann loslassen ... Laß die Spannung beim Ausatmen richtig wegströmen.

Nun zu den Beinen. Konzentriere dich auf die Spannung in deinen Beinen, in den Waden, Knien, Schenkeln ... Stell dir dabei vor, du würdest den Atem in diese verkrampften Stellen leiten, beim Einatmen verstärkst du die Spannung, lade sie richtig auf ... dann beim Ausatmen läßt du die Spannung los, laß sie weggehen mit dem Atem von deinen Waden, den Knien, den Schenkeln ... Wiederhole dies ein paar Mal ... (Pause)

Nun kommen wir zu deinen Leisten. Konzentriere die Spannung in deinen Leisten ... Beim Einatmen bildest du dir ein, du würdest in sie hineinatmen ... Verstärke die Spannung und dann loslassen ... atme sie ganz hinaus. Wiederhole dies mehrere Male ... (Pause)“

Ihr fahrt fort und wiederholt dieses Muster: Anstelle der Leisten kommt nun der Bauch, dann der Brustkasten, die Schultern, die Arme, der Nakken, der Kopf und das Gesicht. Beendet die Übung mit dem Entspannen des ganzen Körpers wie zu Beginn.

Es ist wichtig, diese Anleitungen langsam vorzulesen, so daß sich die Gruppenmitglieder wirklich auf die verschiedenen Körperpartien konzentrieren können. Am Ende der Übung sollte die Gruppe ziemlich entspannt sein und sich der Art von Körpersprache, auf die wir in einer Therapiegruppe achten sollten, bewußter sein. Wenn ihr die Übung beendet habt, teilt ihr euch gegenseitig die Empfindungen mit, die ihr in eurem Körper verspürt habt – „Ich bemerkte, daß mein Nacken wirklich steif war“ usw.

Weitere Atemübungen findet ihr an anderen Stellen in diesem Buch.

9 Gespräch ohne Worte

Wählt euch eine Partnerin aus und sitzt euch gegenüber, versucht für drei Minuten ein Gespräch ohne Worte zu führen. Ihr könnt dabei Zeichen, Geräusche, jede Art von mimischen Gesten benutzen, alles, was euch gerade in den Sinn kommt, außer Worte.

Mit Hilfe dieser Übung erlebt ihr euren Körper als ein wunderbares Kommunikationswerkzeug. Es ist auch eine vergnügliche Art und Weise mit einem anderen Gruppenmitglied Kontakt aufzunehmen.

10 Bewegt werden

Sobald wir unseren Körper besser spüren, möchten wir ihn vermutlich auch mehr lieben und umsorgen. Hier eine Übung, bei der du dich angenehmen sinnlichen Empfindungen hingeben kannst.

Wähle eine Partnerin und vergewissere dich, daß deine Kleider locker sitzen. Deine Partnerin legt sich auf den Boden und atmet voll durch, um sich zu entspannen. Du selbst setzt dich neben sie, entspannst dich und nimmst dann mit ihrem Körper Kontakt auf. Du hebst und bewegst fünfzehn Minuten lang ihre Arme, Beine und ihren Kopf. Du konzentrierst dich dabei vor allem auf die Gelenke: Zehen, Knöchel, Finger, Ellbogen, Knie, Hüften, Schultern, Nacken, Kiefer. Experimentiere mit dem Körper deiner Partnerin, forciere ihn nicht, aber probiere, wie er sich bewegen läßt, wo er sich widersetzt, wo die Gelenke flexibel und wo sie steif sind. Als Liegende bleibst du entspannt und achtest auf den Unterschied zwischen Bewegt-werden und deinen eigenen Bewegungen. Genieße die angenehmen Empfindungen.

Nach fünfzehn Minuten tauscht ihr die Rollen. Dann gebt ihr euch gegenseitiges Feedback über eure Empfindungen. Welche Körperpartien waren entspannter? und so weiter.

11 Laufende Mitteilung über deinen Körper

Dies ist eine Übung für das Körperbewußtsein, die ihr zu zweit durchführen könnt. Setzt euch gegenüber und behaltet Blickkontakt. Falls euch das ablenkt, schließt die Augen und haltet euch an den Händen. Jede hat fünf Minuten für sich. Warte, bis dein Atemrhythmus ruhig und entspannt ist, dann konzentrierst du dich auf das, was in deinem Körper vor sich geht und teilst dies deiner Partnerin mit, auch wenn es nur Kleinigkeiten sind. Der Sinn dieser Übung liegt darin, all die unbedeutenden Empfindungen auszutauschen, die du normalerweise ignorierst oder über die du hinweggehst. So etwa zum Beispiel: „Meine Schultern fühlen sich sehr verspannt an, als ob sie viel getragen hätten ... Ich habe eine empfindliche Stelle an der Stirn, dort juckt es mich ... es fällt mir nichts anderes mehr ein, ich komme mir etwas blöd vor ... Oh, meine Füße sind kalt, mein Magen gluckst gerade, er fühlt sich etwas zittrig an ... Ich fühle so etwas wie ein festes Band um meine Stirn ..."

Nach fünf Minuten tauscht ihr die Rollen, dann gebt ihr euch gegenseitiges Feedback: Was hat dir am meisten Schwierigkeiten bereitet? Hat deine Partnerin irgend etwas an deiner Körperhaltung bemerkt, was dir entgangen ist?

BLEIBE IM „HIER-UND-JETZT"

Es ist sehr leicht, unser Körperbewußtsein auszuschalten, indem wir unsere Gedanken in Diskussionen abschweifen und sich auf Abwegen verlieren lassen. Diskussionen haben auch ihren Platz in der Therapiesitzung (gewöhnlich am Anfang und am Ende), während der Zeitspanne aber, die eine Frau braucht, um sich auf ihre Gefühle zu konzentrieren und ihnen nachzugehen, sind Diskussionen meistens sehr nutzlos. Lange Beschreibungen oder Anekdoten können auch ablenken. Die anderen Gruppenmitglieder müssen diesbezüglich wachsam sein und die Aufmerksamkeit der betreffenden Frau wieder auf die Gefühle im „Hier-und-Jetzt" lenken.

Adrien: Ich möchte an meiner Beziehung zu meinem Mann arbeiten. Er beklagt sich, daß ich mich nicht genügend um ihn kümmere, daß ich nicht genug für ihn tue.

Sue: Was meinst du damit?

Adrien: Nun, er haßt es, wenn ich ausgehe. Seit er seine Stelle verloren hat, ist er deprimiert. Er behält viel für sich, er vertrödelt seine Zeit im Haus ... Er ... Er ... und er ...

Sue: Ich glaube, du sprichst zuviel von *ihm*. Könntest du wieder auf *dich* zurückkommen? Wie wirkt dies alles auf dich? Wie fühlst du dich in diesem Moment?

Adrien: Nun, ich fühle mich nervös und ein bißchen schuldig, ich glaube, weil ich ihm nichts recht machen kann. Wie gestern abend, als er von seinem Kollegen kam und sagte: „Mit Mick kann ich mich wenigstens amüsieren", und ich sagte: „Meinst du, das kannst du mit mir nicht?" und er mir antwortete: „Du bist immer zu sehr beschäftigt", und ich ihm sagte ... und er sagte ... und ich sagte ...

Carole: Könntest du auf das zurückkommen, was du jetzt gerade fühlst, hier in diesem Zimmer? Was empfindest du ihm gegenüber?

Adrien: Ich habe seine Sprüche, ich würde mich nicht genug um ihn kümmern, wirklich satt. Ich habe wirklich genug davon. Die NASE VOLL!

In diesem Beispiel haben die Gruppenmitglieder Adrien aus zwei langen geschwätzigen Diskursen über ihren Mann zurückgeholt. Adrien lenkte dabei ihre Aufmerksamkeit und die der Gruppe von ihrer Person ab. Die anderen hätten das gleiche mit der Aufforderung erreicht, Adrien solle tief durchatmen oder ihre Körperempfindungen mitteilen. Es sind dies verschiedene Methoden, den Schwerpunkt vom Denken aufs Fühlen zu verlagern oder von Verallgemeinerungen auf konkrete Tatsachen zu kommen.

Wir können auch das, was vor sich geht, zensieren und uns von gewissen Empfindungen distanzieren, weil sie nicht „vernünftig" sind. Dies ist eine andere Art, uns aus dem „Hier-und-Jetzt" wegzubewegen.

Adrien: Ich habe GENUG DAVON! HAB DIE NASE VOLL DAVON! Aber es besteht eigentlich kein Grund, wütend zu werden. Es ist nicht seine Schuld, daß er seine Stelle verlor. Er ist immer gut zu mir gewesen. Ich sollte mich deswegen nicht aufregen.

Diane: Mach dir keine Sorgen darüber, was du fühlen „solltest". Du *bist* wütend hier, jetzt, in diesem Moment, deshalb laß es ruhig raus. Wir haben später noch genügend Zeit, das Richtige oder Falsche an der ganzen Sache herauszuarbeiten.

Adrien: Wahrscheinlich ... Es stimmt, ich habe die Nase voll: Er gibt mir die ganze Zeit das Gefühl, schuldig zu sein. Ich habe genug davon. Ich habe es SATT! Ich bin wirklich WÜTEND!

Die folgende Übung hilft uns, unser Bewußtsein auf das „Hier-und-Jetzt" in der Gruppe zu konzentrieren.

12 Pendeln zwischen Phantasie und „Hier-und-Jetzt"

Diese Übung beabsichtigt folgendes: Wenn du deine Aufmerksamkeit absichtlich vom „Hier-und-Jetzt" weg und dann wieder hineinlenkst, verstärkst du dein Bewußtsein und fühlst dich in der Gegenwart präsenter. Ein Gruppenmitglied liest langsam und mit häufigen Pausen:

Setze oder lege dich so hin, daß du dich entspannen kannst. Schließ die Augen. Konzentriere dich auf deine Atmung: atme voll und regelmäßig durch ... Nun stellst du dir den Ort vor, wo du am liebsten sein möchtest, deine liebste Phantasie, die ideale Situation, in der du dich gerne befinden möchtest ... (Pause)

Stell dir vor, du bist dort. Wo bist du? Bist du im Freien oder in einem Gebäude? Wen hast du bei dir? Was machst du? Was geschieht um dich herum? Was herrscht dort für eine Temperatur? Achte auf Laute und Gerüche ... Fühl dich in die Situation hinein und genieße sie ... (Pause)

Nun holst du dich langsam wieder aus dieser Phantasie heraus. Merke dir dabei, auf was du am wenigsten gern verzichten möchtest ... Komm nach und nach wieder in diesen Raum zurück ... Du bist zurück. Konzentriere dich auf das „Hier-und-Jetzt": die Temperatur, die Geräusche, die Gerüche ... andere Menschen im Raum ... Bewegungen ... (Pause)

Worin unterscheidet sich diese Situation von deiner Phantasie? Was gefällt dir und was mißfällt dir am Hiersein? Gibt es etwas, was dir unangenehm ist? Irgend etwas, was dich glücklich stimmt, jetzt diese Minute, in diesem Raum? (Pause) Nun setz dich langsam auf, falls du liegst, öffne die Augen und suche Blickkontakt zu jeder Frau im Raum ...

Nach Beendigung dieser Übung tauscht ihr gegenseitig eure Erfahrungen aus. Diese Übung eignet sich für Situationen, in denen die Gruppe abschweift, die Leute sich müde fühlen oder in Gedanken zerstreut sind. Sie beruht auf einer von Fritz Perls benutzten Gestalt-Übung. Perls vertrat die Auffassung, daß der Mensch sich rhythmisch zwischen den beiden Extremen von Kontakt und Rückzug bewegt. Er glaubte, daß diese Übung uns hilft, genau zu bestimmen, was uns im „Jetzt" Schwierigkeiten bereitet oder was darin fehlt. Die Phantasie dient auch dazu, unsere Kräfte für den Umgang mit der Realität neu „aufzutanken".

MEIDE DAS „WARUM"

Eine weitere Methode, unseren Verstand gegen unsere Gefühle einzusetzen, ist die folgende: Wir lassen uns in Erklärungen hineinziehen, indem wir Gründe angeben, *warum* wir auf bestimmte Art und Weise reagieren: „Ich bin nicht wirklich erregt, es ist bloß weil ...", „Ich weiß, *warum* es geschieht, ich sehe, daß es wirklich nichts von Bedeutung ist".

Manchmal vermeiden wir es, uns direkt auszudrücken, indem wir rhetorische Fragen stellen: „Warum hat er mich verlassen?" bedeutet gewöhnlich: „Ich bin wirklich verletzt, weil er mich verlassen hat ..." Wenn eine Frau anfängt, über eine Empfindung zu sprechen, fühlen sich andere Gruppenmitglieder häufg versucht, sie nach dem Warum zu fragen. Zum Beispiel:

Ann: Als wir die Aufforderung zur Zwangsräumung durch die Türe durchgeschoben bekamen, bin ich einfach in Tränen ausgebrochen.
Betty: Weshalb wolltest du weinen?
Ann: Nun, weil ich glaubte, dies würde bedeuten, wieder umziehen zu müssen, und ich wußte nicht, ob wir irgendwo etwas anderes finden würden, und ich dachte, wenn wir versuchen würden es sofort anzufechten, dann ...

Hier veranlaßt das „Warum" Ann, kopflastige Erklärungen und Beschreibungen abzugeben, anstatt gefühlsmäßig auf die Aufforderung zur Zwangsräumung zu reagieren. Hätte die Frage statt dessen „wie" gelautet, hätte sie sich vielleicht in eine andere Richtung bewegt:

Ann: Als wir die Aufforderung zur Zwangsräumung erhielten, bin ich einfach in Tränen ausgebrochen.
Betty: Wie hast du dich dabei gefühlt?
Ann: Ich war ganz einfach verzweifelt, hilflos, erschrocken und traurig.
Betty: Fühl dich da hinein.
Ann: Ach Gott, ich fühlte mich einfach schrecklich, ich fühlte mich

vollkommen hilflos.

Betty: Du siehst aus, als ob dir die Tränen zuvorderst stünden. Laß die Tränen laufen.

Ann: Oh, ich fühlte mich so elend ... (weint)

Wie dieses Beispiel zeigt, bringen die „Wie“-Fragen die Gefühle gewöhnlich an die Oberfläche. Ann kann weinen und einen Teil ihrer angestauten Gefühle rund um die Zwangsräumung entladen. Danach wird sie ruhiger und stärker sein, um alternative Wohnmöglichkeiten und ihre eigentliche Lage zu diskutieren. „Warum“-Fragen nützen selten etwas: Sie lenken die Gruppe nicht nur in Richtung rationaler Erklärungen, sondern sie führen manchmal auch zu psychologischen Deutungen gegenseitiger Gefühle:

Ann: Als wir die Aufforderung zur Zwangsräumung erhielten, bin ich einfach in Tränen ausgebrochen.

Betty: Warum wolltest du weinen?

Ann: Ich weiß es nicht.

Claire: Ich glaube, es ist, weil du unsicher bist. Du mußtest als Kind sicher oft umziehen, stimmt's?

Bei diesem Beispiel führt das „Warum“ weg von Anns Gefühlen; ein anderes Gruppenmitglied bietet ihr statt dessen eine Art hausbackene analytische Erklärung an. Obwohl in der Therapie Verbindungen zur Vergangenheit häufig hergestellt werden, sind sie gewöhnlich hilfreicher, wenn sie empfunden und nicht nur verstanden werden. In diesem Fall hätte Ann wahrscheinlich wegen der Räumungsaufforderung geweint, dann aber selbst festgestellt, daß sie das gleiche Gefühl schon als Kind empfunden hatte, als sie umziehen mußte. Da sie den Zusammenhang gefühlsmäßig hergestellt hätte, wäre dessen Wirkung umfassender gewesen als bei einer bloß intellektuellen Einsicht. Auch die Tatsache, daß sie *selbst* die Verknüpfung herstellt, ist von großer Bedeutung. Kritiker der Selbsthilfetherapie betonen oft, wie gefährlich es für Nichtprofessionelle sei, „Therapeut“ zu spielen. Eine Methode, sich vor möglichen Gefahren zu schützen, ist die folgende: Die Gruppe erlaubt der Frau, die arbeitet, sich selbst zu steuern, selbst zu entscheiden, wie sie ein Problem angeht und die Zusammenhänge herstellt. Dieses Verhalten bewahrt sie davor, ein hilfloses Objekt in der Therapie zu sein. Sie lernt statt dessen, sich auf ihre eigenen Kräfte zu stützen. Dabei merkt sie erst, wie stark sie ist, wie viele der Antworten sie schon selber weiß. Sie lernt sich mehr achten; sie wird sich ihrer eigenen Stärke bewußt, die sie dann im täglichen Umgang mit den Menschen in ihrer Umgebung einsetzen kann.

Wir haben zwar auf die Gefahren beim Gebrauch von „Erklärungen“ hingewiesen, betrachten aber Diskussionen über psychologische Theorien oder Vorgänge in der Gruppe nicht kurzerhand als erledigt. Gespräche sind zwar wertvoll, es ist jedoch am besten, sich dafür extra Zeit zu reservieren.

SPRICH LIEBER *MIT* EINER PERSON ALS *ÜBER* SIE

Es gibt eine sehr einfache Technik, mit unseren Gefühlen in Kontakt zu kommen. Wir vermeiden es, in der dritten Person zu sprechen, d. h. *über* jemand zu sprechen. In der Therapie wirst du im allgemeinen aufgefordert, direkt zu einer Person zu sprechen, sei diese nun vorhanden oder nicht. Wir bezeichnen dies mit „kein Tratschen". Das gleiche gilt, wenn wir über eine anwesende Person sprechen. Hier ein Beispiel:

Jeannie: Heute abend fühle ich mich unbehaglich in der Gruppe. Ich fühle mich nicht wohl, wenn Hannah im gleichen Raum ist. Es hat etwas damit zu tun, wie wir miteinander umgehen.

Kate: Könntest du aufhören, über Hannah zu „tratschen" und ihr selbst diese Dinge sagen. Sag *ihr*, wie du dich fühlst.

Jeannie: Hannah, ich fühle mich nicht wohl in der Gruppe mit dir zusammen. Die Art und Weise, wie wir miteinander umgehen, hat für mich etwas Unwirkliches.

Lisa: Kannst du zu diesem Gefühl stehen? Sag: *Ich* fühle mich unwirklich ... sieh Hannah an, nimm Blickkontakt zu ihr auf.

Jeannie: (wobei sie sie anschaut) Hannah, ich fühle mich unwirklich mit dir zusammen. Wir sind zwar höflich zueinander, aber ich glaube nicht, daß wir ehrlich sind. Oder vielleicht sollte ich lieber sagen, *ich* bin nicht ehrlich ...

In diesem Beispiel wird Jeannie ganz sanft dazu gebracht, zu ihren Gefühlen zu stehen und sie direkter auszudrücken. Die andere mit Namen und direkt ansprechen und ansehen, kann die Gefühle sehr stark aktivieren und freisetzen:

Kate: Jeannie, sieh Hannah an. Was fühlst du ihr gegenüber?

Jeannie: Ich habe Angst.

Kate: Sag es ihr.

Jeannie: Hannah, ich habe Angst vor dir. Ich habe Angst, du könntest mich verurteilen. Ich habe Angst vor deiner Stärke.

Kate: Laß diese Angst an dich herankommen ...

Diese Art der Gesprächsführung wirft eine Anzahl Fragen auf: Wie fühlt sich Hannah? Sollte sie antworten oder würde dies Jeannie unterbrechen? Wir werden ausführlicher darauf zurückkommen, insbesondere in Kapitel vier und neun.

Was geschieht, wenn die Person, mit der du Schwierigkeiten hast, nicht in der Gruppe ist? Häufig gelten die während der Therapiesitzung aktivierten Gefühle Personen, die nicht anwesend sind, Personen und Situationen aus der Vergangenheit. Das gleiche Prinzip gilt aber auch hier. Das „Tratschen" oder Reden „über" diese anderen Personen vermeiden wir, indem wir zu einem Kissen sprechen. Dies erscheint dir vielleicht zunächst als künstlich und du genierst dich, mit einem Kissen wie mit einer Person zu sprechen. Hast du aber einmal diese anfängliche Barriere überwunden, ist es eine sehr wirksame Methode:

Mary: Meine Freundin Sarah macht mich wirklich wütend. Sie verlangt dauernd von mir, daß ich Dinge für sie erledige.

Noreen: Sprich mit ihr. Hier ist ein Kissen, stell dir vor, es sei Sarah. Schau sie an und sag ihr, was du fühlst.

Mary: (zum Kissen) Sarah, du machst mich wütend. Du verlangst die ganze Zeit Dinge von mir, so, als ob du hilflos wärst.

Noreen: Wie fühlst du dich dabei?

Mary: Ich fühle mich eingeengt und mit Verantwortung überhäuft.

Noreen: Sag dies zu *ihr.*

Mary: Sarah, du gibst mir das Gefühl, eingeengt zu sein. Ich wünschte, du würdest aufhören, dich an meinen Rockzipfel zu klammern, damit ich mich um dich kümmere. Ich habe das Gefühl, für dein Leben verantwortlich sein zu müssen. Ich will dich nicht mehr am Hals haben! Ich will dich nicht mehr am Hals haben!

Indem Mary sich direkt mit Namen an das Kissen wendet und es anschaut, kommt sie viel leichter mit ihren Gefühlen in Berührung, als wenn sie weiter „über“ ihre Freundin sprechen würde. Diese Technik hat zudem den Vorteil, daß Mary leichter mit ihrer Angst umgehen kann, die sie wahrscheinlich beim Sprechen mit der wirklichen Sarah verspürte: Diese Probe dessen, was sie sagen möchte, ebnet ihr den Weg, direkt zu der wirklichen Sarah zu sprechen. (Wir werden in Kapitel drei über die Gestalttherapie noch ausführlicher auf die Kissen-Technik zu sprechen kommen und verschiedene einfache Übungen angeben.)

VERWENDE DIE WIEDERHOLUNG

Eine andere sehr einfache Methode, eine Person direkt mit ihren Gefühlen in Berührung zu bringen, anstatt um den heißen Brei herumzuschleichen, ist die Verwendung der Wiederholung. Hier ein Beispiel:

Deirdre: Was wolltest du dem Mann sagen, der dich wegen der Zwangsräumung aufsuchte?

Ann: Ich dachte, ich müßte höflich sein. In Wirklichkeit wollte ich ihm sagen, daß er verschwinden soll.

Deirdre: Stell dir vor, er befände sich hier auf dem Kissen. Sag ihm, er soll verschwinden.

Ann: (zum Kissen) Mach, daß du wegkommst, du schrecklicher Mensch. Ich will nicht, daß du hierherkommst, um mich aus meiner Wohnung zu schmeißen. Du hast überhaupt kein Recht

	dazu. Du hättest es auch nicht gern, wenn man dich aus deiner Wohnung vertreiben würde. Ich will dich hier nicht mehr sehen ...
Eva:	Was ist das *Wichtigste*, das du ihm sagen möchtest?
Ann:	Zu verschwinden.
Eva:	Dann versuch, nur diesen einen Satz ein paar Mal zu wiederholen.
Ann:	Verschwinde, du schrecklicher Mensch.
Eva:	Nochmal.
Ann:	Verschwinde! Verschwinde!
Eva:	Nochmal.
Ann:	VERSCHWINDE! VERSCHWINDE! VERSCHWINDE!

Die Wiederholung anstelle der Ausschmückung mit weiteren Details hilft Ann mit dem eigentlichen Gefühl hinter dem Gesprochenen in Berührung zu kommen. In diesem Fall steht Wut dahinter. Eigenartigerweise ist die Wiederholung am wirkungsvollsten, wenn sie etwas Peinliches und Schwieriges beinhaltet, welches die arbeitende Person am liebsten so rasch als möglich wieder vergessen möchte. Zum Beispiel:

Freida:	In der letzten Zeit stimmt es nicht mehr zwischen Jack und mir. Er kommt immer zu spät, ist zerstreut, irgendwie nicht anwesend ... Ich glaube meine größte Angst ist, daß er sie jetzt mehr liebt als mich. Er behandelt mich sehr eigenartig. Er ist sowieso deprimiert, dies wäre ja noch halb so schlimm. Aber er verbringt soviel Zeit mit ihr zusammen ...
Gwen:	Kannst du uns noch einmal sagen, wovor du am meisten Angst hast?
Freida:	Nun ... davor ... davor, daß er sie mehr liebt als mich. Es fällt mir wirklich schwer, dies zu sagen. Es verletzt meinen Stolz ...
Gwen:	Kannst du es noch einmal sagen?
Freida:	Er liebt sie mehr als mich. Er liebt sie mehr als mich ... Oh, nein! Es tut so weh, das zu sagen.
Gwen:	Nochmal.
Freida:	Er liebt sie mehr als mich ... Er liebt sie mehr als mich ... (sie weint)

Hier hatten die anderen Frauen in der Gruppe genügend Erfahrung, um den einen äußerst wichtigen und gefühlsmäßig am stärksten geladenen Satz aus einer Reihe von Bemerkungen Freidas herauszufinden. Durch die Aufforderung, diesen einen Satz zu wiederholen, helfen sie ihr, bei einem schmerzlichen Gefühl zu bleiben, bis sie es ausdrücken und loslassen kann.

Die drei folgenden, letzten Regeln unterscheiden sich geringfügig von den anderen. Sie sollen nicht so sehr den Einstieg in die Therapie erleichtern, sondern die Bedingungen schaffen, die eine therapeutische Situation erst ermöglichen.

KEINE GEWALT

Manchmal wird die Frau, die zum Kissen spricht, sehr zornig und von den anderen noch unterstützt, ihre Wut an dem Kissen auszulassen. Sie schlägt darauf ein, beißt hinein, zerknüllt es oder tut, was immer ihr hilft, das Gefühl herauszulassen. Arbeiten zwei sich im Raum befindliche Frauen an ihrer Beziehung zueinander, dürfen sie sich *nicht körperlich angreifen*. Eine Situation, in der eine Frau eine andere physisch verletzen könnte, löst sehr rasch Angst und eine Art Betäubung aus. Sie hilft der arbeitenden Frau nicht wirklich, ihre Gefühle zu empfinden. Die Regel „Keine Gewalt" muß von Anfang an deutlich eingehalten werden. Sie hilft, eine Atmosphäre der Sicherheit und des Vertrauens aufzubauen, in der Frauen sich frei fühlen, ihre Gedanken einander mitzuteilen. Manchmal können Frauen ihre Konkurrenzgefühle erforschen, wenn sie miteinander ringen. Die Gruppe muß aber dafür sorgen, daß sie auf ihren Knien bleiben und gut mit Kissen abgepolstert sind, so daß niemand verletzt werden kann.

KEINE DROGEN

Zigaretten, Alkohol, Aufputschmittel, Kaffee und Tee haben alle einen Einfluß auf unseren Gemütszustand. Sie wirken gewöhnlich dämpfend, betäuben uns und halten unsere Emotionen auf einem „sicheren" Niveau zurück. Aus diesem Grund verbannen sie einige Leute gänzlich aus den Therapiesitzungen. Wir glauben, daß dieses Verbot für Gewohnheitsraucher sehr schwer einzuhalten ist, und wir haben deshalb diesbezüglich keine festen Regeln aufgestellt. In der Praxis jedoch nehmen wir vor oder während einer Sitzung keinen Alkohol oder irgendeine andere Droge zu uns. Wir trinken auch keinen Tee oder Kaffee während der Sitzungen, und die Raucherinnen versuchen, ohne Zigaretten auszukommen. Selbst wenn ihr euch gegen Regeln in diesem Bereich entscheidet, lohnt es sich, darauf zu achten, *wann* ihr nach einer Zigarette greift oder Lust auf ein bestimmtes Getränk habt. Dadurch wird euch bewußter, was euch aufregt und wie ihr automatisch darauf reagiert, um die Erregung zu unterdrücken.

BEHANDLE ALLES VERTRAULICH

Wir bringen diese Regel erst am Schluß, obwohl sie eine der wichtigsten ist. Ganz zu Beginn unserer Gruppe haben wir keine Abmachung getroffen, die Dinge, die in unseren Sitzungen passierten, vertraulich zu behandeln. Einige Frauen regten sich dann auf, als sie entdeckten, daß Konflikte und Gefühle, die sie in den Sitzungen bearbeitet hatten, anderen Leuten außerhalb der Gruppe erzählt wurden. Dies hatte die Wirkung eines Vertrauensbruchs. In einer Therapiegruppe entblößen wir uns vielleicht viel tiefgreifender als in irgendeiner anderen Situation unseres Lebens. Dies ist an sich schon schwer genug, ohne die Angst, unsere Empfindungen könnten Gegenstand von Klatsch werden. Die Übereinkunft, den Inhalt der Sitzungen vertraulich zu behandeln, ist ein wesentlicher Beitrag zum Aufbau von Vertrauen in einer Gruppe oder Counselling-Beziehung. Sie sollte deutlich und unmißverständlich gleich zu Beginn der Therapie getroffen werden.

ANMERKUNG

1 *Ann Scott, unveröffentl. Artikel, London 1976*

II
Wie wir eine Selbsthilfegruppe bilden

Zu Beginn hatten wir häufig Schwierigkeiten mit unserer Selbsthilfegruppe. Wir waren eine Handvoll Leute, die sich in einer ungewohnten Umgebung nicht wohl fühlten und sich deshalb umso mehr anstrengten, „ihre Gefühle wieder zu spüren". Wir entmutigten uns gegenseitig, weil uns dies nicht gelang. In diesem Kapitel möchten wir einige Ideen, Strukturen und Methoden darlegen, die vielleicht anderen Gruppen helfen können, einige der Probleme, mit denen wir uns konfrontiert sahen, zu vermeiden.

VERTRAUEN AUFBAUEN

Viele von uns sind im Glauben erzogen worden, der „härteste Weg sei auch der beste". Machen wir dann Therapien, wenden wir das gleiche Prinzip auf sie an. Wir erwarten Wunder über Nacht. Wir meinen, daß wir unsere Gefühle voller zum Ausdruck bringen, daß wir uns noch mehr „Mühe geben sollten". Begierig beginnen wir den Einstieg mit den schwierigsten Übungen, von denen wir annehmen, daß sie den Gefühlen am besten zum Durchbruch verhelfen, obwohl uns diese Aussicht erschreckt. Wir stellen unmöglich hohe Anforderungen an uns selbst und an die anderen, was häufig Enttäuschung und Ernüchterung zur Folge hat. Wir stürzen uns voll in die Therapie, geraten in Panik und ziehen uns dann zurück. Andere wiederum werden ängstlich, sind während der Sitzungen stumm und verhalten sich abweisend oder erscheinen überhaupt nicht mehr. Gelegentliche Gefühlsausbrüche tragen zur Spannung bei; noch mehr gehen weg und andere bleiben zurück und beklagen sich: „Niemand wollte wirklich ein Risiko eingehen", „Alles bloß Geschwätz, das führt uns nirgendwohin", „Ich habe in dieser Gruppe zu niemandem Vertrauen".

Diese Art von Enttäuschungen können wir vermeiden, wenn wir uns erinnern, daß Vertrauen aufzubauen Zeit braucht. Zu Beginn einer neuen Gruppe sind Angst und Mißtrauen unvermeidlich. Diese Erscheinungen sollten wir aber nicht als Mißerfolg werten. Es ist gut, wenn wir diese Gefühle klar erkennen und darüber sprechen, ohne uns gleich gegenseitig zu beschimpfen oder anzugreifen. Das Vertrauen in einen guten Start schafft in einer herkömmlich geführten Gruppe der Leiter. In einer Selbsthilfegruppe müssen wir es uns selbst erarbeiten. Deshalb lohnt es sich, schrittweise vorzugehen, indem wir positive Kontakte aufbauen und mit dem beginnen, was leicht ist und Spaß macht. Damit können wir viel eher die gegenseitige auf die Therapie bezogene Abwehr respektieren, und wir erwarten weniger eine Wandlung über Nacht. Wir müssen schon kleine Risiken und Veränderungen unterstützen und anerkennen, damit sie sich weiterentwickeln können. Dies bedeutet aber nicht, daß Kritik oder negative Gefühle der Gruppe verdeckt werden sollen. Komplexe und negative Gefühle treten unweigerlich auf; sie zu untersuchen ist nie einfach. Paradoxerweise scheint es jedoch einfacher, ihnen offen und ehrlich zu begegnen, wenn eine starke, grundlegende Übereinstimmung bezüglich Anerkennung und Vertrauen vorhanden ist. Kritik erträgst du viel leichter von einem Menschen, der dich liebt: du mußt dich dann nicht verteidigen und nicht verzweifeln, sondern du fühlst dich stark genug, um daraus zu lernen. Liebe und Anerkennung in der Gruppe können dazu beitragen, die Kraft zur Veränderung zu spüren und nicht zu glauben, man sei ein „hoffnungsloser Fall". Uns von lebenslangen Verhaltensmustern zu befreien ist schwierig. Wir brauchen dazu die Unterstützung und den Ansporn von anderen Frauen, um uns zu vertrauen und den Sprung zu wagen. Es ist wichtig, jede, so wie sie lebt, zu akzeptieren, ebenso den Prozeß, in dem sie sich befindet. Wir können nur allzu leicht dazu gebracht werden, uns unzulänglich, minderwertig und unfähig zu fühlen. Unsere Gesellschaft trägt das ihre dazu bei, uns diese Gefühle zu vermitteln. Die Therapie soll diese schlechten Gefühle nicht noch unterstützen, damit wir uns nicht auch noch darin als „Versager" erleben. Das langfristige Ziel der Therapie besteht darin, dies zu ändern, uns zu helfen, uns in unserer Haut besser und stärker zu fühlen. In der Praxis heißt dies vielleicht, mit leichten Übungen beginnen, bevor wir zu anspruchsvolleren übergehen, die Sitzungen so strukturieren, daß genügend Zeit für Feedback und Körperkontakt (Umarmungen, Massage) übrig bleibt, um allmählich ein gegenseitiges Vertrauen aufbauen zu können.

WISSEN, WAS DU DIR VON DER THERAPIE ERHOFFST

Zu Beginn einer Selbsthilfegruppe sollte jede Frau eine klare Vorstellung von dem haben, was sie sich von der Therapie erhofft. Achte darauf, was dich bewegt und folge deinem Gefühl, wie du dein Leben und dich selbst umfassender verwirklichen könntest. Richte dich nach dem, was dich berührt, was dich interessiert und dir Vergnügen bereitet und nicht nach dem, was du deinem Glauben nach tun „solltest". Damit kannst du die Art von Muster, die du in deinem Verhalten ändern möchtest („Ich tue immer Dinge für andere und ich ärgere mich darüber", „Ich habe Orgasmusschwierigkeiten", „Ich fühle mich häufig einsam") oder ein bestimmtes Problem, an dem du arbeiten möchtest, in die Gruppe einbringen („Ich habe mich soeben von meinem Mann getrennt, ich möchte lernen, das Leben aus mir selbst heraus zu genießen"). Überlege dir, welche positiven Veränderungen du innerhalb einer bestimmten Zeitdauer in deinem Leben schaffen könntest. Eine Methode ist folgende: Jede Frau in der Gruppe setzt einen „Vertrag" auf. Darin hält sie die bestimmten Veränderungen innerhalb einer gewissen Zeitdauer fest. Andere Gruppenmitglieder erinnern sie dann an den

Vertrag und helfen ihr, diesen einzuhalten. So kann ein Vertrag etwa enthalten: „Das zu verlangen, was ich möchte" oder „Auch das Gute in meinem Leben ist anerkennenswert und nicht bloß das, was nicht rund läuft".[1]

Welche Methode wir auch immer anwenden, wir dürfen dabei nicht vergessen, daß Therapie nicht nur Schwierigkeiten und Schmerz bedeutet, sondern auch ein tatsächliches Öffnen der eigenen Person. Sie ist eine Methode, um unser Potential an Liebes- und Ausdrucksfähigkeit umfassender zu verwirklichen. Eine Selbsthilfegruppe ist der ideale Ort, positive Entwicklungen zu untersuchen und dabei festzustellen, daß wir alle über mehr Kräfte verfügen, als wir uns zugestehen.

WIE DU EINE GRUPPE ZUSAMMENBRINGST

Wen möchtest du in der Gruppe haben?

Vielleicht tauchen Schwierigkeiten auf, was die Anzahl der Gruppenmitglieder betrifft. Für den Anfang scheint eine Gruppe von zehn oder mehr Frauen vielleicht zu unübersichtlich und schwerfällig zu sein. Auch zwei oder drei Frauen können eine Therapiegruppe bilden. Deren Energiepegel kann aber wiederum als zu schwach empfunden werden und ihre Strukturen gleichen vermutlich eher einer Co-Counselling-Therapiebeziehung. Für den Beginn ist eine Gruppe von sechs bis acht Frauen gewöhnlich eine gute Größe.

Wir waren anfänglich eine gemischte Gruppe. Zu sehen, wie Männer ihre Gefühle auszudrücken lernten, hatte, wie es eine Frau in der Gruppe umschrieb, eine „erzieherische? heilsame? Wirkung, war eine Erleichterung, eine Überraschung, stimmte zuversichtlich". Uns wurde aber zunehmend bewußter, daß bestimmte Probleme für uns zu schwierig waren, um sie in einer gemischten Gruppe zu behandeln: Sexualität, Selbstverachtung, Konflikte unter uns Frauen, die vor den Männern auszutragen uns als unloyal erschien. Wir trennten uns dann und bildeten eine Frauen- und eine Männergruppe. Unsere Frauengruppe bot uns genügend Spielraum, um ernsthaft an unseren gegenseitigen Beziehungen zu arbeiten, was die gemischte Gruppe nicht bieten konnte. Gruppen mit einem gemeinsamen Interesse oder mit der gleichen Motivation (als Frauen, als Eßsüchtige, als alleinstehende Eltern) scheinen am stärksten zusammenzuhalten. Wichtig dabei ist, gleich zu Beginn über eure Motivation zu sprechen. Dadurch seht ihr, ob genügend Gemeinsamkeiten vorhanden sind, um sich gegenseitig die nötige Bestätigung und Rückhalt geben zu können. Diese sind genauso wichtig wie die Therapie selbst. Aus der Gruppe kann ein Netz von Freundinnen erwachsen, die deine Veränderungen sehen und akzeptieren, die deine Krisen verstehen und dich in deiner veränderten Persönlichkeit unterstützen.

Schwierigkeiten können auftauchen, wenn sich eine Frau in einer neuen Gruppe in einer akuten Notlage befindet, und sie mit ihren scheinbar unlösbaren Problemen die Sitzungen vollständig dominiert. In diesem Falle sollten wir sie fragen, ob sie zu diesem Zeitpunkt überhaupt in der Lage ist, anderen Frauen die Aufmerksamkeit zu geben, die für das Überleben einer Selbsthilfegruppe notwendig ist. Möglicherweise braucht sie für eine Weile eine Situation, in der sich die Aufmerksamkeit auf sie konzentriert (vielleicht kann ein Gruppenmitglied außerhalb der Gruppe nach der Co-Counselling-Methode (Mit-Beratungs-Methode) mit ihr arbeiten, vielleicht braucht sie auch professionelle oder Einzeltherapie). Eine unerfahrene Selbsthilfegruppe sollte sich nicht schuldig fühlen, wenn sie nicht mehr weiter weiß und „nein" sagt, wenn die Situation dies erfordert.

Die Zeit und der Ort

Wenn wir uns unsicher oder physisch unbehaglich fühlen, ist es fast unmöglich, uns überhaupt zu öffnen, geschweige denn schwierigen unterdrückten Gefühlen nachzuspüren. Deshalb sollten wir uns ungeachtet der Gruppengröße zu genau vereinbarten Zeiten in einem gemütlichen Raum treffen.

Dies sollte ein Raum sein, in dem wir uns entspannen können, in dem wir, wenn möglich, nicht unterbrochen werden und in dem wir auch lärmen können, ohne daß sich andere Leute darüber beklagen. Wir haben mehrere Räumlichkeiten ausprobiert, die jeweils mit den verschiedensten Problemen verbunden waren: an einem Ort riefen die Nachbarn die Polizei, weil sie Schreie hörten. In einem Gemeindezentrum wurde eine andere laute Sitzung mit einem Flaschenwurf durchs Fenster unterbrochen. Es empfiehlt sich auch nicht, sich jedesmal bei der gleichen Frau zu treffen. Diese könnte sich mit der Zeit für die Gruppe verantwortlich fühlen. Vielleicht können wir einen Raum in öffentlichen oder kirchlichen Lokalitäten oder in einem Frauenzentrum benutzen oder mieten. Es lohnt sich, den Raum nach Gutdünken auszustaffieren (etwa Kissen auslegen, Posters an die Wand heften, einen Schallschutz anbringen): Eine freundliche Umgebung trägt auf lange Sicht dazu bei, die Arbeit der Gruppe leichter und erfolgreicher zu gestalten. Der Raum sollte warm und wenn möglich, mit einem Teppich ausgelegt sein, damit wir barfuß auf dem Boden sitzen können. Möbel sollten beiseite geschoben werden, um genügend Raum für freie Bewegung zu haben. Die Kissen brauchen wir nicht nur, um darauf zu sitzen, sondern auch für einige Therapieübungen.

Trefft eine klare Entscheidung, wie oft und für wie lange ihr euch treffen wollt. Viele Selbsthilfegruppen beginnen mit einer dreistündigen Sitzung pro Woche oder alle zwei Wochen, was aber von den Bedürfnissen der Mitglieder abhängt. Es ist besser, sich auf eine bestimmte Dauer zu einigen, damit sich die Sitzungen nicht mühsam dahinschleppen können. In einigen Gruppen wird Tee oder Kaffee vor den Sitzungen bereitgestellt, um nicht mit leerem Magen beginnen zu müssen. Andere Gruppen wiederum finden es sinnvoll, umschichtig eine Frau zu bestimmen, die Zeit- und Treffpunkt koordiniert und das Informieren der Frauen übernimmt, nicht aber die Leitung der Sitzungen. Je klarer wir praktische Vorkehrungen dieser Art treffen, desto mehr tragen wir dazu bei, einen sicheren Bezugsrahmen zu schaffen, innerhalb dessen die Selbsthilfegruppe effektiv funktionieren kann.

DAS EIS SCHMELZEN

Neue Gesichter können so hemmend wirken wie eine fremde Umgebung. Falls ihr euch noch nicht kennt, braucht ihr zunächst Zeit, um einander kennenzulernen und eine herzliche Atmosphäre zu schaffen, bevor ihr überhaupt daran denkt, eure Gefühle offenzulegen. Die Gruppe entscheidet sich vielleicht, die ersten Sitzungen für consciousness-raising (Bewußtseinserweiterung) zu verwenden, wobei jede Frau von sich erzählt. Es kann auch hilfreich sein, wenn ihr euch gegenseitig eure Befürchtungen, die ihr mit dem Engagement in der Therapie verknüpft, oder euch eure Vorstellungen anvertraut, was in den Sitzungen geschehen könnte. Hier ein paar Übungen. Die Körperübungen eignen sich besonders gut, um Spannungen abzubauen. Während den Paar-Übungen tauscht ihr jedesmal eure Partnerin. So lernt jede Frau mehrere andere Frauen kennen, und gegenseitige Barrieren zwischen den Gruppenmitgliedern werden abgebaut.

13 Sag deinen Namen

Setzt euch in einen Kreis. Jede Frau sagt der Reihe nach ihren Namen und ein Adjektiv, das ihren momentanen Gefühlszustand umschreibt: „Jane – nervös", „Sally – müde".

Oder ihr versucht, im Kreis stehend, der Reihe nach euren Namen mit einer Bewegung zu begleiten, die euren Gemütszustand ausdrückt. Wiederholt diesen Vorgang dreimal, wobei ihr jedesmal euren Namen auf eine andere Art und Weise wiedergebt.

Eine weitere Variante dieser Übung ist folgende: Stellt durch das Aussprechen des Namens und durch Bewegung eine Art Rhythmus her, wobei sich eine Frau nach der anderen anschließt, bis eine Art Gruppenmelodie entsteht. Du kannst deine Töne variieren oder zusammen mit der Bewegung auf andere Gruppenmitglieder reagieren.

Jede Frau teilt in fünf Minuten der Gruppe all ihre Spitznamen mit und erklärt dabei deren Ursprung und Begleitumstände.

14 Stellt euch gegenseitig vor

Wähl dir als Partnerin die Frau aus, die du am wenigsten gut kennst. Dann versucht ihr kurz, euch die wichtigsten Dinge in eurem Leben mitzuteilen. Jede Frau stellt der Reihe nach ihre Partnerin dem Rest der Gruppe vor: „Dies ist Carole. Sie hat soeben ein Kind bekommen ... Sie arbeitete gern in ihrem Beruf ..." Mit dieser Übung wollen wir die peinliche Angelegenheit, sich einer neuen Gruppe vorzustellen, umgehen. Nichtssagende Konversation wird dabei weggelassen, dafür Kontakt hergestellt.

15 Begegnung der Hände

Ihr sitzt euch paarweise mit geschlossenen Augen gegenüber. Laßt euch von einem Gruppenmitglied die nun folgenden Anweisungen erteilen:
Laßt eure Hände die Hände eurer Partnerin untersuchen.

Laßt die zwei Paar Hände zusammen einen Tanz aufführen.
Laßt sie miteinander kämpfen.
Nun laßt sie traurig sein.
Jetzt fröhlich.

Laßt euch für jede Stimmung mehrere Minuten Zeit. Dann löst die Hände voneinander und schaut, ob ihr immer noch irgendeine Verbindung zu eurer Partnerin verspürt. Nachher tauscht ihr eure Erfahrungen aus.

16 Deine Lebenslinie zeichnen

Jede Frau hat farbige Malkreide und ein großes Blatt Papier vor sich. Auf das Papier zeichnet sie eine Linie, die ihr Leben von der Geburt bis zum gegenwärtigen Tag wiedergibt. Dann setzt sie mit Figuren, Farben und Worten herausragende Ereignisse und Situationen ihres Lebens in die Linie ein. Jede Frau hat zehn Minuten Zeit, um der Gruppe ihre „Lebenslinie" zu erläutern. Diese Übung eignet sich gut, um etwas aus dem Leben der anderen zu erfahren. Das gleiche gilt für die nächste Übung.

17 Autobiographie

Macht eine kurze Autobiographie für die Sitzung und teilt sie der Gruppe mit. Diese Autobiographie könnt ihr in Form eines schriftlichen Berichts, einer Bildmontage, einer Sammlung von Gegenständen oder eines Tanzes ausdrücken.

Falls euch die Autobiographie nicht behagt, konzentriert ihr euch auf *ein wichtiges Ereignis* in eurem Leben.

18 Kopf- und Rückenmassage

Ihr teilt euch paarweise auf und sitzt euch gegenüber, Hände auf dem Rükken. Eure Köpfe berühren sich, und ihr gebt euch gegenseitig eine Kopf-an-Kopf-Massage, wobei ihr Gesicht, Haar und Nacken der Partnerin mit dem Kopf abtastet. Nach drei Minuten dreht ihr euch den Rücken zu und wiederholt das gleiche, diesmal mit dem Rücken.

Darauf teilt ihr eurer Partnerin eure Empfindungen mit.

19 Ketten-Massage

Diese Übung eignet sich für Körperkontakt in der ganzen Gruppe.

Alle stehen oder sitzen im Kreis, und jede Frau massiert die Frau, die sich vor ihr befindet. Teilt einander mit, was euch angenehm ist. Für die Massage braucht ihr etwa zehn Minuten. Ihr könnt auch Musik spielen lassen, falls ihr damit in die richtige Stimmung kommt. Vielleicht paßt euch ein kräftiges, ein eher tastendes oder besänftigendes Streicheln, je nachdem, was die Gruppe gerade braucht. Die Gruppe entscheidet, ob Kleider ausgezogen werden.

20 Sich frei zur Musik bewegen

Wählt eine Platte aus, die eurer Stimmung entspricht. Legt euch auf den

Boden, schließt die Augen, atmet voll durch und laßt die Musik ganz auf euch einwirken. Wenn ihr euch bereit fühlt, steht auf und laßt euch langsam mit geschlossenen Augen von der Musik bewegen. Bleibt dabei locker, reagiert spontan und versucht von der gewohnten Art euch zu bewegen oder zu tanzen wegzukommen. Stellt euch vor, der Tanz ginge von einem Punkt in eurem Inneren aus, zu dem die Musik spricht. Tanzen kann als Gruppenaktivität schön und entspannend sein. Da wir langsam und mit geschlossenen Augen beginnen und niemand uns dabei beobachten kann, lernen wir mit Hilfe dieser Übung, ohne Befangenheit zu tanzen.

21 Vortrag aus dem Stegreif

Jede Frau sucht sich ein Objekt im Raum aus und hält der Gruppe darüber einen zweiminütigen „Vortrag". Diese Vorträge können traurig, lustig oder phantastisch sein. Das Phantastische und Willkürliche des Inhalts bringt Frauen oft zum Sprechen, die sonst Hemmungen haben. Diese Übung hilft, die eigene Kreativität in die Gruppe einzubringen und sich an der von anderen zu freuen.

22 „Als Frau erwartet man von mir ..."

Diese Übung eignet sich gut, feministische Themen zur Sprache zu bringen, wo noch keine gemeinsamen Gespräche oder Aktivitäten zur Bewußtseinserweiterung stattgefunden haben. Wählt euch eine Partnerin aus, setzt euch gegenüber auf den Boden und haltet euch an den Händen, falls ihr wollt. Behaltet Blickkontakt. Jede Frau hat sechs Minuten zur Verfügung. Beginne jeden Satz mit: „Als Frau erwartet man von mir ..." Zum Beispiel: „Als Frau erwartet man von mir, daß ich gepflegt bin", „Als Frau erwartet man von mir, daß ich nicht schreie", und so weiter. Nach drei Minuten beginnt ihr die Sätze mit: „Als Frau fühle ich ..." („Als Frau fühle ich Wut", „Als Frau fühle ich mich einsam"). Wenn deine Zeit um ist, tauscht ihr die Rollen. Nach Beendigung der Übung gibst du deiner Partnerin Feedback (Was sind die schwierigsten Erwartungen? Hattest du ähnliche Erfahrungen?).

Dann setzt ihr euch wieder im Kreis zusammen, und jede Frau teilt der Gruppe eine wichtige Sache mit, die ihr während der Übung bewußt wurde.

In einer gemischten Gruppe führen die Männer eine männliche Variante dieser Übung durch, um die stereotypen Männerrollen und deren Beziehung zu ihren tatsächlichen Gefühlen zu untersuchen.

23 Der Gruppe vertrauen

Bildet im Stehen einen engen, geschlossenen Kreis. Der Reihe nach geht jeweils eine Frau in die Mitte des Kreises. Sie steht aufrecht, mit gestreckten Knien, die Füße nebeneinander, die Augen geschlossen und den ganzen Körper möglichst entspannt. Sie läßt sich fallen und von den anderen sanft im Kreis herumreichen. Falls sie sich wirklich entspannen kann, lernt sie dabei, sich der Gruppe anzuvertrauen. Gelingt es dir nicht, dich zu entspannen, mach dir bewußt, wovor du Angst hast.

24 Wie du dich gerne verändern möchtest
Stellt euch in einen Kreis. Jede Frau geht der Reihe nach in die Mitte und mimt einen Aspekt ihrer Persönlichkeit, der ihr mißfällt (zum Beispiel ihre Ängstlichkeit, Eifersucht oder Aggressivität). Nach ein paar Minuten versucht sie sich so darzustellen, *wie sie gerne sein möchte*. Diese Übung ist günstig nach einer Körperübung zum Einwärmen. Danach sind die Frauen in der Regel nicht mehr so gehemmt. Die Gruppe erfährt, welche Veränderung sich jede Frau von den Therapiesitzungen erhofft.

THERAPIE MIT FREUNDINNEN

Falls ihr einander kennt – sei es als Freundinnen, Arbeitskolleginnen, Wohngemeinschafts- oder CR-Gruppe –, werdet ihr, bevor ihr mit der Therapie beginnt, noch eine „andere Art von Eis schmelzen“ müssen. Die Sitzungen beginnen hier meistens auf dem Hintergrund einer Vielzahl von Neigungen und Abneigungen, versteckten Kompromissen, Absprachen und festgelegten Verhaltensmustern, die häufig unbewußt aufgebaut wurden. Gewöhnlich entwickeln sich solche Muster, um einen problemlosen Umgang in der Gruppe zu ermöglichen, wobei aber sehr vieles versteckt bleiben kann. Falls ihr die Beziehungsstrukturen zwischen den Gruppenmitgliedern aufbrechen wollt, damit die einzelnen Frauen ihre Empfindungen direkter und umfassender ausdrücken können, müssen einige dieser Verhaltensmuster schließlich bloßgelegt und in Frage gestellt werden. In Kapitel vier über den Encounter haben wir einige Übungen zu diesem Thema angegeben. Hier beschreiben wir einige einleitende Übungen, die die Rollenverteilung in der ganzen Gruppe aufzeigen und Möglichkeiten bieten, die Beziehungsmuster zu verändern.

25 Einen versteckten Charakterzug vorstellen
Bildet einen Kreis. Überlegt euch ein paar Minuten lang, welcher Teil eurer Persönlichkeit von der Gruppe nicht wahrgenommen wird, welchen Aspekt eures Charakters ihr nicht ausdrückt, weil die anderen ihn nicht akzeptieren oder nicht darauf reagieren. Denkt euch einen passenden Namen für diesen versteckten Teil eurer selbst aus. Dann geht jede Frau der Reihe nach in die Mitte und stellt sich der Gruppe vor: „Ich bin Christabel, ich gehöre zur Oberschicht und bin versnobt und benehme mich affektiert und geziert ...“, „Ich bin Sylvia, ich bin romantisch und kreativ ...“, „Ich bin Maureen, ich bin unglücklich, wehleidig und schlampig ...“.

Laß dich dabei gehen und genieße es, diesen versteckten Teil herauszukehren.

Diese Übung kann lustig sein, sie macht dir aber auch Verhaltensweisen bewußt, die du der Gruppe bisher vorenthalten hast. Aspekte deiner Persönlichkeit werden ans Licht gebracht, die dich beschämen oder die du bisher für dich behalten hast, die du nicht mitteilen wolltest oder konntest.

26 Beziehungen malen

Ihr braucht jede eine Menge großer Wachskreiden und zwei große Blätter Papier. Auf das eine Blatt zeichnest du ein Bild deiner Beziehungen mit Frauen, auf das andere das Bild deiner Beziehungen zu Männern. Nimm dir nur drei Minuten Zeit für jede Zeichnung. Wichtig ist, daß du spontan bist und dir keine Gedanken machst, ob die Zeichnung „schön" wird. Sobald alle fertig sind, äußert sich jede Frau zu ihren Bildern: „Dieses rote und braune Muster sieht harmonisch und glücklich aus", „Das Bild ist verworren, hier hat es ein paar verzwickte, ineinander verhedderte Abschnitte".

Dann können andere Gruppenmitglieder ihren Kommentar abgeben. Sie sollten die Bilder nicht interpretieren, sondern sich an das halten, was ihnen auffällt und was sie dabei fühlen: „Jenes Blau ist anders als der Rest", „Das dort löst bei mir etwas Angst aus".

Diese Übung bietet einen Rahmen, der es den Frauen erlaubt, persönlicher über sich und ihre Beziehungen zu sprechen, als sie dies vielleicht zuvor in der Gruppe getan haben.

27 Wie ich „ankomme"

Mit Hilfe dieser Übung sehen wir, ob unser Selbstbild dem Bild entspricht, das sich unsere Freundinnen von uns machen.

Nehmt Bleistift und Papier. Notiert alles, was euch über den Eindruck einfällt, den ihr auf andere zu machen glaubt („bezaubernd", „rechthaberisch", „großgewachsen"). Schreibt schnell, ohne zu überlegen oder zu urteilen. Dann bildet ihr Dreiergruppen und nehmt euch etwa zehn Minuten Zeit, um eure Liste den anderen mitzuteilen. Diese werden dir Feedback geben und dir sagen, ob die Eigenschaften auf deiner Liste ihrem Eindruck von dir entsprechen oder nicht.

28 „Ich bin wie du, ich bin anders als du ..."

Teilt euch in Paare auf. Setzt euch auf dem Boden einander gegenüber und behaltet Blickkontakt. Jede zählt drei Minuten lang die Merkmale und Charakterzüge auf, die sie glaubt mit der anderen Frau gemeinsam zu haben. Beginnt jeden Satz mit: „Ich bin wie du, was ... betrifft", „Ich bin wie du, was das Tüchtig-Sein betrifft", „Ich bin wie du, wir regen uns beide wegen Kleinigkeiten auf ..." und so weiter. Während die eine Frau spricht, hört die andere einfach zu. Nach drei Minuten Rollenwechsel.

Wenn ihr damit fertig seid, wiederholt jede von euch das gleiche Muster. Nun aber zählt ihr einander Verhaltenszüge auf, in denen ihr euch unähnlich seid. Beginnt den Satz mit: „Ich bin anders als du, was ... anbelangt".

Wenn ihr damit fertig seid, gebt ihr eurer Partnerin Feedback. Dies ist gewöhnlich eine ziemlich angenehme Art, Beziehungen anzubahnen. Wir heben dabei Ähnlichkeiten und Unterschiede hervor, die uns vielleicht angenehm oder unangenehm sind.

Falls keine dieser Übungen zu passen scheint, denkt ihr euch einfach eigene aus. Allein in diesem Kapitel ist genügend Material vorhanden, das ihr spielerisch benutzen könnt: Kissen, Zeichnungen, Bewegungen, paarweise Gespräche, im Kreis herumgehen. In verschiedener Weise kombiniert könnt ihr damit bestimmte Themen, die ihr bearbeiten möchtet, hervorheben. Wichtig ist, daß euch die Sache von Anfang an Spaß macht und ihr mit den Übungen kreativ umgehen lernt. Ihr allein entscheidet, was in der Gruppe geschehen soll.

WIE IHR EINE SELBSTHILFESITZUNG IN GANG HALTET

Ihr lauft Gefahr, vor allem, wenn die Selbsthilfetherapie für euch neu ist, viel Zeit mit Diskussionen über das Strukturieren der Sitzung zu verlieren. Das kann Ängste oder Spannungen vermehren, da einige Leute mit Sprechen Gefühle verdecken, die auszudrücken ihnen Angst bereitet. Normalerweise ist es besser, eine Übung einfach zu machen, als herumzusitzen und zu argumentieren. Vermutlich kommen sowieso die gleichen Probleme und Gefühle an die Oberfläche, wie immer auch ihr an die Sache herangeht. Vor allem als neue Gruppe seid ihr häufig auf Übungen und Strukturierungsvorschläge angewiesen, um die Sitzungen in Schwung zu bringen. Hier ein paar nützliche Vorschläge, wie ihr eine Sitzung in Gang halten könnt:

1 Den Kreis eröffnen
Beginnt damit, daß der Reihe nach jede Frau kurz sagt, wie sie sich fühlt und was sie von der Sitzung erwartet.

2 Einwärmen
Spannungen schaffen häufig eine laue oder leblose Stimmung. Bist du körperlich angespannt und ist dir kalt, sind deine Gefühle gewöhnlich wie betäubt. Hier ein paar energetisch wirkende Körperübungen. Sie helfen Spannungen lösen und lassen die Gefühle leichter zum Vorschein kommen.

29 Ausschütteln
Bildet einen Kreis im Stehen. Schüttelt einen Arm; beginnt dabei mit den Fingern, dann die Hand, das Handgelenk, der Unterarm, der Ellbogen und so weiter, bis ihr den ganzen Arm von der Schulter an abwärts ausschütteln könnt. (Tut so, als wolltet ihr ihn wegschütteln.) Haltet einen Moment inne und vergleicht den Unterschied zwischen dem ausgeschüttelten Arm und dem anderen. Wiederholt das gleiche mit dem anderen Arm, dann mit jedem Bein (wobei ihr mit den Zehen, Knöcheln, Unterschenkeln und so

weiter anfangt). Dann laßt ihr den Kopf auf dem Nacken im Kreis herumrollen. Schließlich beugt ihr euch vor und schüttelt den ganzen Körper aus den Hüften heraus.

Diese Übung regt den Kreislauf an und führt zu einem wärmeren, offeneren und bewußteren Körpergefühl. Es ist wichtig, die Übung langsam durchzuführen und einen Körperteil nach dem anderen auszuschütteln. Eine Frau sollte die entsprechenden Anweisungen geben, damit ihr nicht zu rasch vorgeht.

30 Sich gegenseitig warmtätscheln

Bildet Paare. Tätschelt euch der Reihe nach gegenseitig ab. Beginn mit den Füßen deiner Partnerin und tätschle sorgfältig ihre Beine ab, dann ihren ganzen Körper. Tätschle ruhig fester, wo es euch beiden richtig scheint, aber sanfter an heiklen Stellen wie der Kehle oder dem Gesicht.

Es gibt eine Variante dieser Übung, bei der nur die Rückseite des Körpers behandelt wird. Fordere deine Partnerin auf, sich mit leicht eingeknickten Knien nach vorn zu beugen. Dann beginnst du mit dem unteren Teil ihrer Waden und beklopfst diese kräftig mit beiden Seitenkanten der Hände. Fahre damit fort, die Beine und bis zum Rücken hinauf.

31 Nachahmen

Bewegt euch in einem großen Kreis oder nach Belieben im Raum. Eine Frau gibt ihren momentanen Gemütszustand mit einer ausdrucksstarken Bewegung und einem ebenso deutlichen Laut wieder. Alle ahmen sie nach und übertreiben dabei, bis sie eine andere Frau auffordert, mit einer anderen Bewegung fortzufahren. Laßt euch für jede Bewegung genügend Zeit (ungefähr zwei Minuten), damit alle Frauen den Rhythmus der jeweiligen Bewegung finden können, der es ihnen erleichtert, die jeweilige Stimmung nachzuempfinden.

Zu diesem Zeitpunkt findet ihr vielleicht auch eine Atem- oder Bewußtheitsübung sinnvoll (zum Beispiel **8** oder **11**).

3 Macht eine Übung zusammen

Falls niemand bereit ist zu arbeiten, könnt ihr eine „Sondierübung" durchführen, von der jede Frau profitiert. So etwa eine gelenkte Phantasie wie in Übung **100** oder **105** beschrieben, eine Co-counselling-Übung wie in **36** oder **39**, eine Gestaltübung wie in **43** oder **45** oder eine Encounter-Übung wie in **53** oder **54**. Diese Übungen bringen vielleicht ein Gefühl oder ein Problem zum Vorschein, das eine Frau mit Hilfe der Gruppe für sich untersuchen möchte. Falls nicht, könnt ihr während der ganzen Sitzung mit Übungen fortfahren, alle zusammen oder paarweise.

Manchmal ist es schwierig, sich für eine Übung zu entscheiden; oder man weiß nicht, wer anfangen soll. Hier gibt es eine praktische Regel: „Wer vorschlägt, beginnt." Schlägt eine Frau eine Übung vor, so beginnt sie auch als erste damit.

Hier noch weitere Übungen, die helfen, Gefühle an die Oberfläche zu bringen.

32 Ja/Nein

Setzt euch paarweise Rücken an Rücken auf den Boden. Die eine Frau schreit: „Ja!", die andere: „Nein!". Jede versucht mit dem Rücken und den Beinen, die andere über den Boden zu schieben. Schreit und stoßt mit aller Kraft. Nach fünf Minuten wechselt ihr von „Nein" zu „Ja" und umgekehrt und wiederholt das gleiche nochmal. Dann kommt ihr wieder in den Kreis zurück und gebt einander Feedback. (Hast du besser bei „Ja" oder bei „Nein" geschoben und gestoßen? Hast du dich dabei an eine Situation erinnert, in der du gerne genauso geschrien hättest? Wen hast du angeschrien?) Diese Übung setzt Energien frei, wenn ihr euch benommen oder depressiv fühlt.

33 Glücklich/Traurig/Wütend

Für diese Übung brauchen wir etwa fünfundvierzig Minuten. Sucht eine Frau, die auf die Zeit achtet. Wählt eine Partnerin aus, setzt euch einander gegenüber und erzählt eine nach der anderen, fünf Minuten lang, was euch am Vortag oder in der vergangenen Woche *glücklich* gemacht hat. Wenn ihr beide fertig seid, gebt ihr euch Feedback.

Wählt euch eine andere Partnerin aus, und erzählt euch nach demselben Verfahren, was euch am Vortag oder in der vergangenen Woche *traurig* gestimmt hat. Danach gebt ihr euch Feedback.

Wechselt nochmals die Partnerin, benutzt das gleiche Muster, diesmal um euch mitzuteilen, was euch *wütend* gemacht hat.

Diese „Sondierübungen", die dem Co-counselling entnommen sind, helfen dir, Ereignisse oder Empfindungen ins Gedächtnis zurückzurufen, die du vielleicht gerne in der Gruppe bearbeiten möchtest. Die Übungen können auch in Dreier- oder Vierergruppen durchgeführt werden, wobei jede Frau jeweils gleich viel Zeit beansprucht. Nach Beendigung dieser Sequenz kommt ihr nochmals als Gruppe zusammen und jede Frau teilt den anderen ihre wichtigste durch die Übung hervorgerufene Erfahrung mit. Danach geht ihr vielleicht dazu über, mit einer Frau intensiv an dieser Situation oder diesem Gefühl zu arbeiten.

34 Kampf ums Kissen

Diese Übung kann eine stumpfe Haltung aufbrechen und starke Gefühle hervorrufen. Eine Frau sollte außerhalb der Gruppe bleiben, um den Überblick zu behalten.

Wählt eine Partnerin aus, setzt euch auf den Boden und legt ein Kissen zwischen euch. Nun stellt sich jede Frau vor, das Kissen sei ein für sie sehr wertvoller oder wichtiger Mensch oder ein Gegenstand, etwas, das sie sich zutiefst wünscht. Habt ihr euch dies genau vorgestellt, überlegt zunächst, was ihr in dieser Sache unternehmen wollt. Ihr könnt alle beliebigen Taktiken anwenden, auch Gewalt, dürft dabei aber eure Partnerin nicht körperlich angreifen.

Nach ungefähr fünf Minuten erzählt ihr zuerst eurer Partnerin, dann der Gruppe, was sich in euch abgespielt hat.

35 Wie du dich in deinem Körper fühlst

Wähl dir eine Partnerin aus. Sucht euch einen Platz im Raum und laß deine Partnerin die Körperstellen berühren, die dir ein gutes, dann diejenigen, die dir kein gutes Gefühl vermitteln. Nimm dir Zeit, ihr die mit den jeweiligen Körperpartien verbundenen Gefühle, Empfindungen, Vorstellungen, Ängste und Erinnerungen mitzuteilen. Wenn du fertig bist, tauscht ihr die Rollen. Dann trefft ihr euch alle im Kreis und jede Frau erzählt, was sie während der Übung gelernt hat. Vielleicht hat sich für eine Frau genügend Material ergeben, um daran weiterzuarbeiten. *Diese Übung kann starke Gefühle wecken.*

4 Nur eine Frau „arbeitet"

In einer neu gebildeten Gruppe fällt den Mitgliedern manchmal die Entscheidung schwer, wer „arbeiten" soll. Manche Frauen zögern, Zeit in Anspruch zu nehmen, es macht sie nervös, im Mittelpunkt zu stehen oder sie glauben, sie verdienten keine Aufmerksamkeit. Einige Gruppen verwenden eine Tafel, auf die zu Beginn der Sitzung die Frauen, die „arbeiten" möchten, ihren Namen schreiben. Manchmal jedoch merken wir selbst nicht, daß wir besondere Anteilnahme benötigen, und eine andere Person muß uns darauf hinweisen: „Shirley, du scheinst wirklich durcheinander zu sein. Möchtest du Zeit für dich in der Gruppe?"

Im anderen Extremfall sind es vielleicht zwei Frauen, die beide gleichzeitig die Hilfe der Gruppe dringend benötigen. Hier erhält gewöhnlich die Frau den Vorzug, die verstörter zu sein scheint. Die andere Frau bitten wir bis zu einem späteren Zeitpunkt der Sitzung oder bis zur folgenden Woche zu warten. Achtet darauf, daß keine Frau öfter auf diese Art zurückgestellt wird. Jede Frau bekommt auf lange Sicht gesehen den gleichen Anteil an Aufmerksamkeit. Falls Zeitprobleme entstehen, entscheidet die Gruppe gemeinsam, wer arbeitet und wie lange. Habt ihr euch entschieden, bleibt ihr im Kreis sitzen und konzentriert euch ganz auf die betreffende Person, wenn möglich ohne Unterbrechungen; denkt daran, diese Zeit gehört *ihr.*

Was heißt „arbeiten"?

In den nachfolgenden Kapiteln geben wir viele ausführliche Beispiele, die veranschaulichen, was alles passieren kann. Was eine Frau tut, wird einerseits von ihrem Problem bestimmt, andererseits von den Techniken, die sie anwendet, seien sie nun aus dem Bereich der Gestalt, der Bioenergetik, des Psychodramas oder einer anderen therapeutischen Richtung. Es gibt jedoch ein grundlegendes Muster, das häufig mit einem Stück Arbeit einhergeht, egal welche Technik dabei benutzt wird. Eine Frau beginnt zum Beispiel häufig mit der Beschreibung ihrer Gefühle zu einer bestimmten Situation, Person oder einer persönlichen Eigenschaft. Die anderen Gruppenmitglieder bringen Vorschläge und ermutigen sie, ihre Gefühle direkter auszudrücken, etwa durch Schreien, Weinen, Lachen, andere Geräusche und bestimmte Körperbewegungen. Vielleicht fällt ihr dieser Übergang schwer. Sie kann nicht sofort weinen oder schreien, weil sie seit ihrer Kindheit gegen einen solchen direkten Gefühlsausdruck Abwehrmechanismen aufgebaut hat. Die meisten in diesem Buch aufgeführten Techniken sind verschiedene Methoden, mit Abwehrmechanismen und Widerständen umzugehen. Eine Frau lernt schon viel, wenn sie sich ihrer Widerstände bewußt wird (Ich bin wütend, aber ich traue mich nicht, es auszudrücken) oder sie bis zum Entladen ihrer Gefühle durcharbeitet. Die meisten therapeutischen Schulen erkennen die wichtige Rolle des Entladens von Gefühlen im psychischen Heilungsprozeß an, ob es sich nun um Wut, Freude oder Angst handelt.

Das Entladen kann zunächst sanft beginnen und dann intensiver werden. Die anderen Gruppenmitglieder unterbrechen die arbeitende Frau nicht. Sie versuchen auch nicht, sie zu liebkosen oder zu trösten, es sei denn, sie würden darum gebeten. Sie ermutigen sie lediglich, ihre Spannungen so weit wie möglich zu lösen. Manchmal ist dieser Vorgang von unwillkürlichen Lauten und Bewegungen begleitet, wie zum Beispiel schütteln oder stoßen. In diesem Fall achtet die Gruppe darauf, daß die betreffende Frau durch Kissen geschützt ist, damit sie sich nicht an einem harten Gegenstand verletzt. Macht sie viel Lärm, müßt ihr euren Schallschutz überprüfen und jemanden vor den Raum postieren, um etwaige wohlmeinende Eindringlinge oder Nachbarn zu beruhigen. Nach einer Weile wird sie sich langsam beruhigen. Sie sagt euch dann, wann sie so weit ist und aufhören möchte. Sie braucht dann vermutlich etwas Zeit, bis sie sich der Gruppe und dem normalen Gruppengeschehen um sie herum zuwenden kann, vor allem dann, wenn sie sehr intensive oder schmerzliche Gefühle aufgedeckt und zum Ausdruck gebracht hat. Hier ein paar gute Fragen, die ihr den „Wiedereintritt" in die Gruppe erleichtern:

„Kannst du mich anschauen?"
„was kannst du im Raum sehen?"
„Was fühlst du den Leuten in der Gruppe gegenüber?"
„Was möchtest du, daß die Gruppe nun für dich tut?"

Fühlt sie sich abgekämpft, rollt sie sich vielleicht lieber zusammen und deckt sich mit einer Wolldecke zu, oder sie wünscht sich ein paar Liebkosungen oder eine andere Form von beruhigendem Körperkontakt.

Oft macht sich eine Frau Gedanken, ob sie denn jetzt, nachdem sie ihre Gefühle ausgedrückt hat, für die Gruppe immer noch tragbar sei: „Ich wünschte, der Boden würde mich verschlucken" oder „Ich komme mir schlecht vor, weil ich so viel Zeit für mich beansprucht habe". In diesem Fall müßt ihr sie erneut beruhigen. Oft ist sie ungeheuer erleichtert, etwas von ihrer Wut, Freude oder Trauer herausgelassen zu haben. Sie beschreibt dann ein Gefühl des Friedens und der Ruhe: „Ich fühle mich soviel besser ...“, „Ich war vorher nie imstande, dies zu tun“.

Werde ich wieder die Kontrolle erlangen?

Manche Frauen befürchten, daß sie, haben sie erstmal angefangen ihre Gefühle rauszulassen, nicht mehr damit aufhören oder „zu weit gehen“ könnten. Nach unseren Erfahrungen geschieht dies sehr selten. In den Anfangsstadien einer Selbsthilfegruppe gehen die Frauen zunächst meist nur sehr zaghaft an ihre Gefühle heran. Sie lassen sich nur gerade soweit gehen, daß sie etwa beinahe weinen möchten, ihre Abwehrmechanismen sie aber keine Träne vergießen lassen. Die Gruppe kann ihr dann helfen, sich ihrer Widerstände bewußt zu werden. Es geschieht nur selten, daß eine Frau, die ihren Gefühlen freien Lauf läßt, von diesen überschwemmt und erschreckt wird. In diesem Fall ist es am besten, wenn ihr die anderen helfen, sich zu beruhigen und in die Gruppe zurückzufinden. Diese Erfahrung hat für sie nur einen Wert, wenn ein Teil von ihr sich dieser Vorgänge bewußt ist, daraus lernt und sie jederzeit wieder in die Gruppe zurückbringen kann. Falls sie zu stark durchatmet, kann eine *Hyperventilation* einsetzen, die mit Schwindelgefühl und einem Kribbeln in den Händen oder Füßen verbunden ist. Unter Umständen sind es auch die Gruppenmitglieder, die vor ihrem emotionellen Ausbruch Angst bekommen. Vielleicht verstehen sie nicht mehr, was vor sich geht, und fühlen sich ohnmächtig. Falls dem so ist, hat es keinen Sinn, so zu tun, als seien sie der Lage gewachsen (was die arbeitende Person nur unterminieren würde). Sie können fragen, was vor sich geht, sofern es die betreffende Person weiß, oder sie können ihrer Angst Ausdruck verleihen und sie bitten aufzuhören. In solchen Situationen ist es am besten, die Frau sanft in den Normalzustand zurückzuholen und zwar mit Aufforderungen wie den folgenden:

Leicht und gleichmäßig atmen, anstatt keuchen oder tief nach Luft schnappen
Bis zwanzig zählen und die Augen öffnen und mit einem Gruppenmitglied, das sie gut kennt, Blickkontakt aufnehmen
Die Füße auf den Boden stellen und der Gruppe mitteilen, was sie empfindet
Die in der Passage *„Was heißt ‚arbeiten‘“* aufgeführten Fragen beantworten.

Hat die betreffende Frau besonders schmerzliche oder beängstigende Gefühle durchgearbeitet, will sie sich vielleicht eine idyllische, friedliche Szenerie vorstellen (in einem Wald, an einem Strand), die sie innerlich nährt, während sie sich erholt.

5 Feedback

Was auch immer vorgefallen ist, laßt euch Zeit für Feedback. Dies ist wichtig, damit keine Frau, die gearbeitet hat, auf dem Trockenen sitzenbleibt: Sie muß Kontakt aufnehmen und an reale Bezugspunkte anknüpfen, um ihr Erlebnis mit der Außenwelt in Verbindung zu bringen. Hat sie die Arbeit stark durcheinander gebracht, braucht sie die Gruppe, die sie beruhigt und ihr zur Einsicht verhilft, ihr Erlebnis heil und ganz überstanden zu haben. Ihr besprecht mit ihr das Vorgefallene. So kann sie daraus lernen und die neue Erfahrung in ihr Leben integrieren. Vielleicht sieht sie dann ein Alltagsproblem von einer ganz neuen Perspektive aus.

Feedback ist auch für die übrigen Gruppenmitglieder sehr wichtig. Mitzuerleben, wie jemand arbeitet, kann aufwühlen, und es ist besser, diese Empfindungen mitzuteilen und sie nicht zu unterdrücken. Ruft das Vorgefallene bei dir Kritik oder Ärger hervor, wird die betreffende Person dies vermutlich sowieso merken. Es kann sehr gönnerhaft sein, Feedback vorzuenthalten. Die Frau, die gearbeitet hat, ist ein großes Risiko eingegangen und hat sich exponiert. Wichtig ist dabei, daß du zu deinen Gefühlen stehst und mit ihnen ebenso ehrlich umgehst wie sie dies mit ihren getan hat. Damit ist aber nicht gemeint, daß du ihr gegenüber überheblich sein sollst und ihr Interpretationen anbietest („Du hast offensichtlich Mühe mit ...") oder Ratschläge erteilst („Ich glaube, du solltest ...", „Ich kann nicht verstehen, weshalb du nicht ...", „Ich gebe dir den guten Rat ..."). Es ist auch nicht der Zeitpunkt, die diversen eigenen Süppchen zu kochen („Ich habe mich darüber gefreut, wie du daran gearbeitet hast, die Kontrolle aufzugeben, denn ich finde den Kontakt mit dir gewöhnlich sehr mühsam, weil du so zu bist ..."). Es hilft nicht, ihr zu sagen, was sie bei ihrer Arbeit falsch gemacht hat, daß sie nicht die richtigen Gefühle gehabt, „ihre Gefühle nicht genügend zum Ausdruck gebracht" hätte, oder dergleichen. Halte dich an das, was du während ihrer Arbeit *empfunden* und *bemerkt* hast.

„Ich fand es sehr mutig von dir, zu zeigen, wie eifersüchtig du bist"
„Ich konnte mich mit dir identifizieren, als du dich ausgeschlossen fühltest"
„Ich bin erleichtert, daß du mit deiner Arbeit fertig bist, es war für mich zu lange und zu bedrückend"
„Ich bemerkte, wie du deine Augen beim Arbeiten ständig nach oben verdreht hast"
„Ich habe mich gelangweilt, als du dich nicht gehen lassen wolltest"
„Ich bekam Angst, als du wütend geworden bist"
„Ich möchte dich am liebsten umarmen"

Wenn ihre Arbeit bei dir widersprüchliche Gefühle geweckt hat, so bring es zur Sprache, aber stürze dich nicht in eine Auseinandersetzung mit ihr, es sei denn, sie wünschte es. Diese Zeit gehört ihr und nicht dir. Sie fühlt sich vermutlich sehr offen und verletzlich und sollte sanft behandelt werden. Vielleicht hat sie bei dir auch eine empfindliche Stelle getroffen, an der du für dich gesondert arbeiten mußt. Vergiß nicht, positives Feedback zu geben. Allein durch die Tatsache, daß sie gearbeitet hat, ist sie ein größeres Risiko eingegangen als der Rest der Gruppe. Dafür gebührt ihr Anerkennung. Viele von uns glauben, unsere Emotionen seien anstößig, und daß wir abgelehnt werden, wenn wir sie zeigen. Die Erfahrung, daß wir immer noch geliebt werden, nachdem wir sie zum Ausdruck gebracht haben, kann geradezu zur Offenbarung werden.

Oft wühlt die Arbeit einer Frau eine andere so auf, daß sie dann gleich nach ihr arbeiten möchte.

6 Unerledigte Geschäfte
Beendet, nachdem eine oder mehrere Frauen gearbeitet haben, die Sitzung nicht, ohne euch Zeit für die Klärung eventueller „unerledigter Geschäfte" genommen zu haben (siehe Übung 3). Jede Frau sollte den anderen mitteilen können, wie sie sich fühlt, bevor sie nach Hause geht. Auch gegenseitiger Körperkontakt ist gut: Umarmt euch als Gruppe oder setzt euch ein paar Minuten schweigend im Kreis, haltet euch an den Händen und stellt euch eine Welle positiver Energie vor, die sich durch den Kreis bewegt. Da wir an diese Art von positivem Kontakt nicht gewöhnt sind, mag sich das für uns vielleicht zunächst etwas künstlich ausnehmen. Zwingt euch nicht dazu, aber wagt den Versuch.

DIE ERSTEN SECHS MONATE

Es lohnt sich, während der ersten sechs Monate mit einigen der verschiedenen Therapiemethoden, die wir hier beschrieben haben, vertraut zu werden. Vielleicht entschließt ihr euch, die Methoden in der angegebenen Reihenfolge, die wir als zweckmäßig erachten, durchzuarbeiten. Oder ihr zieht es vor, jeder Methode eine Sitzung zu widmen, oder ihr beschränkt euch über mehrere Monate hinweg auf eine Richtung, die ihr euch sorgfältig erarbeitet habt und die euch entspricht. Einige von uns machten fast ein Jahr nur Gestalttherapie, bevor sie sich irgendeiner anderen Methode zuwandten.

Diese Zeit kann sehr aufregend sein, fast wie eine religiöse Bekehrung. Alles wird bedeutungsvoller; ihr leistet intensive therapeutische Arbeit und kommt in einen Zustand freudiger Erregung, von dem ihr meint, daß er andauern wird. Ihr hegt vielleicht unrealistische Erwartungen, glaubt, daß die Therapie Wunder bewirken und jeden Konflikt in eurem Leben lösen kann. Es kann aber auch sein, daß ihr nur sehr langsam in die therapeutische Arbeit hineinkommt und sie überhaupt als mühsam erlebt.

Wie auch immer eure Erfahrungen sein werden, während dieser Zeit werdet ihr vermutlich auf Organisationsschwierigkeiten mit der Gruppe stoßen. Zum Beispiel: Kann eine neue Interessentin dazukommen? Wie verhindern wir, daß eine Person die Gruppe dominiert? Wie können wir neue Fähigkeiten erlernen? Wie können wir unsere therapeutische Arbeit vertiefen?

Im Folgenden beschreiben wir einige Strukturen, die in dieser Anfangsphase zu reibungsloseren Gruppenmechanismen führen können.

1 Verpflichtung
Deine Verpflichtung gegenüber der Gruppe muß klar und deutlich sein. Ihr einigt euch vielleicht auf die Teilnahme an mindestens vier aufeinanderfolgenden Sitzungen, danach überlegt sich jede Frau, ob sie in der Gruppe bleiben will oder nicht. In einer neugegründeten Gruppe genügend Vertrauen aufzubauen kann schwierig sein, besonders dann, wenn laufend neue Mitglieder hinzukommen und andere wieder weggehen. Du weißt nie, ob du nächstes Mal die gleichen Gesichter wieder siehst.

2 Eine geschlossene Gruppe
Ihr beschließt, die Gruppe während einer begrenzten Zeit für Neulinge zu sperren. So haben die Gruppenmitglieder Zeit, einander kennenzulernen, und müssen nicht jede Woche mit neuen Leuten von vorne anfangen. Einige Frauen finden diese Haltung ungerecht, wählerisch oder mit den Grundsätzen der Selbsthilfetherapie unvereinbar. Zuallererst aber muß ein sicherer Rahmen geschaffen werden, innerhalb dessen Selbsthilfetherapie überhaupt möglich ist: Nach unseren Erfahrungen funktioniert es ganz gut, wenn ihr die Gruppe für eine Weile schließt und sie erst dann öffnet, wenn ihr euch dazu fähig fühlt, und sie dann später ganz schließt. Auf diese Art und Weise können neue Mitglieder allmählich integriert werden.

3 Im Turnus wechselnde Leitung
Bestimmt für jede Sitzung eine andere Frau, die sie plant, strukturiert und leitet. Dieses Vorgehen hilft das Machtgefälle in der Gruppe ausgleichen und ermöglicht es jenen, die sich zurückhalten, Verantwortung zu übernehmen. Damit vermeidet ihr die langen „Leerstellen" zu Beginn jeder Sitzung, während derer jede Frau darauf wartet, daß eine andere die Führung übernimmt. Am Anfang fällt es euch vielleicht leichter, diese turnusmäßig wechselnde Leitung zu zweien zu übernehmen.

4 Macht einen Sechs-Wochen-Plan für eure Sitzungen
Damit ist zum Beispiel folgendes gemeint: drei Wochen „Körperarbeit" gefolgt von drei Wochen Arbeit an den Techniken des Psychodramas. Oder der Plan umfaßt eine Reihe von Sitzungen über bestimmte Themen, die die Gruppenmitglieder gerne behandeln möchten, wie etwa Träume, Wut, Selbstbild. Unser Stichwortverzeichnis hilft euch dabei, Übungen zu solchen Themen auszuwählen. Diese Art vorauszuplanen scheint euch vielleicht unnötig starr zu sein. Mit ihrer Hilfe fällt jedoch die Unsicherheit über das, was in der Gruppe geschehen soll, weg. Ihr könnt den Plan aufgeben, wenn etwas geschieht, was euch unmittelbar berührt.

5 Die Zeit aufteilen

Vielleicht taucht bei euch immer wieder das Problem auf, wer in der Gruppe arbeiten soll, weil sich niemand freiwillig meldet oder weil immer ein paar wenige die Aufmerksamkeit der Gruppe auf sich lenken. Macht es euch in diesem Fall zur Gewohnheit, nach dem Einwärmen die Zeit der Sitzung so aufzuteilen, daß jede Frau gleich viel Zeit zugesprochen bekommt, seien dies nun zehn Minuten oder eine Stunde. In der ihr zur Verfügung stehenden Zeit kann jede Frau genau das von der Gruppe verlangen, was sie gerne von ihr möchte; so etwa: eine Massage; Zeit, um über ein bestimmtes Problem zu sprechen; daß sich die ganze Gruppe zu Musik bewegt; Feedback über das Bild, das sich die Gruppe von ihr macht; kurz einem Gefühl nachgehen, das sie beunruhigt. Einigt euch über die Reihenfolge und bestimmt eine Frau, die über den Zeitplan wacht und den anderen sagt, wann sie aufhören sollen. Dieses Vorgehen mag willkürlich erscheinen, macht es aber für die Frauen leichter, das zu bekommen, was sie wollen, ohne um Aufmerksamkeit kämpfen oder sich gleich in eine längere Arbeit vertiefen zu müssen. Auf diese Weise lernen die Frauen auch das zu verlangen, was sie brauchen. Obwohl die Zeit vielleicht nicht reichen wird, um ein Problem eingehend zu bearbeiten, können auch zehn Minuten, richtig genutzt, sehr fruchtbar sein. Mit zunehmender Erfahrung könnt ihr eure Gruppe auch in zwei oder drei Untergruppen aufteilen, so daß mehrere Frauen gleichzeitig im Raum arbeiten.

6 Hilfe hinzuziehen

Bittet eine Frau aus einer erfahrenen Selbsthilfegruppe, euch beim Start behilflich zu sein. Sie könnte eure Sitzungen für eine Weile leiten, um euch ihre Fachkenntnisse zu vermitteln. Sie kann euch von ihren eigenen Erfahrungen beim Aufbau einer Therapiegruppe ohne Führung erzählen und euch somit beim Umgang mit eigenen Problemen helfen.

7 Notizen machen

Ein Tagebuch führen kann für jede Frau von großem Nutzen sein, weil sie sich damit über ihre Arbeit in der Gruppe Rechenschaft ablegt. Sie benutzt es etwa, um darin Träume, ungewöhnliche Erfahrungen, auftauchende Erinnerungen, während der Sitzungen hergestellte Beziehungszusammenhänge, plötzliche Einsichten in ihre Beziehungen usw., aufzuschreiben. In der Frauenbewegung ist das Tagebuch zu einem anerkannten Bestandteil des Ausdrucks der eigenen Persönlichkeit geworden. In diesem Zusammenhang kann es uns helfen, unseren Veränderungsprozeß ernst zu nehmen und unser Leben sowie unsere Person von einem objektiveren Standpunkt aus zu betrachten. Mit der Zeit sehen wir dann, wie die einzelnen Teile des Geduldspiels zusammenpassen, und wir bekommen ein Gefühl für Kontinuität und Wachstum.

Wir fanden es auch nützlich, die Tagebücher mit in die Gruppe zu nehmen, um die Gefühle und Eindrücke am Ende einer Übung niederzuschreiben, bevor sie mündlich mitgeteilt werden. Du wirst selten in einer Sitzung genug Zeit haben, all das zu sagen, was du gerne möchtest. Aus deinen Notizen jedoch kannst du jederzeit deine Schlußfolgerungen ziehen, wann immer es dir paßt.

8 Hausaufgaben

Eine äußerst wirksame Methode, deine Arbeit in der Therapiegruppe zu untermauern, besteht darin, zwischen den Sitzungen gewisse kleine Veränderungen in deinen Verhaltensmustern vorzunehmen. Damit hilfst du, die therapeutische Arbeit zu integrieren, und du übst dich gleichzeitig darin, dich anders zu verhalten. Hier ein paar Beispiele:

(Wenn du glaubst, dein Leben sei trostlos) „Gönn dir jeden Tag ein wirkliches Extravergnügen."
(Wenn du Schwierigkeiten mit einem Arbeitskollegen hast) „Dir während der Woche Zeit nehmen, mit ihm zu sprechen und anfangen, einige Dinge auszusortieren."
(Wenn du an sexuellen Schwierigkeiten gearbeitet hast) „Dich deinem Körper jeden Tag mindestens zehn Minuten lang liebevoll zuwenden."
(Wenn du an der Ablehnung deiner selbst gearbeitet hast) „Die ganze Woche hindurch kein einziges Mal ‚Entschuldigung' sagen."
(Wenn du soeben begonnen hast Kindheitsmaterial zu erinnern) „Eine kurze Autobiographie schreiben."

Es ist die Sache der Gruppe, an die Hausaufgaben zu erinnern, bei der nächsten Sitzung zu prüfen, ob die Frau sie erfüllt, und ihr auch die gebührende Anerkennung für ihre Bemühungen um Veränderung zu geben.

9 „Intensivtherapie"

Falls ihr in euren wöchentlichen oder vierzehntäglichen Sitzungen nicht mehr weiterkommt, bringt euch vielleicht eine ganztägige Sitzung, ein Wochenende oder eine ganze Therapie-Woche weiter. Ihr erzeugt damit einen „Dampfkochtopf-Effekt", und Probleme, die euch blockieren, werden aufgedeckt. Ihr werdet dabei wahrscheinlich aggressiver zueinander sein, aber euch auch einander näher fühlen. Unsere Intensivtherapien, d. h., wenn einige von uns für eine Woche aufs Land fuhren, um jeden Tag Therapie zu machen, ragen als Meilensteine und Katalysatoren in der Entwicklung unserer Gruppe heraus.

10 Trefft euch paarweise außerhalb der Gruppe

Wenn ihr euch für therapeutische Sitzungen zu zweit außerhalb der großen Gruppe trefft, lernt ihr euch rascher kennen und gegenseitig vertrauen. Außerdem stellt sich eine weniger einschüchternde Situation her, in der jede Frau ihre Fähigkeiten, Vorschläge zu machen und zu helfen, erkennen und erproben kann. Ihr trefft euch vielleicht einmal pro Woche für ein oder zwei Stunden, wobei ihr die Zeit zwischen euch gleichmäßig aufteilt. Fast jede therapeutische Methode funktioniert mit zwei Personen. Eine jedoch wurde spezifisch zu diesem Zweck entwickelt, das Co-counselling. Deshalb interessieren euch wahrscheinlich die Grundregeln dieser Methode, bevor ihr euch paarweise trefft.

CO-COUNSELLING

Das Co-counselling ist eine der wenigen bewußt radikalen Therapiemethoden. Da es sich um eine fest etablierte Selbsthilfetechnik handelt, gibt es bereits Lehrmethoden und Handbücher, in denen genau beschrieben ist, wie ihr damit beginnt. Aus diesem Grund geben wir hier nur einen kurzen Überblick über die Grundbegriffe und die Technik des Co-counselling. Viele seiner Methoden gleichen den „Verhaltensmaßregeln", die wir im ersten Kapitel angeführt haben. Es umfaßt auch andere Techniken, die wir in verschiedenen Kapiteln dieses Buches beschreiben. Die auf Gleichheit und Wechselseitigkeit aufbauende Struktur bildet das grundlegende Muster des Co-counselling. Dieses ist für eine Selbsthilfegruppe von unschätzbarem Wert und bildet deshalb auch in unserem Buch die Basis, auf die wir immer wieder verweisen.

Das Re-evaluation counselling, wie es offiziell genannt wird, stützt sich auf die Arbeiten des Amerikaners Harvey Jackins. Es ist in verschiedenen Ländern zu einer Bewegung angewachsen mit eigener Organisation und Ideologie. Falls du als Fremde in irgendeiner amerikanischen oder britischen Großstadt ankommst, kannst du das Co-counselling-Netzwerk in Anspruch nehmen, um jemanden für dein Co-counselling zu finden. Diese Art von Netzwerk kann sehr hilfreich sein. Die Bewegung läuft, wie jede große zentralisierte Organisation Gefahr, Hierarchien auszubilden mit charismatischen Führerpersönlichkeiten und die Veränderungen aus der Basis abzublocken. Es gibt sehr viele Leute in der Bewegung, die diese Gefahren vermeiden möchten, aber es haben sich schon verschiedene Gruppen abgespalten und ihre eigene Organisation gegründet, so etwa das International Co-counselling. In allen Co-counselling-Gruppen ist man sich einig über die Zusammenhänge zwischen „persönlichem" und „politischem" Bereich, zwischen unseren individuellen Gefühlen und der Gesellschaft als Ganzes. Viele Feministinnen beteiligen sich an der Bewegung und organisieren Versammlungen und Tagungen speziell für Frauen. Es ist vielleicht die einzige Therapie, wo gesonderte Workshops angeboten werden, um sexistische und rassistische Verhaltensmuster zu untersuchen und zu verändern.

Das Co-counselling ist auf gegenseitige Hilfe aufgebaut. Die Person, die arbeitet, wird mit „Klient" bezeichnet, die Person, die ihr hilft, heißt „Berater". Während der Sitzungen sitzen sie sich gegenüber und halten sich nach Wunsch an den Händen. Nach einer vereinbarten Zeit wechseln sie die Rollen. Der egalitäre Charakter dieser Therapieform drückt sich auch darin aus, daß die Klientin ihre Arbeit selbst lenkt. Sie entscheidet, woran sie arbeiten und wie sie diese Arbeit gestalten möchte. Der Beraterin wird strengstens abgeraten, sich mit der Klientin zu identifizieren oder gefühlsmäßig auf sie zu reagieren. Ihr wird empfohlen, sich ihrer Klientin offen und liebevoll zuzuwenden, d. h. sie in einer wirksamen und bestätigenden Art zu unterstützen. Sie sollte so wenig wie möglich eingreifen, es sei denn, die Klientin bittet sie darum. Dies wird aber schon zu Beginn der Sitzung abgesprochen. Ihre therapeutischen Eingriffe dienen lediglich dem Zweck, die Klientin in Kontakt mit ihren Gefühlen zu halten („Kannst du das wiederholen?", „Lauter!", „Wem möchtest du das gerne sagen?") Sie bietet Feedback aber keine Deutungen an.

Die offene Aufmerksamkeit und die feinfühligen Interventionen ermöglichen es der Klientin, vergangene Kränkungen wiederzuerleben. Sie erlauben ihr, Gefühle zu entladen, was für den Co-counselling-Prozeß von zentraler Bedeutung ist. Jackins glaubt, daß wir „tief innen" alle vollkommen sind, jedoch durch die Konditionierung und den Kontakt mit dieser Gesellschaft Schichten von Abfall in uns angehäuft haben. Wenn wir unseren Schmerz, unsere Wut oder andere verdrängte Gefühle genügend entladen, werden wir wieder zu jenem kreativen, spontanen Menschen tief in uns. Dabei müssen wir Schicht um Schicht lösen, wie beim Schälen einer Zwiebel. Das Entladen von Gefühlen wird als Heilungsprozeß angesehen, wobei wir uns von alten Kränkungen befreien, um mehr von unserer Zuwendung und Energie auf die Gegenwart richten zu können. Tränen sind nicht ein Zeichen von Schmerz, sondern von Heilung.

Wenn die Klientin Gefühle ausdrückt, bleibt sich immer ein Teil ihrer Persönlichkeit der gegenwärtigen Situation voll bewußt. Diese „freie Aufmerksamkeit" ermöglicht ihr, aus der Entladung Nutzen zu ziehen und eine Änderung ihrer starren Verhaltensmuster in die Wege zu leiten. Techniken des Co-counselling lehren dich die Fähigkeit, die „Aufmerksamkeit umzuschalten", den Blickwinkel zu ändern. Indem du dich selbst bestätigst oder Dinge beschreibst, auf die du dich freust, versetzt du dich in die Lage, irgendeinen Gefühlszustand zu verlassen, anstatt darin steckenzubleiben. Die Bestätigung ist von grundlegender Bedeutung, da sie die Klientin in eine Position der Stärke versetzt, die sie befähigt, Kindheitstraumen neu zu durchleben und mit schmerzhaften Gefühlen umzugehen. Jackins weist darauf hin, daß wir nicht ermutigt werden, viel von uns zu halten. Jedes Selbstwertgefühl wird in uns abgewürgt. So müssen wir jedes neu aufkeimende Gefühl dieser Art festhalten und entwickeln. Co-counselling-Beziehungen können in dieser Weise eine starke Stützfunktion entfalten und dir die Kraft geben, dein Leben zu verändern.

Wir haben die Erfahrung gemacht, daß die Methoden des Co-counselling für Leute, die keine Ahnung von Therapie haben, von großem Wert sind. Wir haben jedoch auch Kritik anzubringen. Wir halten einen Teil der Ideologie der Bewegung für politisch naiv. Unserer Meinung nach betont sie die individuelle Veränderung zu stark und beachtet die äußere politische Wirklichkeit zu wenig. Wenn etwa Juden und Araber in Israel zusammen Co-counselling betreiben, scheint uns diese Beschäftigung zwar lohnend, sollte aber nicht als die Lösung schlechthin für politische Veränderungen betrachtet werden. Wir bezweifeln auch die Bedeutung der Entladung, die, wie wir meinen, mit anderen Vorgängen, wie etwa dem Verstehen von Abwehrmechanismen und dem Erlernen neuerer Beziehungsformen, parallel laufen muß. Das Co-counselling ist auch insofern beschränkt, als es Klient/in und Berater/in keine Techniken anbietet, ihre gegenseitige Beziehung zu untersuchen. Emotionen werden für die Stunde der Entladung aufgespart. Da eine zwischenmenschliche Konfrontation vermieden wird und diesbezügliche negative Gefühle nicht zum Durchbruch kommen, kann sogar diese bestätigende Beziehung langsam einen leicht unwirklichen Charakter annehmen.[2]

Co-counselling ist nicht das gleiche wie eine Selbsthilfegruppe, das eine wie das andere wird dir verschiedene Erfahrungen vermitteln. Den Regeln des Co-counselling gemäß darfst du keinen nicht-therapeutischen Kontakt zu deiner Beraterin aufnehmen und umgekehrt. Einer der Vorteile deiner Selbsthilfegruppe jedoch ist gerade der Rahmen, den sie dir bietet, um die Lücken zwischen deiner Therapie und deinem persönlichen Leben zu schließen, da sie dir Feedback über dein Verhalten gewährt und dir hilft, deine Beziehungen zu den Leuten in der Gruppe neu zu entwickeln. Wir haben bei der Anwendung des Co-counselling sehr großzügig interpretiert, haben in ihre wechselseitige Struktur Körperarbeit, Gestalt- und Regressionstechniken und anderes, was geeignet schien, eingebaut. Wir haben dieser Methode das entnommen, was uns nützlich schien, und es unseren besonderen Bedürfnissen angepaßt. Dieses Vorgehen ist charakteristisch für die Vielfalt und Stärke der autonomen Selbsthilfetherapie.

Hier einige Co-counselling-Übungen: Sie sind kurz, aber mit zunehmender Erfahrung kannst du dir mehr Zeit nehmen. Diese Methode ist auf jedes Thema anwendbar und kann fünf Minuten bis zu einer Stunde dauern. Denk daran, das Feedback nach jedem Rollentausch miteinzubeziehen.

36 Erinnerungen „durchkämmen"

Mit Hilfe dieser Übung kannst du dir deine Vergangenheit erschließen. Sie macht dir Situationen bewußt, die du bearbeiten mußt. Zu zweit nehmt ihr euch jede zehn Minuten Zeit. Ihr sitzt euch gegenüber und haltet euch an den Händen, falls ihr wollt. Die Beraterin bleibt in Blickkontakt zur Klientin und interveniert nur mit Ausdrücken wie „Versuche das zu wiederholen" oder „Wie hast du dich dabei gefühlt?". Sie unterbricht nicht, verlangt keine Erklärungen, urteilt nicht und bietet keine Lösungen an. Die Klientin erzählt ihr laut alle Einfälle und Gefühle, die sie zu einem bestimmten Thema erinnern kann. Nach zehn Minuten Rollenwechsel.

Hier eine Liste von Themen, von denen ihr auswählen könnt:

Was geschah heute oder letzte Woche?
Angenehme Erinnerungen *(Beginne mit der Kindheit und arbeite dich*

durch bis zur Gegenwart)
Traurige Erinnerungen *(von der Kindheit an)*
Meine Beziehung zu meinem Vater/meiner Mutter
Meine Beziehung zu meiner(n) Schwester(n) oder Bruder (Brüdern)
Was ist zu dieser Zeit vor einem Jahr passiert? *(Achte auf alle Gefühle, die den heutigen gleichen oder sich von ihnen unterscheiden)*
Arbeit
Gelegenheiten, bei denen ich meine Gefühle voll zum Ausdruck brachte
Zeiten, wo ich eifersüchtig war *(von Kindheit an)*
Zeiten, wo ich das Opfer rassistischer oder sexistischer Gewalt oder Klassendiskriminierung war
Schule
Sexualität
Masturbation
Meine verschiedenen Kleidermoden
Was für eine Rolle spielten Alkohol oder andere Drogen in meinem Leben?
Meine Beziehung zum Essen
Gute und schlechte Erfahrungen mit Geld

Diese Liste könnte endlos fortgesetzt werden. Erfindet eure eigenen Themen je nach Bedarf. Gebt euch gegenseitig Feedback über das, was geschehen ist. Ihr werdet sehen, daß sich beim Durchkämmen der Erinnerungen der eine oder andere Vorfall in den Vordergrund drängt und mehr Gefühle aufwühlt als andere. Ihr werdet dann diese Erinnerungen vermutlich für eine Weile eingehender bearbeiten.

37 „Du solltest und du solltest nicht“

Eines der ersten Stadien im therapeutischen Prozeß beinhaltet, daß wir uns der Druckmittel bewußt werden, die uns von unseren Gefühlen entfremdet haben. Viele dieser Druckmittel können unter dem Begriff „du solltest“ zusammengefaßt werden. Von Kind an wurde uns beigebracht, „du solltest sauber sein“ oder „du solltest hart arbeiten“ oder „du solltest dich gut benehmen“. Es ist sehr nützlich, sich dieser „du solltest“ bewußt zu werden, denn häufig geistern sie noch immer als Stimmen in unserem Kopf herum. Wenn sie uns geläufig sind, können wir herausfinden, wann sie uns in der Gegenwart beeinträchtigen oder hemmen und uns langsam aus ihrem Griff befreien.

Jede von euch nimmt sich zwanzig Minuten Zeit und erzählt ihrer Beraterin alle „du solltest und du solltest nicht“ auf, die sie in ihrem Leben zu hören bekommen hat. Beginnt mit der Kindheit, fahrt dann fort mit der Schule und der Arbeit bis zum gegenwärtigen Tag. Beachtet auch die „du solltest“, die ihr als Druck verspürt, obgleich sie unausgesprochen sind. So etwa: „Jedesmal, wenn ich ein bezauberndes Mannequin auf einer Reklameseite anschaue, ist mir, als würde mir gesagt, ich sollte ebenfalls schön sein“, oder: „Meine Mutter hat dies zwar nie ausgesprochen, aber sie schien zu empfinden, daß ich in der Schule nicht besser sein sollte als mein Bruder".

Achtet vor allem auf die „du solltest" rund um den Sexualitäts- und Kontrolle-Bereich („Ich sollte Lust haben auf meinen Mann", „Ich sollte ruhig bleiben"). Vielleicht gibt es auch politische „du solltest" („Ich sollte mich aktiver an der Abtreibungskampagne beteiligen").

Gebt euch am Ende Feedback.

38 Dinge, die ich an mir gern habe

Diese Übung machen wir paarweise und gehen dabei wie üblich vor. Jede Frau nimmt sich fünf Minuten. Während dieser Zeit sprichst du über Dinge, die du an dir gern hast. Dann tauscht ihr die Rollen. Schließlich gebt ihr euch Feedback.

Diese Übung ist uns vielleicht peinlich, da wir so sehr gewohnt sind, uns selbst herunterzusetzen, daß wir Mühe haben, Dinge an uns zu beschreiben, die wir gern haben.

39 Das Gegenteil sagen

Diese Übung veranschaulicht die bekannte Co-counselling-Technik des „Gegenteil-sagens". Sie intensiviert deine Gefühle rund um einen bestimmten Konflikt.

Jede Frau nimmt ein Blatt Papier und notiert sich eine Liste der Dinge, die ihr an ihr selbst mißfallen („Ich bin dumm", „Ich fühle mich einsam"). Dann wendet sie das Blatt und schreibt das genaue Gegenteil von jeder Aussage auf (Zum Beispiel: „Ich bin dumm" wird nicht zu „Ich bin nicht dumm", sondern zu *„Ich bin wirklich sehr gescheit"*).

Aus dieser Liste wählst du den Widerspruch aus, der für dich der stärkste oder schwierigste ist. Dann suchst du dir eine Partnerin aus, und jede nimmt sich ungefähr fünfzehn Minuten Zeit, diesen Widerspruch laut vorzulesen und alle aufkommenden Gefühle zu untersuchen. Deine Partnerin sollte dich immer wieder deine Aussage wiederholen und auf den Punkt zurückkommen lassen. („Lauter!", „Wem möchtest du sagen, daß du wirklich gescheit bist?")

Die Idee, die dahinter steckt, ist folgende: Beim Wiederholen einer übertriebenen Äußerung, wie etwa der über deine Klugheit, wird dein Gefühl, dumm zu sein, auf sehr intensive Weise angesprochen und entlädt sich eventuell.

40 Neues und Gutes

Diese Übung ist für die ganze Gruppe gedacht.

Ihr sitzt im Kreis und jede Frau erzählt der Reihe nach etwas Neues und Gutes, das sie am selben Tag erlebt hat. Diese Übung soll die guten Dinge hervorheben – vielleicht sind es nur Kleinigkeiten wie etwa ein schönes Frühstück –, die gewöhnlich übersehen und zu wenig geschätzt werden.

41 Poster-Spiel

Dies ist eine weitere Übung, die die Betonung der Selbstbestätigung beim Co-counselling zum Ausdruck bringt.

Jede Frau nimmt zwei große Papierbögen. Auf beide schreibt sie in die Mitte mit großen Buchstaben ihren Namen in den für sie charakteristischen Farben. Dann notiert sie, ebenfalls in Farbe, rund um den Namen all die Dinge, die sie an sich mag. Sie sollte dabei ruhig etwas frech sein. Nicht: „Ich kann ein wenig singen", sondern: „Ich habe eine hübsche Stimme". Das zweite Poster legt sie in die Mitte des Kreises, und jede Frau schreibt auf jedes Poster die Dinge, die sie an der betreffenden Frau mag. Diese Poster machen sich hübsch über deinem Bett, und wenn du niedergeschlagen bist, kannst du sie anschauen.

42 Rassismus

Diese Übung stellt die klare Forderung an die Weißen, daß sie keine Hilfe von den Opfern des Rassismus erwarten sollten, wenn sie ihren Rassismus aufgeben. Sie sollten an ihrem Rassismus außer Hörweite der Menschen aus der Dritten Welt arbeiten, deren Erfahrungen schmerzhaft genug sind ohne die zusätzliche Bürde des Unbehagens der Weißen.

Diese Übung stützt sich auf die Erkenntnis, daß wir, bevor wir zu Unterdrückern mit rassistischen Einstellungen und Verhaltensmustern wurden, selbst zutiefst verletzt wurden: der Rassismus verdeckt den Schmerz. Gehen wir von einer Position des Selbstwertes verbunden mit dem Gefühl der Solidarität mit allen unterdrückten Menschen (indem wir uns erinnern, wie wir unterdrückt werden oder wurden) aus, können wir diesen Schmerz hervorbrechen lassen und uns von unserem Rassismus befreien.

Die Übung wird paarweise durchgeführt. Nehmt euch für jede Stufe fünf Minuten Zeit. Rollenwechsel bei Beendigung aller vier Stufen.

Stufe 1 Wie wurde/bin ich unterdrückt?
Fühle dich in einen bestimmten Vorfall hinein (vielleicht schließt du die Augen für ein paar Minuten). Teile dich dann deiner Partnerin mit.
Stufe 2 Wann habe ich gegen den Rassismus angekämpft?
(Wenn du dich nicht erinnern kannst, stellst du dir eine Szene mit dir als Heldin vor und schilderst sie deiner Partnerin.)
Stufe 3 Wann habe ich stillschweigend Rassismus toleriert und nicht dagegen angekämpft? Beschreibe einen bestimmten Vorfall.
Stufe 4 Wiederhole Stufe 3 als Phantasie, so wie du hättest reagieren müssen.

Die Zuhörerin bleibt einfach ganz aufmerksam. Am Ende gebt ihr einander Feedback.[3]

Diese Struktur kann auch für die Untersuchung sexistischer oder schichtenspezifischer Unterdrückung angewendet werden.

ANMERKUNGEN

1 Diese und andere Passagen in diesem Kapitel verdanke ich Hogie Wyckoffs Aufsätzen in Claude Steiners (Hrsg.) *Readings in Radical Psychiatry*, Grove Press, New York, 1975.

2 In: *The Barefoot Psychoanalyst* (siehe unten) wird dargelegt, wie wir im Rahmen eines Co-counselling mit diesem Problem umgehen können.

3 Diese Übung ist aus „Notes for a Workshop on Racism", den Christopher Spence am South West London College Counselling Course 1979 durchgeführt hat.

WEITERE LITERATUR

– Anne Kent Rush, *Getting Clear: Body Work for Women*, Random House, New York und The Bookworks, Berkeley. 1973; deutsch: *Getting Clear. Ein Therapie-Handbuch für Frauen,* Verlag Frauenoffensive, München, 1977. Dieses Buch enthält viele gute Übungen, die für den Anfang einer Selbsthilfegruppe geeignet sind.

– Red Therapy, „Red Therapy", 28 Radbourne Avenue, London N3 2BS, UK, 1978. Diese im Kollektiv geschriebene Broschüre, die die ursprünglichen Ideen zu diesem Buch enthält, beschreibt die Geschichte und die Vorstellungen der Red Therapy und gibt praktische Informationen darüber, wie wir als Gruppe begannen und arbeiteten.

– John Southgate & Rosemary Randall, *The Barefoot Psychoanalyst*, Association of Karen Horney Psychoanalytic Counsellors, London, 1978. Schüler von Karen Horney haben ihre Ideen in den Co-counselling-Rahmen eingepaßt und diese für den Selbsthilfegebrauch in Cartoonform zugänglich gemacht.

– Rose Evison & Richard Horobin, *How to Change Yourself and Your World: A Beginner's Handbook of Co-counselling*, 5 Victoria Road, Sheffield 10, England, 1978. In dieser Broschüre sind die Ideen und Techniken des Co-counselling ausführlich beschrieben, und sie vermittelt einen Eindruck von einer nicht hierarchischen Co-counselling-Gemeinschaft.

– Harvey Jackins, *The Upward Trend,* Rational Island Publishers, Seattle, 1978. Sein Begründer schreibt über Ideen und Techniken des Re-evaluation-Counselling.

– Personal Counselors Inc., *Fundamentals of Co-counselling Manual* (Elementary Counselors Manual) *for Beginning Classes in Re-evaluation Co-counselling,* Rational Islands Publishers, Seattle, 1970. Kurzer und grundlegender praktischer Leitfaden.

III
Viele Teile ergeben ein Ganzes: Gestalt

Die Gestalttherapie bietet wichtige Techniken an, die gerade für Anfänger in Selbsthilfetherapien leicht zu handhaben sind. Flexibel und leicht modifizierbar setzen sie nicht so viel technisches Wissen voraus wie einige andere Therapieformen. Sie betonen die Bewußtheit der Gegenwart und helfen uns unsere Körperempfindungen, Emotionen, Handlungen und Entscheidungen bewußter wahrzunehmen. Das ist ein guter Ansatzpunkt für Neulinge in der Therapie. Wir werden erklären, was „zum Kissen sprechen" bedeutet: eine einfache Struktur, um innere Konflikte oder solche mit anderen Personen zu lösen. Wir werden auch Gestalttechniken beschreiben, die uns erlauben, „Spannungsmuster" im Körper, die uns hindern, unsere Gefühle direkt auszudrücken, genauestens zu untersuchen.

WAS IST GESTALT?

Für uns war Gestalt zunächst einmal eine praktische Methode. Der Name und einige ihr zugrundeliegenden Ideen lassen sich aus der Gestaltpsychologie herleiten, eine ursprünglich in Deutschland entstandene Theorie über die Wahrnehmung. Die Entwicklung der Therapie selbst ist zum größten Teil die Leistung von Fritz Perls, der aus dem Deutschland der Nazizeit emigrierte und schließlich an der Westküste Amerikas lebte und arbeitete. Er war ursprünglich Psychoanalytiker und sehr stark von Freud und Reich beeinflußt. Später jedoch brach er mit der Freudschen Tradition und beurteilte den übermäßig langen psychoanalytischen Prozeß sehr kritisch, den er „Jahre-, Jahrzehnte- und Jahrhundertelanges Auf-der-Couch-Liegen"[1] nannte. Während Freud den Prozeß des Aufdeckens verdrängter Erinnerungen und Erfahrungen aus der Vergangenheit betonte, glaubte Perls, daß die Menschen rascher gesund werden, wenn sie sich auf das Geschehen in der Gegenwart konzentrieren. Er war von den Ideen des Existenzialismus beeinflußt (Was ist, ist; wir sind, die wir sind; was wir fühlen, fühlen wir). Seine Patienten hielt er davon ab, ihr Leben und ihr Verhalten *abstrakt* zu erfassen, zu rationalisieren oder zu „deuten", und unterstützte sie vielmehr darin, voll präsent zu sein, sich ihrer augenblicklichen organismischen Bedürfnisse bewußt zu werden, für sich selbst und für ihre Handlungen die Verantwortung zu übernehmen und ihre Erfahrung als solche anzuerkennen. Er wies darauf hin, wie selten wir unsere *eigenen* Erfahrungen und Wahrnehmungen respektieren. Von der Gestaltpsychologie entlieh er den Begriff der „Schließung" (closure) oder des Abrundens von unfertigen Situationen, um ein Ganzes daraus zu machen. Er unterstrich, wie wichtig es ist, sich voll mit einer Situation in der Gegenwart auseinanderzusetzen, damit sie uns nicht weiterhin in Anspruch nimmt oder unsere Fähigkeit blokkiert, uns mit anderen Dingen zu beschäftigen oder etwas anderes voll und ganz zu erleben. Der Prozeß der „Schließung“ bedeutet auch, Lücken in unserer Bewußtheit füllen. Solche entstehen beispielsweise, wenn wir unsere Körperspannung oder eine wiederholte nervöse Geste nicht wahrnehmen. Er bedeutet auch, Löcher in unserer Persönlichkeit füllen. Diese „Löcher“ können wir mittels Traumarbeit schließen: Du identifizierst dich mit den vielen abgelehnten oder abgespaltenen, verworfenen Teilen deiner Persönlichkeit, die in den Träumen auftauchen, und agierst sie aus. (Zum Beispiel, wenn du den „Oger“ (menschenfressendes Ungeheuer, Riese) aus deinem Traum spielst, erkennst du, daß dessen Kraft ein Teil von dir ist. Damit forderst du deine eigene Kraft zurück, die du aus dir hinausprojiziert hast.) Die andere Methode, „Löcher“ in deiner Persönlichkeit auszufüllen, besteht darin, die Projektionen, die du anderen Leuten aufzwingst, indem du ihnen Eigenschaften und Gefühle zuschreibst, die in Wirklichkeit deine eigenen sind, als dir eigen anerkennst. Ein Beispiel: Du glaubst, eine Freundin sei böse auf dich, während du in Wirklichkeit böse auf sie bist. Oder du siehst sie als äußerst liebenswerte Person und verleugnest gleichzeitig deine eigenen großzügigen Eigenschaften. Wenn du diese Projektionen wieder als dir eigen anerkennst, machst du dich „vollständiger“. Die Gestalttherapie sieht den gesunden Menschen als ganzen Organismus, ein Organismus, der in einer konstanten und dynamischen Beziehung zu seiner Umgebung lebt.

In der Praxis der Selbsthilfe drückt sich dieses Betonen von Bewußtheit, Übernehmen der Verantwortung für sich selbst und in der Gegenwart bleiben, darin aus, daß etwa folgende Bemerkungen vermieden werden:

„Du tust dies nur, weil ...“ (Interpretation)
„Es ist alles die Schuld meiner Mutter, sie ließ mich dies und jenes machen ...“ (Den anderen die Schuld geben und ihnen damit mehr Macht über unser Leben zuschreiben, als sie tatsächlich besitzen.)
„Ich kann nicht wütend werden ...“ (Entschuldigungen)

Statt dessen das Anerkennen unserer Gefühle im Hier-und-Jetzt:

„Ich bin jetzt gerade traurig/gedemütigt/eifersüchtig/glücklich“
„Ich spanne meinen Magen an und schließe meine Augen, um mich am Weinen zu hindern“
„Ich *will nicht* wütend werden ...“

Wir haben einige Kritik an der Gestalttherapie anzubringen. Hier werden wir aber nur das betonen, was uns an dieser Methode nützlich scheint und für uns Frauen offensichtlich von Vorteil ist.

Die meisten von uns wurden gründlich dazu erzogen, sich Männern intellektuell unterlegen zu fühlen und uns von der (traditionell männlichen)

Welt der Interpretation und Theorie demütigen zu lassen. Es ist von Vorteil mit einer Methode zu arbeiten, die die normale Überbewertung des Intellekts in Frage stellt und sich statt dessen auf das Alltäglich-Notwendige und Gute des jeweiligen Moments abstützt. Die unmittelbare Erfahrung ist uns allen zugänglich und kann nicht ohne weiteres mystifiziert oder uns weggenommen werden.

Die Betonung der Bewußtheit in der Gegenwart hilft uns auch erkennen, was uns einschränkt und unterdrückt, und zeigt auf, *wie wir handeln können,* um unser Leben jetzt zu ändern. Häufig sind unsere Erfahrungen wie in einen Nebel gehüllt, was uns daran hindert, klar zu erkennen, was genau uns an unserer gegenwärtigen Situation mißfällt. Wir setzen außerdem unsere intuitiven Fähigkeiten ein, um uns auf die Gefühle anderer einzustimmen, damit wir, gemäß unserer traditionell anerkannten Rolle als Nährende und Gebende, auf ihre Bedürfnisse eingehen können, anstatt uns bewußt zu werden, was *wir* fühlen und brauchen. Eine größere Bewußtheit über unsere eigenen Gefühle ist der erste Schritt zum Handeln und Verändern. Eine Gestalttherapeutin drückt dies so aus: „Die Bewußtheit ist eine Methode, wie sie sich mit sich selbst und ihren augenblicklichen Erfahrungen in Einklang bringen kann. Sie ist der Auftakt zu einem lebendigen Engagement und zu einer ausdrucksstarken Interaktion im gegenwärtigen Augenblick.“[2]

Auch die Vorstellung, unsere Projektionen wieder als uns eigen anzuerkennen, um Löcher in der Persönlichkeit zu schließen, kann uns helfen. Oft schwächt uns die Art und Weise, wie wir Eigenschaften auf andere projizieren. Dies drückt sich ganz unterschiedlich aus: etwa anderen die Verantwortung zuschieben für alles, was in unserem Leben schief läuft; glauben, andere wären so viel besser als wir, daß wir sie nicht angreifen *sollten*, oder meinen, sie seien so viel stärker als wir, daß es keinen Zweck hat, die eigenen Bedürfnisse durchzusetzen. Alle diese Haltungen führen zu Inaktivität und Gefühlen der Ohnmacht. Die Gestalttherapie fordert uns dazu auf, die Verantwortung für unser eigenes Leben zu übernehmen und zu erfahren, daß wir tatsächlich fähig sind, in der Gegenwart Maßnahmen zu ergreifen. Es sind ganz reale Hindernisse, die uns hemmen, das zu bekommen, was wir in dieser Gesellschaft brauchen. Wir unterschätzen nur zu häufig unsere eigenen Fähigkeiten, mit diesen Hindernissen umzugehen. Da Gestalt uns dazu auffordert, unsere Gefühle, Erfahrungen und Handlungen als uns eigen anzuerkennen, hilft sie uns, ein „aktives“ statt „passives“ Lebensgefühl zu entwickeln.

Perls wies die „medizinische“ Auffassung von Therapie zurück. Statt dessen betonte er sowohl die ursprüngliche Gesundheit eines jeden Individuums als auch unsere Fähigkeit selbst zu wissen, was für uns am besten ist. Er betrachtete die Therapie als Wachstumsprozeß, der uns lehrt, stärker der inneren Weisheit unseres Körpers zu folgen: „Denn bei voller Bewußtheit wird man sich dieser organismischen Selbstregulierung bewußt und man kann dem Organismus die Herrschaft überlassen, ohne dazwischenzutreten, ohne zu unterbrechen: Wir können uns auf die Weisheit des Organismus verlassen."[3]

In der Praxis heißt dies, daß wir ein bestimmtes Verhalten nicht als „neurotisch" abstempeln, sondern als ein Muster betrachten, das unser Organismus sich zu eigen gemacht hat, um unter den schwierigen Lebensbedingungen unserer Gesellschaft überleben zu können. Ein/e Gestalttherapeut/in *interpretiert* ein solches Verhalten *nicht* und erteilt der betreffenden Person auch keinerlei Anweisungen, wie sie sich verändern soll. Statt dessen hilft sie/er ihr, sich bewußt zu werden, was sie tut: Wie sie das Muster anwendet (sei es nun in Form einer Migräne, von Depressionen oder Platzangst), was sie dadurch gewinnt und verliert, über welche Antworten oder Alternativen sie verfügt, wenn sie die Botschaften ihres Körpers wahrnimmt. Wir Frauen leiden häufig darunter, als neurotisch oder hysterisch bezeichnet zu werden, deshalb bestärkt und ermutigt uns diese Betonung der eigentlichen Gesundheit unseres Organismus. Da wir uns an (meist männliche) Experten gewöhnt haben, die angeblich „wissen,was für uns das Beste ist", müssen wir ein Gespür dafür entwickeln, daß wir tatsächlich *selbst wissen, was für uns das Beste ist*, daß die meisten Antworten schon in uns vorhanden sind, wenn wir sie nur hören können.

Diese Haltung spiegelt sich wider in Perls' Vorstellungen darüber, wie die Menschen sich verändern. Er glaubte, daß wir uns oder andere nicht willentlich verändern können; daß wir uns verändern, indem wir uns verwirklichen und nicht danach streben, unserem eigenen Idealbild oder dem anderer Personen zu entsprechen. So betrachtet heißt Therapie nicht neue Hindernisse oder Erwartungen aufbauen. Sie *erlaubt* uns vielmehr zu fühlen, zu übertreiben, bewußt zu sein, anzunehmen, steckenzubleiben, auszudrücken. Auf diese Weise vollziehen sich Wandel und Wachstum ganz organisch. Perls faßte diese Haltung in seinem „Gestalt-Gebet" zusammen:

Ich tu, was ich tu; und du tust, was du tust.
Ich bin nicht auf dieser Welt, um nach deinen Erwartungen zu leben.
Und du bist nicht auf dieser Welt, um nach den meinen zu leben.
Du bist du und ich bin ich,
Und wenn wir uns zufällig finden, – wunderbar
Wenn nicht, kann man auch nichts machen.[4]

Die Betonung der Selbstregulierung anstelle der äußeren Regulierung eignet sich natürlich in ihrem Ansatz für die Selbsthilfegruppe. Diese Methode hilft den Gruppenmitgliedern, sensibel auf die einzelnen Prozesse zu reagieren, ohne sich gegenseitig zu drängen, einzuschüchtern oder zu dirigieren. In der Praxis äußert sich dies im Vermeiden von Bemerkungen der Art wie: „Ich glaube, du bist sehr ...", „Ich glaube, du solltest ...", „Du tust immer ...", „Ich ertrage die Art nicht, mit der du ...". Wir lassen die Frau, die gerade ein Gefühl untersucht, den Prozeß so weit wie möglich selbst lenken. Wir unterstützen sie dabei mit Bemerkungen wie: „Was spielt sich jetzt in dir ab?", „Bist du dir bewußt, daß du die Hand zur Faust ballst, mit den Augen zuckst ...?", „Wäre es deinem Gefühl nach jetzt richtig, eine Übung zu machen, bei der du ...?"

Obwohl Perls vom natürlichen Trieb eines jeden Organismus zur Gesundheit ausging, war er sich weitgehend der Zwänge bewußt, die uns die Gesellschaft auferlegt, und die uns daran hindern, gesund zu sein, unsere Fähigkeit beschneiden, unser Leben voll zu leben. Er kritisierte die Restriktionen und die Warenethik der amerikanischen Gesellschaft, in der er den größten Teil seines Lebens verbrachte:

> „Wie man weiß, läuft in den Vereinigten Staaten eine Rebellion. Wir entdecken, daß Sachen zu produzieren, für Sachen zu leben und Sachen auszutauschen nicht der tiefste Sinn des Lebens ist. Wir entdecken, daß der Sinn des Lebens ist, es zu leben, und nicht, damit Handel zu treiben, es in Begriffe zu stecken und in ein Gebäude von Systemen hineinzuzwängen. Wir erkennen, daß Manipulation und Kontrolle nicht die letzte Freude am Leben darstellen."[5]

Er faßt zusammen: „Es ist also mehr eine Frage des *Seins* als des *Habens*."[6] Seine Analyse und die der meisten Gestalttheoretiker geht nicht weit über die Erkenntnis von der „Anti-Lebensqualität" hinaus, die vielem in der westlichen Gesellschaft anhaftet. Er untersucht auch nicht die besondere Lage der Frauen, aber er hat seine Methode wenigstens nicht darauf angelegt, das Individuum der Gesellschaft, so wie sie ist, „anzupassen".

Wir haben versucht, diese kurze Zusammenfassung der Gestalttheorie in Verbindung mit der besonderen Lage und den Bedürfnissen von Frauen in Therapie zu bringen. Nun werden wir uns auf zwei praktische Techniken konzentrieren, die uns sehr nützlich scheinen: „Zum Kissen sprechen" und die Anwendung der Körperbewußtheit für die Arbeit an Blockierungen und Widerständen.

„ZUM KISSEN SPRECHEN"

Der Begriff „Gestalt" bezeichnet eigentlich ein „Ganzes", das aus abgespaltenen Teilen zusammengesetzt wurde. Diese Therapieform betont die Einheit aller Erfahrung, und ein wichtiger Teil des Heilungsprozesses wird im Zusammenfügen von abgespaltenen Teilen gesehen. Perls beschreibt, wie wir unnatürliche Spaltungen zwischen uns und der Welt um uns herum erfahren, indem wir starre „Ich-Grenzen" definieren und uns gegenüber den Menschen und Dingen außerhalb dieser Grenzen als Fremde und Feinde fühlen, wohingegen in Wirklichkeit „man nicht einmal die Organismen und die Umwelt voneinander trennen kann. Eine Pflanze, die aus ihrer Umwelt herausgenommen wird, kann nicht weiterleben, und genauso wenig kann es ein menschliches Wesen, wenn man es aus seiner Umwelt herausnimmt ...

Wir müssen also stets den Ausschnitt der Welt, in der wir leben, als Teil von uns selbst betrachten."[7] In der Gestaltpraxis überbrücken wir diese Spaltung zwischen „uns" und den „anderen" dadurch, daß wir uns mit dem „Fremden" identifizieren und es „ausagieren". Damit verringern wir die Entfremdung und erkennen Übereinstimmung und Ähnlichkeiten mit uns selbst. So können wir unsere Grenzen ausdehnen und uns stärker in unsere Umgebung einbezogen fühlen. Wenn du eine andere Person wegen ihrer Unzuverlässigkeit kritisierst, wirst du nach der Gestaltmethode dazu aufgefordert, einen unzuverlässigen Menschen darzustellen. Glaubst du eine andere Person nicht leiden zu können, spielst du deren Rolle, sprichst wie sie und stellst dir vor, du wärst in ihrer Haut. Die Theorie besagt, daß du häufig Eigenschaften in andere Leute „hineinprojizierst", die in Wahrheit die deinen sind. Im sich entwickelnden Dialog werden oft Kissen benutzt, die dich selbst und die anderen am Dialog beteiligten Personen darstellen sollen. Falls die Gefühle genau untersucht werden, kommt es vielleicht gegen Ende zu einer Integration und die beiden abgespaltenen Teile kommen zusammen.

Perls wies darauf hin, daß wir auch künstliche Spaltungen *in* uns selbst erfahren. Sätze wie „*Ich* habe einen *Körper*", „*Ich* kann *mich* nicht leiden" oder „*Mein* Kopfweh hält mich davon ab, mich zu vergnügen", machen deutlich, wie wenig wir uns selbst als ganzheitlichen Organismus, der wir eigentlich sind, erleben. Eine Methode, uns bewußter als gesunden, integrierten Organismus zu empfinden, besteht wiederum darin, die Teile, die wir als abgespalten erleben, auszuagieren und zwischen ihnen einen Dialog zu entwickeln, so etwa zwischen „Kopf und Herz", „dem abhängigen Ich und dem unabhängigen Ich" oder „dem Teil, der wütend ist und dem Teil, der glaubt, ich sollte es nicht sein". Falls dieses Ausagieren mit Gefühl geschieht und sich entwickeln kann, findet vielleicht ein Zusammenkommen statt; die betreffende Person empfindet sich am Ende stärker integriert und ganzheitlicher. In der Praxis erscheinen diese inneren abgespaltenen Teile häufig als Konflikt zwischen dem Überlegenen und dem Unterlegenen (topdog und underdog), wie Perls sie bezeichnet. Der überlegene Teil ist so etwas wie die Stimme des Gewissens oder der Autorität: Selbstgerecht, einschüchternd, voller Belehrungen und du „solltest". Es ist die Stimme, die Normen, Werte, Erwartungen und Forderungen verteidigt: „Du solltest hart arbeiten", „Du solltest zuerst an die anderen denken", „Du solltest nicht wütend werden", „Du solltest schlanker sein", „Du solltest dich so benehmen, wie es sich schickt". Die Unterlegene ist die sich widersetzende Stimme, die Stimme, die nicht so gerne hart arbeitet, das Extrastück Schokolade möchte, sich gegen die Autorität auflehnen will. Es ist die Verliererstimme, obwohl sie sich verteidigt, schmeichelt, sich entschuldigt, die Heulsuse spielt, sagt, „Ich tu mein Bestes", „Ich kann nichts dafür" und so weiter. Diese zwei Teile sind gewöhnlich in einem Kampf miteinander verhakt wie Eltern und Kind, und die betreffende Person ist in einen kontrollierenden und einen kontrollierten Teil aufgespalten. Wir nehmen meist an, daß die Überlegene im Recht ist, und verwenden sehr viel Energie auf diesen inneren Konflikt. Wir quälen uns selbst, wenn es uns nicht gelingt, nach den Idealen der Überlegenen zu leben. In der Gestalttherapie lernen wir, den unterlegenen Teil mehr zu Wort kommen zu lassen. Dieser übermittelt uns häufig unterdrückte Botschaften des Körpers und Emotionen, die uns viel eher sagen, was wir *wollen* und *brauchen* und weniger, was wir tun *sollten*. Er ist gewöhnlich ein verschütteter Teil in uns selbst, häufig ein potentiell fröhlicher, kindlicher Teil, der von der inneren Autoritätsstimme erstickt wird. Für Frauen ist es ein sehr wichtiger Schritt, mit diesem Verlierer in Berührung zu kommen und ihn zu seiner Stärke finden zu lassen: „Tief eingewurzelt im verschütteten und verleugneten Verlierer befindet sich der Keim zur Veränderung und Entwicklung ... ihr eigener Protest gegen den jetzigen Zustand.“[8]

Hier ein Beispiel einer Frau, die zwei abgespaltene Teile ihrer Persönlichkeit untersucht, wobei sie der Rolle der Überlegenen und der der Unterlegenen deutlich ähnliche Züge verleiht.

Sue befindet sich in einer Selbsthilfegruppe mit Freundinnen. Sie haben den Nachmittag im Park verbracht und sind am Abend zu einer Sitzung zusammengekommen. Sie sagt der Gruppe, daß sie durcheinander sei, da sie während des gemeinsamen Fußballspiels im Park außerhalb der Gruppe gesessen habe. Sie ist etwas älter als die übrigen Gruppenmitglieder und hatte Angst, eine lächerliche Figur abzugeben. Ein Teil von ihr jedoch wollte mitmachen und fühlte sich ausgesperrt, als sie es sein ließ. Mit zwei Kissen entwickelt sie daraus einen Dialog zwischen einer strengen Stimme. „Sei nicht dumm! Du würdest lächerlich aussehen beim Fußballspiel! Du hast sowieso Gescheiteres zu tun, du hast ein gutes Buch zu lesen ...“ und einer anderen, mehr kindlichen Stimme, die bat: „Aber ich möchte mitmachen! Ich möchte wie die anderen sein! Es ist langweilig, hochnäsig zu sein und zu lesen, während die anderen sich amüsieren!“

Die strenge Stimme (oder die „Überlegene“) wird verächtlich und wütend, die verspielte Stimme bettelt. Sie sitzt beim Ausagieren der beiden inneren Stimmen abwechselnd auf dem einen, dann auf dem anderen Kissen. Der Dialog verändert sich allmählich: Die kindliche Stimme wird wütend, die strenge Stimme der „Überlegenen“ wird sanfter, und schließlich, während sie auf diesem Kissen sitzt, fängt Sue zu weinen an: „Mir fehlt etwas! Mir fehlt schon seit Jahren etwas ...“ Die zwei Stimmen kommen sich gegenseitig näher und verschmelzen beinahe miteinander: „Dir *hat* tatsächlich etwas gefehlt“, pflichtet die Unterlegene bei: „Du mußt mehr auf mich hören“. Der innere Konflikt Sues ist einer Lösung näher. Als Sue spürt, daß sie fertig ist, erzählt sie der Gruppe von den Schwierigkeiten, die sie früher hatte, mit anderen Kindern auf dem Spielplatz zu spielen. Sie diskutiert die Möglichkeiten, dieses Verhaltensmuster zu ändern, das ihr im Erwachsenenleben Vergnügen verbietet. Die anderen Gruppenmitglieder teilen ihr mit, was sie während der Sitzung empfunden haben.

Die Kissentechnik mag zunächst künstlich und dumm erscheinen und kann gespreizt wirken, wenn die Person nicht mit ihren am Konflikt beteiligten Gefühlen in Berührung kommt. Damit dies geschehen kann, muß das Erlebnis so direkt und unmittelbar wie nur möglich sein. So sollte sie zum Beispiel das Kissen anschauen und es direkt, wenn möglich mit Namen, ansprechen („Sue, du verpaßt etwas ...", „Hand, ich wünschte, du wärest nicht so voller Narben ..."). Sie sollte Beschreibungen und Erklärungen *über* sich selbst, über ihre Gefühle, über andere Leute vermeiden („Meine Hosen waren zu eng, um mich darin bewegen zu können, ich wollte sie weiter machen ...", „Ich glaube, ich bin ein wenig paranoid, ich habe das von meiner Mutter", „Jane fragte, ob ich mitmachen wolle, aber ich glaube, sie ist selbst schüchtern ..."). Statt dessen sollte sie direkte Äußerungen machen und im Präsens über ihre Gefühle und Erfahrungen sprechen („Sei nicht blöd!", „Ich möchte mitmachen", „Ich bin nicht sicher, ob ich erwünscht bin").

Diese Dialogtechnik kann auch helfen, Widersprüche in unserem Wunsch aufzudecken, unseren Lebensstil als Teil unserer Politik innerhalb der Frauenbewegung zu verändern: Wir können den Konflikt ausagieren zwischen dem Teil in uns, der mitmachen und dem, der sich nicht engagieren möchte, zwischen dem, der eifersüchtig ist und dem, der glaubt, es sei falsch, sexuell besitzergreifend zu sein.

Hier ein weiteres Beispiel dieses Prozesses. In diesem Fall handelt es sich nicht um einen inneren, sondern um einen Konflikt mit einer anderen Person.

Julie beklagt sich bei der Gruppe über Simon, einen Mann, mit dem sie zusammenarbeitet. Sie beschreibt, wie aufgeblasen und arrogant er sei und schimpft über ihn, um die anderen zu beeindrucken. Die Gruppe macht sie darauf aufmerksam, daß sie „über" ihn spricht und schlägt ihr vor, *zu* ihm zu sprechen. Sie legen ein Kissen vor sie hin, das Simon vertreten soll, und fordern sie auf, das Kissen anzuschauen, sich der Gefühle, die Simon bei ihr auslöst, bewußt zu werden und ihn mit Namen anzusprechen: „Simon, du löst bei mir die und die Gefühle aus ..." Sie kommt sehr rasch mit ihrer Wut in Berührung und wirft ihm Beleidigungen an den Kopf. Als sie erschöpft zu sein scheint, schlägt ihr die Gruppe vor, die Rollen zu tauschen und sich auf das Simon-Kissen zu setzen, um zu sehen, was sie dabei empfindet, und um die Angriffe zu erwidern. Sie wird wiederum aufgefordert, sich tatsächlich in Simon hineinzufühlen, Simon zu *sein* und das Julie-Kissen direkt anzusprechen. Als Simon gibt sie sich zunächst sehr von oben herab, aufgeblasen und abweisend. Als sie sich richtig gehen läßt, begreift sie, daß sie die Rolle sehr gut spielt und diese in Wirklichkeit ein Teil von ihr ist, den sie stark ablehnt. Sie äußert sich dazu in der Gruppe. Nach dem Rollenwechsel schreit sie den aufgeblasenen Teil wieder an. Beim erneuten Wechsel merkt sie, daß dem aufgeblasenen Teil die Luft ausgegangen ist und er sich bemitleidenswert vorkommt: „Ich gebe mich nur so wichtigtuerisch und schimpfe, um die anderen zu beeindrucken. Ich glaube, daß sie mich sonst nicht ernst nehmen", gibt sie zu. Die zwei Seiten in ihr beginnen, den entgegengesetzten Standpunkt zu verstehen und können sich so besser integrieren.

Dies ist ein gutes Beispiel, wie die Spaltung zwischen dem „Ich" und den „Andern" überbrückt werden kann. Wie dies häufig geschieht, identifiziert sich auch Julie schließlich mit dem Menschen, mit dem sie in einem Gefühlskonflikt steht. Du kannst den Standpunkt einer anderen Person besser verstehen, wenn du ihre Rolle übernimmst. Du erkennst dann wie Julie, daß ihr Standpunkt zum Teil dem deinen entspricht. Der Grund, weshalb du dich in einem Gefühlskonflikt mit den anderen befindest, ist häufig der, daß das Problem in *dir selbst* noch nicht gelöst ist. Falls Julie überhaupt nichts mit Simon verbände, hätte sie ihn vermutlich ganz einfach als eine leicht aufgeblasene Person betrachtet und ihm ganz sanft und mit Erfolg die Luft abgelassen, ohne sich dabei groß aufzuregen.

Die Integration zweier abgespaltener Teile vollzieht sich nicht immer problemlos oder wie von selbst am Ende jeder Sitzung. Häufig möchte die arbeitende Frau lieber aufhören, weil sie sich erledigt fühlt oder sich etwas Neues in den Vordergrund geschoben hat. Manchmal scheint eine Stimme auch ihre Kraft zu verlieren, anstatt sich zu integrieren. Du brauchst vielleicht mehrere Sitzungen, um das Neue in dich aufzunehmen, bevor du einen bestimmten Konflikt lösen kannst. Das Geheimnis, wie du aus festgefahrenen Verhaltensmustern ausbrechen kannst, besteht darin, dich wirklich ganz mit beiden Rollen zu identifizieren. Indem Julie sich mit der Rolle des Aufgeblasenen identifiziert, erkennt sie, daß ein Teil von ihr selbst so reagiert, weil sie unsicher ist. Dieses Verständnis erlaubt ihr, diesen Teil zu integrieren, anstatt ihn abzulehnen und abzuspalten als eine Eigenschaft, die sie an anderen Leuten haßt. Hätte sie sich nicht mit ihm identifiziert, wäre es ihr unmöglich gewesen, ihn als einen Teil ihres Charakters in sich aufzunehmen. Wir projizieren häufig „unerwünschte" Eigenschaften in andere hinein und entziehen uns damit Energie und Bewußtheit. Nach dieser Sitzung wird Julie vermutlich schneller merken, wann sie versucht, Leute zu beeindrucken und nach direkteren Methoden suchen, damit sie ernst genommen wird.

Julie hätte nach diesem Dialog mit „die Runde machen", einer anderen Gestalttechnik, weitermachen können. Dabei setzt sie sich der Reihe nach vor jedes Gruppenmitglied, nimmt Blickkontakt auf und wiederholt einen Satz wie den folgenden: „Ich möchte, daß du mich ernst nimmst." Danach teilt sie den anderen mit, was sie dabei fühlte („beängstigend") und die anderen geben ihr Feedback („Ich war nicht sicher, ob es dir wirklich ernst war"; „Ich sah eine neue Seite an dir, die mir gefiel"). Auf diese Art bringt sie die durch ihre Arbeit aufgeworfenen Probleme direkt in ihre Beziehung zu anderen Gruppenmitgliedern ein. Im Schutz der Gruppe probiert sie eine neue Möglichkeit aus, sich auf andere zu beziehen, eine Möglichkeit, die ihr die Therapie erschlossen hat. Die Technik der „Runde machen" könnt ihr sehr verschieden anwenden, um Mitteilungen, die ihr anderen Leuten macht oder machen möchtet, zu untersuchen. Eine Frau, die sich allen Leuten gegenüber feindselig verhält, fordern wir auf, die „Runde zu machen": „Ich kann niemanden in diesem Raum leiden". Eine Frau, die sich unfähig fühlt, wendet sich an jedes Gruppenmitglied mit: „Ich bin eine Versagerin". Sie nimmt dabei mit jeder Frau Blickkontakt auf und fügt jedesmal etwas bei, was sich auf die betreffende Person bezieht („Ich habe soeben eine Stelle nicht bekommen, die ich gerne gehabt hätte. Dies trifft mich besonders bei dir, weil du so ein Erfolgsmensch zu sein scheinst"). Die Mitteilung kann sich auch stärker in Berührungen oder Mimik ausdrücken als in Worten. Diese Übung eignet sich auch für eine Frau, die sich in einer Rolle gefangen fühlt und sie untersuchen möchte („Ich bin immer fröhlich"). Indem sie dieses Verhaltensmuster auf das Hier-und-Jetzt bezieht, verstärkt sie die damit verbundenen Empfindungen („Ich halte diese Anstrengung nicht mehr aus, dauernd so zu tun, als ob ich fröhlich wäre"). Dann macht sie nochmals die Runde und sagt dabei das Gegenteil („Ich verletze"). So hat sie die Gelegenheit, sich in einer neuen Rolle zu versuchen. Es ist wichtig, euch nachher gegenseitig Feedback zu geben.

Julie hätte nicht das gleiche über sich erfahren, wäre sie mit Simon konfrontiert gewesen. Er hätte ihr vermutlich die Beleidigungen zurückgegeben; sie hätte geglaubt, sich verteidigen zu müssen, und wahrscheinlich hätte sie die Angst vor den Auswirkungen daran gehindert, ihre Wut offen zu zeigen. Die Gestaltmethode ist nicht auf die Lösung zwischenmenschlicher Konflikte als solcher ausgerichtet. Sie zielt darauf ab, die Person, die arbeitet, zu einer größeren Bewußtheit ihrer selbst zu bringen. Dies kann gelegentlich die Lösung eines zwischenmenschlichen Konfliktes erleichtern wie im Falle von Julie, die daraufhin besser verstand, weshalb sie Simon gegenüber so empfand. Die Kissentechnik hat den Vorteil, daß du sie auch zu Hause allein oder mit einer Partnerin anwenden kannst, d. h. auch mit Personen, die sich nie an einer Therapiegruppe beteiligen würden. Die Klarheit, die du dir auf diese Weise verschaffst, hilft dir, deine Beziehungen im wirklichen Leben zu verändern. Falls du dich aber ausdrücklich mit zwischenmenschlichen Beziehungen oder mit der komplexen Psychodynamik zwischen Gruppenmitgliedern beschäftigen möchtest, mußt du dich den Techniken des Encounters (4. Kapitel) oder dem Psychodrama (7. Kapitel) zuwenden. Bei der Gestaltmethode liegt das Gewicht immer auf dem Anerkennen der eigenen Projektionen, um somit eine „größere Ganzheit" *in sich selbst* zu erreichen. Wenn du einen Konflikt mit einem Gruppenmitglied hast, würdest du gemäß der Gestaltmethode trotzdem ein Kissen benutzen, das für die betreffende Person steht. Und der Akzent läge auf der Hilfe zur Erkenntnis, daß sich viele deiner Gefühle, die jener Frau gelten, aus deinen eigenen inneren Konflikten und deiner eigenen Entwicklung herleiten.

Hier das Beispiel einer Frau, die auf die eben beschriebene Art und Weise arbeitet.

Christine ist die treibende Kraft hinter einer neugebildeten Gruppe. Sie machte sich Sorgen, ob die Frauen zur Sitzung auftauchen würden. Als es endlich soweit ist, ist sie angespannt und gereizt. Sie sagt, daß sie ihre Gefühle untersuchen möchte und erklärt zunächst, daß sie auf alle anderen Frauen in der Gruppe wütend ist; sie versucht ständig sie zu überreden, doch in die Gruppe zu kommen, während die Frauen sehr zurückhaltend, geschäftig und überheblich tun. Sie selbst fühlt sich mit ihrem Enthusiasmus für die Gruppe wie ein Kind, wohingegen die anderen sich wie Erwachsene geben, die wahrscheinlich Gescheiteres zu tun haben. Eine Frau schlägt ihr vor, alle Frauen auf das Kissen zu setzen. Sie sagt ihnen, was für eine gute Idee die Gruppe sei, und wie sehr ihre Reserviertheit sie ärgere. Nach einer Weile wechselt sie die Rollen und setzt sich auf das „Gruppenkissen", um als die „Reservierten" zu widersprechen. Auf diesem Kissen kommt sie mit einem sehr kalten, überheblichen Teil ihrer selbst in Berührung, der der kindlichen Christine befiehlt, damit aufzuhören, sie zu belästigen und irgendwo spielen zu gehen. Nach einer Weile wird ihr klar, daß diese Stimme der ihrer Mutter sehr ähnlich ist. Sie schlüpft wieder in die Rolle der kindlichen Christine, wird frech, spöttisch und schließlich sehr ausfallend gegen den überheblichen Teil: „Rutsch mir den Buckel runter, du blöde, überhebliche Kuh! Sag mir bloß nicht, ich soll weggehen, denn ohne mich wäre dein Leben sehr kalt ... *Du brauchst mich wirklich ...* denn du bist tot und ich bin lebendig und voller Leben!"

Am Ende dieser Sitzung schlägt eine Frau vor, Christine solle aufstehen und im Raum herumspazieren, um der Gruppe zu zeigen, wie gut sie sich als das „lebendige Kind" fühlt. Christine hat ihre Hände in den Hosentaschen, und wie sie sich so leicht und unbeschwert im Raum bewegt, erlebt sie eine plötzliche und intensive Rückblende einer Kindheitsszene, als sie mit ihrem Bruder durch einen Obstgarten spazierte und sich wirklich glücklich und wohl in ihrer Haut fühlte.

Nach dieser Sitzung wäre es für die Gruppe wichtig, auf den anfänglichen Konflikt zurückzukommen und über Christines Beziehung zu den anderen Gruppenmitgliedern und die Art und Weise, wie die Gruppe organisiert ist, zu diskutieren. Da sie dazu überging, einen inneren Konflikt zwischen einem „überheblichen" und einem „kindlichen" Teil in ihr selbst zu untersuchen, besteht die Gefahr, daß die ganze Situation nur noch als „ihr Problem" angesehen wird. In Wirklichkeit ist ein reales Problem vorhanden, nämlich das der Organisation der Gruppe und der damit verbundenen Verpflichtung. Alle Gruppenmitglieder müssen sich damit befassen. Christine wird die Tatsache, daß sie einen inneren Konflikt ans Tageslicht gebracht hat, verstehen helfen, weshalb für sie die ganze Situation so gefühlsgeladen ist. Vielleicht gelingt es ihr, diese Empfindungen aus der vergangenen Situation, die sie auf die gegenwärtige projizierte, zu lösen. Sie wird wahrscheinlich immer noch ihre Ressentiments verärgert herauslassen oder andere Gruppenmitglieder direkt in der augenblicklichen Situation zur Rechenschaft ziehen wollen. Diese Sitzung ermöglicht es ihr, in dieser Angelegenheit eine klare und eindeutige Haltung einzunehmen.

Dieses Beispiel weist auch auf etwas hin, das häufig beim zum Kissen sprechen geschieht: Christine kam mit einer Situation aus ihrer Vergangenheit in Berührung. Lebt eine Frau den Dialog zwischen einem überlegenen und unterlegenen Teil in ihr voll aus, erweist sich nach unseren Erfahrungen oft, daß der scheltende, überlegene Teil wie ihr Vater oder ihre Mutter spricht. Als Kinder nehmen wir die Kontrollen und Belehrungen unserer Eltern in uns auf und verinnerlichen sie; als Erwachsene schleppen wir sie dann häufig noch mit uns herum und lassen sie wie auf Band aufgenommene Mitteilungen in unseren Köpfen abspulen. Die Stimme in uns, die sagt: „Beherrsche dich", „Sei vernünftig", „Sei nicht so unanständig", „Gib dir noch mehr Mühe", „Sei nicht egoistisch" oder weitere Phrasen dieser Art, ist gewöhnlich die verinnerlichte Stimme eines oder beider Elternteile. Zu den Kissen sprechen hilft uns, uns mit dieser Elternstimme zu identifizieren, sie auszuagieren und auf sie zu reagieren. Hier ein Beispiel.

Wendy sagt, daß sie über sich selbst deprimiert sei, da sie dauernd Dummheiten mache und ganz allgemein ihr Leben verpfusche. Die Gruppe legt ein Kissen vor sie hin und schlägt ihr vor, zu sich selbst zu sprechen. Sie beginnt, und ihre Depression verwandelt sich ziemlich rasch in Verdruß und dann in Wut über sich selbst, weil sie unverbesserlich und unfähig ist: „Wendy, du bist wirklich eine Katastrophe. Du bist ein total *hoffnungsloser* Fall. Du bist wirklich unfähig!"

Nach einer Weile fragt eine Frau in der Gruppe: „Sprichst du wie jemand, den du kennst?" und Wendy antwortet: „Ja, wie mein Vater! Er hat mich immer auf diese Art heruntergemacht. Er sagte mir, ich sei dumm und nicht tüchtig genug."

Dann tauscht sie die Rollen und spielt das unterlegene Kind: mürrisch, unwillig, aber ohne den Mut, zurückzugeben. Sie entwickelt den Dialog, wechselt die Rollen mehrmals vom tyrannischen Vater zum Kind in ihr. Die anderen Gruppenmitglieder fordern das „Kind" auf zu reagieren: „Er hört dich nicht, wenn du murmelst!", „Er hat dir soeben gesagt, du seist ein Versager. Was wirst du ihm darauf antworten?", „Versuche ihn anzuschauen und wiederhole dasselbe lauter!" „Hol tief Atem und sag es nochmals!" Sie helfen dem „Kind", Entschuldigungen zu vermeiden und die eine, einzige, wichtige Mitteilung zu finden, die sie dem Vater übermitteln möchte. Schließlich bricht diese als „Nein!" hervor. Wendy wird sehr wütend und schreit das „Vater-Kissen" an: „NEIN! NEIN! NEIN!" An dieser Stelle hält sie inne und fragt, ob sich ein anderes Gruppenmitglied auf das „Vater-Kissen" setzen und damit fortfahren würde, verschiedene Standardsätze ihres Vaters zu wiederholen: „Gib dir noch mehr Mühe!", „Du bist so unfähig!", „Stell dich nicht so dumm an!" Dies hilft ihr, die Empörung des „Kindes" voll nachzuempfinden und zu erkunden, während sie gleichzeitig begreift, wogegen sie ankämpft. Sie schreit immer noch laut und schlägt mit ihren Fäusten auf ein Kissen ein. (Wenn du den Arm über den Kopf hebst und weit ausholst, kannst du besser durchatmen und damit deinen Gefühlen besser zum Durchbruch verhelfen.) Schließlich ist Wendy erschöpft. Die Frau, die den Vater spielte, sah sie müde werden und ließ die Stimme des Vaters abklingen und das „Kind" „gewinnen". Am Schluß sagt Wendy, sie fühle sich sehr wohl und würde sich nun gerne für eine Weile in Ruths Arme kuscheln und still bleiben. Am nächsten Tag hat sie eine starke Halsentzündung. Obwohl sie ihre Gefühle vom Bauch her hatte aufsteigen lassen, hatte sich ihre Kehle gegen den vollen stimmlichen Ausdruck ihrer Gefühle verspannt. Häufig löst sich die Spannung in einem Körperbereich und nimmt dann an einem anderen Ort zu. Dieser Vorgang zeigt uns, wie sehr unser Körper als ganzer Organismus reagiert.

Achte darauf, wie die Gruppenmitglieder im ersten Kapitel beschriebene Techniken der Wiederholung und des Atmens anwendeten, um Wendy in einem bestimmten Gefühlszustand zu halten und ihr zu helfen, ihn voller auszudrücken. Mit zunehmender Erfahrung weißt du, wann du einen Rollenwechsel vorschlagen sollst. Im allgemeinen bleibt die Frau in einer bestimmten Rolle, solange sie diese ohne Schwierigkeiten spielen kann oder gefühlsmäßig stark davon in Anspruch genommen ist. Zum Wechsel kommt es erst, wenn sie nicht mehr weiter kann, nichts zu sagen hat oder eine Äußerung gemacht hat, die eine Antwort verlangt.

In unserem letzten Beispiel hat eine Frau in der Gruppe die Rolle von Wendys Vater übernommen, um den Dialog in Gang zu halten. Diese Art des Rollenspiels ähnelt dem Psychodrama; sie wiederholt die Sätze, die ihr Wendy als für ihren Vater typisch angegeben hatte. Eine dieser Techniken heißt: „Darf ich dir einen Satz verabreichen?" Nehmen wir an, Wendy hätte während ihres Dialogs eine Haltung oder Mitteilung angedeutet, aber nicht offen ausgedrückt. Daraufhin hätte ein Gruppenmitglied sie angetippt und gefragt: „Darf ich dir einen Satz verabreichen? Sprich ihn nach und schau, wie er auf dich wirkt". Zum Beispiel ein Satz für ihren Vater: „Meine Kinder haben mich alle enttäuscht". Wendy kann den Satz verwenden, falls er für ihren Dialog förderlich ist. Sie kann ihn auch fallen lassen, wenn er nicht zu passen scheint. Einen Satz verabreichen oder den Part eines „Gegners" wie den von Wendys Vater übernehmen, scheint vielleicht eine nicht sehr reizvolle Aufgabe zu sein. Gedanken wie: „Ich könnte nie Wendys Vater spielen, ich bin viel zu nett", „Wendy wird mich verachten, wenn ich mich wie er benehme" und so weiter, halten uns häufig davon ab, „unangenehme" Rollen zu übernehmen, auch wenn es uns von Nutzen sein könnte. Es gibt fast immer eine Frau in der Gruppe, die einen solchen Part ausgezeichnet spielen könnte (vielleicht, weil sie selbst einen ähnlichen Vater hatte), und somit etwas über sich selbst in Erfahrung brächte, wenn sie Wendy auf diese Weise unterstützt. Möglicherweise hat sie Angst, in ein schiefes Licht zu geraten. Sie hilft jedoch Wendy mit der diktatorischen Vaterrolle weit mehr, als wenn sie ruhig in der Gruppe sitzt und sich „lieb und brav“ verhält.

Dieses Beispiel ist einer spannungsgeladenen Sitzung entnommen, in deren Verlauf Wendy die immer noch mächtige Kontrolle ihres Vaters auf eine sehr direkte und gefühlsbetonte Art in Frage stellt. Eine andere Frau erlebt vielleicht den gleichen Prozeß anders und wiederholt ganz einfach einen Satz mehrere Male. Jede Frau wird ihren eigenen Weg gehen. Wichtig dabei ist, daß sie eine gefühlsmäßige Verbindung herstellt und *spürt*, was sie sagt, andernfalls kann sie noch monatelang Kissen anschreien, ohne sich auch nur einen Deut von der väterlichen Stimme befreien zu können. Gewöhnlich merken wir, wann eine Frau nicht voll dabei ist: sie wirkt nicht überzeugend und die anderen Gruppenmitglieder werden müde oder beginnen sich zu langweilen, während sie arbeitet.

Die Konfrontation mit dem verinnerlichten Elternteil ist für uns Frauen ein sehr wichtiger Prozeß, der uns frei machen kann, eigene Entscheidungen über unsere Lebensweise zu treffen. Er ist ganz besonders notwendig, da in unseren Beziehungen zu Männern häufig von uns erwartet wird, weiterhin die unterwürfige „Kindrolle“ zu spielen. Hogie Wyckoff von der Berkeley Radical Psychiatry Group hat mit Nachdruck hervorgehoben, wieviel wir gewinnen können, wenn wir uns die Stärke des Kindes wieder aneignen, um uns gegen die elterliche Stimme aufzulehnen:

> „Diese verinnerlichte Unterdrückung habe ich mit Schweine-Eltern-Ich bezeichnet. Es verkörpert die Vereinigung aller Werte, die Frauen in Unterwürfigkeit verharren lassen – Botschaften, die z. B. mitteilen, einen Mann nicht zu übertreffen, bescheiden zu sein (d. h., sich nicht selbst zu lieben), sich zuerst um die anderen zu kümmern, nicht wütend oder gemein zu sein ... Das natürliche Kindheits-Ich der Frauen ist unterdrückt; sie fühlen sich in der Welt nicht sicher genug, um das zu tun, was sie gerne tun möchten, ... sie schauen auf andere, um zu sehen, ob sie gewisse Dinge tun dürfen, anstatt sich auf ihren ‚Bauch‘ zu verlassen und das zu tun, was gut tut. Wenn die Frauen sich selbst umsorgen, ihre Intelligenz einsetzen, ihrer Intuition vertrauen und nicht auf ihr Schweine-Eltern-Ich hören, handeln sie ausschließlich im Sinne ihres natürlichen Kindheits-Ich, ihres Innersten, ihres Zentrums. Wir Frauen sind tatsächlich stark, wenn wir in Berührung mit diesem Teil von uns selbst sind. Dann nämlich wissen wir, was stimmt und was nicht, was uns verletzt und unterdrückt, was uns mit Freude, Befriedigung oder gerechtem Zorn erfüllt.“[9]

Die Terminologie, die Hogie Wyckoff hier verwendet, kommt aus der Radikalen Transaktionsanalyse.[10] Wir können sie aber in diesem Zusammenhang auf die Methoden der Gestalt anwenden, um Eltern-Kind-Konflikte zu untersuchen.

Wenn wir zum ersten Mal die Stimme unseres „natürlichen Kindheits-Ichs" entdecken, stoßen wir häufig auf Wut, wie im Falle von Wendy. Wir müssen dann etwas von dieser Wut herauslassen, die wir als Kinder unterdrückt haben. Diesen Zorn sollten wir aber unbedingt als Teil eines Prozesses erkennen. Wendy gewänne nichts, wenn sie glaubte, die Sache mit ihrem Vater hätte sich damit erledigt. Sie hätte auch nichts davon, wenn sie auf den nächsten Zug nach Hause springen würde, um den alternden Vater ihre Wut spüren zu lassen und ihn mit ihren aufgewühlten Gefühlen wegen seines Verhaltens ihr als Kind gegenüber zu überfallen. Wir dürfen nicht in einen Dauer-Kindheitszorn verfallen oder in der Rolle des zornigen Kindes steckenbleiben. Dieses bleibt innerlich ebenso eng mit seinen Eltern verbunden wie das gehorsame Kind. Die Theorie besagt, daß wir uns durch das Erforschen der Rollen von Eltern und Kind und durch das Ausdrücken eines Teils der unterdrückten Gefühle aus der Vergangenheit, tatsächlich von dieser vergangenen Situation befreien und *erwachsen* werden können. Der Konflikt zwischen elterlichem und kindlichem Teil in uns ist entschärft, die Persönlichkeit wird in sich geschlossen und gereift. Wenn wir von unseren Eltern wirklich unabhängig sind, brauchen wir keinen alten Groll mehr gegen sie zu hegen, sondern wir verwenden diese Energie dazu, in der Gegenwart eindeutig und wirksam zu handeln und das Leben so zu leben, wie es uns paßt. Wenn wir autonom sind, können wir es uns auch erlauben, das Leben und das Verhalten unserer Eltern mit Mitgefühl zu betrachten. Es mag vielleicht überraschen, daß wir erst unsere Wut und unsere Ressentiments herauslassen müssen, um das Viele, das unsere Eltern uns geben konnten, allmählich schätzen zu lernen.

Das Durcharbeiten des Eltern-Kind-Konflikts, um zum Erwachsenen-Ich zu gelangen, ist für uns Frauen ebenfalls von großer Bedeutung. Wir werden nicht ermuntert, uns zu reifen Erwachsenen zu entwickeln, die unabhängig sind und in ihrem eigenen Interesse handeln können. Wir werden dazu ermutigt, eine fürsorgliche Mutterrolle zu übernehmen, dürfen uns aber nicht zu selbständigen Erwachsenen entwickeln. Wie Hogie Wyckoff richtig betont, sind Frauengruppen ein ausgezeichneter Ort, um das „Erwachsensein" mit Erfolg zu üben. Wir werden darin bestärkt, unsere Fähigkeiten und unsere Intelligenz einzusetzen, und wir haben gleichzeitig die Möglichkeit, die Intelligenz anderer Frauen zu erfahren und zu respektieren.[11]

Eine mächtige Waffe, derer sich viele Eltern bedienen, sind die Schuldgefühle. Auch hier können die Gestalttechniken von Nutzen sein. Als Frauen neigen wir besonders stark dazu, uns fast das ganze Leben lang mit Schuldgefühlen vollzuladen. Die hohen Maßstäbe an Liebe, Fürsorge und Hilfeleistungen, die zu erfüllen von uns Töchtern, Ehefrauen und Müttern erwartet wird, bewirken, daß sich viele von uns unzulänglich und schuldig fühlen. Einer der positiven Aspekte der Gestaltmethode besteht in ihrer geringen Einschätzung von Schuldgefühlen. Während die Freudianer die Ansicht vertreten, Schuldgefühle seien kompliziert, tief in uns verwurzelt und unvermeidlich, sehen sie die Gestalttherapeuten als etwas viel Einfacheres, als projizierte Ressentiments. Perls drückte dies folgendermaßen aus: „Wann immer du dich schuldig fühlst, finde heraus, worüber du dich ärgerst und die Schuldgefühle werden plötzlich verschwinden.“[12]

Perls glaubte, daß unausgesprochene Ressentiments zu den schlimmstmöglichen unvollendeten „Gestalten“ gehören. Sie auszudrücken trägt am wirksamsten dazu bei, unser Leben erträglicher zu gestalten. Ressentiments sind für Frauen mehr tabu als für Männer. Traditionsgemäß erwartet man von uns, ohne Murren zu lieben und zu dienen; daraus ergibt sich häufig, daß unsere Ressentiments indirekt hervorbrechen in Form von Gehässigkeit oder Rückzug in uns selbst. Beide Verhaltensweisen beeinträchtigen unser Leben und unsere Beziehungen. Lassen wir aber den Ressentiments freien Lauf, kann dadurch unser Leben ziemlich durcheinandergebracht werden, falls dies völlig unkontrolliert vor sich geht. Eine sichere Methode jedoch ist die Verwendung von Kissen, um uns zunächst einmal bewußt zu werden, was wir tatsächlich fühlen, und um Wege zu finden, uns direkter auszudrücken.

Noch kurz einen Vorbehalt zur Kissentechnik: Wenn sie nicht richtig funktioniert, gleitet sie manchmal in lange, über-geschwätzige Dialoge ab, wobei wenig Gefühle freigesetzt werden. Es ist wichtig, darauf zu achten. Wenn nötig, lassen wir die betreffende Frau nur einen einfachen Satz mehrere Male wiederholen oder sogar nur Laute statt Worte von sich geben, damit sie mit den Gefühlen hinter den Worten in Berührung kommt. Sie kann die Laute auch mit Bewegungen kombinieren: Die Kissen an sich drücken, würgen, auf ihnen herumtrampeln, zur Tür hinauswerfen oder tun, was sie als richtig empfindet. Manchmal erübrigt sich die Verwendung eines Kissens, so etwa, wenn die arbeitende Frau bereit ist, ihre Emotionen offen und direkt auszudrücken. Vielleicht möchte sie nur einfach weinen. Es wäre sinnlos, ein Kissen vor sie hinzulegen, damit sie zu ihm spricht.

ARBEIT AN BLOCKIERUNGEN UND WIDERSTÄNDEN

Es ist nicht leicht, Gefühle aufdecken zu lernen. Häufig stoßen wir dabei zunächst auf Widerstände, die uns daran hindern sollen, Dinge zu fühlen oder auszudrücken. Dies geschieht in jeder Therapie, manchmal aber scheint die Stimmung in einer Selbsthilfegruppe besonders niederdrückend zu sein, und wir fühlen uns festgefahren und ohnmächtig: „Wir werden nie über dieses Schweigen hinauskommen ...“, „Wir werden den Durchbruch zur ‚richtigen‘ Therapie nie schaffen ...“

Tatsächlich ist die Arbeit an den Blockierungen selbst äußerst wertvoll und die Gestaltmethode liefert uns dazu nützliche Techniken. Einige der Grundprinzipien lauten:

In der Bewußtheit deines Körpers bleiben („Was geschieht in deinem Körper jetzt?“)

In der Gegenwart bleiben („Was fühlst du jetzt in dieser Minute?")
Sich im klaren sein, daß *alles* Material ist, das im Therapieprozeß verwendet werden kann.

Wie Fritz Perls es ausdrückt: Selbst wenn du sagst, du fühlst „nichts", hat dieses Nichts einen Inhalt, „der, wenn man ihn eingehender prüft, einen sehr positiven Charakter hat, wie zum Beispiel Taubheit, Kälte oder eine Kluft, die man verspürt."[13]

Viele der Beispiele in diesem Buch mögen den Eindruck erwecken, der therapeutische Prozeß verliefe leicht und fließend, häufig jedoch wickelt er sich so ab wie hier:

June teilt der Gruppe mit, daß sie zwar durcheinander, aber nicht sicher sei, ob sie von der Gruppe Unterstützung oder Aufmerksamkeit verlangen möchte. Sie ist offensichtlich verwirrt, und die anderen spüren, daß sie sie nicht ignorieren oder mit etwas anderem weiterfahren können. Es folgen immer wieder lange Perioden des Schweigens. Schließlich ist June damit einverstanden, sich etwas Zeit zu nehmen, um das, was sie empfindet, auf einen Nenner zu bringen. Sie weiß aber nicht, wo sie beginnen soll. Sie sagt nicht viel, und den anderen fällt es schwer herauszufinden, was sie so durcheinanderbringt. Wieder lange Perioden des Schweigens ...

Die folgenden Gestalttechniken scheinen uns für eine Situation wie die eben geschilderte von Nutzen zu sein. Sie helfen June herauszufinden, was sie blockiert.

Körperbewußtheit
Die Verwendung des sogenannten „Bewußtheits-Kontinuums" bildet die Basis der Gestalttherapie. Wir stellen es her durch Fragen wie diese:

„Was erlebst du jetzt in deinem Körper?"
„Ich fühle mich kalt. Ich bin angespannt."
„Wo fühlst du dich angespannt?"
„Hinten im Nacken und mein Mund fühlt sich trocken an."
„Bist du dir bewußt, was deine Augen machen?"
„Sie blicken hinunter, damit ich niemanden ansehen muß."
„Bist du dir bewußt, wie du atmest?"

Das ist eine wirksame Methode, jemanden auf den Boden ihrer körperlichen Erfahrungen und weg von Erklärungen, Phantasien oder Erstarrung zu lenken. Sie hilft beispielsweise, wenn eine Frau zwar viel spricht und dies auch einen Sinn ergibt, aber losgelöst ist von ihren Gefühlen, oder wenn sie überhaupt nichts sagt. Die Körperbewußtheit ist von zentraler Bedeutung, fast alle im folgenden aufgeführten Techniken bringen diesen Aspekt zum Ausdruck.

„Ich" verwenden statt „es"
June macht Bemerkungen wie:

„Meine Hände zittern nervös"
„Ich verspüre einen unwiderstehlichen Drang aufzustehen und von der Gruppe wegzulaufen"
„Es ist eine stark explosive Stimmung hier"

Sie wird gebeten, diese Bemerkungen neu zu formulieren, so daß sie die Verantwortung für das übernimmt, was sie erlebt:

„Kannst du sagen ‚*Ich* zittere nervös'?"
„Kannst du es so formulieren, als ob du selbst der Drang wärst: ‚*Ich* muß die Gruppe verlassen'?"
„Kannst du sagen, ‚*Ich* fühle mich sehr explosiv'?"

Durch die Neuformulierung ihrer Bemerkungen kommt June direkter mit ihren Gefühlen in Berührung.

Übertreibung
Nehmen wir an, June tippt ihr Bein mit einem Finger leicht an. Nun fordern wir sie auf, diese Bewegung zu übertreiben. Vielleicht entwickelt sich das Ganze so weit, daß sie richtig fest auf ihr Bein einschlägt, sobald sie mit dem Gefühl von Frustration in Berührung kommt, das sie indirekt durch das Antippen ausgedrückt hat.

Oder ein Gruppenmitglied bemerkt, daß sie fortwährend mit den Augen blinzelt und bittet sie, diese Bewegung zu übertreiben. June blinzelt heftiger und drückt schließlich ihre Augen fest zu. „Was ist es, das du nicht sehen möchtest?" fragt die Gruppe sie. June wird klar, daß sie eine bestimmte Sache quält, die sie bis jetzt nicht wahrhaben und der Gruppe nicht mitteilen wollte.

Diese Technik funktioniert gleichermaßen, ob es sich nun um eine rein physische Bewegung, die verstärkt wird, handelt, oder um eine Aussage oder Haltung, die die Frau der Gruppe vermittelt. Vielleicht sagt June nach einer Weile: „Ich weiß nicht, warum ihr euch damit abgebt, mir zu helfen. Ich bin ein hoffnungsloser Fall, ich komme nirgends rein ..."

Diesen Satz begleitet sie mit einem verzweifelten Achselzucken. Sie wird aufgefordert, diesen Satz zu wiederholen und die Bewegung mehrere Male zu verstärken, so daß ihr ganzer Körper ihre Hilflosigkeit ausdrückt. Dies bringt sie vielleicht mit einem Gefühl der Verzweiflung in Berührung, das sie bis jetzt zurückgehalten hat, und wahrscheinlich kann sie nun weinen. Ein Gruppenmitglied könnte sie auch fragen: „In welchen Situationen fühlst du dich hilflos?" oder „Wer ist es, der dich hilflos macht?", was vielleicht zu mehr Material führt, mit dem sie arbeiten kann. Oder ein Gruppenmitglied bemerkt, daß sie es eigentlich genießt, hilflos zu sein, und fragt deshalb: „Was bringt es dir, hilflos zu sein?" oder: „Was vermeidest du, wenn du hilflos bist?" „Ich vermeide es, wütend zu sein", ist eine mögliche Antwort Junes. In diesem Fall könnte sie die Wut untersuchen, die sich unter der „Hilflosigkeit" versteckt hat.

Das Gegenteil tun
Falls June angespannt und zusammengekauert da sitzt, können die anderen sie auffordern, die Spannung zu übertreiben oder genau das Gegenteil zu tun:

„Versuche beim Sitzen genau die entgegengesetzte Haltung einzunehmen."
„Dies würde bedeuten, ganz locker, aufrecht und entspannt ... so etwa ..."
„Wie fühlst du dich in dieser neuen Haltung?"
„Sehr verletzlich ..."

Die Gruppe fragt sie dann, wo im Körper sie sich verletzlich fühlt oder glaubt verletzlich zu sein oder wovor sie Angst hat. Dieses Vorgehen hilft ihr, sich ihrer Gefühle besser bewußt zu werden. Diese Technik funktioniert ebenfalls, um das Gegenteil einer Aussage oder einer *Haltung* herauszufinden: Eine Frau, die behauptet, sie sei schüchtern, fordern wir auf, die Rolle einer Exhibitionistin zu spielen; eine Frau, die von sich behauptet, sie sei selbstsicher und bestimmt (aber nicht diesen Anschein erweckt), fordern wir auf, einen sehr unsicheren und zaghaften Menschen darzustellen. Damit kommt sie mit einem Teil ihrer selbst in Berührung, den sie unterdrückt hat, oder mit Gefühlen, die sie verdeckt hat.

Dialoge herstellen
June könnte ihre Körperbewegungen noch auf eine andere Art untersuchen, wobei sie einen Dialog zwischen zwei Körperpartien herstellt. Sie hat zum Beispiel ihre Hand an der Stirn. Ein anderes Gruppenmitglied bemerkt dies, fragt sie, ob sie sich dessen bewußt sei, und schlägt ihr vor, einen Dialog zwischen Hand und Stirn herzustellen. Dies ergibt dann vielleicht folgendes:

June: Nun, meine Hand sagt so etwas wie „Oh, Liebes ... beruhige dich ..."
Tina: Was sagt deine Stirn?
June: Meine Stirn fühlt sich heiß an und ist beunruhigt ...
Tina: Kannst du so reden, *als ob du die Stirn wärst* – „Ich fühle mich heiß und bin beunruhigt ..."?
June: Ich fühle mich heiß und bin beunruhigt ... Mir ist, als ob ich bald explodieren müßte ...
Tina: Was sagt deine Hand dazu? Kannst du den Dialog noch etwas weiterführen?
June: Die Hand sagt, „Oh, explodiere nicht, bleib ruhig, beruhige dich

...“ und die Stirn meint „Ach Gott, ich bin wirklich verzweifelt, ich halte es nicht mehr aus ...“

Tina: Könntest du ein paarmal wiederholen „Ich bin wirklich verzweifelt ...“?

June: Ich bin wirklich verzweifelt ... Ich bin wirklich verzweifelt ... Ich bin VERZWEIFELT ...

Vielleicht beginnt June jetzt leicht zu zittern, und Tina wird sie auffordern, dem Zittern nachzugeben und zu schauen, ob weitere Worte folgen. Diese Art von Dialog kann auch zwischen zwei Füßen stattfinden (wenn beispielsweise der eine den anderen zusammendrückt), oder zwischen einem angespannten Magen und einem lächelnden Gesicht, zwischen eingezogenen Schultern und einem klopfenden Herzen, und so weiter, je nachdem, wie June sich körperlich ausdrückt.

Sogar Nichts hat eine Form

Diese Techniken zeigen uns, daß du beim Umgang mit der Bewußtheit nach der Gestaltmethode *alles* als Arbeitsmaterial benutzen kannst. June sagt zum Beispiel, sie fühle sich „stumpf“. Sie wird daraufhin aufgefordert, so zu sprechen, als ob sie die „Stumpfheit“ wäre. Sie fährt fort mit: „Ich bin grau und in mich verschlossen, ich kann nicht hören ...“ und schon erkennt und vermittelt sie eine Menge von dem, wie sie sich selbst erlebt.

Wenn sie statt dessen sagt, „Ich kann mich auf nichts konzentrieren, was in der Gruppe vor sich geht. Ich starre nur beständig auf die Streichholzschachtel auf dem Boden“, könnten wir sie bitten, als Streichholzschachtel zu sprechen: „Ich bin leer, ich wurde aufgebraucht und weggeworfen“. Sogar eine Streichholzschachtel kann Licht in ihre Gefühle bringen.

Sagt sie, „Ich kann überhaupt nichts sagen, ich fühle diesen Schmerz in mir wie einen mächtigen Klotz und ich will ihn nicht aufbrechen“, lassen wir sie ihren Schmerz spielen. Dann rollt sie sich vielleicht zu einer festen Kugel zusammen. Fragt die Gruppe sie dann, ob der Schmerz irgend etwas brauche, antwortet sie, man müsse ihn wiegen. (Die Gruppe schaukelt sie sanft, und sie wird sich vermutlich langsam wieder strecken können.) Was zunächst wie eine Blockierung oder eine innere Grenze aussah, hat June sogar dazu befähigt, um etwas zu bitten, was sie nötig hat, nämlich die liebevolle Unterstützung der Gruppe. Hätte June geäußert, sie könne überhaupt keine Gefühle zeigen, weil die Gruppe sie beobachte, hätten wir sie aufgefordert, als Gruppe zu sprechen: „Wir sind die Gruppe, wir beobachten dich, June, und wir sind kritisch ...“ Damit erkennt June Gefühle als die ihren an, die sie auf die Gruppe projiziert. Sie stellt sich vor, die anderen seien kritisch, während in Tat und Wahrheit *sie sich selbst* gegenüber kritisch ist. Vielleicht gelingt es ihr auch herauszufinden, was die Frauen in der Gruppe tatsächlich fühlen. Was auch immer sich auf diese Art an Material bietet, kann verwendet werden. Sogar die Weigerung, einen Vorschlag wie den oben erwähnten zu befolgen, kann gut genutzt werden:

June: Ich kann nicht als Gruppe sprechen. Ich kann nicht so tun, als ob ich die Gruppe wäre. Ich bin nicht so wie die anderen Leute in der Gruppe.

Tina: Was heißt, du bist nicht so wie die anderen Leute? Erzähl uns, was du nicht bist.

June: Ich bin nicht so von oben herab und ruhig wie ihr alle.

Tina: Was weiter bist du nicht?

June: Ich bin nicht selbstsicher ... Ich bin nicht kritisch.

Tina: Kannst du das nochmal sagen?

June: Ich bin nicht kritisch. Ich bin nicht kritisch.

Sarah: Spürst du, daß das stimmt? Könntest du versuchen, das Gegenteil zu sagen?

June: Ich bin kritisch. Ich bin kritisch. (Lacht) Ja, ich bin es, ich bin wirklich kritisch.

Sarah: Du hast soeben uns alle kritisiert.

June: Ja, und ich kritisiere mich selbst die ganze Zeit.

Tina: Was kritisierst du an dir?

Und so könnte das Gespräch weiter gehen.

Dranbleiben

Nachdem eine Frau ein schwieriges Gefühl zum Ausdruck gebracht hat, möchte sie häufig rasch zu einem anderen Thema überwechseln. Hier ist es besser, sie daran zu hindern, auch wenn wir sie damit unterbrechen. Wir bitten sie, an dem Gefühl „dranzubleiben". Wahrscheinlich wird ihr klar werden, daß sie versucht, etwas zu vermeiden. Perls war der Ansicht, daß eine bewußte Anstrengung, ein Gefühl zu verwerfen oder „auszusortieren" (mit Hilfe eines computerähnlichen Prozesses), die Verhältnisse nur komplizierter macht und sie sogar verschlimmert. Wenn du versuchst, ein Gefühl zu umgehen, verschwindet es damit nicht, sondern „treibt sich herum" und hindert dich daran, irgend etwas anderes voll zu empfinden. Du kannst ein Gefühl nicht überwinden, indem du ihm widerstehst, sondern nur, indem du dich ihm preisgibst. So lautet eine häufig benutzte Gestalttechnik: „Kannst du an diesem Gefühl dranbleiben?" Wir verwenden sie besonders dann, wenn eine Frau auf einen Gefühls- oder Körperzustand Bezug genommen hat, der ihr unangenehm ist und den sie gern aus ihrem Bewußtsein verbannen möchte. Häufig bedeutet dieses Dranbleiben in einem Gefühlszustand der Frustration, des Blockiertseins, der Entmutigung oder der Verwirrung verharren. Perls formuliert es so: „Wenn du dir jedes Mal bewußt wirst, daß du in einen Zustand der Verwirrung gerätst – das ist etwas Therapeutisches. Und wieder übernimmt die Natur die Führung. Wenn du das verstehst und bei dieser Verwirrung bleibst, *wird sich die Verwirrung von selbst entwirren.*"[14] Dieses Zitat spiegelt sowohl Perls' Vertrauen in die natürlichen Fähigkeiten unseres Organismus wie auch seine Vorsicht gegenüber der Art, wie wir unseren rationalen Verstand gegen uns selbst einsetzen. Die meisten oben erwähnten Techniken sind verschiedene Arten des „Dranbleibens“: In einer momentanen Stimmung, in einer Bewegung oder Empfindung des Körpers bleiben. Mit ihrer Hilfe können auch die verschiedenen sie begleitenden Wahrnehmungen und Phantasien untersucht werden.

Hilfreich an dieser Methode mit Schwergewicht auf der Körperbewußtheit und dem „Dranbleiben“ ist ihre Direktheit und Einfachheit in der Anwendung. Wir benötigen dazu nicht eine Menge von Wissen oder Fachkenntnissen, sondern nur Sensibilität, um uns dieser Körpersprache bewußt zu werden. Perls beschreibt dies so: „Alles, was ein Mensch ausdrükken will, ist *da* – nicht in den Worten. Was wir sagen, ist meistens entweder Lüge oder Bockmist. Aber die Stimme ist da, die Geste, die Haltung, der Gesichtsausdruck, die psychosomatische Sprache. Es ist alles da ... Wenn du deine Augen und Ohren gebrauchst, dann siehst du, daß jeder sich selbst auf die eine oder andere Weise ausdrückt ... Gestalttherapie heißt: In Kontakt mit dem Offensichtlichen sein.“[15]

EINIGE VORBEHALTE ZUR GESTALTTHERAPIE

Wir haben hier gewisse Aspekte der Gestalttherapie hervorgehoben, weil sie uns für Frauen und Selbsthilfegruppen von großer Bedeutung zu sein scheinen. Es gibt andere Aspekte, auch sehr interessantes Material über Träume, das wir im sechsten Kapitel ausführlich behandeln werden. Diese therapeutische Richtung hat aber auch ihre weniger sinnvollen Aspekte und Grenzen, die erwähnt werden müssen.

Obwohl die Gestalttheorie eine vage Kritik an der westlichen Gesellschaft miteinschließt, werden soziale Faktoren in der Praxis nur selten berücksichtigt. Es ist äußerst sinnvoll, Kissen zu verwenden, um abgelehnte Teile in uns als uns eigen anzuerkennen, um Dinge, die wir auf andere projiziert haben, zurückzufordern, um zu realisieren, daß wir stärker sind als wir dachten; es besteht aber auch die Gefahr, alles als Projektion zu sehen, zu meinen, „es sei alles in unseren Köpfen“ oder „es sei alles nur unser Problem“. Perls' Motto „Ich tu, was ich tu; und du tust, was du tust“ ist schön und gut, aber wenn das, „was du tust“ mich unterdrückt, muß ich mich dem stellen und es verändern. Obwohl die Konflikte gewöhnlich tatsächlich mit Projektionen durchsetzt sind, existieren dennoch Probleme, die sich aus Interessenkonflikten zwischen Menschen ergeben. Diese nimmt Perls nicht genügend zur Kenntnis. Daher finden wir es sinnvoll, die Gestaltmethode durch eine Auffassung von Wilhelm Reich zu ergänzen. Reich war der Meinung, daß das Aufdecken unserer „irrationalen“ Gefühle und Emotionen aus der Vergangenheit, die auf unangemessene Art und Weise auf unsere Gegenwart einwirken, unser Bewußtsein über unsere *aktuelle* Lage schärft und verstärkt. Erst dann erkennen wir, wer uns eigentlich unterdrückt, und können Maßnahmen ergreifen, um unsere Lage zu verändern. Auch die vor kurzem entwickelte radikale und feministische Therapie gibt zu, daß unsere Umwelt uns gute Gründe liefert, uns schlecht zu fühlen. Gewiß haben nicht alle Gründe nur mit uns selbst zu tun, besteht nicht „alles nur in unseren Köpfen". Perls stellt keine solch positive Verbindung zwischen Therapie und sozialem oder politischem Handeln her. Unser stärkeres Bewußtsein, unseren neu entdeckten Zorn oder den Ausdruck unserer eigenen Persönlichkeit werden wir nicht leicht in Einklang bringen mit der weitgehend restriktiven, hierarchischen, kapitalistischen Gesellschaft, in der wir leben.

Ähnliches gilt für die Art und Weise, wie Perls mit den Themen Kindheit und Vergangenheit umgeht. Er zeigt uns auf, wie wir uns an das Vergangene klammern, um nicht die Verantwortung für unser Erwachsensein übernehmen und voll in der Gegenwart leben zu müssen. Wir haben jedoch häufig den Eindruck gehabt, daß er dabei den Einfluß des Konditionierens und der sozialen Zwänge, sowohl der vergangenen wie der gegenwärtigen unterschätzt. Sie sind es, die uns dazu *zwingen*, uns auf eine bestimmte Art und Weise zu verhalten. Es nützt *tatsächlich*, sich auf das zu konzentrieren, was im Jetzt geschieht, und zu lernen, Verantwortung für uns selbst in der Gegenwart zu übernehmen. Damit wir dies tun können, müssen wir oft Zeit auf eine sorgfältige Untersuchung unserer Vergangenheit verwenden. Dabei leisten uns die Arbeit an Regressionen und die Ideen Freuds viel größere Dienste als Perls dies wahrhaben möchte. Es gibt Perioden, in denen das Erforschen der Vergangenheit und das Wiedererleben von Situationen aus der Kindheit einen entscheidenden Abschnitt in unserer Selbstentdekkung und Entwicklung darstellen. Jede Frau braucht je nach Lage, in der sie sich gerade befindet, die ihr entsprechende Methode. Wie bei allen anderen Therapierichtungen, die wir beschreiben, geht es auch bei der Gestaltmethode darum, ihr das zu entnehmen, was uns nützt, es uns anzueignen, zu entwickeln oder mit anderen Methoden zu kombinieren, damit es unseren Bedürfnissen entspricht.

Eine weitere Schwierigkeit, die uns die Gestalttherapie bereitet, liegt in der Verherrlichung der Person von Fritz Perls. Wir haben hier Perls zwar zitiert, aber manchmal hat uns der ihn umgebende Persönlichkeitskult und der „Showman-Aspekt" seiner Arbeit das Aufnehmen seiner Ideen erschwert. Wie vorauszusehen ist, hat er wenig Verständnis für die besondere Lage der Frauen. Hier ein unbedeutendes, aber typisches Beispiel. In einem seiner Workshops kritisierte er eine Frau heftig, die um Feuer für ihre Zigarette bat, während sie ihre eigenen Streichhölzer bei sich hatte. Er bezeichnete sie als eine Person, die ihre Umgebung manipuliert, um unterstützt zu werden, und weigerte sich, mit ihr zu arbeiten.[16] Auch in einer feministischen Gruppe konfrontieren wir eine Frau, die sich so verhält, mit ihrem Benehmen. Wir tun dies jedoch aus einem Verständnis heraus, weil wir wissen, daß die meisten von uns dazu erzogen wurden, die Abhängigkeit von der Unterstützung der Männer in gewissen praktischen Bereichen als „weiblich“ zu empfinden, für uns selber zu sorgen aber nicht als wünschenswert oder als unmöglich. Wir haben unsere Erziehung nicht ausgewählt. Die Veränderung dieser Verhaltensmuster ist ein wichtiger Kampf, der sich nur langsam vollzieht.

Schließlich gibt die Gestaltmethode sehr wenig Aufschluß über den Gruppenprozeß. Gemäß unserer Erfahrungen werden in jeder Therapiegruppe an einem bestimmten Punkt die Beziehungen zwischen den Personen in den Vordergrund treten und das Geschehen in der Gruppe beeinflussen: Wer sich sicher fühlt, seinen Gefühlen nachzuspüren, wer schweigsam ist, usw. Wichtige Themen wie Herzlichkeit und Feindseligkeit, Konkurrenzkampf, Führungsansprüche und Interessenskonflikte müssen als solche erkannt und behandelt werden. Um dazu Hilfen zu bekommen, müssen wir von der Gestalttherapie absehen und uns einer anderen Therapiemethode zuwenden, wie etwa dem „Encounter“.

WO DU MEHR ÜBER DIE GESTALTTHERAPIE ERFAHREN KANNST

In vielen westlichen Ländern gibt es ausgebildete Gestalttherapeuten und Institute oder Zentren, die Individual- oder Gruppentherapie unter dem breitgefaßten Begriff der Gestalt anbieten. In der Einzeltherapie konzentriert sich die Gestaltmethode nicht so stark auf die Beziehung zum Therapeuten, wie dies bei anderen Therapieformen der Fall ist. Der Workshop, bei dem eine Gruppe von Leuten für ein intensives Therapiewochenende zusammenkommt, ist für die Gestaltmethode typisch und führt gewöhnlich zu heftig hervorbrechenden Emotionen. In der Gestaltmethode kann der Akzent verschieden gesetzt werden, da einige Therapeuten sich mehr mit der Arbeit am Körper, andere mehr mit Träumen und Symbolen oder dem Freisetzen von starken Emotionen beschäftigen. Immer mehr Therapeuten und Gruppenleiter beherrschen die Gestaltmethode als eine von vielen verschiedenen Techniken, über die sie verfügen und die sie je nach Bedarf in der passenden Situation anwenden. In verschiedenen Ländern findest du auch feministische Therapeutinnen, die mit der Gestaltmethode arbeiten. Damit du dir dein eigenes Wissen über die Gestaltmethode aneignen kannst, führen wir am Ende dieses Kapitels eine Liste von Büchern an. Die Techniken sind so aufgebaut, daß du sie auf diese Art und Weise erlernen kannst.

EST

Wir möchten kurz eine Therapieform erwähnen, die sich „EST“ (Erhard Seminar Training) nennt und die vor kurzem in breiten Kreisen bekannt wurde. Verantwortung für sein Leben übernehmen und voll im „Hier-und-Jetzt“ leben steht auch bei EST im Mittelpunkt. Dieses Gedankengut scheint direkt von der Gestalttherapie übernommen zu sein, dazu kommt noch eine Dosis Zen und Scientology. Wie Perls gehen die EST-Therapeuten nach dem Prinzip des Workshops vor: Die erste Ausbildungsetappe umfaßt zwei Wochenendworkshops, denen über 200 Leute beiwohnen. Ein Workshop dieser Größenordnung bewirkt einen starken „Dampfkochtopfeffekt", der zu dramatischen Veränderungen im Leben der Leute führen kann. Weitere psychische und physische Belastungen – wie etwa vom (gewöhnlich männlichen) Trainer angeschrien werden, Rauch-, Eß- und Toilettenverbot über längere Zeitspannen – brechen ebenfalls zweifellos Widerstände und beschleunigen die „Durchbrüche", die sich während des Trainings ereignen. Wir selbst haben keine Erfahrungen mit EST gemacht. Es scheint, daß die dabei angewandten Techniken gut ausgewählt sind und eindrückliche Wirkungen erzeugen. Wir fragen uns jedoch, ob eine Therapieform, die Beschimpfungen und Demütigungen miteinbezieht, eine echte Stärkung von Selbstvertrauen und Selbstachtung bewirken kann. Wir haben zudem unsere Vorbehalte gegenüber jeder Therapieform, die wie EST mit übermäßigen Kosten verbunden ist und dies moralisch mit „Wenn du es dringend genug brauchst, wirst du auch das nötige Geld dafür aufbringen können" begründet. Auch erregt jede Therapieschule mit dem Anspruch, die einzige wirksame Therapieform zu sein, unseren Argwohn. Die „Therapie mit Knalleffekt" hat ihre Berechtigung, unsere Erfahrungen weisen aber deutlich darauf hin, daß psychische Durchbrüche nur dann zu einem positiven Ergebnis führen, wenn sie langfristig weiterverfolgt und an ihnen weitergearbeitet wird, damit sie sich festigen können.

EINIGE GESTALTÜBUNGEN

43 Zum Kissen sprechen

Dies ist eine einfache Übung, um sich an die Vorstellung, zu einem Kissen zu sprechen, zu gewöhnen. Du kannst sie zu zweit in deinem Zimmer oder in einer Gruppe durchführen. Jede Frau nimmt sich der Reihe nach fünfzehn Minuten Zeit. Du legst ein Kissen vor dich hin und stellst dir vor, du setzt eine Person oder ein Problem darauf, mit der oder dem du dich auseinandersetzen möchtest. Nun sprichst du zu ihm, du darfst es auch anfassen, umarmen, schlagen, an dich ziehen oder von dir wegstoßen, je nachdem wie dir gerade zumute ist. Falls du nach einer Weile Lust hast, die Plätze zu tauschen, um darauf zu reagieren, dann probier es aus. Hier einige Vorschläge von Anne Kent Rush[17], mit welchen Personen du sprechen könntest:

deiner Mutter
deiner/m Freund/in
deiner/m Vorgesetzten
deinem Vater
deiner Schwester
deinem Haus (deiner Wohnung)

einer Person, auf die du eifersüchtig bist
einer Person, vor der du Angst hast
einer Person, die du haßt
einer Person, die du gern hast, der du es aber nicht zu sagen wagst
irgendeiner Person, die du bewunderst
deiner Weiblichkeit
deiner Sexualität

Du kannst auch versuchen, zu deinem Kind zu sprechen: Ein Kind, mit dem du schwanger gehst, das du abgetrieben hast, das nur in deiner Vorstellung existiert, weil du dich (noch) nicht dafür entscheiden konntest, oder ein Kind, das du schon hast. In diesem letzten Fall mußt du dich wirklich in die Rolle deines Kindes hineinversetzen. Versuche so auf das Kind zu reagieren, wie du es dir normalerweise verbieten würdest: „Nein", „Halt den Mund!", „Ich hasse dich!" Es ist sicherer, solche Gefühlsausbrüche an einem Kissen abzureagieren, als sie im wirklichen Leben zu entladen.

Du kannst mit dem Kissen auch einen Dialog über irgendeine Gewohnheit oder Sucht führen, die dir Probleme macht wie etwa der Alkohol, das Essen, Medikamente oder Zigaretten: „Drink, du reizt mich, aber du tust mir nicht gut", worauf der Drink vielleicht erwidert: „Du brauchst mich, ich heitere dich auf, wenn nichts anderes mehr nützt", und so weiter. Oder du kannst ein Problem wie etwa Geld, Schlaflosigkeit oder Älterwerden personifizieren, Dinge, die dir Mühe bereiten.

44 Abhängigkeit gegen Unabhängigkeit

Bei dieser Übung ist die ganze Gruppe in Bewegung. Sie läßt sich am besten durchführen, wenn ihr euch entspannt fühlt und schon ein paar Übungen zum Einwärmen gemacht habt, um den Energiepegel in der Gruppe anzuheben.

Setzt euch zunächst ein paar Minuten mit geschlossenen Augen hin, atmet voll durch und macht euch Gedanken über die Themen Abhängigkeit und Unabhängigkeit in eurem Leben. Stellt euch diese beiden Seiten in euch vor und entscheidet, ob ihr euch in erster Linie als abhängig oder unabhängig erlebt.

Teilt den Raum in zwei Hälften auf. Die „Abhängigen" begeben sich an das eine, die „Unabhängigen" an das andere Ende. Laßt euch in dieser Rolle wirklich gehen: Die Abhängigen können sich beispielsweise unter einer Wolldecke zusammenkauern, am Daumen lutschen, nach jemandem rufen, der sich um sie kümmern soll. Die Unabhängigen tanzen, springen oder spazieren auf und ab und verkünden laut, wie stark sie sind. Die Frauen auf beiden Seiten versuchen, miteinander in Kontakt zu kommen. Jede Frau kann jederzeit die Seite wechseln, wenn ihr danach zumute ist. Nach fünf Minuten schlagen wir einen allgemeinen Rollenwechsel vor. Diese Übung sollte etwa zehn bis fünfzehn Minuten lang dauern, damit die Frauen die Rolle in Bewegung, Stimme und Gefühl ausgiebig erforschen können.

Wenn ihr damit fertig seid, teilt ihr euch mit, was euch leicht gefallen ist, was euch Mühe bereitet, welche Verhaltensmuster, die sich in eurem Alltag eingeschlichen haben, euch bewußt geworden sind.

Mit dieser Übung möchten wir, wie mit einem Großteil der gestalttherapeutischen Arbeit, durch Untersuchen und Übertreiben von gegenteiligen Haltungen zu einer besser integrierten Mitte gelangen: In diesem Fall vielleicht zu einem Gefühl für die eigene Stärke, während wir uns dennoch gestatten, andere zu brauchen.

Wir benutzen die gleiche Struktur, um andere, sich widersprechende Rollen auszuagieren, wie etwa Aggressivität und Passivität, „Weiblichkeit" und „Männlichkeit", „Glücklichsein" und „Traurigsein", Mißerfolg und Erfolg. Ihr könnt auch Machtbeziehungen innerhalb der Gruppe auf diese Weise untersuchen. Versucht dabei sowohl die Rollen der chronischen „Helfer" als auch die der „Machtlosen" zu übertreiben. („Ich bin stark und tüchtig und ich gebe meine eigenen Probleme nicht zu", „Ich muß überhaupt keine Verantwortung übernehmen"). Auf diese Weise gelingt es euch vielleicht, die Rollen ausgewogener zu verteilen, so daß jede Frau Hilfe gewähren, aber auch akzeptieren kann.

45 Was ich an meinem Körper liebe und was mir an ihm mißfällt

Dies ist eine gute Übung, um Körpergefühle zu untersuchen. Ihr könnt sie der Reihe nach in der Gruppe machen, wobei sich jede Frau zehn Minuten Zeit nimmt.

Setzt euch bequem hin, schließt die Augen und konzentriert euch ganz auf euren Körper. Zuerst auf einen Teil, den ihr gern habt, und dann auf einen, der euch mißfällt. Achtet genau darauf, was euch gefällt, beziehungsweise mißfällt. Vergegenwärtigt euch die „Geschichte" eines jeden Körperteils und die damit verknüpften Erinnerungen. Nehmt euch viel Zeit und öffnet dann die Augen.

Nun sprecht ihr laut, so als wäret ihr selbst die zwei Körperteile. Beginnt mit dem ungeliebten Teil, zum Beispiel: „Ich bin Pennys Hände. Wir sind rauh, schuppig und ungeschickt. Hier befindet sich noch aus der Kindheit her eine Narbe von einem Brotmesser. Wir sind stark, aber sehr häßlich ..."

Danach sprecht ihr als der Teil, den ihr gern habt, zum Beispiel: „Ich bin Pennys Augen. Ich sehe wunderbar klar. Wir sind nicht sehr groß, aber wir sind lebendig und funkelnd, und manchmal kommen wir wirklich mit anderen Menschen in Berührung ..."

Nachdem sich jede Frau geäußert hat, nehmt ihr euch Zeit für Feedback und Diskussion über das, was zum Vorschein gekommen ist: „Deine Augen sind mir aufgefallen", „Ich bin mir bewußt geworden, daß ich es vermied, mich meinen Geschlechtsteilen zuzuwenden", „Mir ist klar geworden, wieviel mir an meinem Körper mißfällt".

Eine Variante dieser Übung, die sich für den Anfang einer Sitzung eignet, besteht darin, zuerst als der angespannteste und dann als der entspannteste Teil des Körpers zu sprechen. Wir bringen so Spannungen und Ängste in die Gruppe hinein, ebenso positive, entspannte Energie, die wir abgeben können. Es kann auf diese Weise Material zum Vorschein kommen, das in der Gruppe ausführlicher zu bearbeiten wäre.

Eine weitere Methode, diese Übung auszubauen: Jede Frau teilt den anderen mit, was ein bestimmter Körperteil nötig hat („Meine Augen wollen berührt werden", „Meine Hände müssen etwas wirklich stark und fest halten"), und seht, ob ihr dies einander geben könnt.

Ihr verwendet wiederum die gleiche Struktur, wenn ihr den Körperteil sprechen laßt, der euch schmerzt oder geschmerzt hat. Ihr seid zum Beispiel eure Migräne, euer Blasenkatarrh oder euer Bauch. Wir können damit die Ursache einer Krankheit und die Botschaft, die sie dem Körper vermittelt, herausfinden.

46 Dialog zwischen Körperpartien

Mit Hilfe dieser Übung wirst du dir bewußter, welche Partien deines Körpers das Gleichgewicht deines gesamten Organismus dominieren oder stören. Jede Frau benötigt mindestens zehn Minuten für ihren Dialog. Ihr könnt die Übung zu zweit oder der Reihe nach in der Gruppe durchführen.

Einige dich auf zwei Körperpartien für den Dialog. Vielleicht sind es bestimmte Bereiche deines Körpers, die deine Aufmerksamkeit auf sich ziehen, oder du entscheidest dich für ein Paar wie etwa deine rechte und deine linke Hand, deine obere und deine untere Körperhälfte, deine Genitalien und dein übriger Körper, deine Augen und deine Füße, dein schwangerer Bauch und deine übrige Person, der angespannteste Teil und der am wenigsten verkrampfte, dein Magen und dein Verstand.

Schließe die Augen und konzentriere dich auf die jeweiligen Bereiche, achte dabei auf alle Empfindungen und Erinnerungen.

Öffne deine Augen und nimm ein Kissen für jeden Teil. Entwickle einen Dialog und wechsle mit der Rolle auch das Kissen. Laß jeden Teil mit einer Beschreibung seiner selbst beginnen: „Ich bin Janes Magen. Ich bin weich und rundlich. Ich fühle mich zusammengequetscht in dieser engen Hose". Vielleicht hilft es dir, den Körperteil, der „spricht", zu berühren. Laß dich von deinen unmittelbaren Gefühlen leiten und mach dir keine Gedanken darüber, was du *glaubst*, daß dein Magen sagen würde. Red einfach drauflos. Nun laß den anderen Körperteil zum Zug kommen. Schau das Kissen an, zu dem du sprichst und rede es mit seinem Namen an: „Fuß, du bist ein schöner Anblick, aber ich mache mir Sorgen, wohin du mich führen wirst, wenn ich dir einfach folge".

Danach nehmt ihr euch Zeit für Feedback und erzählt euch, was ihr während der Übungen empfunden und bemerkt habt.

47 Ressentiments und Anerkennung

Mit dieser Übung lernst du deine Ressentiments und deine Forderungen ausdrücken. Sie deckt aber auch die guten Gefühle auf, die den Ressentiments häufig zugrunde liegen, aber nicht zum Vorschein kommen können, weil die Ressentiments ihnen den Weg versperren.

Einzeln: Ihr könnt diese Übung jede für sich allein oder der Reihe nach in der Gruppe machen.

Leg ein Kissen vor dich hin. Stell dir eine dir nahestehende Person darauf vor: eine Freundin, ein/e Geliebte/r oder ein/e nahe/r Verwandte/r. Dann sprichst du sie mit ihrem Namen an: „Joan, es ärgert mich, daß ..." und diesen Satz wiederholend, teilst du ihr all die Dinge mit, die dich an ihr ärgern. Versuche wirklich mit ihr in Kontakt zu kommen, so daß du das Gefühl bekommst, sie höre dir tatsächlich zu.

Bist du die Ressentiments durch, ist es Zeit, zu den Forderungen überzugehen. Perls glaubt, daß sich hinter jedem Ressentiment eine Forderung verbirgt. Sprich die betreffende Person wie vorhin direkt an und bring deine Forderungen in Form von Befehlen vor. Also nicht: „Ich wollte, du würdest ...", sondern: „Geh weg ...!", „Tu dies ...!", „Kümmere dich mehr um ...!"

Bist du damit fertig, kommst du wieder auf die Ressentiments zurück und versuchst dich genau an das zu erinnern, was dich an dieser Person geärgert hat. Setze nun an Stelle des „Übelnehmens" das Verb „schätzen" und wiederhole das, was du gesagt hast: „Joan, ich schätze ..." Du fährst dann fort, indem du ihr mitteilst, was du sonst noch an ihr schätzt. Versuche wiederum, mit ihr in einen guten Kontakt zu kommen.

Weder die Ressentiments noch die Forderungen brauchen „rational" oder „vernünftig" zu sein. So kannst du etwa einem kleinen Kind sagen: „Wach nachts nicht auf!" oder deinem Ehemann: „Geh nicht weg arbeiten!" Ziel dieses Vorgehens ist, deine eigenen Gefühle und Wünsche aufzudecken. Du kannst dann entscheiden, wie du mit ihnen in der Praxis umgehen willst.

Wenn ihr die formale Seite dieser Übung einmal beherrscht, könnt ihr sie auf eine Anzahl verschiedener Situationen anwenden. Eine Frau möchte sie vielleicht benutzen, um herauszufinden, was sie an sich selbst, an ihrer Arbeit oder in der Gruppe ärgert oder schätzt.

Paarweise: Eine Variante dieser Übung eignet sich zum Aufdecken von Rollenspielen und Aufbrechen von festgefahrenen Rollenmustern in einer Zweierbeziehung, sei dies zwischen engen Freundinnen, Liebenden oder Ehepartnern.[18]

Ihr setzt euch einander bequem gegenüber auf den Boden und sagt eine nach der anderen Sätze, die mit: „Ich bin dir böse wegen ..." beginnen.

Nach einigen Minuten fahrt ihr fort mit: „Was ich an dir schätze, ist ...", wobei ihr euch abwechselt; macht weiter mit: „Ich grolle dir wegen ...", dann „Ich komme dir entgegen wegen ..."

Nehmt euch für jedes Thema einige Minuten Zeit. Dann fahrt ihr fort mit: „Ich entdecke ...".

Wenn die „unerledigten Geschäfte" während des ersten Teils der Übung bereinigt werden konnten, fühlen sich die Partner/innen manchmal als sähen sie sich zum ersten Mal wirklich.

Die Gestalttheorie betont die Tatsache, daß wir in engen Beziehungen häufig unsere Phantasien auf die andere Person projizieren. Wir müssen lernen, zwischen unseren Vorstellungen und der realen Person aus Fleisch und Blut zu unterscheiden, und klar erkennen, daß wir sie nicht unseren Phantasien gemäß umformen können.

Trennung oder Tod: Eine weitere Variante hilft dir vielleicht, wenn du dich gerade von deiner Freundin oder deinem Freund getrennt hast oder ein Elternteil oder eine andere enge Bezugsperson gestorben ist.

Setz dich und leg ein Kissen vor dich hin. Stell dir vor, du setzt den betreffenden Menschen darauf. Du siehst das Kissen an und sprichst die jeweilige Person mit Namen an. Beginn mit den Ressentiments, die du gegen sie hegst: „Vater, ich nehme dir übel, daß ...".

Wenn dir keine mehr einfallen, fährst du fort mit Feststellungen der Anerkennung: „Vater, ich schätze deinen Sinn für Humor ...".

Wenn Ressentiments und Anerkennung ausgesprochen sind, versuchst du Lebewohl zu sagen: „Lebewohl, Vater". Wiederhole diesen Satz mehrere Male und versuche dabei zu spüren, daß du den betreffenden Menschen wirklich gehen läßt. Du kannst auch zuerst die guten und dann die schlechten Eigenschaften verabschieden. *Diese Übung kann schmerzlich sein,* sie kann aber auch zu einem wirklichen Akzeptieren eines schweren oder wichtigen Verlustes führen.

Ressentiments sind oft der Grund, weshalb wir uns an vergangene Beziehungen klammern. Es kann große Mühe bereiten, uns einzugestehen, daß wir Ressentiments gegenüber einem Verstorbenen hegen, vor allem wenn es sich um sehr irrationale Gefühle handelt: „Vater, ich verüble dir, daß du gestorben bist und mich und Mutter allein gelassen hast".

Am Ende einer Gruppensitzung: Gestaltgruppen lassen häufig am Ende der Sitzung alle Beteiligten der Reihe nach mitteilen, wer oder was sie während der Sitzung verärgert hat:

„Ich ärgere mich über die Art, wie du mich unterbrochen hast ..."
„Mich verstimmt die Tatsache, daß ich überhaupt keine Aufmerksamkeit erhielt ..."
gefolgt von Äußerungen der Anerkennung:
„Ich schätze die Vorschläge sehr, die du gemacht hast ..."
„Ich schätze deinen Mut bei deiner Arbeit sehr ..."

Mit dieser Methode bringen wir „unerledigte Geschäfte" in Ordnung, die sich schädlich auswirken können, wenn sie am Ende einer Sitzung nicht zur Sprache gebracht werden. Wir haben allerdings auch die Erfahrung gemacht, daß starke Ressentiments am Ende einer Sitzung ebenfalls negative Folgen haben können, falls den Beteiligten keine Zeit mehr bleibt, sich mit den verletzten Gefühlen zu befassen. Die Gruppe sollte eine gewisse Sicherheit gewährleisten, das nächste Mal auf die Kränkungen zurückzukommen.

48 Einen Vorgang wiederholen

Diese Übung trägt dazu bei, einen schwierigen oder schmerzlichen Vorfall aus der Vergangenheit zu bewältigen. Sie kann individuell oder in der ganzen Gruppe gleichzeitig durchgeführt werden, während eine Frau die Anleitungen laut vorliest. Macht einige Minuten Pause während der Unterbrechungen im Text.

Setzt euch bequem hin, atmet ein paar Mal voll durch, um euch zu entspannen und konzentriert euch voll auf euch selbst ... Geht in eurem Gedächtnis auf einen kürzlichen oder weit zurückliegenden konfliktgeladenen Vorfall in eurem Leben zurück. Wiederholt ihn nochmals in eurer Vorstellung, so wie er sich zugetragen hat. Erinnert euch dabei an jedes Detail und wie euch dabei zumute war ...

Nun wiederholt ihr den Vorgang nochmals, aber denkt euch ein neues Ende aus, bei dem ihr anders auf den Vorfall reagiert. Habt ihr beim ersten Mal geschwiegen, stellt ihr euch nun vor, ihr sprecht. Falls ihr weggegangen seid, bleibt ihr diesmal dort. Stellt euch vor, ihr verhaltet euch anders, malt euch aus, wie die Reaktion von anderen in der gleichen Situation ausfällt und wie euch dabei zumute ist ...

Nun überlegt euch, welche möglichen Alternativen in jener vergangenen Situation vorhanden waren ...

Danach teilt ihr eure Erlebnisse während der Übung mit, paarweise oder in der Gruppe.

Diese Übung verwenden wir, um eine Situation aus der Kindheit (zum Beispiel einem Elternteil antworten, anstatt zu verstummen) oder einen Arbeitskonflikt neueren Datums oder eine schmerzliche Episode in einer Beziehung nochmals durchzuspielen. Es erleichtert dich, wenn du siehst, daß du tatsächlich eine Alternative gehabt hast, und du erlebst ein Gefühl der Stärke in einer Situation, in der du dich hilflos gefühlt hast. Hast du einen Vorfall aus der Kindheit ausgewählt, erkennst du die Verhaltensmuster wieder, die du als Erwachsene beibehalten hast, wie etwa die Wut zurückhalten, wenn dies gar nicht nötig ist oder etwas nicht verlangen, weil du Angst hast, es nicht zu bekommen.

Eine weitere Variante dieser Übung wird manchmal auch beim Theater zum Einüben von „emotionalem Erinnern" verwendet. Bei dieser Version ändern wir den Schluß nicht. Eine Frau sitzt einfach da und ruft sich ein starkes, wichtiges oder schmerzliches Erlebnis ins Gedächtnis zurück, etwa einen Schicksalsschlag oder eine rassistische Attacke auf die eigene Person und erzählt dies der Gruppe. Sie gibt den Vorgang im Präsens wieder, so als ob er sich im gleichen Moment zutragen würde. Da die Übung Kontakt zu verschütteten Gefühlen herstellen soll, ist es von entscheidender Bedeutung, daß die Gruppe ihr hilft, mit den mit dem Vorfall verknüpften Empfindungen in Berührung zu bleiben. Wird der Ton der Stimme flach und eintönig, fordern sie die Frau auf, voll durchzuatmen, damit sie gefühlsmäßig auf das Ereignis eingestimmt bleibt. Laßt sie wichtige Sätze oder Laute wiederholen und euch immer wieder mitteilen, wie ihr zumute ist. Diese Übung ist sehr einfach, hat sich aber als nützlich erwiesen: Eine Frau, die mit neun Jahren auf den Boden des Klassenzimmers urinierte, erlebt, wie beim Wiedererzählen dieses Vorfalls vor einer wohlwollenden Zuhörerschaft, ein Großteil der mit dem Ereignis verknüpften Schamgefühle verschwindet; eine andere Frau, die zwei Jahre zuvor vergewaltigt worden ist, erzählt das schmerzliche Erlebnis und erfährt dabei, daß sie den ganzen Vorfall nicht mehr länger auszulöschen braucht, da sie sich nun besser mit dem Geschehenen auseinandersetzen kann. Ihr könnt diese Technik auch auf ein Vorkommnis jüngeren Datums anwenden, wenn ihr zum Beispiel eine Neigung wie übermäßigem Eß- oder Alkoholgenuß erlegen seid.

49 Sprechende Kleider[19]

Viele Feministinnen haben ein neues Verhältnis zu Kleidern gefunden. Wir sehen sie nicht mehr als ein Mittel, uns den weiblichen Klischees anzupassen oder uns für Männer attraktiv zu machen, sondern als Ausdrucksmittel unserer Stimmungen und Eigenschaften. Diese Übung hilft, die Aspekte zu erkennen, die du mit deinen Kleidern zum Ausdruck bringst.

Schließ die Augen und denk an die Kleidungsstücke, in denen du dich am wohlsten fühlst und die dir am ehesten entsprechen. Achte dabei auf deren Eigenschaften, Schnitt und Farbe.

Dann öffnest du die Augen und sprichst zu einer Partnerin oder zur Gruppe, so als ob du dieses Kleidungsstück selbst wärst: „Ich bin Sallys Hosen. Ich bin strapazierfähig und stark. Auch ein bißchen unverschämt ..." Macht dies der Reihe nach und teilt euch am Ende mit, wie weit ihr euch dieser Eigenschaften als ein Teil eurer selbst bewußt seid.

Ihr könnt diese Übung auch leicht abändern und der Reihe nach über das Kleidungsstück sprechen, das ihr am häufigsten anziehen wolltet oder über die Kleider und Schmuckstücke, die ihr am liebsten oder am wenigsten gern anhabt. Beschreibt bei jedem Kleidungsstück, was es über euch aussagt.

ANMERKUNGEN

1 Frederick S. Perls, *Gestalt Therapy Verbatim,* Bantam Books, New York 1971, S. 1. Deutsch: *Gestalt-Therapie in Aktion,* E. Klett Verlag, Stuttgart 1976.
2 Mirijam Polster in Violet Franks & Vasanti Burtle (Hrsg.), *Women in Therapy,* Brunner Mazel, New York 1974, S. 261. Deutsch: Franks, Violet, Burtle, Vasanti, *Frauen und Psychotherapie; Fragen – Probleme – Modelle.* Reihe Leben lernen 38, J. Pfeiffer V. München 1979.
3 Gestalt-Therapie in Aktion, S. 25/26.
4 Gestalt-Therapie in Aktion, S. 13.
5 Gestalt-Therapie in Aktion, S. 12.
6 Gestalt-Therapie in Aktion, S. 15.
7 Gestalt-Therapie in Aktion, S. 15.
8 Mirijam Polster in *Frauen und Psychotherapie.*
9 Hogie Wyckoff in Claude Steiner (Hrsg.), *Readings in Radical Psychiatry,* Grove Press, New York, 1975, S. 90/92.
10 Wir beschreiben diese Methode ausführlicher im 8. Kapitel.
11 Readings in Radical Psychiatry, S. 91.
12 Gestalt-Therapie in Aktion, S. 57.
13 Gestalt-Therapie in Aktion, S. 22.
14 Gestalt-Therapie in Aktion, S. 33.
15 Gestalt-Therapie in Aktion, S. 61-62.
16 Gestalt-Therapie in Aktion.
17 Anne Kent Rush, *Getting Clear. Ein Therapie-Handbuch für Frauen,* S. 67. Dieses Buch enthält verschiedene weitere nützliche Gestaltübungen.
18 Joan Fagan & Irma Lee Shepherd (Hrsg.), *Gestalt Therapy Now*, Science and Behavior Books, Palo Alto 1970.
19 Diese Übung haben sich Marie Maguire und Lucy Goodison von der Red Therapy Gruppe für ihre „Clothes and Self-Image"-Workshops am Frauentherapiezentrum in London ausgedacht.

WEITERE LITERATUR

– *Gestalt-Therapie in Aktion* (siehe oben) enthält spannende auf Tonband aufgezeichnete Beispiele von Gestalttherapie in Aktion und verschiedene überblicksmäßige Ausführungen von Perls über die Gestalttheorie.

– Muriel Shiffmann, *Gestalt Self Therapy,* Self Therapy Press, 340 Santa Monica Avenue, Menlo Park, 94025, USA, 1971. Gibt genaue und praktische Hinweise, wie man eine Gestaltselbsthilfetherapie allein zu Hause durchführen kann.

– *Gestalt Therapy Now* (siehe oben) enthält eine interessante Sammlung von Aufsätzen und etwas lesbare Theorie sowie aufschlußreiche Fallgeschichten von Patienten, die von Gestalttherapeuten behandelt wurden. Frau Dr. Laura Perls gewährt darin ein kurzes, aber packendes Interview.

– John O. Stevens, *Awareness: exploring experimenting, experiencing,* Bantam Books, New York 1973. Enthält eine Vielzahl von Übungen, die auf die Gestalttherapie aufbauen, aus denen je nach Bedürfnis oder Situation eine Auswahl getroffen werden kann. Deutsch: *„Die Kunst der Wahrnehmung."* Übungen der Gestalt-Therapie. Chr. Kaiser Verlag, München, 4. Aufl., 1978.

IV
Von Angesicht zu Angesicht: Encounter

Ich betrete die Wohnung meiner Freundin, um ihr einen Besuch abzustatten, und sehe, daß ihr Wohnzimmer voller mir unbekannter Leute ist. Sofort werde ich mir starker Gefühle bewußt, die ich Leuten gegenüber empfinde, die ich noch nie gesehen habe. Ich verspüre eine unmittelbare Abneigung gegen eine Frau, die das Gespräch dominiert, und empfinde Sympathie für eine andere, die aufmerksam zuhört. Ich sehe ein flüchtiges Bild vor mir, sehe mich neben der zweiten Frau sitzen, den Kopf an ihre Schulter legen und zu der ersten Frau sagen, sie soll den Mund halten. Natürlich tue ich nichts dergleichen: Die Vehemenz, mit der ich auf diese Fremden reagiere, scheint ziemlich unangemessen und ist nur vorübergehend. Ich schiebe diese Gefühle beiseite und versuche, mich auf den verbalen Inhalt des Gesprächs zu konzentrieren. Meine anfänglichen Gefühle werden aber vermutlich die Art, wie ich das Gesprochene aufnehme und mich selbst projiziere, beeinflussen.

Das Ziel in einer Encounter-Gruppe ist, dieses Verhaltensmuster umzukehren. Wir verwenden dabei Techniken, die einen Kontakt ermöglichen und beibehalten und die den Ausdruck von Gefühlen und Reaktionen, die im üblichen sozialen Umgang verleugnet werden, unterstützen und intensivieren. Durch Encounter werden die gegenseitigen Gefühle zwischen den Mitgliedern einer Gruppe mit Hilfe von Strukturen oder Übungen, die eine direkte verbale oder physische Konfrontation beinhalten, bloßgelegt. Hier ein Beispiel aus einer Selbsthilfegruppe:

Jane hat eine Stunde lang still in der Gruppe gesessen. Sie sagt, sie möchte arbeiten und erklärt, daß Annie, eine andere Frau in der Gruppe, sie gebeten hat, an ihrer Statt das Babysitting zu übernehmen. Dies hätte ihr die Laune verdorben. Die Gruppe schlägt vor, daß Annie und Jane sich einander gegenüber setzen und die Szene wiederholen. Annie bittet Jane, ihr einen Gefallen zu tun, und Jane starrt sie an, schmollend und unfähig, ihr zu antworten. Annie wiederholt die Bitte, bekommt aber keine direkte Antwort. Die Gruppe entscheidet sich, Jane darin zu unterstützen, ihre Gefühle auszudrücken. Alle Frauen machen sich an Jane heran und fordern sie auf: „Na Jane, komm schon!“, „Tu schon, was ich will“, bis Jane „Nein“ brüllt, auf- und abspringt in wilder Wut und so ihre Verweigerung ausdrückt.

Mit Hilfe physischer wie verbaler Mittel wurde Jane vom Zurückhalten zur Empfindung und zum Ausdruck ihrer Wut bewegt, dazu, sie voll zu entladen, indem sie alle Frauen anschreit und auf- und abspringt.

WAS IST ENCOUNTER?

Die Annahmen, auf denen Encounter basiert, entsprechen den Grundregeln, die wir im ersten Kapitel dargelegt haben. Hier wird aber die direkte Konfrontation, wie sie zwischen Annie und Jane stattfindet, stärker betont als bei der Übertragung der Auseinandersetzung auf Kissen. Encounter soll unser Gefühlsleben intensiver und lebendiger gestalten und Gefühle an die Oberfläche bringen. Dies wird dann als Erfahrung an sich gewertet. Eine weitere Annahme besagt, daß wir uns durch das Ausdrücken von Wut (Trauer oder Schmerz) von negativen Gefühlen befreien.

Will Schutz[1], einer der Begründer des Encounter, schreibt unter anderem über die Regeln, die es bei einer Encountergruppe zu beachten gilt:

1 Wende deine Aufmerksamkeit deinem Körper zu
2 Bleibe im „Hier und Jetzt“
3 Drücke die Dinge eher körperlich als mit Worten aus
4 Sprich für dich selbst
5 Sprich die Person, der deine Gefühle gelten, direkt an
6 Verallgemeinere nicht
7 Übernimm die Verantwortung für dich selbst und für deine Entscheidungen

Wir sehen, daß sich all diese Regeln auf das Beispiel von Jane und Annie anwenden lassen. Jane agiert ihre Wut über die anderen Frauen in der Gruppe, die sie herumzerren, körperlich aus und springt schließlich auf und ab, um die volle Stärke ihres „Neins“ ausdrücken zu können. Sie spricht weder zu einem Kissen, wie sie dies vermutlich bei der Gestaltmethode tun würde, noch bezieht sie ihre Gefühle über das Herumgestoßenwerden auf frühe Erlebnisse in ihrer Familie. Sie beginnt nicht in unpersönlichen Begriffen von „Leuten“ zu erzählen, die sie herumschubsen. Sie sagt auch nicht, wie schwer es ihr im allgemeinen fällt, „nein“ zu sagen.

Oft mag eine Encountergruppe die erste Konfrontation auch nach anderen Methoden entwickeln, die anfängliche „Hier-und-Jetzt-Auseinandersetzung“ ist jedoch typisch für Encounter. Jane überlegt sich vielleicht, wie ihre Ablehnung Annies mit ihrer Beziehung zu ihren Eltern zusammenhängen könnte, aber erst nachdem sie ihre Wut zum Ausdruck gebracht hat.

Encounter stützt sich auf eine phänomenologische Theorie der Wirklichkeit. Wir können dies folgendermaßen erklären: Unsere Wahrnehmung der Wirklichkeit muß einen Nebel von Filtern passieren, die an sich als solche erkannt und entfernt werden können, damit wir uns einer unverzerrten Realität gegenübersehen. Unsere Persönlichkeit setzt sich aus Schichten zusammen, die sich im Laufe unserer Entwicklung gebildet haben. Die unterste Schicht umfaßt das grundlegende Gefühl, eine eigenständige und autonome Person zu sein. Um mittels Encounter zu dieser Schicht vorzudringen, muß sich eine Frau von der obersten Schicht oberflächlicher Höflichkeit und sozialem Austausch durch Schichten von Angst, Wut, Abhängigkeit, Hilflosigkeit und Einsamkeit durcharbeiten. Die Ausgestaltung der Schichten ist bei jedem Menschen verschieden. Der Prozeß des Aufdeckens in den Encountergruppen ist jedoch in seinen Grundzügen bei allen der gleiche. Sind diese Schichten durchstoßen, kann die Frau mit tieferen Gefühlsschichten in Berührung kommen. Indem sie sich von diesen Filtern oder Schichten befreit, wird sie in zunehmendem Maße ein freier und verantwortungsvoller Mensch werden.

Die neueren Growth Movement-Therapien, wie Gestalt und Encounter, entwickelten sich etwa zur gleichen Zeit und beeinflußten sich gegenseitig auf positive Art und Weise. So entstand Encounter in den späten vierziger und frühen fünfziger Jahren. An seiner Entwicklung waren Therapeuten und Gruppenleiter aus vielen verschiedenen Therapieschulen einschließlich der Psychoanalyse, der Bioenergetik und dem Psychodrama beteiligt. Es finden sich im Encounter Elemente von all diesen verschiedenen Methoden wieder. Von der psychoanalytischen Methode rührt die Betonung der Gruppendynamik her und die Auffassung, daß die Gefühle zwischen den Gruppenmitgliedern die Gefühlsdynamik widerspiegeln, die in unserem Alltagsleben bestimmend ist. Vom Psychodrama beeinflußt ist die Idee vom Heileffekt des Ausagierens von Gefühlen anstelle des bloßen Über-sie-Redens. Aus der Bioenergetik stammt die Betonung des körperlichen Ausdrucks von Gefühlen.

Die direkten Vorläufer der Encountergruppen waren die „T“-Gruppen (Trainings- oder Übungsgruppen). Diese Methode entstand in Boston, wo eine Gruppe von Leuten einfach sich selbst überlassen wurde, ohne gegebene Struktur oder ersichtlichen Zweck außer dem, zusammenzusein und zu sehen, was passiert. Die Vielfalt und Intensität der Gefühle und Interaktionen, die damit in Gang gebracht wurden, regte zu einer Ausarbeitung und Intensivierung dieses Prozesses an.

Obwohl sich Encounter aus anderen Therapieformen heraus entwickelt hat, besitzt es doch seine eigenen, besonderen Auffassungen, Stärken und Schwächen. Seine Beliebtheit hat sich in seiner raschen Verbreitung in den Vereinigten Staaten und etwas später in Europa gezeigt.

WANN SOLLTEN WIR ENCOUNTER ANWENDEN?

Encounter bietet sehr wirksame und spannende Techniken an, um Widerstände zu brechen und mit Gefühlen zwischen den Gruppenmitgliedern umzugehen. Wenn der Ausdruck von Gefühlen zwischen den Gruppenmitgliedern auf diese Art und Weise verstärkt wird, kann die einzelne ihre Gefühle besser erkennen und voneinander unterscheiden. Bei sorgfältiger Anwendung stellt es also eine wertvolle Technik dar:

1 Wenn sich eine Person besonders stumpf, „tot“ oder festgefahren fühlt.
2 Wenn die Gruppe als Ganzes festgefahren ist und nicht imstande ist, wirklich zu arbeiten. Andere therapeutische Techniken, die vielleicht schon angewendet wurden wie Gestalt oder Körperarbeit, lassen zwischen den Gruppenmitgliedern möglicherweise Gefühle hervortreten, mit denen sie nicht umgehen können. Sie bringen dann gewöhnlich ihre Unzufriedenheit indirekt zum Ausdruck mit Schweigen, zu spät kommen oder nörgeln. Mit Hilfe des Encounters können diese Gefühle wieder in die Gruppe hineingebracht werden.
3 Wenn offensichtlich starke Gefühle zwischen den Gruppenmitgliedern bestehen und sich voll entwickeln und entladen müssen.

Falls zwischen zwei oder mehreren Frauen ein Streit losbricht und die Gruppe nicht sofort darauf eingeht, kann ein Teil der Aufmerksamkeit und Energie der beteiligten Frauen daran gebunden bleiben. In diesem Fall kann uns Encounter weiterhelfen. Hier ein Beispiel:

Ich sollte eine Frauengruppe leiten, die sich an einem bestimmten Tag traf, und kam zu spät. Ich hatte weder mit einer Verzögerung gerechnet, noch hatte ich im Sinn, eine Encountergruppe zu leiten. Als ich jedoch in die Gruppe kam, kochte sie unterschwellig vor Wut, die in unbedeutenden Meinungsverschiedenheiten über Raumbenützung und Raucherlaubnis zum Vorschein kam. Die vorhandenen Emotionen waren so stark, daß ich meine ursprüngliche Absicht aufgeben mußte, nämlich eine leichte einleitende Übung vorzuschlagen, bei der wir uns gegenseitig unsere Empfindungen bezüglich einer Frauengruppe mitteilen sollten. Statt dessen mußten wir direkt an der Wut zwischen zwei Frauen aus der Gruppe arbeiten. Sie stritten sich mit Worten, wobei sich jede rechtfertigte. Um diesen Leerlauf zu durchbrechen, schlug ich ihnen vor, sich hinzuknien, die Ellbogen Seite an Seite zu legen und zu versuchen den Unterarm der Gegnerin auf den Teppich zu drücken. Sehr bald wurde klar, daß eine der Frauen zwar Aggressionen auslösen, sich aber beim Ellbogenkampf nicht engagieren konnte. Hinter ihrem provozierenden Verhalten versteckte sich ihre Angst vor der Gruppe. Sie nahm ihre Drohung zurück, die Gruppe mittags zu verlassen, und wir konnten weitermachen.

In dieser Situation war es nicht schwierig, sich für einen direkten Kampf (einen ungefährlichen) zu entscheiden, um sich auf die offensichtliche Wut zwischen den beiden Frauen zu konzentrieren. Die Auseinandersetzung war schon offen ausgebrochen, aber auf einer eher rationalen Ebene, was keiner der beiden Frauen emotionale Entlastung brachte. Der direkte Körperkontakt erlaubte der einen Frau, ihre Aggressionen auszudrücken, ohne dabei das Gefühl zu haben, sich rechtfertigen zu müssen. Die andere konnte dabei ihre Angst, die sie mit scheinbar vernünftigen Argumenten zu verdecken suchte, überhaupt erst wahrnehmen und dann ausdrücken. Sie sah, daß ihre Angst die Verärgerung der anderen Frauen über ihre Drohung, die Gruppe zu verlassen, zerstreute. Die anderen Frauen waren dann auch in der Lage, sie aufrichtig und herzlich aufzufordern, doch in der Gruppe zu bleiben.

Wenn ihr es auf eine offene, direkte Auseinandersetzung ankommen lassen wollt, ist es unbedingt erforderlich, die Grundregeln klar darzulegen. Beim soeben angeführten Beispiel wurde beiden Frauen gesagt, sie sollen auf den Knien bleiben, mit den Ellbogen fest auf dem Boden, und nur die Hände umklammern, um so den Unterarm der anderen Frau auf den Boden drücken zu können.

Manchmal findet eine Konfrontation auch nur verbal statt. Das heißt aber *nicht*, daß Gezänk oder die beleidigenden Anschuldigungen in der typischen Art eines Krachs zwischen eng Vertrauten zugelassen werden sollen.

„Du hast mich sowieso nie wirklich geliebt; hast dir nie die Mühe genommen, mir zuzuhören; hast nie mit mir ausgehen wollen."

„Du grinst immer höhnisch, wenn ich etwas sage; verstreust deine Kleider im ganzen Haus; du vergißt, die Katze zu füttern."

Bei einer Encounter-Konfrontation gehen wir auf das Wesentliche der Auseinandersetzung ein und bringen die beiden dazu, zu ihren eigenen Gefühlen zu stehen, anstatt sie auf die andere zu projizieren. Wir ermutigen sie dazu, ihre Gefühle voll auszudrücken. So können die „Du ... nie"- und die „Du ... immer"-Äußerungen zusammengefaßt werden zu: „Sieh mich an! Hör mir zu!" und „Ich bin wütend auf dich!" Die zwei Frauen schreien sich dann mit voller Kraft an. Das Ziel besteht darin, die Meinungsverschiedenheit nach vernünftigen oder moralischen Maßstäben zu lösen, da die daran beteiligten Emotionen die beiden gerade daran *hindern*, sich zuzuhören oder miteinander zu sprechen. Haben sie sich erst einmal gesagt, was ihre gegenseitigen Gefühle sind, werden sie viel offener sein für irgendwelche praktischen, moralischen oder vernünftigen Lösungen, die sich eventuell anbieten.

Encounter ist eine nützliche Technik für die Gruppenarbeit und hilft uns unserer Erfahrung nach auch sich konstruktiver streiten zu lernen. Die Entscheidung für eine direkte Auseinandersetzung drängt sich nicht immer so klar und deutlich auf.

Kate erklärt der Gruppe, daß sie so schweigsam gewesen sei, weil sie sich sehr schäme. Sie könne sich auf nichts beziehen, worüber die anderen Frauen gesprochen haben, weil ihre eigenen Sorgen sie völlig in Anspruch nähmen. Sie sagt, daß alles in ihrem Leben schief gelaufen sei. Sie ist verzweifelt. Sie sieht überhaupt keinen Sinn darin, ihre Verzweiflung der Gruppe zu unterbreiten. Sie können ihr nicht helfen. Es scheint, daß die Gefühle, die sie mitteilen *kann*, ihre Reaktionen auf andere in der Gruppe sind. So entschließt sich die Gruppe, sie zu bitten, sich der Reihe nach vor jede Frau hinzusetzen und ihr zu sagen „Ich kann dir heute Abend meine

Aufmerksamkeit nicht zuwenden". Sie betonen, daß sie dabei mit jeder Frau in Blickkontakt sein sollte. Nachdem Kate die ganze Gruppe auf diese Weise durchgegangen ist, ist sie den Tränen nahe. Sie ist immer noch sehr traurig über sich selbst, aber sie fühlt, daß sie mit den Frauen in ihrer Gruppe in Berührung gekommen ist und etwas aus deren Akzeptieren ihrer Verzweiflung und ihres Negativismus gewonnen hat. Die Gruppe selbst fühlt sich auch erleichtert, weil sie Kates Ressentiments und Rückzug den ganzen Abend lang unterschwellig spürte.

Diese Übung soll Kates Gefühle offen legen, ihr die Erleichterung verschaffen, sie anderen Gruppenmitgliedern mitteilen zu können und sowohl Kate wie auch den anderen Frauen zeigen, daß ihre Verzweiflung sie vielleicht quälen, die Gruppe aber nicht zu überwältigen und zu zerstören vermag. Dies ist eine Angst, die Frauen häufig in bezug auf ihre starken, unausgedrückten Gefühle quält. In dieser Gruppe fand es niemand passend, eine Konfrontation zwischen Kate und einer anderen Frau, die sich vielleicht über Kates Verhalten geärgert hat, herzustellen. Irgendwie schien Kate (zu Recht oder Unrecht) für dieses Vorgehen zu wenig stabil zu sein. Wenn ihr eine Konfrontation herbeiführen möchtet oder eine solche in eurer Gruppe stattfindet, vergewissert euch, wann immer möglich, daß *beide* Beteiligten bereit sind, daran teilzunehmen. Wenn eine Frau von sich aus eine andere Frau in der Gruppe herausfordert, könnt ihr eingreifen und fragen, ob sie *beide* bereit sind teilzunehmen. Dies erfordert Mut, besonders in einer Selbsthilfegruppe, wo es niemandem obliegt, einzuschreiten. Aber es lohnt sich, das Risiko einzugehen, wenn damit vermieden werden kann, daß eine Frau in einen Konflikt hineingezogen wird, den sie glaubt, nicht bewältigen zu können. Nach einer Konfrontation zwischen zwei Personen ist es wichtig zu gewährleisten, daß beiden genügend Zeit für einen Austausch ihrer Gefühle danach bleibt: Geschieht dies nicht, bleibt möglicherweise eine der beiden Frauen mit den durch die Konfrontation hervorgerufenen Gefühlen allein. In jeder Therapiegruppe, aber besonders bei der Anwendung des Encounters, ist es von entscheidender Bedeutung, daß die Gruppenmitglieder während der vereinbarten Dauer der Sitzung in der Gruppe bleiben. Keine Frau sollte verzweifelt oder wütend wegrennen müssen, ohne in der Gruppe die Möglichkeit zu haben, mit ihren eigenen Gefühlen oder denen, die sie bei anderen geweckt hat, umzugehen.

Die Anwendung von Encounter auf eine Einzelperson

Cathy spricht davon, wie sie sich von den Männern, mit denen sie zusammenarbeitet, unterminiert fühlt. Sie weint und schnieft ein wenig, aber sie scheint nicht weiterzukommen. Sie kann nicht wirklich weinen oder wütend werden. Sie möchte vorankommen und bittet um Vorschläge. Amy schlägt vor, daß die Frauen in der Gruppe die Männer spielen sollen, die Cathy unterdrücken. Sie könnten einen Kreis um Cathy bilden und diese würde dann versuchen, sich aus ihm herauszukämpfen. Einige Frauen in der Gruppe möchten dies nicht tun, weil ihnen die Vorstellung, rücksichtslos zu Cathy zu sein, nicht gefällt. Cathy möchte aber Amys Vorschlag ausprobieren, und fünf Frauen sind bereit, ihn mit ihr durchzuspielen. Cathy stellt sich in die Mitte des Kreises, und die anderen haken sich gegenseitig ein, machen provokative Bemerkungen und imitieren Cathys Mitarbeiter. Cathy schreit zurück und versucht mit Gewalt, den Kreis zu durchbrechen. Sie wird immer wütender, bis sie sich zwischen zwei Arme schleudert und entkommt.

Durch die körperliche Darstellung von Cathys Kampf gelingt es ihr, aus ihrem Selbstmitleid herauszukommen und statt dessen Wut zu verspüren. Die Frauen, die sich nicht beteiligen wollten, haben vielleicht nun, nachdem sie ihre Wirkung gesehen haben, eine andere Einstellung zu dieser Art von Übung. Wichtig dabei ist, daß Cathy auf diese Weise arbeiten möchte. Natürlich hat diese Art des Drängens nicht immer die gewünschte Wirkung.[2]

Die Anwendung von Encounter auf die ganze Gruppe
Wo eine Gruppe als Ganzes nicht mehr weiterzukommen scheint oder sichere Strukturen braucht, um versteckte Gefühle zur Sprache zu bringen, helfen Übungen, die den Kontakt fördern oder den Ausdruck von Gefühlen erlauben, die normalerweise tabu sind. Die einfachste Struktur, die Gruppengefühle verstärken und intensivieren hilft, ist eine Übung, bei der die Gruppenmitglieder aufgefordert werden, sich zu vermischen oder ziellos im Raum herumzuspazieren, und mit jeder Person, der sie begegnen, Blickkontakt aufzunehmen (wie es ausführlich in Übung **50** beschrieben ist). Jede Frau wird ihre Gefühle für die anderen in der Gruppe bewußter empfinden. Nach ein paar Minuten setzen sich die Gruppenmitglieder in einen Kreis und tauschen ihre Erfahrungen aus. Jede Frau sollte dabei beachten, wem sie ohne Mühe in die Augen sehen konnte, bei wem ihr dies Mühe bereitete, ob irgendeine ihrer Reaktionen sie überraschte und ob sie jemanden gemieden hat.

In einer neuen Gruppe zeigt diese Übung, wie stark und unmittelbar Frauen gefühlsmäßig aufeinander reagieren, selbst wenn sie die anderen Gruppenmitglieder kaum kennen. Manchmal projizieren sie die eigenen Gefühle auf andere. So mag eine Frau davon überzeugt sein, eine andere Frau in der Gruppe verachte sie, wenn in Tat und Wahrheit *sie* diejenige ist, die sich überlegen fühlt, und ihre Gefühle in ein anderes Gruppenmitglied *hineinprojiziert*, anstatt sich einzugestehen, was sie tatsächlich fühlt. In erfahreneren Gruppen können sich festgefügte Beziehungsmuster ausbilden. Manchmal vermeidet eine Gruppe eine bestimmte Art sich auszudrücken, wie etwa die des gegenseitigen Körperkontakts. Sie kann auch unterschwellig den Ausdruck gewisser Gefühle verbieten, wie beispielsweise Eifersucht. Hier hilft uns eine Methode weiter, die genau das erlaubt, was die Gruppe mit einem Tabu belegt. Nehmen wir zum Beispiel eine Frauengruppe, in der die Frauen blockiert sind, weil sie sich ihre gegenseitigen Gefühle nicht vermitteln können. Nun tun sie sich paarweise zusammen und machen eine Übung, bei der sie sich mit Hilfe ihrer Hände kennenlernen (siehe Übung 15). Dies funktioniert auf mehreren verschiedenen Ebenen. Die Frauen werden sich so der Schwierigkeiten bei nahem Körperkontakt bewußt, was vielleicht wiederum einen Teil ihrer Ängste betrifft, sich mit den gegenseitigen Gefühlen abzugeben. Diese Ängste werden dann ans Tageslicht gebracht. Es können Gefühle der Nähe, Vertrautheit und Abhängigkeit zum Vorschein kommen, die verbal auszudrücken sich die Frauen scheuen. Es kann dann eine weitere Methode, sich kennenzulernen und aufeinander zu beziehen, folgen, ohne Verwendung von Worten.

In einer Gruppe, die schon längere Zeit zusammen Therapie betrieben hat (besonders, wenn die Gruppenmitglieder zusammen leben oder arbeiten, wie dies bei einigen in unserer Selbsthilfegruppe der Fall war), kann die Angst, gegenseitige Gefühle auszudrücken, immer größer werden. Diese Gefühle werden als tabu wahrgenommen, da sie ein anderes Gruppenmitglied verwirren oder die Gruppe zerstören könnten. Oder die Gruppe drückt sie als Hoffnungen oder Befürchtungen eines anderen Mitglieds aus. Eine Frau spürt beispielsweise, daß die anderen wegen ihres dominierenden Verhaltens auf sie wütend sind. Diese Gefühle und Projektionen müssen zur Sprache gebracht werden, damit jede Frau genau weiß, was sie auf andere projiziert, anstatt sich mit sich selbst zu befassen. Das Mitteilen der „versteckten Agendas" (der versteckten gegenseitigen Gefühle) kann Angst auslösen, aber auch eine echte Erleichterung bewirken, wenn es sorgfältig gemacht wird. Hier ein Beispiel dazu:

Die Gruppe sitzt im Kreis. Eine Frau erzählt einer anderen von ihrer „versteckten Agenda" oder ihren geheimen Gefühlen ihr gegenüber. Die Frau, die die versteckte Agenda entgegennimmt, erwidert nichts, sondern nimmt das, was ihr gesagt wird, in sich auf. Sie gestattet sich, den Kommentar entgegenzunehmen, achtet auf ihre diesbezüglichen Reaktionen und versucht herauszufinden, wieviel von dem Gesagten auf sie zutrifft und wieviel sie als Projektion betrachten muß. Dieses Vorgehen unterscheidet sich deutlich von dem, was wir normalerweise in einem Gespräch oder in einer Auseinandersetzung tun, wenn wir glauben, unmittelbar reagieren zu müssen. Jede Frau hat genügend Zeit, um sich bewußt zu werden, wie sie sich fühlt, wenn sie „versteckte Agendas" gibt und erhält. Wenn es gut funktioniert, kann jede Frau erkennen, daß sie nicht allein dasteht mit ihren starken Empfindungen, die sie als gesellschaftlich untragbar einstuft: daß sie einer anderen Frau mitteilen kann, daß sie auf sie eifersüchtig ist, daß sie sie liebt oder ihr Lächeln haßt, ohne daß die Welt deshalb untergeht. In einer Gruppe fühlst du dich viel sicherer, diese Dinge ans Tageslicht zu bringen, anstatt sie für dich zu behalten aus Angst, jemand könnte herausbekommen, was für ein böser, schwacher oder geiler Mensch du bist. Diese Übung sollte unbedingt zu Beginn der Gruppensitzung durchgeführt werden, damit genügend Zeit bleibt, an den Gefühlen, die preisgegeben werden, zu arbeiten. Sowohl das Eingeständnis der Gefühle gegenüber anderen, wie auch die Gefühle der anderen bezüglich der eigenen Person, werden wahrscheinlich eine neue Welle von Emotionen auslösen. Für einige kann das Mitteilen negativer Gefühle vor der ganzen Gruppe den Beginn einer Befreiung bedeuten, die sie weiter verfolgen müssen. Bei anderen wiederum berühren bestimmte Äußerungen vielleicht peinliche Problembereiche, die als solche erkannt oder untersucht werden müssen. Vorausgesetzt, daß allen klar ist, daß eine „versteckte Agenda“ so gut eine Projektion ihrer Urheber ist, wie sie es auch nicht sein kann, und zudem genügend Zeit vorhanden ist, die Nachwirkungen dieser starken Übung durchzuarbeiten, kann sie von großem Nutzen sein. (Siehe Übung **62**).

„Versteckte Agendas“ helfen uns, gegenseitige Gefühle von Einzelpersonen zu untersuchen. Vielleicht besteht aber auch das Bedürfnis, das Funktionieren der Gruppe als *Ganzes* verstehen zu wollen. Als die Red Therapy Gruppe noch gemischt war, spürten wir, daß die Gruppe nicht mehr vorwärts kam, zum Teil, weil sie von gewissen maßgebenden Personen dominiert wurde. Wir mußten uns dem Gruppenprozeß zuwenden, besonders in bezug auf Machtstellungen und Wettbewerbsstreben, Einbeziehen und Ausschließen von einzelnen Personen. Wir glaubten, daß wir eine Leiterin von außerhalb der Gruppe brauchten, um genau die Leute der Verantwortung zu entheben, die Machtstellungen inne hatten, aber die Weiterentwicklung der Gruppe als Ganzes blockierten. Wir brauchten auch die Beruhigung, daß die Gruppenleiterin uns zusammenhalten würde, wenn wir uns gegenseitig kritisieren sollten. Sie half uns, einige der Verhaltensmuster zu entdecken, indem sie uns eine Übung machen ließ, bei der wir uns um einen zentralen Punkt gruppierten gemäß unseren individuellen Vorstellungen darüber, wen wir der Reihe nach als die stärkste, liebevollste, unglücklichste, usw. Person einschätzten (siehe Übung **64**). Die Erfahrung, wie du näher zum Mittelpunkt gerückt oder davon weggestoßen wirst, wie du andere Personen herumschubst und schließlich die Struktur der Gruppe als dreidimensionales Modell bloßgelegt siehst, stellt ein starkes Erlebnis dar.

Als wir die innere Dynamik der Gruppe auf diese Weise nach außen kehrten, eröffnete sich uns damit die Möglichkeit einer Veränderung. Die Machtbeziehungen zwischen Männern und Frauen traten klarer hervor, und wie diese viele Frauen daran hinderten, voll aktiv zu werden und Vorschläge in die Gruppe einzubringen oder anderen bei der Arbeit zu helfen. Diese Erkenntnis beeinflußte vermutlich wenige Monate später unseren Entschluß, uns weiterhin regelmäßig in separaten Männer- und Frauengruppen zu treffen.

Wenn ihr eine starke Übung wie diese hier anwendet, laßt euch wiederum genügend Zeit für Feedback und für individuelle Arbeit. Vielleicht könnt ihr jede Frau in der Gruppe dazu ermutigen, sich kurz dazu zu äußern, wie sie sich an ihrem Platz in dem jeweiligen Modell fühlt. Später können dann einzelne arbeiten, die mehr Zeit brauchen. Wahrscheinlich möchte eine Frau, die an den Rand des „Liebevoll-Modells" plaziert wurde, daran arbeiten, warum es ihr so schwerfällt, liebende Gefühle in der Gruppe zu zeigen.

WAS SIND DIE VORZÜGE VON ENCOUNTER?

Wie alle Therapieformen, die wir beschreiben, geht auch das Encounter von der Voraussetzung aus, daß wir in einer Gesellschaft leben, die uns von unserem Körper und unseren Gefühlen entfremdet. Während Freud diese Tatsache als unvermeidlich betrachtete, ja die Verdrängung als grundlegend für die Kultur erachtete (so wie er sie verstand und definierte), sehen die Theoretiker des Growth Movement, insbesondere diejenigen, die sich mit dem Encounter befassen, die Therapie als eine Möglichkeit, die Menschen darin zu unterstützen, mit ihren „wirklichen" Gefühlen in Berührung zu kommen und damit einige der sozialen Werte, an die zu glauben sie erzogen wurden, in Frage zu stellen. Das Encounter wurde als Teil der „Gegenkultur" verstanden. Kleine Mädchen lernen auf ganz bestimmte Weise, Gefühle nicht zu zeigen, sie oft genug nicht wahrzunehmen. Wir dürfen weinen und herzliche Gefühle zeigen, aber nur in bezug auf andere. Beim Puppenspiel lernen wir, für andere zu sorgen und uns Gedanken über deren Gefühle zu machen. Diese zählten mehr als unsere eigenen Gefühle. Wir werden darin unterstützt, sensibel auf die Gefühle anderer zu reagieren und uns entsprechend zu verhalten. Diese Tatsache wurde häufig mit der Vorstellung verwechselt, daß wir als Frauen besser wüßten und freier wären, unsere Gefühle auszudrücken. Die große Zahl von Frauen, die sich der Therapie zuwenden, bedeutet tatsächlich insofern eine Bestätigung, als wir wohl mehr auf die Gefühlswelt abgestimmt und in ihr engagiert sein mögen, trotzdem aber lernen müssen, uns auf unsere *eigenen* Gefühle zu konzentrieren, besonders auf diejenigen, die auszudrücken uns am schwersten fällt.

Inwieweit kann die Encountermethode uns dabei helfen? Die Techniken des Encounters oder eine Encountergruppe können eine Frau darin unterstützen, die Kraft ihrer eigenen Gefühle zu erkennen. Dabei werden sich die Gefühle anderen gegenüber, die zu zeigen uns am schwersten fällt, auf dramatische Art und Weise Durchbruch verschaffen. Wir haben erfahren, wie Encounter dazu benutzt werden kann, Gefühle zuzulassen, mit denen wir Frauen schlecht zurechtkommen, wie Wut, das Erkennen unserer eigenen Stärke und Konkurrenzgefühle. Es kann auch dazu benutzt werden, unsere Ängste, Gefühle der Abhängigkeit und der Zuwendung hervortreten zu lassen. Das Freiwerden von Energie ist eine gute Erfahrung an sich. Eine Frau unserer Selbsthilfegruppe ging mit ihrem Freund in eine Encountergruppe und bemerkte danach: „Es ist wirklich ein großartiges Gefühl, so viel Energie in sich zu verspüren – selbst wenn es sich um Wut oder negative Gefühle handelt. Es gibt mir ganz einfach Auftrieb zu sehen, daß die Leute soviel Kraft und Energie besitzen, daß ich soviel Kraft und

Energie in mir habe."

Der Unterschied zwischen einem *Encounter* und einer heftigen Streiterei zwischen zwei Liebenden auf der Straße ist folgender: In der Encountergruppe schreien die beiden Streitenden ihre Wut und ihren Haß aus sich heraus mit dem Wissen, daß sie keine Schlacht zu gewinnen brauchen, sondern vielmehr ihre Wut und ihren Ärger herauslassen müssen, um von einer neuen Basis aus besser verstehen und weitergehen zu können. Sie nehmen an, daß sich hinter der Wut auch liebevolle und zärtliche Gefühle verbergen. Beim Streit auf der Straße akzeptieren die Beteiligten die Tatsache nicht, daß Liebende sowohl Haß und Wut wie auch Liebe und Leidenschaft füreinander empfinden können. Unverfälschte Wut wird auch deshalb nicht ausgedrückt, weil immer versucht wird, Punkte zu sammeln, die später als Beweis gegen die andere Person verwendet werden können.

Wie andere unterdrückte Gruppen haben auch Frauen gelernt, ihre positiven wie ihre negativen Gefühle indirekt auszudrücken. Wenn du keine direkte Macht ausüben kannst, lernst du zu manipulieren: lernst du mit indirekten Methoden das aus einer Situation herauszuholen, was du gerne möchtest. Anstatt unsere Geliebten anzuschreien, drehen wir ihnen lieber im Bett den Rücken zu und behaupten, wir seien müde. Dabei gelingt es uns vielleicht, sie zu frustrieren, aber nicht nur sie, sondern auch uns. Encounter hilft uns, unsere Gefühle anderen gegenüber direkter auszudrükken. Dabei können einige unserer mehr manipulativen und selbstzerstörerischen Verhaltensmuster durchbrochen oder aufgebrochen werden. Es bietet uns die Möglichkeit, uns im Leben auf eine neue und häufig aufregende Art und Weise zu verhalten.

SCHWIERIGKEITEN BEIM ANWENDEN VON ENCOUNTER IN EINER GRUPPE

Da beim Encounter die Widerstände ausgesprochen im Sturm genommen und die Leute gedrängt werden, ihre Gefühle auf dramatische Art und Weise zur Schau zu stellen, kann es vorkommen, daß die Arbeit eines Gruppenmitglieds zu einer Art „Schauspiel" ausartet, mit viel Lärm und Umtrieb, aber wenig Sinn und ohne jeglichen therapeutischen Wert. Hier ein Beispiel:

In einer Gruppe wird Julia angeschrien und sie beginnt zu zittern. Das Zittern entwickelt sich zu einem Schütteln, und sie liegt bald am Boden, schlägt um sich und schreit. Sie scheint mit Empfindungen aus ihrer frühen Kindheit in Berührung zu sein. Rein zeitlich gesehen dauert dies nur etwa fünf Minuten, obwohl es den anderen in der Gruppe viel länger erscheint. Ihr werden Fragen gestellt und Vorschläge gemacht, aber sie reagiert nicht darauf. Eine jede fragt sich, was Julia tut. „Ich fühle mich nicht betroffen", „Vielleicht bin ich hier blockiert", „Ich verstehe diese Art von Therapie nicht, aber vielleicht Josie", „Ich habe schon eine Konfrontation mit

Julia gehabt, deshalb bin ich vermutlich bloß verärgert, weil die Gruppe ihr Zeit widmet". Schließlich sagt Louise: „Julia, ich langweile mich wirklich. Ich glaube, du tust nur so als ob." Julia setzt sich auf, als hätte sie soeben eine Tasse Tee getrunken, und stimmt ihr zu. Der Rest der Gruppe ist ungeheuer erleichtert, und Julia spricht über ihre Unfähigkeit zu fühlen, und dies auf eine Art, die sowohl schmerzlich wie echt wirkt.

Für jedes Gruppenmitglied war es schwierig, sich auf ihr eigenes Urteil zu verlassen. Gab Julia bloß eine Vorstellung zum besten, oder waren sie unfähig, für die Gefühle Julias offen zu sein? Es lohnt sich immer, dies zu überprüfen, wie Louise dies tat. Falls sie sich getäuscht hätte, wäre niemand zu Schaden gekommen, und Julia hätte fortfahren können zu arbeiten. So wie es sich zugetragen hat, half Louise Julia, von ihrer vorgetäuschten Therapie-„Vorstellung" wegzukommen und auf eine Weise von Problemen zu sprechen, die zwar weit weniger spektakulär, dafür aber von größerer Bedeutung für sie war. Erfahrene Encounter-Teilnehmerinnen brauchen vielleicht diese Art von Herausforderung besonders. Einige Blockierungen können mit Hilfe des Encounter durchbrochen, andere wiederum verstärkt werden. Eine andere, mehr indirekte Methode ist dann vielleicht wirkungsvoller.

Noch etwas anderes kann beim Encounter schief gehen, wobei es sich hier beinahe um das Gegenteil einer Vorstellung handelt: Die Situation wird zu echt. Hier ein Beispiel:

Jackie und Sally schreien einander an. Jackie glaubt, Sally versuche die Gruppe zu leiten. Sally hat das Empfinden, daß Jackie stundenlang im Mittelpunkt der Gruppe gestanden hat und nun anderen Gruppenmitgliedern Platz machen sollte. Die Auseinandersetzung eskaliert, bis Sally schreit: „Du bist ein Wühlschwein. Ein Gruppenwühlschwein. Du wühlst die ganze Zeit herum!"

Plötzlich stößt Bert, die mit Jackie zusammenlebt, Sally an.

Sally brüllt: „Wag es ja nicht, mich zu schlagen!"

Andere in der Gruppe trennen Bert und Sally. Sie spüren, daß dieses Stoßen und Schubsen nicht in den Gruppenvertrag paßt und sind wütend auf Bert. Sie sagen Jackie, daß sie anderen in der Gruppe Raum lassen müsse. Jackie legt sich nieder und verläßt ein paar Minuten später still die Gruppe und kommt nicht wieder. Sally bleibt zurück mit ihren Schuldgefühlen, da sie glaubt, sie hätte Jackie aus der Gruppe weggetrieben.

Hier überschritt Bert die Grenze zwischen strukturierter körperlicher Auseinandersetzung und physischer Gewalt, was die Gruppe erschreckte. Sie ergriffen für Sally Partei, um die Kontrolle wiederzuerlangen. Damit schlossen sie aber Jackie tatsächlich aus der Gruppe aus. Hätte eine klare Abmachung über das Verbleiben in der Gruppe bestanden, hätte Berts Ausbruch vielleicht gestoppt und die Gefühle dahinter offen gelegt werden können. Beide, Jackie und Sally, hätten daraus gelernt. So wie es sich jedoch zugetragen hat, verließ Jackie die Gruppe mit dem Gefühl verfolgt zu werden, und Sally fühlte sich schuldig. Bert blieb verwirrt zurück. Situationen wie diese verdeutlichen, wie wichtig es ist, daß jede in der Gruppe die Regeln kennt, mit ihnen einverstanden ist und sich an sie hält.

Am Schluß einer Konfrontation oder einer Encountergruppe ist es wichtig, auf positive Gefühle zurückzukommen. Dies heißt nicht, sich etwas vorzumachen, sondern vielmehr den Mitgliedern dazu verhelfen, mit anderen Teilen ihres Selbst wieder in Berührung zu kommen. Wenn zwei Mitglieder eine heftige Auseinandersetzung miteinander hatten, fordert ihr sie auf, sich anzusehen und darauf zu achten, wie sie sich fühlen. Gewöhnlich fühlen sie sich einander viel näher, wenn sie tatsächlich einen Haufen Ärger abladen konnten. Leiter von Encountergruppen machen nach einer Konfrontation den Leuten häufig den Vorschlag, sich zu umarmen. Wir finden dies gut, vorausgesetzt, beide Beteiligten wünschen dies. Wir haben aber die Erfahrung gemacht, daß das Umarmen wie ein weiterer Bestandteil einer Encounter-Vorstellung erlebt werden kann. Sich also nur dann umarmen, wenn einer danach zumute ist. Es gibt andere Übungen, mit deren Hilfe ein Encounter positiv beendet und der Person, die gearbeitet hat, die Unterstützung der Gruppe versichert werden kann. Als es beispielsweise Cathy gelungen ist, ihre Wut herauszulassen und den Kreis der Frauen zu durchbrechen, will sie vielleicht nochmals bestätigt bekommen, daß sie nicht die ganze Zeit wütend und stark zu sein braucht; deshalb bittet sie um eine Gruppenmassage oder ein Wiegen (siehe Übung **65**).

KRITIK AN ENCOUNTERIDEEN

Wir haben auch unsere Kritik und Zweifel am Encounter anzubringen, am Encounter als Technik für Selbsthilfetherapiegruppen, als professionell angewandte Methode und auf einer theoretischen Ebene.

An sich bedeutet fühlen lernen und ausdrücken lernen, was wir fühlen, noch nicht die Gesellschaft verändern, in der wir leben. Implizit beinhaltet aber Encounter die Vorstellung, daß der Ausdruck von Gefühlen an sich „gut“ ist. Dies kann zum schlimmsten Mißbrauch von Encounter führen. Es gibt ein Stereotyp des reichen Mittelstandes, der sich seine Wochenendration von „echtem Leben“, Freuden und Leiden zu hohen Preisen an Encounter-Wochenenden verpassen läßt. Verhältnismäßig reiche und auf einem Egotrip befindliche Gruppenleiter führen diese Wochenenden und benutzen starke Emotionen, um andere zu kontrollieren. Die Teilnehmer führen unverändert ihr routinemäßig ausbeuterisches Leben weiter. Dies ist so lange möglich, als Leute nicht erkennen, daß Gefühle in einen sozialen und ökonomischen Zusammenhang gehören. Eine persönliche und soziale Geschichte kann nicht mittels „echter Wut“ umgekrempelt werden, sondern sie bezieht andere wirkliche Personen mit ein, auf die sich der Betreffende anders beziehen muß. Dies wiederum erfordert Veränderungen in der Umwelt. Als Frauen wissen wir das schon, müssen aber lernen, unsere Gefühle zu erkennen und auszudrücken. Eine Encountergruppe kann uns dabei helfen, aber um unser neugefundenes emotionales Wissen wirksam *außerhalb* der Gruppe anwenden zu können, müssen wir neue tragende Strukturen schaffen und uns gegen alte, repressive zur Wehr setzen. Eine Frau, die auf ihre Wut stößt, weil sie an ihre kleinen Kinder, ihren Mann und das Haus gekettet ist, kann ihr neues Wissen nicht wirksam umsetzen, wenn sie ihren Ärger nicht soweit steuern kann, daß sie sich mit anderen Frauen für kollektive Kinderbetreuung zusammentut, einen Weg findet, wirtschaftlich unabhängig zu werden, und echte emotionale Unterstützung innerhalb und außerhalb der Familie erhält. Indem sie ihre Wut entdeckt, kann sie dieses Ziel erreichen, sofern sie die Wut nicht als Ziel an sich betrachtet.

Einige Leute gaben zu bedenken, daß der Prozeß des „Dampf Ablassens" ausgesprochen konterrevolutionär sein kann, falls er die Bedeutung eines Sicherheitsventils bekommt. Ein extremes Beispiel dafür sind die japanischen Arbeiter, denen Bilder von ihren Bossen ausgehändigt wurden, damit sie während der Mittagspause auf sie einschlagen können; vermutlich um die Wut zu entschärfen, die sie andernfalls dazu benutzen könnten, eine wirkliche Opposition gegen ihre wirklichen Bosse zu organisieren. Dies könnte auch auf Frauen zutreffen, die Encounter als eine Methode benutzen, Gefühle zu entladen, die sie sonst auf die wirklichen Probleme ihres Lebens richten würden. Es ist wichtig, daß wir uns dieser Begrenzungen und Mißbräuche des Encounter bewußt sind. Wenn wir dann Konfrontations- und andere Encountermethoden in unseren Gruppen anwenden, können wir uns Zeit lassen und das, was wir neu erfahren haben, durch Diskussionen in unser Alltagsleben einbringen.

Die zweite Hauptschwierigkeit beim Encounter liegt in der konkreten Konfrontationssituation an sich.

Nehmen wir ein ganz einfaches Beispiel: Jill tritt Mary in einer Gruppe gegenüber und sagt ihr, sie sei häßlich und dumm. Wie soll nun Mary damit fertig werden? Projiziert Jill bloß ihre Gefühle sich selbst gegenüber auf Mary, oder sollte Mary Jills Äußerungen als berechtigte Kritik hinnehmen? Auf einer vernunftsmäßigen Ebene können wir eine Erklärung anbieten über das, was vor sich geht. Jill hat Ängste, was ihre eigene körperliche Attraktivität betrifft, und mißt geistiger Gewandtheit sehr viel Wert bei. Deshalb trifft sie eine andere Frau, die sie als unattraktiv betrachtet, sehr stark. Zudem macht sie das, was sie als Mary's Schwerfälligkeit ansieht, ungeduldig. Jill spricht tatsächlich von ihren eigenen Problemen. Falls Mary sich deswegen keine Gedanken macht, wird sie, ohne sich aufzuregen, auf Jills Äußerungen antworten können. Es kann jedoch sein, daß Jill an bestimmte Ängste Marys rührt. In diesem Fall wird Mary sich aufregen und Zeit benötigen, um ebenfalls in der Gruppe arbeiten zu können.

Encounter will dich dazu bringen, deine Projektionen auszudrücken. Dies funktioniert besser mit Personen, die du nicht kennst. Hier wirst du wahrscheinlich viel eher klare Projektionen machen und nicht dein Wissen über eine bestimmte Person mit dem, was du auf sie projizierst, durcheinander bringen. Urteile von Fremden werden dich vermutlich weniger verletzen als die dir nahestehender Menschen. In der Praxis sind diese Situationen oft viel schwieriger zu meistern, besonders in einer Selbsthilfegruppe.

Hier ein Beispiel aus unserer Gruppe, das aufzeigt, wie eine Gegenüberstellung zwischen Freundinnen schiefgehen kann.

Claire sagt Susan, daß sie ihre Art mit ihren Freundinnen zu konkurrieren, nicht ausstehen kann. Susan schreit zurück, daß es leicht für sie sei, so zu reden, wenn sie einen Mann, ein Kind und ein gemütliches Zuhause habe. Beiden ist es ernst mit dem, was sie sagen, aber das Urteil der anderen ist ihnen derart bewußt, daß es ihnen nie richtig gelingt, ihre Wut rauszulassen. Sie beide und der Rest der Gruppe gehen mit einem Unbehagen, und irgendwie bleibt für jede etwas hängen.

Encounter wirkte für Claire oder Susan nicht befreiend, da keine von beiden ein genügend starkes Selbstgefühl aufbrachte, um bei ihren eigenen Gefühlen bleiben zu können. Sie hätten vielleicht ihre Gefühle loslassen und ihren Konflikt lösen können, wenn jede auf die Urteile und Ressentiments einzeln eingegangen wäre und damit die dahinter liegenden Gefühle über die eigene Person umfassender verstanden hätte. Beim Encounter verloren sie sich.

Unsere Sozialisation als Frauen bringt uns dazu, uns auf den Gefühlszustand anderer abzustimmen und damit in unserer eigenen Entwicklung ungenügend zentriert zu sein. In einer Encountersituation passiert es häufig, daß uns die in der Gruppe herumschwirrenden Gefühle viel mehr beschäftigen, als die Dinge, mit denen wir uns wegen uns selbst auseinandersetzen müßten. Für viele Männer kann Encounter nützlich sein, da sie in der Regel mehr Schwierigkeiten mit einer emotionalen Erstarrung und weniger Probleme mit einer Überempfänglichkeit für die Gefühle anderer haben. Wenn wir merken, daß wir uns von den Gefühlen anderer zu stark fangen lassen, müssen wir Mittel und Wege finden, die uns auf unsere *eigenen* Gefühle und Empfindungen konzentrieren.

Encounter kann uns jedoch vermeiden helfen, auf dem sitzen zu bleiben, was zwischen den Gruppenmitgliedern passiert – was für Frauen wichtig ist, da wir dazu neigen, die Rolle der Friedensstifterin und Vermittlerin einzunehmen. Wir empfehlen also Encounter, aber mit Vorsicht.

Encounter mit Vorsicht

Encounter mit Vorsicht anzuwenden bedeutet, sich darüber klar zu sein, daß es sich um eine potentiell explosive Therapiemethode handelt. Encounter kann sehr schmerzhafte Auswirkungen zeitigen, die nicht immer therapeutisch sind: Die Einzelne kann davon empfindlich getroffen und verletzt, verwundbar und unsicher gemacht werden. Um dies zu verhindern, müßt ihr euch unbedingt folgendes merken:

1 Nie ein Encounter erzwingen. Vergewissert euch zuerst, daß alle Mitglieder dazu bereit sind, bevor ihr eine Konfrontation stattfinden laßt.
2 Während der Sitzung immer genügend Zeit reservieren, damit sich die Teilnehmerinnen nach einem Encounterspiel, einer Übung oder einer Gegenüberstellung wieder erholen können. So kann sich jede, die noch etwas Unerledigtes mit sich herumträgt, wütend oder verletzt ist, mit ihren Gefühlen befassen.
3 Ein Encounter immer mit Übungen, die das Selbstbewußtsein stützen, ausbalancieren: zum Beispiel die Übungen, die wir unter der Überschrift „Positive Übungen" auf Seite 127 vorschlagen. In einer Gruppe besteht tatsächlich die Versuchung, das Encounter „überborden" und eine schmerzhafte Erfahrung die nächste auslösen zu lassen. In einer gelenkten Gruppe wird der Leiter dafür sorgen, daß die Teilnehmer gegen Ende der Sitzung die einzelnen Teile wieder zusammenfügen und sich auf ihre eigenen positiven Aspekte konzentrieren. In einer Selbsthilfegruppe muß dies jede bewußt für sich tun.

ÜBUNGEN FÜR DEN GEBRAUCH VON ENCOUNTER-TECHNIKEN

Wir beginnen mit ein paar Übungen, um den Energiepegel etwas anzuheben und das Bewußtsein für Gefühlszustände zwischen den Gruppenmitgliedern zu verstärken. Verwendet sie, um eine neue Gruppe aufzulockern oder um in einer bestehenden Gruppe das, was vor sich geht, klarer hervortreten zu lassen.

50 Sich vermischen

Es gibt verschiedene Abwandlungen dieser grundlegenden Übung.

Laßt die Leute im Raum herumspazieren, Blickkontakt zueinander aufnehmen und „Ja" zu jedem Mitglied sagen, das ihnen begegnet. Nach zwei oder drei Minuten wechseln wir über zu „Nein".

Das „Ja" und „Nein" könnt ihr durch „Ich liebe dich", „Ich hasse dich", „Ich bin schlimmer als du", „Ich bin besser als du", „Ich habe Angst vor dir" oder durch irgendein anderes Gegensatzpaar ersetzen, das für die Gruppe relevante Themen zum Vorschein bringt. In einer Frauengruppe, in der bisher das Thema Aussehen und sexuelle Konkurrenz tabu war, wäre vielleicht „Ich bin hübscher als du", „Ich bin häßlicher als du" günstig.

Geht mit geschlossenen Augen im Raum herum und nehmt der Reihe nach mit verschiedenen Frauen Kontakt auf, wobei ihr gegenseitig euer Gesicht mit den Händen abtastet. Als Alternative untersucht ihr die Hände.

Durch Berührungen können wir uns selbst und die andere auf neue Art und Weise erfahren. Wir lösen damit Widerstände, die wir häufig in bezug auf Körperkontakt mit anderen verspüren, abgesehen vom sexuellen Kontakt.

Eine andere Variante dieser Übung besteht darin, daß ein Mitglied den Rest der Gruppe anführt. Anstatt es vollständig dem Gutdünken jeder Einzelnen zu überlassen, werden Vorschläge gemacht, sich gegenseitig das Gesicht zu berühren, Schultern, den Hals, die Hände, je nachdem, was die Gruppe an herzlichem, nicht sexuellem Körperkontakt dieser Art zuläßt.

51 Geh mir aus dem Weg

Die Leute gehen immer schneller und schneller im Raum herum, ohne aneinander zu rennen. Aber wenn sie einander begegnen oder aneinander vorbeigehen, sagen sie „Geh mir aus dem Weg".

Die Gruppe teilt sich abwechslungsweise in die „Herumgeschubsten" und in die „Nicht-Herumgeschubsten" auf. Die „Herumgeschubsten" gehen im Uhrzeigersinn herum und rufen laut „Geh mir aus dem Weg", die anderen in der entgegengesetzten Richtung. Dann werden die Rollen gewechselt. Nun sind es die Passiven, die sagen: „Geh mir aus dem Weg".

Diese Übung erlaubt Frauen, ihre antagonistischen und selbstbehauptenden Seiten auszudrücken und zu erfahren, wie sie sich dabei fühlen. Das Tempo steigert die Energie in der Gruppe.

52 Meinen Raum einnehmen

Teilt die Gruppe in zwei Hälften. Eine Hälfte teilt sich den ganzen Raum auf, so daß jede Person ihren eigenen Platz hat. Die anderen Frauen spazieren im Zimmer herum und versuchen in einen „Raum" zu gelangen, oder tun, was ihnen gerade beliebt. Dies sollte ohne Worte vor sich gehen. Wechselt die Gruppen nach fünf Minuten und laßt nun die anderen den Raum einnehmen. Nach Beendigung der Übung kommt ihr zusammen, um euch mitzuteilen, was geschehen ist.

Die Frauen werden auf verschiedene Arten reagieren. Einige fragen vielleicht, ob sie einen Raum teilen können, während andere am Rand sitzen und zu sehr Angst haben, einen Versuch zu machen; einige werden glücklich sein, ihren Raum teilen zu können, während andere dies nicht sind. Achte darauf, ob du dich in deinem eigenen Raum wohl fühlst oder ob du dabei Schuldgefühle hast? Möchtest du ihn teilen oder glaubst du, du müßtest dies tun? Raum und Grenzen sind für viele Frauen schwierige Probleme.

53 Spiele dich in deine Emotionen hinein

Wählt eine Frau aus, die die Übung leitet. Die Frauen stellen sich mit gespreizten Beinen hin, die Knie leicht gebeugt. Konzentriert euch auf die Atmung und vertieft sie, indem ihr beim Ausatmen „Nein" sagt. Zieht den Atem direkt in den Bauch hinunter. Bewegt euch nun im Raum herum und spielt eure Wut, wobei ihr Geräusche verwendet, keine Worte. Laßt das Gesicht und den ganzen Körper eure Wut ausdrücken. Wenn ihr einander begegnet, versucht eure Wut mitzuteilen. Ihr werdet bald feststellen, daß ihr nicht mehr länger spielt, sondern tatsächlich wütend seid. Nach zwei Minuten (oder länger) fordert die Leiterin die Gruppe auf, auf dieselbe Art Angst zu zeigen und mit dem Atmen zu beginnen. Dann versucht die Gruppe Schmerz und schließlich Liebe auszudrücken.

Die Beteiligten können so ihre latenten Emotionen fühlen und zum Ausdruck bringen. Sie lernen sie voneinander unterscheiden. Damit gewinnt die Gruppe insgesamt an Ausdrucksstärke. Es ist erstaunlich, wie wir uns auf diese Art tatsächlich in unsere Emotionen „hineinspielen“ können, wenn wir die erste Schwierigkeit, nämlich sich dumm vorzukommen, überwunden haben.

54 „Wenn du mich wirklich kennen würdest ...“

Sucht euch eine Partnerin aus, die ihr nicht sehr gut kennt oder mit der ihr in der Gruppe wenig Kontakt habt; setzt euch einander gegenüber auf den Boden und gebt euch die Hände. Jede Frau hat fünf Minuten Zeit, so viele Sätze zu sagen, wie sie will, wobei sie mit: „Wenn du mich wirklich kennen würdest ... würdest du dich in mich verlieben, mich zu aggressiv finden, mit mir streiten“ beginnt. Stellt euch vor, wie eine engere Beziehung zu eurer Partnerin aussehen würde. Bleibt in Blickkontakt und in Berührung zueinander. Wechselt die Rollen nach fünf Minuten. Am Schluß gebt ihr euch etwa fünf Minuten lang gegenseitiges Feedback.

Diese Übung bezweckt ein besseres gegenseitiges Kennenlernen und Bewußtwerden darüber, wieviel wir in eine Person hineinprojizieren, die wir nicht gut kennen oder mit der wir wenig Kontakt haben.

55 „Ich mag dich nicht, weil ...“

Jede Frau verläßt der Reihe nach den Raum. Von den anderen Frauen in der Gruppe sagt jede, was ihr nicht gefällt an der Frau, die draußen ist. Dann wird diese wieder hereingerufen und muß nun drei Dinge erraten, die über sie gesagt worden sind. Dann wechseln wir über zur nächsten Frau.

Es kann erleichternd sein zu erfahren, daß die Kritik der anderen die schlechten Dinge, die wir von uns selbst denken, nicht übertrifft. Denkt daran, genügend Zeit für das Bearbeiten des Materials zu reservieren, das bei diesen Übungen zum Vorschein gekommen ist. Diese Übungen *können nämlich schmerzhafte Gefühle wecken.*

Es gibt viele Varianten dieser Übungen, die ihr für euch selbst zusammenstellen könnt.

Ihr könnt euch dieser Strukturen bedienen, wenn in der Gruppe Gefühle ausgedrückt und intensiviert werden sollen, an denen ihr gerade zu arbeiten versucht. Sie sind auf körperlicher oder verbaler Ebene durchführbar. Erfindet eure eigenen oder ändert die folgenden Übungen so ab, daß sie euren Bedürfnissen entsprechen.

56 Ausschluß

Diese Übungen sind nützlich, wenn sich eine Frau ausgeschlossen oder nicht imstande fühlt, für das zu kämpfen, was sie möchte.

1 Die Gruppe bildet einen Kreis und die betreffende Frau muß versuchen, sich in den Kreis hineinzukämpfen. Dies verstärkt ihr Gefühl, nicht Teil der Gruppe zu sein oder nicht das zu erhalten, was sie möchte, und läßt sie ihre Kraft oder ihre Wut spüren. Manchmal wird sie auch verzweifelt aufgeben, aber auch dies kann, obwohl schmerzlich, von Vorteil sein. Es hilft ihr, sich bewußt zu machen, auf welche Art sie festgefahren ist, und bildet zugleich die notwendige Voraussetzung, mit ihrer Wut in Berührung zu kommen.

2 Alle Gruppenmitglieder mit Ausnahme der Frau, die arbeitet, verlassen den Raum. Letztere muß sie dann zurückrufen. Die Gruppe kommt nicht, bis sie wirklich davon überzeugt ist, daß die betreffende Frau sie zurückhaben will. Diese Situation zwingt die Frau, sich mit ihrem Stolz zu konfrontieren und ihr Bedürfnis nach den anderen auszudrücken. Frauen tun dies häufig auf indirekte Art. Es ist für uns wichtig zu lernen, wie wir uns fühlen, wenn wir riskieren, direkter zu sein.

57 Konkurrenzkampf

Die Gruppe sitzt in einem Kreis, und jede Frau begibt sich der Reihe nach in die Mitte und sagt zu den anderen Frauen: „Ich bin besser als ihr, weil ...", „Ich bin schlechter als ihr, weil ...".

Diese Übung ist dann sinnvoll, wenn eine Gruppe oder eine Einzelperson Konkurrenzprobleme untersuchen muß. Vergleiche können die Rasse, Schicht- oder Geschlechtszugehörigkeit betreffen.

Eine weitere Version dieser Übung besteht darin, daß jede Frau ohne Begründung ihr Gefühl ausdrückt, indem sie einfach sagt; „Ich bin besser als du" oder „Ich bin dümmer als du" oder was auch immer. Sie setzt sich der Reihe nach jeder Frau gegenüber und behält dabei Blickkontakt. Ihr Gegenüber braucht nicht zu antworten, sondern nimmt nur auf, was ihr gesagt wird.

Diese einfache Übung hat wegen der Übertreibung häufig eine starke Wirkung. Sie kann zu einem neuen Verständnis führen als Basis für eine Veränderung der „überheblichen" oder „dummen" Gefühle.

58 Die Art und Weise wie ich konkurriere

Vielleicht erscheint es euch sicherer, wenn zunächst jede Frau für sich allein ihr eigenes Konkurrenzverhalten aufdeckt. Nehmt einen Bleistift und Papier und notiert die verschiedenen Arten eures Konkurrenzverhaltens. Dann teilt ihr eure Liste einer Partnerin mit. Dies geschieht paarweise oder in der Gruppe.

Vielleicht fällt es euch leichter, die Liste zu Hause zusammenzustellen, um sie erst dann in die Gruppe zu bringen.

In unserer Gesellschaft schickt es sich nicht für eine Frau, ihre Wut auszudrücken. Vielen Zwängen ausgesetzt, ohne Ventil für unsere Wut, richten wir diese häufig schließlich gegen uns selbst, was sich wiederum in Form von Depressionen oder Haß auf uns selbst niederschlägt. Wir müssen lernen, unsere Aggressionen zu akzeptieren und sie nach außen zu richten, wo sie hingehören. Auch an diesem Gefühlsbereich muß in einer Selbsthilfegruppe frühzeitig gearbeitet werden.

59 „Wenn ich wütend wäre, würde ich ..."

Teilt euch in Paare auf. Setzt euch eurer Partnerin gegenüber und sagt fünf Minuten lang Sätze, die folgendermaßen beginnen: „Wenn ich wütend wäre, würde ich: jemanden verletzen; machen, daß alle meine Freunde mich hassen ..." und so weiter. Dann tauscht ihr die Rollen. Nachher teilt ihr euch mit, was die Übung bei euch ausgelöst hat. Diese Übung eignet sich, um die katastrophalen Ängste zu untersuchen, die die meisten von uns wegen der schrecklichen Dinge haben, die passieren könnten, falls wir wütend werden sollten. Machen wir diese Ängste deutlich, werden wir merken, wie übertrieben der Großteil von ihnen ist, und es ermöglicht uns den Ausdruck von Aggressionen zu üben.

60 „Nein, ich bin nicht wütend"

Teilt euch in Paare auf und setzt euch eurer Partnerin gegenüber, wobei ihr Blickkontakt behaltet. Fünf Minuten lang sagt eure Partnerin einfach: „Du bist wütend auf mich". Jedesmal, wenn sie dies sagt, bestreitet ihr es und bringt irgendwelche Entschuldigungen oder Rationalisierungen vor, mit denen ihr euch gewöhnlich daran hindert, eure Wut herauszulassen:

„Du bist wütend auf mich."
„Nein, ich bin nicht wütend, ich bin bloß etwas müde, das ist alles."
„Du bist wütend auf mich."
„Nein, ich bin nicht wütend, ich bin viel zu nett, um wütend zu sein."
„Du bist wütend auf mich."
„Nein, ich bin nicht wütend, es ist wirklich nicht so wichtig."

Dann tauscht ihr die Rollen und diskutiert anschließend, was die Übung bei euch ausgelöst hat. Dies ist eine gute Übung, um unsere Widerstände gegenüber dem Wütendwerden zu untersuchen. Sie kann starke Emotionen wachrufen.

Die folgenden Übungen dienen als Hilfsmittel, um herauszufinden, wie die Gruppe als Ganzes funktioniert. Vielleicht beginnt ihr lieber mit einer passenden Übung für die Untersuchung von Projektionen, um sicher zu gehen, daß sich jede Frau in der Gruppe ein praxisbezogenes Verständnis dieses Konzepts aneignet, andernfalls können diese Übungen destruktiv erscheinen. Sie sind besonders dann anzuwenden, wenn mit einer Gruppe gearbeitet wird, die auch außerhalb der Therapiesitzungen als Kollektiv existiert oder die in starren Verhaltensmustern festgefahren zu sein scheint.

61 Projektionen untersuchen

Häufig sind es Projektionen, die die Beziehungen zwischen Personen in einer Gruppe blockieren. Dies bedeutet, daß Eigenschaften und Gefühle in andere Gruppenmitglieder hineinprojiziert werden, die diese gar nicht besitzen. Manchmal werden ihnen die eigenen Gefühle unterstellt, oder wir behandeln sie, als ob sie unsere Mutter/unser Chef/unser Kind oder unser Bruder wären. Sie können in uns starke positive oder negative Gefühle auslösen, ohne daß wir verstehen, weshalb das so ist. Wir fühlen uns verantwortlich für sie oder sind eifersüchtig auf sie, ohne zu wissen weshalb. Hier nun eine Übung aus „The Barefoot Psychoanalyst"[3], die uns hilft, die Projektionen, die möglicherweise die Prozesse in der Gruppe blockieren, zu untersuchen.

Teilt euch in Paare auf. Wählt eine Frau aus, auf die ihr eurer Meinung nach etwas projiziert: Vielleicht eine Frau, die euch stört, die ihr idealisiert oder von der ihr Abstand haltet. Nun sprecht ihr fünf bis zehn Minuten zu eurer Partnerin über das Thema „Du erinnerst mich an ..." Eure Partnerin hört euch zu, und wenn ihr fertig seid, gibt sie euch Feedback über die Eigenschaften, die sie nach ihrem Ermessen tatsächlich mit jener Person gemeinsam hat. Dann tauscht ihr die Rollen.

62 Versteckte Agendas (Siehe S. 113 zur Beschreibung für die Verwendung in einer Gruppe)

Alle sitzen im Kreis. Jede Frau, die einer anderen Frau in der Gruppe etwas Verstecktes zu sagen hat, spricht der Reihe nach. Die Frau, die die „versteckte Agenda" erhält, behält Blickkontakt, antwortet aber nicht. Es wird erst gesprochen, wenn sich jemand dazu aufgefordert fühlt. Ihr müßt viel Zeit reservieren für den gegenseitigen Austausch von Gefühlen über die gegebenen und die erhaltenen Agendas.

Diese Übung kann Angst auslösen, ist jedoch sehr nützlich, um Gefühle zur Sprache zu bringen, die die Gruppe blockieren.

Eine andere Methode besteht darin, der betreffenden Person gleichzeitig mit der versteckten Agenda einen Ball zuzurollen.

63 Wapperl*, Paranoias und Streicheleinheiten

Dies ist eigentlich eine verfeinerte Version der vorherigen Übung. Uns gefällt sie, weil sie der Person, die die versteckten Gefühle erhält, mehr Kontrolle erlaubt, und gleichzeitig die dicke Luft beseitigt.

„Wapperl" sind Ressentiments, die wir gegenüber einer anderen Person in der Gruppe hegen. Hat die Gruppe sich entschieden, „Wapperl" zu ver-

* bayrisch für Etikett; englisch: *stamp*, Stempel, Marke, Etikett, Zeichen, Eindruck.

geben, fragt ein Gruppenmitglied das andere: „Ich habe ein ‚Wapperl‘ für dich. Willst du es haben?“ Die angesprochene Frau kann es ablehnen, wenn sie sich nicht stark genug fühlt, kritisches Feedback entgegenzunehmen. Wir Frauen halten häufig ehrliche Kritik zurück mit der Rechtfertigung, daß wir die Gefühle der anderen Person nicht verletzen wollen. „Wapperl vergeben“ ist eine gute Methode, die Verantwortung für die eigenen Gefühle zu übernehmen, und erlaubt den anderen Frauen in der Gruppe, für sich selbst zu sorgen. Hat eine Frau einem „Wapperl“ zugestimmt, nimmt sie es einfach zur Kenntnis wie bei den „versteckten Agendas“ und antwortet, widerspricht oder rechtfertigt sich nicht. Dies deshalb, weil die Gruppe übereingekommen ist, daß ein „Wapperl“ unter Umständen mehr über die Gefühle der „Gebenden“ aussagt als über die der Empfängerin. Es kann sich zumindest teilweise um eine Projektion handeln, und beide Beteiligten brauchen Zeit über diese Sache und über ihre Empfindungen nachzudenken.

Gleichzeitig teilt jede Frau, die ein anderes Gruppenmitglied mit „paranoiden Phantasien“ belegt hat, dies den anderen mit: „Ich habe die paranoide Phantasie, daß du dich mir überlegen fühlst.“ Wir geben zunächst wiederum keine Antwort. Manchmal kann die Phantasie sehr übertrieben sein, aber häufig steckt in der Paranoia ein Körnchen Wahrheit. Später werden wir dann genügend Zeit für Feedback auf die Wapperl und die Paranoias verwenden, zunächst aber ist es wichtig, sie einfach zur Kenntnis zu nehmen.

Nachdem die Ressentiments ausgedrückt worden sind, gebt ihr einander „Streicheleinheiten“ oder vermittelt euch gute Gefühle. Es geschieht häufig, daß beim Freiwerden von Ressentiments zärtlichere und anerkennende Gefühle hervorbrechen. Bewahrt genügend Zeit für Feedback und die Arbeit an Empfindungen, die möglicherweise ausgelöst worden sind.

64 Das Zentrum der Gruppe

Sucht einen zentralen Punkt im Raum und legt ein Kissen dorthin. Dieses repräsentiert das Zentrum der Gruppe. Ihr verteilt euch dann so um das Kissen herum, daß eure Beziehungen zur Gruppe anschaulich werden. Beispielsweise: Welche Frau in der Gruppe wird am meisten bemuttert? Diese stellt sich dann beim Zentrum auf, und die anderen Frauen gruppieren sich um sie herum, die mehr bemutternden Frauen nahe beim Zentrum, die am wenigsten bemutternden Frauen am entferntesten davon. Ihr könnt euch selbst und andere Frauen so lange umplacieren, bis ihr die Anordnung gefunden habt, die dem kollektiven Konsens darüber, wo die einzelne Frau zu stehen hat, entspricht. Als Nächstes: Wer ist/sind die stärkste/n Frau/en in der Gruppe?

Weitere mögliche Fragen:

Wer ist die Kreativste?
Wer ist die Herzlichste?

Wer ist die Glücklichste/Unglücklichste?
Wer ist die Attraktivste?

Eine Warnung: Diese Übung kann sehr peinlich werden, vor allem, wenn sie Fragen wie die letzte einschließt. Ihr könnt euch vorstellen, wie sich eine Frau fühlen muß, die sich wiederholt an den Rand der Gruppe gestellt sieht. Die Therapie bezweckt nicht, daß wir einander brutal zu Gefühlsausdrücken zwingen. Deshalb ist es wichtig, die Übung dann abzubrechen, wenn dadurch einige Fragen aufgeworfen und Gefühle wachgerufen worden sind, ohne daß sich eine elend fühlt. Ebenso wichtig ist es, daß die ausgelösten Empfindungen von den Beteiligten ausgedrückt werden können, damit sie sie nicht mitnehmen und allein darüber grübeln müssen. Eine Methode ist, sich nach der Übung wieder in einen Kreis zu setzen, wobei jede Frau der Reihe nach erzählt, was sie am frohsten gemacht und was sie am meisten verwirrt hat. Beispielsweise so: „Ich war wirklich froh, nicht eine der führenden Frauen zu sein; sie sahen dort in der Mitte sehr verloren aus ...", „Mich verwirrte es am meisten, als die anderen mich nicht als eine der herzlichsten Frauen in der Mitte plazierten. Ich bemühe mich wirklich herzlich zu sein, ich weiß nicht, warum sich das nicht mitteilt ...".

Ihr solltet genügend Zeit reservieren, damit eine Frau, die ihre durch die Übung ausgelösten Gefühle untersuchen und ihre Beziehung zur Gruppe herausarbeiten möchte, auch die Gelegenheit dazu hat.

Wir haben schon vorgeschlagen, eine Gruppensitzung so zu beenden, daß wir einander helfen, wieder mit unseren positiven Gefühlen in Berührung zu kommen. Hier ein paar Übungen dazu, die uns gefallen haben; erfindet auch eure eigenen.

65 Schlaf Kindchen schlaf oder in den Schlaf wiegen
Leg dich auf den Rücken mit geschlossenen Augen, Gesicht nach oben. Die anderen Gruppenmitglieder verteilen sich zu beiden Seiten, heben dich sanft und wiegen dich hin und her.

So einfach diese Übung klingt, für einen Erwachsenen ist es ein herrliches und oft gefühlsmäßig starkes Erlebnis, auf diese Art gewiegt zu werden. Sie ist für uns Frauen besonders gut geeignet, da wir eher dazu neigen, andere zu umsorgen als zuzulassen, daß dies mit uns selbst geschieht.

66 Der kreisförmige Stuhl
Diese Übung ist lustig und veranschaulicht, wie jede Frau in der Gruppe von den anderen abhängig ist.

Die Gruppe steht in einem Kreis. Eine Frau beugt die Knie, und die Frau neben ihr versucht, sich vorsichtig darauf zu setzen und das Gleichgewicht zu halten. Die nächste Frau tut das gleiche, und so weiter im Kreis herum, bis jede Frau auf den Knien einer anderen sitzt und selbst eine

Frau auf den Knien hat.

67 Gruppenumarmung

Dieser Name erklärt sich selbst. Die Gruppe sitzt, steht oder kniet im Kreis, und die Frauen umarmen sich gegenseitig. Manchmal wollen sich die Frauen auch lieber im Kreis setzen, sich an den Händen halten und, falls ihnen danach zumute ist, einen Ton im Kreis herumgehen lassen.

68 Teig kneten

Eine Frau legt sich in die Mitte des Kreises und die anderen kneten verschiedene Teile ihres Körpers. Dies ist eine Variante einer Gruppenmassage. Sie bringt die ganze Gruppe in engen Körperkontakt zueinander, was nach einer schwierigen und affektgeladenen Sitzung das Richtige sein kann.

ANMERKUNGEN

1 William Schutz, *Elements of Encounter*, Joy Press, California, 1973.
2 Siehe Kapitel 9.
3 John Southgate & Rosemary Randall, *The Barefoot Psychoanalyst*, Association of Karen Horney Psychoanalytic Counsellors, London, 1978.

WEITERE LITERATUR

– William Schutz, *Joy*, Grove Press, New York, 1967, Penguin, Harmondsworth, 1968. Eine gute Einführung in Encounter, da es viele lebendige Beispiele enthält. Zu berücksichtigen sind sein zu starker Optimismus und seine unkritische Haltung dem Encounter gegenüber.

– Howard R. Lewis & Harold S. Streifield, *Growth Games*, Harcourt Brace Jovanovitch, New York, 1970; Souvenir Press, London 1972. Eine breit angelegte Sammlung von Übungen, die fast alle Standard-Encounterübungen enthält.

– J. B. P. Schaffer & M. D. Galinksky, *Models of Group Therapy and Sensitivity Training*, Prentice Hall, New Jersey, 1974. Das Kapitel über die Encounter-Gruppen gibt einen interessanten historischen und theoretischen Überblick über ihre Entwicklung und die ihr zugrundeliegenden Hypothesen.

– Hogie Wyckoff, *Solving Women's Problems*, Grove Press, New York, 1977. Kein Buch über Encounter, aber trotzdem nützlich, wenn wir, unter Berücksichtigung der spezifisch weiblichen Bedürfnisse, mit Gruppeninteraktionen anders umgehen möchten.

V
Den Körper sprechen lassen

Körperarbeit ist mehr als eine bloße Therapieform. Sie ist entscheidender Bestandteil einer jeden therapeutischen Methode und der Schlüssel zum Verständnis unseres Selbst und unseres Entwicklungsprozesses. Wir *sind* unser Körper. Jede Veränderung unserer Persönlichkeit spiegelt sich im körperlichen Bereich wider und muß in unseren Muskeln, unserer Körperhaltung und unseren leiblichen Gewohnheiten ihren Niederschlag finden, wenn sie Bestand haben soll.

Bei den meisten Therapieformen wird auch mit dem Körper gearbeitet. Es gibt aber Umstände, bei denen es angebracht ist, *vom Körper aus zu beginnen*, indem wir auf seine Vorgänge achten und sie dazu verwenden, uns zu öffnen. Wenn eine Gruppe in Geschwätz, Rationalisierung oder Streitereien steckengeblieben ist, kann Körperarbeit helfen, wieder an physischer Realität anzuknüpfen. Scheint die Leistungsfähigkeit der Gruppe gering zu sein, wirken Körperübungen anregend und anspornend. Sie erwärmen und helfen, unausgedrückte Gefühle an die Oberfläche zu bringen. Einer Frau, der es schwer fällt, sich verbal auszudrücken, kann Körperarbeit einen leichteren Zugang zur Therapie verschaffen. Bei derjenigen hingegen, die sich sehr deutlich ausdrücken kann und vielleicht Worte als eine Form des Widerstands benutzt, wird dieses Muster umgangen, und sie selbst auf den Kern ihrer physischen Existenz zurückgebracht.

In diesem Kapitel werden wir Methoden erörtern, wie wir mit Atmung, Bewegung, Massage oder Übungen, die sich auf den Sexualbereich auswirken, direkt mit unserem Körper arbeiten können. Wir werden auch darauf zu sprechen kommen, wie sich der Körper an *allen* Veränderungen beteiligt, die die Therapie in uns bewirkt.

Die Frauenbewegung hat die Bedeutung körperlicher Gesundheit schon lange klar erkannt, ebenso die Notwendigkeit, den Körper verstehen und kontrollieren zu lernen. Sehr häufig sind wir so erzogen worden, daß die Vorgänge in unserem Körper uns ängstigen oder abstoßen (pissen ist „schmutzig", rülpsen ist „unanständig", Sex kann „unmoralisch" sein). Wir wissen häufig nicht, wie diese körperlichen Prozesse vor sich gehen. Wir werden im Glauben bestärkt, daß uns bei einer Erkrankung nur ein ausgebildeter „Experte", gewöhnlich ein Arzt, helfen kann. Als Erwachsene haben sich dann die meisten von uns ihrem Körper entfremdet und eine Spaltung zwischen „Geist" und „Körper" vollzogen. In den letzten Jahren haben viele Frauen erkannt, daß es für uns besonders wichtig ist, über unseren Körper frei verfügen zu können. Wir haben eingesehen, daß wir besser für ihn sorgen, ihn mit der Sorgfalt, die er verdient, behandeln und unsere natürliche Schönheit gegenüber den künstlichen femininen Klischees verteidigen müssen, die die Massenmedien uns täglich einzuhämmern versuchen. Wir müssen unsere Sexualität mit unseren eigenen Begriffen neu definieren und selbst herausfinden, welche Vorgänge in unserem Körper uns Freude bereiten und anregen.

In vielen Ländern haben sich Frauen-„Selbsthilfe"-Gesundheitszentren gebildet, wo wir durch Selbstuntersuchungen, Selbsterziehung und Austausch von Erfahrungen lernen, wie unser Körper funktioniert. Frauen haben auch gelernt, mit Hilfe natürlicher Methoden wie Diät, Yoga, Entspannung, Massage und organischen Heilmitteln Krankheiten zu verhüten und in einigen Fällen sogar zu heilen. Eine Mehrzahl dieser Gruppen konzentrierte sich dabei auf ein rein biologisches Verständnis des Körpers. Leider wurde diese Selbsthilfegesundheitsbewegung als von der Therapie und dem „Growth Movement" getrennt angesehen. Nach unseren Erfahrungen ist körperliche Gesundheit nicht von psychischer Gesundheit zu trennen: Körperliche Leiden spiegeln häufig psychische Spannungen wider und diese Beziehungen können in einer therapeutischen Situation untersucht und verdeutlicht werden. Diesen Ansatz zum ganzen Menschen hat im Westen Wilhelm Reich entwickelt. Obwohl wir einige seiner Theorien in Frage stellen, halten wir seine Arbeit für unser Verständnis der Beziehungen zwischen Psyche und Körper dennoch für unschätzbar.

REICHSCHE KÖRPERARBEIT

Reich begann seine Karriere als Schüler Freuds, dem er viele seiner Ideen verdankt. Später jedoch brach er radikal mit dessen Methoden und kritisierte die Langsamkeit, mit der sich in der Psychoanalyse Veränderungen einstellen, ebenso ihre Berührungs-Tabus und das Nichtbeachten der Körpersprache. Er integrierte Berührung und Körperarbeit in den therapeutischen Prozeß und stellte seine Arbeit in den Rahmen einer sozialistischen Perspektive. Er glaubte, daß sich die Art, wie wir aufwachsen und erzogen werden, in den Strukturen unseres Körpers niederschlägt. Ein Junge beispielsweise, dem beigebracht worden ist, nicht zu weinen, lernt schließlich, seine Lippenmuskeln anzuspannen und seinen Rücken zu verkrampfen, um sich am Weinen zu hindern. Diese Spannung wird sein ganzes Leben lang zum festen Bestandteil seiner muskulären Strukturen. Sie bewirkt Falten rund um den Mund und Rückenschmerzen in späteren Jahren. Ein Mädchen, dem untersagt wurde, mit den Armen dreinzuschlagen, hat vielleicht in späteren Jahren schwache Arme. Ein Kind, das zu früh übermäßig viel Verantwortung auf sich nehmen muß, entwickelt möglicherweise runde Schultern. Ein Kind, das einem zu rigorosen Sauberkeitstraining unterworfen wurde, wird vermutlich seine Gesäßmuskulatur verkrampfen, was sich in Übergewicht in diesem Bereich oder in Verstopfung widerspiegeln kann. Diese Beziehungen zwischen körperlichen Spannungen und psychischen

Verhaltensmustern finden wir in geläufigen Ausdrücken wie den folgenden bestätigt: „Er hält die Ohren steif", „Sie trägt die Welt auf ihren Schultern", „Er hat kein Rückgrat", „Sie läßt sich nichts anmerken", „Du bist in dieser Sache halsstarrig".

Reich war der Auffassung, daß wir bei einer Fixierung dieser psychischen Einschränkungen in unserem Körper in Form von Muskelblockierungen direkt am Körper arbeiten müssen. So lockern wir die Muskelspannungen, damit sich rigide Verhaltensmuster lösen und wir Gefühle, die wir seit der Kindheit am Durchbruch gehindert haben, freisetzen können. Dabei können viele körperliche Leiden (der schmerzende Rücken, Verstopfung) zur gleichen Zeit behoben werden. Reich glaubte, daß unsere Vitalität und die Fülle unseres Gefühlslebens von einem rhythmischen „Energiestrom" durch den ganzen Körper abhängt. Als ein Resultat unserer Erziehung wird dieser Strom von Blockierungen, Spannungen und Gefühllosigkeit in verschiedenen Teilen des Körpers aufgehalten. Wir werden ebenfalls in unserer Fähigkeit zu fühlen und das Leben voll zu genießen behindert. Reich beschrieb diese Blockierungen als eine „Panzerung", die wir ausbilden, nicht nur um uns vor schmerzlicher Erfahrung zu schützen, die andere Leute uns zufügen könnten, sondern auch vor verbotenen Impulsen, die aus uns hervorzubrechen drohen. Er verwies auf die Unmenge an Energie, die wir vergeuden und verausgaben, einfach um uns zu unterdrücken, uns vom Weinen, Wüten, Tanzen oder was auch immer wir als Kinder zu tun gehindert wurden, abzuhalten. Er glaubte an ein Gleichgewicht zwischen Input und Output an Energie aus dem Körper: Falls der *Output* an Energie wegen unserer Blockierungen gering ist, beschränken wir den *Input* an Energie dementsprechend, indem wir oberflächlich atmen oder uns von Menschen und Situationen fernhalten. Reich wollte die Spannungen lösen und das Niveau des Energiestroms im Körper anheben. Um dies zu erreichen, half er der betreffenden Person, dem Körper mehr Energie zuzuführen (zum Beispiel durch tiefes Atmen) und mehr Energie zu entladen, etwa durch den Ausdruck von Freude, Trauer oder Wut, und indem er den „Orgasmusreflex" zuließ. (Dieser Begriff beschreibt die unwillkürlichen Wellen, die den Körper durchströmen, was beim Liebe Machen geschehen kann oder wenn der Körper für eine solche Entladung bereit ist.) Wo dieser aktivierte Energiestrom auf Blockierungen stieß („Ich möchte gerne schreien, aber ich bringe keinen Pieps heraus", „Mir ist, als ob ich alle meine Gefühle in meiner Brust zurückhalte", „Mein Magen ist so angespannt, ich kann nicht voll durchatmen"), machte Reich direkte Massage am verspannten Körperbereich, um die Blockierung aufzuheben. Er fand heraus, daß mit Hilfe eines bestimmten sensiblen Drucks auf den verspannten Muskel dieser gelöst werden konnte. Auf diesen Vorgang folgte häufig ein Durchbruch an Gefühlen und ein Aufdecken damit verbundener verdrängter Kindheitserinnerungen (nicht weinen dürfen, Schelte bekommen fürs Bettnässen, Wutausbruch des Vaters); dies geschah auf einer tiefen emotionalen und körperlichen Ebene mit den sie begleitenden jeweiligen Bewegungen oder Lauten, die damals zurückgehalten wurden (treten, schreien), und die betreffende Person kann die Muskelpanzerung in ihrem Körper aufbrechen. Damit hebt sich das Energieniveau, wird Selbstausdruck möglich, fließt der Strom an Gefühlen wieder in den Körper und ermöglicht damit in der Folge eine Verhaltensänderung in der aktuellen Situation. Reich sah in der Fähigkeit, einen körperlich und psychisch voll empfundenen sexuellen Orgasmus zu erfahren, ein wichtiges Anzeichen körperlicher Gesundheit, das darauf hinweist, daß Energie frei durch den Körper strömt. Er sah im sexuellen Akt ein Schlüsselventil für das Freisetzen und die Regulation des hohen Energieniveaus eines gesunden Menschen.

Ausgehend von den Arbeiten Reichs entwickelte Alexander Lowen, ein Schüler und Anhänger von ihm, die Technik und Theorie der Bioenergetik. Während Reich, der psychoanalytischen Tradition verpflichtet, seinen Patienten während der therapeutischen Sitzungen flach auf dem Rücken ließ, begann Lowen mit seinen Klienten im Stehen zu arbeiten, was das „Erden“ (grounding) begünstigte. Lowen unterstrich die Notwendigkeit, Leben in die Beine zu bringen und eine feste Verbindung zum Boden herzustellen. Dazu entwickelte er die bioenergetischen „Streß-Positionen“, bei denen Druck auf den Körper mit tiefer Atmung verbunden wird. Diese Übungen werden jetzt in weiten Kreisen angewendet, und wir werden noch ausführlicher darauf zu sprechen kommen. Die Reichsche Verwendung der Berührung wurde ebenfalls zur bioenergetischen Massage entwickelt. Lowen maß der Sexualität eine geringere Bedeutung zu als Reich. Er sah in ihr nur einen der vielen grundlegenden körperlichen Triebe, zu denen auch Atmen, Bewegung, Gefühl und Selbstausdruck gehören.

Andere Weiterentwicklungen der Arbeiten Reichs sind:

Das „Rolfing“: Eine kräftige und manchmal schmerzhafte Methode der Tiefenmassage mit dem Ziel Muskelspannungen zu lockern, ohne unbedingt Verbindungen zum Gefühlsleben der Betreffenden herzustellen.

Die Integration von Körperhaltungen: Eine weitere Methode von tiefer Bindegewebsmassage, die mit Techniken von Reich, der Bioenergetik oder Gestalttherapie verbunden werden kann, um die Körperarbeit mit den Gefühlen und dem Alltagsleben zu verknüpfen.

Wie Reich Therapie mit Politik verband

Reich sah sehr deutlich die Verbindungen zwischen den spezifischen körperlichen Blockierungen, die wir beschrieben haben und den hemmenden oder repressiven Faktoren bei der Arbeit in unserer Gesellschaft ganz allgemein. Diese Beziehungen sind komplex. Hier jedoch einige Beispiele für die Form, die sie unserem Verständnis nach annehmen können: Eine Gesellschaft, die disziplinierte und gehorsame Arbeitskräfte für die Arbeit in Fabriken benötigt, wird den Kindern beibringen, Vorschriften nicht in Frage zu stellen und nicht zu widersprechen; eine Gesellschaft, die sich auf Familien abstützt, die aus treuen ehelichen Partnerschaften zwischen Mann und

Frau bestehen, wird die Jugendlichen dahingehend erziehen, ihre sexuellen Impulse außerhalb dieses Rahmens unter Kontrolle zu halten; eine Gesellschaft, die von Männern erwartet, daß sie Kriege führen und für den Unterhalt einer Familie hart arbeiten, wird die kleinen Jungen lehren, nicht zu weinen, hart zu sein und ihre zärtlichen Gefühle zu unterdrücken; eine Gesellschaft, die von Frauen verlangt, daß sie einen Großteil ihres Lebens der Fürsorge für Männer und Kinder widmen, wird den kleinen Mädchen beibringen, Freude am Dienst am anderen zu haben und selbstbestätigende oder aggressive Gefühle zurückzuhalten. Dieser Konditionierungsprozeß, der die Kinder lehrt, sich selbst so einzuschränken, daß sie später akzeptable Mitglieder der Gesellschaft abgeben, ist subtil und vollzieht sich häufig unbewußt, da Eltern, Lehrer und andere Personen in Autoritätspositionen ihre eigenen Verhaltensnormen weitergeben und durch das eigene Beispiel wirken. Reich drückte sich sehr deutlich über den Schaden aus, den ein sexuell frustrierter Lehrer anrichten kann, der die gesunde Sexualität der ihm anvertrauten Kinder erstickt, oder über das Unheil, das autoritäre Eltern bewirken, wenn sie die natürliche Neugier ihrer Kinder unterdrücken. Da die Eltern selbst körperlich blockiert sind und sich nicht lieben, können sie sich auch nicht auf liebevolle und gütige Weise auf ihre Kinder beziehen. Statt dessen behandeln sie ihre Kinder wie Objekte und bringen ihnen bei, ihren eigenen Körper abzulehnen und zu fürchten. Er sah in einer positiven Identifikation mit dem Körper die Basis der Selbstachtung. Abgeschnitten von jeglichem Körpergefühl und sich vor dem eigenen Körper ängstigend, hat der durchschnittliche „kleine Mann“ unvermeidlich Angst vor dem Leben:

„... sie taten dies alles, weil sie unfähig sind, Leben in sich zu spüren, weil sie die Liebe in ihrem Kind abtöten, sogar bevor es geboren ist; weil sie keinen lebendigen Ausdruck, keine freie, natürliche Bewegung zulassen. Weil sie das nicht tolerieren, bekommen sie Angst und fragen sich: ‚Was wird wohl Herr Jones und was wohl Herr Smith dazu sagen?‘

Du bist feige in deinem Denken, kleiner Mann, denn echtes Denken wird von Körpergefühlen begleitet, und du hast Angst vor deinem Körper.“[1]

In diesen Gefühlen der Angst, Leere und Selbstverachtung sah Reich mächtige Faktoren, die zum nationalen Chauvinismus und Faschismus beitragen: „Dein Chauvinismus läßt sich von deiner körperlichen Starrheit ableiten“[2] ... „Wenn du ‚Jude‘ sagst, fühlst du dich damit überlegen. Du mußt es tun, weil du dich tatsächlich erbärmlich fühlst. Und du fühlst dich erbärmlich, weil du genau das bist, was du an dem angeblichen Juden abtötest.“[3]

Der „Jude“ symbolisiert das, was dir beigebracht wurde in dir selbst zu hassen und zu unterdrücken. Die Selbstverachtung wird nach außen projiziert. Wenn wir uns selbst so sehr verachten, brauchen wir jemanden, der noch schlechter ist als wir.

Nur eine gute Beziehung zum Körper läßt uns zu unserer eigenen Stärke finden und fähig werden, die Verantwortung für unser eigenes Leben zu übernehmen, anstatt blind Führerpersönlichkeiten zu folgen; nur so kann ein Mensch an den „natürlichen arbeitsdemokratischen Beziehungen der werktätigen Menschen teilhaben“.[4] Es wird klar, daß Reich das sogenannte „normale Verhalten“ sehr stark ablehnte. Er war der Auffassung, daß die meisten „normalen“ Leute unglücklich und unbefriedigt sind und nur einen winzigen Anteil ihres gesamten Potentials als menschliche Wesen erfüllen. Er schuf sogar einen satirischen, pseudo-medizinischen Begriff des „homo normalis“, den er verwendete, um das Unnatürliche und beinahe Pathologische am „normalen“ Menschen herauszustreichen. Daraus folgt, daß ein Mensch mit einem gesunden, unblockierten Körper, in dem die Energie frei strömt und der mit seinem eigenen Leben und seiner Kraft in Berührung ist, unangepaßt und mit der heutigen Gesellschaft in Konflikt stehen muß. Der Druck der Gesellschaft wird gegen das Wiedererwecken natürlicher Gefühle und Impulse im Körper mittels Therapie gerichtet sein. Alexander Lowen, ein Schüler Reichs, formulierte dies so:

„Jede Therapie leidet darunter, daß sich die Kultur, in der wir leben, nicht an kreativer Tätigkeit und Lust orientiert. Sie ist nicht auf die Werte und Rhythmen des lebenden Körpers, sondern auf die Werte und Rhythmen von Maschinen und materieller Produktivität abgestimmt. Wir können uns nicht vor der Schlußfolgerung verschließen, daß die Kräfte, die den Selbst-Ausdruck hemmen und deshalb unsere energetischen Funktionen behindern, von dieser Kultur erzeugt wurden und ein fester Bestandteil dieser Kultur sind. Jeder sensible Mensch weiß, daß man sehr viel Energie braucht, um nicht von dem hektischen Tempo des modernen Lebens mit all seinen Zwängen und Spannungen, seiner Brutalität und Ungewißheit überrollt zu werden.“[5]

Natürlich haben auch andere Therapeuten erkannt, wie repressiv die westliche Gesellschaft ist, daß sie den freien Ausdruck von Gefühlen und Impulsen verhindert. Sie haben daraus aber andere Schlußfolgerungen gezogen. Einige Autoren des amerikanischen Growth Movement sind der Ansicht, daß sich die Welt, wenn die Einzelnen mit Hilfe der Therapie freier werden, irgendwie verändern und „schöner“ werden würde. Reich selbst machte sich keine Illusionen darüber. Er glaubte nicht, daß sich dieser Prozeß automatisch vollziehen würde. Er spürte, daß wir bewußt kämpfen müssen, um die Welt zu verbessern. Dieser Kampf bedeutete für ihn politische Aktivitäten gegen das ökonomische System des Kapitalismus, der so viele der sozialen Bedingungen festlegt, unter denen wir leben. Anders als Freud, der an die Existenz eines fundamentalen „Todestriebes“ glaubte, existierte für Reich eine grundlegende Fähigkeit und ein Instinkt, unser Leben voll zu leben, frei und glücklich, ohne Repressionen. Er stellte sich eine Gesellschaft mit verschiedenen Gesetzen, Arbeitsstrukturen, emotionalen Beziehungen und Einstellungen dem Körper gegenüber vor: „Wenn man bloß noch den Kopf schüttelt darüber, daß kleine Kinder dafür gestraft wurden, weil sie ihre Genitalien berührten; wenn in den Gesichtern der Menschen auf der Straße sich Freiheit, Leben und Freude widerspiegelt und nicht mehr länger Trauer und Not."[6] In Deutschland gründete er in den dreißiger Jahren eine in ihrer Art einzigartige Form von politischer Gruppierung für junge Leute, die sich „Sexpol" nannte. Sie umfaßte eine sozialpolitische Perspektive verbunden mit Arbeit an den sexuellen Problemen der jungen Leute. Er sah in diesem therapeutischen Vorgehen einen wichtigen Teil des Kampfes für eine freiere Gesellschaft: „Keine Polizei auf der ganzen Welt wäre mächtig genug, dich zu unterdrücken, wenn du auch nur ein winziges bißchen Selbstachtung im praktischen Alltagsleben aufbringen könntest; wenn du tief in deinem Inneren wüßtest, daß ohne dich das Leben nicht mal eine Stunde weitergehen würde."[7] „Du hättest die Tyrannen schon längst überwunden, falls du im Innern gesund und lebendig gewesen wärst."[8] Reich kritisierte die „Revolutionäre", die Politik in engen, rein ökonomischen Begriffen definieren. Er war der Auffassung, daß sie den Zugang zu den Erfahrungen der meisten Menschen verloren hatten, indem sie alltägliche Probleme ignorierten. Er betonte, wie wichtig es ist, sich um Nahrung, Kleidung, Unterhaltung, Freizeit und Erziehung, wie auch um emotionale und sexuelle Beziehungen als Teil eines jeden politischen Verständnisses zu kümmern.

In dieser Hinsicht sind seine Ideen denen der Frauenbewegung nahe, die die spezifisch praktischen, emotionalen und sexuellen Zwänge betont, denen Frauen im täglichen Leben ausgesetzt sind. Reichs Theorien können deshalb politisch aktiven Frauen nützlich sein. Diese haben häufig wie Reich Schwierigkeiten, die mehr traditionelle Linke zu überzeugen, daß das „Persönliche" politisch ist, daß Repressionen in einem Bereich wie dem der Sexualität genau so real sind und ebenso viele Leiden verursachen, wie jede andere Form von Unterdrückung. In anderer Hinsicht wiederum gibt Reich uns weniger, da er kein Verständnis für die Lage der Frauen in der patriarchalen Gesellschaft hatte und seine Theorien hauptsächlich den Problemen des „kleinen Mannes" in einer Männerwelt widmete.

Reichs außergewöhnliche Leistung besteht in der Art und Weise, wie er die Therapie mit sozialen und politischen Problemen verknüpfte und dies nicht bloß in der Theorie, sondern auch praktisch in seinem eigenen Leben. Es scheint eine Ironie des Schicksals zu sein, daß mehrere seiner Schüler sich gerade in entgegengesetzter Richtung entwickelten und seine Therapiemethode beinahe gänzlich entpolitisierten. Reich selbst sah in seiner therapeutischen Arbeit eine revolutionäre Kraft. Er wurde wegen seiner Ansichten und seiner Tätigkeit verfolgt, und dies nicht nur durch Hitlers Regime, sondern auch in den Vereinigten Staaten, wo er im Gefängnis starb.

Einige Vorbehalte zu Reich

Wir haben hier nur diejenigen Ideen und Techniken Reichs diskutiert, die uns relevant und nützlich erscheinen; sein Werk weist Aspekte auf, die nicht so hilfreich sind. Zum Beispiel leistete Reich am Anfang seiner Karriere einen in breiten Kreisen gerühmten Beitrag zur psychoanalytischen Theorie mit seiner Erfindung der „Charaktertypen“, um verschiedene Arten neurotischer Persönlichkeiten klassifizieren zu können (den „oralen“ Charakter, den „masochistischen“ Charakter und so weiter). Wir haben sie nie benutzt, obwohl sie Bestandteil des therapeutischen Vokabulars geworden sind. Sie beschreiben nicht so sehr Charaktertypen, sondern vielmehr Eigenschaften, die wir alle besitzen.

Eine weitere Theorie, die wir hier nur streifen können, entwickelte Reich während seiner späteren Karriere, als er die Idee der Körperenergie in das Konzept der „Orgon“-Energie umwandelte. Er glaubte, daß die Orgon-Energie in jeder lebendigen Substanz wirksam ist, und ihre Bewegung durch den menschlichen Körper durch das Verwenden speziell angefertigter „Orgon“-kissen, „Orgon“-Kästen und so fort, angeregt werden kann. Diese Entwicklung seiner Arbeit hat viele Kontroversen provoziert, obwohl einige Therapeuten Reichscher Richtung und Selbsthilfegruppen tatsächlich Orgon-Kissen verwenden und sie nützlich finden. Wir werden später in diesem Kapitel nochmals auf die schwierige Frage des Wesens der Körperenergie zurückkommen.

Ein anderer Aspekt von Reichs Werk, bei dem Zweifel berechtigt sind, ist seine Betonung der Sexualität: „Die Menschen geraten wegen diesem oder jenem in wilde Begeisterung oder bleiben in diesem oder jenem Lamento stecken, weil ihr Geist und ihr Körper unbeweglich geworden sind und weil sie weder Liebe geben noch genießen können. Dies, weil ihr Körper anders als bei anderen Tieren, sich im Liebesakt nicht zusammenziehen und ausdehnen kann.“[9] Von einem ganz anderen Standpunkt aus sah auch Freud in der Sexualität eine grundlegende Kraft der Natur des Menschen. Wir meinen, daß sie vermutlich beide gerade wegen der intensiven sexuellen Repression ihrer Zeit die Sexualität so überbetonen. Es ist schwierig, Reichs Theorien über die Sexualität zu diskutieren, da seine Ideen falsch dargestellt und auf ungenaue Weise popularisiert wurden. Er meinte zum Beispiel nicht, daß wir von unserer Sexualität besessen sein sollten. Seine Ansicht war, daß gerade eine unbefriedigte Sexualität unsere Gedanken die ganze Zeit um den Sex kreisen läßt, wohingegen ein ausgefülltes Sexualleben unsere Energie für andere Dinge frei läßt. Seine Botschaft lautet auch nicht: „Geh raus und bumse, soviel du magst.“ Wie er selbst beteuerte, verwandelt diese Haltung die „zärtliche Umarmung“ in einen „pornographischen Akt“.[10] Dort, wo er sexuelle Entspannung befürwortet, bezieht er sich auch nicht auf orgastische Potenz an sich oder auf eine rein sexuelle „Leistung“, die auf eine entfremdete Weise vollzogen werden kann. Für ihn unterschied sich der Orgasmus von einer Ejakulation (Samenerguß) oder Klimax (Höhepunkt sexueller Erregung), war eine unwillkürliche Reaktion des ganzen Körpers in Form von rhythmischen, krampfartigen Bewegungen. Ähnliche Bewegungen können beim „Orgasmusreflex" auftreten, der in der therapeutischen Situation stattfinden kann, wenn eine Person frei atmet und sich ihrem Körper hingibt; dabei gibt es jedoch keine Steigerung, keine Klimax oder Entladung sexueller Energie. Reich entwickelte bei seinen Patienten die Fähigkeit, den Orgasmusreflex als Anzeichen dafür zu erleben, daß ihr Körper in der Lage ist, Lust auf eine umfassende Art zu erleben, was wiederum eine Voraussetzung für einen vollen und lebhaft empfundenen sexuellen Orgasmus ist.

Reich betont vielleicht die Sexualität zu stark. Zu seiner Zeit jedoch war es wichtig, das Gesunde und Natürliche des sexuellen Ausdrucks hervorzuheben. Er konnte nicht ahnen, daß die sexuellen Einschränkungen aufgehoben werden konnten, ohne daß die Menschen dadurch zwangsläufig freier geworden wären. Dies vollzog sich innerhalb einer „permissiven Gesellschaft", die den Sex zu einer bloßen weiteren Ware auf dem Markt reduzierte. Es fällt schwer, ihn in seinem Anliegen, Kinder und Jugendliche zu einer positiven Einstellung der Sexualität gegenüber zu ermutigen, nicht zu unterstützen. Er fordert auch die Befriedigung der kindlichen sexuellen Neugier anstelle der herkömmlichen Einstellung, die Sex als etwas Unmoralisches und Schmutziges betrachtet, und somit die Kinder lehrt, ihren Körper zu hassen. Es fällt schwer, ihm nicht beizupflichten, wenn er betont, wie wichtig ein umfassendes sexuelles Erlebnis zwischen zwei sich liebenden Partnern ist. Wir finden auch, daß die Reichsche Körperarbeit uns helfen kann, unsere sexuellen Reaktionen auf eine Weise zu vertiefen, wie dies keine andere therapeutische Methode tut. Aber wir sind der Auffassung, daß seine Einsichten bezüglich der Sexualität ernste Mängel aufweisen, besonders was unsere weibliche Sexualität anbelangt. Er hat wenig Verständnis für unser subjektives Erleben von Sexualität. Ihn interessieren auch nicht die besonderen Zwänge, denen wir Frauen rund um den Problemkreis Sexualität ausgesetzt sind oder die Folgen des relativen Mangels an Stärke bei uns Frauen in unseren Interaktionen mit Männern. Er hat nicht genügend berücksichtigt, daß die Sexualität Frauen vor andere Probleme stellt als Männer. Er hat die Penetration der Vagina als das Wichtigste des sexuellen Aktes nicht in Frage gestellt. Er hat die Lust der Frauen an der Klitoris und an anderen Teilen ihres Körpers nicht genügend anerkannt. In seiner Auffassung von der „Natürlichkeit" der Sexualität ist die lesbische/homosexuelle Liebe ausgeklammert. Für ihn bestand das natürliche Betätigungsfeld unserer Sexualität in einer Reihe aufs Genitale bezogener, monogamer, heterosexueller Beziehungen.

Uns erscheint es am sinnvollsten, den Ideen Reichs das zu entnehmen, was uns gut und nützlich dünkt – und davon ist so viel vorhanden – und uns anderweitig nach spezifischeren Arbeiten über die Sexualität umzusehen, die auf die besonderen Erfahrungen der Frauen aufbauen. Wir werden später in diesem Kapitel noch auf eine solche Methode zu sprechen kommen.

DIE VERWENDUNG BIOENERGETISCHER KÖRPERARBEIT IN DER SELBSTHILFE

Hier ein Beispiel wie Ideen von Reich, die von der Bioenergetik weiterentwickelt, in der Praxis einer Selbsthilfegruppe verwendet wurden:

Die Gruppe entscheidet sich für eine Übung, um ihren Energiepegel anzuheben. Die Gruppenmitglieder nehmen eine der bioenergetischen „Streß-Positionen" ein, bei der sie auf dem Rücken liegen, die Füße nach der Dekke strecken, während sie tief in den Bauch atmen. Das tiefe Atmen läßt den Energiestrom zum Körper anwachsen, und zusammen mit der Streß-Position stimuliert es den Aufbau einer Energie-„Ladung". Dies kann sich als ein Vibrieren der Beine bemerkbar machen und sich auf den ganzen Körper erstrecken. Das Atmen hilft Gefühle aktivieren, denn die angestaute Ladung muß sich abbauen können. Welche Emotionen auch immer vorhanden sein mögen, sie werden auf jeden Fall verstärkt, und die betreffende Person wird sie freisetzen können.

Sally sitzt außerhalb der Gruppe, da bei dieser Art von Arbeit jemand die Situation lenken und übersehen muß. Sie ermutigt die anderen, weiterhin voll durchzuatmen und jeden gewünschten Laut herauszulassen. Einige geben auf, als die Übung zu schmerzhaft wird. June macht weiter und beginnt einige laute „Aaaaah-Laute" von sich zu geben. Nach einer Weile schlägt Sally vor, daß die anderen mit der Übung aufhören sollen, um sich auf June zu konzentrieren. Sie fragt June, ob sie sich hinlegen will, um herauszufinden, welche Bewegungen ihr Körper machen möchte.

„Ich spüre, daß ich ausschlagen möchte", meint June.

Die Gruppe schiebt eine Matratze unter ihren Körper und Kissen an ihre Füße und Arme. Sie beginnt auszuschlagen, zunächst langsam und zögernd. „Atme weiter voll durch. Überlaß deinen Körper wirklich der Bewegung", unterstützt sie die Gruppe. June hält für einen Moment in der Bewegung inne, bis sie heftig und rhythmisch mit den Füßen und Fäusten auf die Kissen einschlägt, wobei ihr ganzer Körper mitschwingt.

„Überlaß dich einem Geräusch", sagt Sally. June gibt ein paar erstickte Laute von sich. Ihr Kiefer ist verspannt, und Sally lockert und massiert ihn sanft. „Laß deinen Kiefer sich entspannen. Nun laß den Laut heraus." June beginnt, aus voller Kehle einige Laute in Einklang mit der Bewegung loszulassen. Die Gruppe unterstützt sie weiterzumachen, bis ihr Körper die Energie herausläßt, die er zurückhält.

Jemand aus der Gruppe fragt: „Siehst du ein bestimmtes Bild vor dir? Ist dir dieses Gefühl von irgendeiner anderen Situation her vertraut? (Die tiefen Gefühle, die bei dieser Art von Übung hervorgebracht werden, sind häufig mit solchen aus der frühen Kindheit verbunden. Es ist wichtig, diese Frage zu stellen, um June zu helfen, die Verbindung zwischen ihren Körperempfindungen und ihrer Geschichte herzustellen.)

June antwortet: „Ich fühle mich wirklich klein. Ich fühle mich irgendwo liegen, wirklich klein. Und ich spüre eine Wut in mir, als ob jemand versuchen würde, mich niederzuhalten." Sally schlägt vor, daß June mit dem Dreinschlagen fortfährt und dabei gleichzeitig versucht, „Nein! Nein!" zu sagen. Sie weiß, daß das Ausschlagen häufig mit einer Verweigerung, mit Wegstoßen oder mit Wut wegen Nichtbefriedigung einhergeht. Sie möchte June helfen herauszufinden, was genau sie damit ausdrückt. Dieses Vorgehen läßt June mehr Energie freisetzen und sie schreit: „Nein! Nein! Nein!", was sich dann in „Laß los! Laß los!" verwandelt, während sie weiterhin ausschlägt. Die Gruppe achtet darauf, daß sie immer noch durch die Kissen geschützt ist und sich nicht weh tun kann. Sie ermutigt sie, die Augen offen zu halten, damit sie mit der augenblicklichen Realität verbunden bleibt. Nach einer Weile hält June inne und sagt, sie hätte das Bild einer Person gesehen, vermutlich ihrer Mutter, die dabei ist, den unteren Teil ihres Körpers niederzudrücken.

June setzt sich zu den anderen in den Kreis, nimmt mit ihnen Blickkontakt auf und erzählt von ihrem Erlebnis. Ruth bemerkt, daß sich Junes Körper zusammengezogen hat wie bei einem Baby, dem die Windeln gewechselt werden. Sie meint, daß sie vielleicht eine Erinnerung an ihre Mutter wiedererlebt hat, die sie damals nach unten drückte. June wird vermutlich diesen Gefühlen nochmals nachgehen müssen, um ein klareres Bild jener vergangenen Situation zu bekommen. Details werden langsam an die Oberfläche kommen. June erzählt der Gruppe von ihrer Beziehung zu ihrer Mutter und von jenem Teil ihres Körpers. Sie beschreibt Spannungsschmerzen im unteren Teil des Rückens und die Angst, „runtergedrückt" zu werden, wenn sie beim Liebe Machen unter ihrem Partner liegt. Sie sagt, daß sie sich nach diesem Ausschlagen in der Beckengegend lebendiger und empfindlicher fühlt. Als sie glaubt, genügend Feedback von der Gruppe erhalten zu haben, fragt sie eine Frau, ob sie sich nahe an sie zusammenrollen dürfe, um sich auszuruhen.

In diesem Beispiel wurde eine bioenergetische Technik benützt, um die Körperenergie zu heben und Druck auf Muskelblockierungen auszuüben, damit etwas von der Kindheitswut, die in Junes Muskelblockierungen festgehalten wurde, hervorbrach. Hier begann die Gruppe mit einer „Streß-Position", sie hätte jedoch ebensogut nur tiefes Atmen verwenden können oder bioenergetische Massage, bei der direkt auf die verspannten Muskeln Druck ausgeübt wird. Der gleiche Vorgang hätte durch eine körperliche Erfahrung ausgelöst werden können, wenn beispielsweise jemand aus der Gruppe June runtergedrückt hätte. Dies sind alles Methoden wie Reich sie verwendete, um Gefühle aufzuspüren. Sie können heftige Reaktionen auslösen wie im Falle Junes. Das ihnen zugrundeliegende Prinzip ist dasselbe: Im Körper eine Ladung von Energie aufbauen, aufpassen, wo er verspannt oder steif ist und dann dort entladen lassen, so daß die damit verbundenen Gefühle freigesetzt werden können. Diese Methode, die schonungslos und schmerzhaft sein kann, muß sorgfältig angewendet werden. Hier einige

Dinge, auf die ihr achtgeben müßt:

1 Vergewissert euch, daß die betreffende Frau bereit ist, sich auf diese Weise zu öffnen; ein intensives Erlebnis nützt ihr nichts, wenn sie damit nicht fertig werden kann.
2 Gewährt ihr Schutz, Aufmerksamkeit und Sicherheit. Achtet darauf, daß sie ihre Augen offen hält. Sie könnte sonst vielleicht weggetrieben und von ihren Gefühlen überwältigt werden und zwar auf eine Art, die sie erschreckt. Paßt auf, daß sie sich nicht an Gegenständen oder an den Wänden verletzen kann. Falls ihr volles Durchatmen zu einer Hyperventilation (einer übermäßigen Steigerung der Atmung) führt oder sie oder andere Gruppenmitglieder von panischer Angst erfaßt werden, holt sie mit Hilfe der im 2. Kapital beschriebenen Methoden (S. 59) sanft aus dem Erlebnis heraus.
3 Übt keinen starken oder schmerzhaften Druck auf den Körper einer anderen Frau aus, wenn ihr nicht genau wißt, was ihr tut. Die bioenergetische Massage erfordert Übung. Eine gute Richtlinie bei der Anwendung von Massage in dieser Situation besteht darin, die betreffende Person sanft anzufassen und sich von ihr führen zu lassen, indem ihr sie fragt, *wo* und wie sie gerne angefaßt werden möchte. Während des ganzen Vorganges bestimmt sie, was mit ihr passiert und zwar nur das, was ihr richtig erscheint.
4 Reserviert Zeit, um das Vorgefallene zu besprechen. Es besteht die Gefahr, daß wir uns starken, nonverbalen Erlebnissen hingeben, die aus dem Nichts zu kommen scheinen, und dann von allem anderen abgeschnitten werden, als begäben wir uns in eine andere Welt. Es ist wichtig, diese Erfahrungen in die Welt der Sprache und Taten zu integrieren, damit die Botschaften des Körpers dazu benutzt werden können, unser Alltagsleben zu verändern. June mußte die Verbindung von ihrem Kindheitserlebnis (von ihrer Mutter niedergehalten zu werden) zu ihren gegenwärtigen Verhaltensmustern herstellen. Erinnerungen aus der Kindheit können Gefühle der Hilflosigkeit und Verzweiflung hervorbrechen lassen, die uns psychisch erschöpfen. June muß wieder mit ihren Kräften als erwachsene Frau in Berührung kommen, um zu erkennen, daß sie, obwohl sie als Säugling hilflos war, dies in der gegenwärtigen Situation nicht mehr ist. Sie ist nun fähig, Veränderungen in ihrem Leben herbeizuführen, indem sie beispielsweise ihrem Partner mitteilt, daß sie sich beim Liebe Machen lieber über ihm befindet.
5 Verwendet noch andere Methoden. Die Bioenergetik kann starke, aber undifferenzierte Gefühle provozieren und ihr braucht möglicherweise eine weitere Technik wie Gestalt, um im Detail den damit verbundenen Problemen näher zu kommen und die neuen Erfahrungen besser zu begreifen.
6 Erwartet nicht, über Nacht „geheilt“ zu werden. Die Veränderungen des Körpers als Resultat dieser Arbeit sind womöglich ganz subtil: Ein zermürbender Schmerz „verlagert sich“ vielleicht nur wie der Kräusel-Effekt der Wellen von einem Teil des Körpers zu einem anderen. Dies wiederum be-

darf unserer Aufmerksamkeit. Es ist möglich, daß ihr nach Anwendung bioenergetischer Übungen euren Körper eher als *angespannter* und verkrampfter erlebt und euch nicht unmittelbar freier und lebendiger fühlt. Ihr werdet eure Verspannungen wahrscheinlich besser wahrnehmen – was den ersten Schritt zur Befreiung von ihnen bedeuten kann.

Wenn ihr diese Punkte im Kopf habt, könnt ihr nicht leicht fehl gehen. Die Beteiligten gewöhnen sich rasch an die lauten Geräusche und heftigen unwillkürlichen Bewegungen, die von der bioenergetischen Methode ausgelöst werden können. Wir haben diese Methode häufig am Anfang einer Sitzung verwendet, um den Energiepegel anzuheben und Gefühle zu mobilisieren. Ihr könnt diese Übungen natürlich ebensogut paarweise durchführen. Sie sind auf die Einzelperson zugeschnitten und dienen nicht der Untersuchung von Interaktionen zwischen Gruppenmitgliedern. Wir sehen den wichtigsten Beitrag dieser Methode für uns Frauen in der Hilfe, die sie uns bietet, mit unserem *ganzen* Körper, mit *allen* seinen Bedürfnissen und *allen* unseren Gefühlen einschließlich unserer Selbstbehauptung und Wut in Berührung zu kommen. Es ist eine gute Methode, um ein Gefühl für den Umgang unserer Stärke, der physischen wie der emotionalen, zu bekommen.

Hier ein Beispiel, wie die Ideen Reichs auf sanftere und subtilere Art und Weise in die Praxis der Körperarbeit umgesetzt werden können. Wir haben das Beispiel eines Mannes, der arbeitet, ausgewählt. Als Reaktion auf die Frauenbewegung möchten einige Männer weiterkommen und ihre sexistische Erziehung verändern. Wir finden es nützlich aufzuzeigen, wie eine Therapiegruppe diesen Prozeß unterstützen kann:

Die Gruppe hat beschlossen, daß Helen für diesen Abend als Leiterin fungieren soll, da sie schon über einige Erfahrungen mit Körperarbeit verfügt. Nach einigen Übungen zum Einwärmen meint Tom, er möchte für eine Weile den negativen Gefühlen rund um seinen Körper und den Spannungen in seinen Armen nachgehen. Helen schlägt vor, er solle sich während einiger Minuten mit gespreizten Beinen und leicht gebeugten Knien hinstellen und sich mit Hilfe der Atmung auf seinen Körper konzentrieren. Er beschreibt die untere Hälfte seines Körpers als „schmächtig und dünn" verglichen mit dem Oberkörper, der stark, muskulös und gut entwickelt ist. Die Gruppe gibt ihm Feedback und eine Frau sagt, ihr sei beim Schwimmen mit ihm aufgefallen, daß seine Haut von der Taille an eine andere Färbung annimmt; oberhalb der Taille sei die Haut glatt und braun, während sie unterhalb der Taille bleicher, fleckig und mit einer dünnen Schicht von Haaren bedeckt sei. Tom findet die Bemerkung hilfreich und meint, daß er als Kind die obere Hälfte seines Körpers auf Kosten der unteren Hälfte entwickelt hat. Er sagt, er habe eine harte Kindheit gehabt und hätte sich „durchboxen" und kämpfen müssen, um sich zu verteidigen und die anderen Jungen zu beeindrucken. Er meint, daß sein Oberkörper zur Zeit sehr verspannt sei und er daran arbeiten möchte. Helen schlägt vor, er solle sein Hemd ausziehen, damit die Gruppe sehen kann, was in seinem Oberkörper vor sich geht. Sie steht ein paar Schritte vor ihm und bittet ihn, sich auf die Empfindungen in seinem Oberkörper zu konzentrieren und sie der Gruppe zu beschreiben.

„Nun, mir ist, als ob eine Eisenstange quer auf meinen Schultern liegt, und als du mir gegenüber standst, spürte ich, wie sich die Muskeln in meinen Armen anspannten, als ob ich meine Fäuste heben wollte, um mich vor dir zu schützen."

Helen schlägt vor, er solle ihr in die Augen sehen und dieser unwillkürlichen Bewegung nachspüren, dem Fäusteballen, dem Impuls, die Arme zu heben. Nach einer Weile sagt er: „Es ist, als ob du der Feind wärst. Wie wenn ich sagen würde ‚Halt Abstand oder ich verpaß dir eine!'"

Tom, immer noch am gleichen Ort stehend, fährt fort, den verschiedenen Muskelbewegungen genau nachzuspüren. Die Gruppe schweigt und alle sind aufmerksam dabei, während er kaum wahrnehmbare Bewegungen ausführt, langsam eine Faust ballt und öffnet, einen Finger nach dem anderen, einen Arm bis zur halben Höhe hebt. Nach einiger Zeit erinnert ihn Helen daran, weiterhin tief durchzuatmen, und fragt ihn, was in ihm vorgehe.

„Ich habe soeben gespürt, daß dies die Art ist, wie ich mich auf die Welt draußen beziehe. So verhalte ich mich auch der Frau gegenüber, mit der ich zusammenlebe. Ich lasse sie nicht nahe an mich heran. Wenn sie versucht, mir gefühlsmäßig nahezukommen, werde ich aggressiv und möchte sie abwehren. Ich bin mit Raufereien großgeworden, und es scheint, daß ich mich jetzt nicht anders verhalten kann."

Helen hört zu, wartet eine Weile, geht dann auf Tom zu und legt ihre Hand mitten auf seine Brust nahe beim Hals: „Bist du dir bewußt, daß du von hier aus nicht wirklich ausatmest? Es senkt sich nicht beim Ausatmen. Es ist, als ob du deinen Atem dort festhalten würdest. Was bedeutet das für dich?"

Tom atmet eine Weile gleichmäßig weiter und sagt dann: „Es macht mir Mühe, den Atem dort rauszulassen. Ich habe Angst davor, meinen Brustkasten einfallen zu lassen."

„Was möchte dein Brustkasten der Welt mitteilen?"

Tom wölbt seinen Brustkasten noch etwas mehr und sagt: „So was wie ... nun ... ‚Ich bin groß und stark und zäh, also komm mir nicht zu nahe ... oder ich mach dich fertig!'"

Helen weicht ein paar Schritte zurück und bittet Tom, seine Brust beim Ausatmen etwas mehr einsinken zu lassen. Sie sagt ihm, er solle sich zu nichts zwingen, es lediglich versuchen und sich dabei den aufkommenden Gefühlen überlassen. Die Gruppe schweigt wiederum, als sie Toms subtile Körperbewegungen beobachtet. Sein Brustkasten fällt beim Ausatmen langsam etwas mehr ein und ein schwaches Zittern ergreift seinen Körper. Helen, die um ihn herum geht und seinen Rücken und seine Seiten beobachtet, fragt ihn, was er empfinde. Er sagt, seine Arme fühlten sich zittrig und fremd, als ob sie eine Bewegung machen wollten, aber nicht wüßten welche. Sie ermutigt ihn, mit der vollen Atmung fortzufahren und den Armbewegungen, die er ausführen möchte, nachzuspüren. Schließlich sagt er: „Ich möchte sie ausstrecken. Ich benutze meine Arme nie, um sie auszustrecken. Ich brauche sie nur zum Kämpfen, und um die Leute fernzuhalten. Wenn ich aber so tu, als ob ich sie ausstrecken möchte, hält mich etwas zurück."

„Was hält dich zurück?"

„Ich weiß nicht ... Ich bekomme Angst."

Helen stellt sich in etwa einem Meter Entfernung vor ihn hin und nimmt Blickkontakt zu ihm auf. Dann fragt sie ihn, ob er seine Arme nach ihr ausstrecken könne. „Nur wenn dir danach zumute ist. Zwinge dich nicht. Behalte Blickkontakt und schau, was passiert."

Tom steht für eine Weile still. Die Muskeln in seinen Armen bewegen sich unter der Haut, straffen und entspannen sich. Schließlich hebt er ganz langsam seine Arme und streckt die Hände nach Helen aus.

Diese Art zu arbeiten unterscheidet sich deutlich von der Verwendung bioenergetischer Streßpositionen und dem Forcieren des Körpers zur Entladung von Energie. Was hier geschieht, scheint vergleichsweise trivial oder unbedeutend zu sein. Eine offenbar einfache Handlung wie die Toms, der seine Arme hebt, kann im therapeutischen Prozeß jedoch häufig genauso wichtig sein wie eine dramatische Gefühlsentladung. Entscheidend war hier, daß Tom durch Atmung und Konzentration der Aufmerksamkeit in sehr enge Berührung mit seinen Körpergefühlen und Bewegungsmustern kam. Ihm wurden Spannungen bewußt, so etwa das Aufblähen des Brustkastens und das Ballen seiner Fäuste. Dann erst war er fähig, neue Bewegungen für den Ausdruck neuer Verhaltensmuster zu finden: Liebevoll seine Arme nach den anderen ausstrecken, um das zu bekommen, was er braucht, anstatt in einer kämpferischen Haltung eingeschlossen zu bleiben. Dieses muskuläre Verhaltensmuster spiegelt deutlich die Zwänge, die die Gesellschaft den Jungen auferlegt, wider. Sie fordert von ihnen, daß sie sich in erster Linie aggressiv und nicht zärtlich benehmen. Diese Sitzung war ein Schritt zur Veränderung der Verhaltensmuster, welche die Erziehung Toms Körper eingeprägt hat. Helen hat ihn nicht zu irgendeiner Bewegung gedrängt, die nicht völlig aus ihm selbst heraus kam. Sie hätte noch einen Schritt weitergehen und ihn fragen können, ob er einen Satz wie „Ich möchte" sagen würde, um seine Haltung verbal auszudrücken. Dies wiederum hätte ihn vielleicht dazu gebracht, einige Tränen zu vergießen. Die Arbeit wäre jedoch die gleiche gewesen, wenn er seine Arme überhaupt nicht hätte heben können. Die Sitzung hätte dann mit seiner Einsicht geendet, daß es ihm sehr schwer falle, seine Arme einem anderen Menschen entgegenzustrecken.

Bei sehr sorgfältigem Umgang mit dem Körperbewußtsein bedeutet eine solche Einsicht während einer Sitzung schon sehr viel. Verhaltensmuster ins Bewußtsein zu bringen, ist ein wichtiger Teil des Veränderungsprozesses. Dann nämlich brauche ich nicht länger blindlings alte, unbewußte Muster zu befolgen. Wichtig für Tom war nicht, daß er seine Arme hebt. Dies hätte er jederzeit tun können. Wichtig für ihn war, die Blockierungen in seinem Körper tatsächlich zu empfinden. Sie sind es, die ihn davon abhalten, diese Gebärde auf eine mitfühlende Art zu machen. Sie sind es, die ihn hindern, gefühlsmäßig auf die Menschen zuzugehen, die ihm nahestehen.

Manchmal ist es schwierig zu wissen, warum dieses feinere und sanftere Vorgehen das Richtige ist, und wann es besser ist, eine Person anzutreiben, indem wir sie beispielsweise auffordern auszuschlagen oder ein Geräusch zu machen, selbst wenn sie sich anfänglich dagegen sträuben sollte. Welche Methode im Moment die passende ist, wird von der jeweiligen Situation bestimmt, in der die „arbeitende" Person sich befindet. Im allgemeinen gilt folgendes: Falls die betreffende Person auf viele Widerstände stößt, ist es sinnvoller, ihre Blockierungen und Abwehrmethoden zu untersuchen und den Versuch, sie zu „durchbrechen", zu unterlassen, insbesondere in einer Selbsthilfegruppe. Befinden wir uns an einem kritischen Punkt, verspüren wir möglicherweise das Bedürfnis, behutsam und ohne Druck behandelt zu werden, um mit unseren Empfindungen in Berührung zu kommen. Andererseits können wir uns dann auch selber auf die Nerven gehen und möchten lieber einige wirklich gute, Energie steigernde Körperübungen machen, um uns aufzurütteln. Jede Person braucht vermutlich ein Gleichgewicht der Methoden während des therapeutischen Prozesses. Die bei Tom zur Anwendung gelangte Methode mit der Betonung der Bewußtheit und Konzentration auf dem Körper im Jetzt, ohne Rücksicht auf irgendeine Situation aus der Kindheit, ist einigen der therapeutischen Gestaltpraktiken sehr ähnlich. Fritz Perls (siehe 3. Kapitel) war stark von Reich beeinflußt; Therapeuten, die heute Körperarbeit nach der Reichschen Methode betreiben, beziehen diese Weiterentwicklung seiner Ideen in der Gestalt häufig in ihre Arbeit mit ein.

ARBEIT MIT EINER/M REICHSCHEN THERAPEUTIN/EN

Eine Frau, die nach einem weiblichen oder männlichen Reichschen Therapeuten sucht, hat häufig die Wahl zwischen diesen verschiedenen Methoden. Sie sollte sich für die Richtung entscheiden, die ihr am ehesten entspricht. Reich arbeitete wie Freud mit der Übertragung. Er untersuchte die starken Gefühle, die die Patienten auf ihn als Therapeuten projizierten. Viele Reichsche Therapeuten arbeiten immer noch mehr oder weniger stark mit der Übertragung. Es lohnt sich zu überlegen, inwieweit dir diese Beziehung zum Therapeuten nützlich sein kann. Die Ermutigung zur Übertragung gibt dem Therapeuten beträchtliche Macht. Dieser Umstand kann Probleme verursachen, falls die Werte und Normen des Therapeuten stark von den deinen abweichen. Die spezialisierten Fachkenntnisse im Bereich der Körpertechniken, die diese Arbeit mit sich bringt, können ebenfalls ziemlich mystifiziert werden, und einen Therapeuten dazu ermächtigen, Äußerungen über dein Leben zu machen, die, wie du vielleicht annimmst, von irgendeinem höheren Wissen über deinen Körper und seine Funktionen herrühren.

Ein weiterer Faktor, den es zu berücksichtigen gilt, ist die Art des sozialen oder politischen Bewußtseins, die Reichsche Therapeuten in ihre Arbeit einbringen. Hier existieren beträchtliche Unterschiede: Einige Therapeuten vernachlässigen diesen Aspekt der Arbeit Reichs. Sie wenden die Bioenergetik als eine neutrale oder sogar reaktionäre Technik an. Andere wiederum teilen Reichs politische Auffassungen. Ihnen fehlt aber, wie ihm auch, das Verständnis für die Probleme der Frauen. Die direkte Arbeit am Körper kann Fragen über männliche/weibliche Beziehungen sehr scharf hervortreten lassen: Eine Frau hat vielleicht Mühe, Massage nach Reich von einem Mann zu erhalten, ohne sich dabei sexuell angegriffen oder bedroht zu fühlen. Du kannst nicht voraussetzen, daß ein Reichscher Therapeut für diesen Umstand sehr viel Mitgefühl oder Verständnis aufbringen wird. Viele Therapeuten gehen mit Reich einig, daß „gesunde" Sexualität heterosexuell sei. Vielleicht betonen sie auch die führende Rolle des Mannes im sexuellen Kontext und die Fähigkeit der Frau „nachzugeben". Wenn du einen Therapeuten auswählst, ist es wichtig herauszufinden, wie er zu solchen Fragen steht. Du kannst in verschiedenen Ländern radikale Reichsche Therapeuten finden. Es gibt auch viele Reichsche Therapeutinnen, die, obgleich keine Feministinnen, erfahren und sensibel sind und für die Situation der Frauen Verständnis aufbringen.

Auch wenn ihr in einer Selbsthilfegruppe primär die Bioenergetik anwenden möchtet, empfehlen wir euch in einigen von Fachkräften geführten Gruppen mitzumachen, um aus der Beobachtung ihrer Arbeit lernen zu können. Für die Anwendung der Bioenergetik benötigt ihr präzisere Erfahrungen als beispielsweise bei der Gestalt. Der Prozeß muß euch vertraut sein, damit ihr nicht die Nerven verliert und euch die Vorgänge in einem anderen Gruppenmitglied keine Angst einflößen. Bei der Teilnahme an einer professionellen Gruppe werdet ihr erfahren, was euch erwartet. Dabei wird auch euer eigenes Körperbewußtsein gesteigert, eure Erfahrungen werden aus erster Hand sein, und ihr wißt dann, was es heißt, Gefühlen auf diese Weise nachzuspüren. Es ist nie leicht, einem anderen Menschen in einer Sache zu helfen, die wir selbst nicht erlebt haben.

EINIGE ÖSTLICHE KÖRPERMETHODEN

Reichs Theorien über die Körperenergie, die er sowohl aus seiner Arbeit mit Patienten ableitete, wie auch aus Experimenten mit Zellen im Labor und sogar aus Untersuchungen der Energiekräfte, die beim Wetter eine Rolle spielen, haben vieles gemeinsam mit verschiedenen östlichen Philosophien und Schulen, die sich auf einer ganz anderen Basis entwickelten. Die Körperenergie oder Orgonenergie, die Reich beschreibt, strömt bei einem gesunden Menschen entlang festgelegter Bahnen durch den Körper, ähnlich der aufgezeichneten Energiemuster der im Körper verlaufenden Meridiane des 5000jährigen chinesischen Systems der Akupunktur. Neuere Experimente haben eine starke elektromagnetische „Ladung" zwischen bekannten Akupunktur-Punkten gezeigt. Obwohl noch immer sehr viele Zweifel bestehen, was die Natur dieser körperlichen Energieladung anbelangt (Parallelen zur Elektrizität sind nur wenige vorhanden), wird sie im Westen doch in zunehmendem Maße als eine neue Dimension für das Verständnis der Funktionen unseres Körpers akzeptiert.

Die Akupunktur kann als eine Körpermethode betrachtet werden, mit dem Ziel, durch Ansetzen von Nadeln an bestimmten Schlüsselpunkten den Energiestrom zu fördern und im Gleichgewicht zu halten. Frauen haben bei der Behandlung bestimmter Probleme wie Migräne, Spannungen, Schwierigkeiten beim Eisprung gute Erfahrungen damit gemacht. Tai Chi Chu'an und Aikido sind Lehren, die der Selbstverteidigung dienen. Sie betonen die Kraft des Körpers, wenn dessen Energie harmonisch fließt und als ein Ganzes von der Basis und vom Zentrum aus agiert. Viele Frauen ziehen diese Methoden der Selbstverteidigung jenen vor, die auf Härte, Muskelkraft und brutale Kraft aufbauen. Man könnte sie als eine Art Bewegungs-Meditation beschreiben: Während die bioenergetische Körperarbeit besonderen Wert auf emotionale Verhaltensmuster und emotionale Entladung legt, verbinden diese Techniken die Körperarbeit mit einer mehr geistigen Entwicklung. Auch das Yoga, obwohl im Westen häufig als Methode angepriesen, wie man sich fit hält oder „Body-building" betreibt, ist ursprünglich eine Methode, den Energiestrom im Körper zu fördern. Die Körperübungen werden dazu verwendet, sich geistig zu öffnen.

Ein weiterer interessanter Ansatz ist die Karte der Chakras, die aus Indien stammt. Bei diesem System werden in verschiedenen Teilen des Körpers Energiezentren lokalisiert, die verschiedene Bereiche der Körperaktivitäten beherrschen. Sie befinden sich an den Stellen, wo sich viele Akupunktur-Meridiane kreuzen, die auch gewissen Drüsen und Teilen des Nervensystems entsprechen. Man nimmt an, daß diese Energiezentren oder Chakras sowohl Energie abgeben wie auch Energie aus der Atmosphäre aufnehmen und durch den Körper leiten. Gewöhnlich werden sieben solcher Chakras beschrieben, die vom unteren Ende der Wirbelsäule bis zum Kopf eine Linie bilden. Man glaubt, daß die Energie entlang dieser Chakras den Körper hinauf- und hinunterströmt. John Pierrakos, ein Schüler Reichs, der zur Entwicklung der Bioenergetik beigetragen hat, deckte Parallelen auf, die zwischen den verschiedenen Typen des „Zurückhaltens" der Persönlichkeit und den Blockierungen in den Chakras bestehen sollen. Einige Kritiker lehnen das System der Chakras ab, weil es zu mystisch oder zu prosaisch sei. Es kann uns jedoch für das Einschätzen der Beziehungen zwischen Körper und Persönlichkeit und zwischen Persönlichkeit und Außenwelt nützliche Hinweise liefern. Deshalb geben wir hier eine ganz kurze Beschreibung einer der vielen Versionen dieser Chakrakarte.

Das erste oder „Wurzel-Chakra“ befindet sich am unteren Ende der Wirbelsäule. Es steht mit den Körperaktivitäten im Bereich des sexuellen Triebes und dem „Erden“ in Beziehung. Es ist in Verbindung mit den materiellen und physischen Grundlagen unseres Lebens und mit unseren Beziehungen zur gegenständlichen Außenwelt. Das zweite Chakra befindet sich im Bauch und wird als unser „Zentrum“ betrachtet. Es wird als die Quelle unserer Stärke und physischen Kraft, unserer Vitalität, instinktmäßigen Bewegungen und unserer Sexualität in einem umfassenderen Sinn angesehen. Das dritte Chakra im Bereich des Zwerchfells und des Solarplexus (Magengrube; Darm-Sonnen-Geflecht) wird als Sitz der reinen Emotionen bezeichnet, besonders als den der Wut und Angst und der starken persönlichen Bindungen. Das vierte oder „Herz-Chakra“ hängt mit umfassenderen und leidenschaftlicheren Gefühlen der Liebe zusammen. Das fünfte Zentrum im Hals hingegen hat mit dem Ausdruck der eigenen Persönlichkeit und mit der Kreativität zu tun. Das sechste Chakra auf der Stirn bezieht sich auf den Intellekt und die Intuition; das „Kronen-Chakra“ auf dem Kopf und am Hinterkopf entspricht dem Bereich der geistigen, spirituellen Entwicklung. Die Zentren sind mit den Farbschattierungen des Regenbogens von rot bis violett verknüpft. Das System ist komplexer, als wir es hier wiedergeben können (der Solarplexus beispielsweise ist auch mit Verständnis verknüpft), und kann auf verschiedenen Ebenen interpretiert werden (zum Beispiel als Bewegung von den tierischen zu den menschlichen bis zu den göttlichen Charakteristika, oder von den physischen zu den universellen Aspekten unseres Seins).

Wenn wir mit der Chakra-Methode arbeiten, wird gewöhnlich ein Gleichgewicht zwischen Chakras angestrebt, um harmonische Beziehungen zwischen den verschiedenen Aspekten der Persönlichkeit herzustellen, über die die verschiedenen Chakras herrschen (der körperliche, sexuelle, intuitive, intellektuelle und geistige Aspekt). Wenn du bei der Selbsthilfe eine Vorstellung von dir selbst im Sinne der Chakras bekommen möchtest, kannst du eine meditative Übung machen, bei der du dein Bewußtsein durch diese Körperteile sendest. Eine andere Frau hilft dir dabei, indem sie bei einer Massage darauf achtet, welche Teile deines Körpers sich warm und aktiv und welche sich leblos anfühlen, oder indem sie dir Feedback über die Aspekte deiner Persönlichkeit gibt, die ihr am stärksten auffallen. Du kannst durch Körperübungen, Meditation, verschiedene Atemtechniken, emotionale Entladung, Massage oder praktische Veränderungen ein Gleichgewicht in deinem Leben herstellen. Wenn z. B. eine Frau im Bereich ihres Wurzel-Chakras unterentwickelt ist, kann ihr eine Bein- oder Fußmassage helfen oder ein tägliches zehnminütiges starkes Aufstampfen oder Atemübungen und Meditation, die sich auf diesen Teil ihres Körpers konzentrieren, oder ein Erforschen ihrer Gefühle zu ihrer Sexualität, eine Veränderung ihres Schlafzimmers oder ein Umzug an einen Ort, wo sie sich besser verwurzeln kann. Einige Personen besitzen offensichtlich die Fähigkeit, die Chakras als vibrierende Wirbel farbigen Lichts oder als Energiebündel wahrzunehmen, die strahlenförmig von verschiedenen Stellen des Körpers ausgehen. Andere wiederum verstehen diese Karte in erster Linie als symbolische Methode, um eine übergreifende Einsicht in unser Leben und unsere Persönlichkeit zu bekommen.

KÖRPERSPRACHE

Das Vertrautwerden mit dem Symbolismus, der mit den verschiedenen Körperteilen in Verbindung gebracht wird, kann bei jeder Art von Körperarbeit von großem Vorteil sein. Reich und andere Körpertherapeuten entwickelten eine große Geschicklichkeit beim „Lesen" des Körpers. Sie verstanden, bestimmte Muskelspannungen zu verschiedenen Bereichen der Persönlichkeit in Beziehung zu setzen. Obwohl diese Verbindungen bei jedem Menschen variieren, können dennoch über diese Körpersprache allgemeine Aussagen gemacht werden. In einer Selbsthilfegruppe hat dies den Vorteil, daß ihr die wahrscheinlichsten emotionalen Verknüpfungen und Zusammenhänge der Spannungen im Körper, die eine Frau gerade untersucht, im Auge behalten könnt. Sagt sie etwa, daß sie steife Schultern hat, gibt euch dies schon einen Hinweis darauf, was dies für ihre Persönlichkeit bedeuten könnte: Vielleicht fühlt sie sich überlastet, oder sie neigt dazu, sich zuviel Verantwortung aufzubürden. Ihr dürft nicht dogmatisch sein; verfügt ihr jedoch über ein paar Alternativen, könnt ihr herausfinden, was auf sie zutrifft, und ihr so wahrscheinlich besser helfen. Einige Zusammenhänge sind klar ersichtlich: so etwa Spannungen rund um die Augen. Sie können Ausdruck zurückgehaltener Tränen sein oder den Wunsch, etwas nicht zu sehen, widerspiegeln; Spannungen im Arm können bedeuten, daß der/die Betreffende jemanden schlagen oder andere Menschen erreichen möchte. Andere Verbindungen sind weniger offensichtlich. Es besteht beispielsweise eine allgemein bekannte Symbolik, die besagt, daß die rechte Körperseite mit Aktion, Aggressionen und mit dem „In-der-Welt-Sein" zu tun hat, während die linke Seite mit Passivität, Sensibilität, Emotionen und der inneren Welt in Zusammenhang gebracht wird. Die untere Hälfte des Körpers wird allgemein mit Unterstützung, die obere Hälfte mit Bezugnehmen verknüpft. Die untere Hälfte wurde auch mit der Nacht und dem Unbewußten, mit tiefen Gefühlen und dem Irrationalen in Beziehung gebracht. Die obere Hälfte hingegen entspricht der Tageszeit und dem Bewußten. Die Symbolismen werden durch die Kultur geprägt: Die „passive" linke Seite wird häufig als der „weibliche" Teil beschrieben. Darin spiegelt sich bloß eine kulturelle Haltung unserer Gesellschaft wider, die besagt, daß Frauen rezeptiver und weniger extravertiert als Männer sein sollten. Es gibt aber in dieser Körpersymbolik auch Elemente, die physiologischen Tatsachen des Körpers entsprechen: Das Herz beispielsweise befindet sich tatsächlich größtenteils in der linken Körperhälfte und verbindet diese Seite mit dem Gefühlsleben. Die untere Hälfte des Körpers ist tatsächlich „elementarer" als die obere Hälfte. Klischees und sprichwörtliche Redensarten wie die folgenden sind wahrscheinlich stärker in der Körpererfahrung verwurzelt, als wir gemeinhin annehmen: „Es bricht ihr das Herz"; „von der Leber reden"; „die Angst sitzt mir im Nacken"; „es geht mir an die Nieren"; „blind vor Wut". Andere Traditionen liefern uns interessante Körpersymboliken: Das tibetanische Chua'ka-Massagesystem stützt sich auf eine Reihe von detaillierten Verbindungen, die beispielsweise zwischen den Knien und der „Todesangst", dem Hals und Schuldgefühlen, den Augenbrauen und der Wut bestehen. Die Astrologie verbindet jeden Körperteil mit einem Tierkreiszeichen und deren zugeordneten Eigenschaften.

Die ganze traditionelle Symbolik kann uns wertvolle Ideen liefern, die uns in Verbindung mit zunehmendem Körperbewußtsein und wachsender Intuition befähigen, die Sprache des Körpers ohne Schwierigkeiten wahrzunehmen und zu verstehen.

ÜBUNGEN ZUR KÖRPERARBEIT

Hier einige Übungen zur Anwendung der beschriebenen Körperarbeit. Wir beginnen mit aktivierenden, Energie steigernden Übungen und einigen bioenergetischen Streß-Positionen. Dann gehen wir über zu Übungen, die subtiler wirken, um Körperbewußtsein und Symbolik zu untersuchen.

69 Warm laufen

Dies ist eine gute Übung zum Einwärmen. Ihr benötigt dazu viel freien Raum. Die Gruppenmitglieder spazieren zunächst in einem Kreis im Raum herum. Eine Frau bestimmt das Tempo, wobei sie die anderen Frauen allmählich schneller gehen läßt, bis sie praktisch rennen. Dann läßt sie sie allmählich langsamer gehen, bis sie wieder gemächlich spazieren. Sie läßt sie den Schritt noch mehr verlangsamen bis fast zur Bewegungslosigkeit. Dabei sollten sich die Frauen auf die Fußmuskeln konzentrieren, auf die Bewegungen und das Ausbalancieren beim einfachen Akt des Gehens. Dann läßt sie sie wieder den Gang beschleunigen. Dieser Wechsel kann mehrere Male stattfinden.

Diese Übung aktiviert das Körpergefühl in den Beinen und Füßen. Beide werden von uns häufig vernachlässigt, sind jedoch für unser „Erden", für unsere Verbindung zur Erde und für die grundlegende Stütze unseres Körpers und unserer Persönlichkeit von großer Bedeutung.

70 Ich kann rennen

Ihr benötigt wiederum viel freien Raum. Eine Frau gibt die Anweisungen.

Die Frauen rennen mehrere Minuten lang im Kreis herum. Werden sie langsamer, sollten sie ermuntert werden das Tempo zu halten. Beginnen sie wirklich müde zu werden, bekommen sie wieder Unterstützung weiterzumachen und beim Laufen „Ich kann es!" zu sagen. Bringt sie dazu, weiterzulaufen. Nach einer Weile fordern wir sie auf, weitere Aussagen beizufügen, wie etwa: „Ich *kann* laufen", „Ich *kann* eine schwierige Arbeit leisten", „Ich *kann* lieben", „Ich *kann* Rad fahren" oder irgendwelche Äußerungen über Dinge, die sie in ihrem Leben machen können.

Diese Übung wärmt ein und stärkt das Vertrauen in die eigene Stärke und physische Kraft. Die meisten Leute können noch lange über den Zeitpunkt hinaus laufen, an dem sie glauben, sie hätten keine Kraft mehr und müßten aufgeben. Der Körper wird dabei einigem Streß unterworfen und Gefühle können an die Oberfläche gebracht werden.

71 Stampfen

Diese Übung hilft beim „Erden" und regt die Energien an. Sie kann auch die Entladung negativer Gefühle fördern, die vielleicht die Gruppe blockieren und eine tote Stimmung bewirken.

Die Frauen stampfen einfach im Raum herum und wiederholen einen Ausspruch wie etwa: „Halt's Maul!", „Nein!" oder „Mir! Mir!" Ihr könnt es den einzelnen Frauen überlassen, Sätze zu improvisieren, oder ihr einigt euch vielleicht auf eine Aussage, die der Gruppe richtig scheint. Die Frauen müssen ihr ganzes Gewicht in die Stampferei legen, so daß sie den Grund unter ihren Füßen spüren, wenn sie schreien.

Vielleicht gefällt es euch, mit dem Stampfen und Schreien zu experimentieren. Nach dem „Mir! Mir!" könnt ihr zu „Ich! Ich!" überwechseln und sehen, ob sich Gefühle und Bewegungen dabei verändern.

72 Schreien lernen

Dies ist eine gute Übung, um mit dem vollen Umfang und der ganzen Stärke unserer Stimme in Berührung zu kommen, die wir als Frauen häufig zu unterdrücken gelernt haben. Ein zugeschnürter Hals blockiert den Ausdruck der eigenen Persönlichkeit auf vielfältige Weise. In der Therapie kann er eine volle Entladung von Gefühlen beschränken.

Stellt euch in einen Kreis, die Füße parallel und etwa schulterbreit voneinander getrennt, die Knie leicht gebeugt. Atmet ein paar Minuten gleichmäßig, um euch zu entspannen. Nun stellt euch vor, ihr atmet in euren Hals und nach fünf Atemzügen sagt ihr beim Ausatmen: „Nein! Nein!" Stellt euch vor, der Laut käme tatsächlich aus dem Halsbereich. Wiederholt dies zehnmal und achtet dabei auf die Muskeln, die ihr bewegt, und auf den Klang des Lautes.

Nun beginnt ihr in euren Brustkasten zu atmen und achtet dabei auf eure Rippen, wie sie sich beim Einatmen ausdehnen und beim Ausatmen zusammenfallen. Nach fünf Atemzügen sagt ihr „Nein!" vom Brustkasten her, wenn ihr ausatmet. Stellt euch vor, das Wort käme von dort her und legt beim Ausatmen die volle Wucht eures Brustkastens in den Laut. Wiederholt dies etwa zehnmal und achtet dabei auf den Klang des Lautes, der voller und tiefer sein wird als der vom Hals ausgehende.

Nun atmet ihr in den Bauch. Vielleicht hilft es euch, wenn ihr die Hände drauflegt, so daß ihr spürt, wie er sich mit dem Atmen dehnt und zusammenzieht. Nach fünf Atemzügen schaut ihr wie das Nein tönt, ob es wirklich von dort unten kommt und frei durch den offenen Hals aus einem entspannten Mund strömt. Dieser Ton kann sehr voll und tief und laut werden; ganz verschieden von dem Klang, der nur von der Kehle her kommt.

Wenn ihr Hemmungen habt, zu schreien, laßt ihr eine Frau die Anweisungen geben und brüllt alle zur gleichen Zeit los, was das Loslassen erleichtert. Diese Übung ist bei lärmempfindlichen Nachbarn nicht zu empfehlen!

73 Bioenergetisches „Erden"

Diese Übungen sind mit einiger Anspannung der Muskeln verbunden, damit sie die Spannung loslassen, die sie festhalten. Wir konzentrieren uns auf die Beine und die Verbindung mit dem Boden. Die Übungen verstärken das Empfindungsvermögen in den Beinen und können dazu führen, daß wir „nachgeben" oder in Tränen ausbrechen und uns eine große Traurigkeit überkommt. Auf lange Sicht können sie sowohl tiefe sexuelle Empfindungen im Beckenbereich freisetzen, wie auch einen solideren Kontakt zur Realität herstellen helfen (mit beiden Beinen auf der Erde stehen) und uns dazu bringen, uns aus eigener Kraft zu unterstützen (auf eigenen Füßen stehen).

Diese Übungen sind Streß-Positionen. Jede Frau sollte sich sorgfältig überlegen, wie weit sie bereit ist, diese Übungen durchzuführen. Wenn ihr längere Zeit in der Position verharrt, kann diese schmerzhaft sein und starke Emotionen freisetzen.

Die Wölbung oder der Bogen

Stellt euch mit gespreizten Beinen hin, die Zehen nach innen gekehrt, die Knie gebeugt und den Rücken nach hinten gebogen. Spürt den Boden unter den Füßen und laßt den Atem tief in den Bauch hinunterströmen. Die Hände stützen wir zu Fäusten geballt im Rücken ab, gerade unterhalb der Taille. Haben wir diese Position korrekt eingenommen, befindet sich das Zentrum der Schultern genau senkrecht über dem Zentrum der Füße, und die Linie zwischen den beiden Punkten ergibt einen perfekten Bogen. Frage eine Freundin oder schau in den Spiegel, um sicher zu gehen, daß du dich nicht zu weit nach hinten lehnst, deinen Hintern zu stark nach hinten streckst, deinen Nacken durchdrückst oder den Bogen auf irgendeine andere Art knickst. In dieser Position ist der Körper ausbalanciert und ein Fluß der Erregung kann durch ihn hindurchströmen. Da wir in dieser Stellung energetisch geladen sind, werden die Beine nach einer Weile des Durchatmens zu vibrieren beginnen, was wir gewöhnlich als ein unwillkürliches Zittern empfinden. Es tut gut, es zuzulassen und das Zittern sich verstärken zu lassen, je länger wir diese Position halten. Diese Übung wird auch von den Chinesen gemacht und mit dem Begriff des „Taoistischen Bogens" umschrieben. Sie kann uns das Gefühl geben, integriert oder verbunden zu sein.

Hier eine Übung, die nach der „Wölbung" gut tut.

Die Füße schulterbreit auseinander, die Knie gebeugt und die Zehen leicht nach innen gerichtet, beugen wir uns nach vorne und berühren mit den Fingerspitzen den Boden. Dabei atmen wir weiterhin voll durch in den Bauch hinein. Die Beine werden vermutlich nach einer Weile wieder zu vibrieren beginnen. Wir hören damit auf, wenn wir Schmerzen verspüren. Wir können aber auch in der Position verharren, um zu sehen, was für Gefühle dabei hochkommen.

Diese Übungen betonen das „Erden" sehr stark, da in den westlichen Kulturen eine starke Tendenz besteht, „im Kopf" zu leben. Energie in der Körpermitte, nämlich im Magen und in seiner Basis, dem Becken und den Beinen zu wecken, bildet einen entscheidenden Bestandteil der Arbeit, den Körper mehr ausbalancieren und sich ganzheitlicher und integrierter zu fühlen. Lowen weist darauf hin, daß das „Erden" ein Sicherheitsventil für die Entladung überschüssiger Energie darstellt. „Das Erden erfüllt für das Energiesystem des Körpers praktisch den gleichen Zweck wie für den Stromkreis, der unter Hochspannung steht."[11] In einer therapeutischen Situation, wo starke Gefühle entfacht werden können, sollte das Erden dafür Gewähr bieten, daß sich die betreffende Person nicht spaltet, ängstlich wird oder sich in ein unwirkliches Hoch hineinsteigert, dem dann ein Absacken in eine Depression folgt. Sie hilft, daß sich Veränderungen im Körper und in den Gefühlen stetig und in sich geschlossen vollziehen.

74 Nein Nein und Bitte Bitte

Diese Übung kann starke Wut- oder Schmerzgefühle hervorrufen. Wir machen sie paarweise.

Wähl dir eine Partnerin aus. Für das „Nein Nein" legt sich die eine Frau mit Becken, Rücken und Kopf flach auf den Boden, atmet tief in den Bauch hinein und strampelt mit den Beinen in der Luft, als ob sie Rad fahren würde, wobei sie bei jedem Stoß: „Nein Nein" wiederholt. Die andere Frau hält ihre Füße und gibt festen Gegendruck, so daß ihre Partnerin gegen einen Widerstand stoßen kann. Behaltet Blickkontakt und macht diese Bewegungen etwa vier Minuten, dann wechselt ihr die Rollen.

Für das „Bitte Bitte" balanciert die eine Frau auf ihren Fußballen mit gebeugten Knien und geradem Rücken, die Arme nach vorne ausgestreckt. Sie atmet tief in den Bauch und wiederholt ständig „Bitte, bitte, bitte". Die Partnerin hält ihre Hände (ohne sie dabei zu stützen). Behaltet Blickkontakt und verharrt in dieser Position mit der gespannten Äußerung etwa vier Minuten, dann erst tauscht ihr die Rollen.

Nun teilst du deiner Partnerin mit, was du erlebt hast. Wolltest du den Kopf nach vorne beugen oder wegsehen, um dich um diese Erfahrung zu bringen? Warst du dir dessen bewußt? Hast du wütend gestrampelt, aber kam trotzdem kein lautes „Nein!" aus deiner Kehle? Sind dir Erinnerungen vergangener Situationen hochgekommen, in denen du dich genauso gefühlt hast? Dieser Vorgang erscheint dir vielleicht zunächst erzwungen und künstlich. Es ist jedoch erstaunlich, wie tiefes Atmen verbunden mit etwas Streß und passenden Bewegungen und Worten, dir helfen kann, mit einem echten Gefühl, das in deinem Körper schlummert, Verbindung aufzunehmen. Wenn du voll in die Übung einsteigst, können beim ersten Teil Wutgefühle hochkommen, beim zweiten Teil schmerzliche Gefühle der Verwundbarkeit und des Verlustes. Du bist dann vielleicht aufgewühlt und brauchst etwas Zeit, um diese Gefühle in der Gruppe weiter zu bearbeiten. Aus diesem Grund müßt ihr euch sorgfältig überlegen, wie ihr nach dieser Übung die Sitzung weitergestalten wollt.

75 Zu seinem Körper sprechen

Diese Übung bringt die Gefühle über deinen Körper ans Licht und wie du im Alltag mit ihm umgehst. Sie basiert auf der Erkenntnis, daß die meisten von uns eine Spaltung zwischen Geist und Körper erfahren, und verwendet den Dialog, um sie zu überbrücken.

Wir machen diese Übung am besten der Reihe nach im Kreis, wobei jede Frau zehn oder fünfzehn Minuten für sich beansprucht. Sie erhält in dieser Zeit Hilfe und volle Aufmerksamkeit vom Rest der Gruppe.

Du legst ein Kissen vor dich hin und stellst dir vor, du setzt deinen Körper darauf, so wie bei der im dritten Kapitel beschriebenen Gestalttechnik. Stell dir vor, du sprichst zu deinem Körper. Schau dabei das Kissen direkt an und beginn damit, deinem Körper die Dinge aufzuzählen, die dir an ihm mißfallen und diejenigen, die dir an ihm gefallen. Sprich so auf das Kissen ein, als ob es ein Mensch wäre: „Körper, du bist zu dick", „Deine Sexualität macht mir Angst". Nach einer Weile setzt du dich auf das Kissen und stellst dir vor, du bist dein Körper, der antwortet. Wie würde er auf die Dinge reagieren, die du ihm gesagt hast? („Du läßt mich meine Sexualität überhaupt nicht genießen!", „Du bist es, die mich füttert, wenn ich nicht hungrig bin".) Laß den Körper sagen, was an ihm schön ist und welche wertvollen Funktionen er für dich erfüllt. Dann läßt du deinen Körper sagen, wie du dein Leben anders einrichten könntest, wenn du mehr auf ihn hören würdest. Schau, ob dein Körper Forderungen anzubringen hat („Steck meine Füße nicht in diese schmerzhaften hochhackigen Schuhe!", „Trink nicht so viel!", „Mach mehr Yoga", „Laß mich wieder einem anderen Menschen sexuell nahekommen."). Nach einer Weile tauschst du wieder die Rollen, antwortest deinem Körper und läßt den Dialog weiterlaufen.

Am Ende teilst du den anderen Frauen mit, was du aus der Beziehung zu deinem Körper gelernt hast. Die anderen Gruppenmitglieder äußern sich über die Dinge, die ihnen bei deiner Arbeit aufgefallen sind und die sie dabei gespürt haben.

76 Geben und Nehmen

Dies ist eine gute Übung, um vom Körperausdruck her Dinge über dein „Geben" und „Nehmen" im Alltag zu erfahren.

Wähl dir eine Partnerin aus. Ihr steht euch gegenüber mit gespreizten Beinen und leicht gebeugten Knien. Ihr atmet dabei in den Bauch, um euch zu zentrieren. Dann streckt eine von euch eine geöffnete Hand hin und ihr stellt euch beide vor, es befände sich ein Gegenstand darin; die andere streckt die Hand danach aus, um ihn wegzunehmen. Ihr bleibt beide mit den Füßen an Ort und Stelle. Bewegt euch sehr langsam. Bei dieser Übung geht es vor allem um das Bewußtwerden der eigenen Körperbewegungen. Schaut, was passiert und achtet darauf, wie ihr mit dieser Situation umgeht. Greifst du gierig nach dem Gegenstand? Hast du das Gefühl, daß du ihn nie bekommen wirst? Verlierst du dabei das Gleichgewicht? Tust du so, als ob du ihn gar nicht haben möchtest? Gibst du auf, wenn er schwierig zu erreichen ist? Welche Hand benutzt du? Was machst du mit dem Gegenstand, wenn du ihn erhalten hast? Bist du diejenige, die den Gegenstand hält, hältst du ihn zurück? Neckst du deine Partnerin? Gibst du ihn leicht weg und hättest ihn eigentlich lieber behalten? Streckst du deinen Arm außer Reichweite? Inwieweit entsprechen diese Bewegungen deinem Verhalten beim Geben und Nehmen in deinem wirklichen Leben?

Wiederholt diesen Vorgang verschiedene Male, immer mit langsamen Bewegungen, und experimentiert dabei mit den verschiedenen Möglichkeiten, die auftauchen. Dann tauscht ihr die Rollen: Die Frau, die vorher den Gegenstand gehalten hat, streckt nun die Hand nach ihm aus. Geht diese Sequenz wiederum verschiedene Male durch, dann gibst du deiner Partnerin Feedback und ihr diskutiert über die neuen Erfahrungen mit euch selbst.

Wenn du bei dieser Übung nicht einsteigen kannst und für dich nichts passiert, versuchst du es mit einer aktiveren und kommst dann zu einem späteren Zeitpunkt auf diese Übung zurück.

77 Drücken und Nachgeben

Diese Übung ist der oben geschilderten über das „Geben" und „Nehmen" sehr ähnlich. Zwei Frauen stehen sich gegenüber mit leicht gespreizten Beinen und leicht gebeugten Knien. Die Füße bleiben an Ort und Stelle, die Handflächen der einen Frau berühren die der anderen Frau. Nun versucht ihr auf die Hände der anderen Frau Druck auszuüben. Ihr versucht dies mindestens fünf Minuten lang. Dann diskutiert ihr das Vorgefallene. Hast du dich dabei stark gefühlt, wolltest du „gewinnen" und die andere Frau wegstoßen? Hast du aufgegeben? Hattest du Angst davor, sie wegzudrükken? Habt ihr miteinander gespielt? Vergleicht diese Verhaltensmuster mit eurem alltäglichen Verhalten.

Diese Übungen scheinen sehr simpel zu sein. Machen wir sie jedoch langsam und bewußt, können wir sehr viel aus ihnen lernen. Besonders uns Frauen wird dabei klar, wie schwer es uns fällt, uns zu behaupten, oder etwas, das wir gerne möchten, direkt anzugehen.

78 Ich male meine Vorstellung von mir selbst

Mit Hilfe dieser Übung kann dir bewußt werden, wie stark dein Körper in seinen Bewegungen, seinem Ausdruck, seiner Erscheinung dein inneres Potential widerspiegelt, und weniger die von außen gestellten Erwartungen.

Legt eine reiche Palette von handlichen Farbstiften in die Mitte des Raumes. Jede Frau bekommt zwei große Blatt Papier. Auf das eine Blatt zeichnet ihr euch so, wie ihr eurer Meinung nach bei den anderen ankommt, d. h. das Bild, das ihr normalerweise von euch abgebt. Dafür gebt ihr euch bloß drei Minuten Zeit. Benutzt die Farben, die euch richtig scheinen, aber arbeitet schnell und spontan, ohne euch um einen künstlerischen Effekt zu kümmern. Dann dreht ihr das Blatt um.

Nun schließt die Augen und erinnert euch an eine Zeit, als ihr euch selbst treu, lebendig oder in Einklang mit euch selbst fühltet, fähig wart, Dinge auszudrücken, die ihr normalerweise nicht ausdrücken könnt. Vergegenwärtigt euch diese Situation im Detail und erinnert euch, wie ihr euch dabei vorgekommen seid, wie ihr euch in eurem Körper gefühlt habt (Pause).

Öffnet die Augen und zeichnet die Person, die ihr damals wart. Malt wiederum rasch und wählt die Farben aus, die euch passen. (Drei Minuten). Wählt euch eine Partnerin aus und beschließt, wer zuerst beginnt.

Nimm deine erste Zeichnung und beschreibe in der Ichform die dargestellte Person („Ich sehe steif aus, ich habe überhaupt keine Füße", „Ich bin vor allem blau und braun"). Dafür nimmst du dir drei Minuten Zeit, dann drehst du das Blatt um.

Nimm die zweite Zeichnung und beschreibe sie wiederum in der Ichform ca. drei Minuten („Ich bin voller Energie, wie ein Wirbel", „Ich bin ganz orange"). Nimm die Eigenschaften, die dieses Bild ausdrückt, voll in dich auf. Es sind vielleicht solche, die du für gewöhnlich nicht als die deinen anerkennst. Du hättest sie dir aber nicht vorstellen und zu Papier bringen können, wenn sie nicht irgendwo in dir vorhanden wären. Vielleicht verdrängst oder verleugnest du sie normalerweise.

Nun legst du die beiden Zeichnungen nebeneinander und teilst deiner Partnerin mit, welche Eigenschaften deines zweiten Bildes du in deiner täglichen Vorstellung von dir selbst (Selbst-Image) ausdrücken könntest: „Ich könnte farbigere Kleider tragen", „Ich könnte Tanzkurse besuchen, in diesem hier ist so viel Bewegung", „Ich könnte aktiver werden und mehr mit anderen Leuten zusammen unternehmen – dieses hier ist so viel größer; das da ist ganz zusammengedrückt."

Wenn du damit fertig bist, tauscht ihr die Rollen.

Die Zuhörerin bei dieser Übung gibt keinen Kommentar, sondern ist voll aufmerksam. Sie sollte darauf achten, daß die Frau, die spricht, in der ersten Person bleibt. Dies hilft ihr, sich mit den in der Zeichnung dargestellten Eigenschaften zu identifizieren. Habt ihr euch beide zu euren Bildern geäußert, nehmt ihr euch fünf Minuten Zeit für Feedback. Gebt euch keine Deutungen, sondern verweist auf die Dinge, die eure Partnerin übersehen zu haben scheint.

Gemäß unseren Erfahrungen können solche Zeichnungen reiches Material liefern. Sie geben uns Auskunft darüber, wie wir uns in unserem Körper fühlen, wie wir ihn bewegen und wie wir uns im Alltag körperlich darstellen.

79 Symbolische Darstellung von Körperpartien

Diese Übung funktioniert am besten, nachdem wir uns körperlich etwas eingewärmt haben. Wir benötigen dazu Bleistifte, Papier und Farbstifte.

Die Gruppe legt sich flach auf den Boden mit geschlossenen Augen, während eine Frau sich abseits hinsetzt und die Anweisungen vorliest.

Atmet einen Moment lang so, daß ihr euch entspannen könnt und laßt die Spannungen und das, was euch gerade beschäftigt, aus eurem Körper wegfließen. (Pause) Nun konzentriert euch auf eure Füße. Konzentriert euch auf die Empfindungen und Gefühle dort unten ... Macht euch bewußt, wie ihr euch in euren Füßen fühlt ... Macht euch bewußt, welche Rolle eure Füße für den Körper als Ganzes spielen ... (Pause). Überlegt nun, ob ihr ein Symbol für eure Füße findet. Dies kann eine Farbe, eine Form, ein Gegenstand oder ein Tier sein. Es soll die Füße wiedergeben, so, wie ihr sie als Teil eures Körpers wahrnehmt (Pause).

Die Frau, die die Anleitungen vorliest, wiederholt nun den letzten Abschnitt, wobei sie der Reihe nach „Füße" durch „Waden", „Knie", „Bekken", „Bauch", „Brust", „Schultern", „Arme", „Nacken" und „Kopf" ersetzt. Ist sie damit durch, bittet sie die Frauen, die Augen langsam zu öffnen und sich aufzusetzen. Diese nehmen dann Stifte und Papier und machen eine flüchtige Skizze der Symbole, die auftauchten. Sie können auch eine farbige Zeichnung des Körpers machen, bestehend aus den einzelnen Symbolen. Dann teilen sich die Frauen paarweise auf und nehmen sich ungefähr zehn Minuten Zeit, um sich gegenseitig mitzuteilen, was sie herausgefunden haben:

„Meine Füße sind Fische, vielleicht weil sie sich wässrig anfühlen und nicht genügend standfest sind, es erinnert mich auch an das Tierkreiszeichen ..."
„Meine Schenkel sind wie schwere geschnitzte Tischbeine, sehr solide und tragfähig und plump."
„Mein Becken ist wie eine Fruchtschale, ein bißchen breit aber voller Süßigkeiten."
„Ich konnte nichts für meinen Nacken finden, ich glaube, ich spüre meinen Nacken überhaupt nicht."

Bei den Symbolen, die euch Mühe bereitet haben, lohnt es sich häufig weiterzuforschen. Wenn ihr euch beide zu den Symbolen geäußert habt, gebt ihr euch gegenseitig Feedback.

80 Experimente, um die Energieladung in den Händen zu spüren

Dies ist eine ganz einfache Übung, die euch darin unterstützen kann, die „Energieladung" im Körper zu spüren. Wir können diese in einen bestimmten Teil des Körpers leiten, indem wir unser Bewußtsein auf diesen Teil lenken oder ihn in eine Streß-Position bringen.

Stellt euch hin und haltet eine Hand vor euch hin, der Arm ist dabei entspannt. Konzentriert euch auf die Hand und verharrt ungefähr eine Minute in dieser Stellung. Ihr atmet dabei ruhig und entspannt. Bald wird sich eure Hand anders anfühlen als gewöhnlich – ihr verspürt ein Strömen in der Hand, die sich allmählich geladen und kribbelig anfühlt. Vielleicht beginnt sie auch ein wenig zu zittern oder zu vibrieren, was ein Beweis dafür ist, daß ihr einen Energie- oder Erregungsstrom in eure Hand gelenkt habt.

Wiederholt nun das gleiche Experiment mit beiden Händen, wobei ihr sie etwa schulterbreit voneinander entfernt vor euch haltet. Habt ihr eure Aufmerksamkeit ungefähr drei Minuten auf beide Hände konzentriert, bringt ihr sie langsam zusammen. Sind die Handflächen etwa sieben Zentimeter voneinander entfernt, könnt ihr eine Ladung zwischen ihnen spüren, als ob sich eine Substanz oder ein Körper dazwischen befände.

81 Der stählerne Arm[12]

Bei dieser Übung vergleichen wir die Anwendung von reiner Muskelkraft mit der Kraft, die wir ausüben können, wenn wir zentriert und in Einklang mit uns selbst sind. Die Japaner nennen diesen Vorgang den universalen Geist oder „Ki".

Stellt euch einer Frau etwa in eurer Größe gegenüber. Legt euren rechten Arm auf die linke Schulter eurer Partnerin. Ihr streckt ihn dabei aus und zieht die Muskeln an so fest ihr könnt. Eure Partnerin legt nun beide Hände auf euer Ellbogengelenk, wobei sie allmählich den Druck verstärkt und euren Arm zu beugen versucht. Versucht dies mit aller Kraft zu verhindern. Achtet darauf, wie ihr euch dabei fühlt.

Nun entspannt ihr den Arm wieder, legt ihn dann eurer Partnerin wieder auf die Schulter. Diesmal konzentriert ihr euch voll auf euren Bauch. Stellt euch vor, all eure Kraft strömt von den Beinen und von der Körpermitte hoch in den Arm. Stellt euch vor, euer Arm ist eine Stange aus Stahl, hart und unbeugsam. Stellt euch vor, sie ragt über die Schulter eurer Partnerin hinaus und verliert sich in einer geraden Linie in der Ferne. Wenn ihr das Gefühl habt, eurer Arm sei stahlhart, versucht eure Partnerin wieder, ihn auf die gleiche Weise zu biegen. Konzentriert euch und atmet dabei ruhig. Spannt die Muskeln nicht an, wenn eure Partnerin drückt. Ihr braucht dies nicht; euer Arm ist eine stählerne Stange, die ohne Anstrengung ins Weite reicht. Behaltet dieses Bild vor Augen, wenn eure Partnerin den Druck verstärkt. Spürt ihr einen Unterschied, wenn ihr ihrem Druck auf diese Weise begegnet?

Teilt euch danach die Unterschiede mit und tauscht die Rollen.

MASSAGE

Die Massage kann ein wunderbares Hilfsmittel sein, um mit unserem eigenen Körper oder mit einer anderen Person in Berührung zu kommen. Sie kann dazu verwendet werden, eine Person, die sich von ihrem Körper abgespalten hat, wieder mit ihm in Einklang zu bringen. Sie kann vernachlässigten Körperteilen wieder Energie zuführen und die Zirkulation anregen. Sie kann einen Menschen für seine Emotionen, Lust und Sinnlichkeit öffnen. Sie kann aber auch tiefgehende Entspannung und Frieden bringen. In einer Selbsthilfesitzung verwenden wir für den Beginn eine energische Reibmassage, um die Energien zu steigern; auf verspannte Muskeln üben wir Druck aus, um die Frau, die „arbeitet", beim Ausdruck ihrer Gefühle zu unterstützen, oder wir lockern uns gegenseitig durch eine sanfte Klopfmassage am Ende der Sitzung.

Es gibt ausgezeichnete Bücher, die uns einen Überblick über die verschiedenen Massagemethoden verschaffen. Sie beschreiben die einzelnen Techniken, wie wir unserer Partnerin oder unserem Partner eine wohltuende Ganzkörpermassage verabreichen können. Deshalb werden wir hier keine Techniken beschreiben, sondern die Methode skizzieren, die wir äußerst nützlich fanden und die als die intuitive Massage bekannt ist. In Großbritannien wurde sie von Anne Parks eingeführt, die Massage mit Meditation verbindet und mit Klängen, Farben und Heilung arbeitet.

Bevor ihr mit der Massage beginnt, sollte der Raum genügend warm sein, Leintücher als Unterlage parat liegen und das Massageöl vorhanden sein, das ihr für den ganzen Körper außer dem Gesicht eurer Partnerin benutzt. Zieht soviel Kleider aus, wie euch beliebt, am besten ist es jedoch, wenn ihr nackt seid. Legt eine weiche Wolldecke dazu, um eure Partnerin an den Stellen zudecken zu können, wo ihr sie nicht massiert, falls ihr kalt sein sollte. Bevor du mit der Massage beginnst, setzt du dich eine Weile neben sie oder oben an ihren Kopf, um dich zu entspannen und zu sammeln. Du erreichst dies beispielsweise durch bewußtes Atmen, dadurch, daß du dir deines ganzen Körpers bewußt wirst und dich darauf konzentrierst, einen ruhigen Ort in dir zu finden. Du kannst auch eine der Meditationsübungen verwenden, die wir später in diesem Buch beschreiben werden. Eine gute Meditationsübung besteht darin, dir vorzustellen, du atmest ruhiges, weiches Licht durch das obere Ende deines Kopfes ein und durch die Arme und Hände wieder aus – dies macht deine Hände bewußter und sensibler für die Massage. Dann wartest du noch eine Weile, um dir darüber klar zu werden, wie du deine Partnerin anfassen mußt. Dies erfordert kein gefühlsmäßiges Engagement: Es ist eine Frage des Sich-Einstimmens auf ihre physische Präsenz und ihre Körperenergie. Deine Gefühle für sie spielen dabei eine untergeordnete Rolle. Wenn du zu massieren beginnst, arbeitest du langsam und hältst häufig inne, wobei du deine Hände auf ihrem Körper ruhen läßt, um den Kontakt, und das, was ihr Körper dir mitteilt, zu spüren. Wichtig ist dabei nicht der mechanische, sondern der *gefühlsmäßige*

Kontakt. Deine Massage wird nicht vom Kopf gesteuert, sondern von einem tieferen Impuls her. Versuche nicht, ihren Körper „in Ordnung zu bringen", indem du nach Verspannungen Ausschau hältst oder „Dingen, die nicht in Ordnung" sind und dich daran machst, sie zu bearbeiten oder „zurechtzurücken". Laß dich statt dessen von deinen Händen dorthin führen, wo du spürst, daß ihr Körper berührt werden möchte. Du wirst sehen, daß dir bewußt werden wird, welche Partien ihres Körpers sich lebendig anfühlen, wo ihre Haut heiß oder kalt ist, wo sie der Berührung ausweicht, wo sie träge ist und danach verlangt spielerisch oder energisch angefaßt zu werden und wo sie eine sanfte oder beruhigende Berührung braucht. Mit geschlossenen Augen fällt es dir vielleicht leichter, dich auf die Sprache ihres Körpers einzulassen. Die Fähigkeit, intuitiv zu massieren, steckt in uns allen. Es geht vor allem darum, deine natürliche Sensibilität zum Tragen zu bringen, so daß du auf den Körper und die Energien deiner Partnerin reagieren kannst.

Berühre keinen Teil ihres Körpers oder tu nichts, was euch nicht beiden vollkommen behagt. Der Rücken ist eine gute Stelle zum Anfangen, falls deine Partnerin zurückhaltend oder scheu ist. Berühre heikle Stellen wie den Hals oder die Kniekehlen nur leicht. Um sicher zu gehen, daß du entspannt bist, unterbrichst du deine Massage gelegentlich, um dich zu sammeln. Überprüfe, ob du deinen Unterkiefer locker hängen läßt oder ob er angespannt nach oben gepreßt ist. Deine Partnerin stellt sich vor, sie atme in die Teile, die du berührst, hinein und sendet so ihr Bewußtsein dorthin. Frage sie des öfteren, wie sich deine Massage anfühlt, und was sie gerne anders haben möchte. Du kannst mit den verschiedenen Teilen deiner Hand experimentieren (Daumen, Fingerspitzen, Handballen), ebenso mit den verschiedenen Bewegungsmöglichkeiten (Linien, Kreise ziehen, kneten, festhalten). Du beginnst und endest die Massage mit langen Streichelbewegungen. Das Wichtigste an der ganzen Sache ist, daß du dabei das Gefühl hast, Liebe und Energie in den Körper deiner Partnerin strömen zu lassen. Die Anwendung von starkem, sogar schmerzhaftem Druck an bestimmten Stellen des Körpers funktioniert offensichtlich innerhalb bestimmter Massagemethoden. In einer Selbsthilfegruppe jedoch ziehen wir es vor, uns gegenseitiges Wohlbehagen und nicht Schmerz zuzufügen. Schmerzhaftes Pressen kann wie eine Strafe auf den Körper wirken. Es kann blaue Flekken verursachen. Manchmal wird dabei die Spannung lediglich von einem Körperteil in einen anderen verlagert. Wenn du deine Hände von den Extremitäten deiner Partnerin wegnimmst (Kopf, Arme und Hände, Füße), stellst du dir gleichzeitig vor, du entschlackst mit dieser Bewegung ihren Körper von negativen Energien. Du mußt deine Hände ab und zu ausschütteln, um die energetische Ladung loszuwerden, die sie durch die Berührung mit der Haut deiner Partnerin aufgenommen haben. Wenn ihr fertig seid, tauchst du aus dem gleichen Grund deine Hände und Arme in kaltes Wasser. Laß deine Partnerin eine Weile unter einer warmen Wolldecke ruhen. Dann setzt ihr euch zusammen und tauscht eure Erfahrungen aus.

Die Massage ist sehr lohnend, da beinahe jeder Mensch die Berührung liebt. Sie stellt eine der grundlegendsten und angenehmsten Formen des menschlichen Kontakts dar. Trotzdem ist sie in unserer Kultur ein stark verzerrtes und vernachlässigtes Ausdrucksmittel, das auf den sexuellen Beziehungsbereich beschränkt ist. Falls du die Massage liebevoll, langsam und konzentriert anwendest, wird es dir sicher gelingen, deiner Partnerin (und dir) eine gute Erfahrung zu vermitteln. Lernen, Lust zu verschaffen und zu empfangen, ist ein wichtiger Teil im Prozeß des Wiederinbesitznehmens unseres Körpers. Es erschließt uns die Möglichkeit, unsere Sexualität umfassender zu erleben. Durch Massage lernen wir auch, daß wir zur Befriedigung unseres Grundbedürfnisses, berührt zu werden, nicht total von sexuellen Beziehungen abhängig sind.

Die Reaktionen auf eine Massage sind verschieden. Du verhilfst vielleicht deiner Partnerin zu einem Zustand tiefer Entspannung. Die Entspannung kann aber auch Emotionen in ihr aufbrechen und sie beginnt vielleicht, bei der Berührung verschiedener Körperteile zu weinen. In diesem Fall wechselst du zu einer anderen Körperpartie über und massierst diese weiter, oder ihr entscheidet euch, diesen Gefühlen nachzugehen. Wenn mehrere Frauen im gleichen Raum Massage machen, sollte keine Frau unterstützt werden, laut zu schreien oder zu weinen. Eine solche Gefühlsentladung wäre für die anderen Frauen, die vielleicht bei ihrer eigenen Massage sehr entspannt und offen sind, ein Schock. Für die betreffende Frau ist es besser, sie verläßt den Raum. Ihr reserviert ihr dann eine spätere Sitzung für die Erforschung ihrer Gefühle. Falls du deine Partnerin aus ihrem Gefühlszustand herausholen möchtest, bittest du sie, ihre Knie anzuziehen, ihre Füße auf den Boden zu stellen, die Augen zu öffnen und dir von ihren momentanen Empfindungen zu berichten.

Aura-Massage

Von der Körperenergie sagt man, daß sie vom Körper ausstrahlt und eine „Aura" bildet, die sich etwa einen Meter über unseren Körper hinaus erstreckt. Einige Leute sind in der Lage, diese Aura zu sehen und zu beschreiben, die verschiedenfarbig sein kann. Kürzlich haben Keirliansche Photographien flackerndes Licht registriert, das von der Haut wegströmt. Es verändert sich je nachdem, ob die photographierte Person ruhig, betrunken, wütend, und so weiter ist. Dieses Phänomen spiegelt sich auch in gängigen Ausdrücken über die „persönlichen vibes" wider: „Er strahlte ‚schlechte vibes' aus", „Ich konnte mich echt auf ihre ‚vibes' einstimmen." Bei einigen alternativen medizinischen Ansätzen, zum Beispiel der Radiästhesie, wird die ganze Aura in verschiedene Schichten aufgeteilt, die mit diversen Funktionen im ganzen Organismus verknüpft sind. Einige Leute besitzen die Fähigkeit, die Aura mit den Händen zu spüren. Sie können die „Energie" eines Menschen aus Distanz (in einer Entfernung von mehreren Zentimetern bis zu einem Meter) massieren, ohne dessen Körper überhaupt zu berühren. Die „Aura-Massage" eignet sich nicht für die Selbsthilfe. Sie kann von Geistheilern, die sich auf diesem Gebiet auskennen, erlernt werden. Einige Leute sind der Meinung, daß diese Massageform eine der geschicktesten und effektivsten Methoden darstellt, den Körper ins Gleichgewicht zu bringen und das volle Potential der Persönlichkeit freizulegen. Auf diese Weise wird aber viel Arbeit mit Gefühlen und dem bewußten Teil der Psyche umgangen und direkt mit der Körperenergie gearbeitet. Für einige mag dieses Vorgehen hilfreich sein, andere wiederum haben vielleicht das Bedürfnis, verschiedene Bereiche ihrer Persönlichkeit bewußter zu erforschen (ihre Emotionen, ihre Sexualität), bevor sie von dieser Methode profitieren möchten. Wichtig bei dieser Massage, so scheint uns, ist die Fähigkeit, die durch sie bewirkten Veränderungen von der unbewußten auf die bewußte Ebene zu bringen, damit Entwicklungen in unserer Persönlichkeit, in unseren Beziehungen, in unserer Freizeitgestaltung, unseren Arbeits- und Alltagssituationen ihren Niederschlag finden und sich konsolidieren können.

Hier einige Übungen, um die Möglichkeiten der Massage in einer Selbsthilfegruppe zu erproben. Ihr solltet von Fall zu Fall selber entscheiden, welche Kleidungsstücke ihr ausziehen möchtet.

82 Alle berühren eine
Die Frau mit dem stärksten Bedürfnis nach Berührung geht in die Mitte und wird von der ganzen Gruppe berührt. Sie sollte sich über die Art der Berührung äußern, die sie gerne möchte, Streicheln, Antippen, leichtes Kreisen mit den Fingerspitzen oder einfach Gehaltenwerden.

83 Massageaustausch
Wähl dir eine Partnerin aus und gebt euch gegenseitig eine Massage. Sie kann für jede Frau eine Stunde, eine halbe Stunde oder sogar nur zehn Minuten dauern, je nachdem wieviel Zeit euch zur Verfügung steht. Wenn ihr fertig seid, teilt ihr euch gegenseitig mit, was ihr dabei gefühlt habt, sowohl als Gebende wie als Empfangende. Verlangt die Art von Massage, die euch paßt, es sei denn, ihr macht diese Übung als Gruppe und entscheidet euch, alle denselben Körperteil zu massieren, damit ihr eure Erfahrungen austauschen könnt.

84 Eigenmassage
Die Fähigkeit sich selbst feinfühlend und liebevoll zu massieren, stellt ein wichtiges Mittel dar, sich selbst zu umsorgen und den eigenen Körper kennenzulernen. Falls du dies zu Hause tust, nimmst du am besten zuerst ein Bad. Schaff dir eine angenehme Atmosphäre, benutze viel Öl und mach aus dem Ganzen einen besonderen Anlaß. Machst du dasselbe in einer Gruppe, ist es vielleicht besser, eine Frau übernimmt die Leitung. Massiere die Körperpartie, die es nötig hat. Konzentriere dich dabei auf das, was dieser Teil jeden Tag für dich tut. Danach überlegst du dir, was du erlebt hast oder

teilst es deiner Partnerin oder der Gruppe mit.

Eine Warnung
Selbst eine lustvolle Tätigkeit wie die Massage kann von uns manchmal in eine Form der Selbstbestrafung umgewandelt werden: „Ich ließ sie mich berühren, aber ich fühlte mich schrecklich", „Ich hatte schreckliche Angst davor, meine Kleider auszuziehen, aber alle anderen taten dies auch", „Ich wollte sie nicht berühren, aber ich hatte Angst, es zu sagen". Teile den anderen mit, wenn du nicht berühren oder berührt werden willst und setze dir keine hohen Maßstäbe, die dich zwingen, auf eine entfremdete Art und Weise eine Beziehung einzugehen. Es macht nichts, wenn du bei einer Massage nicht mitmachst: Dein Widerstand, Lust zu verschaffen und zu erhalten, kann dann weiter erforscht werden. Die Berkeley Radical Psychiatry-Gruppe hat einige Methoden der Selbstverleugnung in ihrem Begriff der „Streichel-Ökonomie" zusammengefaßt. (Eine „Streicheleinheit" stellt eine angenehme Form des Kontaktes dar, eine Berührung, ein Kompliment, eine Umarmung.) Die Regeln der Streichel-Ökonomie, die uns Lust entziehen, lauten: „Verlange keine Streicheleinheiten, die du möchtest; gib keine Streicheleinheiten, die du hast; nimm die Streicheleinheiten nicht an, die du bekommst; weise die Streicheleinheiten nicht zurück, die du nicht willst; und gib dir selbst keine Streicheleinheiten."[13] Ein Mittel, diese Verhaltensmuster zu durchbrechen, besteht darin, „nein" zu sagen, wenn wir etwas *nicht* wollen. Dies gilt besonders für uns Frauen. In einer gemischten Gruppe ist es wichtig, zu einer Berührung durch einen Mann „nein" sagen zu können, ohne sich verklemmt, nicht befreit oder unfreundlich vorzukommen. Manchmal versuchen Männer Massage oder Tanz auf sexistische Art und Weise zu mißbrauchen. Jede Gruppe sollte anerkennen, daß du vielleicht gute Gründe hast, diese Art von Kontakt abzulehnen. Eine lebenslange Selbstverleugnung verschwindet nicht über Nacht, und die Massage wird vielleicht zunächst nicht als angenehm empfunden, sondern als verwirrend und Angst einflößend. Sie kann dich zum Weinen bringen. Eine Eigenmassage kann massive Wutgefühle auslösen. Bei der Massage ist es immer wichtig, daß du bestimmst, wie und wann du berührt werden möchtest. Alle Gefühle, die dabei hochkommen, müssen als richtig und gültig anerkannt werden. Glaube nicht, du müßtest zärtliche oder lustvolle Gefühle empfinden, wenn dem nicht so ist. Laß die Massage nicht zu einer weiteren Tyrannei ausarten!

TANZ

Unserer Meinung nach ist der Tanz eine sehr gute Methode, um den Energiepegel zu heben, die Beziehung zum Körper und den Selbst-Ausdruck zu verbessern – oder ganz einfach tanzen aus Freude daran! In zunehmendem Maße wird beim Tanz weniger auf Disziplin, gymnastische Fähigkeiten oder „weibliche Anmut" geachtet und mehr Nachdruck gelegt auf den

Kontakt zwischen den Tanzenden, auf die Energieladung und den Selbstausdruck. Diese Haltung versteht den Tanz nicht als ein beschränktes Talent, sondern als eine Form des Selbst-Ausdrucks, die dem Körper eigen ist. Es geht nur darum zu lernen, die natürliche Tänzerin in uns allen von den Hemmungen und Einschränkungen zu befreien, die uns durch unsere Erziehung und die Gesellschaft auferlegt worden sind. Dieser Prozeß braucht Zeit, deshalb beginnen wir am besten mit Übungen, die uns helfen unsere Widerstände und Befangenheit aufzudecken, oder mit Übungen, die einfach strukturiert sind und die wir dann selbst weiterentwickeln können. Wenn es dir besonders schwer fällt, vor Freunden zu tanzen, hilft dir für dein Selbstvertrauen vielleicht zunächst der Besuch einer Tanzgruppe mit dir unbekannten Leuten, die professionell geleitet wird.

Hier ein paar Beispiele, die ihr in einer Selbsthilfegruppe anwenden könnt. Denkt bei all diesen Übungen daran, daß ihr für euch selbst und nicht für Zuschauer tanzt. Zwingt euch nicht dazu. Ihr könnt aus den Schwierigkeiten, die dabei auftauchen, sehr viel lernen. Ihr braucht keine Vorstellung zu geben.

85 Von unten nach oben tanzen

Stellt euch für ein paar Minuten mit geschlossenen Augen und leicht gebeugten Knien hin und atmet, um euch zu entspannen. Stellt euch dabei vor, alle Spannungen fließen durch eure Beine und Füße in den Boden.

Legt eine Platte auf mit verschiedenen Stücken stark rhythmischer Tanzmusik. Tanzt das erste Stück mit geschlossenen Augen, vor allem mit den Füßen und Knöcheln. Beim zweiten Stück laßt ihr die Beine mitschwingen und probiert die Bewegungen aus, die ihr mit den Füßen und Beinen machen könnt. Beim dritten Stück bewegt ihr das Becken mit und beim folgenden Stück laßt ihr den Oberkörper, die Arme und den Kopf mitschwingen, bis ihr mit dem ganzen Körper tanzt.

Diese Struktur gibt euch einen Rahmen, um allmählich frei tanzen zu können. Sie ist auch gut für das „Erden“, wobei sie der Tendenz, nur „oben in der Luft“, d. h. mit den Armen und dem Oberkörper zu tanzen, während die untere Körperhälfte vernachlässigt wird, entgegenwirkt.

111 ist eine gute Übung, falls ihr mit einer Partnerin tanzen wollt. Hier ein paar weitere:

86 Tanzende Hände

Diese Übung kann sich allmählich weiterentwickeln, bis die ganze Gruppe frei miteinander tanzt.

Stellt euch in einen Kreis, die Hände in die Mitte gestreckt, so daß ein Paar aufs andere zu liegen kommt. Ganz langsam bewegt ihr nun die Hände, untersucht die anderen Hände und wählt schließlich ein Paar aus, das euch am meisten interessiert. Macht die Besitzerin dieser Hände ausfindig, verlaßt den Kreis und laßt zwischen diesen zwei Paar Händen sich einen Tanz entwickeln. Vielleicht beginnt ihr mit ganz kleinen Bewegungen, indem ihr die Oberfläche der Haut abtastet oder sich die Fingerspitzen berühren laßt. Oder ihr schüttelt euch die Hände, mimt einen Boxkampf oder spiegelt die Handbewegungen eurer Partnerin wider. Experimentiert mit verschiedenen Bewegungsarten je nach Lust und Laune. Wenn euch danach zumute ist, könnt ihr den übrigen Körper in den Tanz miteinbeziehen, wobei ihr euch aber immer noch auf die Hände konzentriert. Ihr könnt euch auch ein Paar andere Hände aussuchen, bis ihr schließlich eure Hände mit der ganzen Gruppe tanzen laßt. Laßt die Hände sich berühren und aufeinander reagieren.

87 Mit deinem Körper Ja und Nein sagen
Stellt euch in einen Kreis, nehmt mit einer gegenüberstehenden Frau Blickkontakt auf und sagt mit eurem ganzen Körper „Nein“ zu ihr. Wie fühlt ihr euch dabei? Wo ist euer Körper angespannt? Nach ein oder zwei Minuten sagt ihr der gleichen Frau mit dem ganzen Körper „Ja“. Wie fühlt ihr euch dabei?

Ihr könnt dies auch mit einem Tanz ausdrücken: Tanzt ein Stück lang „Nein“ für jede Frau, der ihr begegnet, dann wählt ihr ein anderes Stück, um „Ja“ zu tanzen.

88 Die Kugel
Diese Übung funktioniert am besten, wenn ihr euch schon eingewärmt habt und euch entspannt fühlt.

Wählt dazu eine weiche und langsame Musik aus. Stimmt euch für eine Weile mit geschlossenen Augen darauf ein. Dann breitet ihr die Arme weit aus und stellt euch vor, eure Fingerspitzen berührten eine unsichtbare Kugel, die euch im Abstand einer Armeslänge umkreist. Dieser Raum gehört euch. Nun beginnt, falls ihr es vorzieht mit geschlossenen Augen, die Kugel mit den Armen, Beinen und so fort zu ertasten. Eure Bewegungen sollen die Form der Kugel wiedergeben. Versucht dies mit weichen, kreisenden Bewegungen auf alle erdenklichen Arten. Wenn ihr euch bereit fühlt, schließt euch einer Partnerin an und laßt eure Kugeln sich vereinigen. Dann macht ihr euch gemeinsam daran, diese größere Kugel zu untersuchen. Konzentriert euch auf kreisende Bewegungen beim Tanzen.

89 Ein einziger Organismus sein
Hier geht es um einen Tanz, den ihr zusammen als Gruppe machen könnt. Eine Frau setzt sich außerhalb der Gruppe hin und liest die Anleitung dazu langsam vor.

Bewegt euch einige Minuten lang nach Belieben im Raum und berührt beim Vorbeigehen die anderen Gruppenmitglieder flüchtig. Dann bleibt ihr, wenn ihr eine Frau berührt, an ihr hängen. Bewegt euch weiter im Raum bis ihr alle in einer „Berührungskette“ zusammenhängt. Ihr seid zu einem einzigen Organismus geworden. Versucht euch weiter zu bewegen, in den Bewegungen nun eingeschränkt als Glied dieses Organismus. Behaltet den Kontakt und schaut, ob ihr allmählich eure Atmung dem Rest der Gruppe angleichen könnt, bis der Organismus als Ganzes atmet. Stellt die Bewegungen langsam ein und ruht euch in einer bequemen Stellung aus, stehend oder liegend. Atmet weiterhin zusammen im gleichen Rhythmus und bleibt bei der Vorstellung, ein einziger Organismus zu sein.

Dann schließt die Augen und stellt euch vor, eine riesige goldene Sonne scheint auf euch alle nieder, Spannungen und Schmerzen werden dabei weggeschmolzen und ihr werdet mit Wärme und Leben erfüllt.

Danach teilt ihr euch mit, was ihr dabei erfahren habt. Diese Übung kann starke Gefühle hervorbrechen lassen: die Angst eingeschlossen zu werden, Berührungsängste oder starke Zusammengehörigkeitsgefühle.

Hier noch kurz ein paar weitere Tanzanregungen, die ihr auch selber weiterentwickeln könnt.[14]

90 Eine Lösung für eine Situation
Stellt euch mit geschlossenen Augen hin und vergegenwärtigt euch im Detail eine schwierige Situation aus eurem Leben. Nehmt euch nun fünf Minuten Zeit, diese Situation *und eine Lösung dafür* im Tanz auszudrücken.

91 Tanze deinen Tag
Erinnert euch im Stehen mit geschlossenen Augen, wie euer Tag ausgesehen hat. Nun versucht diesen im Tanz auszudrücken. Teilt dann der Gruppe mit, was ihr dabei erlebt habt.

92 Groß und klein
Versucht beides im Tanz auszudrücken. Vielleicht übernimmt die eine Hälfte der Gruppe die eine Rolle, die andere Hälfte den anderen Part. Nach wenigen Minuten tauscht ihr die Rollen. Macht zuerst ein paar Einroll- und Streckübungen, um leichter in die Rollen hineinzukommen. Für viele Frauen ist Größe ein schwieriges Problem. Nach dem Tanzen tauscht ihr eure Gefühle aus und die damit verknüpften Querverbindungen zu eurem Leben: „Als ich ‚groß' tanzte, fühlte ich mich sehr überheblich", „Beim Kleinsein fühlte ich mich wendiger und boshafter", „Meine Größe hat mich immer gehemmt gemacht", „Ich haßte es, klein zu sein."

93 Angst und Wut
Die Gruppe legt sich auf den Boden oder spaziert mit geschlossenen Augen im Raum herum, während sie eine Frau in die gelenkte Phantasie[15] führt, spät in der Nacht auf einer dunklen Straße verfolgt zu werden. Achtet dabei auf alle Spannungen in eurem Körper oder auf impulsartige Bewegungen (sich zusammenkrümmen, um nicht bemerkt zu werden, die Brust herausstrecken, um nicht ängstlich auszusehen, wegrennen). Gestaltet diese Bewegungen dann zu einem Angsttanz, indem ihr sie übertreibt, abwandelt und ihnen nachspürt.

Dann macht ihr ein paar Armübungen (Ausschütteln der Hände und Kreisbewegungen mit den Händen) und einige Beinübungen (ausschütteln und sie nach vorne und auf die Seite wegstoßen). Diese Arm- und Beinbewegungen entwickelt ihr dann zu einem „Wuttanz". Aggressive Rockmusik bringt euch vielleicht in die nötige Stimmung.

Nachher erzählt ihr euch, was euch leicht und was euch schwer fiel, an welche Situationen ihr erinnert wurdet, und wie diese Angst- und Wutthemen in eurem Leben entstanden sind.

SEXUALITÄT

Reichs Arbeiten über die Sexualität, in denen er betont, wie wichtig eine umfassende und regelmäßige sexuelle Entspannung für das körperliche Gleichgewicht ist, bilden nur einen Hintergrund eines starken Bewußtseinsprozesses innerhalb der Frauenbewegung. Dieser hat uns zur Erkenntnis gebracht, daß wir unsere Sexualität neu entdecken und neu definieren müssen. Wir Frauen haben uns von der viktorianischen Haltung des „Schließe die Augen und denke an Jesus" wegbewegt und fordern nun unser Recht auf eine umfassende und lustvolle Sexualität nach unseren eigenen Bedingungen. Für verschiedene Frauen bedeutet dies: dann Liebe machen, wenn wir es wollen und nicht glauben, es sei eine Pflicht, die wir unserem Partner schulden; auf den Lustgefühlen in der Klitoris bestehen und die sexuellen Praktiken nicht unbedingt auf die Penetration der Vagina ausrichten; auf unserem Recht bestehen, sexuelle Beziehungen mit Frauen einzugehen; uns selbst befriedigen, um uns Lust zu verschaffen, anstatt von einem anderen Menschen abhängig zu sein; auf dem Recht bestehen, unverheiratet zu sein; uns organisieren, um Opfer der Vergewaltigung zu unterstützen und um für einen besseren gesetzlichen Schutz gegen Vergewaltigung und sichere Schwangerschaftsverhütung und für einen freien und sicheren legalen Schwangerschaftsabbruch einzutreten, so daß keine Frau mehr ein ungewolltes Kind austragen muß.

Es gibt jedoch immer noch viele Frauen, vermutlich die meisten von uns, die das volle Potential ihres sexuellen Lustempfindens noch nicht erreicht haben. Das Tabu, das der sexuellen Lust als etwas „Schmutziges" anhaftet, wirkt bei kleinen Mädchen und jungen Frauen besonders stark. Viele von uns wurden auch zu sexuellen Handlungen gezwungen oder mit solchen bedroht. Diese Faktoren in Verbindung mit sexuellen Spannungen in der Familie während der Kindheit, haben uns dazu gebracht, Sexualität mit Angst zu verknüpfen. Ein weiterer komplizierender Faktor ist die Art und Weise, wie die Sexualität in der westlichen Gesellschaft zu einer Ware gemacht wurde. Für uns Frauen kann dies folgendes bedeuten: Wir geben uns sexuell attraktiv oder machen uns zu einem begehrenswerten „Objekt" für die Männer. Dieses Ziel hat wenig mit dem Ausdruck unserer eigenen Gefühle und Bedürfnisse zu tun. Aus Mangel an anderen Machtquellen wird die Frau noch darin unterstützt, ihre Sexualität als Waffe zu sehen.

Sie kann sie als Bedrohung für andere Frauen einsetzen oder es ausnützen, daß sie sich ihrem Partner sexuell entziehen kann. Diese ganzen Verhaltensmuster tragen dazu bei, unsere Sexualität auf eine entfremdete Art und Weise zu erfahren. Die Auswirkungen dieser sozialen Zwänge, negativen Verknüpfungen und der Erziehung rückgängig zu machen, kann ein langsamer Prozeß sein. Fast alle Therapieformen, mit Hilfe derer das Bewußtsein von uns selbst und unserer Entwicklung gestärkt und emotionale Energien und körperliche Spannungen freigesetzt werden, machen uns einem umfassenderen sexuellen Erleben zugänglicher. Mit Hilfe der Frauenbewegung mehr Gefühl für unsere wirkliche Stärke zu gewinnen, bedeutet, daß wir unsere Sexualität weniger als Waffe einsetzen müssen. Viele Frauen finden es auch nützlich, besonders an ihrer Sexualität zu arbeiten. Zur Zeit gibt es in verschiedenen Ländern von Fachkräften geleitete Gruppen, die sich mit der Sexualität befassen und sich auf die Bedürfnisse der Frauen konzentrieren.

Die Mehrzahl dieser Gruppen entstanden aus der in Kalifornien entwikkelten Arbeit an der Sexualität, ausgehend von den neuen Forschungsarbeiten von Masters und Johnson über die menschliche sexuelle Reaktion. Dieser Ansatz ist im Buch von Lonnie Garfield Barbach *For Yourself*[16] sehr klar dargelegt. Diese Methode arbeitet vor allem mit der gegenwärtigen Situation und lehrt uns, wie wir eine bessere Beziehung zu unserem Körper und neue Verhaltensmuster entwickeln können. Sie umfaßt gewöhnlich ein strenges Programm von täglichen Übungen. Mit Hilfe dieser „Hausaufgaben“ lernen wir unseren Körper kennen, indem wir ihn berühren und im Spiegel betrachten; Übungen machen, um den Beckenbereich zu aktivieren; uns selber befriedigen als Ausgangspunkt, um herauszufinden, was uns sexuell Lust bereitet; zeichnen und schreiben, um unsere Vorstellungen vom eigenen Körper und unser sexuelles Verhalten herauszufinden. Diese Hausaufgaben sind auch ein Mittel, uns Zeit für uns selbst zu nehmen. Sie helfen uns, uns als einen wertvollen Menschen kennenzulernen, der sexuelle Lust verdient. Bessere Informationen über die körperlichen Vorgänge, die beim Liebemachen eine Rolle spielen und ein umfassenderes Wissen über die Arten, wie wir befriedigt werden möchten, ermöglichen uns, eine sexuelle Beziehung so zu gestalten, wie wir sie gerne haben möchten, anstatt nur die negative Rolle des Rückzugs auszuüben. Die Gruppe spielt eine wichtige Rolle, indem sie uns beim Weitermachen und bei den Veränderungen, die wir in unserem Leben vornehmen möchten, unterstützt.

Ein Nachteil dieser Methode besteht darin, daß sie weder den emotionalen Aspekt eines jeden sexuellen Problems eingehend behandelt, noch die Schwierigkeiten, die sich aus Erfahrungen der Vergangenheit oder von der Kindheit her ergeben haben. Sie hat jedoch sehr viel Erfolg bei vor-orgasmischen Frauen, denen sie dazu verhilft, zu einem Orgasmus zu gelangen. Es ist auch eine ausgezeichnete Methode für jede Frau, die ihre Beziehung zur eigenen Sexualität näher untersuchen möchte. Dieses Vorgehen ist mit den dazugehörigen Übungen in verschiedenen Büchern, die sich auf die

Selbsthilfe beziehen, deutlich beschrieben. Deshalb geben wir hier nur ein paar wenige Übungen wieder, die euch vielleicht dazu bringen, euch mit eurer Sexualität näher zu befassen, sei dies für euch allein oder in einer Gruppe.

94 Die Geschichte meiner Vagina

Diese Übung hilft euch, eine Verbindung zur Vorgeschichte eurer Sexualität herzustellen.

Setzt euch hin, schließt die Augen und stellt euch vor, ihr seid eure Vagina. Bezieht die Klitoris und den ganzen Genitalbereich mit ein. Verfolgt in Gedanken die Geschichte dieses Körperteils – die Anfänge eures Bewußtwerdens davon, die angenehmen und unangenehmen Erfahrungen damit, die Zeiten, als ihr ihn in Konflikt oder in Einklang mit dem übrigen Körper erlebt habt. Nach mehreren Minuten öffnet ihr die Augen. Nun erzählt jede Frau der Reihe nach der Gruppe oder einer Partnerin die Geschichte ihrer Vagina. Benutzt dabei die Ichform, als ob ihr selbst die Vagina wärt: „Ich bin Pats Vagina. Früher hat sie mich berührt, hat sich dabei aber schuldig gefühlt ... Es hat mich geschmerzt, als sie zum ersten Mal ein Tampax in mich einführte ... Als sie ein Teenager war, wollte ich mit Jungen gehen, aber sie hatte Angst davor ...“

Achte darauf, wann du Mühe hast, ehrlich und offen zu sein: Verlegenheit oder sexuelles Konkurrenzstreben kann das, was du sagst, beeinträchtigen. Am Ende tauscht ihr eure Erfahrungen aus und gebt euch Feedback über die jeweiligen Geschichten.

Diese Übung könnt ihr auch allein zu Hause machen. Ihr sprecht dabei laut zu euch selbst oder schreibt die Geschichte nieder.

95 Sich im Wasser bewegen

Alle Übungen, die Körperentspannung und Körperbewußtsein fördern, tragen zu einem umfassenderen sexuellen Erleben bei. Wir beschreiben hier diese Übung, weil bei ihr das Hauptgewicht auf dem auf andere Reagieren können liegt, ohne dabei vollständig passiv zu werden. Einige der von uns dargestellten Entspannungsübungen unterstützen die Körperenergie darin, ganz „Yin“ (passiv) zu sein. Bei dieser Übung ist die Energie des „Yin“ in einem subtilen Gleichgewicht zu der von „Yang“ (aktiv).

Such dir eine Partnerin aus. Die eine von euch beiden stellt sich hin und die andere bewegt sie, so wie es ihr gerade in den Sinn kommt, ungefähr zehn Minuten lang. Wenn ihr bewegt werdet, seid ihr entspannt, aber nicht schlaff. Ihr bewegt euch so, als befändet ihr euch in Wasser oder in einer dickeren Flüssigkeit. Bringt eure Partnerin eure Hand in eine bestimmte Lage, verharrt ihr in derselben, bis sie sie weiterbewegt. Sie kann euch auf den Boden legen, im Kreis herumdrehen, euch bestimmte Posen einnehmen lassen oder experimentieren, indem sie euren ganzen Körper durch sanften Druck an einer Stelle in Bewegung bringt – eine Drehung der Hand etwa kann den ganzen Körper in Bewegung bringen. Sie wird dich vermutlich in Stellungen bringen, die deinem Körper nicht vertraut sind. Deshalb wirst du viel darüber erfahren, wie dein Körper funktioniert und sich bewegt, wo du verkrampft bist und so weiter. Mit Hilfe dieser Übung lernst du einer anderen Person vertrauen. Du läßt es zu, daß du berührt und bewegt wirst, während du selbst bewußt aktiv darauf eingehst.

Nach etwa zehn Minuten tauscht ihr eure Erfahrungen aus, dann wechselt ihr die Rollen.

96 Die Vagina aufwecken

Dies ist eine sehr einfache Übung, bei der die vaginalen Muskeln angespannt und entspannt werden. Wenn du nicht sicher bist, welche Muskeln dies sind, übst du dich darin, den Fluß des Urins zu unterbrechen. Dabei werden fast die selben Muskeln beansprucht. Das Zusammenziehen und die Entspannung sollten langsam vor sich gehen. Vielleicht hilft es dir, wenn du im gleichen Rhythmus atmest, wobei du beim Zusammenziehen der Muskeln ausatmest. Der Tonus dieser Muskeln spielt beim Liebe Machen, während der Schwangerschaft und bei der Geburt eine wichtige Rolle. Je stärker sie trainiert werden, desto mehr Gefühl und Bewußtheit entwickelt sich in ihnen.

Eine weitere Methode, die Vagina aufzuwecken, ist folgende: Du legst dich hin und stellst dir vor, du atmest in den Magen ein und dann durch den Genitalbereich aus. Auch diese Methode regt regelmäßig angewendet die Blutzirkulation und das Empfindungsvermögen in diesem Bereich an.

Hier noch ein paar Vorschläge, wie du einen besseren Zugang zu deinem Körper finden und ihm mehr Aufmerksamkeit schenken kannst: Nimm regelmäßig lange Bäder, wobei du den verschiedenen Körperteilen, die du gewöhnlich vernachlässigst, besondere Beachtung schenkst; massiere jede Nacht deinen ganzen Körper mit Creme ein; stell dich nackt vor einen Spiegel und vergegenwärtige dir die Gefühle, die die verschiedenen Körperpartien bei dir auslösen; untersuche und erkunde deinen Genitalbereich genau mit Hilfe eines kleinen Spiegels.

ANMERKUNGEN

1 Wilhelm Reich: *Listen Little Man!*, Penguin, Harmondsworth, 1975, S. 60.
2 *Listen Little Man!* S. 46
3 *Listen Little Man!* S. 33
4 Wilhelm Reich: Vorwort zur dritten Auflage von *Die Massenpsychologie des Faschismus*, Köln 1972.
5 Alexander Lowen, *Bioenergetics*, London 1967; deutsch: *Bioenergetik*, Bern und München 1976, S. 38.
6 *Listen Little Man!* S. 105.
7 *Listen Little Man!* S. 20.

8 *Listen Little Man!* S. 22-23.
9 *Listen Little Man!* S. 50.
10 *Listen Little Man!* S. 55.
11 *Bioenergetik,* S. 172.
12 Diese Übung wurde aus dem Buch *Getting Clear: Body Work for Women*, New York 1973, von Anne Kent Rush, entnommen. Deutsch: Anne Kent Rush: *Getting Clear. Ein Therapiehandbuch für Frauen.* München 1977.
13 Hogie Wyckoff in Claude Steiner (Hrsg.), *Readings in Radical Psychiatriy*, Grove Press, New York 1975, S. 113.
14 Diese Ideen wurden von Barbara Mound und Lucy Goodison von der Red Therapy Group für ihre „Frauentanz"-Workshops am Women's Arts Alliance in London entwickelt.
15 Gelenkte Phantasien und wie sie improvisiert werden können, wird im 6. Kapitel ausführlich erklärt.
16 Siehe „weitere Literaturangaben" in diesem Kapitel.

WEITERE LITERATUR

– *Getting Clear* (siehe oben) ist ein schönes Buch über Körperarbeit für Frauen. Es ist unschätzbar für jede, die in einer Selbsthilfetherapie vom Körper als Ausgangspunkt ausgehen möchte.
– Wilhelm Reich, *Charakteranalyse*, Köln und Berlin 1970. Eine detaillierte Darstellung von Reichs frühen Persönlichkeitstheorien und seiner Arbeit mit dem Charakterpanzer.
– Wilhelm Reich, *Die sexuelle Revolution,* Frankfurt 1966. Enthält Reichs Ideen über die Sexualität, die Familie und die Jugend. Reich war und bleibt der Einzige, der körperliche und emotionale Probleme in Zusammenhang mit sozialen und politischen Problemen gestellt hat. Sein Stil ist sehr weit- und durchblickend, und er hat uns sehr stark beeinflußt und inspiriert.
– *Bioenergetik* (siehe oben) ist eine lesenswerte und praktische Beschreibung Lowens darüber, wie seine Arbeit sich aus der von Reich weiterentwickelte.
– David Boadella (Hrsg.), *In the Wake of Reich*, London 1976. Interessante Aufsätze über die verschiedenen Richtungen, die sich aus Reichs Arbeiten ergeben haben.
– Stanley Keleman, *Your Body Speaks Its Mind*, New York 1975. Deutsch: *Dein Körper formt dein Selbst*, München 1980. Ist eine klare Vision des Menschen als ein einziger Organismus, wobei unser muskulärer Habitus unsere Persönlichkeit ist.
– Ken Dychtwald, *Bodymind*, New York 1977. Zählt die vielen Probleme, Botschaften und Symbole auf, die bei der Arbeit am einzelnen Körperteil auftauchen können.
– Jack Schwarz, *Voluntary Controls: Exercises for Creative Meditation and for Activating the Potential of the Chakras,* New York 1978. Beschreibt die Chakras und zeigt, wie mit dieser Körpermethode gearbeitet werden kann.
– Georg Downing, *The Massage Book,* New York 1972. Deutsch: *Partner-Massage,* München 1980. Ein praktisches Handbuch, in dem klar und einfühlsam beschrieben wird, wie man eine Ganzkörpermassage verabreicht.
– Robert Delong Miller, *Psychic Massage,* New York 1975. Ein anregendes und praktisches Buch über diese wenig anerkannte Methode.
– Lonnie Garfield Barbach, *For Yourself: The Fulfillment of Female Sexuality,* New York, 1975. Der Entwurf einer äußerst erfolgreichen Methode für die Arbeit an

der Sexualität.

– Jack Lee Rosenberg, *Total Orgasm*, New York 1973. Enthält viele Übungen, die allein oder mit einer Partnerin gemacht werden können. Sie verfolgen das Ziel, den ganzen Körper für das sexuelle Erlebnis zugänglich zu machen.

– Boston Women's Health Book Collective, *Our Bodies Ourselves*, New York 1971. Deutsch: *Unser Körper, unser Leben, ein Handbuch von Frauen für Frauen*, Reinbek 1980 (Band 1 und Band 2). Das nützlichste und verständlichste Buch über die Gesundheit, geschrieben von und für Frauen.

– Mike Samuels und Hal Bennett, *The Well Body Book*, New York 1973. Wie man seine körperliche Gesundheit in den Griff bekommt und Präventivmedizin anwenden kann mit einem Minimum an professioneller Intervention.

VI
Verborgene Schätze: Träume, Phantasien und Meditationen

Bis zu einem gewissen Grade befassen sich alle Therapieformen mit dem Bewußtmachen des Unbewußten – seien dies Kindheitserinnerungen, verdrängte Gefühle oder nicht wahrgenommene Körperempfindungen, die wir ans Licht bringen –, in diesem Kapitel jedoch werden wir uns darauf konzentrieren, was unsere unbewußte Psyche uns durch die Sprache des Traums, der Symbole und Phantasie mitzuteilen hat. Das Ziel dieses Vorgehens besteht nicht nur darin, das Bewußtsein von uns selbst zu heben. Es soll uns auch helfen, unsere Intuition oder unsere innere Weisheit zu erkennen und anzuwenden, um damit zu einem tieferen Verständnis unserer Selbst zu gelangen, jenseits unserer bewußten Persönlichkeit, mit der wir uns normalerweise identifizieren. Wir werden erfahren, daß unser Unbewußtes nicht nur tief verdrängte Ängste und Konflikte in sich birgt, sondern auch eine Welt voller kreativer Bilder und Symbole, eine reiche, wahrnehmungsfähige Kraft und viel Stärke, die wir gewöhnlich nicht antasten. Dies kann ein spannender Prozeß sein, bei dem das Positive in uns zum Tragen kommt, und besonders für uns Frauen sehr hilfreich sein. Da unsere Rolle in dieser Gesellschaft uns häufig von der aktiven Welt der Leistung ausschließt, sind viele von uns mit dieser inneren Welt der Intuition, der Träume und Phantasien in Berührung, haben aber noch nicht die Mittel und Wege gefunden, sie zur Bereicherung und Veränderung unseres Lebens nutzbar zu machen. Wir werden drei verschiedene Ausgangspunkte für dieses Vorgehen beschreiben: Träume, Symbole, gelenkte Phantasien und Formen der Meditation.

TRÄUME

Freud beschrieb die Träume als die königliche Straße zum Unbewußten. Da sich in ihnen unsere Vorstellungskraft und Kreativität widerspiegelt, können sie ein äußerst spannendes Hilfsmittel sein, um uns Zugang zu Bereichen unserer Persönlichkeit zu verschaffen, derer wir uns im Alltag nicht bewußt sind.

Jede Therapie, die mit dem Traum arbeitet, ist dem Werk Sigmund Freuds und auch dem Carl Gustav Jungs zu Dank verpflichtet. Letzterer hat die Ideen Freuds weiterentwickelt und modifiziert. Für die Praxis hat sich die Methode der Traumarbeit von Fritz Perls als sehr hilfreich erwiesen. Wir werden daher einen kurzen Überblick über die Traumtheorien von Freud und von Jung geben, anschließend die Technik von Perls etwas detaillierter beschreiben und zeigen, wie sie in einer Selbsthilfegruppe, mit einer Freundin oder allein verwendet werden kann.

Freuds Traumtheorien

Freud schockierte zu Beginn dieses Jahrhunderts Europa mit seiner Ansicht, das Unbewußte sei ein Lagerhaus für viele Dinge, die wir nicht in unserem Tagbewußtsein haben wollen: nicht nur verdrängte Erinnerungen, sondern auch zensierte Wünsche, primitive oder infantile Impulse, Gedanken, die wir im normalen Leben als „unanständig" bezeichnen würden. Die Träume faßte er weitgehend als ein Produkt dieses unbewußten Teils der Psyche auf. Er glaubte, daß diese verborgenen Impulse oder Wünsche unseren Schlaf stören und die Funktion des Traums darin besteht, unseren Schlaf zu sichern, indem er diese störenden Stimuli verarbeitet. Der Traum spiegelt häufig die Erfüllung eines unbefriedigten Wunsches wider. Er schildert das Beispiel eines kleinen Jungen, der träumt, er esse einen Korb voller Kirschen, die er am vorigen Tag nicht essen durfte. In diesem Fall handelt es sich um einen aktuellen unbefriedigten Wunsch. Häufig betrifft es aber einen unbefriedigten Trieb oder Wunsch aus der Vergangenheit, der auf diese Weise im Traum ausagiert wird. Jenseits der Wunscherfüllung und der äußeren Form des Traumes, so wie er uns erscheint, sah Freud häufig eine verschlüsselte Botschaft oder Bedeutung versteckt, die er als den „latenten Traumgedanken" bezeichnete. Diese verborgene Botschaft mußte mit detektivischer Arbeit aufgespürt werden, indem die oberflächlichen Elemente und Geschehnisse im Traum dechiffriert und hinterfragt wurden. Um diese Bedeutung herauszufinden, benutzte Freud eine Methode, die er „freie Assoziation" nannte: Er zerlegte den Traum in seine verschiedenen Bestandteile und forderte den Patienten auf, seine Gedanken frei schweifen zu lassen und die Assoziationen zu jedem einzelnen Thema, die möglichen Verknüpfungen mit kürzlichen Ereignissen, die vermutliche Bedeutung, mitzuteilen. Dieser Prozeß kann vom äußeren Inhalt des Traumes weit wegführen. Zusammen mit der freien Assoziationstechnik basiert Freuds Trauminterpretation auf der Theorie, daß bestimmte Elemente im Traum für viele Menschen eine allgemeine Symbolbedeutung besitzen. Ein Haus beispielsweise verkörpert gewöhnlich den menschlichen Körper, König und Königin die Eltern, Wasser symbolisiert die Geburt und Reisen bedeutet häufig sterben. Viele der allgemeinen Symbole, auf die er sich bezieht, sind sexuelle: Zum Beispiel Regenschirme, Stangen, Bäume, Messer, Gewehre, Bleistifte und andere Utensilien, die im Traum vorkommen, sollen den männlichen Penis darstellen, während Höhlen, Flaschen, Schachteln, Räume, Schränke und andere Behälter die weibliche Vagina und die Gebärmutter repräsentieren.

Hier ein sehr kurzes Beispiel, das Freud anführt, um seine Technik der Traumdeutung bei einer seiner Patientinnen zu schildern:

„Eine junge, schon seit vielen Jahren verheiratete Frau träumt: ‚Sie sitzt mit ihrem Mann im Theater, eine Seite des Parketts ist ganz unbesetzt. Ihr

Mann erzählt ihr, Elise L. und ihr Bräutigam hätten auch gehen wollen, hätten aber schlechte Sitze bekommen, drei für 1 fl. 50 Kr., und die konnten sie ja nicht nehmen. Sie meint, es wäre auch kein Unglück gewesen.'"[1]

Die Assoziationen der Patientin zu den verschiedenen Elementen im Traum beinhalten kürzliche Vorkommnisse wie die folgenden: Elise L., eine gleichaltrige Freundin, hatte sich verlobt; ein kürzlicher Theaterbesuch, für den sie selbst unnötigerweise die Plätze zu früh reserviert hatte und deshalb mehr bezahlen mußte. Die 1 fl. 50 Kr. verknüpfte sie mit der Tatsache, daß ihre Schwägerin 150 fl. vergeudete, wobei sie in aller Eile losrannte und alles für ein einziges Schmuckstück ausgab. Als sie gefragt wurde, was ihr zur Zahl „drei" im Traum einfalle, meinte sie nur, daß die verlobte Freundin, Elise L., nur drei Monate jünger sei als sie selbst, die schon seit zehn Jahren verheiratet war. Freud macht bei diesen Assoziationen auf die Themen „zu früh" und „in zu großer Eile" aufmerksam, die aus dem Traum selbst überhaupt nicht ersichtlich waren. Indem er dies mit seiner Auffassung vom Theaterbesuch als Symbol für Heirat und die Zahl drei als übliches Sinnbild für den Mann in Zusammenhang bringt, deckt er den verborgenen Traumgedanken auf, für den der Traum einen äußerst entstellten Ersatz darstellt:

„Es war doch ein *Unsinn* von mir, mich mit der Heirat so zu beeilen. An dem Beispiel von Elise sehe ich, daß ich auch noch später einen Mann bekommen hätte." (Die Übereilung dargestellt durch ihr Benehmen beim Kartenkauf und das der Schwägerin beim Schmuckeinkauf. Für das Heiraten tritt als Ersatz das ins Theater Gehen ein."[2]

Freud interpretiert der Frau den Traum als Ausdruck ihrer Geringschätzung für ihren Mann und des Bedauerns über ihre frühe Heirat.

In diesem Fall handelt der latente Traumgedanke, der sorgfältig aufgespürt wird, von einem Ereignis aus dem Erwachsenenleben der Patientin (sich verheiraten). Häufig jedoch hat die Bedeutung des Traumes ihren Ursprung in der Vergangenheit, in Gedanken, die sehr stark verdrängt wurden oder tabu sind, wie etwa sexuelle Wünsche oder Todeswünsche gegenüber einem Elternteil oder Geschwister in der Kindheit.

In den letzten Jahren gab es heftige Kontroversen über den Wert von Freuds Arbeit für die Frauen. Viel ist zu sagen über die Unzulänglichkeit seines Verständnisses für die Erfahrungen der Frauen. Das feministische Interesse an seinen Theorien aber hält an.[3] Hier werden wir uns nur kurz auf einige Kritikpunkte an seiner Traumdeutungsmethode beschränken.

Obwohl die Patientin am Deutungsprozeß teilnimmt, indem sie ihre „Assoziationen" anbietet, besteht die Gefahr, daß die eigenen Werte und Vorurteile des Analytikers die Deutung beeinflussen, was nun die „tatsächliche Bedeutung" des Traumes ist. Das traditionelle Freudsche Denken orientiert sich sehr stark am Mann, was dazu führen kann, daß die Träume einer Frau auf eine verzerrte Weise interpretiert werden. Wir bezweifeln auch, ob der Patientin überhaupt eine Chance gegeben wird, den gefühlsmäßigen Inhalt des Traumes voll zu *empfinden*. Wir fragen uns, wieviel sie mit irgendeiner Deutung, die an sie herangetragen wird, anfangen kann. Freud selbst bemerkte, wie schwer es seinen Patienten fiel, zu seinen Deutungen ihrer Träume eine Beziehung herzustellen. Die Frau beispielsweise, die von den Theaterkarten träumte, war sich ihrer verächtlichen Gedanken über ihren Mann nicht bewußt und verstand auch nicht, weshalb sie sie haben sollte. Die genaue Deutung und das Aufnehmen dieser Information hängen von der fortdauernden Beziehung zwischen Patient und Analytiker ab. In einer Selbsthilfegruppe besteht diese Situation nicht. Die Gruppenmitglieder verfügen weder über die nötige Ausbildung noch über die Erfahrungen mit der Traumdeutungsarbeit. Wir meinen, wir sollten erst gar nicht versuchen, die Freudsche Technik anzuwenden und dann als hausbackene Psychoanalytiker agieren, indem wir uns gegenseitig Träume „deuten". Wir finden es sinnvoller, liebevolle Unterstützung zu gewähren und Techniken anzuwenden, die es einer Frau ermöglichen, sich *direkt und emotional* auf ihren Traum zu beziehen. Sie entdeckt dann vielleicht selbst dessen Bedeutung für sie. Diese wird vermutlich nicht in jedem Fall auf einen versteckten Gedanken reduziert und in Worten ausgedrückt werden können. Ein Traum scheint uns häufiger in einer andersartigen Sprache anzusprechen. Er offenbart Konflikte, Verfassungen, Schattierungen, Gefühle oder verborgene Seiten unserer Persönlichkeit.

Wir stellen auch Freuds Behauptung in Frage, daß gewisse Symbole regelmäßig und beinahe „natürlich" eine bestimmte Bedeutung besitzen. Ein Beispiel dazu sind Schachteln und andere hohle Behälter, die, wie er behauptet, für die weibliche Sexualität stehen. Wegen ihrer Popularisierung kann diese Methode mißbraucht und reduziert werden auf den Versuch, Träume anhand eines Symbolverzeichnisses mechanisch zu deuten, das keine Änderung mehr zuläßt. Was geschieht, wenn eine Frau eine positive Beziehung zu ihrer Sexualität entwickelt und diese im Traum durch ein starkes Sinnbild wie das der Ziege symbolisiert? Wir betrachten die im Traum verwendete Symbolik als von unserer Gesellschaft und unserer Umgebung geprägt, die individuell verschieden ist und sich mit uns ändert.

Jungs Traumtheorien

Jung brachte auf diesem Gebiet eine sinnvolle Kritik an Freud an. Er betonte mit Nachdruck, daß man Symbole nicht auf eine feste Formel reduzieren kann, sondern vielmehr herausfinden muß, weshalb ein bestimmtes Symbol verwendet wird; daß man seiner Qualität und Struktur nachgehen muß, anstatt nur nach seiner Bedeutung zu fragen. Dein Vater ist im Traum vielleicht ein Lastwagen oder eine Treppe. In beiden Fällen hat dein Unbewußtes ein spezifisches Bild ausgewählt, um damit verschiedene Eigenschaften auszudrücken. Für Jung besaß das Symbol eine eigene Aussagekraft und sollte nicht als Maske für etwas anderes betrachtet werden. „Traumsymbole sind demnach die wichtigsten Mitteilungsträger von den instinktiven zu den rationalen Teilen des menschlichen Geistes“[4] ... „Für den wissenschaftlichen Verstand sind solche Erscheinungen ein Ärgernis ... weil sie nicht in einer den Intellekt und die Logik befriedigenden Weise formuliert werden können.“[5] Während Freud glaubte, daß der Traumprozeß mit einem Gedanken beginnt, der dann mit Hilfe einer Anzahl von Symbolen entstellt und verzerrt wird und damit einen Traum bildet, sah Jung in den Bildern und den Symbolen des Traumes die natürliche Sprache des Unbewußten. Ein Traumsymbol ist für ihn Ausdruck eines psychischen Zustandes und kann nur bruchstückhaft mit verbalen und rationalen Begriffen umschrieben werden. Folglich legte er weniger Wert auf die Deutung eines Traumes als Freud. Er glaubte, daß das *Erlebnis* des Traumes einen wichtigen Prozeß an sich darstellt. Einige seiner Patienten hatten am Ende ihrer Behandlung einen sehr starken Traum mit einem Mandala oder einem anderen harmonischen Symbol, das Jung als einen „psychischen Grenzstein“ in ihrem Leben auffaßte, dessen Bedeutung nicht entziffert zu werden brauchte. Jung arbeitete häufig mit einer Serie von Träumen, selten mit einem einzigen Traum. Er verwendete die Freudsche Technik der freien Assoziation nicht mehr, da diese vom Traum selbst wegführen konnte. Er zog es vor, sich auf die Eigenheiten und die Stimmung der konkreten Symbole und Ereignisse eines Traumes zu konzentrieren. Diese hielt er für wichtig: Für ihn waren die Träume eine Selbst-Darstellung des Unbewußten. Jedes einzelne Element oder Symbol im Traum stellt eine Stimmung, ein Gefühl oder einen Teil der Persönlichkeit des Träumers dar. Das „Ich“ im Traum repräsentiert gewöhnlich das bewußte Ich des Träumers, während andere Figuren im Traum für weniger bekannte, unbewußte Eigenschaften stehen. Jung schildert das Beispiel eines Patienten, der eine sehr hohe Meinung von sich hatte und ein irritierendes Gehabe moralischer Überheblichkeit demonstrierte; dieser Patient träumte von einem betrunkenen Landstreicher, der in einen Graben rollt. Jung meinte, daß der Landstreicher einen Teil seiner Persönlichkeit wiedergibt, den der Patient in seinem täglichen Leben nicht zum Ausdruck bringt und den er unter der Maske der moralischen Überheblichkeit versteckt hält.[6] Der Traum bringt das Bild eines Tramps ans Licht, um das einseitige Bild, das dieser Mann im allgemeinen vermittelt, zu korrigieren. Damit versucht der Traum, eine psychische Balance herzustellen:

„Dies nenne ich die komplementäre Funktion der Träume. Das erklärt zum Beispiel, warum Menschen, die unrealistische Ideen oder eine zu hohe Meinung von sich selbst haben oder allzu grandiose Pläne machen, die außerhalb ihrer Möglichkeiten liegen, oft vom Fliegen oder Fallen träumen. Der Traum kompensiert die Mängel ihrer Persönlichkeit und warnt sie gleichzeitig vor den Gefahren ihres gegenwärtigen Kurses.“[7]

Hier ein kurzes Beispiel der Jungschen Methode in der Praxis aus der Fallgeschichte eines Mannes, der den Namen „Henry" erhielt.

„Kaum zwei Wochen später ... kam Henry mit einem weiteren Traum, in dem er erneut mit dem irritierenden Problem des Irrationalen konfrontiert wurde.

‚Allein in meinem Zimmer. Aus einem Loch krabbeln eine Menge schwarzer, ekliger Käfer, die sich über meinen Zeichentisch verbreiten. Ich versuche sie mit irgendeinem Zauber in ihr Loch zurückzutreiben. Dies gelingt mir auch, bis auf drei oder vier Käfer, die schließlich meinen Tisch wieder verlassen und sich im ganzen Zimmer verstreuen. Auf ihre weitere Verfolgung verzichte ich: Sie sind mir nämlich nicht mehr so ekelhaft ... Ich lege in ihrem Schlupfwinkel Feuer an. Eine hohe Flammensäule steigt auf. Ich befürchte, daß mein Zimmer in Brand geraten könnte, doch ist meine Furcht unbegründet.'"[8]

Bei der Traumdeutung durch Henry selbst und seinem Jungschen Analytiker werden die Käfer als seine „dunklen Eigenschaften" gewertet. Diese sind durch die Analyse geweckt und an die Oberfläche gekommen. Schwarz wird als die Farbe der Depression und des Todes beschrieben. Henry, allein in seinem Zimmer, ist Ausdruck einer Situation, die zu Zuständen von Introvertiertheit und Schwermut führen könnte. Im Traum ist die Angst vorhanden, diese dunklen Eigenschaften in Form der Käfer könnten Henrys berufliche Arbeit (symbolisiert durch den Zeichentisch) überfluten. Der Analytiker sieht im Versuch Henrys, die Käferbrut mit dem Feuer zu zerstören, eine positive Handlung. Das Feuer kann symbolisch verstanden, zu einer Umwandlung und Wiedergeburt führen wie beim klassischen Mythos des Phönix. Es wird der Eindruck vermittelt, daß das Feuer ein Symbol für Henrys innere Kräfte darstellt, die diese „dunklen Eigenschaften" umwandeln und ihnen ein neues Leben in einer anderen Form geben. Jung ist sich im klaren darüber, daß sich die gleichen Tendenzen oder Eigenschaften, die sich unter bestimmten Umständen vielleicht als nützlich erweisen, wenn sie verdrängt werden, zu dunklen und dämonischen Kräften entwickeln können.

Jungs Werk hat *ebenfalls* seine Grenzen. Während Freud vielleicht die Rolle der verdrängten Sexualität in den Träumen überbewertet, unterschätzt Jung vermutlich das sexuelle Element. In seinem Werk nimmt er zu wenig Bezug auf den Körper, auf dessen Empfindungen oder Symptome. Sein mangelndes Verständnis für die Lage der Frauen werden wir später in diesem Kapitel erörtern. Der vielleicht nützlichste Aspekt seiner Traumarbeit ist sein Respekt vor dem Unbewußten: Für ihn ist es nicht bloß ein Depot für anrüchige, infantile oder tierische Ausdrucksformen unserer selbst, sondern eine Schatzkammer, die in reichem Maße schöpferisch tätig ist, indem sie Symbole produziert und uns durch diese symbolische Sprache über unser Leben aufklärt. Er zeigt uns, daß das Unbewußte eine ihm eigene natürliche Tendenz besitzt, uns zu einem Gleichgewicht zu verhelfen und uns zu heilen. Die Schätze des Unbewußten können, wenn sie bewußt gemacht werden, die Persönlichkeit stärken und psychische Energien für Wachstum und Reifen freisetzen.

Die Traumtheorien von Perls

Die Ideen von Fritz Perls, dem Begründer der Gestalttherapie, haben wir im dritten Kapitel in groben Zügen dargestellt. An dieser Stelle befassen wir uns ausschließlich mit der Methode, die er für die Traumforschung entwickelte. Sein grundlegendes Konzept heißt: den Traum zum Leben bringen, indem der Träumer aufgefordert wird, seinen Traum im Präsens mitzuteilen und zwar so, als ob er gerade jetzt stattfände. So identifiziert sich der Träumer mit ihm und spricht als das jeweilige Element des Traumes. Seine Theorie weist insofern Ähnlichkeiten mit der von Jung auf, als er in den Wesen und Dingen des Traumes verdrängte Teile der Persönlichkeit des Träumers sieht: Teile, die das Wachbewußtsein leugnet, und die in den Träumen zum Vorschein kommen, um einen Ausgleich zu schaffen. Mit Hilfe der Methode von Perls agierst du diese verdrängten Teile aus, um die Aspekte deiner Persönlichkeit, von denen du dich entfremdet hast, wieder als dir eigen anzuerkennen. Dann kannst du ein umfassenderes und stärkeres Gefühl für dich selbst als eine vollständige Persönlichkeit gewinnen. Die wichtigste Funktion des Traumes besteht für ihn darin, unvollendete Situationen zu vollenden und die Löcher in der Persönlichkeit zu füllen. Beim obigen Beispiel würde Perls folgendermaßen vorgehen: Er fordert den moralisch überheblichen Mann auf, der Landstreicher zu sein. Er soll sich als solchen beschreiben und diese Rolle untersuchen („Ich bin ein Tramp. Ich bin betrunken, ich liege hier und alles ist mir egal ..."). Auf diese Weise kann der Mann sich mit einem Teil seines Charakters identifizieren, den er mit Hilfe seines überheblichen Selbstbildes verleugnet hat. Dementsprechend würde Henry aufgefordert, die schwarzen Käfer in seinem Traum zu *sein*. Die Freudsche Patientin würde *als* das leere Theater sprechen, *als* die Freundin, die die Heirat aufgeschoben hat. Perls gab die Freudsche Methode der Traumdeutung auf, die, wie er glaubte, zu einem bloßen intellektuellen Spiel ausarten kann; er behauptete, daß die Freudsche Analyse den Traum zergliedert und analysiert, die Gestalttherapie ihn jedoch zum Leben erweckt. Hätte die Frau ihren Theatertraum nach Perls Methode untersucht, wäre sie in der Tat vermutlich zu ähnlichen Ergebnissen gelangt wie mit Freuds Technik. Die Erfahrungen jedoch, die sie beim Prozeß des Erkennens gemacht hätte, wären mehr körperlicher und emotionaler Art gewesen, da sie die Konflikte und Stimmungen des Traumes in der Gegenwart wieder erlebt hätte. Die Technik von Perls ist eine sehr lebendige Methode, um abgespaltene oder verdrängte Teile von uns selbst ins Bewußtsein zu bringen. Für eine Selbsthilfegruppe ist sie besonders gut geeignet, da sie das direkte Erleben betont und der Träumerin erlaubt, den größten Teil der Arbeit zu tun, nämlich die Symbole ihres Traumes selbst zu untersuchen. Die anderen Gruppenmitglieder helfen ihr bei der Anwendung der Techniken. Der ganze Traum wird für alle zugänglich, und am Ende der Sitzung weiß sie gewöhnlich, mit welchen Problemen der Traum zu tun hat, und was sie daraus für die Art und Weise, wie sie lebt, lernen kann.

Die Vorstellung, daß jedes Wesen und jeder Gegenstand in unseren Träumen eigentlich ein Teil unserer Person ist, mag uns zunächst Schwierigkeiten bereiten. Hier ein Beispiel, bei dem ein offensichtlich obskures und fremdartiges Objekt als Teil der Träumerin und ihrer Erfahrungen erlebt wird.

Rose beschreibt einen Traum, in dem sie unter brennendem Sonnenschein auf dem Bahnsteig eines Bahnhofes steht. Die Gruppe fordert sie auf, der Bahnsteig zu *sein* und so zu sprechen, als ob sie der Bahnsteig wäre. Rose ist zunächst überrascht und skeptisch, als ob sie mit einem Bahnsteig nichts gemein hätte und nicht wüßte, wie sie als ein solcher sprechen sollte. Endlich schließt sie die Augen und beginnt: „Ich bin kalt und hart und die Leute spazieren auf mir herum." Die Aussage entspricht so sehr ihren gegenwärtigen Erfahrungen mit sich selbst, daß sie in Tränen ausbricht. Die Sitzung geht dann von hier aus weiter.

Diese Traumelemente erscheinen uns häufig als negativ und schreckenerregend: beispielsweise ein scheußliches Insekt, das auf uns herumkrabbelt, ein Flugzeug, das uns bombardiert, eine Mauer, die uns von anderen trennt, ein Riesenrad, das uns zu zermalmen droht. Normalerweise sind sie Ausdruck von Projektionen, von Eigenschaften, die wir nach außen projiziert haben und somit als entfremdete, destruktive Kräfte jenseits unserer Kontrolle erleben. Auf diese Weise kehrt sich unsere eigene Stärke gegen uns selbst. Indem wir das Insekt spielen, kommen wir vielleicht mit dem „garstigen Mädchen" in uns in Berührung, das verbittert ist, weil es unterdrückt wurde; indem wir das Rad darstellen, können wir die Kraft und die Energie zurückgewinnen, die wir uns als eine von uns getrennte Macht vorgestellt haben. Perls glaubte, daß wir jedesmal, wenn wir uns mit einem Teil eines Traumes identifizieren, d. h. ein „es" in ein „Ich" verwandeln, Energien und vermehrte Vitalität zurückfordern.

Manchmal fällt es uns schwer zu akzeptieren, daß alles im Traum ein Teil von uns selbst ist. Dies nicht nur, weil wir Angst davor haben, uns selbst zu erkennen, sondern weil der Traum sich ganz deutlich auf einen Elternteil, eine/n Freund/in oder eine aktuelle Situation aus dem Alltagsleben bezieht. Hier ein Beispiel:

Penny ist kürzlich umgezogen und fühlt sich in ihrer Beziehung zu Craig unsicher. Bei ihm läuft alles rund, bei ihr stehen die Dinge schlecht. In ihrem Traum befinden sich beide an einer felsigen Meeresküste. Craig rennt ihr behende davon, von Felsbrocken zu Felsbrocken springend, während sie zurückbleibt, sich stolpernd vorwärtsbewegt und versucht ihn einzuholen, in ständiger Angst, ins Meer zu fallen. Sie meint, dieser Traum spiegele viel eher ihre reale gegenwärtige Lage, was Craig und alles andere anbelangt, wider und sei weniger Ausdruck von verschiedenen, verleugneten Aspekten ihrer Persönlichkeit.

Dieser Traum ist tatsächlich ein Abbild der realen Situation und einer aktuellen Spannung in ihrer Beziehung zu Craig. Träume können oft sehr hilfreich sein, indem sie uns auf Dinge aufmerksam machen, die wir zwar unbewußt registriert, aber nicht bewußt wahrgenommen haben. Ein Traum über Zähne soll uns vielleicht daran erinnern, den Zahnarzt aufzusuchen; ein Traum, in dem eine Freundin am Ertrinken ist, kann bedeuten, daß wir zwar Anzeichen für tatsächlich vorhandene Schwierigkeiten mitbekommen, aber nicht darauf reagiert haben. Ann Faraday gibt in ihrem Buch *Die positive Kraft der Träume*[9] viele Beispiele dieser Art von Träumen und zeigt auf, wie wir sie nutzen können. Wenn wir jedoch Träume in der Therapie verwenden, wollen wir wissen, was sie über *uns selbst* aussagen. Die Technik von Perls hat natürlich auch bei Pennys Traum ihre Gültigkeit. Obwohl der Traum eine wirkliche Situation wiedergibt, sind die von ihr ausgewählten Aspekte der Traumszenerie und die dabei verwendeten Symbole Ausdruck einer inneren Befindlichkeit. Sie hätte Craig im Traum auch abweisend, distanziert oder wütend darstellen können; die Themen, die sie in ihrem Traum aufleben ließ, kreisen um Selbstvertrauen, Straucheln und Angst. Vermutlich zielen sie auf wichtige oder ungelöste Konflikte in ihrem eigenen Leben und in ihrer Persönlichkeit. Vielleicht ist Craig auch in Wirklichkeit ein selbstsicherer Mensch. Die Tatsache aber, daß Penny diese Eigenschaft auswählt und in ihren Traum einbettet, läßt uns vermuten, daß diese Eigenschaft auch in ihr mitschwingt und etwas mit ihrer eigenen Persönlichkeit zu tun hat. Sie ist zwar vorhanden, aber noch nicht ganz gelöst, denn sonst hätte sie diese Eigenschaft nicht genügend verinnerlichen können, um sie im Traum neu zu schaffen. Indem sie den selbstsicheren Craig, die scharfen, spitzen Felsen, das tiefe, wilde Meer ausagiert, wird sie vermutlich verborgenes Selbstvertrauen und Kräfte in sich spüren, die verschüttet sind und in ihrer schwachen, ungeschickten Rolle, die sie gegenwärtig spielt, nicht zum Durchbruch gelangen.

DIE ANWENDUNG DER TECHNIK VON PERLS IN DER SELBSTHILFE

Hier das Beispiel einer Frau, die Perls Methode in einer Selbsthilfegruppe anwendet:

Diana erzählt im Präsens einen Traum: Sie befindet sich in einem Haus, in das eingebrochen wurde; es liegt zerbrochenes Glas herum, die Atmosphäre ist angstgeladen und verheißt nichts Gutes. Draußen in der Dämmerung sieht sie die bedrohlichen Umrisse einer monströsen weißen Ziege („der

Teufel"), die größer als das Haus ist. Sie hat Angst. Zum Glück erscheint jemand, um den „bösen Zauber" wegzunehmen: Es ist eine androgyne Gestalt vom Mars, geschmeidig und strahlend in Weiß und Silber. Als die Gestalt auf den nächsten Raum im Haus zugeht, bricht die Ziege mit einem ihrer Riesenbeine die Haustür auf. Diana schließt die Türe und rennt schreckerfüllt dem „Menschen vom Mars" hinterher.

Nachdem Diana ihren Traum erzählt hat, wird sie der Reihe nach die Rollen der Ziege, des Hauses und des Marsmenschen spielen. Die Gruppe schlägt vor, daß sie sich hinlegen und mit der Ziege beginnen soll. Sie schließt die Augen und atmet eine Weile ruhig, damit sie sich auf diese Wesen einstimmen kann. Dann beschreibt sie sich als Ziege: „Ich bin riesig und weiß und schreckenerregend ..." Die Gruppe fragt sie, was die Ziege für Diana und das Haus empfindet: „Ich fühle mich ausgeschlossen. Ich will dieses Haus aufbrechen ..." Als nächstes spricht sie als die Gestalt vom Mars: „Ich bin geschmeidig und silbrig und schön." Aber nach wenigen Sätzen weiß sie nicht mehr weiter. Die Gruppe bemerkt einen merkwürdigen Ausdruck auf ihrem Gesicht und fragt sie, was sie verstummen läßt.

„Daß bin ich überhaupt nicht. Diese Gestalt ist so strahlend und lebendig, ich fühle mich so beschissen ..." Diana fängt an zu schluchzen.

„Diana, es ist dein Traum, du *bist* es. Schau, ob du nicht weitermachen kannst."

Immer noch weinend fährt Diana fort, sich als Marsbewohner zu beschreiben, und allmählich gelingt es ihr, jenen strahlenden Glanz als ihr eigen anzuerkennen. Dann sagt sie, was der Marsbewohner für die Ziege, Diana und das Haus empfindet. Darauf spricht sie als Diana, dann als das Haus. „Ich bin ganz verschlossen, aber ich habe Angst, daß jemand einbrechen könnte ..." Eine Frau bemerkt, daß sie die Fäuste geballt hat und gibt ihren Kommentar: „Was machen deine Hände?" Diana erwidert: „Ich bin angespannt und erschrocken, ich will, daß die Ziege verschwindet!" Die Gruppe fordert sie auf, die geballten Fäuste noch stärker auszuagieren, und sie krümmt sich zu einer Kugel zusammen. Die Gruppe ermutigt sie, nur den einen Satz „Verschwinde! Verschwinde!" mehrere Male zu wiederholen. Dann schlagen sie ihr vor, die entgegengesetzte Lage einzunehmen. Sie streckt sich aus, dehnt sich, liegt entspannt auf dem Boden. Die Gruppe meint, sie solle einen Dialog zwischen der Ziege und Diana im Traum entwickeln. Sie setzt sich auf ein Kissen, um als Ziege zu sprechen und wechselt dann auf ein anderes Kissen, um als Diana zu sprechen. Der Dialog fällt zunächst feindselig aus („Ich habe Angst", „Ich werde dich überwältigen.") Gegen Ende des Dialogs nähern sich die beiden Charaktere an. Die Ziege willigt ein, freundlicher zu sein, und Diana begreift, daß sie das Haus verlassen kann, um draußen in der Nacht mit der Ziege zu sprechen.

Als Diana das Gefühl hat, fertig zu sein, fragt die Gruppe sie, was der Traum für sie bedeute. Sie meint, die Ziege verkörpere ihre Sexualität, der Marsbewohner ihre Spiritualität; beides Teile ihrer Persönlichkeit, die sie verdrängt und vor denen sie Angst gehabt hat. „Ich habe gern alles unter

Kontrolle: wie im Haus drinnen, es ist hell erleuchtet und behaglich. Aber ich habe immer Angst vor dem, was ausgeschlossen ist." Sie erzählt, wie sie sich kürzlich diese verschiedenen Seiten ihrer selbst eröffnet hat – mit Übungen im „Erden" und in der Meditation – und wertet dies als einen positiven Prozeß, den sie weiterführen möchte.

Die wirksame Anwendung dieser Methode erfordert einige Kenntnisse. Bei einer unsicheren oder unerfahrenen Selbsthilfegruppe kann sie unter Umständen überhaupt nicht funktionieren. Die betreffende Frau bleibt stekken, erzählt den Traum einfach wieder oder entwickelt einen Dialog zwischen Traumfiguren, der nichts bringt. Deshalb erscheint es uns sinnvoll, die Technik in klaren Schritten, die der Reihe nach zu befolgen sind, nachzuzeichnen:

1 Die Träumerin erzählt den Traum von Anfang an im Präsens: „Ich *bin* in dem Haus", „Ein Bein bricht durch die Tür." Die Gruppe achtet darauf, daß sie nicht plötzlich die Vergangenheitsform verwendet. Falls die Erzählung des Traumes langatmig und verwirrend ausfällt, unterbrechen wir sie. Jeder kleine Traumabschnitt birgt gewöhnlich genügend Material für eine ganze Sitzung. Deshalb eignen sich kurze Träume am besten. Bei einem langen Traum wählen wir nur eine Episode aus, um damit zu arbeiten. Die Gruppe kann die Träumerin fragen, welches für sie der stärkste oder eindrücklichste Abschnitt sei oder darauf achten, welcher Teil der Erzählung die größte Wirkung auf sie hat. Dies ersehen wir daraus, ob die Träumerin aufgeregt wird, ob sie zögert, eine bestimmte Geste macht oder sich der Tonfall ihrer Stimme verändert.

2 Hat die Träumerin sich für eine bestimmte Episode entschieden, spricht sie als die Hauptelemente des Traumabschnitts, seien es nun Figuren („Sprich als der Marsbewohner", „Sprich als Craig"), Tiere („Sprich als die Ziege") oder Objekte („Sprich als das Haus", „Sprich als das zerbrochene Glas"). Denkt daran, daß es auch Elemente sein können, die der Träumerin als ihr feindlich gesinnt auftreten. Häufig ist es sinnvoll, Elemente ausagieren zu lassen, die im Traum keine Gestalt angenommen oder offensichtlich *nicht vorhanden* sind (die „böse Magie", die Person, die die Fenster einschlug). Falls du von einer Gitarre ohne Saiten träumst, befinden sich die Saiten natürlich irgendwo im Traum, aber sie fehlen. Das Herzstück der Gitarre liegt in ihnen, aber wo Musik und Sensibilität sein sollten, ist ein Loch. Hier ein paar Richtlinien zu den Elementen, die sich am besten zum Ausagieren eignen:

Fragt die Träumerin, was sie am stärksten beeindruckt.
Achtet darauf, welche Traumelemente die wirksamste und stärkste Rolle spielen.
Achtet bei ihrer Erzählung darauf, was sie berührt, was sie veranlaßt,

den Tonfall ihrer Stimme, ihren Ausdruck oder ihre Haltung zu verändern.

Achtet darauf, was offensichtlich im Traum fehlt.

In jedem Fall sollte sie sich selbst beschreiben („Ich bin das Haus. Ich bin klein ...") und dann schildern, was sie für die anderen Figuren und Elemente im Traum empfindet („Ich beschütze Diana; ich fürchte mich vor dieser hereinbrechenden Ziege ...").

3 Laßt einen Dialog entwickeln. Diana beispielsweise stellte einen Dialog zwischen der Ziege und dem „Ich" in ihrem Traum her. Sie hätte ebenso gut einen Dialog zwischen der Ziege und dem Haus oder zwischen dem Marsbewohner und der „bösen Magie" entwickeln können. Benutzt jeden vorhandenen oder möglichen Konflikt zwischen Traumelementen und laßt diese miteinander sprechen, um ihn zu ergründen. Dabei setzt sich die Träumerin bei jeder Figur auf ein anderes Kissen und wechselt zwischen ihnen, wobei sie die in Kapitel 3 beschriebene Gestalttechnik anwendet. Die Gruppe achtet darauf, daß die Träumerin immer voll durchatmet und bittet sie, jede bedeutungsgeladene oder wirkungsvolle Aussage zu wiederholen, so wie bei Dianas „Verschwinde!" Die Passage wird von der Träumerin vielleicht zunächst mit Nachdruck oder aber auch mit überraschender Zurückhaltung geäußert: Als sich Diana zuerst als Ziege vorstellt, tut sie dies beinahe flüsternd: „Ich bin riesig und furchterregend ..." Die Gruppe unterstützt sie solange, bis in diesem Satz die gefühlsmäßige Beteiligung mit der entsprechend lauten und volltönenden Stimme zum Ausdruck kommt.

Mit zunehmender Erfahrung wird es leichter zu spüren, wann im Dialog der richtige Zeitpunkt für einen Rollenwechsel der Traumfiguren gekommen ist. Dabei hilft euch vielleicht die Lektüre des Buches „Gestalt-Therapie in Aktion"[10], das viele ausführliche Beispiele von Perls Traumarbeit enthält. Es ist wichtig, mit dem, was im Jetzt geschieht, in Berührung zu bleiben, mit den Empfindungen und Gefühlen der Träumerin, die arbeitet. Achtet auf ihre Gesten, den Tonfall ihrer Stimme und ihren Gesichtsausdruck. Sie alle liefern uns wichtige Anhaltspunkte über das, was in ihr vorgeht. Bei unserem obigen Beispiel hat die Gruppe sofort auf eine Handbewegung Dianas reagiert, während sie das Haus spielte, ebenso auf eine Veränderung ihres Gesichtsausdruckes bei ihrer Rolle als Marsbewohner. Bei diesem Vorgehen vermeiden wir am besten die Frage „warum". („Warum ballst du die Faust?") Sie kann uns zu Erklärungen und Deutungen verführen. Statt dessen verwenden wir das „wie"? Bei Fragen dieser Art bleibt die Träumerin in Kontakt mit ihrer unmittelbaren Erfahrung. („Wie fühlst du dich jetzt?", „Was macht deine Hand?" „Wen schlägst du mit dieser Faust?") Macht die Träumerin eine bestimmte Geste, ist es oft sinnvoll, sie aufzufordern, diese zu übertreiben, sie mit einem Wort zu benennen, zu untersuchen, wie sich ihr Gegenteil auswirken würde.

4 Mit einer Traumarbeit als Ausgangspunkt kann die Therapiesitzung verschiedenartig strukturiert werden. Pennys Traum beispielsweise könnte sie dazu veranlassen, Craig in Gedanken auf ein Kissen zu setzen, um den laufenden Konflikten in ihrer Beziehung zu ihm tiefer nachzugehen. Ihr könnt das gleiche tun mit einer/m Freund/in, einem Elternteil oder Kind, die in eurem Traum erscheinen: Den Traum könnt ihr als Ausgangspunkt benutzen, um vorhandene Beziehungsschwierigkeiten oder unbeendete Situationen zu lösen. Desgleichen können wir jedes durch den Traum aufgeworfene Thema weiterverfolgen. Diana könnte beispielsweise an ihrer Sexualität oder Angst weiterarbeiten.

Eine weitere gute Technik: Themen aus dem Traum direkt auf die Gruppe beziehen. Zum Beispiel: Nachdem Diana ihrer Ziege gesagt hat: „Verschwinde! Du machst mir Angst!", hätte die Gruppe sie auffordern können, die gleichen Sätze der Reihe nach an die ganze Gruppe zu richten. Dann hätte sie das gleiche nochmals mit der gegenteiligen Aussage wiederholen können. Auf diese Weise verbindet sie das Thema des Traumes mit der Art, wie sie sich auf andere Menschen im wirklichen Leben bezieht. Wie fühlt sie sich, wenn sie den anderen sagt, sie sollen verschwinden? Was empfindet sie, wenn sie das Gegenteil sagt? Eine Frau, die träumt, wie ein Mann ihr die Erlaubnis gibt, ein Feld zu überqueren, können wir auffordern, den Gruppenmitgliedern die „Erlaubnis zu geben", sich auf bestimmte Art zu benehmen. („Ich gebe dir, May, die Erlaubnis, diesen Abend wütend zu sein.") Dann macht sie wieder die Runde und verweigert die Erlaubnis. Auf diese Weise spielt sie in der Gruppe das Thema „Erlaubnis" durch. Ihr Traum zeigt uns, daß dieser Bereich für sie konfliktbeladen ist.

5 Feedback. Wie üblich gilt auch hier: Haltet euch an das, was ihr während der Sitzung *bemerkt* und *fühlt*, und versucht nicht, Erfahrungen einer anderen zu interpretieren. Perls hält beim Zusammenfassen eines Traumes zwei Punkte für sehr wesentlich: Was ist die „existentielle Botschaft" des Traumes? (Bei Fallträumen: Du bist zu hoch oben) und: Was wurde vermieden? (In Dianas Traum: das Haus verlassen).

Es erscheint uns auch sinnvoll, sich selbst zu fragen: „Was sagt der Traum darüber aus, wie ich mein Leben führe?" und „Wie möchte ich mein Leben verändern?"[11] Beim Lernen aus unseren Träumen ist es auch wichtig zu verstehen, *weshalb* wir jene Teile unserer Persönlichkeit abgespalten haben und sie auf entfremdete oder schreckliche Figuren projizieren. Perls Ton erscheint uns manchmal recht vorwurfsvoll, als ob wir uns grundlos dazu entschieden, uns zu verleugnen und zu berauben. Wir können diesen Vorgang aber auch positiver beurteilen, als eine Art, wie wir in dieser Welt gelernt haben zu überleben. Die Arbeit, soziale Normen und Machtstrukturen innerhalb der Gesellschaft erfordern häufig, daß wir einen Teil von uns selbst verleugnen, damit wir uns anpassen können. Selbst wenn wir diese Teile von uns während der Therapie zurückfordern, ist es nicht unbedingt leicht, sie in unserem Alltagsleben frei auszudrücken.

Sich ihrer jedoch bewußt zu sein, genügt, um ein stärkeres Selbstwertgefühl in uns zu entwickeln, Energien freizusetzen und uns in die Richtung zu bewegen, in der wir uns umfassender ausdrücken können. In unserem Beispiel hat Diana ihre starke Sexualität von sich abgespalten, da sie ihr Schwierigkeiten hätte bereiten können (weil sie nicht „feminin" ist und zum „Herumschlafen" führen könnte). Dasselbe ist mit ihren spirituellen Kräften geschehen, die außerhalb der Grenzen der christlichen Kirche von der abendländischen Gesellschaft gemeinhin nicht anerkannt werden („mystischer Unsinn" oder „schwarze Magie" wie bei den Hexen). Am Ende der Sitzung spricht sie dann vielleicht davon, was sie in ihrer Arbeit, ihren Beziehungen oder ihrem gesellschaftlichen Leben verändern und welche politischen Ziele sie anstreben könnte, damit es ihr möglich wird, die wieder als ihr eigen anerkannten Teile der Persönlichkeit umfassender auszudrükken.

Ich kann mich nicht an meine Träume erinnern
Wenn du gerne mit Träumen arbeiten möchtest, aber Mühe hast, dich an sie zu erinnern, sind dir folgende Maßnahmen vielleicht eine Hilfe. Wenn du zu Bett gehst, gönnst du dir eine kurze Zeit der Entspannung – du kannst beispielsweise eine brennende Kerze betrachten bevor du einschläfst. Konzentriere dich darauf, daß du deine Träume erinnern möchtest. Vielleicht schlägst du dir selbst ein Thema vor, von dem du gerne träumen möchtest. Beim Eindösen rufst du dir folgendes nochmals ins Gedächtnis zurück: „Ich will meine Träume behalten." Beim Aufwachen behältst du die Augen geschlossen und suchst zuerst nach Traumerinnerungen, die zurückgeblieben sind. Anstatt dich über das Entfallene zu ärgern, packst du irgendein Überbleibsel, an das du dich erinnern kannst, läßt dich von ihm treiben und zum Rest des Traumes führen. Manche Leute erinnern sich besser an Träume, wenn sie von allein aufwachen und nicht vom Wekker aufgeschreckt werden. Leg Papier und Schreibzeug oder ein „Traumbuch" neben dein Bett, damit du deine Träume sofort nach dem Aufwachen niederschreiben kannst. Denk dir eine Methode aus, wie du deine Träume festhalten kannst. Vielleicht mit ein paar Schlüsselworten oder mit einer Zeichnung, die dir hilft, den Traum rasch zu fixieren. Du kannst dich bei der Traumarbeit in der Therapie auf dein Buch als Gedächtnisstütze beziehen. Alle Menschen träumen mehrmals pro Nacht. Falls du deine Träume nicht erinnern kannst, enthalten sie vielleicht Material, das du umgehen möchtest oder nicht bereit bist, zur Kenntnis zu nehmen. Weiter unten beschreiben wir eine Übung, um herauszufinden, was mit diesen „fehlenden Träumen" vor sich gehen mag, sowie weitere einleitende Übungen, die die Anwendung der Gestalttechnik bei der Traumarbeit erleichtern sollen.

97 Paarweise Träume aufwärmen
Setzt euch paarweise bequem auf den Boden gegenüber, jede mit Papier und Schreibzeug in Reichweite. Schließt die Augen und versucht euch für

einige Minuten einen kürzlichen oder wichtigen Traum ins Gedächtnis zurückzurufen. Erinnert euch an die Figuren, Ereignisse, Stimmungen und Gefühle des Traumes. Öffnet die Augen und notiert in Wort oder Bild einige der wichtigsten Punkte des Traumes. Nun hat jede von euch zehn Minuten Zeit, ihrer Partnerin etwas aus ihrem Traum mitzuteilen. Zunächst erzählt ihr den Traum im Präsens. Dann wählt ihr zwei interessante Figuren oder Objekte des Traumes aus. Als diese sprecht ihr dann der Reihe nach, wobei ihr die Ichform benutzt und euch in dieser Rolle beschreibt, wie ihr ausseht, was ihr gegenüber den anderen Elementen im Traum empfindet. Eure Partnerin hört euch einfach zu und achtet darauf, daß ihr im Präsens und in der Ichform bleibt. Nach zehn Minuten tauscht ihr die Rollen.

Wenn ihr als ganze Gruppe wieder zusammensitzt, könnt ihr euch mitteilen, was jeder von euch klar geworden ist. Vielleicht möchte eine Frau ihren Traum in der Gruppe noch ausführlicher untersuchen.

98 Mit deinen Träumen reden

Diese Gestaltübung hilft dir herauszufinden, was deine Träume als Ganzes für dich bedeuten. Es ist eine kurze Übung, die ihr paarweise oder der Reihe nach im Kreis sitzend durchführen könnt.

Legt ein Kissen vor euch auf den Boden und stellt euch vor, dieses Kissen stünde für eure Träume. Wenn ihr euch an das Kissen wendet, sprecht ihr also zu euren Träumen: „Träume, ich finde euch aufregend und möchte mich besser an euch erinnern ...“, „Träume, ihr versetzt mich in Schrekken ...“, „Ihr seid unangenehm, verschwindet ...“ und so weiter.

Nach mehreren Minuten tauscht ihr die Plätze und setzt euch auf das Traumkissen. Laßt euch etwas Zeit, um das Gefühl, die Träume zu „sein“, in euch einfließen zu lassen. Dann sprecht ihr, als ob ihr die Träume seid, die euch antworten: „Ich habe dir viel zu sagen, aber du willst mir nicht zuhören ...“, „Ich bin sehr schwer faßbar, ich entgleite dir, wenn du aufwachst ...“, „Ich bin stark und farbig und viel spontaner und kreativer als andere Teile von dir ...“

Bei diesem Rollenspiel mit dem Traum werdet ihr häufig die Entdekkung machen, daß die Träume als Symbol eures inneren Selbst in Erscheinung treten, als der versteckte Teil, den ihr nur selten nach außen hin zeigt oder ausagiert. Falls ihr euch nicht an die Träume erinnert, sprecht einfach zu den fehlenden Träumen: „Träume, ich wünschte, ich würde euch kennen. Was geschieht mit euch? Ich fühle mich durch die Art, wie ihr einfach verschwindet, betrogen ...“, und antwortet wiederum als die nicht vorhandenen Träume: „Ich frustriere dich, indem ich dir nichts bringe, ich bin zu unheimlich, du könntest mit mir nicht fertig werden, du weißt einfach nicht, was in der Nacht vor sich geht, wenn du nicht bei vollem Bewußtsein bist ...“

Dann tauscht ihr eure Erfahrungen aus.

99 Die Traumszenerie untersuchen

Dies ist eine weitere Übung, wie ihr euch mit den Techniken der Traumdeutung vertraut machen könnt.[12] Ihr benötigt dazu Schreibzeug und Papier in Reichweite. Den ersten Teil der Übung könnt ihr zusammen als Gruppe machen.

Setzt euch mit geschlossenen Augen bequem hin und atmet, um euch zu entspannen. Dann konzentriert euch auf einen kürzlichen starken oder wichtigen Traum. Richtet eure Aufmerksamkeit auf den Hintergrund des Traumes, auf seine Szenerie (zum Beispiel ein großes Haus, eine Theateraufführung, ein Bergwerk, die Landschaft). Falls die Szenerie im Traum wechselt, konzentriert euch auf den für euch interessantesten und aussagekräftigsten Hintergrund. Seid ihr soweit, öffnet die Augen und notiert euch die wichtigsten Eigenschaften oder Merkmale dieser Szenerie.

Dann beschreibt jede Frau der Reihe nach in der Gruppe oder paarweise etwa drei Minuten lang ihre Traumszenerie. Dabei beginnt sie jeden Satz mit: „Das Leben ist ..."

„Das Leben ist ein großes Haus. Es wimmelt von – Entschuldigung, das *Leben* wimmelt von Menschen, das macht mich ganz verwirrt ..."
„Das Leben ist eine Theateraufführung. Ich soll darin spielen, aber ich kenne meine Rolle nicht. Leben heißt, spielen müssen ..."
„Das Leben ist ein Bergwerk. Das Leben ist grausam und düster, Maschinen wo man hinblickt ...", „Das Leben ist eine weite Landschaft. Das Leben ist grün. Leben heißt wachsen."

Es ist erstaunlich, wieviel diese einfache Übung über unsere Lage, unsere Haltung gegenüber dem Leben und darüber, wie wir die Welt im Augenblick erfahren, aussagen kann. Die Traumszenerie erscheint uns als ein verdichtetes Spiegelbild unserer Existenz.

Nachher tauscht ihr eure Erfahrungen aus und gebt euch Feedback. Denkt daran: Versucht nicht, die Erfahrungen intellektuell zu deuten. Haltet euch an eure eigenen Gefühle und Eindrücke, was das Vorgefallene anbelangt.

PHANTASIEN UND SYMBOLE

Gelenkte Phantasien

Eine „gelenkte Phantasie" ist ein Wachtraum. Anstatt ein Symbol oder eine Situation aus dem Traum zu untersuchen, sind wir dazu aufgefordert, uns zu entspannen und uns ein bestimmtes Symbol oder eine bestimmte Lage *vorzustellen*, die wir dann näher betrachten. Auf diese Weise können wir der Bedeutung eines Symbols für uns selbst sorgfältiger nachgehen. Eine allgemein bekannte Übung ist die folgende: Wir stellen uns vor, wir spazierten über eine Wiese. Dann beschreiben wir diese Wiese, so wie wir sie erleben: die Höhe des Grases, ob es schwierig oder leicht zu begehen ist, ob es uneben ist, ob die Sonne scheint. Die durch die Phantasie heraufbeschworenen Eigenschaften und Stimmungen sollen uns Auskunft geben über unser Leben, unsere Gefühle und unsere Person. Das Wetter in der Phantasie kann unser allgemeines Wohlbefinden zum Ausdruck bringen: Kurzgeschnittenes Gras kann auf Hemmungen im Selbst-Ausdruck oder auf Überintellektualisierung hinweisen; wenn du von deinem Innenleben total abgeschnitten bist, fällt es dir vielleicht schwer, dir Gras überhaupt vorzustellen.

Solche Techniken der Symbolverwendung entstanden im Kielwasser von Jungs Werk. Roberto Assagioli, der Begründer der „Psychosynthese", hat sie in seinen Schriften vielleicht am klarsten dargestellt. Sie finden aber auch gelegentlich bei der Gestalt, dem Psychodrama und anderen Therapieformen Verwendung. Assagiolis Theorie besagt: Wenn dir ein Symbol oder eine Situation angeboten wird – sei dies nun eine Wiese oder eine Reise – projizierst du bedeutungsvolles Material hinein, dem du dir eigene, dir häufig unbewußte Eigenschaften zuweist. Dieser Projektionsprozeß vollzieht sich nicht bewußt. Wenn wir uns eine Wiese vorstellen, wird deren Größe, Konturen und Farben von unbewußten Kräften gestaltet. Vielleicht erstaunt uns die Kahlheit oder der Reichtum der von uns ausgemalten Wiese oder die Tatsache, daß wir uns ein beängstigendes Tier darin vorgestellt haben. Unsere Phantasie läßt Konflikte hervortreten, die uns nicht bewußt sind. Dieser Vorgang unterscheidet sich nicht wesentlich von dem, den wir in Zusammenhang mit den Träumen beschrieben haben. Auch hier werden wir stärker, indem wir Eigenschaften als uns eigen anerkennen. Sogar häßliche oder erschreckende Bilder erweisen sich als versteckte Schätze mit eigener Aussagekraft und Stärke, Energie oder Wut, die sie in unser Leben einfließen lassen. Gelenkte Phantasien bieten gewisse praktische Vorteile: Du brauchst dich nicht an einen Traum zu erinnern, und die ganze Gruppe wird miteinander durch die gleiche gelenkte Phantasie geführt und diskutiert sie dann als gemeinschaftliches Erlebnis. Wir können zum Beispiel eine Gruppensitzung mit einer Phantasie beginnen. Wir geben damit jeder Frau die gleichen Chancen mitzumachen. Zu einem späteren Zeitpunkt der Sitzung wünscht dann eine Frau vielleicht, die aufgetauchten Konflikte näher zu untersuchen. Diese Methode eignet sich auch, wenn eine Frau oder die ganze Gruppe sich festgefahren fühlt. Mit ihrer Hilfe können wir die Dinge von einem neuen symbolischen Gesichtspunkt aus betrachten. Diese Art Übung hat natürlich die gleiche Wirkung, wenn wir sie paarweise oder einzeln machen. Hier die Beschreibung einer Frau von einer gelenkten Phantasie:

Wir legten uns alle mit geschlossenen Augen hin und eine Frau führte uns auf einer magischen Reise durch eine Landschaft mit Flüssen, Wäldern und Bergen. Dies hatte eine solch hypnotische Wirkung auf mich, daß ich an einer Stelle ein paar Minuten in Schlaf verfiel. Nachher setzten wir uns auf und teilten uns gegenseitig das für uns Wichtigste mit. Zwei Dinge blieben in meinem Gedächtnis haften: An einer bestimmten Stelle wurden wir aufgefordert, uns eine Mauer vorzustellen und sie zu überwinden. Meine Mauer war hoch, und ich dachte, über die kommst du nie, aber irgendwie gelang es mir, mich leicht und ohne Anstrengung darüber hinwegzusetzen. Später wurde uns gesagt, die Mauer könnte als Verkörperung von Hindernissen in unserem Leben gelten, und da ich mich zu jener Zeit in einer sehr schwierigen Situation festgefahren hatte, fühlte ich mich gelöst und zuversichtlich, daß ich Mittel hätte, mein Problem zu meistern. In der Phantasie kam ich mit einem starken, sicheren Teil von mir selbst in Berührung, von dessen Existenz ich zu jenem Zeitpunkt in meinem bewußten Leben nichts spürte. Die andere Begebenheit, die mich beeindruckte, geschah am Ende, als wir zu einem Haus geführt wurden und dort eine weise Person fanden, der wir jede Frage stellen konnten, die einer Antwort bedurfte. Ich war von der Antwort, die ich erhielt, verblüfft – zu erkennen, daß ich die Antwort auf diese Frage die ganze Zeit mit mir herumtrug – ebenso von der Vorstellung einer weisen Person in mir, die ich um Rat fragen konnte, indem ich mich einfach meinem Unbewußten öffnete.

Dieses Beispiel zeigt uns, wie eine Phantasie eine Frau dazu befähigen kann, Kräfte, die ihr nicht voll bewußt sind, zu erkennen und wieder zu besitzen. Die hier verwendete natürliche Szenerie ist typisch für diese Art von Phantasien. Manchmal wird behauptet, daß gewisse Symbole sich auf einen bestimmten Aspekt der Persönlichkeit beziehen: Ein Berg zum Beispiel soll die Ambitionen symbolisieren; die Tiefe eines Flusses entspräche der Stärke der emotionalen oder sexuellen Energie; ein Rosenstrauch symbolisiere bei einem Mann seine sexuelle Entwicklung, und so weiter. Wir fanden es am besten, die Bedeutung dieser Symbole nicht zu wortwörtlich zu interpretieren, sondern jede Frau selbst entdecken zu lassen, was bestimmte Symbole für sie bedeuten. Es ist nicht möglich, die „Bedeutung" der Vergegenwärtigung vollständig herauszufinden. Es mag hilfreich sein zu klären, was du über dich selbst herausgefunden hast. Der Wert dieser Art von Übung liegt jedoch wie bei der Traumarbeit im *Erlebnis* selbst und nicht in den Deutungen.

In den Publikationen über Psychosynthese finden wir viele gelenkte Phantasien, die ähnlich sind wie die oben geschilderte. Sie enthalten auch einige, die einer Entwicklung folgen wie etwa der Zyklus des Weizens (von der Saat bis zum Brot, das den Menschen Energie liefert) oder die Vorstellung vom stufenweisen Wachstum und Blühen eines Busches aus einem Samen. Diese letztgenannte Phantasie hilft besonders unsere eigenen psychischen Wachstumsprozesse und unsere innere Entwicklung symbolisieren und fördern. Einige Phantasien sind dynamischer wie etwa die Vorstellung von einer Begegnung mit einem Löwen oder vom Ausbruch eines Vulkans. Zu den Techniken der Psychosynthese gehört auch die Führung durch einen Teil einer mythischen Legende wie etwa durch die des Heiligen Grals. Die verschiedenen Episoden der Legende werden so ausgewählt, daß sie gewisse Themen wie Aufstieg, Besinnung und Zusammenarbeit symbolisieren. Als Frauen liegt uns vielleicht eine Legende wie die von Demeter und Persephone näher: Diese Geschichte berührt Themen wie Verlust, Suche, Verborgenheit, Verschwesterung, und kann uns helfen, uns auf die Bedeutung dieser Themen in unserem Alltag zu konzentrieren. Bilder können die Phantasie auf ähnliche Weise stimulieren. Vielleicht findet ihr heraus, daß euch eine bestimmte Art symbolischer Darstellung am meisten anregt: mythologische Symbole, abstrakte (Dreieck, Stern, Mandala), tierische, menschliche (Hexe, Herz, Tänzerin) oder technische Symbole (Brücke, Raumschiff). Im folgenden Abschnitt beschreiben wir, wie ihr eine für diese Phantasien fruchtbare Atmosphäre und Situation schafft. Wir liefern verschiedene Strukturen, die ihr ganz verschiedenen Themen anpassen könnt, indem ihr Phantasien improvisiert, die auf verschiedenen Mythen oder Symbolen basieren, abgestimmt auf eure jeweiligen Bedürfnisse. Ihr könnt auch selbst entscheiden, wie ihr einer Phantasie folgen wollt, indem ihr Symbole ausagiert wie bei der Traumarbeit (*als* Fluß sprechen, *als* Löwe), Bewegung und Tanz einsetzt oder die Themen den Beziehungsstrukturen in der Gruppe anpaßt.

Die Verwendung der Symbole für das Heilen

Gelenkte Phantasien und Symbole verwenden wir nicht nur, um etwas über uns selbst zu erfahren, sondern auch um uns zu heilen. Hier zwei Beispiele:

Eine Frau führt die Gruppe durch eine gelenkte Phantasie, bei der die Gruppe sich vorstellt, durch einen Garten zu spazieren. Nachher erzählt Brenda, ihr Phantasiegarten sei trocken und unfruchtbar gewesen, fast ohne einen Grashalm. Sie wird aufgefordert, in ihren Garten zurückzukehren und unter jedem sich im Garten befindlichen Stein nachzuschauen, bis sie eine lebendige Pflanze findet. Dann soll sie sich vorstellen, sie gäbe dieser Pflanze Wasser, um ihr beim Wachsen zu helfen.

Lorna hat Hazel gebeten, ihr bei der Untersuchung eines Alptraumes zu helfen, in dem sie bei Nacht ins Meer fällt und ertrinkt. Gegen Ende der Sitzung hat sie plötzlich die Vorstellung einer großen, warm auf sie niederscheinenden Sonne. Hazel fordert sie auf, sich für eine Weile in dieser Sonne wohlig zu wärmen und dieses Bild im Gedächtnis zu behalten. Lorna beginnt von da an, dieses Bild regelmäßig zu verwenden, wenn sie sich von Ereignissen überrollt, sich schwach, kaputt fühlt oder nicht einschlafen kann. Sie merkt, daß dieses starke, positive Bild aus ihrem Unbewußten ihr hilft, ihre eigene Gesundheit und Stärke zu spüren.

Anders als bei den Träumen, wird bei der Arbeit mit Phantasien und Symbolen das Unbewußte *aktiv* stimuliert und herangezogen. Indem du dir eine Reise vorstellst oder das Bild einer Sonne hervorrufst, um dich in einer schwierigen Situation zu stärken, setzt du deine Vorstellungskräfte aktiv ein. Besonders für uns Frauen kann es hilfreich sein, in dieser Weise

Verantwortung zu übernehmen und unsere unbewußten Ressourcen dem Heilungsprozeß zugänglich machen.

Deine eigenen Symbole ausdenken
Es gibt eine weitere Methode, bei der wir uns, anstatt ein angebotenes Symbol zu vergegenwärtigen und mit unseren Projektionen zu füllen, unser eigenes Symbol ausdenken, das einen Teil unseres Körpers, unserer Person oder Erfahrungen versinnbildlicht. Ihr könnt euch beispielsweise ein Symbol für eure Sexualität, für euren Kopf oder eure zwischenmenschlichen Beziehungen ausdenken. Hier der Bericht einer Frau, die in einer gemischten Selbsthilfegruppe Symbole in dieser Weise erforschte.

Unsere Gruppe begann mit der Arbeit an einem für alle Mitglieder wichtigen Thema: dem Widerspruch zwischen den Dingen, die wir tun wollten, und denen, die wir glaubten tun zu müssen. Am Anfang der Sitzung leitete eine Person eine gelenkte Phantasie: Wir lagen auf dem Boden, und nachdem wir über diese zwei Aspekte unseres Lebens, diese zwei Seiten in uns selbst, nachgedacht hatten, wurden wir aufgefordert, dafür Symbole zu finden. Die Symbole, die mir in den Sinn kamen, waren ein Obstgarten und ein Mühlrad. Wir wurden gebeten, der Reihe nach mit diesen Symbolen zu sprechen und uns vorzustellen, sie sprächen zu uns oder miteinander. Danach tauschten wir unsere Erfahrungen aus. Wir beschlossen, daß ich mit Hilfe der Gruppe meine Gefühle zu dieser Spaltung in meinem Leben untersuchen sollte.

Zuerst erhielt ich zwei Kissen, eines für den Obstgarten und das andere für das Mühlrad. Ich wollte mit dem Obstgartenkissen beginnen und setzte mich drauf. Ich beschrieb den Obstgarten: ruhig, sicher, ungezwungen, das Gefühl von natürlichem Wachstum und von Wärme. Dann wechselte ich zum Mühlrad und schilderte das Gefühl, die ganze Zeit zur Arbeit angetrieben zu werden, eine endlose Aufgabe, den Lärm, das Gefühl verbraucht zu werden und das Routinemäßige an dem Erlebnis. Nachdem ich durch diese Symbole meine Gefühle erforscht hatte, spürte ich allmählich meine Angst wie ein Mühlrad zu sein. Ich sagte, Nein, ich bin nicht wie das Mühlrad. Ich wurde aufgefordert, dies lauter zu wiederholen: Nein, ich will nicht! Ich ballte zugleich die Fäuste und jemand schlug vor, ich solle gleichzeitig mit dem „Nein“ auf ein Kissen schlagen. Zuerst dachte ich vor allem an all die verschiedenen Aufgaben, die ich als Erwachsene erfüllen sollte, an all die Dinge, die andere Leute von mir erwarteten. Nach einer Weile wurde meine Stimme immer kindlicher, und als mich jemand fragte, zu wem ich denn nun spräche, erkannte ich, daß ich die ganze Zeit zu meinem Vater sprach. Ich redete weiter mit der Gruppe über meine Gefühle zu meinem Vater, darüber, daß er meinem Empfinden nach immer zuviel Zuwendung von mir verlangt hatte; daß er bei mir als junges Mädchen den Eindruck erweckt hatte, ich sei zu wichtig für ihn; daß er mir nicht mein eigenes Leben gönnte und ich weggehen mußte. Die Gruppe unterstützte mich, diesen Gefühlen weiter nachzugehen und einige der Männer in der Gruppe übernahmen die Rolle meines Vaters. In mir stieg plötzlich eine Mischung von Angst und Widerwillen hoch. Ich begann zu zittern und versuchte mich zu verstecken. Schließlich fühlte ich mich stark genug und mußte mich nicht mehr verstecken. Ich konnte meinem Vater gegenübertreten und ihm „Nein" sagen. Ich fühlte, daß ich dies im wirklichen Leben noch nie getan hatte: Ich hatte nie offen gesagt: „Du verlangst zuviel, ich kann nicht so sein, wie du mich gerne haben möchtest." Danach fühlte ich mich außerordentlich erleichtert, und ich hörte an diesem Punkt mit der Arbeit auf.

Dieses Erlebnis ließ sehr viele Gefühle hervorbrechen, die ich weiter verfolgte und durcharbeitete. Ich glaube, der deutlichste Nutzen daraus besteht für mich darin, daß ich mich fähiger fühle, dem Erwartungsdruck anderer Leute zu widerstehen. Ich spüre auch, daß ich mein Leben besser in die Hand nehmen kann. Was die Beziehung zu meinem Vater anbelangt, fühle ich mich wohler, wenn ich mit ihm zusammen bin, und habe weniger Angst, eine herzlichere Beziehung zu ihm einzugehen.

Dieses Beispiel zeigt, wie bei der Arbeit mit Symbolen ein Konflikt gefühlsmäßig gelöst werden kann, wobei verschiedene Techniken wie Gestalt und Rollenspiel verwendet wurden. Eigene Symbole ausdenken hat den Vorteil, daß sie für dich eine besonders starke Kraft besitzen und du sie oft auf eine sehr persönliche Weise zu deiner Unterstützung verwenden kannst: Die Frau im soeben geschilderten Beispiel könnte den Obstgarten regelmäßig als beruhigendes Bild benutzen. Lassen wir auf diese Weise Bilder in uns hochsteigen, ermöglichen wir uns häufig eine neue Sicht der Dinge. Wir können diesen Prozeß bis zum Ende verfolgen, und das Bild mit der Wirklichkeit vergleichen. Die Frau im obigen Beispiel untersuchte die besonderen Eigenschaften des Mühlrades, die sie in Zusammenhang mit ihrem „angetriebenen" Wesen bringen konnte.

Die Verwendung von Symbolen für die Untersuchung von Widerständen
Sollte eine Frau Gefühle ausdrücken, hat aber Mühe damit, nützt es meist wenig, sie dazu zu drängen. Es ist sinnvoller zu untersuchen, was sie blokkiert. Auch dafür können wir Symbole verwenden. Hier ein Beispiel:

Es handelt sich um eine gemischte Gruppe, in der Sandy sich befindet. Sie ist durcheinander und hat ohne Erfolg versucht herauszufinden, was sie an Spannungen und Gefühlen quält, die sie nicht zu entladen vermag. Sie ist in sich gekehrt und ihre Haltung gegenüber der Gruppe ist feindselig. Sie sagt, sie wisse nicht mehr weiter, verspüre einen Widerstand und sie habe blitzartige Bilder, in denen sie selbst aus Stahlrohr besteht. Die Gruppe fordert sie auf, diesem Bild nachzugehen. Sie beschreibt es als ein Gefühl, hohl und glänzend wie eine Skulptur zu sein, an der die Leute vorbeispazieren, wenn sie einkaufen gehen, und die sie gar nicht bemerken. Sie beschreibt sich selbst als elegante Stahlröhre in schöner Anordnung: „Das ist

Kunst!" meint sie lachend.

„Gut!" erwidert Peter. „Ich habe es mir genau angesehen, aber ich möchte jetzt etwas mehr Bewegung!"

„Reine Kunst", fährt Sandy fort, „von Leuten ausgeführt mit erlesenem Geschmack. Leute wie ihr wißt mich nicht zu würdigen! Sie wird zwar vermutlich Beulen und Kratzer abbekommen mit der Zeit."

„Was fühlt ihr, Röhren aus Stahl?" fragt Cathy.

„Es ist ganz angenehm, ein mächtiges, glänzendes Stück Kunst zu sein."

„Ich glaube, es ist absolut langweilig", meint Peter. Die Sitzung geht in diesem Stil weiter.

Durch die witzige Ebene dieser Sitzung zieht sich ein Prozeß, bei dem Sandy mit Hilfe des Stahlrohrsymbols verschiedene Empfindungen ausdrückt: nicht beachtet werden, von den anderen abgeschnitten sein, nicht geschätzt werden, was sie damit kompensiert, daß sie sich „zu gut" vorkommt, um von den anderen Leuten geschätzt zu werden. Gleichzeitig bringt sie aber auch einige Aspekte ihrer Persönlichkeit zum Ausdruck, die sie gern hat, nämlich das Gefühl, groß, strahlend und kreativ zu sein. (Sandys schöpferische Arbeit ist ein wichtiger Teil ihres Lebens.) Das Symbol erlaubt auch anderen Gruppenmitgliedern, etwas von ihrer Enttäuschung über Sandys Rückzug und ihrem stahlähnlichen Widerstand, ihre Gefühle emotionaler auszudrücken, einzubringen. Um die Sitzung in produktivere Bahnen zu lenken, hätte man vielleicht Sandy fragen sollen, ob sie nicht ein dem Stahlrohr entgegengesetztes Symbol finden und untersuchen könnte.

Freies Zeichnen

Dies ist eine weitere Methode, mit Symbolen und Phantasien zu arbeiten. Wenn wir ein Bild malen, projizieren wir häufig genauso viel von uns hinein wie bei den Symbolen, beim Traum oder bei einer Landschaft in einer gelenkten Phantasie. Wir gestalten es atmosphärisch und strukturell so, daß darin unsere Stimmung und unsere Eigenschaften reflektiert sind. Wir können beispielsweise einen Strauch, in voller Blüte oder blätterlos, in sich zurückgezogen darstellen; vielleicht sind noch andere Pflanzen in seiner Nähe oder er steht ganz allein da, mit tiefen Wurzeln oder nahe am Umkippen. All diese Eigenschaften können wir als Spiegelungen unserer Persönlichkeit oder gegenwärtigen Lebenslage interpretieren. Mit Hilfe der Übungen beschreiben wir nachstehend, wie wir zu diesem spontanen Zeichnen gelangen, was mit „gut zeichnen können" nichts zu tun hat. Ihr könnt es für jedes Thema anwenden und ohne Probleme eure eigene Übung improvisieren, um sie den Bedürfnissen einer einzelnen oder der Gruppe anzupassen. Hier ein Beispiel aus einer neu gebildeten Gruppe.

Die Gruppe beschließt, Bilder zum Thema „Wie ich zu anderen Leuten bin" zu malen. Nachher spricht jede Frau mit der Gruppe über ihr Bild. Ruth hat voneinander getrennte Menschengruppen dargestellt und erzählt von ihrem Schmerz, der ihr der Verlust von mehreren engen Freundinnen bereitet, die weggezogen sind. Kath hat Wirbel in warmen Farben mit etwas Schwarz um den Rand herum gezeichnet. Sie spricht von diesem schwarzen Abschluß als einer Barriere, die die Wärme, die andere ihr zu geben versuchen, fernhält. Sie geht diesem Problem nach und benutzt dazu die Gestalttechnik: Sie spricht in der ersten Person *als die Barriere* und beschreibt deren Funktion. Lynn hat rote Kreise und Fangarme gemalt. Sie hat kürzlich abgetrieben und meint, sie fühle im Moment nur Gebärmutter und Eierstöcke. Die Gruppe schlägt vor, sie solle als ihre Gebärmutter sprechen. Als dies nicht funktioniert, wird sie gefragt, ob sie gerne untersuchen möchte, wie es als Baby in der Gebärmutter sei. Sie rollt sich zusammen und alle halten und umringen sie. Allmählich wächst sie und streckt sich, bis sie in voller Größe dasteht und sagt, sie sei froh, die Menschen wieder zu sehen.

In diesem Beispiel diente das Zeichnen dazu, das Bewußtsein von sich selbst zu vergrößern, sich zu öffnen, Konflikte mitzuteilen und den nötigen Antrieb zu geben, damit eine Frau beginnen kann, sich mit einem kürzlich stattgefundenen, schmerzhaften Erlebnis auseinanderzusetzen.

Die Verwendung einer Phantasie, um sich der Wirklichkeit zu stellen

Phantasien oder Projektionen können wir noch auf eine andere Weise verwenden, die weniger symbolisch und enger mit der Alltagswirklichkeit verknüpft ist. Stell dir eine alltägliche Situation vor, in der du dich befinden wirst, beinahe befunden hast, oder die du fürchtest.

Du kannst diese Methode dann verwenden, wenn du dir einer schwierigen Situation bewußt bist, die auf dich zukommt: Stell dir vor, sie sei mit all deinen schlimmsten Befürchtungen eingetreten. Erkenne, wovor du Angst hast, und löse einen Teil der damit verbundenen Emotionen. Wenn du deine schlimmsten Befürchtungen heraufbeschwörst, kannst du dich auf sie vorbereiten und sie vermutlich als irrational erkennen. Nachdem du diese schwierigen Gefühle, die du in dieses zukünftige Ereignis hineinprojiziert hast, einigermaßen geklärt hast, vergegenwärtigst du dir es noch einmal. Diesmal aber stellst du dir vor, daß du fähig bist, mit dieser Angelegenheit umzugehen und sie mühelos zu meistern. Eine Frau beispielsweise, die Angst hat, bei einer großen Gewerkschaftsversammlung zu sprechen, malt zunächst ihre schlimmsten Befürchtungen als eingetroffen aus. Dann stellt sie sich vor, wie sie die Sache erfolgreich meistert, und kommt dabei mit einem Teil ihrer selbst in Berührung, der ruhig, zuversichtlich und vollkommen imstande ist, mit einer strapaziösen Situation fertig zu werden.

Diese Methode kann auch helfen, eine wichtige Entscheidung zu überprüfen, die wir getroffen haben. Wir verfolgen in der Phantasie noch einmal den gleichen Weg, nehmen aber eine andere Wendung, d. h. wir entscheiden uns für eine andere Lösung. Wenn wir uns nun vergegenwärtigen, wie unser Leben dann aussähe, erkennen wir, was diese Entscheidung für uns bedeutet.

Das gleiche gilt für eine Situation, die wir uns herbeiwünschen. Diese Methode wurde auch mit Erfolg bei eßsüchtigen Frauen angewendet. In der gelenkten Phantasie befinden sie sich in einer Situation, in der sie Gewicht verloren haben und sich gesellschaftlich mit anderen Leuten treffen. Solche Frauen erleben in dieser phantasierten Situation häufig starke, unbewußte Ängste, die der eigentliche Grund dafür sind, daß sie nicht abnehmen können („Ich würde zu schwach und hilflos sein", „Ich wäre sexuell zu attraktiv und dies wäre zu gefährlich").[13] Auf diese Weise werden Gefühle aufgedeckt, die uns daran hindern, ein gewünschtes Ziel zu erreichen.

Eine weitere Anwendungsmöglichkeit dieser Technik besteht in der Klärung der Veränderungen, die wir in irgendeinem Bereich unseres Lebens vornehmen möchten. In einer Sitzung beispielsweise, in der mehrere Frauen ihre Unzufriedenheit mit ihrer Wohnsituation zum Ausdruck gebracht haben, übernimmt ein Gruppenmitglied die Führung mit einer Phantasie, in der sich die Frauen zunächst von außen und dann von innen, Raum für Raum ihr „ideales Heim" vorstellen, mit besonderem Augenmerk auf die Personen und Gegenstände darin. Dann könnte der Prozeß wiederholt werden, indem sich nun jede Frau ihre jetzige Wohnsituation vergegenwärtigt und darauf achtet, was sich darin von ihrem Ideal unterscheidet. Dieses Vorgehen hilft, das Unbefriedigende an der derzeitigen Lebenssituation herauszukristallisieren und die Richtung möglicher Veränderungswünsche festzulegen.

Diese Methode hilft uns auch, eine Entscheidung oder eine Wahl zwischen zwei Handlungsmöglichkeiten zu treffen. Hier ein Beispiel dazu:

Kate bittet Denise, mit ihr eine „Therapiesitzung" zu machen. Sie benötigt dringend Hilfe bei einem Problem. Sie beschreibt zunächst die jüngsten Schwierigkeiten in ihrer zweijährigen sexuellen Beziehung zu Sandra. Sie weiß nicht, ob sie diese Beziehung abbrechen soll oder nicht. Für beide Frauen ergaben sich schwere Konflikte, sie fühlen sich aber noch emotional stark aneinander gebunden. Kate braucht Hilfe, um ihre Gefühle zu entwirren.

Sie ist mit einer Phantasieübung einverstanden. Denise fordert sie zunächst auf, sich bequem hinzusetzen, die Augen zu schließen und voll durchzuatmen, um sich zu entspannen. Dann fordert sie Kate auf, sich vorzustellen, sie habe sich von Sandra getrennt, und es sei seither ein Jahr vergangen. Sie sagt ihr, sie solle sich die Situation im Detail ausmalen.

Kate sitzt allein zuhause. Wie fühlt sie sich? Wie sieht ihr Leben aus? Welche Beziehungen hat sie? Was vermißt sie noch immer aus ihrer Beziehung zu Sandra? Inwiefern hat sich ihr Leben verändert, seit sie auseinandergingen? Denise läßt ihr viel Zeit und bittet Kate, ihre Gefühle in dieser Phantasievorstellung im Präsens zu beschreiben. Dann, als sie mit ihren Ausführungen am Ende zu sein scheint, fordert Denise sie auf, sich nun vorzustellen, wie ihr Leben mit Sandra nach Ablauf eines Jahres aussehen würde. Wo lebt sie? Wie fühlt sie sich? Wie steht es zwischen Sandra und ihr? Kate beschreibt wiederum ausführlich, wie diese Situation in ihrer Vorstellung aussieht. Dann öffnet sie die Augen, um von Denise Feedback zu bekommen.

Kate spürt, daß sie einige wichtige Dinge entdeckt hat: Für sie scheint Sandra Jugend, Energie und Spaß zu verkörpern. Ohne Sandra stellt sie sich ihr Leben langweilig und grau vor. Gleichzeitig fällt es ihr leichter, sich ein gut funktionierendes Leben ohne Sandra auszumalen. Denise gibt ihr Feedback, gestützt auf Beobachtungen, die sie während dieser Sitzung gemacht hat: „Du hast sehr erschrocken und müde ausgesehen, als du dir ein Leben ohne Sandra vorstelltest ...“ und so weiter. Diese Übung soll zu diesem Zeitpunkt keine Entscheidung von Kate bezwecken. Sie sieht aber nun die entscheidenden Punkte klarer, die sie bis dahin nicht bewußt erkannt hatte.

In diesem Beispiel werden für Kate durch die Projektion einer Entscheidung in die Zukunft die damit verknüpften Probleme deutlicher. Die gleiche Technik können wir für jede Art von Entscheidung anwenden („Soll ich ein Kind bekommen oder nicht?“, „Soll ich meine Stelle wechseln?“ „Soll ich diese oder jene Lebenssituation wählen?“). Die Idee dahinter besagt, daß wir unbewußt häufig viel besser wissen, was diese Entscheidungen für uns bedeuten, als wir dies bewußt wahrhaben wollen; wenn wir uns öffnen und uns die Auswirkungen einer Entscheidung auf unser Leben vergegenwärtigen, erschließen wir uns dieses innere Wissen. Auf diese Weise werden wir uns auch irrationaler Faktoren bewußt, die unbewußt unsere Entscheidungen und Handlungen mitbeeinflussen („Wenn ich nicht mit Sandra zusammen bin, bin ich vollkommen stumpf“, „Wenn ich nicht dick bin, bin ich zu verletzlich.“). Dieses unbewußte Material muß bearbeitet werden, bevor ein Konflikt gelöst werden kann. Manchmal ist eine Entscheidung mit so vielen Ängsten beladen, daß es unmöglich scheint, sie überhaupt treffen zu können. Wenn wir die damit verbundenen Gefühle zulassen, ergibt sich die Entscheidung häufig wie von selbst. Um euch selbst einen gewissen Spielraum zu lassen, könnt ihr mit der Gruppe ein Abkommen treffen, für eine bestimmte Zeit keine Entscheidung zu fällen, nachdem ihr in der Sitzung daran gearbeitet habt.

Wir werden in diesem Kapitel noch verschiedene nützliche Übungen darstellen, wie die Vorstellungskraft eingesetzt werden kann. Wir beschreiben auch, wie die dazu notwendige Atmosphäre geschaffen und zu welchem Zeitpunkt die notwendigen Anweisungen gegeben werden müssen, um eine größtmögliche Wirksamkeit zu erzielen. Innerhalb dieses Bezugsrahmens könnt ihr so viele Übungen zusammenstellen, wie euch wichtig scheint.

EINIGE „FÜR“ UND „WIDER“ ZUR PHANTASIEARBEIT

Es gibt mehrere Argumente gegen die in diesem Kapitel dargestellte Phantasiearbeit. Kritiker argumentieren, daß vieles von dem, was wir im Leben anstreben, reine Phantasie und eine Jagd nach Illusionen sei, und was uns wirklich wohltäte, sei mit den Bedingungen der *Realität* zurechtzukommen. Nur zu häufig wollen wir einem Idealbild, einer Phantasie entsprechen, anstatt uns selbst, so wie wir sind, zu akzeptieren. Wir werten diese Argumente als starke Gründe *für* und nicht gegen diese Arbeit. Es trifft zu, daß wir die ganze Zeit mit Phantasien leben. Ein Großteil dieser Phantasien wurde von der von Männern beherrschten Gesellschaft geschaffen, in der wir leben. Wir haben sie nicht erfunden, sie passen uns nicht, sondern bewirken, daß wir uns verleugnen und uns machtlos oder schwach fühlen. Zum Beispiel: „Ich kann ohne meinen Mann nicht weiterleben“, „Wenn ich meine Haare färben würde, sähe ich aus wie Racquel Welch“, „Eine perfekte Mutter denkt nur an ihre Kinder“, „Ich habe geträumt, Paul Newman hätte mich geküßt, es war wunderbar.“ Diese allgemeinen Phantasien projizieren Macht und begehrenswerte Eigenschaften auf Menschen und Symbole außerhalb unser selbst: den Ehegatten, Racquel Welch, die perfekte Mutter, Paul Newman. Fernsehprogramme und Werbung unterstützen uns darin. Wir geben eine Menge von unserer eigenen Kraft weg. Wir fühlen uns unzulänglich, und es wird schwierig, unsere eigenen Qualitäten zu entdecken und das, was wir tatsächlich für uns selbst wollen. Diese Art von bindenden Phantasien können wir nicht durch Ignorieren klären, sondern indem wir sie aufdecken und untersuchen. Auf diese Weise gewinnen wir eine größere Kontrolle über sie und eignen uns wieder Kräfte an, die wir aus uns hinausprojiziert haben. Außerdem können wir die Phantasiearbeit dazu verwenden, mit Eigenschaften und Symbolen in uns in Berührung zu kommen, die unsere eigene Wahrheit und Stärke ausdrücken und uns befähigen, nach außen aktiv zu werden. Wir haben verschiedene Wege aufgezeigt, wie Symbole verwendet werden können, nicht um die Wirklichkeit zu meiden, sondern um zu erfahren, in welcher Beziehung wir zu ihr stehen, um unser Selbst-Bild zu verändern, um uns stärker zu machen und alte Wunden und Verhaltensmuster zu heilen, die uns blockieren. Wir können die private Welt der Träume und Phantasien öffnen, um sie anderen zugänglich zu machen, und sie für positive, schöpferische Zwecke verwenden. Wir können uns aus einer Situation wegbegeben, in der uns Träume ängstigen, Phantasien unser Wachleben dominieren und Ängste uns von der Außenwelt abschneiden, und uns in eine Richtung bewegen, die uns unsere inneren Kräfte erschließt, um unser Leben kreativ in der Gegenwart zu leben.

Diese Arbeit bringt für eine Selbsthilfegruppe sowohl praktische Vorteile wie auch Gefahren mit sich. Sie erscheint Neulingen in der Therapie vielleicht weniger bedrohlich, da sie die Leute nicht so direkt mit ihren Widerständen konfrontiert, wie etwa eine starke, emotionale Entladung oder ein wechselseitiges Encounter. So kann sie ein leichter Weg hinein sein, was aber mit der Gefahr verbunden ist, daß komplexe Gefühle und Spannungen umgangen werden, die tatsächlich zwischen Leuten in einer Gruppe ausgearbeitet werden müssen. Eine weitere Gefahr besteht darin, daß eine Frau, die den Techniken gegenüber blasiert oder zu befangen ist, der Phantasie keinen freien Lauf läßt wie bei einem Traum, sondern sie bewußt zu steuern sucht, um Symbole zu schaffen, die dem Bild, das sie nach außen vermitteln möchte, entsprechen. Vielleicht gelingt es ihr, ein „interessantes", „dramatisches" oder „reizvolles" Bild zu schaffen, eine saftige Wiese oder einen romantischen Baum. Sie zensiert möglicherweise ihr Vorstellungsvermögen oder sagt nicht ehrlich, was ihr so spontan zu einer Sache einfällt. Dies trifft umso eher zu, wenn kein körperliches Einwärmen stattgefunden hat, um sie „den Kopf ausschalten" zu lassen. Dies macht die Arbeit nicht hinfällig, aber es ist wichtig, daß die Gruppe bereit ist, auf jeden Versuch, eine Phantasie zu hemmen, zu beschönigen oder an ihr „herumzudoktern", aufmerksam zu machen. Dieses Verhalten spiegelt häufig eine allgemeine Haltung dem Leben gegenüber wider: „Die Landschaft, die du uns geschildert hast, sieht fein glatt aus. Sie erinnert mich an die Art, wie du der Gruppe immer sagst, daß für dich alles rund läuft, sogar wenn du Konflikte hast." „Dein Bild sieht sehr sauber und kontrolliert aus, als ob du es vorher ausgearbeitet hättest, anstatt deine Energien hineinfließen zu lassen."

Die Arbeit mit Symbolen fällt einigen Menschen leichter als anderen. Manchmal hat eine Frau Mühe, überhaupt in eine Phantasie hineinzukommen, und der bloße Gedanke daran verwirrt sie. Es lohnt sich in einem solchen Fall, ihre Ängste zu untersuchen, herauszubekommen, was sie vermeidet, was ihrem Glauben nach geschähe, wenn sie sich der Phantasie überließe.

Eine letzte Gefahr besteht darin, daß uns die Arbeit mit dem Unbewußten zu sehr in Anspruch nimmt und wir sie in ihrer Bedeutung für unseren Alltag überbewerten. Es lohnt sich, sich daran zu erinnern, daß Träume und Phantasien eindrücklich und bedeutungsvoll, aber auch manchmal trivial oder schlicht blöd sein können. Wie Jung bemerkt, „zeigt unsere tatsächliche Kenntnis des Unbewußten ..., daß es sich dabei um ein natürliches, *neutrales* Phänomen handelt, das alle Aspekte der menschlichen Natur – Hell und Dunkel, Gut und Böse – enthält."[14] Es ist wichtig, sich nicht in der Traumwelt zu verlieren und daran zu denken, daß das Ziel dieser Arbeit nicht in einem mystischen Erlebnis besteht, sondern in der praktischen Anwendung, vermehrter Kreativität und in einer größeren Fähigkeit, die Energien im Hier-und-Jetzt meines Lebens einzusetzen. Hier ein paar nützliche Übungen, die hauptsächlich auf der Psychosynthese gründen. Ihr könnt sie paarweise, allein, aber ebenso gut in einer Gruppe machen.

100 Gelenkte Phantasie durch eine imaginäre Landschaft

Diese Übung gibt Beispiele mehrerer Symbole, die in der Psychosynthese und anderen Therapiemethoden sehr häufig verwendet werden. Sie ist ziemlich lang und stellt eine gute Einführung in die Erforschung der Landschaft unserer Innenwelt dar. Ihr müßt einige Schritte unternehmen, um euch auf eine Phantasie vorzubereiten, wenn ihr damit Erfolg haben wollt.

Macht zuerst ein paar Körperübungen. Damit werdet ihr empfänglicher und eure Vorstellungskraft wird sich weniger auf eine losgelöste Art, abgeschnitten vom Körper, entwickeln. (Im zweiten und fünften Kapitel haben wir verschiedene Übungen zum Einwärmen angeführt.) Gelenkte Phantasien funktionieren am besten, wenn ihr euch in einem beinahe tranceähnlichen Zustand gleich dem der Hypnose befindet. Deshalb müßt ihr für die entsprechende Atmosphäre sorgen: den Raum verdunkeln, Kerzen anzünden, sich an den Händen halten oder summen, das hilft euch, euch auf das Erlebnis vorzubereiten, und macht euch für Botschaften aus eurem Unbewußten empfänglich.

Ihr müßt eine Frau auswählen, die sich außerhalb der Gruppe hinsetzt und die Anweisungen liest. Sie fordert die Gruppe auf, sich mit dem Rükken auf den Boden zu legen, die Augen geschlossen, die Beine nebeneinander ausgestreckt und die Arme auf der Seite. Sie läßt sie zuerst zur Entspannung atmen, bevor sie mit der Phantasie beginnt. Wenn sie mit dem Vorlesen der Anleitungen beginnt, tut sie dies einfühlsam und bleibt für die Stimmungen der Gruppe empfänglich. Sie wird lange Pausen zwischen den Anleitungen zulassen. Es dauert *viel länger als wir annehmen*, sich eine Wiese oder einen Berg vorzustellen.

Nach Beendigung der Phantasie sollte sie den Frauen viel Zeit lassen, um wieder in die Gruppe „zurückzukehren". Auch Feedback zu ihrem Vorlesen ist wertvoll – ging es zu schnell oder hat sie zu laut vorgetragen? –, damit sie lernen kann, wie Phantasien richtig gelenkt werden.

Hier die Anleitungen:

Schließt die Augen und stellt euch vor, ihr seid auf einer Wiese. Wenn ihr Mühe habt mit einer phantasierten Wiese, denkt an eine euch bekannte Wiese. Schaut sie euch genau an (die Größe, das Gras, das Wetter, der Geruch, die Tageszeit, was sich in der Wiese befindet ...).

Ihr kommt zu einer Straße und geht darauf entlang. Wie sieht die Straße aus? (Was für ein Gefühl ist es, auf ihr zu gehen? Ist sie eben oder schwer zu begehen, kurvig oder gerade, hat sie Abzweigungen; geht ihr schnell oder langsam?)

Ihr kommt zu einem Fluß. Wie sieht er aus? Wie überquert ihr ihn? Ihr spaziert weiter. Wie ist das Wetter, wie fühlt sich der Boden unter euren Füßen an, wie sieht die Landschaft um euch herum aus?

Ihr stoßt auf ein Hindernis auf eurem Weg. Was ist es ...?

Wie fühlt ihr euch dabei? Wie kommt ihr darüber hinweg oder darum herum? Nun kommt ihr zu einem Hügel und ihr beginnt hinaufzuklettern. Wie sieht er aus?

Auf dem Hügel findet ihr ein Gebäude. Was für eine Art von Gebäude ist es? Ihr geht darauf zu.

Außerhalb des Gebäudes entdeckt ihr einen Kelch und einen Speer. Wie sehen sie aus? Wie groß sind sie, in welchem Zustand befinden sie sich, und wie fühlt ihr euch bei ihrem Anblick? Was macht ihr mit ihnen?

Nun geht ihr in das Gebäude hinein. Wie gelangt ihr hinein? (Klopft ihr an, wartet ihr, ist es für euch geöffnet ...?)

Wie sieht das Gebäude von innen aus? In diesem Haus befindet sich eine weise Frau, die auf euch wartet. Schaut sie euch genau an ...

Nun habt ihr die Chance, dieser weisen Frau eine einzige Frage zu stellen. Die Antwort auf diese Frage ist wichtig für euch. Achtet darauf, was ihr fragen wollt: Sehr oft ist es etwas, das euch als erstes durch den Kopf geht ... Nun fragt sie und hört die Antwort, die sie euch gibt.

Jetzt verlaßt ihr das Haus, ihr geht den selben Weg zurück, den Hügel hinunter und zurück an eine Stelle auf der Straße oder in der Landschaft, wo ihr euch wohl fühlt.

Wenn ihr bereit seid, öffnet die Augen.

Am Schluß der Übung tauscht ihr eure Erfahrungen aus. Welcher Teil der Phantasie hat euch am meisten gepackt? Es ist ganz nützlich darauf zu achten, welche Stellen euch in der Vorstellung Mühe bereitet haben oder welche ihr ausgelassen habt. Was hat euch das Ganze gegeben? Es ist nicht nötig, das Erlebnis zu analysieren, denn es wird für jede Frau anders verlaufen sein. Den Symbolen werden häufig verschiedene Bedeutungen zugeschrieben: die Straße zum Beispiel kann für den Lebenspfad stehen, dessen Verlauf schwierig oder leicht, einfach oder verwirrend ist. Der Kelch kann Liebe symbolisieren und der Speer Stärke oder Willen. Die Art und Weise, wie ihr euch diese Gegenstände ausmalt oder auf sie reagiert habt, spiegelt möglicherweise wider, wie ihr euch auf diese Eigenschaften in eurer Persönlichkeit bezieht. Falls die vorgeschlagenen Deutungen für euch nicht zutreffen, vergeßt sie und haltet euch an eure eigene Intuition. Die weise Frau ist ein heilendes oder stärkendes Bild und repräsentiert eure eigene innere Wirklichkeit.

Wenn ihr einmal mit dem Lenken einer Phantasie vertraut geworden seid – Szenen oder Ereignisse vorschlagen und die Leute auffordern könnt, sie im Detail auszufüllen, wobei sie sich Farben, Formen, Gerüche, Lichter, Geräusche, Eigenschaften und Gefühle vorstellen – seid ihr fähig, eure eigenen Übungen zu improvisieren. Eine Phantasie lenken kann eine sehr befriedigende Methode sein, die eigene Vorstellungskraft und Kreativität mit anderen Frauen zu teilen.

Ihr könnt eine ganze Übung dazu verwenden, einen Fluß zu untersuchen oder zu sehen, wie ihr mit Hindernissen umgeht. Hier ein paar weitere Möglichkeiten:

Fordert die Frauen auf, sich ein Symbol für ihren Geist und eines für ihren Körper auszudenken, und führt sie dann auf eine Reise zur weisen Frau, um diese zu fragen, wie die beiden vereinigt werden können.

Beschreibt einen tiefen Wald. Laßt die Frauen sich vorstellen, sie wären ein Tier. Dabei achten sie auf dessen Bewegungen und wie es mit Gegnern umgeht. (Das kann zur freien Bewegung weiterführen, um die Bewegungen und das Verhalten des gewählten Tieres zu erforschen. Danach beschreibt ihr, was das Tier von eurer Persönlichkeit ausdrückt oder kompensiert.)

Laßt die Frauen sich vorstellen, sie wären im Dunkeln draußen vor einer Höhle versteckt. Sie warten auf jemanden oder auf etwas, das aus der Höhle herauskommt. Sie können diese Erscheinung dann auf verschiedene Arten untersuchen.

Eine Frau, die depressiv ist, kann sich ein Symbol für ihre Depression ausdenken und dieses dann untersuchen.

Führt eine Reise durch einen Garten und untersucht verschiedene Gemütsverfassungen: Wie sieht er aus? Ist er verwildert oder gepflegt, üppig oder wie ein Irrgarten? Diese Reise repräsentiert vielleicht einen schöpferischen Prozeß oder die Entwicklung einer Beziehung oder sie dient ganz einfach dazu, Bilder zur Erholung zu liefern.

Führt die Gruppe auf einer Entdeckungsreise durch ein altes Haus in den Keller, wo sich ein altes Buch mit vielen Abbildungen befindet. Laßt die Frauen sich einige dieser Bilder ausmalen. Diese Struktur läßt viel Spielraum offen, und es können eine Vielzahl unbewußter Themen zutage treten.

101 Die Reise zurück zu deiner Empfängnis

Hier handelt es sich um eine lange Meditation, die uns hilft, unser Leben zu überblicken. Sie kann auch dazu beitragen, daß wir mit der „Essenz" oder dem Wesen unserer Lebensenergie in Berührung kommen, die von den Schichten unseres Charakters und unserer Erziehung oft verdeckt wird.

Befolgt die Angaben zur Vorbereitung genau, wie wir sie zu Beginn der vorigen Übung **100** beschrieben haben. Nach entspannendem Atmen lautet die Anweisung wie folgt:

Sendet eurer Bewußtsein langsam durch euren Körper, achtet dabei auf das, was ihr vorfindet. Beginnt mit den Füßen ... Knöcheln ... Waden ... Knien ... Schenkeln ... bis zum Becken und zum Genitalbereich ... geht weiter dem Rückgrat entlang durch den Magen ... das Zwerchfell ... den Brustkasten ... den Rücken ... die Arme und Hände ... Nun laßt es sich von den Schultern aus durch den Nacken hindurch hinauf durch die Mitte des Kopfes bis an den Scheitel bewegen ... Laßt euer Bewußtsein dort austreten und zwar an einem Punkt, der sich etwa zehn Zentimeter von eurem Kopf entfernt befindet. Stellt euch vor, ihr würdet von diesem Punkt aus auf euch schauen, so wie ihr auf dem Boden liegt.

Seht nun auf das hinunter, was euch heute passiert ist, auf das, was ihr getan habt. Seht, wie ihr es tut. Geht es im Geiste nochmals durch, malt es euch genau aus mit geschlossenen Augen. (Pause) Nun verfolgt, was gestern geschehen ist.

Jetzt seht auf die letzte Woche zurück, stellt euch euer Leben der letzten Woche vor.

Überblickt jetzt die letzten sechs Monate. Wie haben sie für euch ausgesehen? Wie sind eure Lebensumstände, eure Arbeit, eure Freizeit? Welche Gefühle sind damit verbunden?

Jetzt überblickt das vergangene Jahr *(Wiederhole die Fragen wie oben).*

Jetzt überblickt die vergangenen fünf Jahre *(Wiederhole die gleichen Fragen).*

Reist jetzt zurück in eure Jugendjahre. Schaut euch an, wie ihr damals ausgesehen habt. Wie lebt ihr? Was macht ihr? Wer ist in eurer Umgebung? Wie fühlt ihr euch innerlich?

Jetzt seid ihr acht Jahre alt. *(Die gleichen Fragen wie oben.)*

Jetzt reist ihr weiter zurück zu den ersten fünf Jahren eures Lebens. *(Die gleichen Fragen wiederholen.)*

Jetzt geht zurück in die Zeit eurer Geburt. Erlebt dieses Ereignis noch einmal, stellt euch vor, es fände vor euren Augen statt. Was passiert dabei?

Jetzt befindet ihr euch in der Gebärmutter. Welche Erfahrungen machst du hier während der neun Monate im Bauch deiner Mutter? Tauchen bestimmte Eindrücke, Empfindungen, Bilder auf?

Laßt jetzt euer Bewußtsein zum Beginn der Schwangerschaft, zum Augenblick eurer Empfängnis zurückkehren. Wie ist dieser Moment? Fragt euch, ob es ein Wort oder ein Bild, ein Symbol gibt, das eure Essenz in diesem Augenblick wiedergibt, da ihr nur dieser erste Energie- oder Lebensfunke seid. Nehmt das erste Bild oder den ersten Gedanken, der euch durch den Kopf geht, vermutlich ist es der Richtige: ein Symbol oder eine Eigenschaft eures Wesens zum Zeitpunkt eurer Empfängnis.

Nun folgt ihr diesem Wesen während der neun Monate in der Gebärmutter. Wie ist das? Wie drückt sich euer Wesen hier aus? Nun eure Geburt. Wie wurde euer Wesen durch die Erfahrung der Geburt ausgedrückt oder behindert?

Jetzt beobachtet dieses euer Wesen während der ersten acht Jahre eures Lebens. Tut das wieder vom gleichen Gesichtspunkt aus. Inwiefern haben diese acht Jahre euer Wesen beeinflußt? Wie hat es überlebt? Oder wie ist es gediehen? Konnte es sich selbst ausdrücken oder wurde es von seiner Umgebung unterdrückt? Wieviel davon ist in eurem Leben durchgekommen?

Nun folgt ihr ihm durch die Zeit eurer Jugend hindurch. *(Die gleichen Fragen wie oben wiederholen.)*

Jetzt zeichnet ihr euer Leben nach von der Jugend bis auf den heutigen Tag. *(Nochmals die gleichen Fragen wiederholen.)*

Jetzt laßt euer Bewußtsein wieder in diesen Raum zurückkehren und seht euch wieder hier liegen, heute. Wie sehr seid ihr mit jenem Wesen, eurem Wesen in Berührung, so wie ihr jetzt hier liegt? Wenn es verhüllt ist, wie ist es verhüllt? Wieviel davon ist jetzt bei euch vorhanden und drückt sich in eurem gegenwärtigen Leben aus?

Laßt nun euer Bewußtsein ganz in euren Körper zurückkehren. Achtet auf alle Empfindungen in eurem Körper. Konzentriert euch auf die Atmung. Öffnet allmählich, wenn ihr euch dazu bereit fühlt, die Augen, setzt euch auf und kommt zu einem Kreis zusammen. Teilt euch gegenseitig mit, wie die Übung für euch verlaufen ist und was ihr daraus gelernt habt.

Diese Übung eignet sich besonders gut dazu, Kindheitserinnerungen wieder zu entdecken, die wir schon vollkommen vergessen glaubten. Es scheint ziemlich klar erwiesen zu sein, daß wir die Erinnerung an die Geburt und die Schwangerschaft in unserem Körper aufgezeichnet haben wie jede andere Erfahrung unseres Lebens. Gelegentlich erleben Leute in der Therapie diese Erfahrungen wieder sehr intensiv. Wenn die Mehrzahl von uns sich nicht mehr daran erinnert, bedeutet dies, daß wir die Gedächtnisspuren verwischt oder verdrängt haben. Mit Hilfe eines Symbols unseres Wesenskerns und durch das Zurückverfolgen dieses inneren Kerns durch unser ganzes Leben hindurch gewinnen wir einen Gesamteindruck davon, wie unsere ursprüngliche oder natürliche Energie, unsere instinktiven Eigenschaften durch Zwänge in unserer Familie und Gesellschaft als Ganzes unterdrückt und verzerrt wurden. Das Symbol, das dir für dein inneres Wesen gerade in den Sinn kommt, ist vielleicht das Feuer. Und das Bild, das von deiner Kindheit auftaucht, ist vielleicht das deiner Eltern, die dieses Feuer ständig einengen und beherrschen, bis davon in deinem gegenwärtigen Leben nur noch sehr wenig übrig bleibt. Die Idee vom inneren Wesen oder Wesenskern kann als das aufgefaßt werden, was wir als unsere früheste und grundlegende Entwicklung unseres Bewußtseins verstehen. Ihr könnt sie aber auch als Allegorie oder Metapher betrachten, als die Eigenschaft, die wir intuitiv als wahrhaftig zu uns gehörig empfinden, die unsere eigenen angeborenen Tendenzen mehr widerspiegelt als die Merkmale unseres Charakters, die wir uns anzueignen gelernt haben, um in unsere Welt hineinzupassen. Für eine Frau kann es schwierig, aber hilfreich und stärkend sein, ein Gefühl für das zu bekommen, was *sie* in sich *selbst* ist, losgelöst und unabhängig von den Beziehungen, den fordernden Kindern, den vielen Definitionen und den „Du solltest", die andere ihr auferlegen.

102 Höher als die Berge, tiefer als das Meer

Dies ist eine lange und spannende gelenkte Phantasie. Sie kann uns helfen, unsere spirituelle Seite wie auch die Tiefen unseres Unterbewußtseins zu erforschen und die daraus gewonnenen Erfahrungen mit praktischen Veränderungen in unserem Leben zu verknüpfen.

Befolgt die einleitenden Schritte sorgfältig, wie wir sie zu Beginn der Übung **100** beschrieben haben, um die passende Atmosphäre zu schaffen, bevor eine Frau mit dem Vorlesen der Anleitungen beginnt.

Ihr seid im Begriff eine Reise zu unternehmen. Stellt euch vor, wie ihr euch dazu bereit macht. Was nehmt ihr mit? Zuerst brecht ihr auf zum Meeresgrund. Wie gelangt ihr ans Meer? Wie kommt ihr in die Tiefen des Ozeans?

Ihr befindet euch jetzt in den Tiefen des Meeres. Rund um euch ist Wasser. Ihr untersucht eure Umgebung. Wie fühlt ihr euch? Was findet ihr dort? Was geschieht?

Sobald ihr bereit seid, steigt ihr an die Oberfläche. Gibt es etwas, das ihr gerne mitnehmen möchtet? Allmählich erreicht ihr die Oberfläche und befindet euch wieder auf festem Boden. Was ist das für ein Gefühl, wieder im Tageslicht zu sein?

Ihr erblickt einen Berg und geht darauf zu. Ihr werdet ihn erklimmen. Achtet darauf, wie hoch er ist und wie schwer oder leicht zu besteigen. Habt ihr immer noch etwas vom Meeresgrund bei euch? Ihr beginnt mit dem Aufstieg. Dabei spürt ihr eure Füße auf dem Boden, erlebt etappenweise jede Phase des Aufstiegs.

Ihr habt den Gipfel des Berges erreicht. Ihr steht auf der Spitze. Über euch existiert nur Licht und Sonne. Nun werdet ihr euren Körper hinter euch lassen und hinauf in die Lüfte reisen. Vielleicht wollt ihr aufsteigen als ein Vogel, eine Wolke, ein Lichtstrahl oder reine Energie. Ihr verschmelzt und vermischt euch mit dem Licht, das den Himmel erfüllt ... Achtet dabei auf die Merkmale eurer Bewegungen, die Beschaffenheit eures Lichts oder eurer Energie, was es für ein Gefühl ist, eins zu sein mit dem Licht des Himmels.

Was ihr nun erlebt, ist die Natur eurer reinen Energie, eurer Essenz. Fragt euch jetzt, was das Ziel oder der Grund dieser Essenz in eurem Leben ist, wie sie sich am besten ausdrückt, was sie der Menschheit zu geben hat?

Seht jetzt auf euer Leben hinunter und stellt euch vor, wie es wäre, wenn ihr diese eure Energie in eurem täglichen Leben voll ausdrücken und realisieren würdet. Malt euch euer Leben aus, wie es wäre, wenn die Natur eurer Energie in allem, was ihr tut, vorhanden wäre. Möglicherweise müßt ihr euch Veränderungen in eurem Lebensstil, eurer Arbeit, euren Beziehungen vorstellen.

Ihr seid noch immer mit dem Himmel verschmolzen, aber allmählich beginnt ihr euch dem Gipfel des Berges zu nähern ... Dort findet ihr euren Körper wieder. Wenn ihr soweit seid, tretet wieder in ihn ein und beginnt den Berg hinunterzusteigen.

Ihr befindet euch jetzt auf der Rückreise zu eurem Zuhause. Ihr gelangt an den Fuß des Berges ... Wie sieht die Landschaft aus? Wie ist das Licht? Achtet auf Veränderungen, die ihr bei eurer Rückkehr in eurem Leben vornehmen möchtet. Es steht in deiner Macht, dein Leben so zu verändern, daß die Essenz, mit der du in Berührung gekommen bist, in deinem Leben vermehrt hindurchscheinen kann.

Ihr habt euer Zuhause erreicht. Achtet darauf, was ihr von eurer Forschungsreise unter dem Meer, auf dem Berg und über dem Berg mitgebracht habt. Was habt ihr gelernt?

Wenn ihr dazu bereit seid, öffnet die Augen und kehrt in den Raum zurück. Vielleicht hilft es euch, dabei die Hände auf den Bauch oder das Gesicht zu legen, um langsam wieder zurückzukommen. Lenkt euren Blick auf ein Detail im Raum, bevor ihr euch aufsetzt und den ganzen Raum in euch aufzunehmen versucht.

Wenn ihr euch dazu bereit fühlt, schreibt eure Erfahrungen nieder oder teilt sie euch gegenseitig mit, damit die Erinnerung an sie leichter fällt und besser in die Praxis eures Alltags umgesetzt werden kann.

Die äußere Form dieser gelenkten Phantasie ist eine ganz übliche. Sie zeichnet einen Abstieg gefolgt von einem Aufstieg nach. Der Abstieg in die Tiefen des Meeres (es hätte auch eine Höhle sein können) kann eine Erkundung des Unbekannten und vielleicht bedrohliche Teile des Unbewußten symbolisieren. Bilder, die dabei auftauchen, verkörpern häufig tiefe und komplexe Gefühle, die mit der Vergangenheit, den Eltern oder anderem verdrängtem Material zusammenhängen. Der Aufstieg bezweckt, positive und konstruktive Gefühle hervortreten zu lassen, Bilder wachzurufen, die positive Energien begünstigen; die Höhe und der Schwierigkeitsgrad der Bergbesteigung kann das Wesen der eigenen Ambitionen oder des Prozesses der Selbst-Entwicklung durch die Therapie widerspiegeln. Das Aufsteigen von der Spitze des Berges aus entspricht einer Forschungsreise in unseren spirituellen Bereich. Diese Vorstellung bereitet vielleicht Schwierigkeiten, ebenso das Konzept der „Essenz" (des Wesenskerns), die in dieser Übung eine wichtige Rolle spielt. Selbst wenn du jede Vorstellung von Spiritualität ablehnst, kannst du positive Erfahrungen machen, wenn du über deine natürliche Fähigkeit deiner dich belebenden Körperenergie nachdenkst und mit ihr in Berührung kommst. Wenn wir von dem, was über das Wesen der Körperenergie geschrieben worden ist, ausgehen, fällt es nicht schwer zu glauben, daß jeder Mensch seine eigene Art von Ausstrahlung oder von Schwingungen besitzt, die so unverwechselbar sind wie ein Fingerabdruck. Es ist diese Energie, die mehr als andere Teile der Persönlichkeit auf die Ausstrahlung anderer Menschen, auf das pflanzliche und tierische Leben und die Natur schlechthin reagiert. Dies meint der Begriff der „Essenz", die mit dem Licht des Himmels verschmilzt. Der letzte Teil der Übung, bei dem wir vom Berg zurückkehren, ist sehr wichtig: Die geistige Welt ist nicht von der Alltagsrealität abgeschnitten. Als eine Quelle der Kraft ist sie richtungsweisend.

103 Freies Malen deines Baumes

Dies ist eine einfache und nützliche Übung, um mit kreativem Malen deine Persönlichkeit herauszubringen.

Für jede freie Malübung benötigen wir große Blätter Papier und eine reiche Palette handlicher Farbstifte, damit sich jede Frau ohne Zögern genau in der Farbschattierung ausdrücken kann, wie ihr gerade zumute ist. Setzt für jede Zeichnung ein Zeitlimit von *drei Minuten* fest, damit die Frauen schnell und intuitiv arbeiten. Wichtig ist zu erkunden, daß ihr eurem ersten Impuls folgt und nicht Zeit dazu benutzt, irgend etwas zu „korrigieren" oder ein „künstlerisch" fertiges Produkt zu produzieren versucht.

Hier die Anleitungen zu dieser Übung:

Nehmt ein Blatt Papier und *zeichnet euren Baum* darauf.

Nach drei Minuten legt ihr eure Zeichnungen zusammen in die Mitte. Jede Frau nimmt sich zehn Minuten Zeit, den anderen Frauen ihren Baum vorzustellen. Sie spricht in der ersten Person, als ob sie selbst der Baum wäre, damit sie sich besser mit ihrer Zeichnung identifizieren kann. Sie beschreibt im Detail jeden Aspekt von sich: „Ich bin groß und massiv, aber ich scheine überhaupt nicht sehr dicht ..." und so weiter.

Hier einige Fragen, die wir zur Beschreibung des Baumes stellen können:

Steht er allein, oder sind noch andere Pflanzen in der Nähe?
Trägt er Blätter, Blumen oder Früchte?
Hat er abgebrochene oder verletzte Äste?
Sind Tiere oder Vögel um den Baum?
Wie stark oder tief sind die Wurzeln?
Wie ist das Wetter dort, wo der Baum steht?
Bewegen sich die Säfte flüssig durch den Baum oder werden sie zum Beispiel am Ende des Stammes blockiert?
Was sagt der Baum ganz allgemein aus, welchen Eindruck vermittelt er?

Die Frau, die über ihren Baum spricht, sollte daran erinnert werden, die Ichform beizubehalten, als ob sie der Baum selbst wäre – „Ich habe ein lustiges schwarzes Tier, das sich in meinen Zweigen versteckt hält ..." Wenn sie mit ihrer Beschreibung fertig ist, geben ihr die anderen Frauen Feedback über jede zusätzliche Beobachtung zum Baum. All diese Merkmale des Baumes können zu Merkmalen der Persönlichkeit in Beziehung gesetzt werden: zum Beispiel zum „Erden", zum Selbst-Ausdruck, zu Beziehungen zu anderen, zu nicht als eigen anerkannten Teilen des Charakters, zu Energiemustern im Körper, zu allgemeinen Haltungen gegenüber dem Leben. Es ist erstaunlich, wie wahrheitsgetreu der Baum die Person widerspiegelt, die ihn gezeichnet hat, wenn er flüchtig und unbefangen gezeichnet wurde: Eine starke Verengung am oberen Ende des Stammes deutet auf Spannungen im Nacken hin, ein abgebrochener tiefer Ast auf einen frühen Verlust eines Elternteils, ein Tier, das sich in den Wurzeln eingegraben hat, läßt auf eine negative Einstellung gegenüber der Sexualität schließen. Diese Zusammenhänge variieren jedoch bei jedem Menschen. Die Zeichnerin sollte ihre eigenen Verbindungen herstellen. „Deutet" eure Bäume nicht gegenseitig, stellt euch statt dessen Fragen oder kommentiert ganz einfach eure Beobachtungen: „Kannst du uns etwas über das Nest dieses Vogels erzählen?“, „Ich bemerke, daß sich all deine Früchte an der Spitze befinden und nichts weiter unten ...“

Diese Übung könnte eine Frau dazu bringen, ein Thema, das für sie damit in den Vordergrund getreten ist, im Detail zu erörtern (vielleicht ihre Einsamkeit, oder sie bittet um eine Nackenmassage). Eventuell benötigt sie auch noch mehr Zeit, um ihr Bild zu betrachten, da sie den Früchten, den Wurzeln, der Verengung im Stamm eine Stimme geben möchte.

Ihr könnt diese Struktur für jedes Thema verwenden und dazu improvisieren, damit die Übung euren Bedürfnissen entspricht. Ihr müßt dabei nur die Anleitungen zu Beginn der Übung sorgfältig befolgen.

Ihr könnt zum Beispiel folgendes zeichnen:

Ich und mein/e Kind/er
Meine sexuelle Beziehung
Die ersten fünf Jahre meines Lebens
Ich als alleinstehende Frau[15]

Für die folgenden Themen empfehlen wir, euch zunächst eine Minute mit geschlossenen Augen hinzusetzen, bevor ihr mit dem Zeichnen beginnt, damit ihr euch auf das einstimmen könnt, was ihr zu Papier bringen wollt:

Meine Essenz (das geht am besten, wenn ihr Übung **101** oder **102** gemacht habt: vielleicht ergibt sich eine Farbe, ein Symbol wie etwa eine Blume oder eine geometrische Form).

Ein Symbol oder eine Situation, die aus einem Traum hervorstechen.

Wo ich herkomme, wo ich hingehe in meinem Leben *und* was mich hindert, dorthin zu gelangen (drei Bilder, eines nach dem anderen gezeichnet).

Malt ihr mehr als ein Bild, dreht das erste um, bevor ihr mit dem nächsten beginnt. Habt ihr eine Zeichnung beendet, ist es vielleicht ganz nützlich, auf der Rückseite irgendwelche Stichworte zu notieren, die euch in Zusammenhang mit der Zeichnung plötzlich einfallen. Falls nicht genügend Zeit vorhanden ist, um jedes Bild der Reihe nach der ganzen Gruppe vorzustellen, teilt ihr euch paarweise auf und tauscht euch zehn Minuten lang mit eurer Partnerin aus. Dann legt ihr alle Zeichnungen in die Mitte des Kreises, um die ganze Palette der verschiedenen Reaktionen vor euch zu haben. Jede Frau beschreibt, was für sie am wichtigsten war.

104 Phantasie über die Monogamie

Diese Übung, die mindestens eine Stunde beansprucht, hilft herauszufinden, was Monogamie für uns Frauen bedeutet. Die Frauenbewegung hat für viele Frauen die Frage aufgeworfen, ob sie am traditionellen sozialen Verhaltensmuster der monogamen Partnerschaft festhalten sollen oder nicht. Feministinnen haben Alternativen erprobt, die den Frauen mehr

Freiheit einräumen, mehr Spielraum und mehr Möglichkeiten, sich selbst auszudrücken.[16]

Wie bei allen Phantasieübungen dieser Art setzen oder legen sich die Frauen mit geschlossenen Augen bequem hin und atmen mehrere Minuten lang zur Entspannung, bevor sie mit der Phantasie beginnen. Eine Frau setzt sich auf die Seite und liest die Anweisungen. Dabei wartet sie bei jeder Pause *mehrere Minuten:*

Stellt euch vor, ihr lebt in einer monogamen Beziehung. Nehmt euch Zeit und wählt sorgfältig: Es kann eine wirkliche Beziehung sein, in der ihr euch befindet, oder eine vergangene oder eine Phantasiebeziehung. Trefft eine Wahl, die euch richtig scheint, und bleibt dann die Übung hindurch dabei. Fühlt euch in die Art dieser Beziehung hinein.

Nun stellt ihr euch eine gesellschaftliche Situation mit diesem/r Partner/in vor. Wie ist diese Situation: Farben, Gerüche, Atmosphäre, wer befindet sich dort ... Seht jetzt eure/n Partner/in vor euch, die oder der sich mit euch dort befindet. Wie gegenwärtig ist euch euer/eure Partner/in in dieser Situation? Wie gegenwärtig sind euch die anderen Leute? Verbringt ihr eure Zeit mit eurer/m Partner/in oder getrennt? Was gefällt oder mißfällt euch an dieser Situation?

Jetzt ist es Zeit zu gehen, und ihr kehrt zusammen nach Hause zurück. Wie geht dieser Weggang vor sich? Wie fühlt ihr euch, wenn ihr allein mit eurem/r Partner/in weggeht?

Verfolgt den Heimweg, wie fühlt ihr euch dabei ... Ihr seid zu Hause angelangt. Wie fühlt ihr euch, so wie ihr euch gemeinsam bereit macht, ins Bett zu gehen? Ihr seid jetzt beide im Bett. Was macht ihr? Ein Buch lesen? Sofort schlafen? Liebt ihr euch? Geht in der Phantasie das Erlebnis durch. Wie ist es? Wie fühlt ihr euch? Was sind eure letzten Gedanken vor dem Einschlafen?

· Es ist Morgen, ihr erwacht und euer/re Partner/in schläft noch neben euch. Ihr dreht euch um und schaut sie oder ihn an. Was seht ihr? Was fühlt ihr eurem/r Partner/in gegenüber? Ihr werdet aufwachen und diesen Menschen so wie jetzt sehen, Tag für Tag, Jahre lang ... Wie fühlt ihr euch dabei?

Kommt jetzt langsam wieder in die Gruppe zurück und öffnet die Augen.

Nach dieser gelenkten Phantasie könnt ihr paarweise oder in der Gruppe ausführlich beschreiben, was in eurer Phantasie geschehen ist. Ihr teilt euch mit, was ihr dabei gelernt habt, was für euch wichtig war bei den Problemen, die auftauchten. Diese berühren vielleicht Themen wie Schutz, Sicherheit, Abhängigkeit, Langeweile oder Frustration.

Diese Art von Phantasie kann eine Frau allein durchführen und sie dann eingehender in der Gruppe bearbeiten. Die Konflikte in der Phantasie können zum gegenwärtigen Leben in Beziehung gesetzt werden. Wenn ihr mit dieser Struktur vertraut geworden seid (die Frauen sollen sich entspannen können; schlagt ihnen eine Situation vor und fordert sie auf, diese im Detail in ihrer Phantasie auszumalen; tauscht die Erfahrungen aus), könnt ihr eure eigene Übung über eine Vielzahl von Themen zusammenstellen. Der Phantasie über die Monogamie können ähnliche folgen, wie die der Alternativmöglichkeiten von Mehrfachbeziehungen oder Zölibat.

Hier einige andere Themen:

105 Abhängigkeit, Schuldgefühle, Konkurrenzkampf

Diese Übung hilft euch, eure Verhaltensmuster rund um diese Problemkreise zu erkennen.[17] Denkt daran, euch bei den Pausen mehrere Minuten Zeit zu lassen:

Setzt oder legt euch bequem hin mit geschlossenen Augen und atmet, um euch zu entspannen.

Erinnert euch jetzt an eine wichtige Periode (vergangene oder gegenwärtige), in der ihr euch abhängig gefühlt habt. (Ihr könnt an diese Stelle auch „schuldig“ oder „in Konkurrenz mit“ setzen). Vergegenwärtigt euch diese Situation im Detail: Wer außer euch befand sich dabei? Was sagten oder taten die anderen? Wie habt ihr euch dabei gefühlt?

Nun ruft ihr euch eine Situation ins Gedächtnis zurück, in der ihr euch *nicht* abhängig gefühlt habt (oder „schuldig“ oder „im Konkurrenzkampf“). Vielleicht hattet ihr erwartet, euch so zu fühlen, und es war dann aber nicht so. Versucht euch wieder an Einzelheiten zu erinnern: die Umgebung, was vorgefallen ist, eure Gefühle dabei.

Wenn ihr soweit seid, öffnet die Augen und teilt den anderen eure Erfahrungen mit.

Wenn du allein arbeitest, kannst du die gleiche Struktur benutzen, um dir die Folgen einer Entscheidung, die du zu treffen versuchst, vor Augen zu führen. Setz dich mit geschlossenen Augen bequem hin, dann nimm dir mehrere Minuten Zeit, um dir dein Leben in einem Jahr vorzustellen, wenn du dich in dieser Weise entscheidest, dann, wenn du dich in anderer Weise entscheidest (siehe S. 82).

106 Du als Mutter

Die Ideologie und die Mythen um die Mutterschaft werden häufig als widersprüchlich erlebt: Einerseits eine Reihe von moralischen „Du solltest“, denen nachzuleben sich nur wenige Frauen fähig fühlen; andererseits bedeutet „Mutter-Sein“ eine sozial anerkannte Rolle einnehmen, die eine gewisse Art von Privilegien und Anerkennung mit sich bringt, die einer kinderlosen Frau abgesprochen werden. Diese Übung hilft, eure Gefühle zu diesem Thema erforschen, ob ihr nun tatsächlich eine Mutter seid oder nicht.[18]

Findet eine entspannte Position, schließt die Augen und atmet tief durch.

Denkt an eine euch bekannte Person, die konventionellere Ansichten über das Leben (und die Frauen) hat als ihr selbst. Ist es eine Frau oder ein Mann? Freund/in, Verwandte/r oder Vorgesetzte/r? Wählt euch irgend jemanden aus, die oder der angepaßter lebt als ihr.

Nun laßt euch Zeit, euch die betreffende Person deutlich vorzustellen: die Erscheinung, die Haare, die Kleider, den Gesichtsausdruck.

Seht ihr diese Person genau vor euch, tauscht ihr die Rollen. Nun seid ihr diese Person, die euch selbst anschaut. *Ihr habt Kinder.* Was denkt diese Person von euch als Mutter, als Frau? Wo habt ihr versagt oder Erfolg gehabt? Was gefällt dieser Person an euch? Inwiefern wäre ihre Meinung über euch anders, wenn ihr keine Kinder hättet?

Stellt euch jetzt vor, ihr seid diese Person, die euch gegenübersteht, aber diesmal *habt ihr keine Kinder.* Wie schätzt euch diese Person als Frau ein? Wo habt ihr versagt, was ist euch gelungen gemäß ihrer Meinung? Wie sieht diese Person eure Wirklichkeit? Was würde sich in ihrer Haltung zu euch verändern, wenn ihr Kinder hättet?

Wenn ihr soweit seid, öffnet die Augen.

Nun beschreibt paarweise oder in der Gruppe, wer diese Person gewesen ist, wie sie euch sieht und was ihr dabei empfindet.

MEDITATION

Die gelenkten Phantasien, die wir beschrieben haben, können wie eine Art Meditation sein, aber es gibt noch viele andere Formen. Was wir fühlen, können wir aus der Meditation gewinnen. Es geht darum, unsere „Mitte" zu finden, was bei den hier diskutierten Therapiemethoden nicht immer leicht ist. Die Therapie kann sehr explosiv verlaufen, kann komplexe Gefühle freilegen, unsere Verhaltensmuster in Frage stellen, Rollen aufdekken, die wir im Umgang mit anderen Menschen spielen, uns mit Kindheitserinnerungen wieder in Beziehung bringen, uns ganze Bereiche unserer Persönlichkeit enthüllen, die für uns neu sind. Manchmal werden wir aus dem Gleichgewicht geworfen, da sich alte Verhaltensmuster ändern und noch nicht klar ist, wie die neuen sein werden. Während dieses Prozesses kann es sehr wichtig werden, daß wir mit einer inneren Ruhe und einem Bewußtsein in Berührung kommen können, mit einem Gefühl für uns selbst, das all den Spielen, Verhaltensmustern, Abwehrmethoden und Konflikten zugrunde liegt, mit denen wir uns gewöhnlich identifizieren. Die eigene Mitte finden durch Meditation gibt die Kraft, andere Veränderungen in sich in Gang zu setzen. Besonders für uns Frauen kann sich dieses Gefühl für unser Selbst als sehr hilfreich erweisen – ob wir nun Therapie betreiben oder nicht –, das unabhängig ist von anderen Menschen, nicht fremdbestimmt und nicht bloß auf die vielen Forderungen, Zwänge und Erwartungen reagiert, die unsere Beziehungen und die Gesellschaft als Ganzes uns auferlegen und an uns stellen.

Die Form von Meditation, die wir nützlich fanden, ist ganz einfach eine ruhige Art, Zeit mit sich selbst zu verbringen. Das kann dann ein Meditieren über eine Farbe sein oder eine Struktur, um unsere Körperempfindungen besser zu spüren oder unsere gegenwärtige Lebenssituation zu erkennen. Sie hilft uns oft, die Lösungen für praktische Lebensfragen in uns selbst zu finden, und vermittelt uns oft auch einen Schimmer von Frieden und das oben beschriebene tiefe Gefühl von Identität. Es handelt sich dabei nicht einfach um eine geistige Übung, bei der der Verstand auf den Verstand/Geist einwirkt und sich zum Schluß alles im Kreise dreht. Es funktioniert auch nicht, wenn ihr einen gewissen Geisteszustand „zu erreichen" versucht, den ihr für „spirituell" oder „erleuchtet" haltet. Wir erleben diesen Zustand primär als einen Klärungsprozeß, bei dem wir uns von dem üblichen konstanten Geschwätz in unserem Kopf lösen (sich Sorgen machen, Dinge einstudieren, urteilen, Dinge wiederholen; alles Vorgänge, die die meiste Zeit in uns stattfinden). Wenn wir dies tun und uns entspannen, wird es möglich, uns ganzheitlichen Erfahrungen, Fähigkeiten oder Einsichten zu öffnen, die normalerweise von unserer geistigen Aktivität verdrängt werden. Das beinhaltet eine Art von Konzentration, die sich aber deutlich von der geforderten Konzentration beim Parken eines Autos oder Lösen einer mathematischen Aufgabe unterscheidet. Es ist, als würde unser Geist zu einem klaren Teich oder zu einem Lichtstrahl, der auf einem Gegenstand oder auf einer Idee ruht und seine Aufmerksamkeit dort gleichbleibend auf einen einzigen Punkt konzentriert. Der Körper befindet sich in einer bequemen Lage, ist entspannt und eins mit der ganzen Erfahrung. Am Anfang bereitet es Mühe, diesen Zustand herzustellen, und ihr findet euch vielleicht zunächst mit geschlossenen Augen und gekreuzten Beinen auf dem Boden sitzend, und tausend Gedanken über die Arbeit, Freunde, Einkäufe usw. schwirren euch im Kopf herum. Nach einer Ewigkeit, wie euch scheint, öffnet ihr die Augen und merkt, daß bloß vier Minuten vergangen sind. Wenn ihr aber nicht aufgebt und weitermacht, wird es einfacher werden. Die Alltagssorgen verebben, und vielleicht spürt ihr, wie einige Augenblicke des Friedens eure Stirn glätten. Setzt euch aufrecht mit geradem Rücken hin und berührt mit den Füßen den Boden, um euch zu „erden". Einige Frauen bedecken ihren Kopf mit einem Schal, um sich besser nach innen versenken und auf einen „Kerngedanken" konzentrieren zu können: Auf ein Wort oder einen Satz, auf den ihr jedesmal zurückkommt, wenn eure Gedanken abschweifen, wie: „Ich bin eine Welle des Friedens", „Geburt, Tod, Wiedergeburt" oder „Ich bin die Mitte."[19] Sehr hilfreich ist auch regelmäßiges leichtes Atmen, um den Körper zu entspannen. Vielleicht versucht ihr auch, mit bevorzugter ruhiger Musik zu meditieren; dies befreit euch von der Sorge um die Zeit, da ihr wißt, daß ihr mit der Musik aufhören werdet. Nachstehend beschreiben wir ein paar einfache Meditationsübungen für Neulinge auf diesem Gebiet. Sie können individuell zu Hause oder zu Beginn einer Selbsthilfesitzung durchgeführt werden. Mit ihrer Hilfe können sich die Frauen von einem anstrengenden Tag erholen, sich auf sich selbst einstimmen und sich fragen, was sie von der Gruppe brauchen.

Meditation kann auch mißbraucht werden: Sie kann dazu verwendet werden, sich von anderen Menschen oder von Gefühlen „abzuspalten", um wirkliche Probleme und Schwierigkeiten zu verleugnen („Ich bin spirituell, überlegen und stehe über diesen kleinlichen Sorgen und Gefühlen"). Auf diese Gefahr sollten wir achten. Die Meditation darf nicht dazu benutzt werden, sich selbst zu beschwindeln, alles sei schon in Ordnung, wenn es eben nicht so ist. Wir müssen vielmehr mit ihrer Hilfe den nötigen Abstand und die Kraft gewinnen, um mit offenen Augen an unsere Konflikte heranzugehen. Wir betrachten sie als eine wertvolle Methode, weil sie das Gesunde in der Psyche betont und uns erlaubt, in uns selbst zu gehen und uns mit uns selbst abzugeben. Es ist ein Weg, um mit inneren Kräften in Berührung zu kommen, die dann für die Bewältigung des Alltags eingesetzt werden können.

107 Grundlegende Meditation zur Entspannung und zum Finden der Mitte

Dies ist eine gute Meditationsübung, um sich von vordergründigen Dingen, die uns beschäftigen, zu befreien, uns besser zu zentrieren und mehr im „Jetzt" zu leben.

Falls du die Übung allein machen willst, liest du einfach die Anleitungen mit den angegebenen Pausen durch, während du die Übung durchführst. Wenn ihr zu zweit oder eine Gruppe seid, ist es am besten, wenn eine Frau die Führung übernimmt und die Anleitungen für die anderen laut vorliest. Diese sollten langsam, sorgfältig und mit langen Pausen vorgetragen werden:

Ihr sitzt bequem auf einem Kissen auf dem Boden. Eure Hände ruhen entspannt mit den Handflächen nach oben. Schließt die Augen und geht in euch selbst.

Konzentriert euch auf den Atem, wie er in den Körper hineinströmt und wieder ausströmt.

Konzentriert euch auf euer Gewicht, fühlt den Kontakt mit dem Boden, euer Gesäß, eure Beine auf dem Kissen oder dem Boden. Euer Rückgrat ist gerade, euer Kopf schwingt leicht vom oberen Ende aus nach vorne und nach oben.

Konzentriert euch nun auf das, was euch davon abhält, voll im „Hier und Jetzt" zu sein, auf das, was euch ablenkt. Vielleicht sind es Schmerzen oder Spannungen im Körper, verwirrende Gefühle oder Emotionen, Ängste, Gedanken oder Sorgen. Konzentriert euch auf all diese Dinge, die euch auf diesen verschiedenen Ebenen beschäftigen: Empfindungen, Gefühle und Gedanken.

Beim Einatmen geht ihr auf sie ein und beim Ausatmen stellt ihr euch vor, ihr laßt sie los. Nehmt nur eine Sache auf einmal dran. Geht dabei langsam vor: Eine Sorge braucht vielleicht mehrere Atemzüge, um sie in Gedanken los zu werden. Atmet sie ein, schaut, wie ihr damit umgehen könnt, oder sortiert sie aus, und dann löst euch beim Ausatmen von ihr. (Macht eine lange Pause nach dieser Anleitung, da dieser Prozeß mehrere Minuten dauern kann.)

Nun überlegt ihr, ob ihr euch an eine Zeit in eurem Leben erinnern könnt, in der ihr euch sehr „zentriert" gefühlt habt: das heißt, in der ihr sehr stark *ihr selbst*, sehr aufrichtig euch gegenüber wart. Vergegenwärtigt euch diese Situation so genau, wie ihr nur könnt: Wo ihr euch befunden habt, was geschehen ist, wie ihr euch gefühlt, was ihr getan habt.

Laßt dieses Gefühl in diesem Moment wieder in euren Körper einfließen. Falls es ein Bild, eine Farbe oder ein Wort gibt, das dieses Gefühl des Zentriertseins zusammenfaßt, benutzt es, um dieses Gefühl wieder aufkommen zu lassen. Vielleicht hilft es, wenn ihr die Hände auf eure Körpermitte auf den Bauch legt.

Geht in Gedanken verschiedene Situationen in eurem Leben durch und behaltet dabei dieses Bewußtsein eurer Mitte. Malt euch einige schwierige Situationen aus, die euch normalerweise aus dem Gleichgewicht bringen, und stellt euch vor, daß ihr ruhig und euch selber treu bleibt.

Richtet jetzt allmählich euer Bewußtsein wieder auf die Gegenwart. Konzentriert euch auf euren Atem. Wenn ihr soweit seid, öffnet die Augen und schaut eine Weile eure Hände oder einen Gegenstand auf dem Boden an, bevor ihr in den Raum blickt.

Diese Meditationsübung kann regelmäßig bei Tagesbeginn gemacht werden. Stellt euch den vor euch liegenden Tag vor und geht in der Phantasie die verschiedenen Geschehnisse und Situationen durch, während ihr vollkommen zentriert bleibt. Dies hilft euch, mit euren inneren Kräften in Berührung zu kommen, um den Tag tatsächlich in dieser Weise erleben zu können.

108 Eine Körpermeditation

Dies ist eine gute Übung, um die Aufmerksamkeit auf einen bestimmten Körperteil, der dies nötig hat, zu lenken. Denkt daran, euch für jede Anweisung mehrere Minuten Zeit zu lassen:

Ihr sitzt bequem und versenkt euch in euch selbst. Für einige Augenblicke konzentriert ihr euch auf euren Atem ... auf euer Gewicht auf dem Boden ... auf Empfindungen in eurem Körper.

Lenkt jetzt euer Bewußtsein auf einen Teil eures Körpers, der euch anzieht oder eure Aufmerksamkeit beansprucht. Entscheidet euch für den, der euch zuerst einfällt. Legt eure Hände darauf und stellt euch vor, ihr würdet in jenen Teil atmen. Nun untersucht ihr:

Die Körperempfindungen an jener Stelle.
Alle Gefühle, die mit jenem Teil eures Körpers verknüpft sind (verlaßt euch immer auf das, was euch spontan einfällt, ohne zu zensieren)

Alle vorhandenen Erinnerungen
Alle Farben, die euch dazu einfallen
Irgendein Ton, einen Laut oder ein Geräusch
Irgendein Symbol, Bild oder eine Vorstellung, die auf diesen Körperteil zutreffen
Irgendein Lied oder Worte, die sich dazu ergeben.

Nun fragt ihr euch: Was braucht dieser Körperteil? Was sagt er euch? Was lehrt er euch?

Wie könnt ihr ihm das geben, was er benötigt? (Vielleicht findet ihr ein Bild, das seine Heilung symbolisiert, oder ihr entscheidet euch, andere Kleider zu tragen oder etwas in eurem Leben zu verändern.)

Wenn ihr soweit seid, öffnet langsam die Augen, kommt in den Raum zurück und teilt eure Erfahrungen mit.

Bei dieser Übung spielen sich verschiedene hilfreiche Prozesse in uns ab: Wir benützen die Intuition, unser Körper wird uns bewußter, und wir nehmen uns Zeit, uns unserem Körper positiv und liebevoll zuzuwenden. Diese Art von Übung, wie auch die Eigen-Massage und einige der im fünften Kapitel angeführten Übungen, verhelfen uns zur Erkenntnis, wie wir uns selber umsorgen und ein positiveres Bild unseres Körpers entwickeln können.

Vielleicht seid ihr skeptisch, was den Vorschlag eines „Heilungssymbols" anbelangt. Vielleicht nützt euch die Vorstellung, daß ihr die Blutzirkulation anregt, wenn ihr ein „Heilungssymbol" oder Bewußtsein in einen bestimmten Körperteil schickt, somit die Energie steigert, was alles zusammen eine positive Wirkung auf den Körper haben kann.

109 Eine Meditation über eine Farbe

Dies ist eine Übung, bei der im therapeutischen Prozeß mit der Verwendung von Farbe experimentiert wird. Laßt euch genügend Zeit zwischen jeder Anweisung:

Setzt euch bequem hin. Laßt die Atmung sich entspannen und macht euren Kopf leer.

Nun findet eure Farbe. Haltet euch dabei an die Farben der Regenbogenskala, und vermeidet die Braun- und Schwarztöne. Nehmt die Farbe, die eurem momentanen Zustand am ehesten entspricht. Studiert nicht lange, entscheidet euch für die allererste Farbe, die euch einfällt, denn sie ist gewöhnlich die richtige. Achtet dabei auf die Eigenschaften eurer Farbe, auf die Assoziationen, die sie bei euch auslöst.

Stimmt euch auf die Farbe ein und versucht mit ihr zu harmonisieren. Nehmt sie jetzt in euren Körper auf, stellt euch vor, ihr seid hungrig nach ihr wie nach Nahrung und laßt sie euren ganzen Körper füllen.

Nun strahlt diese Farbe aus. Stellt euch vor, sie breite sich rund um euren Körper einige Zentimeter weit aus. Vielleicht hilft euch die Vorstellung, ihr würdet sie aus dem ganzen Körper ausatmen. Laßt die Farbe jetzt weiter ausströmen – sich im Raum ausbreiten und ihn ausfüllen.

Nun schaut, ob ihr genügend Farbe erzeugen könnt, um langsam und stufenweise das Haus, die Straße, die Stadt oder die Landschaft auszufüllen.

Jetzt kehrt ihr den Prozeß um, holt die Farbe langsam, stufenweise ins Haus, in den Raum zu euch zurück. Dabei laßt ihr sie fester und konzentrierter werden. Zuletzt holt ihr sie in euch selbst, in eure Haut, eure Muskeln, euer Blut, bis in eure Knochen hinein.

Kehrt jetzt wieder in jenen leeren Zustand zurück, in dem ihr euch zu Beginn befunden habt, und betrachtet die Farbe einfach. Achtet auf eure Gefühle, auf die Veränderungen seit Beginn der Übung.

Zunehmend breitet sich die Erkenntnis aus, daß Farben eine außerordentlich starke Wirkung auf uns haben, uns stimulieren, beruhigen oder ins Gleichgewicht bringen können. Es gibt verschiedene Systeme, um die Wirkung von verschiedenen Farben zu erfassen. Assagioli zum Beispiel glaubt, daß „gewissen Blautönen eine beruhigende, harmonisierende Wirkung zugeschrieben wird; Hellgrün wirkt erfrischend; Rot und leuchtendes Gelb gewöhnlich stimulierend, während Rosa heitere und glückliche Gefühle unterstützt".[20] Es ist jedoch am besten, eigene persönliche Beziehungen zu den verschiedenen Farben herzustellen; ihr werdet lernen, mit welcher Farbe ihr wann Kontakt braucht.

Am Schluß der Übung teilt ihr eure Erfahrungen mit. Symbolisiert die Farbe etwas, das ihr euch selber geben müßt? Ihr findet vielleicht heraus, daß ihr euch unbewußt in diesen Farben kürzlich gekleidet habt. Einige Leute gehen mit dieser Arbeit noch einen Schritt weiter: Sie wählen beispielsweise eine Anzahl von Gegenständen in dieser Farbe aus, betrachten sie und meditieren darüber.

110 Meditation über die Freude

Diese Übung soll euch mit der Freude in euch in Berührung bringen und sie nähren. Die Therapie kann schmerzhaft sein, und manchmal erleben wir unsere politische Tätigkeit als einen mühseligen, frustrierenden Kampf. Wir müssen mit unserer eigenen positiven Energie in Berührung bleiben, einer mächtigen Quelle der Kraft und Erneuerung, und das können wir durch Meditation allein oder in der Gruppe erreichen. Macht eine zweiminütige Pause zwischen den Anweisungen.

Legt Bleistift und Papier neben euch. Setzt euch bequem hin und spürt euer Gewicht auf dem Boden. Stellt euch beim Ausatmen vor, ihr atmet die Spannungen aus eurem Körper.

Konzentriert euch jetzt auf die Freude. Erinnert euch an Situationen und Zeiten, in denen ihr Freude verspürt habt. Malt euch aus, wie ihr damals gewesen seid, wie ihr seid, wenn ihr Freude verspürt. Achtet auf die

Worte, die hochkommen, wenn ihr euch diesen Glückszustand vorstellt: Vielleicht sind es Namen von Ortschaften, Gegenden oder Menschen oder Beschreibungen von Gefühlen oder Eigenschaften ... Sobald Worte auftauchen, öffnet ihr die Augen und schreibt sie auf das Blatt Papier. Schließt die Augen wieder und schaut, ob noch mehr Wörter auftauchen.

Stellt euch jetzt mit geschlossenen Augen vor, ihr nehmt diese Worte und legt sie in eine Schüssel, die ihr auf dem Kopf tragt. Vielleicht konzentriert ihr euch lieber auf nur ein oder zwei Worte. Stellt euch vor, die Sonne scheint auf sie nieder. Laßt euch dabei von der Sonne wohlig wärmen.

Wenn ihr soweit seid, steht auf, immer noch mit geschlossenen Augen. Bleibt bei diesem Gefühl der Sonne, die auf diese freudigen Worte auf eurem Kopf scheint. Wenn euch danach zumute ist, laßt den Körper sich bewegen, wie er gerade möchte. (Die Frau, die die Anleitungen vorliest, möchte vielleicht eine passende Musik auflegen, um die anderen Frauen in dieser Stimmung zu unterstützen und dieser Bewegung oder diesem Tanz nachzugehen.)

Diese Meditationsübung kann auch mit jeder anderen positiven Eigenschaft oder Stimmung, die ihr begünstigen möchtet, durchgeführt werden: so etwa mit „Liebe“, „Stärke“ oder „Gelassenheit“.

JUNG UND DIE PSYCHOSYNTHESE

Eine Person, die eine Individualtherapie oder eine professionell geführte Gruppentherapie machen möchte, bei der mit Symbolen und Phantasien gearbeitet wird, wird sich nach einer/m Therapeutin/en umsehen, die/der in der Psychosynthese ausgebildet oder mit dem Werk Jungs vertraut ist.

Die Psychosynthese baut auf den Arbeiten des italienischen Psychotherapeuten Roberto Assagioli auf. Er vertrat die Auffassung, daß unser Bedürfnis nach Deutung, höheren Werten und einem geistigen Leben so real und dringend ist wie unsere biologischen und sozialen Bedürfnisse. Es ist eine Methode, die viele Techniken umfaßt (emotionale Entladung, Therapie durch freies Zeichnen, Schreiben, Ton modellieren, Musik, Farben, Bewegung und Meditationen). Sie unterscheidet sich aber von anderen Methoden, indem sie deutlich festhält, daß jeder Mensch eine Essenz oder ein geistiges Selbst hinter seiner Persönlichkeit und seinem bewußten Ich besitzt. Assagioli vertrat die Meinung, daß das, was wir mit „Persönlichkeit“ bezeichnen, in Wirklichkeit ein Bündel verschiedener Rollen darstellt, die wir je nach Zeit und Ort verwenden. Er nannte diese verschiedenen Rollen „Sub-Persönlichkeiten“ und glaubte, daß wir durch eine Identifizierung mit oder durch ein Steckenbleiben in diesen Rollen das tiefere Gefühl für Identität verlieren und unsere Möglichkeiten einschränken, unser Leben umfassend und harmonisch zu leben. Er gibt das Beispiel eines Mannes, der bei der Arbeit sehr autoritär und im Privatleben lammfromm ist, zwei Sub-Persönlichkeiten, die nicht miteinander harmonieren. Bei der Arbeit mit der Psychosynthese werden die Sub-Persönlichkeiten, wenn sie erkannt worden sind, häufig mit einem Übernamen belegt („der Tartar“, „das Lamm“, „die Mutter“, „der Clown“, „das Arbeitstier“). Indem wir uns ihrer bewußt werden, sind wir weniger an sie gebunden. Hier die Erfahrungen einer Frau bei der Arbeit an Sub-Persönlichkeiten in einer Psychosynthese-Gruppe:

Wir wurden aufgefordert, an das wichtigste Image von uns selbst zu denken, das wir im Alltag vermitteln, und dann eine Körperhaltung einzunehmen, die dieser Rolle entspricht. Mein Image war „die Rednerin“ – eine Rolle, die ich in meiner politischen Aktivität viel verwende –, die Haltung, die ich eingenommen habe, war die einer Statue, die gewichtig und steif dasteht, Mund und Hände geöffnet. Dann mußten wir eine Stellung einnehmen, die das Gegenteil davon ausdrückt (die meine war „die Hippiefrau“, die flach auf dem Boden liegt, ein Zusammenbruch, der mir hin und wieder passiert). Dann wurden wir aufgefordert, uns langsam zwischen diesen beiden Haltungen zu bewegen. Dieser Übergang war ein sehr starkes Erlebnis für mich. Ich konzentrierte mich auf die Muskeln, die ich benutzte und die Bewegung zwischen den beiden Extremen. Mir wurde klar, daß sich mein Platz zwischen den beiden grundsätzlichen Rollen befindet.

Später machten wir eine gelenkte Phantasie, bei der wir über ein Feld auf eine Hütte zu spazierten, aus der die Geräusche von drei unserer Sub-Persönlichkeiten zu uns drangen. Meine waren „die Rednerin“, „die Mutter“ und die „eingeschüchterte Dünne“. Dann stellten wir uns vor, sie kämen heraus. Wir sollten mit ihnen sprechen und dabei eine auswählen, die besondere Aufmerksamkeit verdient. Ich wählte die „Rednerin“ aus, die angespannt, verzweifelt und geschäftig tat. Sie meinte, sie könnte keinen Spaziergang machen, bevor sie nicht etwas erledigt hätte. Als wir gefragt wurden, was diese Sub-Persönlichkeit brauche, begriff ich, daß sie die Dinge viel leichter nehmen sollte. Dann mußten wir wieder auf das Feld zurück, nachdem wir uns von ihnen verabschiedet hatten, und wir sollten uns über die Gefühle klar werden, die wir für sie empfanden.

Ich glaube, ich bin mir nun bewußter, wann ich in diese „Rednerin-Rolle“ verfalle, und ich fühle mich in ihr nicht mehr so festgefahren. Ich sehe jetzt, daß sie viel eher ein *Teil* von mir und nicht „ich“ selbst ist.

Gemäß dem psychosynthetischen Ansatz bringen wir unsere Sub-Persönlichkeiten in zunehmendem Maße unter bewußte Kontrolle, wenn wir lernen, sie zu erkennen und miteinander in Einklang zu bringen. Anstatt uns in einer oder zwei Rollen festzufahren, können wir uns je nach Situation zwischen verschiedenen Rollen bewegen. Assagioli glaubte, daß wir hinter diesen Sub-Persönlichkeiten und hinter dem bewußten Selbst, das wir als ein losgelöstes Individuum erfahren, über ein „höheres“ oder „transpersonales“ Selbst verfügen, das auf einer geistigen oder universalen Ebene existiert und Freiheit, Weite und Kommunikation vermittelt. Er sah in diesem

„höheren Selbst" eine Quelle der Energie und Harmonie, die psychische Konflikte heilen hilft. Er glaubte, daß unser Lebensziel darin besteht, diese echte Essenz oder dieses wahre Selbst zu entdecken und auszudrücken und zwar so umfassend, als uns dies möglich ist. Dieses höhere Selbst bezieht seine Kraft aus einem höheren unbewußten Bereich in uns selbst, den er das „Überbewußte" nennt. Während das „niedrigere" Unbewußte minderwertigere und primitivere Impulse enthält, ist dieses „Überbewußte" Gefäß für „altruistische Liebe und den Willen, humanitäres Handeln, künstlerische und wissenschaftliche Inspiration, philosophische und geistige/spirituelle Einsichten und für das Streben nach Sinn und Zweck."[21] Wir unterdrücken sowohl das „sublime" wie auch das „niedrigere" Unbewußte. Nach Auffassung von Assagioli muß dieses höhere Unbewußte durch die Therapie integriert und aktualisiert werden.

Die Psychosynthese ist eine der wenigen therapeutischen Methoden, die die geistige Dimension unserer Existenz anerkennt. Sie bietet deshalb für Frauen, die diesen Bereich als Teil ihres therapeutischen Prozesses untersuchen möchten, einige nützliche Methoden und Ideen an. Gewisse Aspekte der psychosynthetischen Theorie stellen jedoch für Frauen Schwierigkeiten dar. Assagioli drückt sich sehr deutlich aus, was die Verwirklichung des geistigen Selbst anbelangt: Das Ziel besteht nicht darin, sich in ein mystisches Reich zurückzuziehen, sondern darin, in der Alltagswirklichkeit wirksamer und schöpferischer zu handeln. Die individuelle Verantwortung (nicht anderen die Schuld geben) wird dabei sehr stark betont. Er hatte jedoch wenig Vorstellung davon, welche Schwierigkeiten diese Prozesse der Selbstverwirklichung in unserer Gesellschaft behindern, besonders bei uns Frauen. Sein Bild der Selbstverwirklichung für Frauen scheint das der Mutterrolle zu sein und wenig mehr. Wir kritisieren auch sein Vorgehen, das Unbewußte in „höhere" und „niedrigere" Bereiche aufzuteilen; dies scheint mit einer Abwertung der Sexualität einherzugehen und der Meinung Vorschub zu leisten, daß viel von der sexuellen Energie „sublimiert" und auf eine „höhere" Ebene überführt werden sollte. Diese hierarchische Gesamtschau und Aufgliederung in „höhere" und „tiefere" Schichten scheint eine weitere Version der traditionellen christlichen Spaltung zwischen „Seele" und „Körper" zu sein. Sie könnte uns daran hindern, uns als ganze Menschen mit einem starken positiven Gefühl für unseren Körper und unsere Sexualität zu erkennen und zu akzeptieren. Bei anderen spirituellen Methoden, wie etwa beim Tantra Yoga, scheint die Sexualität viel erfolgreicher in das Geistige integriert zu sein. Das Unbewußte kann als eine einzige in sich geschlossene und harmonische Energiequelle betrachtet werden, die nicht in Einzelbereiche aufgeteilt ist.

Es gibt noch viele andere Aspekte der Psychosynthese, auf die wir hier nicht weiter eingehen. Wir werden nur ein paar wenige praktische Hinweise erwähnen, die uns für den Gebrauch der Selbsthilfe nützlich erscheinen. Da wäre zunächst die Betonung des „Positiven". Wenn wir auf komplexe Gefühle oder Seiten in uns stoßen, die wir nicht mögen, werden wir dazu aufgefordert, „die Scheiße in Dünger zu verwandeln". Wir fragen uns: „Was benötigen diese Teile von mir?" oder: „Was kann ich von diesem komplexen Gefühl lernen?" Die Idee dahinter besagt, daß alles Negative im Grunde entstelltes Positives ist. Du konkurrierst zum Beispiel, weil du eine Ahnung davon hast, wie dein Leben erfüllter sein könnte als es ist. Wenn du die Dinge von dieser Seite her betrachtest, lernst du Schwierigkeiten positiv einzusetzen. Natürlich besteht hier die Gefahr, daß wir es vermeiden, unsere negativen Gefühle gründlich zu erforschen. Nach unseren Erfahrungen müssen wir uns manchmal eingehend auf sie einlassen, um sie loszuwerden. Ein starkes Selbstgefühl und ein positiver Selbstausdruck, so scheint es uns, entwickeln sich nur, wenn gleichzeitig eine äußerst gründliche Klärung der Schwierigkeiten und Blockierungen im Körper und im Gefühlsbereich stattfindet. Dies bedeutet, daß wir einige Zeit darauf verwenden, „unangenehme" Aspekte unserer gegenwärtigen Beziehungen und unserer Vergangenheit zu untersuchen. Es ist gefährlich, ein starkes positives und geistiges/spirituelles Bewußtsein entwickeln zu wollen, ohne die Persönlichkeit auf festem Boden zu wissen.

Die Psychosynthese bietet uns auch wertvolles Material für die Arbeit mit Symbolen. Ein Großteil der gelenkten Phantasiearbeit, die wir weiter oben beschrieben haben, ist dieser Methode entnommen. Assagioli betrachtete die Symbole als „... Akkumulatoren, als Behälter und Bewahrer einer dynamischen, psychischen Ladung oder Voltspannung".[22] Diese „Ladung" oder psychische Energie kann durch das Symbol umgewandelt, kanalisiert oder integriert werden. Assagioli hielt ein „Entschlüsseln" der Symbole nicht für notwendig. Sie zu erleben stellt schon eine Form der Katharsis oder einen Heilungsprozeß dar. Seiner Auffassung nach ist es die besondere Stärke der Symbole, Unbewußtes umzuwandeln. Dieses drückt sich nicht in der Sprache der Logik aus, sondern in Bildern und Vorstellungen. Seine Methode ist brauchbar, wir stellen jedoch viele seiner eigentlichen Symbole, auf die er die therapeutische Arbeit verweist, in Frage: Seine Liste unter der Überschrift „Moderne Mensch-Symbole" beinhaltet beispielsweise: Forscher, Fernseh-Techniker, Elektroniker, aber keine einzige weibliche Figur, mit der sich Frauen tatsächlich identifizieren könnten –, und warum verwendet er stets das Symbol des „weisen alten Mannes" und nicht etwa das der „weisen alten Frau"?

Assagioli verdankt viele seiner Ideen dem Werk von Jung, der ebenfalls ausdrücklich die Realität der spirituellen Welt betonte. Für ihn ist die innere Welt der Psyche so wirklich wie die gegenständliche Welt und besitzt ihre eigenen Gesetze. Das Unbewußte ist für Jung wie ein riesiges Meer, aus dem das individuelle Ich wie eine kleine Insel herausragt. Er glaubte nicht nur an ein „persönliches Unbewußtes", das sich aus individuellen Erinnerungen und unbewußten Wahrnehmungen zusammensetzt, sondern auch an ein umfassenderes „kollektives Unbewußtes", das Instinkte, Erinnerungen, intuitives Wissen und Wahrnehmungen, abgeleitet von der ganzen Menschheitsgeschichte, enthält. Jung meinte, daß viele Symbole in unseren

Träumen und Phantasien sich aus diesem kollektiven Unbewußten herleiten lassen; er sah darin die Erklärung für die Ähnlichkeit in den Träumen und Mythen von Menschen aus völlig verschiedenen Kulturen und Zeitperioden der Geschichte. Auf diese Weise bereichern die Träume unser Bewußtsein, indem sie es mit der vergessenen Sprache der Instinkte und den Erinnerungen an weit zurückliegende Erfahrungen der Menschheit wieder in Verbindung bringen. Diese Symbole aus dem kollektiven Unbewußten nannte Jung die „Archetypen" und er beschrieb die hauptsächlichen Archetypen, die das menschliche Verhalten beeinflussen: die „Persona" (unsere soziale Maske oder Rolle), den „Schatten" (das Dunkle, Unangenehme in uns), die „Anima" und den „Animus" (die die weiblichen und männlichen Prinzipien, die nebeneinander in jeder Frau und in jedem Mann existieren, repräsentieren), den „weisen alten Mann", die „Mutter Erde" und das „Selbst". In der Jungschen Therapie werden diese archetypischen Symbole als Ausgangspunkte benutzt, um unterbewußte Elemente in uns zu untersuchen und durchzuarbeiten (mit Hilfe des Schattens beispielsweise können Vorgänge in uns verfolgt werden, die uns nicht gefallen oder die wir fürchten). Sie können auch als Vermittler beim Heilungs- und Veränderungsprozeß fungieren: Eine Frau beispielsweise, die nicht genügend Liebe von ihrer Mutter erhalten hat und deshalb gar nicht weiß, was eine gute Mutter ist, kann mit dem archetypischen Symbol der „Mutter Erde" in ihr Verbindung aufnehmen und diese Seite in ihr für die eigene Fürsorge benutzen, um die Lücke in ihren Erfahrungen zu schließen und um ihr Gefühl für sich selbst als Frau zu verändern. Wir könnten dies mit der Art vergleichen, in der in den letzten Jahren in einigen feministischen Kreisen die „Göttin" als Sinnbild der Heilung und Veränderung verwendet wurde. Frauen wollten Symbole wiederentdecken, die die aktiveren Aspekte unserer Identität bestätigen, und von diesen schien die „Göttin" die Legitimität und Schönheit weiblicher Stärke am umfassendsten auszudrücken.

Jung glaubte, daß das „Selbst" der tiefgründigste und am schwierigsten zu erreichende Archetyp ist. Symbolisch kann er sich in den Träumen auf verschiedene Arten ausdrücken: als Sonne, Kind, Ei, Edelstein, Blume, Kelch oder geometrisches Symbol. Dieses „Selbst" befindet sich jenseits vom Ich-Bewußtsein der Person und wird als eine Art von individueller geistiger Identität wahrgenommen, die „... einerseits im Bewußtsein unseres einzigartigen Wesens und andrerseits in unserer engen Beziehung zu allem Lebendigen nicht bloß zu den Menschen, sondern auch zu den Tieren und Pflanzen und sogar zu den anorganischen Stoffen und dem Kosmos selbst besteht. Sie bewirkt in uns ein Gefühl des ‚Einsseins' und oder der Versöhnung mit dem Leben ..."[23] Dieses „Selbst" ist der Kern oder die Mitte, um die die Patienten Jungscher Therapeuten ihre Persönlichkeit häufig neu gestalten, wenn sie sich durch die Therapie weiterentwickeln.

Es gibt viele Elemente in Jungs Werk, die wir hier aus Platzgründen nicht näher beschreiben können (zum Beispiel seine Aufteilung der Menschen in „extravertierte“ und „introvertierte“ Charaktertypen); wir haben nur die in diesem Kontext wesentlichen Aspekte seiner Theorien gestreift. Es gibt Inhalte in seinem Werk, die uns unbrauchbar erscheinen: beispielsweise seine weiblichen Archetypen, die immer „emotionale“, „fürsorgliche“, „intuitive“ Figuren darstellen, während die männlichen Archetypen eher „stark“ und „rational“ sind. Wenn er die Archetypen als das Produkt sozialer Faktoren und Erziehung aufgefaßt hätte, die die Erfahrungen der Menschen während der vergangenen paar tausend Jahre Geschichte widerspiegeln, wäre dies vielleicht verständlich. Er geht jedoch weiter und schreibt den Archetypen ein eigenes unabhängiges Leben zu. Er behauptet, sie hätten „ihre eigene Initiative und ihre eigene spezifische Energie ... so schaffen Archetypen Mythen, Religionen und Philosophien, die ganze Nationen und geschichtliche Epochen charakterisieren“.[24] Diese Behauptung, daß die Symbole uns schaffen, anstatt wir sie, führt zu einem auf den Kopf gestellten Denken. Es leugnet die materiellen Kräfte, die in der Gesellschaft und in der Geschichte wirken. Die Annahme, daß wir uns nie über gewisse schon existierende Archetypen des Fühlens und des Verhaltens hinausentwickeln können, kann auch zutiefst reaktionäre Auswirkungen zur Folge haben. Selbst Feministinnen, die Junganhängerinnen sind, neigen dazu, zum Weiterbestehen dieser Vision einer mystischen und statischen „anderen Welt“, die unser Verhalten determinieren soll, beizutragen. Esther Harding zum Beispiel beschreibt das „weibliche Prinzip“ positiv, sieht es jedoch immer noch als eine statische Kraft. Die Frau wird von dem „primitiven, ungezähmten weiblichen Wesen in ihr“[25] kontrolliert, das zwangsläufig unbeständig, emotional, mondhaft und dem Uterus verwandt ist. Wir haben es vorgezogen, diese eher eingeengte Sicht der Geschichte und des menschlichen Verhaltens in Frage zu stellen, obwohl viele Ideen Jungs uns sinnvoll und nützlich erscheinen.

Es ist interessant, festzustellen, wie verschiedene Therapiemethoden sich in ihren Grundideen gar nicht so sehr voneinander unterscheiden, sondern lediglich dasselbe Phänomen von einer anderen Seite her beleuchten. Jungs „Schatten“ würde in der Gestalttherapie als die Stimme eines „bösen Mädchens“ oder als eine dunkle Kreatur in einem Traum untersucht, während die „Anima“ und der „Animus“ in der Gestalttherapie mit Kissen als das internalisierte Image oder die Stimme der Mutter oder des Vaters ausagiert würden. Es bestehen auch gewisse Ähnlichkeiten zwischen Jungs „Archetypen“ und Assagiolis „Sub-Persönlichkeiten“ als Charaktere unserer inneren Landschaft.

Jung und Assagioli haben beide innerhalb des traditionellen Rahmens der Psychoanalyse gearbeitet und Serien von Einzelsitzungen zwischen Therapeut und Patient abgehalten. Heute betreiben die meisten Jungschen und Psychosynthese-Therapeut/inn/en noch immer die Individualtherapie. Einige in diesen Schulen ausgebildete Therapeut/inn/en bieten jedoch auch professionell geleitete Gruppen und Workshops an, in denen ihr euch die jeweiligen Techniken aneignen könnt, um sie dann für euch selbst oder in einer Selbsthilfegruppe anzuwenden. Bei der Arbeit zwischen einer/m Klientin/en (oder einer Gruppe) und einer/m Psychosynthese-Therapeutin/en (Leiter/in) werden die verwendeten Techniken tatsächlich erklärt, so daß die/der Klient/in zu ihrer/seinem eigenen Therapeutin/en wird, und das Bedürfnis nach einer Führung allmählich verschwindet. Mit diesem Vorgehen sollen die Konflikte um die Mystifikation und Abhängigkeit zwischen Therapeut/in und Klient/in vermieden werden, die den meisten Therapeut/in-Klient/in-Beziehungen anhaften.

Es gibt auch Therapeutinnen, denen es gelungen ist, die Ideen Jungs und Assagiolis einer feministischen Perspektive anzupassen und sie miteinander zu kombinieren. Im elften Kapitel werden wir euch helfen, die Therapeutin zu finden, die die von euch gesuchte Kombination von Methoden anbietet.

ASTROLOGIE

Die Astrologie ist ein Bereich, der für uns Feministinnen in zunehmendem Maße an Interesse gewinnt. Einige von uns sind der Auffassung, daß selbst, wenn ihr nicht an Astrologie „glaubt", sie euch dennoch eine Reihe von reichen Symbolen anbietet, die verschiedenen Kräften des individuellen Erlebens entsprechen (Kontrolle, Freundschaft, Aufgeschlossenheit, Kommunikation, realistisches Denken, Erdverbundenheit, Leidenschaft, Erneuerung, und so weiter). Vielleicht ist es ganz nützlich, sich ein Leben in diesen Begriffen vorzustellen, so wie wenn wir uns mit neuen Augen betrachteten und uns unserer Stärken und Schwächen bewußt würden, Bereiche entdeckten, die es zu entwickeln oder zu verändern gilt, und mögliche neue Richtungen herausfänden. Für uns hat die Beschäftigung mit dieser Disziplin nichts Fatalistisches, sondern eher etwas vom Betrachten einer Landkarte, auf der wir unsere Reiseroute auswählen können. Wenn du dir dein Horoskop deuten lassen möchtest, gehst du am besten zu einer feministischen Astrologin, die einige der mehr stereotypen Symbole neu interpretiert (zum Beispiel: Weshalb werden alle inneren Zeichen als „weiblich" bezeichnet?). Wen immer du auch aufsuchen wirst, wir empfehlen dir, dich zuerst in dieses Gebiet einzulesen, damit du nicht passiv eine Deutung deiner Person durch einen „Experten" über dich ergehen lassen mußt. Vielleicht machst du dir vorher auch einige Gedanken über die Zeichen und Eigenschaften, auf die du dich beziehst und schreibst sie auf oder machst eine Zeichnung davon. Auf diese Weise kannst du dich aktiv an der Deutung deines Horoskops beteiligen und die Astrologie als ein weiteres Hilfsmittel benützen, um dein Bewußtsein von dir selbst zu erweitern und dein Leben selbst in die Hand nehmen.

FRAUEN-SPIRITUALITÄT

In der Frauenbewegung wird die Spiritualität zunehmend als einer der Bereiche anerkannt, in dem wir Frauen von der Tradition her stark sind, und in dem wir unsere Erfahrungen zurückfordern und wieder geltend machen müssen. Deshalb untersuchen Feministinnen in verschiedenen Ländern nicht nur Träume, Symbole und Astrologie, sondern sie beschäftigen sich auch mit dem Tarot, dem I Ging, mit vorpatriarchalen Religionsformen, mit extrasensorischer Wahrnehmung und mit Formen geistiger Heilung. All diese Gebiete überprüfen sie auf von Männern geprägte Ideen und Vorurteile und schaffen ihre eigene feministische Perspektive. Bedauerlicherweise schien häufig ein Konflikt zwischen diesen „spirituellen" Interessen und den politischen Aktivitäten, an denen sich viele Frauen beteiligen, zu bestehen:

„Für ‚politische' Frauen bedeutet ‚spirituell': Institutionen und Philosophien, die praktische Veränderungen unmöglich machen und die Energien der Frauen so kanalisiert haben, daß sie anderen zu ihrem eigenen Schaden dienen. Für ‚spirituelle' Frauen bedeutet ‚politisch': Institutionen und Philosophien, die die Einheit der Menschen leugnen und die Kreativität der Frauen so kanalisiert haben, daß sie sich gegenseitig zerstören und bekämpfen. Aber beide Strömungen versuchen, menschliche Erfahrung fundiert zu untersuchen – sowohl auf der materiellen wie auf der nicht-materiellen Ebene. Die Frauen sind im Begriff, ihr Bewußtsein in beide Richtungen hin zu revolutionieren und Ideen des Patriarchats, religiöse Institutionen und Regierungen anzugreifen, indem sie sich auf ihre eigene Lebenserfahrung stützen."[26]

Für uns scheinen viele der „spirituellen" Disziplinen andere Wege darzustellen, sich den verborgenen Kräften des Unbewußten zu nähern, die bis heute noch niemand umfassend versteht. Während des therapeutischen Prozesses arbeiten wir mit den Emotionen und unseren Beziehungen zu anderen Menschen. „Spirituelle" Methoden können dieses Schwergewicht im Gefühlsbereich ausgleichen helfen, indem sie uns daran erinnern, daß wir auch Teil der Natur sind, und indem sie uns eine weitreichendere Perspektive für unser Leben eröffnen.

ANMERKUNGEN

1 Sigmund Freud, *Vorlesungen zur Einführung in die Psychoanalyse,* (VII. Manifester Trauminhalt und latente Traumgedanken), GW XI, Fischer Verlag, Frankfurt a. M. 1969

2 *Vorlesungen zur Einführung in die Psychoanalyse*

3 Wichtige Veröffentlichungen zu diesem Thema sind am Ende von Kapitel 8 aufgeführt.

4 *Der Mensch und seine Symbole* von C. G. Jung und Marie-Louise von Franz,

Joseph Littenderson, Jolande Jacobi und Aniela Jaffé, Buchclub Ex Libris, Walter Verlag AG, Olten 1968, S. 52.

5 *Der Mensch und seine Symbole,* S. 90.

6 *Der Mensch und seine Symbole,* S. 62.

7 *Der Mensch und seine Symbole,* S. 52.

8 *Der Mensch und seine Symbole,* S. 295.

9 Ann Faraday, *Die positive Kraft der Träume,* Frankfurt 1980.

10 Siehe unter „weitere Literaturangaben" in diesem Kapitel.

11 Dies basiert auf Techniken wie sie Marie Maguire und Lucy Goodison von der *Red Therapy Group* in ihren Traum-Workshops im Frauen-Therapiezentrum in London verwendeten.

12 Sie beruht auf Frederick S. Perls, *Gestalt-Therapie in Aktion*, Stuttgart 1976.

13 Siehe in: Susie Orbach, *Anti-Diätbuch*, München 1979, für diese und ähnlich gelenkte Phantasien.

14 *Der Mensch und seine Symbole,* S. 103.

15 Wurde von Tricia Bickerton und Barbara Mound von der *Red Therapy Group* für ihre „Frauen-Allein"-Workshops im Frauen-Therapiezentrum in London verwendet.

16 Ausgedacht haben sich diese Übung Jo Ryan und Sheila Ernst von der *Red Therapy Group* für ihre „Feminismus und Monogamie"-Workshops im Frauen-Therapiezentrum in London.

17 Dieses Arbeisschema für Themen, die für Frauen relevant sind, haben Luise Eichenbaum und Susie Orbach vom Frauen-Therapiezentrum in London entworfen.

18 Diese Übung stammt von Jo Ryan und Sheila Ernst von der *Red Therapy Group.* Sie haben sie für ihre „Mütter-und-Kinder"-Workshops im Frauen-Therapiezentrum in London zusammengestellt.

19 Diese Passagen haben wir der Zeitschrift *Country Women* entnommen. (Die Nummer über die Spiritualität), Country Women, Box 51, Albion, CA 95410, USA, April 1974, S. 29-30.

20 Roberto Assagioli, *Psychosynthesis*, Turnstone Books, London 1975; Penguin, New York 1976, S. 285.

21 aus: *Synthesis*, Heft 3/4, Synthesis Press, 830 Woodside, Redwood City, CA, USA.

22 aus: *Psychosynthesis*, S. 177-178.

23 Frieda Fordham, *An Introduction to Jung's Psychology,* Penguin, London 1953, S. 63.

24 *Der Mensch und seine Symbole,* S. 79.

25 M. Esther Harding, *Woman's Mysteries, Ancient and Modern,* Harper & Row, New York 1976.

26 *Country Women,* S. 1.

WEITERE LITERATUR

– *Vorlesungen zur Einführung in die Psychoanalyse* (siehe oben). Freud beschreibt seine Traumtheorie und seine Methode der Traumdeutung. Alle Traumdeutungsmethoden gehen auf diese zurück.

– *Der Mensch und seine Symbole* (siehe oben). Eine lesenswerte illustrierte Darstellung von Jungs Arbeiten über die Träume und Symbole.

– *Gestalt-Therapie in Aktion* (siehe oben). Enthält lange und lehrreiche auf Band

aufgenommene Beispiele von Perls Arbeit mit Träumen.
– Ann Faraday, *The Dream Game*, Harper & Row, New York 1976. Ein gutes Handbuch, wenn du damit beginnen willst, deine Träume selbst zu untersuchen.
– *Psychosynthesis* (siehe oben). Eine unterschiedliche Sammlung von Aufsätzen über die Theorie der Psychosynthese und über die Arbeit mit gelenkten Phantasien.
– Ram Daso, *Journey of Awakening: a Meditator's Guidebook*, Bantam Books, New York 1978. Ein lesenswertes Buch für Anfänger im Meditieren.
– *Quest*, PO Box 8843, Washington DC 20003, USA, *Women and Spirituality*, Vol 1, No 4, 1975. Eine ausgezeichnete Sammlung von Artikeln, in denen verschiedene feministische Methoden der Annäherung an die Spiritualität untersucht werden.
– Bhagwan Shree Rajneesh, *The Ultimate Alchemy*, Rajneesh Foundation, India 1976. Bhagwan, der viele Anhänger in Europa und in den USA hat, schreibt anregend und bietet eine gute Einführung an für eine mehr „spirituelle" Lebensperspektive. Hüte dich vor seinen Ansichten über die Frauen.
– Liz Greene, *Relating: an Astrological Guide to Living with Others on a Small Planet*, Coventure, London 1977. Intelligente humanistische Astrologie.
– Mary Anderson, *Colour Healing*, The Aquarien Press, Wellingborough 1979. Eine sehr gute kurze Einführung in dieses interessante Gebiet.
– Nor Hall, *The Moon and the Virgin: Reflections on the Archetypal Feminine*, The Women's Press, London 1980. Die Autorin, eine Jung'sche feministische Therapeutin, untersucht weibliche Archetypen und befreit sie von dem beschränkten sozialen Kontext, in dem sie eingeschlossen wurden.

VII
Die ganze Welt ist eine Bühne: Psychodrama

WAS IST PSYCHODRAMA?

Psychodrama ist eine Methode, unsere Gefühle in einer strukturierten Situation auszuagieren. Eine reale oder phantasierte Situation wird unter Verwendung von Bewegung und Dialog wieder in Szene gesetzt. Es kann uns helfen, ein aktuelles Problem (vor allem, wenn andere Menschen daran beteiligt sind) zu untersuchen und zu lösen, eine Szene aus der Kindheit wieder zu spielen oder eine neue Rolle einzuüben.

Es ist eine gute Methode zur Erforschung komplexer Probleme, da wir, falls nötig, eine Szene mit verschiedenen Charakteren und/oder Orten aufbauen können. Sie wird häufig bei der Arbeit mit Regressionen angewendet, um eine ungelöste Kindheitserfahrung wieder in Szene zu setzen, und kann auch gut bei aktuellen, blockierten oder verwickelten Beziehungen verwendet werden oder dort, wo jemand versucht, zwischen verwirrenden Alternativen eine Wahl zu treffen.

Die Leute scheuen häufig vor dem Psychodrama zurück, weil sie glauben, daß sie nicht spielen können. Jedoch weit von einer Aufführung entfernt, sind beim Psychodrama die eigenen Gefühle die Triebfeder des Spieles. J. L. Moreno, der Wiener Psychiater und Pionier des Psychodramas zu Beginn dieses Jahrhunderts, war einer der ersten Therapeuten, der den Wert einer Technik erkannte, die den Menschen hilft, ihre Gefühle direkt auszudrücken, anstatt nur über sie zu reden.

Das Psychodrama ist nicht die einfachste Methode für eine Selbsthilfegruppe, wohl aber eine sehr aufschlußreiche. Wenn ihr einmal die Rollen und Techniken begriffen habt, vermittelt sie Einsicht und Entspannung, selbst wenn die Gruppe über relativ wenig Erfahrungen verfügt. Sie hat auch den Vorteil, daß viele Mitglieder sich daran beteiligen können.

Das Psychodrama bedient sich verschiedener Rollenbezeichnungen und Techniken, auf die wir im folgenden eingehen werden:

Die Protagonistin: die zentrale Figur, eine Akteurin im Drama
Die Mitwirkenden: Figuren mit Stützfunktionen im Drama, ebenfalls Akteurinnen.
Die Leiterin: eine von der Gruppe ausgewählte Person. Sie übernimmt die Verantwortung für das, was geschieht.
Das Publikum: andere Gruppenmitglieder, die das Psychodrama verfolgen und aus deren Kreis *Doubles* ausgewählt werden. Ihre Aufmerksamkeit bildet einen wesentlichen Bestandteil des Psychodramas.

Das Double: Sie wird sich in der gleichen Position dicht neben die Person, die sie *doublet*, stellen. Sie wird Dinge tun oder sagen, die ihrem Gefühl nach das „innere Selbst" der Person, die sie doublet, ausdrücken. Die Protagonistin oder Mitwirkende, die sie doublet, können ihre Äußerungen annehmen oder zurückweisen. Sie sollen unterstützend und nicht bevormundend sein.
Das Selbstgespräch: Die Protagonistin versucht, ihre Gedanken und Gefühle zu verbalisieren, um sich einzuwärmen und die Szene für alle Beteiligten vorzubereiten.
Der Rollentausch: zwei Akteurinnen im Psychodrama tauschen die Rollen. Häufig ist eine davon die Protagonistin, die dann a) zeigt, wie sie die andere Akteurin wahrnimmt und b) das Psychodrama von einem neuen Standpunkt aus erleben kann.

WIE FUNKTIONIERT DAS PSYCHODRAMA? DIE THEORIE HINTER DER HANDLUNG

Anders als Freud, sein Zeitgenosse, versuchte Moreno nicht eine auf seinen klinischen Erfahrungen mit dem Psychodrama basierende Theorie der psychischen Entwicklung aufzustellen. Er ging jedoch von einigen grundlegenden Annahmen über die menschliche Natur aus. Er glaubte, daß die Menschen die angeborene Fähigkeit besitzen, frei zu fühlen und damit die volle Verantwortung für ihr Leben übernehmen können. Er erkannte jedoch auch, daß die Gesellschaft unsere Fähigkeiten, umfassend zu reagieren, beschränkt, einen Sachverhalt, den er mit dem Ausdruck „kulturelle Konserve" benannte. Er wollte damit sagen, daß der soziale und politische Ausdruck moralischer Standards in der Gesellschaft häufig einen Zwang zur Konformität ausübt. Die Menschen reagieren daher häufig in stereotyper Weise auf Situationen, indem sie automatisch von der Gesellschaft akzeptierte Verhaltensweisen annehmen. Das Psychodrama kann uns auf freies Handeln vorbereiten, darauf, im „Hier und Jetzt" auf lebendige und *relevante* Weise zu reagieren, anstatt an begrenzte und sogar unangemessene Reaktionen gebunden zu bleiben. Eine Frau, deren Auto stehen bleibt, reagiert womöglich auf stereotype Weise, indem sie annimmt, daß ein Mann schon wissen werde, was zu unternehmen sei und ihm die Initiative überläßt. Hätte sie ohne Vorbehalte auf diese Situation reagieren können, hätte sie sich vielleicht eingestanden, daß sie selbst über ihr Auto genügend Bescheid weiß. Über Jahre hinweg hat sie technische Angelegenheiten den Männern überlassen, was sie zu einer stereotypen, aber unangemessenen Reaktion veranlaßte.

Moreno verwendete die Begriffe „spontan" und „kreativ" in einem besonderen technischen Sinn. Diese Begriffe sind nicht leicht zu definieren. So wie wir ihn jedoch verstanden haben, meint er mit „Spontaneität" die Fähigkeit eines Menschen, unmittelbar und der Situation angemessen zu reagieren. Eine Frau beispielsweise befindet sich auf einem Markt, sieht sich nach Früchten um und versucht zu entscheiden, was sie kaufen soll. Eine zweite Frau bietet ihr Trauben an und sagt: „Sie sind wirklich gut. Versuchen Sie mal.“ Ohne zu überlegen, weigert sich die Frau. Dies ist keine spontane Reaktion, sondern eine Standardreaktion. Vielleicht hat sie als Kind gelernt, nichts von Fremden anzunehmen. Dieses stereotype Verhalten hat ihre Fähigkeit, die echte Freundlichkeit der anderen Frau anzuerkennen, zunichte gemacht.

Der Begriff „Kreativität“ ist eng mit dem der Spontaneität verknüpft und bezieht sich auf das, was einzigartig an unseren Gefühlen und unserem Verhalten ist. Sich „kreativ“ verhalten, heißt, sich nach inneren Prozessen anstatt nach äußeren Ansichten ausrichten. Das Anbieten jener Trauben können wir als „kreatives“ Verhalten ansehen. Wenn die Menschen sich „kreativ“ und „spontan“ begegnen, dann ist die Möglichkeit offen für das, was Moreno mit „tele“ bezeichnete, d. h. wirkliche Kommunikation. Begegnen sich die Menschen stereotyp, ohne sich als Individuen zu behandeln, besteht kein „tele“, keine wirkliche Interaktion und kein Austausch, kein einfaches und direktes Geben und Nehmen.

Wenn unsere Spontaneität gezügelt ist und wir stereotyp agieren und reagieren, sind wir häufig verwirrt, blockiert oder wütend. Wir bringen keines unserer Gefühle tatsächlich zum Ausdruck. Wir reagieren nach konventionellen Mustern, die unser inneres Erleben nicht berühren. Das Psychodrama hilft uns, von innen heraus zu reagieren, „kreativ“, „spontan“, aus den Gefühlen heraus zu handeln. Wo die Gefühle zuvor blockiert waren, sind sie nun befreit und äußern sich häufig mit einer Intensität, die dem vorherigen Grad an angestauter Empfindung entspricht. Diese Entladung bezeichnete Moreno mit „Katharsis“, die wiederum zu „Einsicht“, dem letzten Schritt beim Psychodrama, führen kann. Zu wirklicher „Einsicht“ kommt es nach Moreno nur nach emotionaler Entladung und Klärung. Andernfalls handelt es sich bloß um eine intellektuelle Erkenntnis, welche die Gefühle eines Menschen nicht zu ändern vermag.

PSYCHODRAMA: EINIGE BEISPIELE

Die Verwendung des Psychodramas für die Untersuchung eines aktuellen Konfliktes

Im folgenden Beispiel zeigen wir, wie Alice das Psychodrama dazu verwendete, ihre Beziehungen in einer Situation zu klären, bei der andere Leute miteinbezogen waren und in der sie wütend und hilflos war.

Wir begannen damit, so wie wir es häufig tun, in der Gruppe herumzugehen, wobei wir den anderen mitteilten, wie wir uns fühlten. Alice war angespannt und aufgewühlt wegen ihres schlechten Verhältnisses zu ihren Mitbewohnern. Wenn sie keinen Weg fand, ihren angestauten Gefühlen Luft zu verschaffen, bestand die Gefahr, daß sie wegen einer Kleinigkeit einen Streit vom Zaune brechen und dann doppelt soviel Mühe haben würde, dort in Frieden leben zu können. Sie wollte herausfinden, was sich zwischen ihr und ihren Hausgenossen abspielte, und Möglichkeiten erkunden, wie sie ihr Verhältnis zu ihnen ändern könnte.

Alice ist Ende zwanzig. Sie hat einen kleinen Sohn, der mit ihr zusammenlebt, sowie Karen, Karens Tochter und Lisa, eine dritte Frau. Im Laufe des Sommers ist Karens Freund Julian ebenfalls eingezogen. Alice konnte nicht dagegen protestieren, obwohl sie über den Einzug Julians nicht glücklich war. Dieses Gefühl des Unmuts vergrößerte sich noch, seit Karen ihr mitgeteilt hatte, daß sie und Julian ein Kind erwarten.

Alice beschreibt, wie sie sich nun in diesem Haus fühlt: „Ich kann kaum in die Küche gehen – wo wir uns gewöhnlich treffen – ohne mich innerlich zu wappnen für den Fall, daß Julian dort sein sollte. Mir ist, als ob eine Spannung zwischen uns schwelte, bei jedem Wort, das ich sage, bei jeder Bewegung, die ich mache.“

Mary erklärt sich bereit, die Rolle der Leiterin für ein Psychodrama mit Alice zu übernehmen. Sogar in einer Selbsthilfegruppe brauchen wir für ein bestimmtes Psychodrama gewöhnlich eine Leiterin, da der Aufbau eines Dramas und seine Aufrechterhaltung einen ziemlich komplexen Vorgang darstellen.

Alice, die Protagonistin, führt ihr Selbstgespräch, indem sie die Küche und die sich darin befindlichen Personen beschreibt. Die Frauen helfen ihr, die passenden Requisiten aufzustellen, und Mary bittet Alice, die Leute für die Nebenrollen von Karen und Julian auszuwählen.

Alice entschließt sich für Cathy und Susan. Als Mary sie fragt weshalb – damit die beiden wissen, wie sie spielen sollen oder welche ihrer Aspekte sie hervorkehren sollen –, meint Alice: „Cathy ist Julian, weil zwischen Cathy und mir eine ähnliche Spannung besteht. Wir sind höflich zueinander, aber unterschwellig sind wir oft wütend oder verletzt. Ich bin immer diejenige, die losschreit und Cathy bleibt ruhig. Susan ist Karen, weil sie sehr ruhig, weiblich und schön ist. Ich spüre eine intuitive Wärme zwischen uns, aber es ist schwierig, die Dinge durchzusprechen.“

Mary fragt Cathy und Susan, ob sie gewillt sind, diese Nebenrollen zu übernehmen und läßt sie sich dann an den Tisch setzen, wo sie essen und plaudern. Wir werden sie von nun an mit dem Namen der Personen bezeichnen, die sie spielen.

Alice kommt in die „Küche“ herein. Karen und Julian schauen von ihrem Frühstück hoch; sie sagen einander höflich guten Morgen. Alice setzt das Wasser auf, legt Brotscheiben in den Toaster und bittet dann Julian, etwas nachzurücken: „Kannst du mir die Marmelade hinter dir reichen?“

„Sicher.“

Um das, was sich hinter der ziemlich banalen Konversation zwischen Alice und Julian abspielt, hervortreten zu lassen, fordert Mary sie auf, die *Rollen zu tauschen*. Dies heißt, daß Alice Julian spielt und umgekehrt, und es wird helfen, aufzuzeigen, was Julian nach Alices Empfinden „wirklich“ fühlt. Alice sitzt auf Julians Stuhl und sagt: „Ich kann in diesem Haus nicht mal in Ruhe mit Karen frühstücken. Alice gibt mir das Gefühl, es sei ein Verbrechen zwischen ihr und der Marmelade zu sitzen. Nun bietet ihr Karen auch noch Tee an, und sie wird sich vermutlich hinsetzen und mit uns frühstücken. Ich hoffe, sie geht zurück in ihr Zimmer.“

Mary bittet sie wieder ihre eigenen Rollen einzunehmen. Alice ist mit der Zubereitung ihres Frühstücks fertig, und Julian und Karen stehen auf und gehen hinaus. Alice sieht verärgert aus. Sie bittet nun Lisa, die andere Frau in der Wohngemeinschaft, hereinzukommen. Sie bestimmt Chris für die Rolle von Lisa, da Chris nicht so weich und weiblich sei wie Karen, und sie sich auch leicht ruckartig bewege. Sie erklärt, daß Lisa sie bei ihren Klagen über Karen und Julian immer unterstützt. Lisa kommt in die Küche und Alice meint: „Es ist furchtbar, mit Karen und Julian hier zu leben. Ich habe mich wie ein Eindringling gefühlt, als ich zum Frühstück kam. Ich konnte mich nicht hinsetzen und mit ihnen essen.“

Lisa stimmt ihr zu: „Sie sind so sehr ein Paar, daß es scheint, sie seien hier die eigentlichen Mieter und wir bloß die Untermieter. Mach dir nichts draus.“ Lisa legt ihren Arm um Alice, aber Alice rückt von ihr weg.

„Mir ist nicht wohl dabei, wenn ich mit dir über sie nörgle. Es wäre mir peinlich, wenn sie jetzt zurückkämen.“

Mary gibt Karen und Julian ein Zeichen, wieder in die Küche zu gehen. Sie hat mitbekommen, was Alice soeben gesagt hat und möchte diese Situation mit all ihren widerstreitenden Gefühlen reproduzieren. Karen und Julian sitzen wieder am Tisch. Alice steht zwischen dem Tisch und Lisa. Sie schaut von einem zum anderen und sagt mit kalter und böser Stimme: „Ich möchte keine Partei ergreifen. Ich möchte mich nicht auf deine Seite stellen, Lisa, gegen sie. Ich möchte nicht mit dir gleichgestellt werden als die ältere, offenere und vernünftigere.“ Sie schaut auf die anderen zwei; „Aber ihr macht mich einfach fertig. Ihr gebt mir das Gefühl, eine asexuelle alte Frau zu sein. Ich hasse euch – ich hasse eure modischen Kleider – ihr kümmert euch bloß um euer Image und um euch selbst.“

Nun schreit Alice laut und ballt ihre Fäuste. Karen und Julian schrekken stumm zurück; sie halten sich an den Händen. „Könnt ihr mich nicht hören, ihr beiden verliebten Turteltauben! – Ich bin hier, ich bin hier.“

Mary gibt Alice ein Kissen und schlägt ihr vor, darauf einzuschlagen, während sie Karen und Julian weiter anschreit. Dies wird Alice helfen, einen Teil ihrer Wut abzureagieren. Sie schreit und schlägt auf das Kissen ein, bis sie erschöpft ist und darauf niedersinkt. Nach einem kurzen Augenblick schaut sie auf und sieht Karen und Julian immer noch schweigend und zurückgezogen dasitzen – sie blickt Karen an, dann Lisa – streckt zögernd ihre Hand aus, zieht sie dann zurück und bricht in Tränen aus.

Weinend fragt sie: „Was ist mit mir los? Ich scheine alles falsch zu machen. Ich möchte euch allen in diesem Haus näher sein, aber alles, was ich fertig bringe, ist euch zu vertreiben.“ Sie weint noch immer. Indem sie ihre Wut voll und direkt ausdrückte, erlebte Alice eine kathartische Entladung ihrer angestauten Gefühle und ist nun fähig, ihre positiven Gefühle für

Lisa, Karen und Julian zu empfinden.

Mary fragt Alice, was sie sich von der Gruppe wünsche. Alice möchte wissen, was Lisa, Karen und Julian empfanden, als sie ihre Wut so direkt ausdrückte. Julian sagt, sie habe ihm ziemlich Angst eingejagt, sowohl mit ihrer kalten Feindseligkeit wie mit ihrem Geschrei. Er fand sie so selbstgerecht und unnahbar, daß er sich nur noch zurückziehen konnte. Er fühlte sich als böses Kind abgeschrieben, und da Alice offensichtlich nicht auf seine „Entschuldigungen" eingehen würde, wollte er ihr aus dem Wege gehen.

Alice fragte ihn, ob er wütend gewesen sei auf sie.

„Natürlich, aber ich lasse es nicht zu einer Konfrontation mit dir kommen."

„Wie ist es bei dir, Karen?"

„Nun, deine Wut und deine Verbitterung haben mich erschreckt. Ich hielt es für das Sicherste, mich an Julian zu halten, sonst wäre ich zwischen euch beide geraten und wäre dabei am schlechtesten weggekommen."

„Und Lisa?"

„Ich fühlte mich von dir im Stich gelassen, als du nicht auf meiner Seite stehen wolltest. Als du beim Tisch zwischen mir und ihnen gestanden hast, dachte ich, daß du die Vermittlerrolle übernehmen und schließlich mit jedermann gut auskommen und es mir überlassen würdest, für dich wütend zu werden. Deshalb war ich erleichtert, als deine Wut herauskam."

Alice sagt, sie fühle sich nun viel ruhiger, weniger aufgefressen von ihrer Wut. Sie versteht jetzt, daß Karen und Julian nicht „übermächtig" sind. Sie glaubt, daß sie mit ihren Beziehungen im Haus besser wird umgehen können. Sie hofft, sich von nun an auf Julian als Person beziehen zu können, was bewirkt, daß er in ihrer Gegenwart weniger angespannt sein wird. Sie sieht auch, daß sie sich weder mit Lisa noch mit Karen und Julian „zusammenschließen" muß, sondern ihre eigene Position aufrechterhalten kann.

Alice bestimmte Cathy, Susan und Chris für die Rollen ihrer Wohngemeinschaftsmitglieder, weil sie spürte, daß diese gewisse Ähnlichkeit mit Julian, Lisa und Karen aufwiesen. Im Psychodrama verstärkten sie diese Züge noch und lernten in der Folge etwas über ihre Reaktionen auf andere und über die Reaktionen, die sie bei anderen hervorrufen. Cathy/Julian zum Beispiel erfährt, daß sie die Aggressionen blockiert. Susan/Karen setzt ihre Passivität ein und Chris/Lisa läßt sich dazu einspannen, die Aggressionen anderer auszuagieren, um dann als Bösewicht dazustehen.

Alice benutzte das Psychodrama, um in ihrer gegenwärtigen Situation positiver handeln zu können. Dazu mußte sie die indirekten Methoden aufdecken, mit der sie ihre Gefühle ausdrückte, und sie mußte Spannungen abbauen. Diese Art von Erfahrung ist besonders für uns Frauen von Bedeutung, da wir oft erleben, daß wir im Arbeitsbereich oder in unserer häuslichen Umgebung wenig Einfluß ausüben können und deshalb zu indirekten Mitteln greifen, um das zu bekommen, was wir brauchen.

Psychodrama für Projektionen in die Zukunft

Das Psychodrama muß nicht an die Realität gebunden bleiben. Wir können mit seiner Hilfe Projektionen und Phantasien von möglichen Ereignissen ausagieren. Dazu ein Beispiel:

Jane ist Australierin und lebt seit zwei Jahren in London. Sie steht kurz vor einer Ferienreise zurück nach Australien und macht sich Sorgen wegen ihrer Beziehung zu Roger. Als sie Australien verließ, nahmen Roger und seine Familie an, daß sie bei ihrer Rückkehr heiraten würden. Jane erklärt, daß sie schon ein Jahr länger als geplant in England geblieben sei und sich ihre Vorstellungen darüber, wie sie leben möchte, verändert hätten. Sie verfolgt nun andere Ziele außer einer guten Ehe und einer finanziell erfolgreichen Karriere. Sie weiß nicht, wie sie dies Roger und seiner Familie klar machen soll.

Julia schlägt vor, ein Psychodrama zu spielen, damit Jane ihre Gefühle und Reaktionen bei ihrer Heimkehr untersuchen kann, und bietet an, die Leitung zu übernehmen.

Jane stellt sich laut den Ort vor, wo sie Roger wieder trifft. Es ist ein Vorstadt-Bungalow mit großen Fenstern und Blick auf einen üppigen Garten. Mit Hilfe dieser Beschreibung fällt es Jane leichter, sich auf ihre Gefühle einzustimmen. Für die übrigen Gruppenmitglieder ist damit die Szenerie für eine Phantasievorstellung geschaffen. Die ganze Familie von Roger ist anwesend. Rogers Mutter wird in der Küche das Abendessen zubereiten. Jane wählt Angela für die Rolle der Mutter und sagt ihr: „Du bist die dominierende Person in der Familie. Du verwendest all deine Energien und deinen Verstand, die beträchtlich sind, auf dein Heim und unterstützt deinen Mann und deine Kinder darin, erfolgreich zu sein. Du redest mehr als alle anderen und bist davon überzeugt, daß deine Meinungen und deine Weltanschauung richtig sind."

Janet soll den Vater von Roger spielen, ein umgänglicher Mann, erfolgreich im Geschäft, zu Hause aber damit beschäftigt, seine Frau und seine Kinder zu besänftigen. Er hat Jane aufrichtig gern, und sie möchte seine Gefühle nicht verletzen. Jane zögert, bevor sie sich für Mary in der Rolle von Rogers Schwester Alison entscheidet. Sie meint, daß niemand in der Gruppe sie wirklich an Alison erinnert. An diesem Punkt will Julia, die Leiterin herausfinden, weshalb Jane so Mühe hat, jemand für die Rolle von Alison auszuwählen. Julia glaubt, daß es vielleicht etwas mit besonderen Gefühlen Janes gegenüber Alison zu tun haben könnte. Deshalb bittet sie Jane, ihr von ihrer Beziehung zu Alison zu berichten. (Dies liefert auch der Person, die Alison verkörpern soll, nützliche Informationen.)

Jane schildert die Freundschaft: „Alison bewundert mich, möchte aber auch ihren Eltern gefallen. Deshalb ist sie auf meiner Seite, wird aber zugleich durch meine Gegenwart bedroht. In der Tat ist sie mir sehr ähnlich." Jane lacht: „Vielleicht ist es deshalb so schwierig, jemand für diese Rolle zu finden." Sie schaut sich in der Gruppe um und entscheidet, daß

Jo die richtige für die Rolle wäre, dann bestimmt sie Sally für die Rolle von Roger.

Jane verteilt die Akteurinnen im Wohnzimmer. Der Vater sitzt in einem Lehnstuhl und beschäftigt sich mit einem Kreuzworträtsel, Alison telephoniert und Roger bringt die Stereoanlage in Ordnung. Julia erklärt den Nebenakteurinnen, daß sie innerhalb ihrer gegebenen Rollen frei improvisieren können, daß sich herausstellen könne, daß Jane sie intuitiv richtig ausgewählt habe und sie aus ihrem eigenen Gefühl heraus spielen könnten. Falls sie etwas mit Jane zu überprüfen hätten, könnten sie das tun, ohne den Fluß des Dramas zu beeinträchtigen. Falls sie etwas äußern sollten, das Jane nicht richtig scheint, kann sie sie ohne weiteres korrigieren. Dieses Vorgehen hat sich bewährt und trennt die Akteurinnen nicht von ihren Gefühlen.

An diesem Punkt sagt Rogers Mutter, sie sei nicht sicher, wie ihre Rolle aussehen solle. Julia erinnert sie daran, daß sie das dominierende Familienmitglied ist, und schlägt vor, ihren eigenen Empfindungen zu folgen. Oft braucht ein Gruppenmitglied genau diese Art von Ermutigung, um das Vertrauen zu gewinnen, nach ihren eigenen Gefühlen zu spielen. Jane erklärt, daß alle Mitglieder der Familie (mit der möglichen Ausnahme von Alison) annehmen, sie würde zurückkehren, um ihr Leben als Freundin von Roger wieder aufzunehmen und bald seine Frau zu werden. Sie sind darauf vorbereitet, ihre Abwesenheit als „schwierig", aber „interessant" zu behandeln. Niemand scheint sich Gedanken darüber gemacht zu haben, daß sich die Dinge für Jane wesentlich verändert haben könnten. Diese Situation ist vielen Frauen vertraut, deren Familien irgendwie voraussetzen, daß, was immer auch die betroffene Frau selbst gemacht hat, hinter den gemeinsamen Plänen zurückzustehen hat.

Der Schauplatz ist bereit.

Die anderen Gruppenmitglieder haben sich auf eine Seite des Raumes zurückgezogen. Sie werden das Publikum sein. Ihre Aufmerksamkeit ist äußerst wichtig, und falls sie den Äußerungen der Protagonistin oder denen der Nebenakteurinnen etwas beifügen möchten, können sie sich am Spiel direkt beteiligen, indem sie doubeln.

Julia schlägt vor, daß Jane das Spiel damit beginnt, indem sie von der Einfahrt zum Haus geht und dabei die Technik des Selbstgesprächs verwendet, um laut ihre Gefühle zu schildern.

„Ich freue mich nicht auf diese Zusammenkunft. Ich habe Angst, nicht ich selbst sein zu können. Ich weiß nicht, ob ich Roger sagen kann, daß ich ihn nicht heiraten möchte, besonders nicht mit dieser Familie dabei. Seine Mutter wird auf mich wütend sein. Wie kann nur jemand ihren Sohn zurückweisen? Ich möchte seinen Vater nicht verletzen; er ist ein netter Mann, und ich weiß, daß er mich mag. Ich spüre, daß ich mich als die alte, gefügige Jane werde reinlegen lassen. Und wenn ich mich behaupte, werde ich wirklich allein dastehen. Sogar Alison wird mich nicht unterstützen mit ihrer Mutter neben sich."

Jane erreicht den Vordereingang, zögert und läutet dann. Roger springt auf: „Das muß Jane sein" und eilt zur Tür, öffnet sie und umarmt Jane. Jane vermeidet es, Roger auf den Mund zu küssen, aber er scheint dies nicht zu bemerken. Er geleitet sie ins Wohnzimmer. Jane umarmt jedes Familienmitglied. Rogers Vater zieht einen Stuhl in seine Nähe, seine Mutter bietet etwas zu essen an und Roger streicht um sie herum. Rogers Vater nimmt die Angelegenheit in die Hand und fragt sie, wie es ihr gehe. Jane antwortet mühelos und erzählt von ihrem Flug. Dann beteiligt sich auch Roger am Gespräch und fragt Jane nach ihren Plänen. Jane wird sichtlich angespannter und versucht, die Frage zu umgehen: „Ich werde mich ausruhen und meine Zeit am Strand verbringen." Lana beschließt, für Jane zu doublen und stellt sich neben sie. Sie ahmt die Haltung und die Gesten Janes nach, um sich noch besser in die Rolle einfühlen zu können. Julia, die Leiterin, erklärt Jane, daß sie alles, was Lana sagt, benutzen, wenn es ihr aber nicht richtig erscheine, ignorieren könne.

Lana sagt als Double von Jane: „Ich bin eben erst zurückgekehrt und kann euch nicht sagen, was ich wirklich denke – ich möchte nicht grob sein und eure Gefühle verletzen." Jane nickt und versucht, das Gespräch auf ein neutraleres Thema zu lenken. Die Mutter kommt mit noch mehr Essen herein und meint, wie nett es wäre, wenn sie und Roger sich nach einem Haus umsehen würden. Jane weist das Essen aggressiv zurück und Lana, immer noch ihr Double, meint: „Mein Gott, genauso wie ich befürchtet habe. Ich weiß nicht, wie ich in dieser Situation ich selbst sein soll. Jedes ehrliche Wort wird ganz einfach grob klingen."

Jane nickt ihrem Double zu und sagt: „Ich weiß nicht, wie ich in dieser Situation ich selbst sein kann." Es scheint, daß Lanas Doublen Jane geholfen hat, ihre Gefühle genauer auszudrücken.

Der Vater erkundigt sich bei Jane nach ihrer Arbeit und ihrem Leben in London. Alison scheint auch daran interessiert und beginnt, detailliertere Fragen zu stellen. Die Mutter legt den Arm um Rogers Schultern und sagt: „Nun, das ist alles sehr interessant; sich ein wenig austoben, bevor ihr jungen Leute euch häuslich niederlaßt."

Roger fragt Jane noch einmal, was sie für Pläne hat, und Jane wird schweigsam, die Augen auf das Gesicht der Mutter gerichtet. Dies ist ein Hinweis für Julia, daß Jane sich sehr stark mit etwas beschäftigt, was die Mutter anbelangt, sich aber nicht sicher ist, welche Gefühle das sind oder wie sie diese ausdrücken soll. Sie schlägt vor, daß Jane und die Mutter die Rollen tauschen. Wenn Jane die Mutter spielt, wird daraus ersichtlich, wie sie sie wahrnimmt und weshalb es ihr so schwerfällt, sie selbst zu sein.

Jane nimmt den Platz der Mutter hinter Rogers Stuhl ein. Als Mutter sagt sie nun: „Ich glaube nicht, daß du tatsächlich gut genug für meinen Sohn bist, da er dich aber haben will, werde ich dich akzeptieren müssen, falls du meinem Modell einer passenden Ehefrau entsprichst. Es interessiert mich nicht, was du in England machst. Bringen wir diese Angelegenheit hinter uns und befassen wir uns mit dem ernsthaften Geschäft der Eheschließung in Australien.“

Julia schlägt vor, daß Jane und die Mutter wieder ihre ursprünglichen Rollen einnehmen. Die Situation ist für alle geklärt, besonders für Jane, die nun direkter reagieren kann.

Roger stellt Jane eine bestimmte Frage. Wird sie versuchen, ihre alte Stelle wieder zu bekommen? Jane platzt heraus: „Du und deine Mutter, keiner von euch beiden scheint sich für mich zu interessieren. Wenigstens Alison und dein Vater möchten wissen, was ich gemacht habe, aber euch ist das egal. Ich habe mich verändert. Ich möchte nicht in einem Vorort leben oder meine alte Stelle wieder einnehmen. Tatsache ist, ich werde wieder nach England zurückkehren, um meinen Kurs zu beenden.“

Roger sieht entsetzt und wütend aus: „Aber Jane ...“

Seine Mutter unterbricht ihn: „Jane, du mußt sicher müde sein nach deiner Reise. Ich bin sicher, du wirst nach ein paar Tagen anders darüber denken.“

Roger läßt sich nicht auf die Seite schieben: „Nein, ich möchte wirklich, daß das jetzt geklärt wird.“

Roger und Jane streiten sich heftig und Jane beharrt: „Du wirst mich so sehen müssen, wie ich bin. Ich bin nicht zurückgekommen, um mich hier niederzulassen und dich zu heiraten.“

Jane seufzt, sie ist erleichtert und meint, sie sei weit genug gegangen. Julia fragt Jane, wie dieses Erlebnis auf sie gewirkt habe. Jane meint, zuerst sei sie nervös gewesen und hätte nicht gewußt, wer sie sei. Als sie aber darauf bestanden habe, als die Person, die sie ist, wahrgenommen zu werden, habe sie ihre Angst- und Schuldgefühle verloren und sich davon überzeugt, daß es das Beste sei, Roger und seine Familie von ihren Gefühlen in Kenntnis zu setzen. Wichtig für sie war auch, daß sie wütend sein konnte über die Art und Weise, wie Roger und seine Mutter ihre reale Situation leugneten. Roger und seine Mutter bestätigten beide diese Tatsache. Sie waren beide betroffen, als Jane sich behauptet und gezeigt hatte, daß sie nicht die Person ist, die sie gemäß ihrer Vorstellung sein sollte. Jane spürte, daß sie sich von dem Gefühl der Entpersönlichung wegbewegen und ihre Identität wieder behaupten konnte und daß sie in Zukunft diese Gefühle wiedererkennen und besser damit umgehen wird.

PSYCHODRAMA IN EINER SELBSTHILFEGRUPPE

Wenn ihr das Psychodrama in eurer Gruppe anwenden möchtet, ist es vielleicht ganz gut, wenn einige Gruppenmitglieder zunächst einer erfahrenen Leiterin bei der Arbeit zusehen. Die Übungen, die auf diesen Abschnitt folgen, werden euch helfen, dem Psychodrama mit mehr Sicherheit zu begegnen. Es ist jedoch eine Technik, die mit sehr unterschiedlichem Geschick angewendet werden kann. Vieles werdet ihr erst mit der nötigen Zeit, Erfahrung und Sicherheit erlernen. Der große Vorteil dieser Technik besteht darin, daß mehrere oder alle Mitglieder einer Gruppe die Gelegenheit haben, ihre Erkenntnisse in eine Situation einzubringen und etwas über sich selbst erfahren können. Das Psychodrama berücksichtigt auch den sozialen und ökonomischen Hintergrund einer Situation. Eine Frau beispielsweise, die mit Erfolg Karriere gemacht hat, könnte die Szene, in der sie ihre Unterschichteltern in ihrem winzigen Haus besucht, in dem sie aufgewachsen ist, lebhaft reproduzieren. Psychodrama ist häufig leichter zu spielen, wenn die Gruppenmitglieder sich gegenseitig gut kennen, da dann die Situationen und Nebenrollen der Gruppe vertraut sind. Ihr müßt euch aber auch davor hüten, in einer vertrauten Gruppe in Klischees zu verfallen.

Ein Psychodrama baut gewöhnlich:

auf eine aktuelle Situation wie bei den Konflikten, die Alice mit ihren Mitbewohnern hatte
auf eine zukünftige Situation, wie bei Janes Angst vor einer Rückkehr zu Roger
auf Reaktivierung einer vergangenen Situation, die schmerzlich oder ungelöst geblieben ist.

Wie ein Psychodrama aufgebaut wird
Eine Frau wurde von einer Kindheitserinnerung an Mahlzeiten in der Familie stark aufgewühlt. Sie beschließt mit ihrer Gruppe, das Psychodrama zu verwenden, um eine solche Essenssituation wieder herzustellen. Sie hofft so ihre Beziehungen zur Familie zu beleuchten und Einsichten in die Verbindungen zu gewinnen, die zwischen ihrer Familie und ihren aktuellen Essenskonflikten bestehen.

Wählt eine Leiterin oder übergebt die Leitung einer Frau, die sich freiwillig zur Verfügung stellt. Die Protagonistin muß mit der Wahl zufrieden sein, vielleicht möchte sie sich selbst für eine bestimmte Frau entscheiden.

Die Leiterin stellt die Szene nach. Dabei fordert sie die Protagonistin auf, die unmittelbare Umgebung im Detail zu beschreiben. Dabei soll sie das Präsens verwenden. Erinnerungen an den Bruder, der auf dem Stuhl schaukelt oder an das Wachstischtuch, das noch Spuren von der letzten Mahlzeit aufweist, können den Schauplatz lebendig werden lassen.

Erwähnt die Protagonistin andere Personen, läßt sie die Leiterin Mitglieder aus der Gruppe auswählen, um deren Rollen zu übernehmen, d. h. die Nebenrollen zu spielen. Die Protagonistin hilft ihnen dabei, indem sie die Figuren beschreibt oder die Rollen tauscht (die Protagonistin schlüpft rasch in die Nebenrolle und umgekehrt).

Die Akteurinnen in den Nebenrollen spielen aus ihrem eigenen Gefühl heraus. Glaubt die Protagonistin, daß sie sich zu weit von ihrer eigenen Wahrnehmung der Wirklichkeit entfernt haben, unterbricht sie sie und sagt ihnen, weshalb ihr Spiel nicht mehr stimmt und wie sie es ändern sollen.

Die Leiterin kann die Protagonistin auffordern, die Nebenrollen kurz zusammenzufassen. Die Akteurinnen werden sich auch auf den Eröffnungsmonolog der Protagonistin beziehen. Die Protagonistin und die Mitwirkenden sollten so direkt und offen wie möglich sprechen.

Scheint die Protagonistin einige Gefühle zu entladen, ein neues Gleichgewicht und die gesuchte Einsicht erlangt zu haben, kann die Leiterin das Drama abbrechen. Sie überprüft zuerst, ob die Protagonistin dazu bereit ist. Dann wendet sie sich an die übrigen Gruppenmitglieder, die vielleicht die durch das Drama hervorgetretenen Empfindungen näher untersuchen möchten. Falls es sich um eine Szene aus der Kindheit handelt, sollte die Protagonistin alle Verknüpfungen verbalisieren, die sie zwischen den Kindheitsgefühlen und ihrer aktuellen Erfahrung herstellen kann. Dies tut sie, nachdem das Psychodrama stattgefunden hat.

Allgemeine Probleme beim Psychodrama

Manchmal scheint das Psychodrama an einem toten Punkt angelangt zu sein. Niemand spricht. Hat ein Dialog zwischen zwei Personen stattgefunden, liegt es vielleicht daran, daß sich etwas zwischen ihnen befindet, das sie nicht richtig erfassen oder ausdrücken können. Um ihnen zu helfen, kann die Leiterin:

a) *Gruppenmitglieder auffordern, die beiden Akteurinnen zu doublen.* Den Doubles gelingt es vielleicht, die verborgenen Gefühle auszudrücken, wie bei Lana, als sie für Jane doublete. Der Dialog kann dann ungehemmt weitergehen.

b) *die Rollen tauschen.* Jede Akteurin drückt dann das aus, was ihrer Meinung nach die andere Person empfindet. Ihre Interpretation kann richtig, aber auch falsch sein. Diese Ängste blockieren möglicherweise den Dialog. Als Alice und Julian in höflicher Konversation steckenblieben, tauschten sie die Rollen und Alice formulierte die Ressentiments, die sie bei Julian befürchtete.

c) *eine weitere Figur hinzuziehen oder zu einer anderen Szene überwechseln.* Manchmal ist eine bestimmte Figur in Verlegenheit. So erging es Rogers Mutter zu Beginn des Psychodramas. Die Leiterin mußte sie daran erinnern, daß sie das dominierende Mitglied der Familie ist und die Rolle aus ihrem eigenen Empfinden heraus spielen sollte. Vielleicht muß die Leiterin die Akteurin auch fragen, was diese selbst fühlt; häufig entsprechen die Empfindungen der Rolle, die sie spielt.

Was aber, wenn die Akteurin ihre Rolle gemäß ihren Gefühlen spielt, diese aber nicht in die Rolle passen, so wie die Protagonistin sie wahrnimmt? Es ist besser, diese Gefühle ans Licht zu bringen, anstatt zu hoffen, sie würden dann schon verschwinden. Der Ablauf eines Psychodramas wird durch Pausen und Diskussionen über die Interpretation einer Rolle nicht gestört. Vielleicht wurde ihr die Rolle nicht genau genug vermittelt. Manchmal hilft auch ein Rollentausch oder Doublen, um in die Rolle hineinzukommen. Das gleiche gilt für das Beenden eines Psychodramas: Ihr wißt nicht, wie ihr aufhören sollt, spürt aber, daß der Zeitpunkt gekommen ist. In diesem Fall unterbrecht ihr und überprüft mit den Akteurinnen und dem Publikum, wie sie das Vorgefallene wahrgenommen haben. Es kann irgend jemand die Meinung vertreten, eine Katharsis hätte stattgefunden und die Handlung sollte deshalb beendet werden. Es steht dann der Protagonistin oder anderen frei, den Vorschlag zu diskutieren.

Das vielleicht am häufigsten auftretende Problem beim Psychodrama ist die Angst einiger oder aller Gruppenmitglieder, daß es nicht funktionieren würde, weil sie nicht spielen könnten. Wir haben bereits erklärt, daß das Psychodrama keine schauspielerischen Fähigkeiten im üblichen Sinne erfordert. Diese Tatsache wird jedoch die Gruppenmitglieder nicht unbedingt von ihren Befürchtungen abbringen können. Wichtig ist, daß die Gruppe die Gelegenheit bekommt, für ein Psychodrama „warmzuwerden". Benutzt dazu eine der von uns empfohlenen „Einwärmübungen" oder nehmt eine andere Übung, die euch entspannend und vergnüglich dünkt. Körperübungen sind oft gute „Einwärmer" für ein Psychodrama, da ihr euch danach weniger gehemmt fühlt.

PROFESSIONELLES PSYCHODRAMA

In den meisten Ländern wird das Psychodrama als Teil eines auf die Geisteswissenschaften ausgerichteten Psychotherapieprogrammes angeboten. Ihr könnt bei der Arbeit mit einer guten Leiterin sehr viel lernen, da es großes Geschick erfordert, die sensibelsten Gefühlsreaktionen aus einer Akteurin herauszubringen. Die Rolle der Leiterin birgt einige Widersprüche in sich. Theoretisch beteiligt sie sich offen und herzlich an Interaktionen mit Gruppenmitgliedern, während sie gleichzeitig die Verantwortung übernimmt für das, was vor sich geht. Sie teilt der Gruppe ihre Gefühle mit und vermittelt vielleicht einem Gruppenmitglied ihre Anteilnahme oder Wut. Selbst in einer Selbsthilfegruppe, wo die Rolle der Leiterin turnusmäßig wechselt, unterscheidet sich das Engagement der Leiterin von dem der anderen Gruppenmitglieder. Sie verfolgt die Handlung, und während sie sich auf ihre subjektiven Reaktionen auf das Geschehen verlassen muß (was würde *ich* in dieser Situation empfinden), konzentriert sich ein Teil von ihr auf die Lehren, die sie aus der Situation zieht, um dort eingreifen zu können, wo der Weitergang der Handlung dies erfordert. Diese Spaltung bedeutet, daß die Leiterin nicht gleichermaßen emotional engagiert und beteiligt sein kann wie die übrigen Gruppenmitglieder.

Die Einstellung des professionellen Psychodramaleiters ist von Bedeutung. Das Psychodrama hat keine Theorie, aus der sich eine bestimmte Interpretation des Verhaltens einer Frau in einer gegebenen Situation ableiten ließe. Unsere Erwartungen jedoch, wie Leute sich verhalten *sollten,* können einen verborgenen Einfluß darauf haben, wie wir in der Gruppe reagieren. Obwohl eine Technik wie das Psychodrama dazu benutzt werden kann, unsere Stärke und Selbstbestimmtheit zu entwickeln, enthält sie keine Grundlagen für das Verständnis unserer spezifisch weiblichen gefühlsmäßigen Belastungen und Konflikte. Dies bedeutet, daß sie starke Emotionen aufdecken kann – wie etwa die Angst einer Frau vor Veränderung – ohne ein entsprechendes Verständnis der anderen Seite des Dilemmas anzubieten; nämlich das starke Bedürfnis der Frau nach Veränderung.

In einer gelenkten Gruppe können auch, fast wie beim Übertragungsprozeß in der Psychoanalyse, starke Gefühle auf die Akteurin projiziert werden. Im achten Kapitel werden wir darauf zurückkommen. Dies kann in den meisten gelenkten Gruppen passieren, nicht nur in Psychodramagruppen. In der Gruppensituation wird gewöhnlich darauf eingegangen. Es bringt nichts, solche Gefühle zu ignorieren, da sie sonst wahrscheinlich auf indirektem Weg und auf verwirrende Weise wieder auftauchen.

EINIGE GRENZEN DER PSYCHODRAMA-THEORIE

Leider hat Moreno seine Kritik an der Gesellschaft nicht konsequent zur Erkenntnis weiterverfolgt, daß Veränderungen in der Gesellschaft notwendig sind, damit wir ein emotional reicheres Leben führen können. Der „normale" Mensch ist für ihn spontan und kreativ und besitzt die Fähigkeit, in seinem Leben viele Rollen auszuleben. Die Frau, die Tochter, Mutter, Geliebte, Schöpferin und Arbeiterin sein kann, würde als gut anpassungsfähig gelten. Die Frau, die in allen Situationen als Mutter reagiert und keine anderen Seiten oder Fähigkeiten entwickelt hat, wäre in den Augen Morenos pathologisch oder schlecht anpassungsfähig. Damit wird der Tatsache nicht Rechnung getragen, daß wir in einer Gesellschaft leben, in der Anpassung *nicht fühlen* bedeutet und *normal* für eine Frau die Einschränkung ihres Lebens. Moreno nahm die sozialen und ökonomischen Zwänge nicht zur Kenntnis, die die bemutternden Reaktionen einer Frau sowohl innerhalb wie auch außerhalb der Familie verstärken können. Moreno wich dem Problem der Veränderungen, die wir in der Gesellschaft erbringen müßten, aus, um seiner Definition von Normalität entsprechen zu können. Morenos Werk bringt uns eher dazu, die Einschränkungen unseres persönlichen Lebens in der Gesellschaft in Frage zu stellen und uns weniger als uns selbst bestimmende Wesen zu sehen, die unbegrenzte Möglichkeiten der Veränderung haben.

Das Psychodrama besitzt ein besonderes Potential – trotz Morenos begrenzter Auffassung –, das uns die nötige Kraft und Einsicht vermitteln kann, um auf eine gesellschaftliche Veränderung hinzuarbeiten. Die Möglichkeit, soziale Situationen auszuagieren, kann für politisches Verständnis verwendet werden, das vielleicht wiederum zu vertiefter politischer Analyse und Aktivität führen mag. Wie Alice entdecken wir vielleicht, daß wir uns als Frauen in einer Situation stärker fühlen können, wenn wir verstehen, was vor sich geht und unsere Gefühle, besonders unsere Wut, direkt ausdrücken können. Wir benutzen das Psychodrama auch, um die Geschlechterrollenklischees zu untersuchen, da wir im Drama stereotype und nicht-stereotype Rollen spielen können und unterscheiden lernen zwischen Rollen, in denen wir uns wohl fühlen und solchen, die uns nicht vertraut sind, die wir aber später eventuell bevorzugen werden.

Der folgende Übungsabschnitt, **111-116**, entspricht einer systematischen Einführung ins Psychodrama, wie es Mitgliedern von Selbsthilfegruppen oder anderen Gruppierungen für den Gebrauch in ihrer Arbeitssituation vermittelt wurde. Jede Übung illustriert eine bestimmte Technik.

Wir beginnen mit einer leichten Übung zum Einwärmen und fahren dann mit emotional anspruchsvolleren fort.

111 Widerspiegeln

Das Widerspiegeln bringt die Gruppe in Bewegung und fördert sowohl das Zusammengehörigkeitsgefühl wie auch das genaue Beobachten eines anderen Menschen, beim Psychodrama wichtiger Bestandteil des Rollenspiels und des Doublens. Eine weitere Funktion einer aktiven Übung wie dieser für den Beginn einer Sitzung besteht darin, den Gruppenmitgliedern die Möglichkeit zum Herumalbern zu geben. Ihnen wird ein in ihrem Alltag im allgemeinen ungewöhnliches Verhalten erlaubt. Es macht Spaß, diese Übung mit Musik zu machen, besonders zu solcher, bei der sich Stimmung und Tempo ändern und zu verschiedenen Bewegungen auffordern. Die Gruppe teilt sich in Paare auf, wobei jedes Paar beschließt, wer A und wer B ist.

A beginnt, indem sie sich im Spiegel anschaut, wobei B ihr Spiegelbild ist. Stellt euch frontal vor eure Partnerin hin und bringt eure Hände zusammen, so daß sie sich beinahe berühren. A beginnt damit, sich so zu bewegen, wie es ihr gefällt, und B spiegelt ihre Bewegungen wider. Achtet auf die Bewegungen, die ihr auswählt: Wie ihr euch fühlt, wenn ihr führt oder geführt werdet; wie fühlt ihr euch, wenn eine andere Frau euch darstellt? Fühlt ihr euch unsicher, wenn ihr euer Spiegelbild seht? Verliert ihr euch in der Bewegung und vergeßt dabei eure Partnerin? Beeinflußt euer Spiegelbild eure Bewegungen?

Nach etwa drei Minuten tauscht ihr die Rollen, so daß nun B führt und A widerspiegelt. Wie fühlt ihr euch in dieser neuen Rolle? Liegt euch die eine Rolle mehr als die andere? Nach weiteren drei Minuten tauscht ihr wieder die Rollen und fahrt auf diese Weise fort, bis ihr an einen Punkt gelangt, an dem niemand mehr lenkt oder sich anpaßt, sondern ihr euch zusammen bewegt. Dies ist in Wirklichkeit schwieriger zu erreichen als es den Anschein hat: Achtet darauf, was sich in euch abspielt.

Später schließt ihr euch wieder der Gruppe an und tauscht eure Erfahrungen aus. Was haben die Bewegungen bei euch ausgelöst? Welche Bewegungen haben euch Vergnügen bereitet, sind euch leicht/schwer gefallen, haben euch Spaß gemacht? Wie war euch beim Lenken und Spiegeln zumute? Habt ihr euch beim gemeinsamen Bewegen wohl gefühlt? Sind besondere Gefühle aufgetaucht? Waren sie schwerfällig, vor Energie sprühend oder wutgeladen?

Wenn ihr diese Übung als Teil eines Lernvorganges macht, um mit den Techniken des Psychodramas vertraut zu werden, ist es sinnvoll, einen detaillierten Bericht zu geben, um die Beobachtungsgabe zu entwickeln. Verwendet ihr jedoch die Übung zum Einwärmen, zur Entspannung und um den Energiepegel zu heben, beschränkt euch auf ein kurzes Feedback. Versucht euch nur die eindrucksvollsten Momente des Widerspiegelns zu vermitteln.

112 Uns vorstellen

Bei dieser Übung beobachtet ihr eure Partnerin sorgfältig und voller Aufmerksamkeit als Vorbereitung auf das Rollenspiel. Es ist eine gute Übung für eine neue Gruppe, bringt aber auch einer Gruppe, in der sich die Mitglieder gut kennen, interessante Resultate.

Jedes Gruppenmitglied denkt an eine Person außerhalb der Gruppe, die sie gut kennt und von der sie überzeugt ist, daß sie sie gut der Gruppe vorstellen kann. Vergegenwärtigt euch diese Person genau: Wie bewegt sie sich, wie ist sie gekleidet, lacht oder spricht sie? Ihr werdet euch in diese außenstehende Person verwandeln. Versucht herauszufinden, wie ihr sie mit der Haltung, der Aussprache, den Gesten nachahmen könnt. Nun agiert ihr der Reihe nach im Kreis diese „außenstehende Person", indem ihr sie der Gruppe vorstellt. Dann stellt diese euch selbst der Gruppe vor.

Diese Übung ist eine gute Gelegenheit, eure Beobachtungsgabe zur Geltung zu bringen. Ihr trefft eine Auswahl an Worten, Handlungen und Gesten, die die Gefühle, die ihr der Gruppe vermitteln möchtet, widerspiegeln. Die Wahl einer Person, die euch der Gruppe so vorstellt, wie ihr es gerne haben möchtet, kann gleichzeitig zu starken Gefühlsregungen führen, die dann in Einzelarbeit weiter bearbeitet werden.

Nach dieser Übung gebt ihr euch gegenseitig Feedback, entweder paarweise oder in der ganzen Gruppe. Dies hängt davon ab, ob ihr die Übung als Rollenspiel verwendet oder als Einstieg in ein Psychodrama.

113 Mit Kindern sein

Sucht euch eine Partnerin aus. Es ist eine Übung fürs Rollenspiel. Ihr werdet der Reihe nach zuerst als Erwachsene, dann als Kind agieren. Beschließt, wer mit welcher Rolle den Anfang macht. Das Kind sollte entscheiden, wie alt sie ist und was sie tun möchte. Sie fängt an, ist so, wie sie sein möchte und fordert die Erwachsene auf, am Spiel teilzunehmen, wenn sie möchte.

Die Erwachsenenrolle besteht aus zwei Teilen. Im ersten Teil ist die Akteurin *mit* dem Kind und achtet darauf, wie sie sich fühlt, was sie tut, was sie gerne tun möchte.

Dann beschließt sie im zweiten Teil, daß sie etwas anderes tun möchte, etwas, das den Wünschen des Kindes entgegensteht. Versucht diesen Prozeß zu forcieren – vielleicht protestiert das Kind –, laßt euch einfach gehen und schaut dabei, wie ihr mit dieser Situation fertig werdet.

Nachdem beide Partnerinnen beide Rollen gespielt haben, kommt ihr in den Kreis zurück und tauscht eure Erfahrungen aus, indem ihr euch an

folgende Formen haltet:
„Als Kind fühlte ich ..."
„Als Erwachsene fühlte ich ..."

114 Männliche/weibliche Rollen

Eine weitere Übung fürs Rollenspiel. Diese hier soll uns helfen, unsere Geschlechterrollenklischees aufzuspüren. Um ihnen zu entgehen, müssen wir wissen, was sie uns bedeuten.

Nehmt eine Partnerin. Eine von euch spielt den Mann, die andere die Frau. Fünf Minuten spielt ihr diese Rollen mit den entsprechenden Bewegungen, Gesten und Worten. Dann tauscht ihr die Rollen. Nach zehn Minuten brecht ihr ab und besprecht fünf Minuten lang, was sich in euch beiden abgespielt hat. Habt ihr irgendwelche Unterschiede in der Art der Bewegungen, im Gesichtsausdruck, in der Wortwahl bemerkt? Wie habt ihr die andere Person wahrgenommen?

115 Paare

„Paare" beinhaltet auch Rollenspiel, wobei hier noch das Doublen als wichtiger Faktor hinzukommt. (Sich im Doublen üben ist sinnvoll, um sich in die Stimmung eines anderen Menschen hineinzuversetzen. Wir lernen dabei, welche Art von Interventionen als Double möglich sind. Natürlich geht das Doublen im Laufe eines Psychodramas spontan vor sich. Jemand aus dem Publikum beispielsweise sieht eine Akteurin etwas agieren, mit dem sie sich identifiziert und das sie genauer ausdrücken möchte. Häufiges Üben im Doublen ermutigt die Gruppenmitglieder zu solchen Interventionen. Wir haben die Erfahrung gemacht, daß die Frauen im Anfangsstadium einer Selbsthilfegruppe häufig nicht mit Doublen oder Vorschlägen eingreifen, weil sie Angst haben, etwas „falsch" zu machen. Deshalb müssen wir diese Interventionen üben.)

Teilt euch in Vierergruppen auf. Ist dies nicht möglich, können auch kleinere Gruppen die Übung machen, wobei sie ein oder beide Doubles auslassen. Nun beschreibt ihr eine alltägliche Situation, in der zwei Menschen aufeinander einwirken. Zum Beispiel ein Ehepaar, das seit zehn Jahren miteinander verheiratet ist und nun zusammen frühstückt; oder eine Mutter, die versucht, ihr kleines Kind ins Bett zu bringen; oder ein Polizist, der jemand bei einer Demonstration vom Bürgersteig wegkriegen möchte. Wählt eine Situation aus, die für alle Gruppenmitglieder in etwa einem „Stereotyp" entspricht. So weiß jede Frau, was sie in den entsprechenden Rollen herausarbeiten kann.

Beschließt dann, wer von den Vieren die beiden Rollen übernimmt, die restlichen zwei agieren dann als deren „Doubles".

Die Akteurinnen eröffnen die Szene und die Doubles stellen sich neben oder hinter sie, folgen deren Gesten und greifen in den Dialog ein, wann immer sie glauben, daß dies dem Geschehen förderlich sein könnte, indem sie etwas sagen, das die Akteurin nicht ausgedrückt hat.

In der Szene vom „verheirateten Paar“ kommt der Ehemann vielleicht in die Küche, setzt sich an den Tisch, schaut die Frau an, seufzt und nimmt die Zeitung auf. Sein Double sagt: „Schnell, ich tu lieber diese Zeitung zwischen sie und mich, bevor sie mit irgendeinem Problem kommt.“ Die Ehefrau kaut unterdessen an ihrem Toastbrot und ihr Double sagt vielleicht: „Es ist unmöglich, bis zu ihm vorzudringen – man kommt nicht an seine Gefühle heran. Ich beiße statt dessen ganz einfach in diesen Toast.“

Wir können diese Übung noch erweitern, indem wir die beiden Akteurinnen und ihre Doubles zum Rollentausch auffordern. Damit kommt die Technik des Rollentausches dazu, die wir schon früher in diesem Kapitel verwendet haben. Indem der „Ehemann“ die Rolle seiner „Frau“ übernimmt, werden ihm sowohl ihre Gefühle als auch die Auswirkungen seines Verhaltens auf eine andere Person bis zu einem bestimmten Grade verständlich.

Bei einer Übung wie dieser können Gruppenmitglieder, die glauben, „nicht spielen zu können“, die gegenteilige Erfahrung machen. Dabei steht es ihnen offen, ihre eigenen Gefühle in einer gegebenen Situation auszuagieren. Diese Situation kann den Wünschen der Gruppe angepaßt werden. Bei einem Workshop über Monogamie oder Nicht-Monogamie etwa fordern wir die Teilnehmerinnen auf, eine Dreiecksbeziehung mit Doubles zu spielen, um herauszufinden, ob wir damit neue Einsichten gewinnen.

116 Szenenaufbau

Diese Übung illustriert eine der Methoden, die die Leiterin verwenden kann, um ein Psychodrama in Gang zu bringen. Ihr benutzt dabei Gegenstände, um eine bestimmte Atmosphäre zu schaffen oder um die Umgebung eurer Kindheit herzustellen. Sie ist auch zum Einwärmen für den Beginn einer Sitzung gedacht, bei der die Teilnehmerinnen die Rollen von neutralen „Objekten“ übernehmen. Bestimmt eine Frau aus der Gruppe, die die Übung mit langen Pausen laut vorliest. Die übrigen Frauen sitzen oder liegen mit geschlossenen Augen entspannt da.

Stellt euch vor, ihr seid an einem Ort, den ihr gut kennt. Wählt euch einen Platz aus, der für euch eine spezielle Bedeutung hat (Pause). Schaut euch um und seht, wo die Gegenstände sich befinden, achtet auf deren Formen, Größe und Farben, auf die Gerüche und die Geräusche. Was könnt ihr riechen? Woher kommen die Geräusche? (Pause, auch nach jedem Satz.) Wenn ihr den Ort deutlich vor Augen habt, seht ihr euch noch einmal um und fixiert einen Gegenstand. Nehmt euch Zeit und entscheidet euch dann für den Gegenstand, den ihr auswählen möchtet. Nun werde ich euch eine nach der anderen auffordern, diesen Gegenstand zu verkörpern. Ihr beschreibt zuerst in der Ichform euch selbst, dann den Ort, wo ihr euch befindet, dann die Empfindungen der Person, die euch ausgewählt hat, euch und dem Ort gegenüber, an dem ihr euch befindet.

Jede Frau agiert dann der Reihe nach als dieser Gegenstand. Ob ihr diese Übung als ganze Gruppe, in kleineren Gruppen oder paarweise machen wollt, hängt davon ab, wieviel Zeit ihr dafür verwenden möchtet. (Eine genauere Beschreibung für die Vorbereitung einer Phantasie-Übung siehe Übung **100**)

Viele der in anderen Kapiteln zum Einwärmen vorgeschlagenen Übungen können in ein Psychodrama überleiten. Es gibt jedoch einige Übungen, die euch wahrscheinlich eher in diese Richtung lenken. Nachstehend geben wir drei Beispiele zum Einwärmen, die uns besonderen Spaß bereitet haben.

117 Der leere Stuhl
Eine gute Übung, um ein Psychodrama vorzubereiten. Die Gruppe wird aber vermutlich zuerst eine einfache Vorübung machen müssen, bei der die Bewegung eine wichtige Rolle spielt.

Eine Frau übernimmt die Leitung der Übung. Alle Frauen sitzen in einem Halbkreis. Vor der Gruppe befindet sich ein leerer Stuhl. Die Frauen werden aufgefordert, sich eine Person – mit der sie sprechen müssen (kann auch die eigene Person sein) – auf dem Stuhl vorzustellen. Die Leiterin bittet sie, aufzustehen, wenn sie soweit sind, und einige wenige Worte an die Person auf dem Stuhl zu richten. Wenn die Leiterin es für geeignet hält, kann sie sie auch zum Rollentausch auffordern. Dies sollte aber nicht zu viel Zeit beanspruchen, damit jede Frau an die Reihe kommt. (Der Stuhl wird hier ähnlich verwendet wie das Kissen. Siehe die dazu gehörende Beschreibung im dritten Kapitel.) Diese Übung erlaubt der Gruppe die Probleme und Konflikte, die die einzelnen Gruppenmitglieder beschäftigen, kennenzulernen. Häufig wird dabei eine Frau ihren Dialog nachher noch weiter entwickeln wollen.

118 Der Bilderrahmen
Bei dieser Übung kann das sich Vorstellen einer Szene ein Gruppenmitglied in ein Psychodrama hinüberleiten.

Eine Frau übernimmt die Leitung der Übung und bereitet die Gruppe auf eine Phantasie vor, wie wir sie in Übung **100** beschrieben haben. Die Leiterin hängt einen Bilderrahmen an der Wand auf (einen echten oder in der Phantasie bestehenden) und fordert die Gruppenmitglieder auf, sich eine Szene vorzustellen, in der sie eine Rolle spielen. Die Szene kann irgendwo spielen, in der Vergangenheit, der Gegenwart oder Zukunft; sie kann real oder imaginär sein. Vielleicht handelt es sich um eine schmerzliche oder heftige Szene, die ihr erlebt habt. Stellt euch die gegenständlichen Details genau vor. Ihr müßt euch in dieser Szene befinden. Gebt der Gruppe etwa zwei Minuten Zeit, sich ihre Bilder auszumalen, dann beschreibt jede Frau kurz der Reihe nach ihre Szene. Fragt sie, was soeben vorgefallen ist und was gleich geschehen wird. Andere Gruppenmitglieder können auch Fragen stellen. Falls eine der Szenen emotional stark geladen ist, kann die betreffende Frau oder ein anderes Gruppenmitglied vorschlagen, daraus ein Psychodrama zu entwickeln.

119 Der Zauberladen

Dies ist eine Phantasie, die Fragen aufwirft. Diese beziehen sich auf unser wirkliches Lebensziel, auf die für uns wichtigen Entscheidungen und sie sagen uns, inwiefern wir glauben bereit zu sein, die nötigen Schritte zu unternehmen. Die Übung ist für sich allein genommen schon wertvoll, obwohl die aufgeworfenen Themen gewöhnlich weiterverfolgt werden können.

Wählt eine Frau aus, die die Leitung der Übung übernimmt. Dies verlangt mehr Verantwortlichkeit als bloßes lautes Vorlesen der Phantasie. Die Leiterin fordert alle Frauen auf, sich bequem hinzusetzen oder hinzulegen. Sie dämpft das Licht und läßt die Frauen die Augen schließen. Dann liest sie diese Anleitung langsam vor *mit langen Pausen* nach jedem Satz.

Stellt euch vor, ihr spaziert auf einem schmalen Pfad in einen Wald hinein. Stellt euch die Bäume vor. Schaut euch um. Ist es dunkel oder hell? Hört ihr irgendwelche Geräusche im Wald? Was könnt ihr sonst noch sehen? Plötzlich macht der Weg eine Biegung und ihr seht ein kleines Holzhaus. Ihr seid neugierig und beschließt hineinzugehen. An den Wänden sind Regale angebracht und auf jedem von ihnen befinden sich Gefäße verschiedener Formen und Größen. Es ist ein Laden. Ein merkwürdiger Laden. Ein Zauberladen. Ich bin die Besitzerin dieses Ladens. Willkommen. Dies ist ein höchst ungewöhnlicher Laden, denn jedes dieser Gefäße enthält Werte oder Eigenschaften, die ihr vielleicht begehrt, wie etwa Glück, Liebe, Stärke, Beständigkeit, Geduld. Wir verwenden ein Tauschsystem: Wenn ihr also irgend etwas aus diesen Gefäßen erwerben wollt, müßt ihr mir dafür etwas zurückerstatten.

Fühlt sich eine Frau aus der Gruppe bereit, kommt sie zur Besitzerin des Zauberladens und verlangt, was immer sie gerne haben möchte. Die Besitzerin fragt sie dann, was sie als Gegenleistung geben will. Die Käuferin befindet sich nun in einem Dilemma. Sie wird den Handel entweder abschließen oder verweigern. Wünscht sie die neue Eigenschaft stark genug, um einen alten Teil von sich selbst aufgeben zu können? Im Verlaufe dieses Entscheidungsprozesses wird sie etwas über sich selbst und über ihre Bedürfnisse erfahren.

WEITERE LITERATUR

– Howard A. Blatner, *Acting In*, New York, 1973. Nützlich als Einführung. Lest es nicht, um euch dann im Psychodrama zu versuchen, da dies nicht klappen wird. Es genügt, wenn es euch zum Psychodrama anregt und ihr euch für praktische Details in weitere Lektüre vertieft.

– Ira A. Greenberg (Hrsg.), *Psychodrama: Theory and Therapy*, New York 1974; London 1975. Enthält Artikel und Auszüge aus Schriften über das Psychodrama, ebenfalls einige über Morenos verwirrende Theorie. Gut zum darin Schmökern, um eine Ahnung vom historischen und intellektuellen Klima zu bekommen, aus dem das Psychodrama hervorgegangen ist. Es enthält auch Beschreibungen aus der Praxis, die stärker anregen als die in Blatners Buch angeführten. Nicht zu gebrauchen als praktisches Handbuch.

– Joel Badaines, *Interview on Psychodrama*, Self and Society, Band 3, Nr. 10, Oktober 1975. Eine klare Beschreibung dessen, was sich beim Psychodrama abspielt. Es vermittelt ein gutes Gefühl dafür, wie das Psychodrama funktioniert.

– Joel Badaines, *Psychodrama: Concepts, Principles and Issues*, Drama Therapy, Band 1, Nr. 2, Herbst 1977. Eine klare Zusammenfassung der Psychodrama-Theorie, die das in diesem Kapitel Geschilderte noch ergänzt.

VIII
Wurzeln in der Kindheit: Regressionen

WAS HEISST ARBEIT MIT REGRESSIONEN?

Wir treffen in unseren aktuellen Beziehungen häufig auf vergangene Verhaltensmuster und Einflüsse. Eine Frau stürmt aus einem Restaurant und läßt einen verwirrten Freund drinnen sitzen. Später wird ihr klar, daß sie so wütend wurde, weil das Benehmen ihres Gefährten sie an ihren kalten und autoritären Vater erinnerte. Eine andere Frau nörgelt an ihrer Tochter herum, weil diese unordentlich ist, was völlig ohne Wirkung bleibt. Sie haßt sich selbst wegen der Nörgelei, kann aber nicht damit aufhören. Sie erinnert sich, genauso von ihrer eigenen Mutter behandelt worden zu sein. Wir möchten die Männer nicht weiter so behandeln, als ob sie unsere Väter wären; wir möchten auch die Fehler unserer Mütter nicht wiederholen. Wir können unserer Kindheit *entrinnen*, anstatt in sie zurückzukehren, indem wir in der Therapie mit der „Regression" arbeiten.

Die Leute sehen häufig wenig Sinn darin, die Vergangenheit auszugraben. Weshalb über vergangenen Erfahrungen brüten, wenn die Gegenwart so viel Material zu bieten hat? Wenn die Kindheitserinnerungen angenehm und schön sind, wollen wir sie nicht durcheinanderbringen. Sind es schmerzhafte, widerstrebt es uns, sie noch einmal durchzuleben. Einige von uns glauben, sie hätten mit der Vergangenheit klar gebrochen, und sie leugnen den eigenen sozialen Hintergrund, die Werte oder den Lebensstil der eigenen Eltern. Andere wiederum glauben, es bestünden immer noch komplizierte Konflikte zwischen ihnen und ihren Eltern. Beide Haltungen wollen wahrscheinlich eine Auseinandersetzung mit frühen Erfahrungen vermeiden. Vielleicht müssen wir noch mehr vom Wert und Sinn überzeugt werden, unsere Vergangenheit noch einmal zu erleben und jenen Widerständen und Blockierungen gegenüber intensiver Lust und intensivem Schmerz, die ihre Wurzeln in der frühen Kindheit haben, nachzuspüren.

Der Begriff „Regression" läßt auf ein Zurückgehen in die Kindheit schließen, wörtlich: Wieder ein Kind werden. Mit Regressionsarbeit in der Therapie ist aber etwas anderes gemeint. Im Alltag regredieren wir manchmal auf unproduktive Art und Weise, die außer unserer Kontrolle liegt. Die Frau, die aus dem Restaurant stürmt, benimmt sich wie ein Kind, das auf seinen mächtigen Vater reagiert. Indem sie die vergangenen Erfahrungen begräbt, hat sie auch wenig Einfluß auf sie, und sie können dann auf unproduktive Art und Weise hervorbrechen. In der Therapie erleben wir Kindheitserfahrungen noch einmal in einer geschützten Situation, in der wir allmählich lernen können, wie wir mit unseren Ängsten, Verlusten, unserer Liebe und unserem Haß zurechtkommen. Dieser Prozeß wird uns von alten Blockierungen befreien, die unsere Beziehungen in der Gegenwart verbiegen und zerstören können. Die Regression in der Therapie zielt darauf ab, uns zum vollen Erleben der als Säugling oder Kind abgeblockten Gefühle zu befähigen. Wir haben diese Empfindungen früher aus Angst vor deren Auswirkungen gehemmt. Diesmal geschieht dies aber nicht mehr, und genau das ermöglicht es uns, uns als Erwachsene zu verändern.

In unserer Gruppe wurden wir häufig beim Untersuchen aktueller Gefühle an Situationen aus der Kindheit erinnert. Das waren die Momente, wo uns die Arbeit an Regressionen sinnvoll erschien, obwohl sie schwierig und beunruhigend sein kann. Es ist vermutlich nicht die geeignete Technik für den Beginn einer Selbsthilfegruppe. Mit zunehmender Erfahrung fühlten wir uns aber sicher genug, die hier beschriebenen Methoden zu verwenden.

Julie kommt in ihre Selbsthilfegruppe. Sie fühlt sich verlassen. Die Frauen grüßen sie herzlich, sie aber bleibt kalt und hält Distanz. Alice sagt Julie, daß ihre Reaktion auf die herzliche Umarmung sie brüskiert habe. Julie scheint nicht antworten zu können, obwohl sie weiß, daß sie Kontakt verzweifelt nötig hat. Sie sitzt zusammengekauert und steif da wie ein kleines Kind. Sie umklammert sich selbst, um sich Wärme und Schutz zu geben. Alice sagt, daß sie Julie wirklich gern mag und daß ihre Kälte sie verletzt habe. Julie beginnt zu weinen: Sie weint lange und läßt sich von niemandem berühren. Als sie sich allmählich beruhigt hat, helfen ihr die anderen Frauen, wieder Kontakt zur Gruppe zu bekommen, und liebkosen sie. Sie erklärt, sie habe sich wie ein hilfloser Säugling gefühlt. Sie hätte Liebe und Trost gebraucht, sei aber überzeugt gewesen, daß sie nichts davon bekommen würde. Die Gruppe hätte ihre Not bestimmt als abstoßend und überwältigend empfunden. Die Bemerkung von Alice löste ihre Traurigkeit, die sie durch ihre Distanz zur Gruppe in Schach hielt.

Julies Verhalten als Erwachsene brachte ihr nicht das, was sie sich wünschte oder nötig hatte. Es schien, daß ihre Einsamkeit Kindheitsgefühle hinsichtlich frustrierender Bedürfnisse auslöste, die sie unerträglich fand und gegen die sie sich durch Rückzug verteidigte. Indem sie diesen Vorgang, getragen in der stützenden Atmosphäre der Gruppe, noch einmal durchlebte, gelang es ihr, einen Teil ihrer alten Verteidigungshaltungen aufzugeben. Sie konnte ihren Schmerz über ihre Einsamkeit erleben und nun in der Gegenwart Trost von den anderen Frauen annehmen. Julie war im Begriff, ihre alte Kindheitsreaktion auf Einsamkeit – Rückzug – zu verlernen. Sie hatte die Erfahrung gemacht, daß sie liebevolle Aufmerksamkeit fordern und erhalten konnte.

Da bei den meisten Therapieformen Gefühle aus der Kindheit zum Vorschein kommen, ist es nicht erstaunlich, daß es beinahe fast ebenso viele Theorien wie Therapien darüber gibt, wie sich ein Kind psychisch entwikkelt und wie dieser Vorgang in der Therapie am besten erforscht wird. Diesen Theorien liegen ein paar allgemeine Annahmen zugrunde, die wir versuchen werden, kurz zusammenzufassen, bevor wir uns die verschiedenen Therapien und Theorien vornehmen. Die Art, wie wir die Welt, die anderen Menschen und uns selbst wahrnehmen, ist von unseren frühen Kindheitserfahrungen geprägt. Als Baby sind wir vollständig von unseren Pflegepersonen abhängig, seien dies nun die Eltern oder andere Betreuungspersonen. Unsere Erfahrungen in dieser Zeit bewegen sich in Extremen: zwischen Liebe und Haß, Leben und Tod. Wenn das Baby die Abwesenheit seiner Mutter erlebt und Nahrung, Berührung oder Trost braucht, kann es nicht wissen, daß seine Mutter wiederkommt. Deshalb verspürt es starke Angstgefühle und Panik. Zu anderen Zeiten wiederum empfindet es intensive Gefühle der Liebe und Befriedigung. Wenn die negativen Gefühle zu gefährlich, konflikthaft oder schmerzlich werden, entwickeln wir Abwehrstrukturen oder Blockierungen, die uns daran hindern, von Gefühlen überschwemmt zu werden, mit denen wir in jenem Alter nicht umgehen konnten, die aber unser Gefühlsleben und unsere Beziehungsfähigkeit auch schwer einschränken oder schädigen können. Wenn wir heranwachsen, bauen wir vielleicht unsere Abwehrstrukturen noch stärker aus, und diese erweisen sich dann letzten Endes als gegen-produktiv. Erlebt eine Frau ihre Abwehr und ihre Blockierungen als für ihr Leben destruktiv, befindet sie sich häufig an einem Punkt, an dem sie für eine Therapie am offensten ist. Wir geben unsere Abwehrmechanismen nicht leicht auf, da wir gelernt haben, mit ihnen zu leben und häufig aus ihnen den von Freud genannten „sekundären Krankheitsgewinn" ziehen. Vielleicht haben wir auch Angst, den Schmerz, den die Abwehrmechanismen blockieren, noch einmal zu erleben. Deshalb wollen wir diesen Prozeß garnicht erst in Angriff nehmen, es sei denn, schmerzhafte und frustrierende Erlebnisse drängen uns dazu. Wenn wir soweit sind, müssen wir uns beständig versichern, daß wir uns in einem geschützten und sicheren Umfeld befinden, wo wir einen Teil unseres Schutzpanzers aufgeben können.

DIE PSYCHOANALYTISCHE THERAPIE

Die psychoanalytischen Therapieformen lassen sich in einer Selbsthilfegruppe nicht direkt anwenden. Sie bilden jedoch einen wesentlichen Ausgangspunkt, da sie Ideen und Praktiken enhalten, die für alle Therapieformen von grundlegender Bedeutung sind. In einer Selbsthilfegruppe interpretieren wir nicht das gegenseitige Verhalten. Wir streben auch keine Beziehung an, wie sie zwischen Psychoanalytiker und „Patient" besteht. Dessen ungeachtet beziehen wir unsere Annahmen aus dem Verständnis der Psychoanalyse, so etwa die Existenz von verborgenen oder unbewußten Gefühlen, der Sinn ihres Aufdeckens und unsere Anerkennung der Dynamik innerhalb einer Gruppe.

Es sind Psychoanalytiker, die ausführliche Theorien entwickelt und genau beschrieben haben, was sich psychisch im Leben eines Kindes abspielt. Ihre Aussagen stützen sie auf die Erkenntnisse der Psychoanalyse und auf ihre eigenen Beobachtungen an Säuglingen und Kindern. Andere Theorien machen ungenauere Angaben zur kindlichen Entwicklung.

Einige Frauen, die eine Therapie bei einer Fachkraft machen möchten, werden an dieser Arbeitsweise interessiert sein. Es scheint besonders wichtig, etwas von der Theorie und Praxis der Psychoanalyse zu verstehen, da viele Frauen unter Umständen öffentliche psychiatrische Stellen aufsuchen müssen, wie etwa psychiatrische Ambulatorien oder kinderpsychiatrische Beratungsdienste, wo die Psychotherapeuten und Sozialarbeiter häufig psychoanalytisch ausgebildet sind. Ein Verständnis ihrer Arbeitsweise kann von großem Vorteil sein, da sie es häufig unterlassen, sich verständlich zu machen, was eine angehende Klientin verwirren und hilflos machen kann.

Freud, der Begründer der Psychoanalyse, erkannte, daß die Formen des Verhaltens und Erlebens, die den Menschen am peinlichsten und unsinnigsten vorkommen, Bedeutung in bezug auf ihre Lebensgeschichte haben.[1] Er erkannte, daß die Menschen vergangene unbefriedigte Bedürfnisse und nicht ausgedrückte Empfindungen in der Gegenwart wieder erleben können, durch die Gefühle, die in ihrer Beziehung zu ihm als ihrem Analytiker wieder auftauchten. Diesen Vorgang benannte er *Übertragungs*beziehung, da diese Gefühle ursprünglich durch andere wichtige Bezugspersonen wie etwa die Eltern hervorgerufen und nun auf den Psychoanalytiker übertragen wurden. In der Übertragungsbeziehung jedoch ist das Ergebnis ein anderes. Die Menschen können lernen, daß Gefühle der Liebe und Abhängigkeit nicht zwangsläufig mit Verlassenwerden und Angst verknüpft sein müssen, daß Wutgefühle nicht immer zur Verweigerung oder zum Entzug von Liebe und Anerkennung führen.

In der orthodoxen Freudschen Psychoanalyse wird die Patientin (wir benutzen diesen Begriff bewußt, da wir es bezeichnend finden, daß die Psychoanalytiker immer noch von Patienten sprechen) gebeten, ihren Gedanken freien Lauf zu lassen und sie ihrem Analytiker mitzuteilen, wie unzusammenhängend oder unsinnig diese auch sein mögen. Diesen Prozeß bezeichnete er als „freie Assoziation“. Um die freie Assoziation und die Übertragungsbeziehung zu fördern, erhält die Patientin nur die allernötigsten Auskünfte über den Analytiker, so daß sie ihr eigenes Bild von ihm entwickeln kann. Um diesen Vorgang zu unterstützen, legt sie sich auf eine Couch und der Analytiker setzt sich häufig hinter sie. In der psychoanalytischen Therapie (einer Variante der Psychoanalyse) ist der Prozeß im wesentlichen derselbe. Hier hat die Patientin weniger als fünf Sitzungen pro Woche (was bei einer „richtigen“ Psychoanalyse die Norm ist) und sitzt gewöhnlich dem Analytiker gegenüber.

Die Psychoanalyse oder die etwas weniger intensive psychoanalytische Therapie bietet im besten Fall die Möglichkeit, langsam unbewußte Gefühle innerhalb der Übertragungsbeziehung im Detail zu untersuchen. Damit wird sie der Komplexität der Erfahrungen einer Person gerecht und erlaubt eine grundlegende Neustrukturierung von gewissen Aspekten der Persönlichkeit. Weit von einer rein intellektuellen Erfahrung entfernt, *kann* sie ein äußerst intensives und emotionales Erlebnis darstellen. Es werden Deutungen angeboten, die Patientin wird sie aber gemäß der Theorie nur annehmen, wenn sie ihrem Gefühl nach stimmen. Der Prozeß mag sich äußerlich langsam und undramatisch vollziehen, da hier keine wirklichen bis in die frühe Kindheit reichenden Regressionen stattfinden, kein Strampeln und Schreien auf dem Boden. Die Entspannung und die Erleichterung können aber trotzdem beträchtlich sein und zu grundlegenden Veränderungen in der Art der Beziehungen zu sich selbst und zu anderen führen.

Einige Kritik an der psychoanalytischen Theorie

Wir haben viel Kritik an den theoretischen Grundlagen der orthodoxen Psychoanalyse (und psychoanalytischen Therapie) und der Struktur der therapeutischen Situation. Freuds Darstellung der psychischen Entwicklung von Mädchen erlaubte ihm, die Probleme seiner weiblichen Patienten vom Standpunkt ihres Scheiterns, sich an ihre Rolle als Frau in einer patriarchalen Gesellschaft anzupassen, zu sehen. Wenn wir seine Theorien genau verfolgen, erkennen wir, daß sie die tatsächliche Erfahrung des Erwachsenwerdens bei einem Mädchen nicht berücksichtigen und zu einer Therapie führen, die auf Anpassung statt auf Veränderung abzielt. Wir müssen einen kurzen Blick auf Freuds Darstellung der weiblichen Identitätsfindung werfen, um das Frauenbild der Freudianer zu verstehen.

Nachdem Freud die Existenz eines unbewußten Gefühlslebens erkannte, betonte er mit Nachdruck die Bedeutung der Sexualität, nicht nur in der Pubertät, sondern vor allem während der Kindheit. Sie ist ein entscheidender, obwohl verdrängter Bestandteil in der Entwicklung eines jeden Menschen. Das zentrale Erlebnis ist der Zeitpunkt, an dem ein Junge oder ein Mädchen sich selbst als solches erkennt und sich mit dem Elternteil des gleichen Geschlechts identifiziert. Für Freud war die Bindung des Jungen und die des Mädchens an ihre Mutter die gleiche. Um jedoch in die Gesellschaft aufgenommen zu werden und um sich mit seinem Vater zu identifizieren, muß der kleine Junge, der unbewußt seine Mutter sexuell begehrt, seine Wünsche aufgeben oder sich den überlegeneren Fähigkeiten seines Vaters beugen. Er verinnerlicht seine Erfahrungen von der Macht seines Vaters und daraus entsteht nach Freud sein „Überich" oder starkes Gewissen. Dieser Prozeß ist als Ödipus-Komplex bekannt.

Nachdem Freud den Weg aufgezeichnet hatte, wie kleine Jungen lernen, ihre infantile Sexualität zu verdrängen und sie in sozial annehmbare Formen zu lenken, versuchte er diesen Vorgang zu modifizieren, um die entsprechende Entwicklung bei den Mädchen miteinbeziehen zu können. Er hob einen wesentlichen Unterschied zwischen Jungen und Mädchen hervor: Während die Jungen ihre Beziehung zu ihrem Liebesobjekt, ihrer Mutter, immer noch aufrechterhalten können (obwohl sie ihre sexuellen Wünsche dem Vater unterwerfen), müssen sich die Mädchen von ihrer Mutter loslösen und ihre Liebe und ihr Bedürfnis nach Liebe auf den Vater konzentrieren als Vorbereitung auf die zukünftige Heterosexualität.

Freud erkannte, daß dieser Prozeß durch vorhandene Machtbeziehungen innerhalb der Familie und Gesellschaft festgelegt ist. Er stellte sie aber nicht in Frage. Ein Mädchen, das unbewußt den Mangel ihrer Mutter an Macht erkennt und über die Identifizierung mit ihrer Mutter ihren eigenen Mangel an Macht, entdeckt, daß sie zur Kompensation (oder um indirekt an Macht zu kommen) die Liebe des Vaters gewinnen muß (und das bedeutet natürlich im späteren Leben, die Liebe anderer Männer zu gewinnen). Deshalb muß sie sich von ihrer Mutter, auf die sie angeblich wütend ist, lösen. Dies deshalb, weil sie einerseits mit ihr um die Liebe des Vaters kämpft und andrerseits, weil der Mangel an Macht der Mutter sie wie diese selbst in eine machtlose Position gebracht hat.

Diese Darstellung enthält eine Erkenntnis darüber, wie Mädchen innerhalb einer patriarchalen Gesellschaft[2] sozialisiert werden.Da Freud aber keinerlei kritische Perspektive in bezug auf das Patriarchat hatte, konnte er das Ausmaß an Schmerzen und Schäden nicht ermessen, die diese Art von Sozialisation bei Frauen und Mädchen bewirkt. Er nahm an, daß das Ziel einer Frau darin bestehe, sich der vorgeschriebenen weiblichen Rolle anzupassen. Er sah in der Psychoanalyse nicht ein Mittel, das den Frauen die „Erlaubnis", die Einsicht oder die Unterstützung gewährt, Forderungen für sich selbst zu stellen, sondern vielmehr ein Instrument, um uns zu lehren, uns an die Unterdrückung jener Forderungen anzupassen.

Einige weibliche Analytiker, von denen die bekannteste Karen Horney ist, kritisierten Freuds Darstellung der weiblichen Entwicklung. Sie argumentierte, daß seine Auffassung vom „Penisneid" symbolisch zu verstehen sei, da Frauen in einer von Männern dominierten Gesellschaft auf die *Macht* der Männer neidisch seien. Wäre die Gesellschaft nicht von Männern dominiert, würden ganz andere unbewußte Prozesse vor sich gehen.[3] Dieser Standpunkt wurde seitdem noch weiter dahingehend entwickelt, daß nur eine grundlegende Änderung der geschlechtsspezifischen Arbeitsteilung, bei der Frauen nicht mehr die vorrangigen Erzieherinnen der Kinder sind, zu einer grundlegenden Umstrukturierung der unbewußten Prozesse bei Männern und Frauen führen kann.[4]

Wir können die Beschreibung des ödipalen Dreiecks akzeptieren (der verwendete Begriff beschreibt die unbewußte Rivalität zwischen Vater/Sohn, Mutter/Tochter und die Lösung dieses Konfliktes über Identifikation mit dem Elternteil des gleichen Geschlechts und durch Unterdrückung der offenen sexuellen Aspekte des Verlangens nach dem Elternteil des anderen Geschlechts) als nützliches Modell, um ein Stadium der kindlichen Entwicklung in unserer Gesellschaft zu beschreiben. Wir stellen den entscheidenden Einfluß dieses Stadiums jedoch in Frage. Wir würden auch die Frage nach einem Wandel der Erziehungspraktiken als einen Schritt zur Veränderung der Psychologie der Frau stellen.[5]

Kritik an der Struktur der psychoanalytischen Therapie

Die theoretische Basis für die psychoanalytische Therapie der Frau kann zu einer unterdrückerischen Interpretation ihres Gefühlslebens führen, und die mit dem psychoanalytischen Vorgehen einhergehende Struktur verstärkt diese Tendenz. Die Psychoanalyse legt die Rollen deutlich fest: Die eine Person ist der Analytiker, d. h. die gesunde Person, die andere ist der Patient, d. h. die kranke Person. Dies wird wiederum durch den elitären und konservativen Charakter der Ausbildung verstärkt, die den Analytiker der Wirklichkeit des Alltags der großen Masse entrücken kann und vor allem das Leben der Oberschichtspatienten berücksichtigt. Die Übertragungsbeziehung hat unweigerlich zur Folge, daß sich der Patient als Kind in Beziehung zur Autoritätsfigur des Analytikers fühlt. Aber gerade dieses Wiedererleben und Durcharbeiten von Ängsten und Phantasien aus der Kindheit in der Beziehung zum Analytiker ist für eine therapeutische Wirkung so entscheidend und hilfreich. Die Schwierigkeiten für uns Frauen tauchen dort auf, wo die Psychoanalyse es unterläßt, die an uns gestellten widersprüchlichen Forderungen zu erkennen: Namentlich die Forderung, kindlich zu bleiben *und* zugleich die Fürsorge für Mann und Kind zu übernehmen. Wo der Analytiker diesen Widerspruch nicht erkennt, besteht die Gefahr, daß er ihn in der Übertragungsbeziehung noch verstärkt. Statt dessen sollte die therapeutische Beziehung diesen Widerspruch aufdecken und die Frau befähigen, liebevolle Fürsorge für sich selbst zu beschaffen.

Die Deutung ist die wichtigste Form verbaler Kommunikation zwischen Analytiker und Patient. Sie kann dazu mißbraucht werden, die Macht des Analytikers als Instanz, die alles am besten weiß, durchzusetzen.

Falls eine Patientin eine Deutung zurückweist, kann ihr dies als Widerstand ausgelegt werden. Ihre Empfindungen und Gefühle können somit beständig negiert werden, was exakt ihrer Alltagserfahrung als Frau entspricht und ihre gewohnte Rolle als Unterlegene noch verstärkt. Die Psychoanalyse kann auch zu einem sehr in die Länge gezogenen, kopflastigen Prozeß ausarten. Wir können im Intellektualisieren eine Form des Widerstandes sehen, den zu überwinden der Psychoanalyse nicht immer gelingt. Ja, sie ermutigt ihn sogar manchmal.

Feministische psychoanalytische Therapie

Bei der feministischen psychoanalytischen Therapie spielt der Prozeß der freien Assoziation und die Entwicklung und Deutung der Übertragungsbeziehung eine ähnliche Rolle wie bei der orthodoxen Therapie. Es bestehen jedoch wichtige Unterschiede sowohl in der Theorie (und deshalb im Inhalt der Deutungen) wie auch im Verständnis der Machtbeziehung zwischen den zwei an der Therapie beteiligten Frauen. Das Ziel besteht darin, dem Machtungleichgewicht entgegenzuwirken, das bei der orthodoxen psychoanalytischen Therapie so stark ins Gewicht fallen kann, während die positiven Aspekte dieses Vorgehen innerhalb einer feministischen Sichtweise entwickelt werden.[6] Eine Therapeutin ist nicht mit einer feministischen

Therapeutin gleichzusetzen. Einige der frauenfeindlichsten und herabwürdigendsten psychoanalytischen Schriften wurden von weiblichen Psychoanalytikerinnen verfaßt, die sich wie andere Akademikerinnen mit Männern identifizieren, sobald sie in dem von Männern dominierten Beruf Erfolg haben.[7]

Feministische Deutungen werden zwangsläufig anders ausfallen müssen, da sie auf einer politischen Kritik der weiblichen Rolle in dieser Gesellschaft gründen und auf einem Verständnis der Auswirkungen, die sie auf die emotionale Entwicklung der Frau hat. Klientin und Therapeutin haben diese Auswirkungen an sich erfahren. So wird die Angst der Frau vor ihrer Wut oder ihrer Angst davor, ihre Verwundbarkeit als unermeßlich zu erleben, innerhalb des Kontextes ihrer Sozialisation durch eine Mutter verstanden, die wußte, daß Wutgefühle keinen Platz im gängigen weiblichen Verhaltensschema haben, und die ihrerseits fühlte, daß sie niemanden hat, der sich um ihre emotionalen Bedürfnisse kümmert. Die feministische psychoanalytische Therapie stützt sich auf die psychoanalytische Theorie der Objektbeziehungen.[8] Diese Theorie besagt, daß die menschlichen Beziehungen die Entwicklung des Kindes festlegen. Sie sieht im Scheitern einer echten persönlichen Beziehung zwischen Mutter (als hauptsächlicher Betreuerin) und Kind die Hauptursache für die Unfähigkeit der Erwachsenen, enge Beziehungen aufzubauen. Damit hat ein wirklicher Bruch mit Freud und seinen orthodoxen Anhängern stattgefunden. Deren Auffassung der kindlichen Entwicklung stützt sich auf das Erlernen von Triebunterdrückung. Indem wir uns einer Alternative zur Trieb- und Instinkttheorie zuwenden, können wir die Vorstellung von grundlegend verschiedenen Trieben beim Jungen und beim Mädchen vergessen: Desgleichen brauchen wir nicht die Rolle der Mutter bei der Erziehung dem Instinkt zuzuschreiben. Die Objektbeziehungstheorie läßt der kindlichen Entwicklung Spielraum: Sie ist nicht durch natürliche oder instinktgebundene Kräfte festgelegt, sondern durch soziale Beziehungen. Obwohl die Theoretiker der Objektbeziehung die Bedeutung der bestehenden Verbindungen zwischen der umfassenderen sozialen Rolle der Frau und unserer Psychologie nicht gesehen haben, liefert ihre Theorie dennoch die Basis für eine feministische Weiterentwicklung. Bei dieser werden diese Auswirkungen in vollem Umfang berücksichtigt, und die mögliche Bedeutung einer grundlegenden Wandlung in unserer Erziehungspraxis kann untersucht werden.

Ein feministischer Zugang zur Therapie vermeidet den traditionellen Rahmen des „Was ist in der Entwicklung dieser Person schief gelaufen?". Jean Baker Miller schildert dies deutlich und klar: „Sogenannte Symptome können in einem neuen Licht gesehen werden – nicht mehr länger als Widerstände, Manöver oder andere derartige Taktiken, sondern als Ausdruck eines Kampfes um äußerst notwendige Aspekte der persönlichen Integrität innerhalb einer Umgebung, die deren direkte Äußerung nicht zuläßt."[9] Diese Methode der Annäherung erlaubt eine weit liebevollere Ansicht von Therapie, als wir sie bei den früheren Autoren der Psychoanalyse finden.

Feministische Therapeutinnen sollten sich verpflichten, die Machtbeziehung zwischen Therapeutin und Klientin zu erkennen und zu bearbeiten. Dies bedeutet die Anerkennung der widersprüchlichen Natur der Beziehung. Die Therapeutin übt ihre Rolle als Erzieherin berufsmäßig aus: Sie wird unter anderem dafür bezahlt, eine „gute Mutter" zu sein. Die Klientin, die eine „Expertin" um Hilfe angeht, fühlt sich vielleicht als die Unterlegene und schätzt die Therapeutin als vollkommene und gesunde Person ein. In der feministischen psychoanalytischen Therapie teilt die Therapeutin ihre Probleme der Klientin nicht mit, da sie versucht, einen klaren Raum für ihre Klientin zu schaffen, in dem diese sich selbst betrachten kann. Sonst könnte die Klientin die alten Verhaltensmuster wiederholen, indem sie ihre eigenen Bedürfnisse zurückstellt und ihre Sorge um andere ausdrückt: in diesem Fall um die Therapeutin. Statt dessen bemüht sich die Therapeutin bewußt, den therapeutischen Prozeß zu entmystifizieren, etwa in der gleichen Art, wie wir es hier in diesem Buch versuchen. Sie sollte sich vergewissern, daß die Klientin versteht, was sich in ihrer Therapie abspielt. Dies hat keinen nachteiligen Einfluß auf die Übertragungsbeziehung, sondern vermittelt der Klientin eine Erfahrung auf zwei verschiedenen Ebenen. Diese kann sich in der Therapie Gefühle eines frustrierten und ängstlichen Kindes erlauben und gleichzeitig wissen, daß ihre Empfindungen bezüglich der Therapeutin Projektionen aus ihrer Kindheit sind. Gelegentlich wird die therapeutische Beziehung als Erfahrung eines nochmaligen Bemutterns erlebt. Die Klientin mag den Prozeß häufig als schmerzlich empfinden, wird jedoch seinen eigentlichen Zweck verstehen. Wenn Frauen ihre Therapie auf diese Art kontrollieren können, werden sie wahrscheinlich eher von der Regressionsarbeit profitieren und vermutlich weniger in schädlichen Verhaltensmustern bestärkt.

TRANSAKTIONSANALYSE: SKRIPT-THEORIE

Ein weiteres Modell der psychischen Entwicklung des Kindes, das sich von der Psychoanalyse ableitet, liefert die Transaktions-Analyse, gewöhnlich bekannt als T.A. Die T.A. geht ebenfalls von der Annahme aus, daß die Art, in der der Mensch die Welt in der Gegenwart erfährt, derjenigen entspricht, die er in seiner ursprünglichen Gruppe gelernt hat, das heißt in der Familie. Unser gegenwärtiges Verhalten wird verständlicher, wenn wir die Botschaften oder Befehle entschlüsseln, die wir aus unserer Vergangenheit mit uns herumtragen (in der Terminologie der T. A. „das Skript"). Das Ziel besteht darin herauszufinden, wie wir diese Skripts leben, wie wir sie aufrechterhalten, und wie wir sie falls uns unsere Skripts kein befriedigendes Leben erlauben, durch alternative Lebensweisen ersetzen können.

Ein Kind kann beispielsweise Entscheidungen treffen, wenn es klein und machtlos ist, die ihm erlauben, sich mit seinen Eltern auseinanderzusetzen. Vielleicht begreift es, daß seine Eltern mit seinen Wutgefühlen nicht umgehen können. Da es aber auf ihre Liebe angewiesen ist, verzichtet es darauf, jene Wut auszudrücken und stürzt sich statt dessen in die Rolle des Opfers, das Hilfe und Zuwendung braucht. Diese Art von Abwehrmaßnahmen wird in der T.A. als „Entscheidung" bezeichnet. Dieser Ausdruck besagt, daß diese Entscheidung nochmals auf andere Weise neu getroffen werden kann.

In einer Selbsthilfegruppe ließ sich eine Frau soweit kritisieren, bis die Gruppe in zwei Parteien gespalten war: Die einen wollten, daß sie die Gruppe verließ, die anderen spürten, daß sie zum Sündenbock gestempelt wurde. Nachdem sie über ihre Vergangenheit befragt wurde, begriff die Gruppe, daß sie ihr „Opfer-Skript" sowohl innerhalb wie außerhalb der Gruppe reproduzierte. Sie begann einzusehen, daß ihr die Opferrolle nichts einbrachte, weder in der Gruppe noch in anderen Beziehungen. Was vielleicht in ihrer Kindheit einmal einer Überlebensstrategie entsprach, wurde nun in einer Situation verwendet, wo andere Alternativen möglich waren. Die Gruppe begann mit ihr zu arbeiten, um aufzuzeigen, wie sie in die Opferrolle verfiel, um ihr beim Ausdruck der Gefühle zu helfen, die jene Rolle begleiteten und schließlich, um andere Beziehungsformen zu den anderen zu finden.

Nach der T.A. verfügt der Mensch über drei Ich-Zustände oder Subsysteme der Persönlichkeit:

Das Kindheits-Ich: In diesem Zustand reagieren wir auf der Basis eines starken, oft vorlogischen Denkens oder Fühlens.
Das Eltern-Ich: In diesem Zustand urteilen wir und schätzen wir ab.
Das Erwachsenen-Ich: In diesem Zustand beurteilen wir die Welt objektiv.

Das Ziel der T.A.-Therapie besteht zunächst darin herauszufinden, von welchem Ich-Zustand heraus agiert wird, und dann darin, ein harmonisches Gleichgewicht zwischen den verschiedenen Zuständen zu erreichen. Bei der T.A. sind Denken und Fühlen gleich stark betont. Sie will die Menschen nicht buchstäblich in ihre Kindheit regredieren lassen, aber sie hilft klarzustellen, ob wir von unserem rationalen Erwachsenen-Ich, moralisierenden Eltern-Ich oder spontanen Kindheits-Ichzustand aus operieren. Werden diese Rollen durcheinandergebracht, kann dies zu einer unhaltbaren Situation führen, wie etwa im folgenden Beispiel:

Als Jane ihr erstes Kind bekam, traf sie eine ihrer Meinung nach durchdachte, erwachsene Entscheidung, sie gab ihre Arbeit auf. In der Folge wurde sie sehr depressiv und frustriert. Später begriff sie, daß ihre Entscheidung eigentlich auf dem „Gebot" beruhte, das sie von ihrer Mutter her verinnerlicht hatte. Dieses besagte: Du kannst keine gute Mutter sein und gleichzeitig arbeiten gehen. Als ihr dies bewußt wurde, konnte sie ihre Gefühle neu beurteilen und eine echte reife Wahl treffen, auf dem Wissen gründend, daß für sie die Arbeit außerhalb des Hauses lebenswichtig ist.

In der T.A. wird mit den *bewußten* Gefühlen und Entscheidungen gearbeitet und dies weit mehr als in irgendeiner anderen in diesem Buch dargestellten Therapieform. Sie erkennt jedoch an, daß Einsicht allein nicht genügt, um in uns eine Veränderung zu bewirken. Wir brauchen ebenfalls Unterstützung, um das Wagnis einer Wandlung einzugehen. In der T.A. wird diese Tatsache durch die drei Begriffe *Erlaubnis, Schutz* und *Stärke* umschrieben. Wenn die Gruppe oder die Therapeutin sieht, welche Veränderung eine Frau vornehmen möchte, und wenn sie glaubt, daß sie sie unterstützen kann, gibt sie ihr die *Erlaubnis*, dies zu tun. Das heißt, ihr gegen ihre alten verinnerlichten Botschaften beizustehen. Eine Frau glaubt zum Beispiel, daß sie keine Kinder haben möchte. Die Gruppe geht dieser Frage zunächst genau nach. Alle spüren, daß die betreffende Frau wirklich nicht entsprechend der Botschaft handeln möchte, die ihr nämlich sagt, sie sollte ein Kind haben, um sich zu beweisen, daß sie eine „echte" Frau ist. Darauf sagen ihr verschiedene Frauen in der Gruppe, daß sie es gut finden, daß sie keine Kinder hat. Sie geben ihr in Wirklichkeit die Erlaubnis, sich entgegen der Vorschrift zu verhalten, daß sie Kinder haben sollte.

Im nächsten Stadium heißt es *Schutz* gewähren. Die Gruppe wird für sie da sein und sie beruhigen, wenn sie Angst bekommt und sich unsicher fühlt, weil sie sich von ihren alten Voraussetzungen und Gefühlen losgelöst hat. Nachdem sie ihre Mutter besucht und ihr mitgeteilt hat, daß sie entschlossen ist, keine Kinder zu haben, fühlt sie sich unsicher. Sie kommt in die Gruppe und weiß, daß sie dort ihre Ängste untersuchen und den anderen mitteilen kann, wie schrecklich es für sie war, ihrer Mutter gegenüberzutreten, und wie verletzlich sie sich fühlt, wenn sie sich dem Tadel und der Wut der Mutter aussetzt. Die Gruppe ist nicht bloß ein Ort, wo sie beruhigt wird. Dort kann sie sich auch mit den Dingen konfrontieren, die sich einer Veränderung in den Weg stellen und es ihr erschweren, nach ihren eigenen Wünschen zu handeln.

Die Gruppe oder die Therapeutin muß auch auf eine starke Art und Weise präsent sein. Dann nämlich, wenn der Kampf wirklich schwierig wird. Wenn sie beispielsweise ihrem Mann sagt, daß sie kein Kind möchte, und er droht, sie zu verlassen. Dann muß die Gruppe für sie verfügbar und offen sein für ihre Unsicherheiten und ihre Wut. Sie muß in der Unterstützung ihres Kampfes, ihr Skript zu widerlegen, fest bleiben können. Dies ist in der T.A. mit *Stärke* gemeint.

Vielleicht erscheint euch all dies nichts Neues, denn Erlaubnis, Schutz und Stärke bilden wesentliche Elemente in allen Formen von Therapie. Die T.A. macht sie nur deutlich, gibt ihnen einen Namen, was nützlich sein und klärend wirken kann bei der Überlegung, wie die Hilfe für ein Gruppenmitglied zu konsequenter Arbeit an sich selbst aussieht. In unserer Gruppe gelang es uns häufig besser, einer Frau während einer kurzen Periode über die Runden zu helfen. Mehr Mühe hatten wir, sie auf irgendeine explizite Art und Weise durch eine Veränderung zu begleiten. Diese Ideen hätten uns vielleicht geholfen, als wir eine unerfahrene Gruppe waren.

Die T.A. wird gewöhnlich in Gruppen mit ausgebildeten Leitern angewendet, kann jedoch auch einzeln angewendet werden. Falls du dich für professionelle T.A. interessierst, vermittelt dir ein Institut für Transaktionale Analyse, das in vielen Ländern existiert, Gruppen. Die T.A. fand auch eine breite Verwendung in der Bewegung der Radikalen Therapie in den Vereinigten Staaten und dem Frauenselbsthilfetherapie-Netzwerk in Holland.

Es gibt drei Aspekte, weshalb die Radikalen und besonders die Frauen die T.A. als annehmbare Therapieform akzeptieren.

1 Die Theorie gestattet ohne weiteres, soziale, ökonomische und politische Einflüsse auf die psychische Entwicklung in die Therapie einzubauen. Ein einfaches Beispiel dafür ist die eben geschilderte Frau, die nicht nur den Wunsch ihrer Mutter und ihres Mannes nach Kindern verinnerlichte, sondern ebenso die gesellschaftliche Definition einer „echten“ Frau als einer Person, die Kinder hat.

2 Die Sprache der T.A. ist absichtlich so gehalten, daß der therapeutische Prozeß für jede, die ihn erfassen möchte, so deutlich wie nur möglich ist. *Erlaubnis, Schutz* und *Stärke* sind Begriffe, welche die Rolle der Gruppe und der Therapeutin erhellen und sie nicht zu einem geheimen und undefinierbaren Prozeß machen.

3 Die T.A., die auf einer bewußten Ebene ansetzt, spricht Leute an, die glauben, daß traditionelle Therapieformen eine Erhöhung des Therapeuten, zu starke Abhängigkeit und ein Bild des Klienten fördern, der unkontrollierbaren unbewußten Kräften ausgeliefert ist, die nur ein Experte hoffen kann zu entwirren. Unserer Meinung nach ist es gerade dieser Aspekt der T.A., der am wenigsten befriedigt. Wir haben die Erfahrung gemacht, daß die wichtigste Arbeit, die in einer Therapie geleistet wird, darin besteht, unbewußte Gefühle bewußt zu machen. Erst dann sind wir fähig, Entscheidungen zu treffen, die auf einem tatsächlichen Wissen und nicht auf Rationalisierungen basieren. Damit befassen sich die anderen Regressionstherapien.

Bei der T.A. besteht der erste Schritt häufig in der Analyse eines Skriptes. Es wird herausgearbeitet, in welche Richtung sich das Leben der betreffenden Frau entwickelt und welche Aspekte sie verändern möchte. Die neue Klientin wird mit der Therapeutin oder der Gruppe die wichtigen Entscheidungen herausarbeiten, die sie als Kind traf, um mit der Welt zurechtzukommen. Sie wird herausfinden, welche von diesen sie ändern muß. Sie wird entdecken, welcher mythischen Figur oder Heldin sie nachzueifern versucht und welche Spiele sie spielt, um ihrem Skript gerecht zu werden. Sie wird auch versuchen, den „Nutzeffekt“ dieser Spiele herauszufinden, der sie zum Weiterspielen anspornt.

Diese Analyse bringt die Klientin zum zweiten Stadium der Therapie. Sie wird dann mit der Gruppe oder der Therapeutin einen Vertrag abschließen, der eine Änderung bestimmter Persönlichkeitsaspekte von ihr selbst enthält. Bei der T.A. geht die Klientin immer eine ausdrückliche schriftliche Verpflichtung ein, indem sie festlegt, was sie an sich selbst ändern möchte. Ihr Vertrag muß sehr eindeutig abgefaßt sein, damit sie und die anderen ihn klar verstehen. Er sollte jederzeit für jede überprüfbar sein, damit sie gegebenenfalls andere zur Rede stellen können, ob sie wirklich an seiner Erfüllung arbeitet. Eine Frau, die entdeckt, daß ein Teil ihres Skriptes die Aussage enthält „Ich bin nicht wichtig", würde im Vertrag die Verpflichtung stehen haben, sich selbst ernst zu nehmen und dies auch von anderen zu verlangen.

Nachdem sie ihren Vertrag niedergeschrieben hat, wird sie in der Gruppe weiterarbeiten, um herauszufinden, von welchen Ichzuständen, d. h. ob vom Eltern-, Kindheits- oder Erwachsenen-Ichzustand aus sie operiert, welche Spiele sie spielt und wie sie ihre Ichzustände zweckmäßiger einsetzen und sich alternative Verhaltensformen aneignen kann. Sie wird lernen, sich Befriedigung durch direktere Beziehungsformen zu verschaffen.

Die Verwendung der T.A. in einer Selbsthilfegruppe

Es gibt einige Aspekte der T.A., die wir für eine Selbsthilfegruppe als Teil ihrer Arbeit an Kindheitskonflikten für geeignet halten.

Die Skriptanalyse ist eine gute Methode, um an die Kindheit heranzugehen, besonders dann, wenn eure Gruppe das im Detail noch nicht getan hat, euch das Vordringen in unbekanntes Gebiet Unbehagen bereitet und euch die Lektüre über das Regredieren bis in die frühe Kindheit entmutigt hat. (Im Übungsabschnitt dieses Kapitels berichten wir ausführlich, wie ein Skript zustandekommt.)

Im folgenden Beispiel seht ihr, wie die Skript-Analyse bei einer Frau in einer Selbsthilfegruppe funktionierte.

Claire hatte herausgefunden, daß ein Thema, auf das sie ständig stieß, lautete: „Ich muß doppelt so gut sein wie irgend jemand sonst." Sie mochte das Bild nicht, das sie von sich selbst entwickelt hatte. Vergebens suchte sie Situationen heraufzubeschwören, die ihm widersprachen. Die Botschaften ihrer Eltern, ihre Vorstellung vom eigenen Körper und die Figuren, mit denen sie sich identifizierte, bestätigten dieses Bild von sich selbst. Beide Eltern vermittelten ihr auf verschiedene Weise die Botschaft: „Du mußt was ganz Besonderes sein, da du unser einziges überlebendes Kind bist." (Ihr Bruder war sehr jung gestorben.) Die mythische Figur, mit der sie sich identifizierte, war eine weibliche Version von Supermann. Ihr Körper schien dieser Tendenz noch entgegenzukommen, denn sie war breit und stark gebaut. Deshalb glaubte sie als Erwachsene, sich übermenschlich anstrengen zu müssen, um mit Erfolg voll berufstätig, gleichzeitig eine tüchtige Hausfrau, Gastgeberin und Mutter zu sein und sich zudem noch neben ihrer Arbeit politisch zu betätigen. Als Folge davon fühlte sie sich beständig aufgerieben, jagte von einer Verpflichtung zur nächsten und spürte dabei, daß sie nichts so gut machte, wie sie eigentlich konnte. Zeit für sich selbst zu haben, erschien ihr als ein unerhörter Luxus. Sie blieb denn auch häufig der Gruppe fern, sei es wegen einer anderen Sitzung oder weil sie noch Hausarbeiten zu erledigen hatte. Mit Hilfe ihrer Skript-Analyse erkannte sie, daß sie einen Vertrag mit der Gruppe abschließen mußte, um ihre Rolle als Superfrau aufzugeben. Um dies zu erreichen, mußte sie praktische Strategien herausarbeiten, wie etwa die Arbeitsteilung in ihrer Familie verändern und Hausarbeit und Erziehung mit ihrem Mann zu teilen. Ein erster Schritt zu mehr Zeit für sich selbst bedeutete ihre volle Verpflichtung gegenüber der Therapiegruppe einen Abend pro Woche. In der Gruppe würde sie dann an ihrer Beziehung zu den Eltern und ihren Gefühlen zum Tod ihres Bruders arbeiten.

Das Skript von Claire war besonders deutlich ausgeprägt. Falls euer Skript weniger klar hervortritt, helfen euch vielleicht zusätzliche Erfahrungen in der Gruppe, um rasch Kernprobleme herauszufinden, wenn ihr eine weitere Skript-Analyse vorzunehmen versucht.[11]

Die T.A. hilft auch, eine anscheinend verwirrende Situation zu klären, indem ihr die verschiedenen „Ichzustände" oder Stimmen, die eine Frau benutzt, voneinander trennt. Hier ein Beispiel dazu:

Während der Arbeit hatte Susan Schuldgefühle, war wütend und verwirrt. Gegenüber John, einem ihrer Arbeitskollegen, fühlte sie sich sehr verkrampft. Es war ihr unmöglich, sich zu entspannen und sich auf ihre Arbeit als Setzerin zu konzentrieren. Ihr Kopf war angefüllt mit Gedanken wie: „Ich weiß, er glaubt, ich arbeite nicht hart genug", „Ich hasse die Art, wie er mich schweigend anstarrt", „Ich bin sehr wütend auf ihn", „Er ist besser im Beruf als ich", „Ich werde den Vormittag frei nehmen, um am Gemeindefest mitzuarbeiten, wenn es mir paßt", „Es ist besser, langsam zu arbeiten und Zeit für Gespräche unter den Arbeitern zu haben."

Sie wußte einfach nicht, ob sie vernünftig war, was sie tun oder nicht tun sollte oder weshalb sie John gegenüber so verkrampft war. Um ihre eigenen vermischten Botschaften zu entwirren, schlug ihr die Gruppe vor, jedes Kissen als einen Teil von sich selbst zu betrachten: das „kritische Eltern-Ich", das „fürsorgliche Eltern-Ich", das „Erwachsenen-Ich", das „natürliche Kindheits-Ich" und das „angepaßte Kindheits-Ich". Hier wurde die Gestalttechnik abgeändert, indem die Kissen nach der Terminologie der T.A. benannt wurden. Anderen Gruppenmitgliedern schien es, daß sie Botschaften, die sie wahrscheinlich als Kind verinnerlicht hatte, immer noch mit sich herumtrug, ebenso ungelöste Konflikte aus der Kindheit, die durch die Gegenwart wieder aktiviert wurden.

Susan setzte sich der Reihe nach auf jedes Kissen und vertrat dessen Standpunkt.

Das „kritische Eltern-Ich" sagte: „Du solltest besonders hart arbeiten, weil du ein Mädchen bist."

Das „fürsorgliche Eltern-Ich" meinte: „Du mußt gut auf dich aufpassen. Du brauchst Zeit, um mit deinen Arbeitskollegen zu sprechen, um Unterstützung von ihnen zu bekommen."

Das „Erwachsenen-Ich" sagte: „Sei vernünftig und überlege dir, welche Aufgaben zu erledigen sind und ob noch Zeit übrig bleibt, damit du den Vormittag frei nehmen kannst."

Das „angepaßte Kindheits-Ich" sagte: „Ich muß brav sein und sicher gehen, daß jedermann weiß, was für eine tüchtige Person ich bin."

Das „natürliche Kindheits-Ich" sagte: „Ich möchte auch meinen Spaß haben, auch wenn ich eine verantwortungsbewußte Setzerin bin. Deshalb werde ich das Fest besuchen, um mich zu amüsieren."

Susan konnte dann sehen, daß sie in widersprüchlichen Botschaften von ihrem Eltern-, Erwachsenen- und Kindheits-Ich gefangen war. Da sie nun weiß, wie die Kindheitsbotschaften sie verwirren, konnte sie nun über Psychodrama oder mit Hilfe von Gestalttechniken die emotionale Bedeutung dieser Botschaften herausarbeiten. Auf einer bewußteren Ebene kann sie jetzt mögliche klare Verhaltensweisen in ihrer Arbeitssituation diskutieren.

Während wir diesen Abschnitt schrieben, merkten wir, daß die Kenntnis des Konzepts der T.A. für Therapiegruppen nützlich ist, selbst dann, wenn die Technik als Ganzes nicht verwendet wird. Wir benutzten sie, um Fragen zu stellen wie etwa die folgenden: Wie paßt das soeben Gesagte in das Skript dieser Person? Wie lautet die elterliche Botschaft für den Ausdruck von Wut? Vielleicht bringt euch diese Art der Verwendung etwas für eure eigene Selbsthilfegruppe.

REICH UND LAING

Reich war von den körperlichen Auswirkungen verdrängter Gefühle auf das Kind beeindruckt. Er liefert kein genaues Modell, das aufzeigt, wie diese Verdrängung stattfindet. Das Kind, so meint er, lernt durch Zwang, den seine Familie (die als Vermittler einer autoritären Gesellschaft handelt) ausübt, damit es seine Gefühle verdrängt. Diese verdrängten Gefühle werden dann im Charakterpanzer oder im steifen Muskelsystem verankert. Durch Atemübungen und andere Formen der Körperarbeit gelang es seinen Patienten, Gefühle aus der frühen Kindheit wieder zu erleben und damit ihre Panzerung zu lockern. Eine ausführliche Darstellung von Reichs Ideen und Methoden findet ihr im fünften Kapitel.

Reich und R. D. Laing in seinen früheren Arbeiten betonen beide den repressiven Charakter der Familie und deren Funktion in der Gesellschaft. Dies tut auch eine feministische Analyse.[12] Das brachte Reich aber nicht zur „Familientherapie", sondern er setzte sich statt dessen für eine gesunde sexuelle Entwicklung bei Jugendlichen ein, damit sie als sexuell freiere Menschen fähig wären, gegen die Familie und die kapitalistische Gesellschaft anzukämpfen. Laing konzentrierte sich auf den Einfluß der Familie bei der Entwicklung des Kindes und betrachtete die Persönlichkeit des Kindes als Ausdruck der Familiendynamik. Er stellte insbesondere bei den Menschen, mit denen er arbeitete und die als „psychotisch" etikettiert wurden, fest, daß sie ihre Familienkonflikte austrugen. Deshalb sah er seine Aufgabe darin, die ganze Familiendynamik zu entwirren. Laings Ideen übten einen sehr großen Einfluß auf das zunehmende Bewußtsein der Beziehung zwischen Persönlichem und Politischem aus. Obwohl es diesbezüglich keine spezifischen Techniken gibt, die in einer Selbsthilfegruppe angewendet werden können, sind seine Ideen dennoch aufschlußreich, wenn wir über unsere Kindheit und unsere Familiendynamik nachzudenken beginnen. Laing und Esterson zeigten uns, wie die Entwicklung einer Person durch ihre Rolle in der Familie beeinflußt wird, wie auch die gesonderten Beziehungen zwischen einzelnen Personen.[13]

In Großbritannien wurden Laings Ideen und die seiner Mitarbeiter in zwei therapeutischen Gemeinschaften angewendet und weiterentwickelt: die Philadelphia Association und die Arbours Association. Beide leiten nun Häuser für Leute, die in einer therapeutischen Gemeinschaft leben möchten und müssen, entweder für eine kurze Krisenperiode oder für länger. Sie bieten auch Individualtherapie an und bilden Therapeuten aus. Feministinnen haben sich in beiden Organisationen engagiert und ausgebildet. Obwohl man beide Organisationen nicht als feministisch bezeichnen kann, besteht in beiden doch ein von Feministinnen angeregtes frauenspezifisches Problembewußtsein.

PRIMÄRTHERAPIE

Wir haben gesehen, wie in der psychoanalytischen Therapie und der T.A. Erfahrungen und Gefühle aus der Kindheit zur Sprache kommen und in der Psychoanalyse durch die Übertragungsbeziehung wieder erlebt werden. Über Reich und die Anwendung von bioenergetischen Techniken gelangen wir zu einem anderen Schauplatz der Therapie. Hier besteht das Ziel darin, die betreffende Person mit Hilfe einer Körpermethode direkt, obwohl nur vorübergehend, bis in die frühe Kindheit regredieren zu lassen. (Ein Beispiel dazu findet ihr im fünften Kapitel, S. 138). Die Primärtherapie hat dieses Vorgehen weiterentwickelt, indem sie die Person zur „Primärszene" regredieren läßt, ein Ausdruck von Arthur Janov, dem Begründer der Primärtherapie.

Die Theorie besagt, daß ein Kind mit Bedürfnissen zur Welt kommt, die ihm, falls sie von den Eltern nicht befriedigt werden, große Schmerzen verursachen. Die Frustration und der Schmerz der ungestillten Bedürfnisse können so groß sein, daß das Kind die Erfahrung nicht ertragen kann und Mittel sucht, den Schmerz auszusperren, indem es seine Bedürfnisse aus seinem Bewußtsein ausschließt. Janov erklärt diesen Vorgang folgendermaßen: „Dieses Abtrennen der eigenen Bedürfnisse und Gefühle ist ein instinktiver Schachzug, um übermäßigen Schmerz abzustellen. Wir nennen es

Spaltung ... Aber wegen des Schmerzes, den sie verursachen, sind die Bedürfnisse im Bewußtsein unterdrückt worden, und so muß der einzelne ... die Befriedigung seiner Bedürfnisse *symbolisch* anstreben."[14] Eine Frau, die als Kind ihr Bedürfnis, von ihrer Mutter gehalten zu werden, unterdrückt hat, wird später vielleicht dieses Bedürfnis *symbolisch* zu befriedigen suchen, indem sie ein immer größeres und luxuriöseres Zuhause anstrebt. Das Zuhause symbolisiert oder ersetzt ihre eigentlich kindlichen Bedürfnisse.

Gemäß Janov spaltet das Kind beständig seine Bedürfnisse ab, bis an irgendeinem Punkt der angestaute Schmerz so mächtig wird, daß ein Vorfall (der an sich nicht unbedingt schlimmer oder traumatischer zu sein braucht als die vorangegangenen) das Gleichgewicht verlagert. Da das Kind spürt, daß keine Aussicht auf Liebe um seiner selbst willen besteht, spaltet es sich vollständig von seinen Gefühlen ab und beginnt sich so zu verhalten, wie seine Eltern es wünschen. Die abgespaltenen Gefühle verschwinden nicht, sondern werden beim Erwachsenen zu neurotischem Verhalten. Dieser Zustand unerträglichen Schmerzes in der Kindheit und die daraus entstehende Hoffnungslosigkeit wird als „Primärszene" bezeichnet. Die Erwachsene muß in der Therapie zu dieser Szene zurückkehren, um jene Empfindungen wieder erleben und sie als die eigenen anerkennen zu können, so daß sie wieder „real" wird. Mit dem Begriff „real" meint Janov, die Gefühle direkt anstatt symbolisch auszudrücken und zu erleben.

Primärtherapie mit einer/m Therapeutin/en

Die Primärtherapie ist eine Technik mit sehr starker Wirkung. Der dramatische Aufbau, die anfängliche starke Wirkung und Geschwindigkeit und die Art und Weise, wie sie durch Janov propagiert wurde, erwecken vielleicht die Illusion, daß man sich nur mittels einer Primärtherapie radikal verändern oder geheilt werden kann. Falls bei der Geburt oder während der frühen Kindheit etwas in unserer Entwicklung schief gelaufen ist, erscheint es sinnvoll, zu diesen Stadien zurückzukehren, damit sie anders wiedererlebt werden können. Janov schreibt einen für jedermann leicht zugänglichen Stil. Die Situationen, die er beschreibt, sind leicht nachzuempfinden und lösen vermutlich Primärgefühle aus, was die Leute dazu veranlassen mag, sich in eine Primärtherapie zu begeben. Seine Darstellung der frühkindlichen Entwicklung ist bei weitem einfacher als irgendeine aus dem Bereich der Psychoanalyse. Diese Tatsache ist ansprechend, ebenso seine positive Auffassung vom Kind, das er als grundsätzlich gesund betrachtet. Dieser Standpunkt steht im Gegensatz zur Freudschen Ansicht, die dem Kind destruktive Kräfte zuschreibt, die durch ein inneres Abwehrsystem in Schach gehalten werden müssen.

Die Methode, die Janov als erster in seinem Primärinstitut einführte, bezweckt einen raschen Durchbruch durch die Abwehrstruktur einer Person. Er beginnt die Primärtherapie mit einer dreiwöchigen intensiven Periode, während der die betreffende Person in einem Hotelzimmer wohnt. Dieses verläßt sie nur, wenn sie in die Therapie geht. Während dieser Zeit entbehrt sie all die üblichen Mittel, die ihr helfen, die Verdrängungen aufrechtzuerhalten, wie Pillen, Alkohol und Fernsehen. Während dieser Periode steht ihr beinahe die ganze Zeit ein/e Individualtherapeut/in zur Verfügung. Darauf folgt ein Jahr oder mehr an Individual- und Gruppentherapie am Institut. Die Person wird in eine physisch und psychisch schutzlose Lage gebracht, mit dem Ziel, ihre Widerstände abzuschwächen. Die/der Therapeut/in läßt sie direkt zu ihren Eltern sprechen, anstatt über sie zu reden. So kommt sie mit frühen Erfahrungen wieder in Berührung und kehrt zu der Situation zurück, in der sie begann, sich von ihren Gefühlen abzuspalten. Anstatt sich „abzuspalten", wird sie dieses Mal ihren Schmerz herausschreien: den „Urschrei".

Einige Primärtherapeuten, die sich von Janov getrennt haben, arbeiten mit etwas unterschiedlichen Methoden. Leider ist es schwierig abzuschätzen, welche von diesen Therapeuten vertrauenswürdig sind, es sei denn du verläßt dich auf ihren guten Ruf und auf das eigene Urteil. Im allgemeinen scheinen die Primärtherapeuten, die sich von Janov getrennt haben, mit unserer eigenen Kritik an ihm einig zu gehen[15], besonders was seine frühen Schriften anbelangt, wo er behauptet, daß die Primärtherapie zu rascher Heilung führt. In seinen späteren Schriften modifiziert er seine Ansprüche an die Primärtherapie angesichts seiner Erfahrungen und erkennt an, daß es keine einfache Heilung gibt und die Leute nicht mit „urschreien" aufhören.

Kritik an der Primärtherapie

Janov erkennt zwar, daß die Art, wie Kinder in der westlichen Gesellschaft geboren und aufgezogen werden, eine repressive ist, übersieht aber, daß es im Wesen dieser Gesellschaft liegt, Verdrängungen zu verlangen. Seine eigene Kritik ist auch nicht sehr tiefgreifend: Er sieht in der Homosexualität noch immer eine Form neurotischen Verhaltens, obwohl er die Mechanismen der Verdrängung und des Selbsthasses versteht, die beim Haß auf die Homosexualität mit hineinspielen. Er scheint die Widersprüche zwischen den Anforderungen einer patriarchalen Gesellschaft und dem vollkommenen Offensein für Gefühle nicht wahrzunehmen. Vielleicht fällt es uns Frauen, die wir in einer Gesellschaft, in der die Gefühle einen zweitrangigen Status besitzen, die Rolle der emotionalen Stütze inne haben, leichter, diesen beständigen Widerspruch zwischen den Forderungen an unser emotionales Offensein und denen unseres Alltagslebens wahrzunehmen. Dieser Mangel an Bewußtheit spiegelt sich auch auf einer mehr theoretischen Ebene wider, nämlich in der Therapie selbst. Sie unterläßt es, Brücken zwischen der Vergangenheit und der Gegenwart herzustellen. Andere Therapieformen, die mit der Regression arbeiten, bieten diese Brücke in Form der Beziehung zwischen Therapeut und Klient an oder sie messen dem Herstellen von Verbindungen zwischen Erfahrungen aus der Kindheit und möglichen Verhaltensänderungen des Klienten in der Gegenwart eine besondere Bedeutung bei.

Damit möchten wir aber nicht sagen, daß die Primärtherapie sinnlos oder unmöglich sei, sondern vielmehr, daß die grandiosen Ansprüche ihres Begründers, Menschen zu heilen, auf der Auffassung basieren, daß Individuen in einer kranken Gesellschaft gesund sein können: Wir sehen in der Therapie kein Heilverfahren, denn wir beurteilen ihre Rolle in einem anderen Sinne. Die Therapie macht uns vielleicht empfänglicher für das Empfinden von Lust und Schmerz und bestärkt uns möglicherweise darin, Mittel und Wege zu finden, um für ein besseres Leben und eine bessere Gesellschaft zu kämpfen. Nur eine weitreichendere soziale Veränderung jedoch kann die Bedingungen für ein gesundes Leben schaffen.

Das Primärinstitut spiegelt Janovs Mangel an sozialem und politischem Bewußtsein wider. Die Therapie dort ist sehr kostspielig und wird deshalb von Leuten ausgeführt und erlebt, die Geld haben. Primärtherapeuten, die sich von Janov getrennt haben, machten die Primärtherapie weiteren Kreisen zugänglich. Da Janov sich aber weigert, auch nur einen dieser Therapeuten anzuerkennen, reproduziert er selbst die elitäre Haltung der verschiedenen offiziellen psychoanalytischen Institute.

Bei einer intensiven Methode wie der Primärtherapie, bei der die Klientin wahrscheinlich besonders verletzlich ist, muß der Therapeutin und der Struktur innerhalb derer sie arbeitet, unbedingt vertraut werden können. Du mußt die Gewißheit haben, sowohl deine Abwehr aufgeben wie auch deine Reintegration wieder herstellen zu können. Falls du eine Primärtherapie mit einer Therapeutin machen möchtest, suche dir einen Rahmen aus, der diesen Bedürfnissen gerecht wird und wo verstanden wird, daß du mit „urschreien“ aufhören und diese Erfahrung in dein Alltagsleben integrieren möchtest.

Primärtherapie in einer Selbsthilfegruppe

Eine Selbsthilfegruppe kann die Techniken der Primärtherapie verwenden, wenn ihr die notwendige kontinuierliche Unterstützung gewährleisten könnt. Bei der Arbeit mit dieser Therapieform ist es besonders wichtig, über einen ungestörten, sicheren Raum zu verfügen. Es müssen genügend Kissen vorhanden sein, die benutzt werden können, falls sich eine Frau, die arbeitet, zu verletzen droht. Häufig schreit und würgt eine Person beim Erleben der Primärszene, macht unwillkürliche Bewegungen oder liegt stöhnend am Boden. Die Aufgabe der Gruppe besteht darin, sie zu unterstützen, damit sie durch die für sie notwendigen Erfahrungen hindurchkommt. Die Gruppe muß auch dafür sorgen, daß sie sich nicht verletzt und nicht unterbrochen wird.

In unserer Gruppe haben wir die Erfahrung gemacht, daß die nüchternen analytischeren Methoden an die Kindheit heranzugehen, der Intensität, dem reichen Chaos und Terror unserer frühen seelischen Erfahrungen nicht wirklich gerecht werden. Manchmal können Kindheitskonflikte überraschend auftauchen und die Frau regrediert unabsichtlich. Hier ein Bei-

spiel dazu:
Nan erzählt der Gruppe, wie sie sich selbst gezwungen hatte, einen hohen Berg hinauf- und hinunterzuklettern, um den Männern, mit denen sie zusammen war, zu beweisen, daß sie es schaffte. Die meisten von ihnen fuhren ganz selbstverständlich mit der Drahtseilbahn hinunter, da sie nicht dasselbe Bedürfnis hatten, sich zu beweisen. Sophie nahm daran Anstoß. Sie konnte nicht einsehen, weshalb Nan sich derart verausgaben und sich schaden mußte. Sie fuhr unbeirrt mit ihrer Kritik an Nan fort bis Jane, die spürte, daß sich etwas hinter Sophies Beharrlichkeit verstecken mußte, fragte, wie sie sich fühle. Sophie sagte, daß ihre eigenen Versuche, sich zu verletzen, ihr einen Schrecken eingejagt hätten. Sie zeigte der Gruppe die Narben, wo sie versucht hatte, sich mit einer Rasierklinge die Pulsadern aufzuschneiden. Sophie sah so verschreckt aus, daß ihr Jane in einem Versuch, sie in die Gruppe zurückzuholen, vorschlug, sich in der Gruppe umzuschauen. Sophie sah verängstigt aus, blickte rasch zu Jane hoch und sagte: „Du siehst genau wie mein Vater aus. Deine Augen sind genau wie die seinen. Ich will ihn nicht sehen.“

Sophie wurde dazu angehalten, in Blickkontakt zu Jane zu verbleiben und dabei mitzuteilen, was sich in ihr abspielte. Ihr Ausdruck wurde immer entsetzter, bis sie es fast nicht mehr ertrug, Jane anzusehen. Die Gruppe schlug vor, sie solle sich auf ein paar Kissen legen und Jane sich über sie stellen, so daß Janes bedrohliche Eigenschaften und Sophies Wehrlosigkeit gesteigert würden.

„Er wird mir weh tun, er wird mich schlagen.“ Sophie versuchte ihre Augen und ihren Körper gegen Jane/den Vater abzuschirmen. Andere Gruppenmitglieder ermutigten sie, bei ihrer Angst zu bleiben. Sophie zitterte am ganzen Körper. Die Gruppe fragte sie, was sie zu ihrem Vater sagen wolle. Zuerst bedeckte sie ihre Augen und Ohren und meinte: „Nichts. Ich möchte mir selbst etwas antun, damit alles verschwindet.“

Die Gruppe blieb hart und versuchte, Sophie davon abzuhalten, zu ihrem alten Muster der Selbstverletzung zurückzugreifen, indem sie sie aufforderte, direkt mit ihrem Vater zu verhandeln. Sie fragten sie, was sie gerne mit ihren Händen tun würde. Es schien, daß Sophie langsam mit der Unterstützung der Gruppe an Kraft gewann. Sie wollte zuschlagen. Jane/der Vater hielt ein Kissen hoch und Sophie schlug darauf ein. Sie schrie ihren Vater an, er solle verschwinden und sie nicht verletzen. Als sie auf das Kissen einschlug, wurde ihre Wut größer und ihre Angst kleiner. Nach mehreren Minuten legte sie sich erschöpft auf die Kissen zurück.

Die anderen Gruppenmitglieder teilten sich mit, was sie empfanden, während Sophie arbeitete. Eine Frau hatte nicht verstanden, was vor sich ging. Eine andere fühlte sich Sophie sehr nahe, sie hatte dadurch erkannt, daß auch sie ihren Vater als bedrohlich empfunden hatte, obwohl er gegen sie nie körperlich gewalttätig gewesen war. Eine andere Frau merkte, daß sie sich gefühlsmäßig von dem Geschehen abgespalten hatte, vielleicht, weil es ihr Angst einflößte.

Sophie fühlte sich noch immer sehr aufgewühlt. Sie sagte, sie hätte geglaubt verrückt zu werden. Nachdem sie ihre selbstzerstörerischen Tendenzen und ihre Angst vor ihrem Vater miteinander in Zusammenhang gebracht hatte, fühlte sie sich sehr erleichtert. Sie sah nun, daß sie anders mit ihrer Angst umgehen konnte, nicht mehr versuchen mußte, ihr durch eine andere Form des Schmerzes auszuweichen. Sie machte sich Sorgen, daß sie das soeben Erlebte wieder überwältigen könnte. Deshalb traf sie mit zwei anderen Frauen aus der Gruppe eine Abmachung. Sie würde sie, falls nötig, während der Woche anrufen. Die Gruppe vereinbarte, daß Sophie während der nächsten Sitzung Zeit haben sollte, über ihren Zustand zu berichten. Jane, die auch schon Regressionsarbeit geleistet hatte, schlug Sophie vor, sie solle versuchen, sich in der folgenden Woche so viel wie möglich zu schonen. Nach einer Arbeit wie dieser fühlen sich die Betroffenen besonders verletzlich und sind Empfindungen aus der Kindheit ausgesetzt.

Falls ihr in eurer Gruppe Regressionsarbeit nach der Primärmethode anwenden möchtet, müßt ihr folgende Stadien beachten. Der gesamte Prozeß wird wahrscheinlich mindestens eine Stunde beanspruchen. Schaut deshalb, daß ihr genügend Zeit dafür erübrigen könnt.

1 Richtet euch auf die Situation ein
Im angeführten Beispiel geschah es spontan. Manchmal möchte ein Gruppenmitglied an einem frühen Vorfall arbeiten oder die Gruppe teilt sich paarweise auf und die Frauen helfen sich gegenseitig, mit frühen Erfahrungen in Berührung zu kommen. Das könnt ihr bewußt arrangieren. Die Frau, die arbeitet, legt sich hin und atmet tief durch, damit die Gefühle ungehindert hochkommen können. Ihr könnt ihr vorschlagen, an ihre Kindheit zu denken und sich auf ein bestimmtes Ereignis zu konzentrieren. Vielleicht nützt es ihr etwas, wenn sie zu ihrer Mutter oder zu ihrem Vater spricht.

2 Überzeugt euch davon, daß die Frau sich nicht verletzen kann und die eingenommene Position ihre Gefühle fördert und verstärkt.
Liegend empfand sich Sophie als klein und ihren Vater als groß. Diese Stellung verstärkte ihre Hilflosigkeit noch. Fühlt sich eine Frau sehr ausgeschlossen, fordert sie auf, sich zusammenzurollen. Falls sie sich unsicher fühlt, bittet sie, sich auf einen Stuhl zu stellen. Achtet darauf, daß genügend Kissen und Matratzen am Boden sind, damit sie sich nicht verletzen kann, falls sie runterfallen sollte.

3 Unterstützt sie darin, bei ihren schrecklichen Gefühlen zu bleiben und sie in Worten und Gesten auszudrücken.
Für Sophie bedeutete dies, innerlich nicht vor dem Terror ihres Vaters davonzurennen. Dieser Teil des Primärerlebnisses ist von zentraler Bedeutung. Als kleines Kind war Sophie der schrecklichen Angst nicht gewachsen, die die häufigen Gewaltakte ihres Vaters ihr gegenüber auslösten. Sie

spaltete sich deshalb von ihren „realen" Gefühlen ab und entwickelte in der Folge ein „neurotisches" Verhalten. Bei Sophie äußerte sich dies in Angriffen gegen sich selbst. Diese konnte sie wenigstens kontrollieren, ihren Vater hingegen nicht. Indem sie die schreckliche Angst wieder erlebte, sich aber diesmal nicht vor ihr verschloß, hat sie eine neue Möglichkeit erfahren: daß sie nämlich ihre Angst überleben und sich wehren kann.

4 Unterstützt sie darin, direkt auf ihren Schmerz zu reagieren und auf Abwehrmethoden zu verzichten, die ihr letztlich schaden.
Sophie schlägt gegen ihren Vater zurück. Das grundlegendste Verhaltensmuster beim Erleben der Primärszene: Die Betreffende erlebt den Verlust der Mutter und schreit ihren Schmerz und ihr Verlangen nach ihr hinaus, anstatt beides passiv zu leugnen.

5 Helft ihr, sicher in die Gegenwart zurückzukehren und über das Vorgefallene in der Gruppe zu sprechen.
Somit wird sie die Erfahrung nicht auf die Seite schieben können als ein zu starkes Erlebnis, dem sie nicht gewachsen ist.

6 Laßt die anderen Gruppenmitglieder über ihre eigenen, oft heftigen Reaktionen sprechen und Feedback geben.
In unserer Gruppe arbeiteten wir gelegentlich nach der Primärmethode. Nach einigen Jahren verfügte jede von uns über einige Erfahrung mit für diese Therapieform typischen Techniken.

REBIRTHING

Andere Theoretiker, die sich der Primärtherapie als Ausgangsbasis bedienten, sehen im Erlebnis der Geburt das „entscheidende" Initialtrauma. Ihre Therapie konzentriert sich auf das „Rebirthing". Andere betrachten die intrauterine Entwicklung als entscheidenden Faktor in der Entwicklung des Kindes und berücksichtigen bei ihrer Arbeit die Empfängnis als wesentliches Moment.

Wir betrachten Rebirthing und Primärtherapie als nützlichen Bestandteil zur Erforschung der frühen Kindheit, die jedes Individuum in seinem eigenen Tempo und gemäß seinen eigenen inneren Bedürfnissen macht. Die Geburt ist gewiß für jeden Menschen ein wichtiges Erlebnis. Für jede Frau bedeutet sie jedoch etwas anderes. Sie ist auch nicht der einzige Schlüssel zu einer Therapie.

Das Urerlebnis der Geburt

Das Urerlebnis der Geburt ist eine weitere Form des Primärerlebnisses. Es stellt eine Erweiterung der Art von Erfahrung dar, die wir schon beschrieben haben, und soll nicht bei sich selbst oder anderen erzwungen werden. Der dafür passende Zeitpunkt muß sich von allein ergeben. Das angestrebte

Ziel ist das gleiche wie bei anderen Formen von Regressionsarbeit: das Ereignis wieder erleben, ohne sich vom Schmerz abspalten zu müssen und in der Folge damit beginnen, Abwehrmethoden aufzugeben, die gegen den Schmerz ausgebildet wurden.

Joan sprach über ihre Mutter. Beim Erzählen fühlte sie sich in zunehmendem Maß beengt und eingeschlossen. Sie hatte die Empfindung, als säße ihre Mutter auf ihrem Kopf und sie könne sich nicht von der Stelle rühren. Die Gruppe fragte sie, ob sie dieses Gefühl verstärken möchte, um hinter seine Aussage zu kommen. Joan erklärte sich bereit, falls der Vorgang abgebrochen würde, wenn sie nicht damit fertig werden sollte. Sie legte sich auf den Boden und ein paar Frauen hielten ein Kissen gegen ihren Kopf, während andere sie aufforderten, dagegen zu stoßen. Sie stieß und kämpfte mit ihrem Kopf mehrere Minuten lang. Schließlich gelang es ihr, sich zu befreien. Den anderen Frauen in der Gruppe schien es, daß sie möglicherweise ein Urerlebnis der Geburt erlebt hatte. Sie selbst war sich nicht im klaren, was passiert war, außer, daß ihr der Kampf als eine Sache von Leben und Tod erschien. Danach fühlte sie sich sehr frisch und offen. Sie erzählte den anderen, daß ihre Mutter eine sehr schwere Geburt hatte und man an einem bestimmten Punkt befürchtete, Joan würde nicht überleben.

Wie bei anderer Primärarbeit auch, sollten wir nicht den Fehler begehen zu glauben, ein einziges Primär- oder Geburtserlebnis bedeute Heilung: Diese Art von Anspruch wird manchmal mit diesen Erfahrungen verknüpft. Für Joan war ihre Arbeit wichtig. Sie spürte eine neue Kraft und ebenfalls eine neue Verwundbarkeit in sich, an denen sie weiter arbeiten mußte, um sie zu festigen.

Es gibt andere Methoden, mit Kindheitserfahrungen zu arbeiten, wie etwa die Bioenergetik und das Psychodrama, über die wir ausführlich im fünften und siebten Kapitel berichtet haben. Als Frauen haben wir ein besonderes Bedürfnis, unsere eigene Identität zu schaffen. Ein Teil der aktiven Entwicklung von Identität heißt, unsere eigene Vergangenheit kennenlernen. Die Therapie kann in diesem Prozeß einen wichtigen Platz einnehmen, vorausgesetzt wir sorgen dafür, daß unsere Vergangenheit mit einem aktiven Verständnis dessen interpretiert wird, was es bedeutet, als Frau in eine von Männern definierte und dominierte Gesellschaft geboren zu sein. Unsere Vergangenheit zurückfordern wird dann Teil unserer gegenwärtigen Stärke.

ÜBUNGEN ZUR REGRESSIONSARBEIT

Damit jede Frau in eurer Gruppe anfängt, ihre Kindheit zu untersuchen, könnt ihr einen Abend dem Anfertigen einer „Skript-Analyse“ widmen. Dieses Vorgehen ist vielleicht auch ein guter Einstieg für Frauen, die Bedenken haben, sich in ihren Kindheitsempfindungen zu verlieren.

Hier geben wir einen ausführlichen Bericht davon, wie eine Selbsthilfegruppe einen solchen Abend strukturierte.

120 Skript-Analyse
Dieser Methode, die wir eingehend auf S. 259 beschrieben haben, wurde eine lange Gruppensitzung gewidmet. Die Frauen teilten sich paarweise auf und betrieben zwanzig Minuten lang Co-Counselling über das Thema: „Wichtige Ereignisse und Erfahrungen aus meiner Kindheit". Dann gaben sich die Frauen zehn Minuten lang Feedback, wobei sie sich auf die Muster konzentrierten, die ihnen im Bericht ihrer Partnerin aufgefallen waren.

Während der nächsten zehn Minuten überlegte sich jede Frau, was sich bisher ereignet hatte und schrieb sich alle Themen auf, die sie in ihrem eigenen Leben finden konnte. Diese Themen umfaßten auch die folgenden:

Die von ihren Eltern auferlegten Gebote und Zuschreibungen
Das Skript, das zu befolgen sie sich entschieden hatte
Die Art und Weise, in der ihr Körper ihr Skript widerspiegelt
Die/den mythische/n Held/in, mit der/m sie sich in ihrem Skript identifiziert

Die Gruppe kam wieder zusammen und die Frauen suchten sich neue Partnerinnen, um sich mitzuteilen, was sie über ihre Skripts geschrieben hatten, und um das neue Wissen in eine Botschaft oder Kurzformel zu bringen. (Die Botschaft kann etwa lauten: „Bleib auf der Verliererseite, wo du sicher bist" oder „Gib den kleinen Finger nicht, sonst nehmen sie dir die ganze Hand".)

Während der restlichen Zeit teilte jede Frau der ganzen Gruppe mit, was sie gelernt hatte. Jede Frau erhielt viel Zeit und erläuterte ihr Skript so, wie sie es für gut hielt.

Denkt daran, daß eure Skript-Botschaft nicht für alle Zeiten festgelegt ist. Ihr könnt aus eurem Skript ausbrechen. Einige Aspekte können zu bestimmten Zeiten in eurem Leben eine wichtigere Rolle spielen als andere.

Diese als Vorbereitung dienende Skript-Analyse kann weiterentwickelt und vertieft werden, indem einige der unten aufgeführten Übungen verwendet werden. Sie helfen euch, die Beziehungen zu euern Eltern zu untersuchen, Botschaften zu entschlüsseln, die euer Körper seit der Kindheit austrägt, und emotional wichtigen Vorfällen aus der Kindheit nachzugehen. Wir schlagen vor, ihr wählt die Übungen aus, die euch am meisten entgegenkommen. Ihr könnt sie natürlich auch ohne Verwendung der Skript-Analyse machen. Weitere Übungen, die euch in die Kindheit zurückführen, sind **73** und **74**. Sie dienen einer Annäherung nach der Primärmethode. Übung **101** führt euch in der Phantasie zum Zeitpunkt eurer Empfängnis zurück.

121 Zu deinen Eltern sprechen
Stellt euch vor, ihr setzt jeden Elternteil der Reihe nach auf ein Kissen. Dann sprecht ihr einige Minuten zu ihnen. Versucht ihnen mitzuteilen, was ihr für sie empfindet. Versucht vor allem die Dinge auszudrücken, die ihr ihnen im wirklichen Leben nie sagen konntet. Dann setzt euch auf das Kissen und stellt euch vor, ihr seid der jeweilige Elternteil, der euch antwortet.

122 Ein Gruppenmitglied spielt den Elternteil
Dazu bittet ihr ein Gruppenmitglied, sich auf das Kissen zu setzen und den „Elternteil zu spielen". Sie benötigt dazu einige grundlegende Anleitungen darüber, wie der betreffende Elternteil sich benimmt, einige seiner Kernsätze oder Botschaften, die er euch übermittelt hat. („Sei nicht so dumm!", „Ich hätte dich lieber, wenn du mehr deinem Bruder gleichen würdest", „Bitte, mach weniger Lärm, ich bin müde", oder was auch immer.) Dann setzt ihr euch dem „Elternteil" gegenüber und achtet darauf, wie die Botschaften auf euch wirken und welche Antworten ihr vielleicht geben möchtet.

123 Eltern-Lehrer-Vereinigung
Dies ist eine sehr aktive Übung und kann Vergnügen bereiten. Jedes Mitglied der Gruppe stellt sich vor, es wäre der gegengeschlechtliche Elternteil. Steht auf und versucht, die für diesen Elternteil typische Körperhaltung einzunehmen und seine Bewegungen nachzuahmen. Dann stellt ihr euch vor, ihr befindet euch in einer Sitzung der Eltern-Lehrer-Vereinigung, an der eure Eltern teilnehmen. Spaziert im Raum herum mit Blickkontakt zu den anderen Eltern und sprecht so zu ihnen, wie jener Elternteil über euch selbst gesprochen hätte. („Ein schwieriges Kind, ich kann sie nicht verstehen", „Sie ist frech und vorwitzig.") Zu sehen, wie Eltern verschiedener Leute miteinander umgehen, kann sehr lustig sein. Diese Übung hilft euch, ein Gefühl für jenen Elternteil zu bekommen. Nach einer Weile könnt ihr den anderen Elternteil spielen. Zum Schluß bleibt ihr einen Moment lang ruhig stehen und spürt nach, inwiefern ihr jenem Elternteil gleicht. Sind es die Bewegungen, die Ausdrucksweise, die Art wie ihr seine Einstellungen verinnerlicht habt?

124 Die Kleider meiner Kindheit
Mit Hilfe dieser Übung wird euch bewußt, wie ihr als Kind angezogen gewesen seid. Sie zeigt euch auf, wie damals festgelegte Verhaltensmuster euch noch immer beeinflussen.

Wählt euch eine Partnerin aus und beschließt, wer zuerst sprechen wird. Es sind vier Etappen, wobei jede fünf Minuten beansprucht. Eure Partnerin hört einfach aufmerksam zu. Wenn ihr fertig seid, tauscht ihr die Rollen.

1. Etappe: Geht in der Erinnerung zurück bis zum Alter von fünf Jahren.

Könnt ihr euch an irgendwelche Kleidungsstücke aus jener Zeit erinnern? Beschreibt euer Lieblingsstück und jenes, das ihr am wenigsten mochtet. Wie habt ihr euren Eltern in jenen Kleidern gefallen? Wie waren eure Geschwister oder Freunde dazu eingestellt? Wie habt ihr euch selbst darin gefühlt?
2. Etappe: Wiederholt nochmals das gleiche. Dieses Mal konzentriert ihr euch auf den Lebensabschnitt zwischen fünf und zehn Jahren.
3. Etappe: Nun erinnert ihr euch an eure Teenagerjahre.
4. Etappe: Teilt eurer Partnerin mit, inwiefern jene Kindheitserfahrungen sich auf eure jetzige Kleidung auswirken („Roter Kordsamt gefällt mir immer noch in jeder Form", „Ich neige dazu, jungenhafte ausgebeulte Kleidung zu tragen, so wie meine Mutter mich anzog", „Ich glaube, ich muß mich besonders anstrengen, hübsch auszusehen, weil sie mich früher so lieblos herumlaufen ließen").

125 Kernsätze

Diese Übung eignet sich gut für eine Gruppe, in der die Frauen sich nicht kennen. Jede Frau stellt sich vor und übermittelt den anderen Gefühle aus ihrer Kindheit. Bestimmt jemanden, der die Anweisungen gibt.

Setzt euch und bildet einen Kreis. Atmet eine Minute in den Bauch und richtet eure Aufmerksamkeit nach innen. Dann denkt ihr an Dinge, die euch eure Eltern zu sagen pflegten, als ihr ein Kind wart. Dinge wie: „Halte den Mund, wenn du ißt", „Kleine Mädchen setzen sich nicht so hin", „Streng dich an". Versucht euch auf ein paar wenige charakteristische Sätze festzulegen (Pause). Wenn ihr eine Auswahl getroffen habt, steht auf, geht im Raum herum und stellt euch jeder Frau, die euch begegnet, mit Worten vor wie etwa den folgenden: „Ich bin Jane – kleine Mädchen sollte man sehen und nicht hören" oder was immer ihr euch vorgenommen habt. Ihr könnt bei jeder Frau den gleichen Satz benutzen oder ihn auch variieren. Achtet dabei auf eure Empfindungen, wenn ihr die Sätze aussprecht und sie mit eurem Namen in Verbindung bringt.

Nach ungefähr drei Minuten können sich die Frauen wieder in einen Kreis setzen und ihre Erfahrungen austauschen. Das Aussprechen dieser Sätze wird eine Menge Gefühle wachrufen, so etwa die Angst, zu laut zu sein oder Scham- und Wutgefühle, weil man sich nicht mit gespreizten Beinen hinsetzen sollte. Eure Erinnerungen werden möglicherweise sehr lebhaft sein. Oder euch wird plötzlich bewußt, wie sehr euch diese Äußerungen immer noch beeinflussen: „Ich trage immer Jeans, damit ich mich so hinsetzen kann, wie es mir paßt; zudem macht es mir Spaß zu wissen, daß ich herausfordernd wirke und mich darüber hinwegsetze." Schaut, was ihr mit den Gefühlen anfangen könnt, die die Übung hervorruft.

126 Sich einspielen
Hier eine weitere Übung, die sich zum Vorstellen in einer neuen Gruppe eignet. Sie weckt ebenfalls Gefühle zu Menschen, die in eurer Kindheit wichtig waren. Eine Frau sollte laut und langsam vorlesen:

Setzt euch in einen Kreis und richtet eure Aufmerksamkeit nach innen. Schließt die Augen, falls das etwas nützt. Denkt an eine Person, die euch als Kind gut kannte – ein Elternteil, ein/e Freund/in, Verwandte/r, Lehrer/in. Wählt eine Person aus, die euch gut in die Gruppe einführen kann. Sie sollte jemand sein, die das von euch sagt, was ihr die Gruppe gerne wissen lassen möchtet (das müssen keine netten Dinge sein). Wenn ihr eure Wahl getroffen habt, versucht ihr euch zu erinnern, was für ein Mensch sie oder er war. Dann versetzt ihr euch in jene Person. Ahmt ihre Bewegungen nach – versucht, so zu sprechen und so zu denken wie sie. Spaziert etwa ein bis zwei Minuten im Raum herum und fühlt euch in diese Rolle hinein. Dann kommt ihr in den Kreis zurück. Jede Figur wird sich zuerst selbst der Gruppe vorstellen und dann euch als Kind. Zum Beispiel so: „Ich bin das Kindermädchen und ich lebe bei der Familie Jones. Ich kümmere mich um Fran, während ihre Mutter arbeiten geht. Ich hänge sehr an der Familie – Ich bin wie eine zweite Mutter. Dies ist Fran. Sie ist acht Jahre alt", und so weiter.

Wie andere einleitende Übungen kann auch diese auf sehr verschiedenen Ebenen ansetzen. Einige Frauen werden sich an ziemlich oberflächliche Beschreibungen halten, während andere wiederum tiefe Beziehungskonflikte aus ihrer Kindheit hervortreten lassen.

127 Der Verschmelzungs-Spiegel
Dies ist eine gelenkte Phantasie, die euch Gefühle bewußt macht, die ihr seit der Kindheit mit euch herumtragt.

Bestimmt eine Frau, die die Phantasie langsam vorliest.

Legt euch hin, schließt die Augen und atmet tief durch. Richtet eure Aufmerksamkeit nach innen. Denkt an eine Zeit vor eurem elften Lebensjahr. Nun seid ihr wieder so jung. Wo habt ihr damals gelebt? Spaziert um jenes Haus herum. In einem Zimmer befindet sich ein großer langer Spiegel. Geht auf ihn zu und schaut hinein. Was für Kleider habt ihr an? Wie seht ihr aus? Wie fühlt sich euer Haar und eure Haut an? Wie ist euch zumute? Was möchtet ihr gerne tun? Wer sind eure Freunde? Habt ihr Brüder und Schwestern? Wie sind sie? Wie sind eure Eltern, eure Mutter, euer Vater? Wie ist es, mit ihnen zu leben? Was gefällt ihnen an euch? Was mögen sie nicht an euch? Habt ihr irgendwelche Geheimnisse? Was macht euch wütend? Was verletzt euch? Was möchtet ihr in eurem Leben ändern?

Nun, wie ihr so vor dem Spiegel steht, betritt jemand das Zimmer. Es ist euer erwachsenes Ich. Bleibt nun in eurem kindlichen Ich und schaut, wie euer großes Ich auf euch zukommt und sich neben euch vor den Spiegel stellt. Was haltet ihr von dieser Person? Fangt ein Gespräch an und nehmt miteinander Kontakt auf, so wie es euch gerade richtig scheint. Möchtet ihr euch etwas Besonderes sagen? Jetzt ist die Gelegenheit dazu.

Wie ihr euch beide so im Spiegel betrachtet, vollzieht sich etwas Unglaubliches. Eure beiden Ichs beginnen zu verschmelzen und werden zu einer Person. Ihr beobachtet diesen Vorgang und dann, wenn ihr soweit seid, bringt ihr diese Person zurück hier in diesen Raum.

Teilt euch gegenseitig mit, was in euch vorgegangen ist, entweder in der ganzen Gruppe oder falls diese zu groß ist (mehr als sechs Frauen), teilt euch in zwei Untergruppen auf.

128 Vom trotzigen Widerstand zur freien Wahl

Nach unseren Erfahrungen durchläufst du bei der Erforschung der Beziehung zu deinen Eltern häufig eine Phase des Trotzes und der Verweigerung – eine Phase, in der du einem Großteil der elterlichen Botschaften ein deutliches und lautes „Nein" entgegensetzen mußt, um einen Freiraum für dich zu schaffen und ein Gefühl zu entwickeln, *wer du bist*, im Unterschied zu ihnen und ihren Wunschvorstellungen von dir. Auf diese Phase in der Therapie folgt gewöhnlich ein Stadium, in dem ihr euren Trotz allmählich aufgeben könnt. Ihr habt einen Großteil eurer Wut abgelassen und könnt eine viel offenere Haltung gegenüber euren Eltern einnehmen im Sinne von „Mach, was du willst". Ihr bringt Sympathie und Verständnis für sie auf und versteht, was für Menschen sie sind, behaltet gleichzeitig aber ein deutliches Gefühl für eure eigene Identität. Die folgende Übung eignet sich gut dazu, dieses spätere Stadium des Prozesses zu untersuchen.

Jede Frau nimmt Schreibzeug und Papier und notiert sich eine Liste der elterlichen Botschaften, die sie als Kind erhalten hat, und zwar nicht nur die ausgesprochenen Botschaften („Halt den Mund", „Streng dich in der Schule mehr an!") sondern auch die unausgesprochenen („Sei nicht sexuell", „Setz dich nicht durch!"). Dann wählt ihr eine Partnerin aus und laßt sie eure Liste vorlesen. Auf jede Belehrung reagiert ihr mit „Nein!". Wie fühlt ihr euch dabei? Dann lest ihr eurer Partnerin die Liste vor und beginnt jede Belehrung mit „Ich will nicht": „Ich will den Mund nicht halten!", „Ich will mich in der Schule nicht mehr anstrengen!". Nun versucht ihr die Liste nochmals durchzugehen. Diesmal beginnt ihr jede Botschaft mit „Ich könnte": „Ich könnte den Mund halten", „Ich könnte faul sein". Diese Formulierungen helfen uns, die Verantwortung und die Kontrolle für unser Leben zu übernehmen. Sie enthalten ein Element der freien Wahl, das fehlt, wenn wir unseren Eltern bloß zuwiderhandeln.

ANMERKUNGEN

1 Wir beschränken uns hier auf Freud und die Neo-Freudianer. Die Theorien Jungs behandeln wir im 6. Kapitel.

2 Eine klare und umfassendere Darstellung der Ideen Freuds und eine andere Sichtweise bezüglich des Ödipuskomplexes findet ihr in: Juliet Mitchell, *Psychoanalysis and Feminism*, Penguin, Harmondsworth 1975; deutsch: *Psychoanalyse und Feminismus*, Frankfurt 1976.

3 Eine Auswahl aus dem Werk von Karen Horney und anderen wichtigen Psychoanalytikern zum Thema Frauen, findet ihr in: Jean Baker Miller (Hrsg.), *Psychoanalysis and Women*, Penguin, Harmondsworth 1973; ebenfalls in: Jean Strouse (Hrsg.), *Women and Analysis*, Dell, New York 1974.

4 Siehe: Dorothy Dinnerstein, *The Mermaid and the Minotaur,* Harper & Row, New York 1976. Eine faszinierende Untersuchung der Beziehungen zwischen Wegen der Kinderfürsorge und der gegenwärtigen Struktur der Gesellschaft.

5 Diese Art der Interpretation von Freuds Theorien mit Betonung der Objekt-Beziehungsschulen innerhalb der Psychoanalyse aus einem feministischen Blickwinkel findet ihr ausführlich dargestellt in: Nancy Chorodow, *The Reproduction of Mothering,* University of California Press, Berkeley and Los Angeles, London 1979.

6 Dieser Abschnitt basiert auf einer Vielzahl von Gesprächen mit Luise Eichenbaum und Susie Orbach, ebenfalls auf Diskussionen, die wir mit der Studiengruppe des Frauentherapiezentrums und der „Sozialismus und Therapie"-Studiengruppe in London geführt hatten. Eine Darstellung dieser Annäherung an die Theapie findet ihr in Interviews mit Luise Eichenbaum und Susie Orbach in *Spare Rib,* Mai 1977, erschienen bei Spare Ribs Ltd., London, Humpty Dumpty, Nr. 8, erschienen bei Humpty Dumpty, London 1976.

7 Ein gutes Beispiel dafür ist Helene Deutsch, die zwei der orthodoxesten psychoanalytischen Texte über Frauen geschrieben hat und die Frauen eine äußerst begrenzte und unbefriedigende Rolle im Leben zuteilt. Ihr eigenes Leben dürfte kaum dem von ihr vorgeschriebenen Muster entsprochen haben.

8 Siehe Anmerkung 5 weiter oben. Diejenigen, die diese Richtung innerhalb der psychoanalytischen Theorie weiter verfolgen möchten, finden dazu den leichtesten Zugang in den Schriften von: Harry Guntrip, *Personality, Structure and Human Interaction,* und *Schizoid Phenomena, Object Relations and the Self,* The International Psychoanalytical Library, Hogarth Press, London. Eine Warnung: diese Bücher sind nicht für den Durchschnittsleser bestimmt.

9 *Psychoanalysis and Women,* S. 381.

10 Siehe Claude Steiner, *Scripts People Live,* Grove Press, New York 1974;
Hogie Wyckoff, *Solving Women's Problems,* Grove Press, New York 1977. Radikale Texte, die die Theorie und Praxis der Transaktionsanalyse darstellen, so wie sie die Gruppe der Radikalen Psychiatrie in den USA praktizieren. Nicht für Selbsthilfegruppen bestimmt. Ihr werdet aber viele Ideen, Strukturierungsmöglichkeiten und Übungen darin finden, die ihr verwenden könnt.

11 Die genaue Anleitung für eine Skript-Analyse findet ihr in Übung **120**.

12 Seht in den ersten Werken aus der Frauenbewegung nach, zum Beispiel bei Robin Morgan (Hrsg.), *Sisterhood is Powerful*, Random House, New York 1970; Michelene Wandor (Hrsg.), *The Body Politic: Women's Liberation in Britain 1969-72,* neu erschienen bei Stage One, London 1978. Ebenfalls bei Wilhelm Reich, *Die se-*

xuelle Revolution, Frankfurt 1966, und R. D. Laing, *The Divided Self,* Penguin, Harmondsworth 1965; deutsch: *Das geteilte Selbst*, Köln 1972.

13 Siehe: R. D. Laing und A. Esterson, *Sanity, Madness and the Family,* Penguin, Harmondsworth, 1970; deutsch: *Wahnsinn und Familie*, Köln 1975.

14 Arthur Janov, *The Primal Scream*, Dell, New York 1970; trotz aller Vorbehalte vermittelt dieses Buch ein lebendiges Bild dessen, was Primärtherapie bedeutet. Deutsch: *Der Urschrei. Ein neuer Weg der Psychotherapie,* Frankfurt 1973, S. 15 f.

15 Siehe: *The Primal Issue, Self and Society,* Bd. 5, Nr. 6, Juni 1977, erschienen bei Self and Society, 62 Southwark Bridge Road, London SE 1, UK.

WEITERE LITERATUR

– All die in den Anmerkungen erwähnten Bücher können wir empfehlen. Um die Bedeutung der Regression in der Therapie zu ermessen, beginnen wir am besten bei den Erfahrungen eines Kindes. Versucht es mit Virginia Axline: *Dibs: In Search of Self,* Ballantine, New York 1976; deutsch: *Dibs. Die wunderbare Entfaltung eines menschlichen Wesens,* Bern/München 1980. Eine packende Schilderung einer Therapie mit einem Kind, die uns Zugang in die Gefühlswelt eines Kindes verschafft.

– Hannah Greene: *I Never Promised You a Rose Garden,* Holt Rheinhardt & Winston, New York 1964. Ein Roman über die Therapieerfahrungen einer jungen Frau. Er vermittelt ein klares Bild des Prozesses, des Charakters der therapeutischen Beziehung, wenn mit der Übertragung gearbeitet wird; das Ergebnis wird nicht idealisiert. Deutsch: *Ich habe dir nie einen Rosengarten versprochen,* Reinbek 1978.

– Für erste feministische Beschreibungen der psychischen Entwicklung von Mädchen empfehlen wir drei Bücher, in denen die Beziehung zwischen Müttern und Töchtern neu überprüft wird: Signe Hammer, *Daughters and Mothers, Mothers and Daughters,* New American Library, New York 1976; deutsch: *Töchter und Mütter,* Frankfurt 1978. Nancy Friday: *My Mother, My Self,* Delacorte Press, New York 1977; deutsch: *Wie meine Mutter,* Frankfurt 1980. Obwohl die in diesem Buch gezogenen Schlußfolgerungen *keine* feministischen sind, ist das Material, das uns Nancy Friday bietet, für die Entwicklung eines feministischen Standpunktes in bezug auf die Mutter-Tochter-Beziehung von großem Belang.

Judith Arcana: *Our Mothers' Daughters,* Shameless Hussy Press, Berkeley, 1979; The Women's Press, London 1981. Dies ist ein äußerst feministisches und auf die Frau bezogenes Buch über die Beziehung zwischen Müttern und Töchtern, basierend auf Interviews.

IX
Selbsthilfe ist nicht einfach: Wie wir eine Gruppe in Gang halten

Welche Techniken ihr auch immer erlernt oder untersucht – sei es nun Gestalt, Bioenergetik oder Psychodrama –, die Tatsache an sich, daß ihr eine Selbsthilfegruppe bildet, wird Konflikte und Probleme mit sich bringen.

Dieses Kapitel ist in zwei Abschnitte aufgeteilt: *Wie wird meine Selbsthilfegruppe sein?* Hier geben wir Beispiele wie Therapiesitzungen ohne Leitung in der Praxis funktionieren. In: *„Allgemeine Probleme"* hingegen behandeln wir die ganz normalen Hindernisse, denen ihr wahrscheinlich begegnen werdet.

WIE WIRD MEINE SELBSTHILFEGRUPPE SEIN?

Eine Gruppe braucht vielleicht mehrere Monate, bis sie in Gang kommt und dann Jahre funktioniert. Jede Phase ihres Bestehens wird anders aussehen. Ihre Atmosphäre und Dynamik wird ebenfalls von den Erfahrungen und der Anzahl der daran beteiligten Personen beeinflußt. Nachstehend geben wir drei Beispiele von sehr verschiedenen Gruppen, um aufzuzeigen, wie schwierig oder kompliziert es sein kann, eine Selbsthilfesitzung in Gang zu halten. Ihr Verlauf kann sehr aufregend sein. Er geht selten reibungslos vor sich und häufig langsam und stockend. Das erste Beispiel ist das einer Gruppe, deren Mitglieder aus Angst und Unerfahrenheit heraus Mühe haben, überhaupt irgendwelche Gefühle auszudrücken.

Rose, Betty und Sandra sind in einer neu gebildeten Frauengruppe. Das vierte Mitglied der Gruppe ist diesen Abend nicht erschienen. Sie sind verzagt, weil die Gruppe so klein ist. Als Gruppe fühlen sie sich nicht sicher und in Bettys Wohnung machen sie sich Sorgen wegen einer möglichen Belästigung der Nachbarn. Sie beginnen mit einem Kaffee und plaudern, bis der Abend beinahe vorbei ist. Dann fragen sie sich, ob es sich überhaupt lohnt, Therapie zu machen. Jede wartet darauf, daß die andere die Initiative ergreift und die Sitzung in Gang bringt. Diese Situation ergibt sich leicht, wenn man sich nicht über eine bestimmte Struktur einig geworden ist. Schließlich entscheiden sie sich, sich auf Rose zu konzentrieren, die unter ihrem Mangel an gesellschaftlichem Kontakt leidet. Sie geht in der Hoffnung aus, Leute zu treffen, ist jedoch immer enttäuscht. Als Lesbe fällt es ihr besonders schwer, sich in heterosexueller Gesellschaft wohl zu fühlen und Leuten zu begegnen, mit denen sie in näheren Kontakt kommen könnte. Sie zuckt die Achseln – da ist nichts zu machen. Langes Schweigen. Bisher hat sich noch niemand so weit geöffnet, geweint oder in der Gruppe Gefühle gezeigt. Deshalb sind alle drei nervös. Rose preßt die Hände zusammen. Langes Schweigen. Betty, die über etwas Erfahrung in Gestalttherapie verfügt, wagt schließlich eine Gestalttechnik ausgehend von Roses Händen:

Betty: Was machen deine Hände?
Rose: Sie sind zusammengepreßt.
Betty: Kannst du das etwas näher beschreiben?
Rose: Nun, meine rechte Hand hält sich irgendwie an meiner linken Hand fest. Ziemlich stark.
Betty: Was sagt deine rechte Hand mit dieser Bewegung zu deiner linken Hand?
Rose: Sagen? Ich weiß nicht ... Irgendwie behält sie die Kontrolle über meine linke Hand.
Betty: Kannst du als diese rechte Hand sprechen: „Ich behalte die Kontrolle ...?"
Rose: Nun ich werd's versuchen: „Ich behalte die Kontrolle über dich. Reiß dich zusammen. Mach nicht schlapp ..." Oh, ich weiß nicht.

An dieser Stelle löst Rose ihre Hände voneinander und schüttelt sie aus: „Ich kann mich mit dieser Handgeschichte nicht wirklich identifizieren." Sie seufzt, und es folgt eine lange Pause. Betty spürt, daß ihr versuchsweises Vorgehen zurückgewiesen worden ist – vielleicht war es ein Fehler.

Als das Schweigen peinlich wird, fragt sie Rose, was sie mit dem Seufzer gemeint hat. Rose sagt, sie habe geseufzt, weil ihre Angst auszugehen sie verdrieße und frustriere. Betty fragt sie, ob sie sich in der Phantasie auf ein Kissen plazieren und zu sich selbst sprechen könne, um diesen Ärger loszuwerden. Rose gibt einen zweifelnden Schnaublaut von sich. Betty holt ein Kissen und legt es vor Rose hin. Sie ist nervös und fühlt sich unbeholfen: Drängt sie Rose zu sehr? Bisher hat noch niemand in der Gruppe zu einem Kissen gesprochen, obwohl sie alle diese Technik von der Lektüre her kennen. Sie ist verlegen, weil sie über mehr Therapieerfahrung verfügt als die anderen beiden Frauen. Sie macht sich Sorgen, weil sie vielleicht zu stark anführen könnte. Sie fühlt sich für die Gruppe verantwortlich und möchte, daß sie funktioniert. Sandra, die bisher nichts gesagt hat, ist sowohl erleichtert wie auch verärgert, weil es Betty ist, die alle Vorschläge bringt. Sie hat sich selbst einige Gedanken gemacht, scheut sich aber, sie mitzuteilen, da sie vielleicht nicht so „gut" sein könnten wie die von Betty. Die ganze Therapiegeschichte macht ihr Angst und deshalb fühlt sie sich stumpf und leblos. Rose selbst rutscht verlegen in ihrem Sessel hin und her (keine der beiden anderen Frauen hat ihr vorgeschlagen, sich auf den Boden zu setzen). Sie ist verwirrt, weil sie in Verlegenheit gebracht und aufgefordert wurde, etwas zu tun, was bisher noch niemand getan hatte. Sie glaubt nicht, daß die anderen als Heterosexuelle die Schwierigkeiten, die sie als Lesbe hat, voll einschätzen können. Sie geniert sich, dieses Problem zu erörtern. Bettys hilfsbereites Gebaren ärgert sie. Ihr gefallen die Vorschläge nicht, aber sie ist nicht sicher, ob sie schlecht sind oder sie einfach nicht darauf anspricht. Diese Situation illustriert, wie unausgesprochene Konflikte zwischen Mitgliedern der Gruppe (Bettys größeres Vertrauen, Roses Lesbischsein) den Therapieprozeß verzögern.

Alle drei starren mehrere Minuten lang schweigend auf das Kissen. Schließlich meint Rose: „Ich könnte es ebenso gut probieren." Sie beginnt ziemlich stockend zu dem Kissen zu sprechen. Sie drückt etwas von ihrem Verdruß über sich selbst aus: „Du bist wirklich bedauernswert mit deiner Angst auszugehen", „Du mußt dich ganz einfach zusammenreißen und aufhören, dich so gehenzulassen", „Du solltest wirklich selbstsicher und stark auftreten, dann werden die Leute dich kennenlernen wollen."

Die anderen Frauen unterstützen sie, weiterzumachen und ihren Ärger abzuladen. Plötzlich lacht sie und hält inne. Sandra fragt, worüber sie gelacht hat, und sie sagt: „Mir ist klar geworden, daß ich wie meine Mutter gesprochen habe. Sie hat uns immer gesagt, wir sollen hart sein; sie selbst war eine sehr harte Frau, sie mußte so sein, sie hat uns alle allein großgezogen. Ich glaube, ich habe das von ihr."

„Was hat sie denn dir so gesagt?"

„Oh, sie sprach nicht viel. Ihre allgemeine Botschaft jedoch war – sei hart, jammere nicht, reiß dich zusammen, Kopf hoch!"

Sandra und Betty wissen nicht, wie sie weiterfahren sollen. Soll Rose noch mehr von ihrer Mutter erzählen? Rose ist jedoch mit der Verbindung, die sie soeben hergestellt hat, sehr zufrieden und will nicht mehr Zeit auf dieses Thema verwenden. Ihre hauptsächliche Sorge betrifft ihr momentanes Problem mit dem Ausgehen. „Ich glaube, ich möchte mir selber antworten", sagt sie. Nach einigem Zögern setzt sie sich auf das Kissen und hat nun den Stuhl vor Augen. Sie spricht jetzt als der nervöse, schüchterne Teil in sich: „Es ist keine so große Schande, Angst zu haben. Leute kennenzulernen ist schwierig. Selbstvertrauen herauskehren funktioniert nicht. Es ist eine Maske und braucht so viel Kräfte, daß ich danach immer zusammenbreche. Sei nicht so hart zu mir ..." Auf diese Weise gelingt es Rose, mit einer sanfteren Stimme in sich selbst in Berührung zu kommen, die eher bereit ist, sie so zu akzeptieren, wie sie ist. Sie bestätigt sich selbst, und als sie wieder die Plätze wechselt und in die Rolle der scheltenden Mutter schlüpft, wird als Reaktion darauf die Stimme der harten Mutter weicher.

Die Sitzung dauert nicht viel länger. Es ist ein Versuch auf der ganzen Linie. Es hat keinen spektakulären Durchbruch oder eine Entladung von Gefühlen stattgefunden – kein Brüllen, Schreien oder Weinen. Rose ist jedoch ein echtes Wagnis eingegangen, indem sie so in der Gruppe gearbeitet hat. Sie hat viel über sich selbst erfahren. In einer späteren Sitzung erzählt sie der Gruppe, daß sie sich ruhiger fühle, wenn sie ausgeht ohne die Fassade, stärker zu sein, als ihr in Wahrheit zumute ist. Das funktioniert: da sie entspannt und mehr sie selbst ist, kommt sie in einen besseren Kontakt zu den Leuten. Sie kehrt dann ohne die wütende Enttäuschung und ohne die Selbstvorwürfe, die sie zuvor plagten, nach Hause zurück.

Dies war eine Kleingruppensitzung, die sich allein auf eine Frau konzentrierte. Das nächste Beispiel vermittelt einen Eindruck vom Anfangsstadium einer größeren Gruppe. Hier kann die Arbeit einer Person im voraus nicht kontrollierbare Auswirkungen haben und bei einem anderen Mitglied Gefühle auslösen. Die Zeitgrenze wird hier manchmal überschritten, und es tauchen mehr Konflikte auf, als in der verfügbaren Zeit behandelt werden können.

In einer gemischten Gruppe beginnt Robert die Sitzung, indem er sagt, daß er sich sehr schlecht fühlt und glaubt, er hätte nicht herkommen sollen. Er möchte nach Hause zurückkehren. Die Gruppe bewegt ihn zum Bleiben, um herauszufinden, was ihn bedrückt. Sarah meint: „Wenn du von einer Therapiesitzung keine Hilfe bekommen kannst, wenn du dich schlecht fühlst, was soll dann das Ganze?“ So setzt er sich denn hin und atmet gleichmäßig durch. Er beginnt von seinen Kindern zu erzählen. Er hat Angst, sie im Fall einer Scheidung zu verlieren. Lisa, eine Frau aus der Gruppe, bringt das Schmerzliche seiner Lage aus dem Gleichgewicht und sie beginnt zu weinen. Da sie glaubt, daß sich ihr im Moment niemand widmen kann, steht sie auf und will weggehen. Steve holt sie zurück und die Gruppe versichert ihr, daß man sich später mit ihr befassen werde. Sie setzt sich hin und weint leise vor sich hin. Roberts Gefühle seinem Sohn gegenüber sind die gleichen wie damals, als er selbst als Junge zur Schule weggeschickt wurde. Er legt sich hin und erzählt, wie er sich als „großer Junge“ verhalten und nicht geweint habe, als er mit dem Zug wegfuhr. Roberts Schilderung löst in George bestimmte Gefühle aus, und er beginnt zu schreien und zu zittern. Dieser Vorgang illustriert die Flexibilität einer größeren Gruppe, aber es ist wichtig sich zu vergewissern, daß sich noch genügend Leute um Robert kümmern. Robert erinnert sich an seinen Schuldirektor, der den Jungen einen Vortrag über die Onanie hielt. Er erzählt der Gruppe, daß er klaustrophobische Ängste hat. Die Situation ist nun verwirrend und die Gruppenmitglieder wissen nicht, welcher Erinnerungsspur sie folgen sollen. Sie versuchen Robert niederzuhalten, damit er dem klaustrophobischen Gefühl nachgehen kann. Er steigert sich jedoch in eine schreckliche Angst und nach ein paar Minuten bittet er die anderen, ihn loszulassen. Sarah versucht ihn zu drängen, mehr über seine Gefühle zu sprechen, als er in einem kleinen Zimmer in der Schule eingeschlossen wurde. Er meint jedoch, daß er den Zweck nicht einsehe und nicht wisse, wohin dies führen soll. Umgeht er ein wichtiges Problem? Sarah weiß nicht, ob sie auf ihrem Vorschlag beharren soll. Robert ist jedoch für seinen Therapieprozeß selbst verantwortlich. Er glaubt, daß die Beziehung zu seinem Vater von ausschlaggebender Bedeutung ist. Der Vater, ein Pfarrer der methodistischen Kirche, tat zwar für seine Gemeindemitglieder sehr viel, kam seinem eigenen Sohn jedoch nie nahe. Robert schildert die Gefühle, die diese Entfernung vom Vater in seiner Kindheit auslöste. Dann hört er zu erzählen auf. Er hat viel Zeit in Anspruch genommen und ist verschiedene Probleme episodisch und ungezielt angegangen – keine große Erleuchtung –, aber er spürt, daß dieser Prozeß ihm gut getan hat. Er war nicht in der Lage, wie er zu Beginn gehofft hatte, seinen aktuellen Konflikt zu lösen und zu einer Entscheidung zu gelangen, wie er sich im Fall einer Scheidung verhalten sollte. Er war aber erleichtert, da er eine Verbindung zu seiner eigenen Kindheit herstellen konnte und erkannte, daß ein Großteil des intensiven Schmerzes über die Trennung von seinen Kindern aus seinen eigenen Kindheitserfahrungen der Trennung und Distanz stammten. Da er diesen Schmerz aus seiner Vergangenheit entladen hatte, fühlte er sich befreit, um in der Gegenwart auf eine erwachsenere und angemessenere Weise handeln zu können. Er hatte zuvor, ohne es zu merken, mit der gleichen Taubheit und Hilflosigkeit gehandelt wie damals als kleiner Junge, als er mit dem Zug wegfuhr. Er empfand ebenfalls eine große Erleichterung, daß er seine klaustrophobischen Ängste preisgegeben hatte. Zuvor war alles ein beschämendes Geheimnis gewesen, das vor anderen Leuten versteckt gehalten wurde.

Es ist nun spät, aber die Gruppe fragt Lisa, was sie so aus der Fassung gebracht habe. Sie sagt, Roberts Traurigkeit habe *sie* traurig gemacht. Sie fühlte sich schon seit langer Zeit depressiv, aber etwas dagegen zu unternehmen, scheine aussichtslos. Es habe immer jemand gegeben, der noch mehr aus dem Gleichgewicht geraten sei als sie. Einige Gruppenmitglieder sagen, sie möchten, daß sie etwas Zeit bekommt, aber es werde allmählich spät. Es folgt eine lange Periode mit Fehlstarts verschiedener Leute, die entschieden haben, daß sie „in Wirklichkeit" wütend ist und nun versuchen, Wut bei ihr zu provozieren. (Die Annahme zu wissen, was eine andere Person fühlt, ist gefährlich.)

Zwei Gruppenmitglieder müssen aufbrechen, um den letzten Bus nach Hause zu erwischen. Ein Gruppenmitglied schläft schon fast. Es scheint, daß Lisa eine lange Periode der Überprüfung braucht, bevor sie ihre Gefühle der Gruppe preisgeben wird. Sie muß sich vergewissern, daß tatsächlich Zeit und Raum für sie vorhanden sind. Es zeigt sich, daß ihr tauber Bruder, der schwierig und fordernd war, fast die ganze Aufmerksamkeit der Eltern beanspruchte und wenig Platz für Lisas Bedürfnisse übrig blieb. Es ist, als ob sie sich vergewissern müßte, daß die Gruppe nicht wie ihre Familie ist. Schließlich legt sie sich auf das Bett. Als die anderen sie auffordern, Gefühle und Empfindungen, die hochkommen, auszudrücken, erinnert sie sich an eine Zeit, als sie etwa neun Jahre alt war. Sie spricht als jenes Kind und beschreibt einen sehr heftigen Wutanfall ihres Bruders. Sie war in ihr Zimmer gegangen und lag weinend auf dem Bett, während ihre Eltern sich um ihn kümmerten. Dann kam ihre Mutter herein und sagte: „Nicht du auch noch! Das ist zuviel", begriff dann aber, daß Lisa total durcheinander war und setzte sich hin, um sie zu trösten. „Ein wunderschönes Erlebnis, aber so selten", erinnert sich Lisa.

Beim folgenden Feedback stellt sich heraus, daß Lisa ihren Bruder als den sieht, der nur Probleme hat und sonst nichts. Sie fühlt sich schuldig, da sie alles hat. Im Erwachsenenleben hat sie dieses Gefühlsschema beibehalten: Es gibt immer jemand, der mehr durcheinander ist und mehr Hilfe braucht als sie. Auch in der Gruppe hat sie dieses Verhaltensmuster wiederholt: Sie wollte weinend weggehen, ohne zu wagen, ihre Zeit zu benutzen. Die Gruppe weist darauf hin, daß ihr Bruder eigentlich Dinge erhielt, die sie nicht bekommen hat. Lisa fühlt sich enorm entlastet, da sie einen Teil jenes Schmerzes und Elends mitteilen konnte, die sie zu ersticken versuchte. Es war zweifellos ein großes Risiko für sie und sie fühlte sich hinterher ziemlich schwach. Die Leute in der Gruppe wissen, daß sie damit Neuland erschlossen hat und das Erlebte ernsthaft und echt, wenngleich weder spektakulär noch dramatisch gewesen ist.

Das nächste Beispiel zeigt, wie reibungslos und ökonomisch eine erfahrene Gruppe funktionieren kann, obwohl diese nicht „perfekt" arbeitet und die Mitglieder die Probleme nicht immer sauber lösen.

Sechs der acht Mitglieder einer Frauengruppe sind anwesend. Diese Gruppe besteht schon drei Jahre, wobei die Mitglieder verschiedentlich wechselten. Die Gruppenmitglieder sind weitgehend fähig, das zu verlangen, was sie brauchen und Verantwortung füreinander zu übernehmen. Zu Beginn verlangen Rosemary und Terry etwas Zeit für sich, und da Pauline einen angespannten und ängstlichen Eindruck macht, bieten die anderen auch ihr Zeit an. Lindsay meint, sie habe ein sonderbares Gefühl bezüglich der Gruppe. Es wird gemeinsam beschlossen, die Zeit für Rosemary, Pauline, Terry und Lindsay aufzuteilen. Lindsay soll den Anfang machen, da sie grundsätzliche Zweifel an ihrem Verbleiben in der Gruppe äußerte. Sie sagt, sie fühle sich nicht dazugehörig, und niemand in der Gruppe stehe ihr nahe. Allmählich bemerkt sie, während sie Blickkontakt im Kreis herstellt, daß eigentlich Brenda bei ihr die meisten Spannungen auslöst. „Ich bin wütend auf dich, weil du mit Brian geschlafen hast, als ich mit ihm eng befreundet war. Du hast dabei nicht an mich gedacht." Sie wiederholt ihre Ressentiments und Brenda erwidert schließlich, daß es stimme und sie nicht an Lindsay gedacht habe. Ihr Dialog ist intensiv, sie schreien jedoch nicht. Lindsay beklagt sich, daß Brenda keine Zeit für sie habe und dies seit einer Ewigkeit. Auf Vorschlag der Gruppe verwandelt sie diesen Vorwurf in eine Forderung: „Brenda, ich möchte dich öfter sehen." Brenda und sie kommen überein, sich demnächst zu treffen. Schließlich ist die Atmosphäre gereinigt, und sie umarmen sich. Ihre Therapieerfahrung zeigt sich im Ausmaß ihrer Offenheit Handlungen und Gefühlen gegenüber, die nicht leicht zu akzeptieren sind. Sie stürzen sich auch nicht unmittelbar in ursprüngliche Eifersuchtsgefühle, sondern es gelingt ihnen, mit diesem Konflikt auf der Ebene der momentanen Realität umzugehen; sie unterscheiden klar, wie weit sie dieser bestimmte Vorfall gefühlsmäßig betrifft, bei dem keine der beiden sich bei dem Mann stark engagierte. Sie sind fähig zu erkennen, daß eine wichtigere Frage dahinter steckt, nämlich etwas voneinander zu brauchen. Die Gruppe erkennt dies an und beschuldigt sie nicht, den „tatsächlichen Konflikt" umgangen zu haben, wie es eine nichtfeministische Gruppe vielleicht getan hätte.

Nun erfolgt eine Unterbrechung. Rosemary vergaß zu erklären, daß sie an diesem Abend früh weggehen muß. Daraufhin explodiert Hannah plötzlich: „Das macht mich so wütend! Mein Leben ist wirklich schwierig, ich habe so wenig freie Zeit mit den Kindern, und dennoch mache ich mir die Mühe hierherzukommen!"

Rosemary entgegnet ihr: „Ich bin es müde zu hören, wie schwer dein Leben ist. Wieviel mehr du leidest als jede andere Frau. Wenn dir dein Leben nicht gefällt, dann ändere es!"

„Ich tue es ja!" schreit Hannah zurück. „Du bemerkst einfach überhaupt nichts außerhalb deines eigenen Lebens!"

Es folgt ein langes Schweigen, während sich Hannah und Rosemary anschauen, beide zitternd vor Erregung. Diese beiden Frauen lebten einmal als enge Freundinnen zusammen. Ihre Freundschaft ging auseinander, und Hannah war gezwungen, einen anderen Ort zum Leben zu finden. Sie hatten in der Gruppe schon verschiedene Male an den zwischen ihnen bestehenden Wut- und Konkurrenzgefühlen gearbeitet. Diese ungeplante Konfrontation war „vertrackt" und verwirrte die Gruppe. Rosemary erklärt deutlich, daß sie an diesem Konflikt nicht weiter arbeiten möchte, da sie glaubt, daß dies zu nichts führen wird. Sollen sie sie drängen? Niemand will weiterfahren, wenn so viele schlechte Gefühle in der Luft liegen. Gerade die persönliche Nähe der anwesenden Frauen führt zu Konflikten, die die Gruppe nicht immer bewältigen oder lösen kann; viele seit langer Zeit bestehende Gruppen haben Leichen im Keller.

Pauline ist die nächste. Sie möchte herausfinden, weshalb sie nicht weiß, wer sie ist: „Ich bin in meinem Leben so viele verschiedene Menschen gewesen, es ist verwirrend." Brenda schlägt eine Technik des Psychodramas vor. Die Frauen in der Gruppe könnten die verschiedenen Teile Paulines verkörpern, und Pauline würde die Beziehung zwischen ihnen untersuchen. Sie wählt Frauen aus, die sich für die Rollen eignen und verteilt sie im Zimmer: die rebellische Kunststudentin, die Hippie-Frau, die seriöse politisch Aktive, die sinnlich Liebende, die neue Rolle als „Ehefrau". Sie beschreibt ihre Gefühle und ihre Verwirrung bezüglich dieser Figuren. Dann geht sie zu einer Gestaltmethode über: Sie konzentriert sich auf die Kunststudentin, und indem sie beide Rollen spielt, entwickelt sie einen Dialog zwischen sich und einem Dozenten, der sie zu demütigen pflegte. Die Kritik des Dozenten ist streng und stark. Trotz der Unterstützung anderer Gruppenmitglieder läßt sich die Kunststudentin von ihm fertigmachen. Paulines Zeit ist abgelaufen und sie bricht ihre Arbeit ab. Dieses Beispiel zeigt die Flexibilität einer routinierten Gruppe, die vom Psychodrama zur Gestalt wechselt, als sich diese als die geeignetere Methode erweist. Es verdeutlicht aber auch, wie Dialoge sich nicht immer in Richtung Integration oder Sieg der Unterlegenen entwickeln. Während des Feedbacks jedoch sagen die anderen nicht, daß ihre Arbeit „politisch falsch" gewesen sei oder sie es „falsch gemacht" habe. Sie weisen darauf hin, daß sie viel Energie darauf verwendet, sich selbst herabzusetzen, und sie bedauern, daß die Arbeit nicht anders verlaufen ist. Sie bestätigen ihre Kreativität, was ihr selbst nicht zu gelingen scheint. Pauline sagt, seit sie verheiratet sei, habe sie wenig Zeit und Raum für sich selbst, und deshalb seien diese Fragen nach Identität und Selbstwertgefühl stärker hervorgetreten. Die anderen schlagen ihr vor, da ihre Wohnung zu klein für ein eigenes Zimmer ist, sich eine Ecke des Schlafzimmers ganz für sich einzurichten mit Gegenständen und Bildern, die ihr gefallen und einem Ort, wo sie sich hinsetzen kann, wenn sie meditiert.

Nun ist Rosemary an der Reihe. Sie verfügt über einige Erfahrungen mit professioneller Primärtherapie, was sich in der Art, wie sie ihr Problem angeht, widerspiegelt. Sie schildert ihre Situation bei der Arbeit, wo die Leute sich von ihr distanzieren, weil sie sich anders kleidet und andere Vorstellungen hat als ihre Kollegen. Sie liegt auf dem Rücken und fängt in tiefen gequälten Schluchzern zu weinen an. Ihr heftiges Weinen ist von Seufzern und Ausrufen durchsetzt: „Es schmerzt", „Behandle mich nicht so!", „Nein!" Nach etwa zehn Minuten läßt ihr Weinen langsam nach. Ihr Körper ist nun sehr entspannt und sie setzt sich auf. Die Gruppe blieb, da sie damit Erfahrung hatte, die ganze Zeit schweigsam und respektierte Rosemarys Fähigkeit, ihre eigene Arbeit selbst zu lenken. Sie wandte ihr einfach ihre stützende Aufmerksamkeit zu. Die Frauen wissen aber, daß die Primärarbeit ein Gefühl starker Verletzbarkeit zurücklassen kann, und während des Feedbacks weist Terry darauf hin, daß Rosemary ziemlich zusammengeklappt scheint, und schlägt vor, daß sie einige positive oder selbstbewußte Aussagen über sich macht. Nach einer langen Pause beginnt Rosemary damit: „Ich bin anders als sie, und das ist o.k.", „Ich zieh' mich gern schlampig an", „Mein Sexualleben ist anders, und das ist in Ordnung." Nach einer Pause fügt sie hinzu: „Ich bin ein lieber Mensch. Ich habe viel Liebe zu geben." Sie wird dazu ermutigt, den letzten Satz zu wiederholen und mit allen Blickkontakt aufzunehmen. Jede Frau begegnet ihren Blicken und läßt sie wissen, daß sie an ihre Aussagen glaubt. Was auch immer ihre inneren Konflikte sein mögen, Rosemary weiß, daß die ganze Gruppe geschlossen hinter ihr steht in ihrem Kampf mit der Welt.

Nun ist die Reihe an Terry. Die Sitzung ging reibungslos und ökonomisch vonstatten. Die Erfahrung der Gruppe zeigt sich in der Tatsache, daß vier Frauen fähig waren, ein Problem zu untersuchen, und dies während einer Sitzung von zwei Stunden. Terry sagt, sie möchte eine gelenkte Phantasie machen. Hannah bemerkt dazu: „Du hast mir gesagt, du hättest dich von Roger getrennt. Ich habe das Gefühl, daß du die gelenkte Phantasie vielleicht dazu benutzt, um diese Tatsache zu umgehen." In einer seit langer Zeit bestehenden Gruppe machen die Mitglieder von ihrer Intuition Gebrauch und mischen sich vielleicht stärker in die gegenseitige Arbeit ein. Sie tun es in dem Wissen, daß jedes Mitglied für seine eigene Zeit selbst verantwortlich bleibt. Sie lernen sogar, Deutungen auf eine nicht-repressive Art zu geben („Ich habe das Gefühl, daß du ...“, „Ich habe die Vorstellung, daß du ...“). In diesem Fall ist Terry einverstanden und versucht, mit Hilfe von Kissen einen Dialog mit Roger herzustellen. Aber sie verstummt, nachdem sie den anderen mitgeteilt hat, daß sie sich überall kribbelig fühle. Rosemary fordert sie auf, dieses Kribbeln zu beschreiben, Terry sagt jedoch, es sei vorbei und ihr sei, als ob ein dichter Nebel über sie gekommen wäre. Pauline schlägt vor, sie solle als Nebel sprechen. Sie hört jedoch bald auf: „Ich hab ihn verloren.“ Und so geht es weiter. Terry wird mit verschiedenen Vorschlägen bombardiert und manövriert sich in Sackgassen, ohne zu irgendeiner Einsicht zu gelangen oder sich entspannen zu können, bis ihre Zeit vorbei ist. An ihrem Beispiel sehen wir, daß manchmal viel Therapie es zunehmend schwer macht, während du dich durch die oberflächlichen Probleme arbeitest, den grundlegenderen und schwer beizukommenden Problemen des Widerstandes oder Selbsthasses in dir selbst gegenüberzutreten. Beim Feedback bestätigen mehrere Gruppenmitglieder, zu viele Vorschläge gemacht zu haben, eine Gefahr in einer erfahrenen Gruppe. Terry glaubt, sie hätte vermutlich von der gelenkten Phantasie mehr profitiert. Lindsay hält mit einem ehrlichen Feedback nicht zurück: „Es frustriert mich sehr, wenn du das Ganze einfach so abtust.“

Rosemary hat die Gruppe inzwischen verlassen, und die restlichen Frauen tauschen ihre Gefühle aus und umarmen sich gegenseitig lang und fest.

ALLGEMEINE PROBLEME

Jede Gruppe besitzt ihre eigene individuelle Dynamik. Sie wird aber voraussichtlich zu verschiedenen Zeiten mit Problemen und Schwierigkeiten konfrontiert sein, die beinahe alle Selbsthilfegruppen kennen.

Wenn eine Gruppe zu klein ist

Eine große Gruppe von ungefähr sechs bis zwölf Leuten kann manchmal eine beinahe magische Atmosphäre erzeugen, bei der der Brennpunkt des Interesses vieler Personen in einer einzelnen die Kraft und Glaubwürdigkeit hervorbringt, Gefühle auszudrücken, die in einer anderen Situation wahrscheinlich nicht hervorkommen würden. Wenn eine Gruppe weniger als sechs Personen umfaßt, seid ihr vielleicht enttäuscht: Der Energiepegel im Raum fühlt sich flau an und ihr glaubt möglicherweise, es laste zu viel Verantwortung auf euch, die Gruppe zu tragen und Vorschläge zu machen. Eine kleine intime Gruppe mag euch als zu persönlich erscheinen und ihr bedauert es, daß nicht genügend Leute vorhanden sind, um zu untersuchen, wie ihr euch auf Gruppen bezieht, was für euch möglicherweise ein wichtiges Problem ist.

Eine kleine Gruppe hat jedoch auch ihre Vorteile. Wir lernen einander leichter kennen und vertrauen. Einigen Frauen flößt die Aufmerksamkeit einer großen Gruppe Angst ein, und sie fühlen sich freier, wenn sie ihren Problemen in einer kleineren Gruppe nachgehen. Therapie funktioniert tatsächlich mit zwei oder drei Leuten oder einer Person allein. Sie hängt nicht von der Anzahl ab.

Eine kleine Gruppe fühlt sich erst demoralisiert, wenn sie das Überbleibsel einer größeren Gruppe ist, die zusammenschrumpfte, weil Leute ausschieden. Das ist ein ganz gewöhnlicher Vorgang in der Geschichte einer Selbsthilfegruppe. Die beste Art damit umzugehen, ist die folgende:

1 Bringt das Problem in der Gruppe zur Sprache, anstatt tapfer vorzugeben, daß nichts dergleichen passiere. Erkennt Gefühle der Entmutigung an und drückt sie aus. Sie können dem therapeutischen Prozeß nützlich sein. Auf ihnen sitzenzubleiben, kann den Ausdruck anderer Gefühle hindern.

2 Diskutiert, *weshalb* Mitglieder weggegangen sind. Häufig tun sie es aus einer Angst heraus, weil ihnen klar geworden ist, was der therapeutische Prozeß bedeutet. Vielleicht fühlen sie sich nicht bereit dazu oder sie merken, daß sie eine andere Form von Therapie benötigen (eine gelenkte Gruppe oder eine Einzeltherapie). Werden diese Gründe klar herausgestellt, fühlen sich die verbleibenden Gruppenmitglieder weniger unterminiert.

3 Vielleicht spürt ihr, daß euch Leute wegen tatsächlicher Unzulänglichkeiten verlassen haben, die auch ihr feststellt. Die Formlosigkeit der Gruppe oder ihr Mangel an Erfahrung bilden allgemeine Hindernisse. Es lohnt sich, diese Mängel zu diskutieren und Schritte zu unternehmen, um sie zu beheben. Im zweiten Kapitel geben wir viele nützliche Strukturen an.

Hier eine Übung, um herauszufinden, was für euch die Vor- und Nachteile einer kleinen Gruppe sind.

129 Große Gruppe, kleine Gruppe

Ihr sitzt euch paarweise gegenüber wie beim Co-Counselling. Beschließt, wer zuerst beginnt. Jede Frau hat drei Minuten Zeit und beginnt ihre Sätze mit: „Wenn die Gruppe größer wäre, könnte ich ...“ und „In einer kleinen Gruppe kann ich ...“

Ihre Partnerin behält Blickkontakt und ist aufmerksam. Nach drei Minuten tauscht ihr die Rollen. Dann gebt ihr euch Feedback, entweder paarweise oder in der Gruppe. Falls ihr nur zu dritt seid, könnt ihr diese Übung im Dreieck machen.

Wer macht Vorschläge?

Wenn eine Frau ihren Empfindungen nachgeht, braucht sie einfühlsame Vorschläge, um sie durch den Prozeß zu lenken. Bei einer nicht-gelenkten Gruppe kann ein Vakuum entstehen, da die Mitglieder zu ängstlich oder unerfahren sind, um Vorschläge zu machen, oder es werden sich widersprechende Anregungen angeboten. Gewöhnlich stellen sich ein oder zwei Frauen besonders gut auf die arbeitende Frau ein und können ihr helfen.

Nach unseren Erfahrungen ist es am besten, deren Methoden zu respektieren und Vorschläge vorzubringen, die damit harmonieren. Wenn zum Beispiel eine Frau auf einer Matratze liegt und tief durchatmet, könnte sie der Vorschlag, sie solle sich aufsetzen und zu einem Kissen sprechen, verletzen und verwirren. Bemerkungen wie „Atme weiter“ oder „Ich sehe deine Hände zittern“ können sehr hilfreich sein. Falls ihr gefühlsmäßig stark bei der arbeitenden Frau engagiert seid (sei dies, weil ihr euch mit ihr identifiziert oder sie euch aus dem Gleichgewicht gebracht oder wütend gemacht hat), erlaubt es euer Zustand wahrscheinlich nicht, sensibel auf sie zu reagieren. Dann ist es meist am besten, Vorschläge zu unterlassen.

Wird ein Vorschlag zurückgewiesen, ist es oft schwierig zu sagen, ob der Vorschlag unpassend ist oder die arbeitende Person Widerstand leistet. Versucht bezüglich dieses Prozesses so offen wie möglich zu sein:

„Ich werde diesen Vorschlag nicht annehmen, weil ich mit diesem Gespräch weiterfahren möchte.“
„Ich komme nicht mehr weiter, ich bekomme nicht genug Hilfe.“
„Diese Idee klingt zu erschreckend.“
„Ich bin nun ganz verwirrt und weiß nicht, welche Richtung ich einschlagen soll.“

Vielleicht reserviert ihr euch etwas Zeit, um verschiedene Methoden und Techniken zu diskutieren und gegenseitige Kritik anzubringen, was den Umgang mit Vorschlägen angeht.

Es ist immer wichtig, jegliche Dynamik zu diesem Problem in der Gruppe ans Licht zu bringen. Es können beispielsweise zwei Frauen häufig konkurrierende Vorschläge vorbringen. In diesem Fall muß dem Grund ihres Konkurrenzstrebens in der Gruppe nachgegangen werden. Oder eine Frau wird als weniger begabt oder weniger einfühlsam betrachtet, so daß ihre Vorschläge häufig übersehen oder ignoriert werden. Hier sollte herausgefunden werden, wie sich die betreffende Frau dabei fühlt. Es muß zudem ein Weg gefunden werden, dieses Verhaltensmuster zu ändern. Vielleicht braucht sie die Hilfe der anderen, um für eine Weile nichts mehr sagen zu müssen und um inneren Spielraum gewinnen zu können. Einen Vorschlag annehmen und danach handeln, ist genauso wichtig und hat dieselbe stützende Funktion, wie einen Vorschlag machen. Die Annahme eines Vorschlages bestätigt die Fähigkeit, einen lohnenden Gruppenbeitrag beisteuern zu können.

Wenn wenige Mitglieder die Gruppe dominieren
Es ist ein allgemein bekanntes Phänomen, daß ein oder zwei Personen immer wieder als „Anführer“ für andere in Erscheinung treten. Sie bringen Vorschläge, während der Rest der Gruppe schweigt. Diese Dominanz ist vermutlich das Ergebnis von Vertrauen und Erziehung, hergeleitet aus der jeweiligen Rasse, Klasse und dem Geschlecht. (In einer gemischten Grup-

pe ist es gewöhnlich ein Mann, der diese Rolle übernimmt.) Es kann auch dort geschehen, wo eine Person über mehr Therapieerfahrungen verfügt als die übrigen Gruppenmitglieder. Ihre Einstellung zu ihrer größeren Erfahrung ist womöglich zwiespältig, was sie jedoch nicht daran hindert, die Gruppe mit Erfolg anzuführen. Dabei läßt sie den anderen wenig Spielraum für Beiträge und vermittelt ihnen das Gefühl, daß ihre Vorschläge sowieso nicht gut genug seien.

Es geschieht häufig, daß diese Person die Gruppe beherrscht, bis die anderen Gruppenmitglieder an Solidarität und Vertrauen gewinnen und eine/r oder mehrere schließlich dieser/m „Anführer/in" gegenüber treten. Die Konfrontation artet möglicherweise in eine moralische Tirade aus („Du führst dich auf wie ein Diktator! Wir halten nichts von Hierarchien!") oder in einen bitterbösen persönlichen Angriff („Ich traue dir nicht!", „Du befaßt dich nie mit deinen eigenen Problemen!", „Du glaubst, du bist etwas Besseres als wir!", „Du willst dich nicht ändern!"). Oder die Kritik ist direkter und ehrlicher („Ich bin eifersüchtig auf dein umfassenderes Wissen", „Mir gefällt nicht, wie du diese Gruppe kontrollierst, ich möchte selbst mehr Einfluß haben in der Gruppe"). Die Konfrontation ist gewöhnlich auf beide Arten erfolgreich, falls die Gruppe geschlossen zusammensteht. Vielleicht stellt sich heraus, daß der/die Anführer/in tatsächlich die Leitung übernehmen möchte (ein Mann in unserer gemischten Gruppe wollte, daß wir anfingen ihn zu bezahlen), und wenn dann deutlich wird, daß es die Gruppe nicht will, wird die betreffende Person weggehen. Falls sie sich jedoch der Selbsthilfetherapie zwischen Gleichberechtigten verpflichtet hat, wird sie in der Gruppe bleiben. Vermutlich fühlt sie sich dann demoralisiert und wird versuchen, so viel wie möglich zu schweigen. Damit ist aber das Problem nicht gelöst. Andere Gruppenmitglieder trauen sich vielleicht nicht, selbst Vorschläge zu machen, besonders wenn der/die Anführer/in dabeisitzt und sie beobachtet. Nach langen verlegenen Perioden des Schweigens wird der/die Anführer/in ein Come-back versuchen: „Euch gefallen meine Vorschläge nicht, aber ihr habt selbst nichts Gleichwertiges anzubieten ...", „Ihr seht – wenn ich nicht spreche, spricht niemand ..."

Natürlich löst das Verstummen der Anführer-Person nichts. Es kann sogar sehr repressiv wirken. Ihr müßt dieses Problem ernsthaft anpacken, wenn möglich bevor es einen kritischen Punkt erreicht hat. Mit moralischen Prinzipien („Wir *sollten* alle gleichberechtigt sein") ist den tatsächlichen Schwierigkeiten einer Gruppe nicht beizukommen, in der die praktischen Fähigkeiten und das nötige Selbstvertrauen für das Überleben der Gruppe nicht gleichmäßig verteilt sind. Wir empfehlen folgende Arten des Vorgehens:

1 Erkennt die durch diese Situation hervorgebrachten Gefühle an. Einige Gruppenmitglieder fühlen sich vielleicht erleichtert, daß jemand die Verantwortung für die Gruppe trägt. Sie entdecken dann vermutlich die Ur-

sache ihrer eigenen Angst, sich einzusetzen. Ein anderes Gruppenmitglied fühlt sich vielleicht in Konkurrenz zur „Anführerin" oder projiziert auf sie Gefühle, die einen dominierenden Elternteil betreffen, was sehr viel psychische Spannungen mit sich bringt. Die Anführerin verargt es den anderen womöglich, daß sie nicht mehr Verantwortung übernehmen. Oder sie glaubt, daß sie der Gruppe nichts anzubieten hätte, wenn sie nicht doppelt soviel leistet wie jede andere Frau. Die Arbeit an diesen Konflikten mit therapeutischen Methoden und die Untersuchung der Gefühle negieren das gegenwärtige Problem nicht, sondern können die Luft reinigen und in der Folge die Lösung tatsächlich erleichtern. Das Wissen um die Ursachen dieses Verhaltensmusters in der Gruppe erleichtert seine Veränderung.

2 Falls die Ungleichheit vom größeren Wissen der „Anführerin" herrührt, müssen wir dies anerkennen und dafür sorgen, daß dieses Wissen geteilt wird. Bestreitet dieses Wissen nicht und gebt auch nicht vor, an Fähigkeiten und Erfahrungen gleichgestellt zu sein, wenn es nicht so ist. Laßt statt dessen die „Anführerin" erklären, welche Therapie sie gemacht und welche Bücher sie gelesen hat und auf welchen Vorstellungen ihre Vorschläge basieren. Dann haben andere in der Gruppe Zugang zum gleichen Wissen und lassen sich nicht davon verblüffen. Vielleicht reserviert ihr einen Abend für die „Anführerin", damit sie der Gruppe ihr Wissen vermitteln kann. Es lohnt sich auch für andere Gruppenmitglieder, professionell geführte Gruppen zu besuchen, damit sie ihre eigenen Fähigkeiten entwickeln und Selbstvertrauen gewinnen können, indem sie neue Techniken von außen her erlernen. Ihr könnt auch sehr viel aus dem Vergleich professioneller Gruppen mit eurer eigenen Selbsthilfegruppe und aus dem Verständnis der Unterschiede in Denkweise und Methode lernen. Falls die Kosten dieser Gruppen ein Problem darstellen, legt ihr Geld zusammen, um einem Gruppenmitglied den Besuch einer solchen Gruppe zu ermöglichen, unter der Voraussetzung, daß sie nachher den anderen das beibringt, was sie gelernt hat.

3 Falls ihr in der Gruppe Probleme mit einem Machtungleichgewicht habt, ist es sogar noch wichtiger, die von uns im Kapitel „Wie wir eine Selbsthilfegruppe bilden" beschriebenen gleichsetzenden Strukturen zu verwenden: der Reihe nach im Kreis herum sprechen, rotierende Leitung, Treffen in Paaren außerhalb der Gruppe, und so weiter.

Die Tatsache, daß sich in eurer Gruppe Führungsmuster entwickelt haben und ungleiche Beziehungen entstanden sind, trotz der Verpflichtung, sie zu vermeiden, mag euch enttäuschen. Unserer Erziehung wegen ist es nicht erstaunlich, daß wir dazu neigen, die in unserer Gesellschaft vorherrschenden Beziehungsstrukturen zu wiederholen. Es wird euch vermutlich nie gelingen, Unterschiede in den Fähigkeiten auszumerzen oder eine Insel vollständiger Gleichheit herzustellen. Steckt eure Ziele nicht zu hoch. Betrachtet statt dessen eure nicht-gelenkte Therapiegruppe als einen ausgezeichneten Ort, wo ihr jene sozialen und in die Kindheit zurückreichenden Faktoren, die kollektives Arbeiten erschweren, untersuchen und verändern könnt. Dieser Prozeß bringt für jede Art von Gruppenaktivität Vorteile: so etwa einem Büroteam, einer Eltern-Lehrer-Vereinigung, dem Leben in der Gemeinde oder der kollektiven politischen Arbeit. Wir können das Wiedergewinnen an Kontrolle über unser Wachstum und unsere Entwicklung auch als einen wichtigen Bestandteil des therapeutischen Prozesses betrachten. Wir lernen in unserer Therapiegruppe, daß *jede von uns die Fähigkeit besitzt, sich selbst zu heilen und anderen zu helfen.*

Die Gruppe läßt sich nicht nur mit Ideen und Vorschlägen lenken und dominieren, obwohl dieses Verhalten vielleicht das augenfälligste ist. Es gibt viele Arten, wie einige Leute sich mehr Macht als andere verschaffen können. So dominiert etwa eine Frau durch Kritik. Eine andere erwirbt sich unabsichtlich eine starke Position als die unausgesprochene „große Mami“ der Gruppe, indem die Sitzungen bei ihr zuhause abgehalten werden. Wieder eine andere Frau dominiert, indem sie stumpf und zurückgezogen dasitzt und jede Frau mit einem Mantel der Depression und Verzweiflung umhüllt. Eine weitere Frau verschafft sich Macht, indem sie die „netteste“ Person ist. Eine andere dominiert mit Hilfe einer Moral, welche Gefühle wir haben und was für Menschen wir sein sollten. Falls ein paar Frauen innerhalb der Gruppe enger miteinander befreundet sind als der Rest der Gruppe, bilden sie sehr oft eine mächtige Clique. In unserer Gruppe erhielten diejenigen von uns, die auch zusammen lebten, häufig mehr Unterstützung und Vertrauen während der Sitzungen. Sie bildeten zu verschiedenen Zeitpunkten eine Hierarchie innerhalb der Gruppe. All diese verschiedenen Muster ungleicher Beziehungen müßt ihr ans Licht bringen; nicht um moralisch Stellung gegen sie zu beziehen, sondern um herauszufinden, wie und weshalb sie stattfinden und wie sie zu ändern sind. Das Encounter liefert wertvolle Techniken dazu.

Nicht selten dominiert eine Frau die Gruppe, indem sie am meisten leidet. Sie wird einen endlosen Monolog an Klagen über ihr schreckliches Leben aufbieten und damit den anderen Gruppenmitgliedern das Gefühl geben, keine Zeit für ihre eigenen Probleme beanspruchen zu dürfen. Oder sie gibt sich den Anschein, „mehr Gefühle“ als jede andere Frau zu haben, wobei sie sich in jeder Sitzung in dramatischen Gefühlsausbrüchen ergießt, mit denen sie die anderen Gruppenmitglieder überwältigt. Falls dieses Verhaltensmuster andauert, ist die betreffende Frau deutlich in Verhaltensformen steckengeblieben, die ihr wahrscheinlich keine Erleichterung bringen oder helfen, ihre objektive Situation zu verändern, an der sie vermutlich leidet. Zusätzlich zur offenen Diskussion der Situation und der Anwendung von nützlichen Strukturen (zum Beispiel die Sitzungszeit gleichmäßig auf alle Gruppenmitglieder verteilen), muß die Gruppe das Problem anpacken, wie der Frau aus ihrem festgefahrenen Verhalten herausgeholfen werden kann und wie die anderen sie darauf aufmerksam machen können, ohne grob zu werden.

Hier einige Übungen, um Machtbeziehungen zu untersuchen:

130 O'Grady sagt

Dies ist ein Kinderspiel, mit dessen Hilfe Erwachsene ihre Beziehung zur Autorität untersuchen können. Ihr könnt es auch ganz gut zum Einwärmen benutzen. Räumt alles vom Fußboden weg, damit ihr euch frei bewegen könnt. Stellt euch der Reihe nach vor die Gruppe und gebt den anderen Anweisungen, wie sie sich bewegen sollen. Zum Beispiel: „O'Grady sagt, hochspringen und zusammensacken", „O'Grady sagt, schneidet eine schreckliche Grimasse."

Jede Frau spielt diese Führerrolle etwa drei Minuten lang, dann setzt ihr euch in einen Kreis und teilt euch mit, wie ihr das Spiel erlebt habt. Habt ihr die Anweisungen von einigen Frauen gerne entgegengenommen, von anderen jedoch nicht? War es euch angenehmer, Anweisungen entgegenzunehmen oder zu erteilen? Wart ihr nicht in der Lage, das bißchen Macht, das euch die Übung als Anführerin gab, auszuüben? Habt ihr von den anderen erwartet, daß sie eure Anweisungen ignorieren? Hat es euch wütend gemacht, sogar innerhalb dieses Spielrahmens überhaupt irgendwelche Instruktionen von jemandem entgegenzunehmen? Wenn ihr wißt, wie jede Frau mit Autorität umgeht, wird euch wahrscheinlich verständlich, weshalb sich bestimmte Beziehungen in der Gruppe entwickelt haben.

131 Herr und Knecht

Wir haben diese Übung nicht in „Herrin und Magd" umbenannt, da dieses Wortpaar eine bestimmte Art von Machtbeziehung ausdrückt, die wir als Teil der patriarchalen Kultur erlernt haben.

Teilt euch paarweise so auf, daß jedes Paar möglichst viel freien Raum um sich herum hat. Beschließt, wer zuerst mit dem Herr und wer mit dem Knecht beginnen wird. Nehmt euch fünf Minuten Zeit und interpretiert die Rolle so, wie es euch paßt. „Der Herr" kann physische oder verbale Anweisungen geben oder irgendeinen Aspekt dieser Rolle übertreiben. „Der Knecht" reagiert so, wie es ihr paßt; sie kann die Rolle ebenfalls übertreiben. Wenn die Zeit um ist, tauscht ihr die Rollen.

Danach diskutiert ihr mit eurer Partnerin über die soeben gemachten Erfahrungen. Habt ihr euch als „Knecht" unterworfen oder rebelliert? Wie habt ihr als „Herr" reagiert, wenn eure Autorität in Frage gestellt wurde? Wart ihr überhaupt nicht imstande, irgendwelche Autorität geltend zu machen?

Es mag seltsam erscheinen, daß wir eine Übung verwenden, um genau jene Machtbeziehungen zu untersuchen, von denen wir wegzukommen versuchen. In unserer Gesellschaft jedoch haben wir alle jene Beziehungen im Laufe unseres Leben verinnerlicht. Es ist deshalb wichtig zu erkennen, was wir mit uns herumtragen, bevor wir versuchen es zu ändern. Häufig vermeiden wir genau jene Bereiche, die am meisten Spannungen und Konflikte beinhalten. Hinter der Weigerung, die Rolle eines Herren oder eines unterwürfigen Knechtes in irgendeiner Form zu spielen, versteckt sich häufig die Furcht, wir könnten sie sogar attraktiv und unwiderstehlich finden. Genau diese Art von Widersprüchen hilft uns eine nicht gelenkte Therapiegruppe durcharbeiten und lösen.

Ihr könnt auch die Co-Counsellingmethode anwenden zum Thema „Perioden, während derer ich Autorität ausübte oder erlitt" und euch die Struktur von Übung **44** nutzbar machen (Abhängigkeit contra Unabhängigkeit), um die gegensätzlichen Rollen der „Helferin" und der „Hilflosen" innerhalb der Gruppe ausfindig zu machen. Daraus wird ersichtlich, was die „Helferin" und die „Hilflose" aus ihren Rollen gewinnen.

Wenn jemand steckenbleibt

Es geschieht häufig, daß eine Frau steckenbleibt, sei es in einem Schweigen, einer Klage oder in einem Gefühl, und nicht mehr weiterkommt.

1 Im Schweigen steckenbleiben

Ruth kommt in ihre neu gebildete Selbsthilfetherapiegruppe in offensichtlich depressiver Stimmung. Die anderen Frauen in der Gruppe fragen sie, was sie bedrückt und ob sie Zeit für sich möchte. Aber sie antwortet kaum auf die Fragen und meint nur, sie fühle sich sehr weit entfernt. Die Sitzung geht weiter, mehrere Frauen beschäftigen sich mit einigen Problemen. Ruth sagt nichts bis zum Zeitpunkt des Feedbacks am Schluß: „Ich glaube, ich möchte wirklich etwas sagen, aber ich kann mir nicht vorstellen, was ich sagen soll. Ich habe Angst, der kalte Wind bläst mir hinein, wenn ich den Mund aufmache."

„Was würde dir das antun?" fragt eine Frau.

„Mir weh tun", erwidert Ruth. Weitere Fragen, Vorschläge, Anbieten von Tee oder Nachhausefahren werden alle zurückgewiesen, und Ruth sagt der Gruppe, sie glaube, sie müsse etwas allein klären. Die anderen Gruppenmitglieder gehen nach Hause, etwas traurig und beunruhigt wegen Ruth, die sich nicht anvertraute oder öffnete.

Es ist wichtig, sich daran zu erinnern, besonders in einer Selbsthilfegruppe, daß jede Frau ihren eigenen Therapieprozeß leitet. Falls Ruth von der Gruppe Hilfe möchte, *ist es an ihr*, ihre Bereitschaft zur Arbeit kundzutun. Die Gruppe hat recht, ihre Besorgnis auszudrücken und weiterzumachen. Es ist zweifelhaft, ob ein Drängen oder Anschreien (wie es in einigen Gruppen üblich ist) geholfen hätten. Eine gute Richtlinie für die Gruppe besteht in der Annahme, daß jede Frau am besten weiß, was sie braucht. Die Menschen sind sehr unterschiedlich und Ruth braucht vielleicht mit dem Lernen, Vertrauen zur Gruppe zu haben, länger als andere. Vielleicht stößt sie auf starke Widerstände in sich selbst, denen sie sich noch nicht gewachsen fühlt. Sie befindet sich möglicherweise an einer „Haltestelle" und muß das bis dahin in der Gruppe Erlernte in sich aufnehmen.

Wir fanden es realistisch, *unsere Widerstände zu respektieren.* Wenn wir versuchen, sie niederzureißen, entwickeln wir häufig bloß andere Abwehrmethoden. Wir haben sie ursprünglich zum Überleben ausgebildet, um mit Zwängen fertig zu werden, denen wir im Laufe unseres Lebens begegneten. Durch die Therapie können wir allmählich lernen, was sie uns nützen und an was sie uns hindern. Sobald wir uns stärker fühlen, werden wir sie unserem eigenen Tempo gemäß loslassen und nicht auf Druck hin.

Im Fall von Ruth wären die Gestalttechniken, die wir im dritten Kapitel beschreiben, die sinnvollste Methode für die anderen Gruppenmitglieder, um ihr beim *Untersuchen* ihrer Widerstände behilflich zu sein. Ruth könnte beispielsweise:

die Art, wie sie ihren Mund geschlossen hält, *übertreiben*, ebenso die dazugehörenden Gefühle, indem sie die folgenden Sätze wiederholt: „Ich will meinen Mund nicht öffnen, da es mich schmerzen könnte“, „Ich will meine Gefühle nicht zeigen“ oder: „Ich habe nicht das Vertrauen, daß mir irgend jemand helfen könnte.“

sich jenes Widerstandes *mehr bewußt werden*, indem sie zwischen den Therapiesitzungen darauf achtet, bei welchen Situationen sich ihr Mund besonders verspannt.

die Funktion jenes Widerstandes aufdecken, wobei sie auf Fragen wie die folgenden antwortet: „Was hindern dich deine Widerstände zu tun oder zu fühlen?“, „Was würde in deiner Phantasie passieren, wenn du ohne sie wärst?“, „Was befürchtest du, würde geschehen, wenn du in der Gruppe arbeiten würdest?“

Dies wären alles Wege, wie Ruth ihre Widerstände respektieren und ein tieferes Verständnis ihres Steckenbleibens gewinnen könnte. Fritz Perls schlägt vor, daß wir, anstatt uns in einen anderen Zustand zu wünschen, uns noch mehr in diesen Zustand hineinbegeben sollten. Er sagt einer Frau: „Ich schlage vor, daß du die Worte ‚Ich bin festgefahren‘ ungefähr hundertmal am Tag verwendest. Rede mit deinem Mann darüber, wie du festgefahren bist, und rede mit deinen Freunden darüber, bis du voll und ganz verstehst, wie du stockst.“[1] Er meint, wenn wir unser „Steckenbleiben“ einmal tatsächlich fühlen, werden wir bereit sein, etwas dagegen zu unternehmen und weiterzufahren.

2 In einem Gefühl steckenbleiben

Elaine hat sich vor ein paar Monaten von ihrem Freund getrennt und ist in der Gruppe ihrem Schmerz darüber mehrmals nachgegangen. An diesem Abend hat sie ihren Ex-Freund erneut auf ein Kissen gesetzt und spricht von ihrer Einsamkeit, ihrem Gefühl des Betrogenseins, von der Härte ihres Lebens, während ihr Tränen des Selbstmitleids über die Wangen fließen.

Die anderen Gruppenmitglieder machen Vorschläge, wie sie weiterkommen könnte. Sie fragen sie beispielsweise, ob die Trennung für sie irgend etwas Positives bedeute, welche Empfindungen sie in ihrem Körper verspüre, ob sie sich nicht hinlegen möchte, um sich besser ausweinen zu können. Elaine nimmt diese Vorschläge jedoch nicht an und beklagt sich, daß die Gruppe ihr nicht helfen könne, sich besser zu fühlen. Die anderen Gruppenmitglieder haben Schuldgefühle wegen Elaines Leiden und bemühen sich weiterhin um Vorschläge, die sie nicht annimmt. Sie fühlen sich immer frustrierter und verärgerter und schließlich explodiert Hannah: „Elaine, du bist unmöglich! Du manipulierst die ganze Gruppe, und niemand sonst bekommt überhaupt noch Zeit! Du läßt ein großes Gejammer los, das nirgends hinführt! Ich glaube, du bist in Wirklichkeit wütend und versteckst es!"

Auf das hin verstärkt sich Elaines Weinen; sie bricht sogar noch mehr zusammen und scheint untröstlich. Die Sitzung geht ergebnislos weiter und am Ende fühlt sich Elaine nicht besser, und den anderen Gruppenmitgliedern geht es viel schlechter.

Hier war Elaine im Selbstmitleid steckengeblieben und die Gruppe half ihr auf keine Weise, dieses Muster zu durchbrechen. Um diese Situation zu vermeiden, solltet ihr auf einige Zeichen achten:

Ob sich die Frau, die arbeitet, weigert, überhaupt Vorschläge anzunehmen
Ob sie sich endlos mit dem gleichen Gefühl beschäftigt
Ob das, was sie tut, unwirklich scheint
Ob ihr euch selbst dabei langweilt, oder kein Mitgefühl aufkommen kann.

Vertraut euren eigenen Eindrücken. Wenn ihr anfangt, unruhig zu werden, bringt das Problem in die Gruppe ein und findet heraus, wie sich die anderen Gruppenmitglieder fühlen. Das heißt nicht, Elaine tadeln wie Hannah es tat, sondern einfach die Gefühle als eigen anerkennen und mitteilen, was erlebt wird. Hier einige Beispiele dazu:

„Kann ich das klarstellen? Ich bin unruhig, ich spüre, daß du nicht mehr weiterkommst, Elaine, es hat keinen Zweck weiterzumachen. Wie geht es den anderen?"

In dieser Situation ist Elaine vielleicht damit einverstanden, zu unterbrechen und zu einem späteren Zeitpunkt auf ihr Problem zurückzukommen. Sie könnte auch Hilfe bekommen, um ihr Steckenbleiben zu untersuchen, so wie wir es oben beschrieben haben. Andauerndes Unglücklichsein kann gewisse Vorteile mit sich bringen (Anteilnahme, Aufmerksamkeit, Schuldgefühle der anderen). Wenn die betreffende Person dann aber erkennt, daß sie diese Art von selbstzerstörerischem Spiel spielt, wird sie seine Nachteile sehen und davon ablassen können.

Ein weiteres Eingreifen könnte etwa so vor sich gehen: „Elaine, es langweilt mich, wie du immer auf die gleiche Tour weitermachst. Geht es anderen genauso, oder empfinde nur ich so?"

Obwohl diese Bemerkung unfreundlich klingt, hilft sie Elaine vielleicht durch ihre Offenheit. Sie provoziert in ihr wahrscheinlich eine von ihrem Selbstmitleid verdeckte Wut. Oft deckt ein Gefühl, das endlos ausgedrückt wird, ein anderes, das ihm zugrunde liegt. Wenn Elaine unterstützt wird, bei ihrem Zorn zu bleiben, wird sie vermutlich herausfinden, daß sie auf ihren Ex-Freund wütend ist, was sie bisher nie ausgedrückt hat. Läßt sie dieses Gefühl heraus, wird sie wieder Kraft und Vitalität verspüren, anstatt sich als hilfloses Opfer vorzukommen.

Nützliche Interventionen für verschiedene Situationen sind etwa die folgenden:

„Ich fühle mich unbehaglich bei all diesem Schweigen. Was geht vor sich? Was empfinden andere?"
„Ich habe den Eindruck, daß du im Moment nicht wirklich daran arbeiten möchtest. Stimmt das?"
„Ich frage mich, was geschehen würde, wenn du herausfändest, wie du glücklicher sein könntest. Scheint dies überhaupt so schrecklich zu sein?"
„Ich komme mit dir nicht zurecht, wenn du die ganze Zeit so unglücklich bist. Ich ertappe mich dabei, wie ich wünsche, du würdest aufhören zu weinen."
„Kann ich etwas klären? Deine Wut wirkt unwirklich auf mich. Ich frage mich, ob in dir noch etwas anderes vor sich geht, vielleicht bist du traurig ...?"
„Dein Erlebnis von der Vergewaltigung, das du beschrieben hast, klingt so schrecklich, ich weiß nicht, wie ich angemessen darauf reagieren soll. Mir kommen keine Vorschläge in den Sinn, die dir helfen könnten, damit umzugehen. Sind die anderen deshalb auch so schweigsam?"
„Ich bin frustriert von dem, was vor sich geht. Mir ist bewußt geworden, daß ich selbst eine ziemliche Wut habe. Wenn du glaubst, daß du nicht weiterkommst, wenn du deine Wut rausläßt, möchte ich gerne etwas Zeit, um meinen Zorn auszudrücken."

Achtet darauf, daß all diese Interventionen das Verhaltensmuster des Steckenbleibens in der Gruppe aufbrechen oder „zerschlagen". Tut dies aber auf eine rücksichtsvolle Art und Weise. Die Frau, die festgefahren ist, wird nicht getadelt, beurteilt oder psychisch belastet. Es ist viel leichter, sich verärgert in ein Schweigen zurückzuziehen und die betreffende Frau „kaltzustellen" oder schroffe Kritik anzubringen. Es nützt jedoch weit mehr, sich selbst zu exponieren und sich über die eigenen Gefühle zu äußern. Es mag sogar zum Vorschein kommen, daß das Problem bei dir und nicht bei ihr liegt.

3 Andere in der Gruppe erschweren die Arbeit

Als Gruppenmitglied müßt ihr euch darüber im klaren sein, ob ihr der Frau, die arbeitet, die notwendige Hilfe zukommen laßt, damit sie vorwärtskommt. Eine Reihe von Faktoren können eure Reaktionen auf sie beeinflussen:

Eure eigenen Gefühle können dazwischentreten. Ihr findet vielleicht heraus, daß euer Wunsch, sie zu drängen oder eure Frustration über die Art, wie sie ihre Wut abwehrt, genau deshalb auftaucht, weil ihr eure eigene Wut so sehr blockiert. Vielleicht müßt ihr die Wut rauslassen und nicht sie. Ihr Weinen erscheint euch „unwirklich", weil ihr es nicht zulaßt, daß eigene angestaute Tränen aufgewühlt werden. Falls ihr euch selbst nicht erlaubt, ohne weiteres zu weinen, ist es unwahrscheinlich, daß ihr es bei einer anderen zulaßt. Vielleicht langweilt ihr euch, weil eure Angst bewirkt hat, daß ihr euch von der Frau abgewendet habt.

Ihr seid ratlos. Die Frau, die arbeitet, behandelt eine sehr schmerzliche Erfahrung, z. B. eine Vergewaltigung, etwas, das ihr nicht erlebt habt. Oder sie durchlebt eine psychische Krise intensiver, als ihr es je getan habt. Euch fehlen einfach das Verständnis und die notwendigen Worte, um ihr durch die Krise hindurchzuhelfen. Es ist schwierig, einem Menschen in einer Lage zu helfen, die wir selbst nicht kennen. Es gibt manchmal Konflikte, die zu schwierig sind, als daß eine Selbsthilfegruppe mit ihnen fertig werden könnte.

Ihr seid ihr feindlich gesinnt. Vielleicht seid ihr wegen eines Vorfalls in der vergangenen Woche verärgert. Euch widerstrebt es, ihr eure Aufmerksamkeit zu schenken, weil ihr glaubt, daß sie schon genügend Beachtung erhält. Vielleicht konkurriert ihr mit ihr und wollt ihr im Innersten eures Herzens nicht helfen.

Eine andere Gruppendynamik beschäftigt euch mehr. Euch beansprucht beispielsweise ein Konflikt zwischen zwei anderen Frauen, der auch mit euren eigenen Problemen zu tun hat, oder ihr fragt euch, ob ihr in der Gruppe akzeptiert seid.

Falls irgendwelche Prozesse dieser Art stattfinden, werdet ihr vermutlich nicht in der Lage sein, der Frau, die arbeitet, eure volle Aufmerksamkeit zu schenken. Ihr werdet auch nicht genau wahrnehmen können, was sie erlebt und ihr keine nützlichen Vorschläge machen können. Ihr werdet ihr sogar eine Menge unausgesprochener, feindseliger Botschaften übermitteln. Dieser Umstand macht es ihr wiederum schwerer, sich sicher genug zu fühlen, um ihre Gefühle auszudrücken. Falls sich mehr als eine Frau in der Gruppe so verhält, wird der negative Einfluß umso stärker sein und sie am

Arbeiten hindern. Gruppenmitglieder können gemeinsam ohne Absicht eine Atmosphäre der Anerkennung für den Ausdruck von Gefühlen schaffen oder auch nicht.

In all diesen Situationen ist es wichtig, das eigene Unbehagen, Ressentiments, Befürchtungen oder Dinge, die uns beschäftigen, auszudrücken. Oberflächlich gesehen mag dieses Vorgehen rücksichtslos erscheinen. Es ist jedoch weit rücksichtsloser zuzulassen, daß die Frau, die arbeitet, sich in einem Vakuum abmüht und dabei das Gefühl hat, ihr Steckenbleiben sei ihre eigene Schuld. Falls diese Konflikte ans Tageslicht gebracht werden, kann sie verstehen, weshalb sie festgefahren ist und sich entscheiden, ob sie weiterkämpfen, an etwas anderem arbeiten (ihre Beziehung zu anderen Gruppenmitgliedern) oder ihre Probleme in einer geschützteren Situation neu angehen möchte.

Damit ist die Frage aufgeworfen, was es bedeutet, wenn wir einem anderen Menschen helfen. Es zeigt sich, daß die beste Art, einer anderen zu helfen darin besteht, wir selbst zu sein. Als Frauen sind viele von uns dazu erzogen worden, unsere eigenen Gefühle und Bedürfnisse anderen zu opfern. Uns wurde beigebracht, die anderen besser wahrzunehmen als uns selbst und ihnen uneigennützig zu helfen und zu geben. In einer Therapiegruppe kann dies dazu führen, daß wir meinen, das einzig Richtige sei, unsere eigenen Gefühle im Interesse der „Hilfe" für eine andere zu leugnen, wie es die Gruppenmitglieder mit Elaine versuchten. Bei diesem Verhalten müssen wir aber von der Voraussetzung ausgehen, daß die Person, der wir helfen, selbst „hilflos" ist, das heißt, ein passives Opfer, das jemanden braucht, die sie rettet und dafür sorgt, daß es ihr besser geht. Wir lassen sie jedoch in jener Rolle der Hilflosen stecken und geben ihr keine Chance, zu ihrer eigenen Kraft zu finden. Für Frauen sind die beiden Rollen des „Retters" und des „Opfers"[2] sehr bequem, um hineinzuschlüpfen. Es kann zu einem abgekarteten Spiel werden, bei dem die „Retterin" ihre eigenen Gefühle leugnet und meidet, indem sie einer anderen Frau auf mütterliche Art und Weise hilft und damit die Passivität des „Opfers" erzwingt, das seine eigene Stärke negiert und im Selbstmitleid steckenbleibt. Das Ergebnis sind häufig, wie in unserem Beispiel mit Elaine, gegenseitige Ressentiments. „Retter" oder „Opfer" können dann zum „Verfolger" der anderen werden, wie im Fall Hannahs Elaine gegenüber. Dieses „Teufels-Dreieck" kann als aufschlußreiches Modell für das Verständnis ungleicher Beziehungen dienen.

Das Ziel einer feministischen Therapie besteht unter anderem darin, jeder Frau zu helfen, Verantwortung für ihr eigenes Leben zu übernehmen, damit sie aus eigenem Antrieb handeln und aktiv werden kann. Das Opfer- und Retterspiel fördert diesen Prozeß nicht, ehrlich aufeinander reagieren ermöglicht ihn. Wenn wir ehrlich zu uns selbst sind, kann die Frau ihrerseits offen auf uns reagieren und sich mit ihren eigenen Energiequellen in Verbindung setzen. Wir werden echter für sie sein und ihr nicht Dinge auferlegen. Deshalb ist es besser einzugreifen, wenn eine Frau steckengeblieben ist, und deutlich die eigenen Gefühle darzulegen.

4 Verstecktes „Festgefahrensein"

Eine Frau kann auch auf lange Sicht in Verhaltensmustern festgefahren sein, die schwer zu entdecken sind. Wenn sie beständig an einem Konflikt arbeitet oder bei einem Gefühl verweilt unter Ausschluß von anderen Empfindungen, ohne sich zu entspannen oder etwas zu klären, meidet sie vermutlich gewisse Gefühle oder Themenbereiche. Eine Frau untersucht beispielsweise ihre Kindheit immer wieder, wobei sie kein einziges Mal auf irgendwelche Schwierigkeiten oder Konflikte in ihrer Beziehung zu ihrem Mann zu sprechen kommt. Eine andere Frau verbringt mehrere Sitzungen damit, ständig ihre Wut auf ihren Chef zu bearbeiten, wobei sie sich aber weigert, den Erziehungsstil ihres Elternhauses unter die Lupe zu nehmen („Gegenüber meinen Eltern empfinde ich nichts mehr. Das ist alles vorbei"). Diese Art von Verleugnung verdeckt häufig unausgedrückte Gefühle. Wenn jemand festgefahren ist, tun wir gut daran, uns zu überlegen, was *vermieden* worden ist.

Eine Frau etwa verlangt nur selten die Aufmerksamkeit der Gruppe, um ein Problem oder ein Gefühl zu untersuchen, und das offensichtlich immer mit gutem Grund. Vielleicht fällt es ihr schwer, Aufmerksamkeit entgegenzunehmen oder der Gruppe zu vertrauen.

Nachstehend geben wir einige Übungen an, um der Problematik des Aufmerksamkeiterhaltens, des Vertrauens und Vermeidens nachgehen zu können.

132 Blinder Spaziergang

Mit Hilfe dieser Übung wird uns klarer, wie weit wir uns einem anderen Menschen anvertrauen.

Teilt euch in Paare auf. Eine von euch hat verbundene Augen und die andere führt sie auf einem blinden Spaziergang im Raum herum. Nach zehn Minuten tauscht ihr die Rollen.

Nachher teilt ihr eure Erfahrungen mit, paarweise und in der Gruppe.

133 Vermeidungen aufdecken

Jede Frau hat Schreibzeug und Papier und macht in fünf Minuten eine Liste der Gefühle und Themen, die zu berühren sie in der Gruppe vermeidet. Schreibt alles nieder, was euch in den Sinn kommt, ohne zu urteilen. Dann teilt ihr eure Liste einer Partnerin oder der Gruppe mit. Wahrscheinlich seid ihr nicht bereit, diese Themen zu bearbeiten. Wenn ihr euch jedoch bewußt seid, daß ihr sie vermeidet, habt ihr wenigstens die Wahl, diese Verhaltensmuster zu ändern. Wenn ihr festgefahren seid, wird euch vielleicht klarer, weshalb dies geschehen ist.

134 Schwierigkeiten mit Vertrauen erforschen
Teilt euch in Paare auf, wobei ihr eine Frau auswählt, vor der ihr euch zurückhaltet. Sprecht etwa fünf Minuten zu ihr, wobei ihr die Verantwortung für euer Mißtrauen übernehmt, indem ihr den Ausdruck „Ich werde nicht ..." verwendet; „Ich werde dir nicht vertrauen, weil du stark und überheblich aussiehst ...", „Ich werde dir nicht vertrauen, weil ich glaube, daß du auf mich herabsiehst ..." Nach Ablauf der angegebenen Zeit gibt euch eure Partnerin Feedback und sagt, wie zutreffend eure Projektionen in ihrem Fall sind: „Ich fühle mich wirklich stark ... was aber nicht heißt, daß ich auf dich herabsehe ...", „Ich hielt dich neulich abends für sehr mutig in der Gruppe ..." und so weiter.

Tauscht die Rollen und wiederholt die Übung.

135 Aufmerksamkeit erhalten
Eine Frau, die Mühe hat, Aufmerksamkeit zu erhalten, geht dieser Schwierigkeit nach, indem sie jeder Frau im Kreis mitteilt: „Ich will deine Aufmerksamkeit nicht." Die Gruppenmitglieder geben ihr Blickkontakt und schweigen. Dann macht sie noch einmal die Runde und bittet jede Frau: „Bitte, schenke mir deine Aufmerksamkeit." Dabei kann sie sagen, ob sie eine Antwort möchte oder nicht.

Hinterher bespricht sie mit den anderen, wie sie sich dabei gefühlt hat, auf welche Widerstände sie gestoßen ist und an welche Situationen sie erinnert wurde.

Als Gruppe steckenbleiben
Manchmal bleibt nicht nur eine einzelne Person, sondern die ganze Gruppe stecken. Mögliche Symptome sind lange Schweigeperioden oder eine sich wiederholende Steifheit der Atmosphäre, die angespannt oder unreal wirkt. Vielleicht seid ihr euch die ganze Zeit an der Gurgel, ohne irgend etwas lösen zu können. Es langweilt euch, in die Gruppe zu kommen, da ihr wißt, daß nichts Neues geschehen wird.

Frauen erscheinen nicht zu Sitzungen. Die Gruppe funktioniert zwar ziemlich gut, aber ihr wißt genau, daß gewisse Bereiche oder Gefühle nie berührt werden.

In solchen Situationen operiert die Gruppe aufgrund stillschweigender Übereinkommen, die die Gruppe einschränken und lähmen. Dieses geheime Einverständnis in der Gruppe will bestimmte Gefühle vermeiden. Dazu ein Beispiel:

„Handle energisch und zeige nie eine Schwäche": Ein solches Verhalten kann auf lange Sicht unterminierend wirken, da es die widersprüchliche Natur unserer Erfahrung leugnet.
„Stützt euch gegenseitig und seid nicht offen": Viele Frauen in bewußtseinserweiternden Gruppen haben die Erfahrung gemacht, daß eine Gruppe, deren Grundstimmung immer positiv ist, schließlich das Gefühl vermit-

telt, verletzbar zu sein, da sie so unwirklich scheint.
„Bleibe in der Vergangenheit und betrachte die Gegenwart nicht zu genau“: Die Leute bearbeiten immer wieder ihr Verlangen nach ihren Müttern als sie zwei waren, während aktuelle Konflikte zwischen Gruppenmitgliedern ignoriert werden.
„Je mehr du ausflippst, desto besser“: Die Gruppenmitglieder erhalten sehr viel Bestätigung, wenn sie Lärm machen, schreien, weinen oder auf Kissen einschlagen. Die Mitglieder lernen, der Gruppe eine gute Vorstellung zu bieten, ohne immer ganz bei der Sache zu sein. Wichtige Bereiche wie das Gespräch, Widerstände erfahren und das Verknüpfen des Erlebten mit dem Alltagsleben, werden übergangen.

„Nimm jedes Risiko auf dich und zeig, daß du entschlossen bist, dich um jeden Preis zu ändern“: Die Gruppenmitglieder verdecken ihre Angst vor der Therapie und widmen sich ihr mit dem gleichen Ehrgeiz und derselben Selbstverleugnung, von denen sie auch in ihrem übrigen Leben beherrscht werden.
„Vermeide politisch falsche Emotionen“: Die Gruppenmitglieder können viele Bereiche ihres Erlebens angehen, wobei sie aber gewisse Themen als Tabu betrachten: zum Beispiel Sexismus, Rassismus, Eifersucht, Konkurrenzstreben, Besitzstreben, Schwierigkeiten mit Gemeinschaftsbesitz. Als Folge davon fällt es dann den Betreffenden schwer, die Konflikte in der Gruppe zur Sprache zu bringen, die ihnen am meisten Mühe bereiten. Sie entfremden sich immer mehr von der Gruppe und ziehen sich in zunehmendem Maß von ihr zurück.

Es gibt auch unter Umständen geheime Abkommen mit dem Ziel, bestimmte konfliktgeladene Kräfte innerhalb der Gruppe nicht zur Sprache zu bringen. Wenn beispielsweise eine Person beständig den Sündenbock spielen muß oder Partei ergriffen wird bei zwei Mitgliedern, die sich streiten, oder das Vorhandensein von auffallenden Hierarchien in der Gruppe selbst. Die Gruppenmitglieder fühlen sich dann wahrscheinlich verletzt oder hegen Ressentiments. Da diese Verhaltensmuster nicht bewußt gemacht werden, werden damit auch andere Gefühle blockiert.

Manchmal ist ein stillschweigendes Übereinkommen notwendig, um die Gruppe intakt zu halten (vergleichbar mit einer Person, die ihre Abwehrmethoden benötigt). Selbst in diesem Fall ist es besser, wenn wir uns eingestehen, was vor sich geht und die „Luft reinigen“. Ihr könnt die Sache anpacken, wenn die Gruppe sich dazu bereit fühlt.

Wenn ihr meint, daß es euch schwer fällt, die geheimen Abmachungen selbst ausfindig zu machen, bittet eine professionelle Gruppenleiterin, eine Sitzung mit euch zu halten. Ihr könnt das Geld zusammenlegen, um, falls nötig, dafür zu bezahlen. Eine außenstehende Leiterin kann sehr nützlich sein, wenn es darum geht, festgefahrene Verhaltensmuster in der Gruppe zu lösen, die ihr vielleicht vermeidet (zum Beispiel Macht- oder Konkurrenzstreben). Wählt eine Leiterin aus, die ihr kennt und der ihr vertraut, damit ihr nicht die Zeit dazu verbraucht, ihre Methoden zu kritisieren, anstatt die Hilfe zu bekommen, die ihr benötigt. Im anderen Fall könnt ihr euch auch dazu entschließen, euch bewußt anzustrengen, neue Frauen in die Gruppe zu bekommen. Sie werden unbefangen genug sein, um zu sehen, wo es bei der Gruppe hapert. Sie werden dann vermutlich alte und festgefahrene Verhaltensmuster in Frage stellen, vorausgesetzt, ihr gebt ihnen die notwendige Unterstützung und laßt sie nicht das alte Spiel mit euch mitspielen oder macht sie zum „Gruppenproblem“. Ein Wochenende zur Vertiefung hilft auch eingeschliffene Verhaltensmuster in Bewegung zu bringen.

Falls ihr die geheimen Übereinkommen selbst als Gruppe anpacken wollt, hier ein paar Übungen, die euch dabei helfen:

136 Wo stehe ich in bezug auf die Gruppe

Diese Übung half uns, als mehrere Leute zu spät kamen und andere Mühe hatten, etwas in die Sitzungen einzubringen.

Legt ein Kissen in die Mitte des Raumes und stellt euch vor, ihr setzt die Gruppe darauf. Alle Frauen begeben sich auf dieselbe Seite des Raumes. Nun geht jede Frau der Reihe nach so nahe oder so weit entfernt an das Kissen heran, wie ihr richtig scheint, und spricht zum Kissen. Sie sagt „der Gruppe“, was sie ihr gegenüber empfindet, was ihr an ihr gefällt und mißfällt, und weshalb es ihr schwerfällt, etwas in sie einzubringen. Danach gebt ihr euch Feedback. Vielleicht ergibt sich Material für eine umfassende Diskussion und ihr seid in der Lage, Entscheidungen zur Veränderung in der Gruppenstruktur oder Gruppenaktivität zu treffen, so daß sie eher den Bedürfnissen der Mitglieder entspricht.

137 Teilt die Gruppe auf, dann kommt wieder zusammen

Wenn ihr euch als Gruppe festgefahren fühlt, hilft es euch vielleicht, euch in Paare aufzuteilen und ungefähr zehn Minuten dieses Problem zu diskutieren und eure individuellen Gefühle zu dem, was in der Gruppe vor sich geht, loszuwerden. Dabei ist wichtig, daß ihr anschließend als ganze Gruppe wieder zusammenkommt, um euch jene Empfindungen mitzuteilen. Nach einem solchen Aufteilen scheint das Problem häufig klarer zu sein und leichter zu lösen.

Seid ihr eine gemischte Gruppe, zieht ihr es vermutlich vor, euch in eine Frauen- und eine Männergruppe aufzuteilen, um dann anschließend als ganze Gruppe die neuen Erkenntnisse zu diskutieren.

138 Gruppenskulpturen

Diese Übung eignet sich gut zur Erforschung der Dynamik der ganzen Gruppe.

Macht einen Platz frei im Raum. Dann bildet ihr der Reihe nach eine „Skulptur“ von der Gruppe, wobei ihr die Gruppenmitglieder benutzt. Eine Version würde beispielsweise zwei für die Gruppe zentrale, enge Freundinnen zeigen, die Arm in Arm im Mittelpunkt der Gruppe stehen; eine Frau, die deren Machtstellung in Frage stellt, stünde ihnen mit ausgestrecktem Arm gegenüber; eine andere Frau, die der Gruppe gegenüber ambivalent eingestellt ist, oder nie Aufmerksamkeit verlangt, stünde etwas abseits, den Kopf halb abgewendet, und so weiter. Wenn eine Frau ihre Skulptur beendet hat (in die sie sich mit einbezieht), bleibt ihr eine Weile schweigend stehen und vergegenwärtigt euch, was für euch die Position, in die ihr plaziert wurdet, gefühlsmäßig bedeutet, was euch daran richtig und was euch falsch dünkt. Dann könnt ihr darüber sprechen, einige Frauen möchten dann wahrscheinlich Berichtigungen anbringen: „Ich glaube, ich sollte etwas näher bei Gaye stehen, aber in Richtung Penny sehen ..."

Dann laßt ihr noch andere Frauen ihre Version der Gruppenskulptur ausführen.

Eine Variante wäre eine „bewegliche" Skulptur mit Frauen, die charakteristische oder sich wiederholende Bewegungen ausführen, in bezug aufeinander oder zur Gruppe. Eine weitere Variante ist eine Skulptur der Beziehungen zwischen nur zwei oder drei Gruppenmitgliedern, die einverstanden sind, diese Strukturen herauszuarbeiten.

Diese Übung kann Verwirrung stiften; Frauen könnten die Positionen, in die sie gebracht wurden, vielleicht falsch verstehen. Deshalb ist es wichtig, daß anschließend für jede Frau genügend Zeit reserviert wird, um das Erlebte diskutieren und mitteilen zu können: „Es ärgert mich, daß die Frauen mich immer wieder in kämpferische Positionen brachten", „Ich war bestürzt, daß ich an die Außenseite plaziert wurde."

Eine oder zwei Frauen benötigen vielleicht sogar Zeit und Hilfe von der Gruppe, um ihre Reaktionen auszudrücken und die neuen Erfahrungen in sich aufzunehmen.

139 Was wir vermeiden

Diese Übung hilft euch, Bereiche ausfindig zu machen, die ihr als Gruppe meidet. Gebt jeder Frau in der Gruppe Bleistift und Papier und laßt jede eine Liste der Gefühle, Themen oder Probleme anfertigen, die in der Gruppe dauernd umgangen werden. Dann teilt ihr eure Listen mit und diskutiert sie.

Eine weitere Annäherungsmethode an das „Festgefahrensein" besteht in einer direkten Konfrontation, sei diese körperlich oder verbal. Die Vor- und Nachteile dieser Methode haben wir im vierten Kapitel über Encounter besprochen.

Therapie mit engen Freundinnen

Dies kann verschiedene Probleme aufwerfen:

1 *Eine Frau verstummt.* Vielleicht hat sie Angst, ihre empfindlichsten oder wütendsten Empfindungen preiszugeben, da ihre Freundinnen es nie

mehr vergessen und sie nicht mehr gern haben könnten. Ihr fällt es vermutlich besonders schwer, ihre Gefühle jenen Freundinnen gegenüber auszudrücken. Wahrscheinlich findet sie die direkten Konfrontationstechniken des Encounters schrecklich. Als Folge davon wird sie möglicherweise in der Therapiegruppe zunehmend angespannt, zurückgezogen und defensiv.

In einer solchen Situation muß die Gruppe ihre Gefühle klar erkennen, und sie braucht Unterstützung, um ihre Ängste zu untersuchen, anstatt sich zu zwingen, an Übungen oder Konfrontationen teilzunehmen, die für sie sehr bedrohlich sind. Falls die Situation sich mit der Zeit nicht bessert, beschließt sie vielleicht, daß sie mehr davon hat, wenn sie Therapie in einer anderen Gruppe macht, wo für sie weniger auf dem Spiel steht.

2 Eine Frau gibt starken irrationalen Gefühlen gegenüber einer Freundin Ausdruck, was ihrer gemeinsamen Beziehung schadet. Sie kann sehr verärgert oder geringschätzig werden gegenüber ihrer Freundin und sie in der Gruppe stark kritisieren oder beschimpfen. Nachher wird ihr dann vermutlich bewußt, daß jene Gefühle von einer Kindheitserinnerung, Empörung oder Wut auf sich selbst geschürt wurden. Ihr tut es leid, diese verletzenden und ungehörigen Empfindungen auf ihre Freundin projiziert zu haben, aber es ist zu spät, um sie zurückzunehmen. Der Vorfall hinterläßt vielleicht eine Barriere oder entwertet ihre Beziehung.

Es ist leicht, starke Gefühle auf eine Freundin zu projizieren, mit denen diese nichts zu tun hat. Deshalb ist es wahrscheinlich besser, sie untersucht diese Empfindungen gesondert für sich, wenn sie sich nicht sicher genug fühlt, sie in der Gruppe zu behandeln. Beim Co-Counselling oder mit einer Gruppe von Unbekannten kann sie herausfinden, wieviel von dem, was sie empfindet, Projektionen sind und wieviel davon wirklich mit ihrer Freundin zu tun haben. Danach kann sie mit der Freundin sprechen, indem sie ihr mitteilt, was sie über sich selbst und ihre gemeinsame Beziehung gelernt hat. Dabei bringt sie vorhandene Ressentiments oder Kritik, die ihr angemessen erscheinen, sorgfältig und begründet vor.

3 Die Teilnehmerinnen öffnen sich zu abrupt und verschließen sich dann. Manchmal, wenn Leute, die sich gut kennen, zusammen Therapie betreiben, geschehen Gefühlsentladungen rasch und explosiv. Sie schaffen in sehr kurzer Zeit eine Atmosphäre totaler Ehrlichkeit und intensiver Kommunikation, die aber von den Mitgliedern in ihrem Alltagsleben nicht aufrechterhalten werden kann. Eine Frau bringt es vielleicht in Verlegenheit, die gleiche Freundin bei der Arbeit zu sehen, in deren Armen sie sich die vergangene Nacht stundenlang ausgeweint hat. Der Bruch zwischen der Welt ihrer Gefühle und ihrer Persönlichkeit, die mit Alltagsproblemen fertig werden muß, erscheint vermutlich als zu groß und sie kann sich bedroht fühlen. Das Ergebnis besteht dann vermutlich in einer starken Gegenreaktion: Sie zieht sich von ihren Gefühlen, ihren Freundinnen, der Therapie oder von allen dreien zurück.

Um dies zu verhindern, meidet ihr die Methoden mit Knalleffekt und beginnt langsam, indem ihr vielleicht am Anfang das Co-Counselling benutzt und den Leuten Zeit laßt, die Veränderungen, die sie durchmachen, in ihr Alltagsleben und in ihre Beziehungen zu integrieren.

4 Die Leute glauben, die Therapie könne Wunder bewirken. Manchmal glauben Freundinnen und Freunde, die Therapie sei ein Allheilmittel für ihre Beziehungen. Unsere Gruppe wurde verschiedene Male eingeladen, Wohngemeinschaften zu besuchen, die hofften, die Therapie würde ihnen helfen, zwischenmenschliche Konflikte zu beseitigen. Es ist verlockend zu meinen, daß diese Empfindungen verschwinden werden, wenn wir offen und häufig genug Gefühle des Grolls oder der Eifersucht ausdrücken und deren Ursprung verstehen. Nach unseren Erfahrungen dient die Therapie dazu, Interessen- und Persönlichkeitskonflikte, die in Beziehungen Schwierigkeiten verursachen können, zu klären, aber nicht zu beseitigen. Sie kann Mißverständnisse entwirren und Projektionen entmystifizieren, aber sie kann Menschen nicht dazu bringen, sich zu mögen, die das nicht tun.

Wir sind auf die Schwierigkeiten bei der Therapie mit engen Freundinnen eingegangen, weil wir selbst Therapie mit guten Freundinnen betrieben haben – und überlebten. Die Bindungen zwischen Freundinnen halten manchmal eine Therapiegruppe zusammen, die ansonsten versagen oder auseinanderbrechen würde. Sie können einen Kontext zur Unterstützung und Bestätigung der Veränderungen herstellen, die wir mit Hilfe der Therapie in unserem Alltagsleben vornehmen. Es scheinen ebenso viele enge Freundschaften auseinanderzubrechen, weil ambivalente Gefühle *nicht* ausgedrückt werden oder aber auf ungeschickte Weise ausgedrückt werden. Wo es engen Freundinnen gelingt, durch den Therapieprozeß hindurch beieinander zu bleiben, kann sich ein sehr umfassendes Vertrauen und gegenseitiges Akzeptieren entwickeln und die Beziehung gestärkt und bereichert werden. Dazu die Beschreibung einer Frau aus unserer Gruppe:

Eine Gruppe von Frauen trifft sich in den Zimmern der einzelnen Mitglieder oder in unpersönlichen Zentren. Wir geben unsere schlimmsten Befürchtungen preis, hassen unsere besten Freundinnen; Selbstverleugnung, Selbstverunglimpfung. Entdecken unsere kollektive und individuelle Stärke und Kraft. Stunden ausgefüllt mit Schreien, Weinen, Reden, Lachen – Wut, Schmerz, Eifersucht, Liebe, Haß, Freude, Angst. Den politischen Kontext unserer persönlichen Erfahrungen verstehen. Rangordnungen brechen in sich zusammen. Vertrauen baut sich auf. Sachkenntnisse werden ausgetauscht. Mit unfeministischen Wünschen gekämpft. Feministische Unterstützung innerhalb und außerhalb der Gruppe. Ein sicherer Ort. Ein schrecklicher Ort. Ein sehr wichtiger Teil meines Lebens.[3]

Die Gefühle anderer wühlen dich auf
Du wirst wahrscheinlich von den Gefühlen, die enge Freundinnen äußern, am ehesten betroffen. Jede Frau, die in einer Gruppe einen Konflikt untersucht, kann bei dir einen empfindlichen Nerv berühren und innerhalb von Minuten die Stille in einen Sturm verwandeln. Wir haben gesagt, daß niemand Gefühle in dir wachrufen kann, die du nicht schon empfindest. Es gibt jedoch Zeiten, in denen du nicht erträgst, daß deine Gefühle auf eine besondere Weise aufgewühlt werden. Für diesen Fall mußt du wissen, wie du dich davor schützen kannst. Dazu ein Beispiel:

Sue hat soeben Angstgefühle untersucht. Sie liegt nun zusammengerollt unter einer Decke. Nora beginnt einige zornige und heftige Gefühle gegenüber ihrem Bruder auszudrücken. Sue ist sehr offen, nachdem sie gearbeitet hat. Sie spürt, wie der Frieden und die Entschlossenheit, die sie erreicht hat, gestört werden und zwar auf eine Art, die für sie verletzend ist und nicht mit dem, was sie braucht, übereinstimmt. Sie unterbricht Nora kurz, um ihr zu erklären, daß sie es im Moment nicht erträgt, nochmals aufgewühlt zu werden. Sie verläßt den Raum.

Sue hätte auch ein anderes Gruppenmitglied auffordern können, die Arme um sie zu legen, um ihr so Beruhigung und Schutz zu gewähren. Manche Leute nehmen emotionale Energie als ein sichtbares Phänomen wahr, das von einer Person in den Raum entladen und von einer anderen physisch aufgenommen werden kann, die dafür offen oder zugänglich ist. Man sagt, daß du, wenn du dich selbst in einem schwachen oder energielosen Zustand befindest, bereiter bist, Energie von anderen aufzunehmen. Wenn eine andere Frau Gefühle ausdrückt, mit denen umzugehen du dich nicht in der Lage fühlst, stell dich nicht gerade in die vorderste Front. Sicherlich wirst du dich auch nicht als Encounterpartnerin anbieten und freiwillig in ihrem Psychodrama mitspielen. Wenn du dich stark fühlst, wirst du dich auf eine aktive Art schützen können. Dazu ein Beispiel:

Barry arbeitet in einer gemischten Gruppe. Tina, die in einer sexuellen Beziehung zu ihm steht, fühlt sich von dem betroffen, was er tut. Wut und Mitleid in bezug auf ihn und Besorgnis darüber, was die übrige Gruppe von ihm denken könnte, wechseln sich bei ihr ab. Sie merkt, daß sie sich immer mehr von sich selbst entfernt. Sie schließt die Augen und macht eine Meditation, bei der sie sich einen Kegel goldenen Lichtes um sich herum vorstellt, der sie von Barry und dem Rest der Gruppe trennt. Sie stellt sich vor, daß dieses Licht sie davor schützt, von Barry emotionale Schwingungen aufzunehmen. Sie läßt sich selbst bewußt werden, wer sie ist, was sie empfindet, allein in diesem goldenen Kegel. Als sie die Augen öffnet, fühlt sie sich viel stärker und verfolgt die weitere Arbeit Barrys, ohne von durch ihn ausgelösten Empfindungen überwältigt oder erschüttert zu werden.

Falls du nicht gerne eine Meditation wie diese machen willst, wirst du merken, daß du, wenn du dich zentrierst, dich aufrecht hinsetzt, dein Gewicht auf dem Boden spürst, dir deiner eigenen Stärke bewußt bist und dir vorstellst, daß du der arbeitenden Person positive Energie zusendest, fähig sein wirst, jegliche unerwünschte Energie oder psychische Spannung anderer von dir abzuwenden. Genau auf das achten, was dich an der psychischen Energie stört, kann dir ebenfalls helfen, über der Gefühlsregung zu stehen und nicht in ihr zu versinken.

Gefühlsäußerungen in der Gruppe können dich aber auch positiv beeinflussen. Du kannst sehr viel lernen, wenn du darauf achtest, wie du auf das Geschehen reagierst. Oder du bemerkst, daß die Empfindungen anderer dich anregen und enthemmen, indem sie verborgene Gefühle an die Oberfläche bringen, die du erfolgreich in der Gruppe untersuchen kannst.

Claire weint wegen einer Beziehung, die zu Ende gegangen ist. Während sie weint, fühlt sich Petra, ein anderes Gruppenmitglied, allmählich unbehaglich, dann traurig, bis sie schließlich wegen einer Beziehung weinen muß, die für sie vor über einem Jahr beendet war. Bis zum gegenwärtigen Zeitpunkt fühlte sich Petra blockiert und von ihren Gefühlen zu dieser verlorenen Beziehung abgeschnitten. Claire hat ihr geholfen, mit diesen Empfindungen in Berührung zu kommen und sie auszudrücken. Petra bittet eine Frau in der Gruppe, sich mit ihr auf der anderen Seite des Raumes hinzusetzen. Sie untersucht diese Gefühle mit Erfolg, während Claire gleichzeitig in ihrer Arbeit fortfährt.

Du solltest dir jederzeit darüber bewußt sein, wie sich die Gefühle der anderen auf dich auswirken: dann kannst du entweder bei diesem Bewußtsein bleiben und von ihm lernen oder zulassen, daß eigene Gefühle zum Ausdruck kommen oder beschließen, dich vor etwaigen Verletzungen oder Dingen zu schützen, die dich aus dem Gleichgewicht bringen könnten.

„Therapie ist blöd“: Widerstände gegen die Therapie

In einer Selbsthilfegruppe kommt es häufig vor, daß ein Mitglied Schwierigkeiten mit dem Therapieprozeß an sich hat. Dieses Problem kann sich in einer Spannweite von „Ich glaube, die ganze Vorstellung von Therapie an sich ist dumm“ bis „Ich möchte eine Therapie machen, aber ich kann es nicht in dieser Gruppe, weil keine weiß, was sie macht“ bewegen. Diese Art von Äußerung kann sehr bedrohlich wirken. Es besteht die Versuchung, sie einfach abzutun und auf die „wirkliche Arbeit“ der Sitzung zu drängen oder in eine intellektuelle Diskussion abzugleiten. Beide Reaktionen sind Fehler. Diese Konflikte können viel wertvolleres Material zutage fördern, das in der Sitzung zu behandeln wäre. Anstatt zu meinen, du solltest etwas anderes behandeln („Meine Beziehung zu meiner Mutter“, „Was heute bei der Arbeit geschehen ist“) lohnt es sich, sorgfältig zu überprüfen, was du für die Therapie an sich empfindest und was für dich hier und jetzt in der Gruppe geschieht. Diese gegenwärtigen Empfindungen werden für dich den hilfreichsten und unmittelbarsten Ausgangspunkt darstellen, und solltest du versuchen, sie zu ignorieren, wirst du davon abgelenkt werden, irgendein anderes Thema erfolgreich anzupacken. Hier ein Beispiel dazu:

Laura kam in ihre Gruppe und sagte, ihr sei nicht nach Therapie zumute und sie sei unruhig. Nach einiger Diskussion entschied die Gruppe, sie solle an ihrer Unruhe arbeiten. Sie versuchte, zu einem Kissen zu sprechen, konnte sich aber nicht vorstellen, daß dieses ein Teil von ihr selbst wäre. Sie sagte: „Ich glaube, schlechte Therapie machen ist das, worum es bei mir geht; die Dinge nicht gut erledigen und sich deswegen Sorgen machen." Die Gruppe schlägt ihr vor, sich an Zeiten in ihrem Leben zu erinnern, in denen sie sich unruhig und ängstlich fühlte. Sie geht verschiedene kürzliche Ereignisse durch (Arbeitsprojekte, Ehe, Umzug), bis hin zu Schulprüfungen. Die Gruppe meint, sie solle sich darauf konzentrieren, da das früheste Ereignis wahrscheinlich das Verhaltensmuster festgelegt habe. Sie erzählt, wie sie ihren Eltern mit guten Examen gefallen wollte und wie sehr sie es gehaßt habe, so zu lernen, wie die Lehrer es wünschten, d. h. rein mechanisch, ohne zu verstehen. Die einzige Prüfung, an der sie Gefallen fand, war Botanik: Sie glaubte, es würde nicht ins Gewicht fallen, beantwortete zwei Fragen, die ihr gefielen, anstelle von vier und bestand die Prüfung wirklich gut, weil sie in der Lage war, sie auf ihre eigene Art zu meistern.

Diane fragte: „Wie möchtest du jetzt die Arbeit beendet haben?" und Laura bat um eine Massage des Magens, da sie sich dort verkrampft fühlte.

Nachher meinte die Gruppe, daß es für Laura richtig gewesen sei, selbst das Tempo der Therapie zu bestimmen und wenig auf einmal zu behandeln.

Hier stellte es sich heraus, daß Lauras Unruhe bezüglich der Therapie mit früheren Ängsten verbunden war, es den Eltern recht zu machen. In anderen Fällen finden sich andere Gefühlsregungen, die derartigen Konflikten zugrunde liegen. Hier einige häufig geäußerte Schwierigkeiten mit ein paar Vorschlägen, wie sie in der Gruppe angegangen werden können:

„Ich kann bei so viel Aufmerksamkeit von der ganzen Gruppe keine Therapie machen."

Viele Frauen haben Mühe in der Gruppe „Zeit in Anspruch zu nehmen". Die meisten von uns sind soviel positive Zuwendung von anderen nicht gewohnt und glauben, es nicht zu verdienen. Eine Frau, die diesen Einwand vorbringt, könnte ihre Phantasien über die möglichen Folgen untersuchen, falls die Gruppe ihr die Aufmerksamkeit gibt („Ihr werdet euch mit mir langweilen ...", „Ihr werdet euch ärgern, weil ich mich ins Rampenlicht gestellt habe ..."), und sich fragen, an welche früheren Situationen sie dies erinnert („Jedesmal, wenn ich die Aufmerksamkeit meines Vaters erhielt, waren meine Schwestern auf mich eifersüchtig ..."). Übung **135** ist ebenfalls sehr nützlich, um dieses Problem anzupacken.

„Ich will nicht diese ganze Heulerei und dieses Zeugs machen, es ist wehleidig und unecht."

Hier könnte die Gruppe fragen:

„Wer wird glauben, du seist wehleidig?"

„Mein Freund ... meine Mutter ... sie lachte gewöhnlich, wenn ich weinte und sagte mir, ich solle nicht so dumm sein ..."

„Versuche deine Mutter zu spielen und antworte ihr dann."

Oder die Gruppe könnte fragen:

„Was befürchtest du, würde passieren, wenn du wehleidig bist?"

„Mir würde alles entgleiten. Die Dinge würden zu einer formlosen Masse werden, ich würde das Gefühl für mich selbst verlieren ..." und so weiter.

„Ich habe *echte* Probleme, ich kann sie nicht mit Kissen in einer Therapiegruppe behandeln, wie ihr das tut."

Häufig steckt ein Anflug von moralischer Überheblichkeit in diesem Einwand. Ihr könntet die Frau auffordern, jeder Frau in der Gruppe der Reihe nach mitzuteilen: „Meine Probleme sind echter als deine." Darauf folgt Feedback über die dabei ausgelösten Empfindungen der Beteiligten.

Ihr könnt die Frau auch auffordern, ihre großen Probleme absichtlich in der Gruppe zu übertreiben oder der Gruppe mitzuteilen, was sie für einen Nutzen daraus zieht, schlimmere Probleme als jede andere Frau zu haben. Damit soll die Echtheit ihrer Probleme nicht bezweifelt werden (die wahrscheinlich jede Frau in der Gruppe hat). Vielleicht benutzt sie jedoch dieses Argument als eine Rationalisierung ihrer Angst vor der Therapie, die ihr helfen könnte.

„Ich kann überhaupt keine Therapie machen in dieser Gruppe, weil ich spüre, daß mich hier niemand mag."

Hier wäre es gut, die betreffende Frau würde den Wirklichkeitsgehalt ihrer Angst überprüfen, indem andere Gruppenmitglieder ihr Feedback geben über ihre Gefühle zu ihr. Es kann sich herausstellen, daß sie selbst negative Gefühle zu anderen Gruppenmitgliedern hegt, die sie projiziert und diesen unterstellt hat. Gruppenmitglieder, die ihre Anwesenheit in der Gruppe schätzen, können sie mit Feedback unterstützen. Es erweist sich vielleicht auch, daß ihre Schwierigkeiten in Wirklichkeit mit einer bestimmten Person zu tun haben.

„Ich kann in dieser Gruppe keine Therapie machen, weil ich mit Kate nicht klar komme."

Falls du eine starke Abneigung jemandem gegenüber empfindest, die du nicht besonders gut kennst, ist dies gewöhnlich kein Zeichen, daß ihr nicht miteinander auskommen könnt. Häufiger ist es so, daß ihr ineinander etwas in Gang bringt oder an der anderen Person Dinge seht, die euch an euch selbst nicht gefallen. In diesem Fall würde euch Übung **61** nützen, um Projektionen zu untersuchen. Die Antipathie wird sich vermutlich sehr rasch entschärfen, sobald du die wirkliche Frau von deiner Vorstellung von ihr trennst.

Etwas anderes ist es, wenn du zu einem anderen Gruppenmitglied in einer engen gefühlsmäßigen Beziehung stehst und diese sehr schwierig oder feindselig geworden ist. Gemäß unseren Erfahrungen ist es Frauen in dieser Situation gelungen, in der Gruppe produktiv an ihren Schwierigkeiten zu arbeiten. Manchmal ist es jedoch auch geschehen, daß sie nicht mehr gleichzeitig in die Gruppe kamen, da sie meinten, sie würden sich sonst so sehr miteinander beschäftigen, daß sie sich keiner anderen Person oder Sache mehr widmen könnten. Zwei Frauen in dieser Lage müssen sich Zeit nehmen, die Konflikte gesondert miteinander und nach ihrem eigenen Rhythmus herauszuarbeiten. Nach wenigen Wochen oder Monaten sind sie gewöhnlich in der Lage, den Sitzungen wieder beizuwohnen.

„Ich möchte eigentlich nicht wirklich hier sein, ich glaube, ich wurde in diese Therapiegruppe mithineingezogen."

Hier könnte die Frau aufgefordert werden, die Rolle der Person zu spielen, die sie mit in die Gruppe geschleppt hat („Du mußt wirklich in eine Therapiegruppe gehen, du weißt, daß du dich in einem schlimmen Zustand befindest, du wirst viel davon profitieren ..."), sowie die Rolle der Mitläuferin wider Willen („Ich möchte nicht hingehen, ich habe Angst, ich möchte mich nicht ändern, ich möchte nicht aus dem Gleichgewicht gebracht werden ..."). Vielleicht findet sie mit Hilfe dieses Dialogs heraus, daß es sich dabei um zwei widerstreitende Teile in ihr selbst handelt, um zwei Stimmen in ihrem eigenen Kopf, was ihr helfen wird, die Verantwortung zu übernehmen und sich selbst in die Gruppe einzubringen. Vielleicht ist sie auch unsicher, ob andere Gruppenmitglieder sie überhaupt wollen.

„Ich traue mich nicht, mich soweit gehenzulassen und meine Gefühle in dieser Gruppe auszudrücken, weil keine hier weiß, was sie tut."

Diese Frau könnten wir fragen: „Was würde geschehen, wenn du dich gehenlassen würdest?"

„Ich wäre hilflos und verletzbar ..." Oder wir könnten sie fragen: „Wer sagte, es sei so wichtig zu wissen, was man tut?"

„Mein Vater, er sagte immer ..."

Diese Art, den Problemen mit der Therapie nachzugehen, ist weit sinnvoller, als die Sitzung in eine Diskussion über die Vor- und Nachteile der Therapie ausarten zu lassen. Damit ist aber nicht gesagt, daß diese Einwände gegen die Therapie immer nur Einbildung oder bloße Abwehr sind. Eine Frau hat vielleicht ein Wohnungsproblem, das zu lösen für sie dringender ist als alles, was sie in einer Therapiegruppe tun könnte. Eine andere Frau braucht eine Unterbrechung, um die neuen Erfahrungen in sich aufzunehmen und Energien zu sammeln, um die praktischen Seiten ihres Lebens in den Griff zu bekommen. Eine weitere Frau spürt ganz richtig, daß sie erfahrenere Hilfe braucht: Einige Krisen *sind* tatsächlich zu schwierig für eine Selbsthilfegruppe. Noch eine andere Frau findet, daß sie überhaupt in keiner Gruppe funktionieren kann, da sie durch diese zu schmerzhaft an die Internatsschule erinnert würde. Wiederum eine andere spürt zu Recht, daß für sie nicht der richtige Zeitpunkt für eine Therapie ist oder sie diese Gruppe nicht genügend mag, um Fortschritte machen zu können. Ihr tut gut daran, extra Zeit für diese Probleme zu reservieren, damit sie von der Frau und der Gruppe als Ganzes diskutiert und entschieden werden können. Jede daraus resultierende Entscheidung wird jedoch weit wirksamer sein, wenn ihr mit Hilfe der Methoden, die wir beschreiben, irgendwelche vergangenen, irrationalen oder verdrängten Gefühle, die auf die gegenwärtige Situation projiziert werden, zunächst klären könnt.

In Kapitel zehn bieten wir verschiedene Strukturen an, die euch helfen herauszufinden, ob ihr die Gruppe verlassen, zur Individual- oder gelenkten Therapie wechseln müßt oder ob gute Gründe bestehen, überhaupt keine Therapie zu machen.

Keine der bekannten Techniken oder Strukturen scheinen für unsere Situation die richtigen zu sein

Falls dies zutrifft, könnt ihr ruhig frei improvisieren. Vielleicht müßt ihr die Regeln brechen oder die Sitzung wegen einer nicht-therapeutischen Aktivität unterbrechen, zum Beispiel für eine Stunde Bewußtseinserweiterung oder für einen gemeinsamen Lauf im Freien. Ihr findet vielleicht, daß ihr eine neue Übung erfinden müßt, die Struktur einer gelenkten Phantasie benutzt, um ein neues Thema zu behandeln, oder das paarweise Mitteilen anders verwendet, neue Sätze für eine Bewegungsübung (oder für das Herumlaufen) erfindet. Ihr stellt vielleicht fest, daß ihr eurer Intuition und Phantasie folgen müßt, um neue Wege auszuprobieren, wie ihr Leute und Requisiten verwenden könnt. Zum Beispiel:

Eine Frau, die sich zu stark verantwortlich fühlt, trägt ein anderes Gruppenmitglied auf ihrem Rücken, um das Gefühl zu übertreiben.

Eine Frau, die vergangene Leiden belasten, schleppt einen großen schwarzen Plastiksack im Raum herum, zerreißt ihn schließlich und wirft ihn ab.

Eine Gruppe, in der mehrere Leute gereizt sind, legt ein großes Kissen in die Mitte, das alle anschreien und auf dem sie herumtrampeln können.

Eine Frau, die von ihrem Mann verlassen wurde, nachdem sie drei Jahre lang die Familie versorgte und ihn finanziell unterhielt, so daß er seine Doktorarbeit schreiben konnte, nimmt eine große Zeitung und zerreißt sie in der Gruppe mit großer Genugtuung in kleine Fetzen: „Dies ist die Fußnote, die ich für dich in der Bibliothek gesucht habe ..." und so weiter.

Eine, die von einem Riesenpenis geträumt hat, der ihren Weg versperrt hat, findet, daß ein Kissen nicht groß genug ist, um damit zu arbeiten und baut eine Konstruktion auf mit Stühlen, Kissen und Vorhängen. Sie stellt eine Verbindung zu ihrem Vater her und nachdem sie den Monolith angeschrien hat, demontiert sie ihn sorgfältig, wobei sie zu jedem Stück wie zu einem Teil seiner Pesönlichkeit spricht und erklärt, wie sie ihre gemeinsame Beziehung verändert haben möchte.

Es ist deine Therapie. Wichtig ist, daß du all die Techniken in diesem Buch als Werkzeuge betrachtest, die du dir anpassen, auswählen und für deine Zwecke verwenden kannst.

Was muß ich tun, falls jemand tatsächlich zusammenbricht?
Die meisten Menschen werden sich in therapeutischen Situationen nur soweit exponieren, als sie sich sicher fühlen, und sie bringen nur soviel verdrängtes Material hervor, wie sie verdauen und aufnehmen können. Nur ganz selten wird jemand in der Therapie zu weit gehen und dann stets negativ reagieren. Häufiger geschieht es, daß Leute, die überhaupt keine Therapie machen, in eine emotionale Krise geraten ohne irgendein Ventil für ihre Gefühle. Beide Situationen können zu einem zusammenbruchartigen oder psychoseähnlichen Zustand führen, unter dem die betreffende Person stark leidet, wobei ihr Kontakt zur Realität gestört ist. Obwohl ihr vermutlich nie davon werdet Gebrauch machen müssen, ist es dennoch gut eine Vorstellung davon zu haben, wie ihr einer Person, die eine solche Krise durchlebt, helfen könnt.[4]

1 *Versucht nicht, mit ihr „Therapie zu betreiben".* Sie wird vermutlich große Angst haben, die Kontrolle zu verlieren. Sie braucht statt dessen Ruhe, Unterstützung, Schutz und keine Fragen, um „an ihre Gefühle heranzukommen".

2 *Behandelt sie rücksichtsvoll.* Beeilt euch nicht, ihr Ratschläge zu erteilen. Hört ihr zu und nehmt einfach auf. Es wird immer ein Teil von ihr vorhanden sein, der sich der Wirklichkeit bewußt ist; sprecht diesen Teil in ihr an, und sie wird euch antworten.

3 *Bleibt in Berührung mit euch selbst.* Seid ehrlich und echt zu ihr. Achtet darauf, ob ihr traurig seid oder Angst habt. Falls ihr euch der Sache nicht gewachsen fühlt oder nicht damit fertig werdet, steht dazu.

4 *Beschafft euch Hilfe, falls ihr welche braucht.* Sprecht mit ihr über ihre Möglichkeiten. Findet heraus, was für sie in Frage kommt. Einige therapeutische Gemeinschaften sind menschlich und fürsorglich. Obwohl mit Medikamenten Mißbrauch betrieben wird, müßt ihr vielleicht auf sie zurückgreifen, um sie aus der Klinik heraushalten zu können. Falls nötig, soll sie jemand mit größerer Erfahrung beurteilen oder ihr zieht eine Einweisung in

Erwägung. Macht euch deswegen keine Schuldgefühle, manchmal können wir nicht alles füreinander tun.

Nachdem ich sehr viel Therapie gemacht habe: Wie kann ich die einzelnen Teile wieder zusammenbringen?
Zu Beginn einer Selbsthilfetherapie wehren sich viele Leute heftig dagegen, ihre eigenen Gefühle oder Konflikte zu erkennen oder auszudrücken: „Ich brauche eigentlich keine Therapie, ich bin ganz in Ordnung", „Ich komme mit dem Leben ganz gut zurecht", „Ich bin mir nicht bewußt, irgend etwas zu verdrängen". Die Entdeckung, daß du mit deinem Schmerz und deiner Trauer in Berührung kommen kannst, stellt einen wichtigen Bestandteil der Therapie dar. Häufig erlebst du eine Phase, in der du dich schlechter fühlst, bevor es dir dann besser geht. Sobald du jedoch das Gefühl hast, für immer in einem Sumpf von Emotionen zu versinken, mußt du das Geschehen in deiner Gruppe neu beurteilen.

Vielleicht besteht in der Gruppe eine unausgesprochene Moral, die besagt: „Leiden tut gut. Je mehr du leidest, umso mehr wirst du gemocht." Schmerz ist manchmal vertrauter und weniger beängstigend als Lust. Reich wies darauf hin, daß wir sowohl der Lust gegenüber toleranter werden als auch tiefer in unseren Schmerz gehen müssen. Es mag leichter sein, sich im Schmerz zu wälzen, als die Verantwortung für die eigene Heilung zu übernehmen und sich in Richtung positiver Veränderungen zu bewegen. Wir sollten nie vergessen, daß uns die Therapie im Grunde lehrt, ein reicheres und glücklicheres Leben zu führen. So wie David Boadella es ausdrückt: „... ist die Neurose die Kreuzigung und nicht die Therapie. Therapie heißt vom Kreuz loskommen und fähig sein zu gehen und die Sonne wieder zu sehen, nicht die Passion der Wunden für ewig. Es bedeutet Leben und eines Tages sterben, gemäß der eigenen Zeit und dem eigenen Raum ..."[5]

Wenn ihr spürt, daß eure Gruppe mehr Übung im Spazierengehen in der Sonne braucht, gibt es verschiedene Möglichkeiten. Ihr könnt einige Sitzungen angenehmen Körperübungen oder positiven Meditationen widmen. Ihr könnt darüber diskutieren, wie jede von euch sich durch die Therapie verändert hat und welche weiteren Veränderungen ihr vollziehen möchtet. Vielleicht beschließt ihr, euch sonstwie zu treffen, um schwimmen zu gehen oder um zu tanzen, und eure Beziehungen außerhalb der gefühlsbetonten Atmosphäre der Gruppe auszuleben und zu genießen.

Ihr entdeckt vielleicht auch, daß ihr gewisse Therapiemethoden auf Kosten anderer überbetont habt. Regressionsarbeit beispielsweise kann die Leute in Gefühlen des Schmerzes und der Ohnmacht belassen, die aus ihrer frühen Kindheit stammen, falls sie nicht mit Arbeit im „Hier-und-Jetzt" ausgewogen wird, die ihnen hilft, die Vergangenheit zu verabschieden und ihre Stärke und Lebensfreude in der Gegenwart zu erfahren. Es ist wichtig, insgesamt ein ausgewogenes Verhältnis in den angewandten Techniken zu erreichen. Während des therapeutischen Prozesses sollten nicht bloß Dinge auseinandergenommen und zergliedert werden, sondern auch Verbindungen hergegestellt werden. Es muß sowohl Kontakt als auch Entspannung möglich sein: Kontakt aufnehmen mit der Person oder den Leuten, mit denen du Therapie betreibst, kann eine stark integrierende Wirkung haben. Auch die aktuellen Beziehungen zwischen den Gruppenmitgliedern sollten nie ignoriert werden.

Im allgemeinen besteht in einer Selbsthilfegruppe die Tendenz, dem Entladen von Emotionen zu viel Wert beizumessen. Begeistert verlangen wir die verlorene Sprache der Gefühle zurück und fallen dabei manchmal ins andere Extrem. Wir werden zu einem Bündel empfindlicher Gefühle und äußern unsere Empfindungen immer und überall. Ein Teil des Reintegrationsprozesses besteht in der Erkenntnis, daß wir, wenn wir einmal gelernt haben uns gehenzulassen, entscheiden können, wann wir dies möchten und wann nicht. Alexander Lowen nennt dies Selbstbeherrschung.

„Ich habe über das Gehenlassen gesprochen. Die Beherrschung ist in der Bioenergetik ebenso wichtig und wird gleich stark betont ... Die Beherrschung geschieht bewußt und willentlich, was eine Fähigkeit zum Gehenlassen voraussetzt. Wenn man sich nicht gehenlassen kann, weil das Festhalten unbewußt und im Körper festgelegt ist, kann man nicht von Beherrschung als einem bewußten Ausdruck des Ichs sprechen. Die betreffende Person beherrscht nicht, sie ist beherrscht.“[6]

Vieles in diesem Buch handelt davon, wie wir uns fühlen lassen, wie wir andere an uns herankommen lassen. In unserem Alltagsleben jedoch müssen wir wählen können, wann wir von den Gefühlen anderer verschont sein, wann wir uns von einer Sache nicht bedrücken lassen wollen, wann es zu schmerzhaft oder gefährlich ist, unsere Gefühle direkt auszudrücken. Es ist wichtig, auf diese Art über unser Leben verfügen zu können. Uns in der Fähigkeit zur Beherrschung zu üben, stellt einen wichtigen Bestandteil des Prozesses dar, die einzelnen Teile wieder zusammenzubringen.

Wir tun gut daran, uns zu erinnern, daß die Therapie in jedem Fall nur mit einem Bereich unseres Lebens zu tun hat. Es gibt viele andere Bereiche: unsere materielle Umgebung, unsere finanzielle Situation, unser geistiges Leben, unsere politischen Aktivitäten, unsere Kreativität und unsere Beziehungen. Die Therapie ist vielleicht ein äußerst nützliches *Werkzeug*, das uns hilft mit diesen anderen Bereichen umzugehen, es ist jedoch kein *Ersatz* für sie. Die Gruppe muß vielleicht ein Überbetonen der zentralen Bedeutung der Gefühle korrigieren. Innerhalb eines jeden Menschen als ganzen Organismus müssen die Gefühle mit anderen Aspekten unseres Daseins ins richtige Verhältnis gebracht werden: mit unserer körperlichen Gesundheit, unserem Denken und Verstehen, unserem grundlegenden Gefühl für Selbst und Identität.

Mit dem Versuch, uns nach viel Therapie zu reintegrieren, wurde gerade die Entwicklung unseres Gefühls für die eigene Identität oder unser Innerstes für viele von uns wichtig. Vielleicht besteht der Prozeß nicht so sehr darin, die „Teile wieder zusammenzubringen“, sondern darin, etwas im Innersten all der Teile zu finden, das uns ein Gefühl der Sicherheit und Stärke vermittelt, von wo wir wieder nach außen wachsen können. Da wir dazu erzogen wurden, zu gefallen und Rollen für andere zu spielen, eine Hilfe und Anhängsel zu sein, fehlt uns häufig ein sehr grundlegendes Gefühl für uns selbst und für unseren eigenen Wert. In unserer Gruppe strebten wir dieses Selbstwertgefühl auf ganz unterschiedliche Weise an. Einige von uns fanden, sie brauchten noch etwas außerhalb der Gruppe und machten eine Zeit lang Individualtherapie. Einigen von uns half die Psychosynthese und andere spirituelle Methoden, die den Menschen als Ganzes betonen, indem sie die Gefühle integrieren und die „Mitte“, „Essenz“ oder das tiefere Gefühl der eigenen Identität vermitteln. Im Laufe der Therapie werden viele Verhaltensmuster in Frage gestellt, und wenn wir uns von ihnen lösen wollen, müssen wir auf etwas anderes zurückgreifen können. Es scheint uns, daß das Gefühl des Selbstwertes mit der Zuwendung wächst, ob diese nun von einer Individualtherapeutin ausgeht, vom Rest deiner Gruppe oder von einem Gefühl der geistigen/spirituellen Identität. Nur durch den Aufbau dieser grundlegenden Selbstbejahung kann eine Frau aufhören, sich selbst zu quälen und in der Sonne spazieren.

Nachfolgend beschreiben wir zwei Übungen, die euch vielleicht helfen, die Gefühle in ein Gleichgewicht zu bringen und die Therapieerfahrungen zu integrieren.

140 Chakra-Meditation

Diese Übung hilft euch, verschiedene Bereiche eures Lebens miteinander in Einklang zu bringen. Es funktioniert, indem Bewußtsein durch die Chakras oder Körperzentren gelenkt wird, die verschiedenen Aspekten unseres Seins entsprechen, was wir im fünften Kapitel dargestellt haben. Eine Frau sollte laut vorlesen und sich in das Erleben der anderen einfühlen, wobei sie nach jeder Anleitung mehrere Minuten Pause macht.

Setzt euch bequem auf ein Kissen oder auf den Boden. Laßt die Hände entspannt mit den Handflächen nach oben auf dem Schoß oder den Knien ruhen. Schließt die Augen und geht in euch selbst.

Spürt euer Gewicht auf dem Boden. Konzentriert euch auf euren Atem, der in euren Körper hinein- und hinausströmt. Laßt jegliche Spannung los, die ihr in eurem Körper verspürt.

Nun schickt euer Bewußtsein den Körper hinunter in die Beine und den Genital- und Beckenbereich. Vielleicht hilft euch dabei die Vorstellung, durch jenen Körperteil auszuatmen. (Pause) Achtet dabei auf damit verknüpfte Empfindungen und Erinnerungen.

Dies ist der Teil eures Körpers, der mit eurer Sexualität, eurem Erden und der materiellen Basis eures Lebens in Verbindung steht. Fragt euch nun, was ihr in diesen Bereichen nötig habt? Was braucht euer Körper rein materiell? Was benötigt eure Sexualität? Was braucht ihr in anderer Hinsicht noch in eurer materiellen Umgebung – eurer Wohnung, den Finanzen, eurer Nahrung? Die Antworten kommen vielleicht in Form von Diäten, Übungen, Informationen oder sozialen Aktivitäten, die ihr vornehmen müßt, um eure Situation zu verändern.

Nun laßt euer Bewußtsein sich aufwärts in den Magen und den Herzbereich bewegen. Es hilft euch vielleicht, wenn ihr in diesen Teil des Körpers atmet. (Pause) Dieser Bereich steht mit eurem Gefühlsleben in Beziehung. Was findet ihr dort? Fragt euch wiederum, was ihr in diesem Bereich eures Lebens benötigt. Seid ihr zu vollgestopft mit Gefühlen und persönlicher Geschichte? Müßt ihr sie mehr herauslassen? Oder braucht ihr einen Wechsel in einer Beziehung? Welches sind eure hauptsächlichen Probleme in diesem Bereich der Gefühle? Fragt euch, was ihr für euch selbst tun könnt. Was kann eine andere für euch tun, um euch das zu geben, was ihr braucht?

Nun sendet ihr euer Bewußtsein in den Kopf. Er bildet die Basis für eure geistige Aktivität: das Denken und intellektuelle Beschäftigungen. Er ist auch der Sitz eurer Wahrnehmung und eurer spirituellen Verbindung. (Pause) Befragt euch innerlich zu diesen Bereichen – den intellektuellen, den intuitiven, den geistigen/spirituellen –, fragt euch, was euch daran hindert, euch in jenen Bereichen frei auszudrücken. Und fragt euch, was ihr braucht.

Nun betrachtet eure ganze Person. Wie passen diese Bereiche – der körperliche, der emotionale und der geistig/spirituelle – in euch zusammen? Arbeiten sie zusammen oder zerren sie euch in verschiedene Richtungen? Was müßt ihr tun, damit sie sich mehr im Gleichgewicht zueinander befinden?

Nun konzentriert euch wieder auf euern Atem und kommt allmählich in den Raum zurück.

Wir empfehlen euch, nach dieser Übung die wichtigen Punkte, die auftauchten, aufzuschreiben: die Bedürfnisse, die ihr festgestellt habt, und wie ihr in eurem täglichen Leben auf sie reagieren könnt. Dann teilt ihr euch das Wichtigste mit, paarweise oder in der Gruppe.

141 Übung im Nicht-Identifizieren

Obwohl wir der Psychosynthese gegenüber Vorbehalte hegen, finden wir diese Übung nützlich, um die Emotionen ins richtige Verhältnis zu bringen und um ein Selbstgefühl zu bekommen, das jenseits der turbulenten Gefühle und dem Infragestellen der eigenen Persönlichkeit liegt, beides Dinge, die wir während der Therapie erfahren. Ihr könnt sie eine Woche lang jeden Tag machen. Es wäre ein Fehler, sie ohne viel Therapieerfahrung zu machen, bevor ihr gelernt habt, euch mit eurem Körper und euren Gefühlen zu verbinden und zu identifizieren. Ihr müßt wirklich in sie „einsteigen" können, bevor ihr damit beginnen könnt, aus ihnen „auszusteigen", und sie so ins richtige Verhältnis zu setzen.

Setzt euch in bequemer und entspannter Lage hin. Falls ihr allein seid, lest ihr euch den Text *laut* und langsam vor. Befindet ihr euch in einer Gruppe, kann eine Frau ihn vorlesen, während die anderen die Augen schließen. Macht eine kurze Pause nach jedem Abschnitt.

Ich *habe* einen Körper, aber *ich bin nicht* mein Körper. Mein Körper mag sich in verschiedenen Zuständen von Gesundheit oder Krankheit befinden; er mag ausgeruht oder müde sein ... Mein Körper ist mein kostbares Werkzeug für Erfahrungen und Handlungen in der Außenwelt, aber er ist *bloß* ein Instrument. Ich behandle ihn gut; ich versuche ihn bei guter Gesundheit zu erhalten, aber er ist *nicht* ich selbst. Ich *habe* einen Körper, aber *ich bin nicht* mein Körper.

Ich *habe* Gefühle, aber *ich bin nicht* meine Gefühle. Diese Gefühle sind zahllos, widersprüchlich, wechselhaft, und dennoch weiß ich, daß ich immer ich bleibe, *mich selbst*, in Zeiten der Hoffnung oder Verzweiflung, der Freude oder des Schmerzes, in einem Zustand der Verärgerung oder der Gelassenheit. Da ich meine Gefühle beobachten und verstehen, und dann in zunehmendem Maß lenken und einsetzen kann, ist es offensichtlich, daß *sie nicht ich selbst sind*. Ich *habe* Gefühle, aber *ich bin nicht* meine Gefühle.

Ich *habe* einen Verstand, aber *ich bin nicht* mein Verstand. Er ist mehr oder weniger entwickelt und aktiv; er ist ungeschult, aber gelehrig; er ist ein Instrument des Wissens bezüglich der Außen- wie der Innenwelt; aber er *ist nicht ich selbst.* Ich *habe* einen Verstand, aber *ich bin nicht* mein Verstand.

Was bin ich dann? Was bleibt übrig, nachdem ich von meiner Ich-Identität die körperlichen, emotionalen und geistigen Inhalte meiner Persönlichkeit, meines Ichs abgezogen habe? Es ist der Kern von mir selbst – ein Mittelpunkt des reinen Selbstbewußtseins und der Selbstverwirklichung. Es ist der bleibende Faktor in dem ständig wechselnden Strom meines persönlichen Lebens. Es ist das, was mir ein Existenzgefühl gibt, ein Gefühl der Dauer, der inneren Sicherheit. Dieser Mittelpunkt besitzt nicht nur ein gleichbleibendes Ich-Bewußtsein, sondern auch eine dynamische Kraft; es ist imstande, all die psychologischen Prozesse und den Körper zu beobachten, zu lenken und zu verwenden. *Ich bin ein Mittelpunkt des Bewußtseins und der Stärke.*[7]

ANMERKUNGEN

1 Frederick S. Perls, *Gestalt Therapy Verbatim,* Bantam Books, New York 1971; deutsch: *Gestalt-Therapie in Aktion*, E. Klett Verlag, Stuttgart 1976, S. 167.

2 Beschrieben von Hogie Wyckoff in Claude Steiner (Hrsg.), *Readings in Radical Psychiatry,* Grove Press, New York 1975, S. 87-89.

3 Aus: *Red Therapy*, Red Therapy Group, c/o 28 Redbourne Avenue, London N3

2BS, 1978, S. 44.

4 Diese Bemerkungen haben wir dem Merkblatt des *Radical Therapist* über „Handling Psychiatric Emergencies“ (über den Umgang mit psychiatrischen Notfällen) entnommen.

5 David Boadella in Jenny James, *Room to Breathe*, Coventure, London 1975, S. 227.

6 Alexander Lowen, *Bioenergetics,* Coventure, London 1976, S. 298. Deutsch: *Bioenergetik,* Scherz-Verlag, 1975.

7 Basierend auf Roberto Assagioli, *Psychosynthesis,* Penguin, New York 1976, S. 118-119. Wir haben sie leicht abgeändert übernommen.

X
Das von der Therapie bekommen, was du brauchst

Hier beantworten wir einige allgemeine Fragen zur Wahl der Therapie, die ihr benötigt. Unsere Antworten haben sich aus Diskussionen in unserer eigenen Gruppe und mit vielen anderen Frauen ergeben. Wo wir die relativen Vorzüge der verschiedenen Therapieformen nebeneinanderstellen, sind die Beschreibungen kurz gehalten, da ihr ausführlichere Darstellungen der Theorie und Praxis das ganze Buch hindurch finden werdet. Hier beschränken wir uns darauf, wie das Vorhandene auf die spezifischen Bedürfnisse einer Frau abgestimmt werden kann.

Obwohl wir unsere eigenen Ansichten darüber haben, welche Therapie wahrscheinlich die wirksamste ist, sehen wir, daß aufgrund des leicht veränderlichen Wissenstands über Therapie letztlich die Auswahl nach persönlichen Präferenzen und Verfügbarkeit an Angeboten getroffen werden wird. Eine wichtige Rolle werden dabei deine Gefühle spielen, ob du in einer Selbsthilfegruppe, einer geleiteten Gruppe oder mit einer einzelnen Therapeutin am sichersten arbeiten kannst.

DIE RICHTIGE ART VON THERAPIE WÄHLEN

Falls es dir immer wieder passiert, daß deine Gefühle sich in Worte verlieren oder du dich stumpf und deprimiert fühlst, anstatt bestimmte Emotionen wie Wut, Angst, Freude oder Frustriertsein bewußt zu empfinden, empfiehlt es sich mit einer expressiven Therapie zu beginnen.

Encounter und Bioenergetik

Sowohl Encounter wie die Bioenergetik zeigen Wege auf, wie du mit deiner Stärke und deinen Kräften in Berührung kommst und sie erlebst. Sie eignen sich dazu, Blockierungen direkt anzugehen, wenn du dich in deinem Körper oder in deinen Beziehungen leblos fühlst.

Möchtest du deine sozialen Beziehungen untersuchen, kommt Encounter eher in Betracht.

Jean fühlte sich leblos und unfähig, sich auf Leute zu beziehen. Sie merkte, daß das sanfte Tempo ihrer Selbsthilfegruppe sie unberührt ließ und beschloß, an einem achtundvierzig-Stunden-Encounter-Marathon teilzunehmen. Dieser Frontalangriff auf ihre Widerstände zeigte ihr, daß sie tatsächlich fühlen *konnte* und gab ihr Vertrauen, sich in ihren Gefühlen zu ändern.

Falls du dich auf das Selbst-Bewußtsein, besonders auf das Körperbewußtsein konzentrieren möchtest, versuchst du es am besten mit Bioenergetik: Du mußt herausfinden, welche Art von Bioenergetik du verwenden wirst. Kapitel fünf gibt Aufschluß über den Unterschied zwischen Arbeit, die Blockierungen aufsprengt, was dem entspricht, was wir hier erörtern, und subtileren Formen.

Susan fand eine sechswöchige Bioenergetikgruppe zu Beginn der Therapie hilfreich, da sie sich zu stark von ihrem Körper abgespalten erlebte und ihre Gefühle nicht körperlich ausdrücken konnte. Sie war sich der verschiedenen Arten, wie sie ihren Körper ablehnte, so stark bewußt und sah ihn bloß so, wie andere Leute ihn benutzen oder wahrnehmen könnten, daß sie keinelei Lust – oder nur wenig Schmerz – in ihm zulassen konnte. Die Bioenergetik half ihr in konzentrierter Art und Weise.

Beide, Bioenergetik und Encounter können eine sehr starke Wirkung haben und dir das Gefühl vermitteln, daß du zu wenig Kontrolle über das Geschehen besitzt. Dies ist ein Problem für uns Frauen, da es das, was wir häufig im übrigen Leben erfahren, widerspiegelt. Beim Encounter kann es geschehen, daß sich der Gruppenprozeß scheinbar verselbständigt und wir uns zu sehr auf die emotionale Dynamik zwischen uns und den anderen konzentrieren. Bei der Bioenergetik, wo die Arbeit am Körper geschieht und weniger auf der bewußten Ebene, liegt die Kontrolle mehr bei der Therapeutin oder der Gruppenleiterin, die versteht, was sich in deinem Körper abspielt. Die intensive psychische und körperliche Erfahrung erscheint dir vielleicht zu außerordentlich, um sie mit deinen Alltagserfahrungen und Konflikten in Beziehung zu bringen.

Es ist immer falsch, wenn du meinst, du „solltest" irgendeine Art von Therapie machen. Manchmal sagen Frauen „Ich glaube, ich sollte Encounter machen", was möglicherweise einem Muster von „du solltest", von Übergewissenhaftigkeit folgt, das die Frau überhaupt erst in die Therapie brachte. In unserer Gruppe machten wir einen Fehler, als wir Janet dazu überredeten, zur Einführung eine Encountergruppe zu besuchen. Zu diesem Zeitpunkt in ihrem Leben hatte ihr Mann sie soeben verlassen, und sie sah sich mit den psychischen und praktischen Schwierigkeiten konfrontiert, die ein Leben allein mit zwei kleinen Kindern mit sich bringt. Die Encountergruppe, die alles andere als ein sicherer Ort war, wo sie einige Gefühle hätte entladen und Erleichterung bekommen können, lähmte sie statt dessen. Sie hatte Angst, sich in die Gruppe einzubringen, weil sie glaubte, das würde sie gänzlich aus dem Gleichgewicht werfen und ihr auch noch die verbleibende Kontrolle über ihr Leben nehmen.

Wenn du dein Selbstbewußtsein auf sanftere Art und Weise vergrößern möchtest, sind Co-counselling oder Gestalt die geeigneteren Methoden.

Das Co-counselling

Ein guter Ausgangspunkt, da es paarweises Arbeiten voraussetzt und manchen Frauen leichter fällt als die Aufmerksamkeit der ganzen Gruppe zu bewältigen. (Es ist auch eine ausgezeichnete Technik, wenn du keine Gruppe hast, aber eine Freundin, die mit dir arbeiten möchte.)

Die Frau, die Klientin ist, hat die Leitung unter sich, was für viele Frauen, die sich in Beziehungen immer kontrolliert fühlen, eine neue Erfahrung bedeuten kann. Jede der beteiligten Personen bekommt genau ihre Zeit zugemessen. Auch dies ist wichtig für uns Frauen, da unser Bedürfnis nach Zeit und Raum häufig erst zuletzt berücksichtigt wird.

Es hilft, dich aufs Positive in dir zu konzentrieren und seine Techniken sollen eine Entladung von Gefühlen bewirken. Du lernst, auf eine positive und bejahende Art und Weise *zuzuhören.*

Co-counselling ermöglicht zwar keine wirkliche Konfrontation und auch die Entladung hat ihre Grenzen. Die Betonung des Positiven kann ebenfalls einen sentimentalen und unwirklichen Charakter annehmen. Dennoch stellt das Co-counselling die bisher zugänglichste Form der Selbsthilfetherapie dar, da es nur zwei Personen und die einfachste therapeutische Technik erfordert: konzentrierte Aufmerksamkeit schenken.

Wir haben bei der Verwendung des Co-counselling unter uns Gruppenmitgliedern gute Erfahrungen gemacht, besonders dann, wenn sich jemand in einer Krise befand und sofortige Aufmerksamkeit brauchte.

Gestalt

Gestalt konzentriert sich auf die Gefühle und das Körperbewußtsein in der *Gegenwart.* Gestalt funktioniert nicht über Konfrontation mit Widerständen wie beim Encounter, sondern macht dir deine Widerstände bewußt und hilft dir, dein „Festgefahrensein“ wahrzunehmen. Gestalt kann beispielsweise einer Frau helfen, die während des Co-counsellings beim Entladen eines bestimmten Gefühls steckengeblieben ist.

Gestalt besitzt den Vorteil, das Verbale mit dem Körperlichen zu verbinden. Sie kann für die Arbeit an zwischenmenschlichen Beziehungen verwendet werden.

Sie kann die emotionale Bedeutung von Träumen und Phantasien klären.

Gestalt ist eine der einfachsten therapeutischen Techniken für die Verwendung in einer Selbsthilfesituation (wobei viel Feingefühl entwickelt werden kann). Obwohl bei ihr Körpersprache wie auch das Sprechen im Vordergrund stehen, ist es noch immer leicht, sich in Worte zu verlieren. Manchmal machen Frauen, die sich in einer schweren Krise befinden, auch die Erfahrung, daß durch Gestalt ihre Spaltungen zu stark in den Vordergrund treten, so daß sie eine schreckliche Angst bekommen sich aufzulösen. Nochmals: *Mach nur das, was dir gut tut und dir richtig erscheint.* Sprich dich aus, wenn du Angst bekommst, während du Gestalt oder irgendeine andere Form von Therapie machst.

Psychodrama
Nicht die leichteste Methode für die Arbeit in einer Selbsthilfegruppe, aber sie kann zur rechten Zeit angewendet werden. Das Psychodrama fördert die Sensibilität für die eigenen Gefühle und die anderer Leute, so daß du dich wahrscheinlich nicht in Intellektualisierungen verlieren wirst. Wenn du einer professionell geführten Gruppe beitreten möchtest, bietet das Psychodrama einen guten Ausgangspunkt, da es den direkten Gefühlsausdruck mit verbalen und körperlichen Mitteln unterstützt, was der Therapie ermöglicht, sich deutlich auf Alltagserfahrungen zu beziehen.

All diese Methoden machen mir viel zu viel Angst. Ich möchte zwar bewußter werden, fühle mich aber nicht bereit, mich derart gefühlsmäßig zu exponieren, wie ihr es beschreibt. Wie und womit soll ich beginnen?
Vielleicht fällt es dir leichter, dein psychisches Bewußtsein zu erweitern, wenn du zuerst deinem Körper mehr Zeit und Aufmerksamkeit widmest. Dies könntest du zum Beispiel durch Tanz erreichen, indem du einer Tanzgruppe beitrittst; mit Hilfe von Massage, wenn du glaubst, daß es dir gut tun könnte. Dabei lernst du auch, andere zu massieren. Auch östliche, mehr formalisierte Methoden wie das Tai Chi oder Yoga kämen in Frage.

Die Alexander-Technik basiert ebenfalls auf einer Theorie, die Körperarbeit mit gefühlsmäßigem Verstehen verknüpft. Diese Technik, die mit Entspannung, Haltung und Ausrichtung arbeitet, beruht auf der Arbeit von Frederick Matthias Alexander zu Beginn dieses Jahrhunderts.

Einigen Frauen bereitet die Körperarbeit am meisten Mühe überhaupt, da viele ihrer tiefsten Ängste mit dem Versuch verknüpft sind, ihren Körper so weit als möglich zu ignorieren. Wenn du so empfindest, versuche nichts zu erzwingen.

Welche Therapieformen beinhalten eine spirituelle Ebene, und wie soll ich zwischen ihnen wählen?
Wir meinen, daß es wichtig ist, über eine Grundlage an Arbeit mit Gefühlen und dem Körper zu verfügen, bevor du dich zu sehr auf mediale oder spirituelle Arbeit einläßt. Damit vermeidest du eine Situation, in der du mehr mit esoterischen Erfahrungen beschäftigt bist, ohne dir deiner Gefühle oder Beziehungen zu anderen groß bewußt zu sein.

Die Jungsche Analyse und die Psychosynthese nähern sich beide über die Gefühle der Spiritualität und verwenden Symbole und symbolische Darstellungen als einen Teil ihrer Mittel, um ein spirituelles Bewußtsein zu erlangen. Während Jungsche Analytiker das Sprechen und die künstlerische Ausgestaltung benutzen, verwendet die Psychosynthese auch gelenkte Phantasien und andere Meditationsformen.

Ein anderer Zugang zur Spiritualität eröffnet sich über Körperarbeit. Die intuitive Massage und das Heilen arbeiten mit der Fähigkeit, sich auf die Körperenergie einer anderen Person als Heilungsagens einstimmen zu können. Es gibt auch die östlichen Körperdisziplinen wie Tai Chi und

Yoga, die das Körperliche mit dem Spirituellen verbinden und eine Therapie auf der psychischen Ebene im Gleichgewicht halten können.

Ich möchte eine Therapie machen, die mir mehr bringt als bloß die Erweiterung meines Bewußtseins über meine Empfindungen. Ich möchte den Wurzeln meines jetzigen Verhaltens, in dem ich festgefahren zu sein scheine, nachgehen. Vielleicht bedeutet das ein Zurückgehen bis zu meiner Kindheit. Welche Art von Therapie wird mir dabei helfen?

Die dafür geeignetsten Therapien sind Bioenergetik, Primärtherapie und die verschiedenen Formen psychoanalytischer Therapie, obwohl wir auch mit Gestalt relevante Arbeit leisten können; dann das Psychodrama oder die Transaktionsanalyse. Praktiker und Theoretiker aller drei wichtigen Regressionstherapien erheben für sich den Anspruch, der einzige Weg zu sein, um auf „tiefster Ebene" zu arbeiten. Dies erschwert das Auswählen, besonders da die Leute häufig eine strenge „Parteilinie" einnehmen. Wir haben alle drei Methoden ausführlich im fünften und achten Kapitel beschrieben. Hier wollen wir versuchen, sie miteinander zu vergleichen.

Bioenergetik und Primärtherapie gleichen sich insofern, als beide eine tatsächliche Regression und ein nochmaliges Erleben einer Kindheitserfahrung anstreben in der Überzeugung, daß ein Wiedererleben von Schmerzen aus der frühen Kindheit unsere Empfindungsfähigkeit in der Gegenwart verstärken wird. Beide verwenden die Körperarbeit; beide können in Selbsthilfegruppen wirksam eingesetzt werden und beide können die Leute ebenfalls in starke und schmerzhafte Gefühlszustände versetzen; diese können für die Betroffenen schwierig zu integrieren oder zu verstehen sein, wenn sie keine spezielle Hilfe bekommen, die ihnen klar macht, was mit ihnen passiert ist, und ihnen hilft, das Erlebte mit ihren Alltagserfahrungen in Beziehung zu setzen. Solch eine direkte Methode kann sowohl Gefühle freisetzen, die jahrelang latent vorhanden waren, wie auch belebend und positiv auf Menschen wirken, die über sich selbst verzweifelt sind. Die Bioenergetik besitzt den besonderen Vorteil mit dem Körper zu arbeiten und damit Gefühlsschichten zu erschließen, die auf andere Weise unglaublich schwer zu erreichen sind.

Die psychoanalytischen Therapien sind etwas anders. Sie bauen auf die verbale Kommunikation und die strukturierte Beziehung zwischen dem Therapeuten und Klienten oder Patienten. Dies bedeutet, daß die Methode selbst nicht angewendet werden kann, obwohl die psychoanalytischen *Einsichten und Theorien* für Selbsthilfegruppen wichtig sein können. Die psychoanalytische Therapie beinhaltet das Sprechen über die Kindheit und nur ihr Wiedererleben in der Gegenwart über die Übertragungsbeziehungen zum Therapeuten; sie verwendet keine Körperarbeit; sie benutzt die Beziehung zwischen Therapeut und Klient als ein Mittel, um eine Verbindung zwischen den vergangenen und gegenwärtigen Realitäten aufrechtzuerhalten; sie kann ebenfalls Gefühle freisetzen, aber sehr viel langsamer und weniger dramatisch als die Primärtherapie oder Bioenergetik.

Gewöhnlich wird mit den mehr „expressiven" Therapieformen begonnen und später zu solchen übergegangen, die das Sprechen und die Übertragungsbeziehung verwenden.

Ich spürte, daß ich eine Therapie brauchte, bei der Sprechen und Kommunikation wichtig sind. Ich kann regredieren und habe ein Primärerlebnis auf eine beinahe solipsistische Art (Solipsismus: Lehre, daß nur das Ich wirklich ist), und dies berührt die eigentliche Schwierigkeit nicht, die ich habe, anderen Menschen nahe zu sein. Ich beschloß, Einzeltherapie mit einer Person zu machen, bei der ich sichergehen konnte, daß sie mich bei all meinen Rückziehern, Wutausbrüchen und Schweigen begleiten würde: eine Person, die unsere Beziehung dazu verwendet, meine Beziehungsschwierigkeiten zu untersuchen.

Häufig leiden wir Frauen im intimen Beziehungsbereich am meisten. Therapien, die die Beziehung zwischen Therapeutin und Klientin als grundlegendes Hilfsmittel benutzen, um das Gefühls- und Phantasieleben der Klientin zu untersuchen, können einer Frau durch die Untersuchung dieser Beziehung die Möglichkeit bieten, eine andere Lösung für ihre inneren Konflikte zu finden. Das kann in einer Selbsthilfetherapie nicht geleistet werden.

Welche Richtlinien soll ich meiner Wahl, mit welcher Methode ich beginne, sei es nun Selbsthilfe oder professionelle Therapie, zugrunde legen?
Es gibt kein einfaches Mittel, das uns zeigt, welche Art von Therapie für uns die beste Ausgangsbasis wäre. Leute mit viel Therapieerfahrung, die viele Frauen im Veränderungsprozeß gesehen haben, besitzen manchmal ein gutes Gefühl für die Bedürfnisse der Betreffenden. Leider sind viele professionelle Therapeutinnen, die über die notwendigen Erfahrungen für eine solche Beurteilung verfügen, Anhängerinnen einer bestimmten Therapieform, was es schwierig macht, sich auf ihre Beurteilung zu verlassen. Hier einige Richtlinien, die wir nach unseren Erfahrungen aufgestellt haben und die dir helfen, selbst einzuschätzen, wo du am besten mit der Therapie beginnen kannst.

1 *Denke über deine eigene Lebensgeschichte nach* oder mach eine Übung, die deine Lebensgeschichte skizziert. Schau, wie weit zurück dein Schmerz zu gehen scheint. Sollte sich zeigen, daß deine Probleme ziemlich neu und beispielsweise mit einer bestimmten Krise verbunden sind, wirst du nicht mit einer der Regressionstherapien beginnen wollen. Natürlich wirst du mehr über dich selbst entdecken, wenn du mit der Therapie beginnst, aber du kannst dann immer noch die Methode wechseln.

2 *Versuche herauszufinden, ob du zuerst Hilfe brauchst, um deine Gefühle erleben zu lernen.* In diesem Fall beginnst du mit einer der „expressi-

ven“ Therapien wie Bioenergetik, Encounter, Gestalt oder Psychodrama.

3 Versuche zu entscheiden, ob du am besten auf eine direkte, voll konfrontierende (Encounter) oder auf eine subtilere Methode (Gestalt) ansprichst.

4 Bist du schon zum Bersten voll mit Gefühlen? Du bist vielleicht eine Person, die Mühe hat, Gefühle zu kontrollieren, oder du hast eine Krise durchgemacht, die Emotionen weckte, die du normalerweise nicht ausdrückst. Versuche festzustellen, ob für dich eine Therapie, die dich aktiv zur Entladung starker Gefühle anhält, eine Bedrohung wäre. Vielleicht lagern deine Gefühle so dicht an der Oberfläche, daß du eine Therapieform brauchst, die dir hilft, sie im Zaum zu halten. Versuche es mit Gestalt oder einer auf die Psychoanalyse ausgerichteten Therapie.

Andere, die dazu neigen von ihren Emotionen überwältigt zu werden, empfinden eine Therapiesituation, in der Gefühle auszudrücken zur „Norm“ gehört, als eine Erleichterung. Sie finden, daß sie die Stärke ihrer Emotionen akzeptieren können, wenn sie andere das gleiche tun sehen. Es hilft ihnen, sich in anderen Bereichen ihres Lebens zu beherrschen, wenn sie wissen, daß sie die Therapie als Ort zur Entladung ihrer Gefühle benutzen können. Falls dies für dich zutrifft, sind für dich eine Encountergruppe, Bioenergetik oder Psychodrama die geeigneten Methoden.

5 Falls für dich die Vorstellung jeglicher Art von Therapie bedrohlich ist, frage dich, was du zu vermeiden suchst. Glaube nicht, du müßtest dich zu irgend etwas zwingen, das für dich zu schwierig ist.

6 Willst du dich wirklich verändern? Wenn du eine bestimmte Form von Therapie auswählst, versuche hinter deine Wahl zu schauen; sie steht vielleicht in geheimem Einverständnis mit deinem sich *nicht* ändern wollen.

7 Hast du die Therapieform häufig gewechselt? Falls du häufig die Therapien, Gruppen oder Therapeutinnen wechselst, frage dich, ob du wirklich die richtige Art von Therapie für dich suchst oder ob du versuchst, etwas zu umgehen, mit dem du nicht konfrontiert sein möchtest?

EINZELTHERAPIE ODER GRUPPENTHERAPIE?

Gruppentherapie

Eine Gruppe bietet den Vorteil, daß sie das Tabu bricht, vor anderen Gefühle zu zeigen. Sie gibt dir nützliches Feedback über deine Art, dich auf andere zu beziehen. Sie zeigt dir, daß deine Gefühle nicht so außerordentlich und beschämend sind, wie du befürchtest, da sie häufig von anderen Frauen in der Gruppe geteilt werden. Indem du anderen Frauen in der Gruppe zusiehst, wirst du fähig, ähnliche Gefühle zu bearbeiten, oder es werden versteckte Emotionen ausgelöst.

Caroline entdeckte, daß sie anderen Gruppenmitgliedern, die nicht ihre engen Freundinnen waren, vertrauen konnte. Sie fand heraus, daß deren Gefühle manchmal den ihren glichen. Dies nahm aus ihren engsten Beziehungen etwas von der Angst und war eine neue Erfahrung für sie, der beigebracht worden war, daß Gefühle vor andern auszudrücken lächerlich sei.

In einer Therapiegruppe arbeitest du auf zwei Ebenen. Du arbeitest sowohl an individuellen Konflikten, die du von außen in die Gruppe hineinbringst, zum Beispiel Ereignisse, die dich während des Tages beschäftigt haben, eine Krise in einer Beziehung, Kindheitserfahrungen, wie auch an Problemen, die durch die aktuelle Erfahrung *in der Gruppe selbst* hervorgerufen werden. In einer Gruppe beispielsweise saß eine Frau zwei Stunden lang schweigend da, bis sie verärgert damit herausplatzte, sie glaube, daß nie genug Zeit für ihre Probleme vorhanden sei. Es gäbe immer eine, deren Probleme schlimmer wären. Als sie sprach, zeigte sich, daß sie sich in der Gruppe genauso fühlte wie zuhause in ihrer Familie, wo ihre Rolle die einer charakterlich gefestigten älteren Schwester war, und sie ihr eigenes Elend verleugnen mußte.

Vielleicht interessiert dich die Gruppentherapie gerade, weil du Schwierigkeiten hast, mit Gruppensituationen fertig zu werden. Die Gruppentherapie scheint besonders für Frauen geeignet, die sehr viel Zeit in Gruppen verbringen, zum Beispiel an ihrem Arbeitsplatz, die ihnen aber gefühlsmäßig Mühe bereiten.

Manchmal spüren wir, daß wir in einer Gruppe sein *sollten*, anstatt Einzeltherapie zu betreiben, um zu vermeiden, daß wir unsere Emotionen geheimhalten und die Verhaltensmuster einer intensiven Paarbeziehung innerhalb einer intensiven zweisamen Therapiebeziehung beibehalten. Zu meinen, du solltest in einer Gruppe sein, scheint uns kein guter Grund, eine Gruppe einer Einzeltherapie vorzuziehen. Einzeltherapie heißt anerkennen, daß du wichtig genug bist, um dir jede Woche Zeit zu geben. Dies kann ebenso sehr deinem Konditioniertsein entgegenwirken wie das Mitteilen deiner persönlichen Gefühle in einer Gruppe. Es ist verfehlt zu glauben, eine Frau, die sich für die Einzeltherapie entscheidet, verzichte auf ihren Sinn für soziale Verantwortung oder weibliche Solidarität.

Du mußt nicht unbedingt zwischen einer Gruppe und einer Einzeltherapie entscheiden. Du kannst beides tun. Für einige Frauen ist eine Gruppe vielleicht der sicherste Ort für eine Therapie, während andere erst in eine Gruppe einsteigen wollen, nachdem sie einige Zeit Einzeltherapie gemacht haben. Wichtig dabei ist auch hier, daß du die „man sollte“ vermeidest und *das tust, was du deinem Gefühl nach willst.*

Einzeltherapie
Du meinst vielleicht, daß deine Arbeit, deine Aktivitäten und Beziehungen

zu Freundinnen und Freunden befriedigend sind, du dich aber im Bereich der engen, häufig sexuellen Beziehungen blockiert fühlst. Trifft dies für dich zu, ist auch eine enge Zweierbeziehung zu einer Therapeutin, obwohl dich diese Vorstellung erschrecken mag, möglicherweise das geeignete Mittel, um Schwierigkeiten mit Intimität nachzugehen.

Ein weiteres verbreitetes Gefühl bei Frauen, das dich zur Einzeltherapie führen mag, ist ein Mangel an Identität oder Ichgefühl, der mit der Vorstellung einhergehen kann, daß die Gefühle der anderen immer wirklicher und wichtiger sind als die eigenen. Eine Frau, die so empfand, sagte: „Als ich in einer Therapiegruppe war, wurden meine Gefühle immer durch jemand anders stimuliert. In der Einzeltherapie bin ich mir selbst überlassen. Es ist sehr unangenehm, aber es konfrontiert mich direkt mit dem Wenigen, das ich von mir selbst wahrnehme."

Bei der Einzeltherapie *lieferst du den Einsatz*, und so gesehen hast du die Kontrolle darüber, was passiert; obwohl es häufig so scheint, als ob sie dich, während sich eine starke Übertragungsbeziehung zur Therapeutin entwickelt, auf bestimmte Wege lenkte und andere tabuisierte. Natürlich ist es immer möglich, daß sie schlecht arbeitet und es *tatsächlich* tut. Die einzige Kontrolle besteht darin, sie mit deinen Gefühlen zu konfrontieren und zu sehen, was dabei herauskommt. *Verlaß dich auf deinen Instinkt.*

Wie wähle ich zwischen einer Selbsthilfetherapiegruppe und einer professionell geleiteten Gruppe?

Wir haben dieses Buch geschrieben, weil unsere eigenen Erfahrungen in einer Selbsthilfegruppe für uns so wichtig waren. Eine Selbsthilfegruppe kann mehr sein als ein Ort, wo wir Therapie machen: Sie kann einen kleinen Teil der Gemeinschaft bilden, eine soziale Gruppierung, wo normale Tabus von Gefühlsäußerungen keine Anwendung finden. Diese Möglichkeit empfanden wir als sehr wichtig, da unsere Kritik an der Gesellschaft unter anderem beinhaltet, daß sie beständig unser Gefühlsleben vernichtet. Wir brauchten die Gewißheit, daß nicht nur wir allein dies ändern wollten. Wir sahen gleichfalls ein, daß wir nicht voraussetzen konnten, daß ein Ausdrükken unserer Gefühle immer annehmbar sein würde. Das Wissen, daß wir einander innerhalb und außerhalb der Gruppe brauchten und keine bezahlte Leiterin uns zusammenhielt, gab uns das Gefühl, daß die Gruppenmitglieder tatsächlich helfen *wollten*:

In der Gruppe spürte ich eine Menge heilender Energie. Es waren viele Leute da, die mir halfen. Ich spürte diese Hilfe wirklich und wußte, daß sie weiterbestehen würde.

Ich habe in der Therapie viel Arbeit geleistet. Ich spüre, wie ich mich verändere und das hat mich keinen Pfennig gekostet. Ich spüre auch, daß ich meine Therapie unter meiner Kontrolle habe. Es ist meine Therapie, und ich kann sie abbrechen, wann ich will. In meiner Gruppe besteht ein Abkommen: Will eine Frau ihre Arbeit unterbrechen, sagt sie einfach „Stachelbeere“ (das ist das Wort, das wir auswählten), und die Gruppe hört auf, sie zu drängen.

Es ist wichtig, daß wir in einer Selbsthilfegruppe nicht für den Zugang zu Fachwissen bezahlen müssen. Es ist ungeheuer wertvoll, dieses Wissen in uns selbst zu finden. Die Selbsthilfetherapie stellt eine Methode dar, die Fachkenntnisse eines professionellen Therapeuten zu entmystifizieren und die kollektive Stärke der Leute zu bestätigen, wenn sie mit einem gemeinsamen Ziel zusammenarbeiten. Wir kommen im elften Kapitel noch ausführlicher darauf zurück.

In bestimmter Hinsicht ist es einfacher, in eine geleitete Gruppe zu *gehen*, als in einer Selbsthilfegruppe *mitzumachen*. In einer geleiteten Gruppe wird die Organisation und Verantwortung für dich übernommen. Ihr werdet ziemlich sicher kein tragendes Netzwerk außerhalb der Gruppe bilden wie bei der Selbsthilfe; ihr werdet auch nicht das befriedigende Gefühl haben, daß es eure Gruppe ist, die ihr für euch selbst führt. Die Dynamik der beiden Gruppen wird verschieden aussehen. In einer geleiteten Gruppe gibt es eine klare Autoritätsfigur, während in einer Selbsthilfegruppe vielleicht eine oder zwei aus der „Geschwisterreihe“ hervortreten. Was dir eine geleitete Gruppe jedoch vermitteln kann, sind Erfahrungen oder besonderes Fachwissen, das wir manchmal sehr wertvoll fanden. Einige Methoden, wie etwa die Bioenergetik und das Psychodrama, lassen sich auf diese Weise leichter aneignen. Dies trifft auch für das Verständnis des Gruppenprozesses zu, der sich in einer Gruppe, die die Sicherheit einer Leiterin hat, problemloser abspielt, weil letztere die Verantwortung übernimmt, während die Gruppenmitglieder die internen Gefühlsbeziehungen untersuchen. Wir integrierten in unserer Selbsthilfegruppe die in geleiteten Gruppen verwendeten Methoden und Techniken und profitierten, indem wir beide Erfahrungsbereiche miteinander kombinierten.

Vielleicht möchtest du die Verantwortung nicht übernehmen, die eine Selbsthilfegruppe verlangt. Du sorgst vielleicht für den Zusammenhalt einer Familie und möchtest eine therapeutische Situation mit einer festen Struktur, auf die du dich verlassen kannst. Geben und nicht bekommen machen dir möglicherweise Sorgen, und du glaubst, daß *deinen* Bedürfnissen in einer geleiteten Gruppe eher entsprochen wird. In diesem Fall wäre eine geleitete Gruppe besser. Erkundige dich nach Empfehlungen oder probiere eine eintägige Gruppe oder einen Workshop aus, bevor du dich festlegst. Bescheidene Leiterinnen, die sich über ihre Verantwortung und Grenzen im klaren sind, haben uns immer sehr viel geholfen. Es gibt einige Therapeutinnen, die mit Gruppen und/oder Einzelpersonen arbeiten, die sensibel auf die Körpervorgänge einer anderen Person reagieren und intuitiv erfassen können, was ein anderer Mensch empfindet, eine Fähigkeit, die sich mit der Erfahrung entwickelt. So etwas kommt in Selbsthilfegruppen selten vor, kann aber mit der Zeit und dem nötigen Vertrauen erreicht werden.

Wie kann ich eine Wahl zwischen dem Co-counselling und der Einzeltherapie treffen?

Wir haben festgestellt, daß das Co-counselling und die Einzeltherapie ganz unterschiedliche Dinge anzubieten haben, obwohl beide eher eine Einzel- als eine Gruppenbeziehung beinhalten.

Co-counselling betreibst du nicht ausschließlich mit einer einzigen Person. Falls du dies möchtest, ist das Co-counselling wahrscheinlich nichts für dich. Es gibt dir allerdings die Möglichkeit, die ungeteilte Aufmerksamkeit einer einzigen Person zu erhalten, und es besitzt den Vorteil, daß der Austausch gegenseitig stattfindet. Frauen, die Mühe haben, in einer Gruppe Zeit zu verlangen und dieses Problem nicht innerhalb der Gruppe behandeln möchten, solange sich die Erfahrung, den eigenen Raum zu haben, nicht gefestigt hat, fühlen sich in einer solchen Situation sehr sicher. Es ist eine gleichberechtigte Beziehung, was bedeutet, daß du mit den Konflikten einer Machtbeziehung, wie sie sich in einer Einzeltherapie unweigerlich herstellt, nichts zu tun hast. Nach der anfänglichen Übungsgruppe bist du auch nicht mehr fest an sie gebunden. Aus diesen Gründen könnte das Co-counselling eine gute Ausgangsbasis für deine Therapie sein.

Das Co-counselling kann aber neben einer guten Ausgangsbasis auch ein kontinuierliches Hilfsmittel abgeben: eine leicht zugängliche Therapieform, die bei Bedarf angewendet wird. Falls du einer schwierigen Situation gegenüberstehst, kannst du deine Ängste im Co-counselling bearbeiten. Nachdem du dann einige Emotionen abgebaut hast, fühlst du dich fähig, dich der realen Lage zu stellen, und setzt die Kräfte ein, die dir zur Verfügung stehen. Das Netzwerk des Re-evaluation-counsellings besitzt auch den Vorteil international zu sein und Workshops für bestimmte Gruppierungen anzubieten, einschließlich Männergruppen, Frauengruppen, Gruppen, die auf schichtspezifischem und rassischem Hintergrund arbeiten. Unter dieser großen Auswahl kannst du Co-counselling-Partner/innen finden.

Dich für eine Einzeltherapie entscheiden, bedeutet, eine Beziehung wählen, in der kein gegenseitiger Austausch auf gleichberechtigter Basis stattfindet; eine Beziehung, in der du zwar Aufmerksamkeit entgegennimmst, aber nicht im gleichen Ausmaß zurückgibst. Für einige von uns war dies ein entscheidender Punkt, der uns dazu anhielt, an unserer Konditionierung zur Frau/Mutter/Geberin zu arbeiten und unsere Fähigkeiten, ohne Schuldgefühle zu nehmen, zu entwickeln.

WAS IST FEMINISTISCHE THERAPIE?

Oft glauben Frauen, es gäbe eine bestimmte therapeutische Richtung, die sich auf eine feministische Theorie der weiblichen psychischen Entwicklung stützt und Techniken verwendet, die sich von anderen Therapieformen unterscheiden. In Wirklichkeit hat die feministische Therapie diesen einheitlichen Entwicklungsstand nicht erreicht.

Es gibt Feministinnen wie wir selbst, die durch das Engagement in der Frauenbewegung auf die Therapie gestoßen sind. Es gibt Frauen, die ihre Ausbildung als Therapeutin mit ihrem Verständnis der Rolle der Frau, wie sie es innerhalb der Frauenbewegung entwickelten, in Einklang zu bringen versuchen. Diese Tatsache wird noch dadurch kompliziert, daß es unter Feministinnen, die sich mit Therapie befassen wie in anderen Bereichen der Frauenbewegung, verschiedene Analysen der Wurzeln der Unterdrückung der Frauen gibt. Als sozialistische Feministinnen glauben wir, daß eine grundlegende Veränderung im psychischen Leben der Frau nur möglich sein wird, wenn ein grundsätzlicher Wandel in der gesellschaftlichen Struktur stattgefunden hat, innerhalb der die Mädchen sozialisiert werden und die die Natur unseres psychischen Lebens bestimmt. Wir wissen, daß diese Annahme nicht von allen feministischen Therapeutinnen geteilt wird, von denen einige in ihren Zielen mehr die Ansichten des Growth Movement teilen.

Die Grundannahme jedoch, die von allen in der Therapie engagierten Feministinnen geteilt wird, besagt, daß wir als Frauen zu Bürgern zweiter Klasse in einer von Männern definierten Welt erzogen worden sind und daß diese Tatsache unser Leben und unsere Psyche zutiefst beeinflußt. Daraus folgt, daß die Rolle einer feministischen Therapeutin oder einer feministischen Selbsthilfetherapiegruppe nicht darin besteht, uns dem Zweitklaßbürgerdasein anzupassen, sondern uns helfen soll herauszufinden, wie diese Erfahrungen uns geprägt haben, was für einen Kampf es bedeutet, daß unsere Sichtweise der Welt als gültig anerkannt wird, und wie wir stärker werden können.

Auf der einfachsten Stufe versteht die feministische Therapie das sexuelle Nichtreagieren einer Frau in heterosexuellen Beziehungen als wahrscheinlich unbewußte Strategie in einem Machtkampf und nicht als eine „Krankheits"-Form. Sie wird versuchen, der betreffenden Frau dabei zu helfen, Wege direkten Kampfes zu finden, ohne sich dabei selbst verleugnen zu müssen. Eine feministische Therapie erkennt an, daß eine lesbische Frau nicht in die Therapie kommt, um von ihrem Lesbischsein geheilt zu werden, ebenso wenig wie eine heterosexuelle Frau von ihrer Heterosexualität befreit werden möchte. Sie sieht bei beiden Frauen in erster Linie die vielen schmerzlichen Erfahrungen innerhalb und außerhalb des sexuellen Bereiches, die sie zu untersuchen wünschen.

Außer diesen grundlegenden Annahmen wirst du Feministinnen in allen Therapieformen engagiert finden. Grob gesehen haben wir *drei* Tendenzen unterschieden:

1 Ein Teil der feministischen Therapie bestand darin, im Growth Movement entwickelte Methoden mit einem Verständnis der Unterdrückung der Frauen und deren Auswirkungen für unsere gegenwärtigen Erfahrungen zu verbinden. In diesem Sinn haben wir in unserer Selbsthilfegruppe gearbeitet, was sich in diesem Buch sehr stark widerspiegelt.

Wir haben den Wert der Körperarbeit, der Gestalt, des Encounters, des Psychodramas und anderer Therapieformen für uns Frauen anerkannt, wobei wir einige der Annahmen des Growth Movement verworfen haben und einige Aspekte all dieser Therapien kritisch beurteilten. In diesem Buch zum Beispiel erklären wir, wie Encounter uns beibringen kann, uns direkter zu begegnen. Wir sehen jedoch, daß dies schädlich sein kann, wenn sich dadurch die Probleme verschlimmern, die viele Frauen ohnehin schon damit haben, ihre eigenen Gefühle von denen anderer Leute zu unterscheiden.

Die Techniken der Feministinnen, die als professionelle Therapeutinnen praktizieren, unterscheiden sich vermutlich wenig von denen, die nicht-feministische Therapeutinnen benutzen. Die Art, wie sie jedoch diese Techniken einsetzen, ist eine andere. Ihre Voraussetzungen und ihr Verständnis der Widersprüche, denen wir Frauen in unserer Gesellschaft ausgesetzt sind, werden von ihrem feministischen Bewußtsein geprägt.

2 *Radikale Therapie:* Die von der radikalen Therapie verwendeten Techniken, so wie sie in San Francisco entwickelt wurden, sind der Transaktions-Analyse entnommen. Die Gruppen nennen sich „Problemlösungsgruppen" und nicht Therapiegruppen. Die Frauen machen in den Gruppen Verträge, in denen sie festhalten, wie sie sich verändern möchten. Die Gruppe ermutigt Frauen, klar und deutlich, selbstbewußt und unterstützend zu sein, während sie ihre jeweiligen Spiele und geheimen Absprachen durchbrechen. Sie neigen dazu, die Methoden hervorzuheben, mit denen Frauen sich in der Gegenwart Macht und Stärke versagen, und sie zielen darauf ab, sie zu anderen Verhaltensweisen anzuhalten. Sie konzentrieren sich auf die *bewußten* Erfahrungen einer Frau. Die meisten von Feministinnen verwendeten Therapien gehen von der Annahme aus, daß wir unsere Geschichte und unsere unbewußten Konflikte betrachten müssen, um unsere Stärke zurückzugewinnen. Wir sehen die radikalen Therapiegruppen nur in begrenztem Maß als hilfreich an. Kontrolle über einen bestimmten Aspekt meines Lebens zu gewinnen, kann stärker machen, viele Frauen jedoch, die eine Therapie machen möchten, haben das Bedürfnis nach einer tiefergehenden Untersuchung dessen, was *sich in uns gegen eine Veränderung stellt.*

Problemlösungsgruppen in den USA stehen alle unter der Leitung eines Mitgliedes des radikalen Therapie-Kollektivs. In Holland haben Feministinnen ein Netzwerk von radikalen Selbsthilfetherapiegruppen errichtet, die eine modifizierte Form der amerikanischen Technik verbunden mit Cocounselling verwenden. Erfahrene Mitglieder begleiten eine neue Gruppe während einer begrenzten Zeit, um die Gruppe in Gang zu bringen. In anderen Ländern wurde diese Therapieform nicht in großem Umfang angewendet, aber es gibt Gruppen, die das Training zur Selbstbehauptung für Frauen in den Vordergrund stellen, und die auf der gleichen bewußten Ebene arbeiten. In unserer Selbsthilfegruppe fanden wir einige der Ideen nützlich und haben sie im achten Kapitel dargelegt.

3 Feministische Therapeutinnen arbeiten auch auf der Basis der Psychoanalyse, indem sie die Übertragungsbeziehung zwischen Therapeutin und Klientin als grundlegendes Mittel der Therapie benutzen. Sie versuchen aus den in ihrer Praxis gewonnenen Erfahrungen eine feministische Theorie der psychischen Entwicklung der Frau zu entwerfen. Keine der soeben geschilderten Tendenzen in der feministischen Therapie ist auf ein solches Ziel ausgerichtet; die Growth-Movement-Therapeutinnen, weil sie nicht auf der Basis von Annahmen über den Aufbau der Psyche arbeiten; die radikalen Therapeutinnen, weil sie nicht in erster Linie an unbewußten Prozessen interessiert sind. Theorie und Praxis der feministischen Therapie dieser Art werden im achten Kapitel ausführlicher behandelt.

EINE/N THERAPEUTIN/EN WÄHLEN

Obwohl dies in erster Linie ein Buch über Selbsthilfetherapie ist, haben wir darauf hingewiesen, daß keine Therapieform andere ausschließt, daß einige Leute vielleicht nicht in der Lage sind, in einer Selbsthilfegruppe zu arbeiten; andere wiederum finden, daß sie eine Zeitlang Einzeltherapie brauchen, nachdem sie in einer Selbsthilfegruppe waren. Deshalb betrachten wir dieses Buch auch als Leitfaden für professionelle Therapie und erkennen, daß eine erste Schwierigkeit in der Frage bestehen kann, wie wir eine Therapeutin suchen. Natürlich können wir keine speziellen Empfehlungen machen, aber hier geben wir einige Richtlinien.

Eine feministische Therapeutin finden

Falls du eine feministische Therapeutin möchtest oder zumindest eine Therapeutin, von der bekannt ist, daß sie sich anderen Feministinnen gegenüber gleichgesinnt zeigte, wendest du dich an die Frauenbewegung. Im Anhang findet ihr eine Liste der Frauentherapiegruppen und Zentren in der BRD. Dort könnt ihr auch Informationen über andere therapeutische Institutionen bekommen, die sich mit den in diesem Buch beschriebenen Richtungen wie Gestalt, Psychosynthese, Psychoanalyse, Intuitive Massage und so weiter, befassen. Sie können euch auch Auskunft geben, wie und unter welchen Bedingungen ihr von den Krankenkassen Geld für eine Therapie bekommen könnt.

Unter Umständen können euch auch die lokalen Frauenzentren mit Informationen weiterhelfen.

Vertrauen kontra Technik

Wir haben festgestellt, daß es genauso wichtig sein kann, eine Therapeutin zu mögen und ihr zu vertrauen, wie die Tatsache, daß sie mit Bioenergetik oder Psychodrama arbeitet. Es lohnt sich, unvoreingenommen zu bleiben. Eine Frau in unserer Gruppe hatte sich auf die Bioenergetik festgelegt und äußerte sich zynisch über die Psychoanalyse. Sie wählte schließlich eine feministische Therapeutin, die psychoanalytisch orientiert arbeitete. Eine andere Frau, die ebenfalls eine Bioenergetik-Therapeutin suchte, konnte keine finden, die ihr gefiel. Sie schloß einen Kompromiß, indem sie eine Therapeutin fand, der sie glaubte vertrauen zu können, und machte gesondert Körperarbeit in einer Gruppe.

Ein Therapeut oder eine Therapeutin?
Viele Frauen glauben, daß nur eine Therapeutin imstande ist, sich mit ihren Erfahrungen zu identifizieren. Sie trauen einer ungleichen Beziehung zu einem Mann nicht. Für viele Frauen stellt die Beziehung zu ihrer Mutter ein zentrales Problem dar und kann deshalb gewöhnlich am besten mit einer Therapeutin durchgearbeitet werden. Einige Frauen haben sich aus speziellen Gründen entschlossen, mit einem Therapeuten zu arbeiten. Zwei Frauen in unserer Gruppe erklärten, weshalb sie diese Wahl trafen:

Ich glaube, ich bin in Zweierbeziehungen zu Männern sehr destruktiv gewesen, und ich muß dies in einer Therapie mit einem Mann durcharbeiten.

Ich wußte, daß ich eine Therapie mit einem Mann machen sollte, weil meine Beziehung zu meinem Vater so problematisch war, ebenso meine Beziehung zu Männern, aber ich entschied mich zuerst für eine Frau. Vielleicht brauchte ich zunächst das Bemuttertwerden und dann war ich bereit, das Schwierigste anzupacken. Ich glaube, wenn ich mit einem Therapeuten begonnen hätte, hätte ich abgebrochen und Widerstand geleistet.

Eine zukünftige Therapeutin befragen
Es ist schwer zu sagen, ob du dich mit einer Person, die du nicht kennst, auf eine mögicherweise sehr wichtige und enge Beziehung einlassen kannst. Falls die Therapeutin, die dich interessiert, Gruppen leitet, lohnt es sich gewiß, in einer Gruppe oder einem Workshop mitzumachen, um zu sehen, wie dir die Arbeit mit ihr gefällt. Normalerweise hast du zunächst ein Erstinterview, bei dem du deiner zukünftigen Therapeutin von dir erzählen und sie nach ihrer Arbeitsmethode fragen kannst. Es passiert leicht, daß du dich in dieser Interviewsituation einschüchtern läßt und dir vorstellst, daß die Therapeutin durch dich hindurchsehen kann und jede deiner Bewegungen und dein Naserümpfen deutet. Denk daran, daß du jemanden aussuchst, die *dir* helfen soll. *Deine* Gefühle und *dein* Informationsbedürfnis über ihre Person sind vorrangig. Versuche dir keine Sorgen zu machen, daß du ihre Gefühle verletzen könntest. Du wirst einige praktische Informationen benötigen, etwa wann und wie oft die Therapeutin dich sehen kann und was sie als Honorar fordert. Einige Therapeutinnen möchten dich einmal pro Woche sehen, andere ziehen zweimal pro Woche vor oder sogar öfters (dies gewöhnlich bei den eher psychoanalytisch orientierten Therapieformen), während andere mit einer Sitzung alle zwei Wochen beginnen:

Häufig sind das Therapeutinnen, die mit Bioenergetik arbeiten und meinen, daß du zwei Wochen brauchst, um mit den in der Therapie aufgewühlten Emotionen fertig zu werden. Legt euch auf eine Zeit fest, die für euch beide bequem ist. Falls du einem Zeitpunkt zustimmst, der dir unangenehm ist, frage dich, ob dies in ein Muster paßt, deinen eigenen Bedürfnissen nicht nachzukommen. Wenn möglich, wähle eine Zeit, die dir im Anschluß an die Therapiesitzung noch etwas Muße gestattet, um das Vorgefallene zu verdauen. Frage, wie lange die Sitzungen dauern werden. Einige dauern fünfzig Minuten, einige eine Stunde, einige länger. Die meisten Therapeutinnen gewähren dir deine Zeit, nicht mehr und nicht weniger, deshalb kann Pünktlichkeit von Belang sein. Frage auch danach.

Regle die finanzielle Seite zwischen dir und deiner Therapeutin sofort und direkt. Wir können dir nicht angeben, wieviel ein *vernünftiges* Honorar für eine Einzeltherapie betragen sollte, da wir nicht glauben, daß wir für Therapie bezahlen sollten. Du kannst dir ausrechnen, was du dir leisten kannst und dich nach den gängigen Tarifen erkundigen, die sich von Ort zu Ort und mit der Zeit verändern. Die Therapeutin hat häufig von ihrem Standpunkt aus gesehen gute Gründe, ihr Honorar scheinbar hoch zu berechnen: Das hat gewöhnlich mit der Ungewißheit zu tun, die der Beruf einer privaten Therapeutin mit sich bringt (kein garantiertes Mindesteinkommen, keine bezahlten Ferien oder Krankenurlaub), und den hohen Kosten ihrer eigenen Ausbildung, Supervision und Therapie. Einige Therapeuten verrechnen dir auch das Erstinterview (was es dir erschwert, länger nach einer Therapeutin zu suchen, die dir gefällt), die meisten jedoch nicht. Kläre dies im voraus ab. Einige Therapeutinnen arbeiten mit einer gleitenden Kostenskala, indem sie entweder ihr Honorar nach deinem Einkommen berechnen oder dir die gleitende Skala erklären und dich auffordern zu entscheiden, was du zahlen solltest.

Die praktischen Fragen sind leichter zu handhaben. Fragen, die ihre Arbeitsweise, ihre Ausbildung, ihre Ansichten über die Therapie und über die Frauen betreffen, sind häufig schwieriger, direkt und offen anzugehen. *Bereite dich vorher darauf vor.*

Hier einige Punkte, die du zur Sprache bringen kannst:

Über ihren Hintergrund:
Welche Art von Ausbildung hat sie gemacht?
Ist sie Mitglied irgendeiner Gruppe oder eines Institutes oder pflegt sie andere Formen von Kontakt zu Leuten, mit denen sie über ihre Arbeit sprechen kann?

Die Eigenart der Therapie:
Bitte sie, dir eine Sitzung zu beschreiben.
Wie sieht sie die therapeutische Beziehung?
Arbeitet sie mit der Übertragung?
Wie glaubt sie, daß die Therapie, die sie praktiziert, funktioniert?

Ihre Ansichten über die Frauen:
Wie erreichen ihrer Meinung nach Frauen Erfüllung im Leben: Hauptsächlich durch den Haushalt und die Kinder oder erkennt sie das Suchen nach anderen Formen der Befriedigung an? Was hält sie von bisexuellen und lesbischen Beziehungen?
Frage sie, was sie von der Frauenbewegung hält und nach ihrer Beziehung dazu.

Es gibt keine richtigen Antworten auf diese Fragen in dem Sinn, daß dir damit eine gute Therapeutin gewährleistet wäre. Du wirst vielleicht finden, daß ihre Bereitschaft, diese Art von Fragen zu beantworten, für dich ebenso wichtig ist wie der Inhalt der Antworten. Du entdeckst aber vermutlich auch, daß es für dich am meisten darauf ankommt, verstanden zu werden: Die Beziehung zwischen Therapeutin und Klientin kann eine sehr starke und liebevolle sein.

Ich brauche dringend Hilfe. Spielt die politische Einstellung der Therapeutin eine Rolle?
Wir haben uns so sehr darum bemüht, eine feministische und sozialistische Perspektive in die Therapie einzubauen, weil wir der Auffassung sind, daß Therapie und Politik *keine* separaten Themen sind. Dieses Buch und unsere Arbeit im Bereiche feministischer Therapie und Selbsthilfetherapie stellt unseren Beitrag zu dem Vorhaben dar, einen politisch bewußten Zugang zur Therapie zu entwickeln. Wir behandeln dieses Thema ausführlicher im elften Kapitel.

Ein Großteil der in der Therapie verfügbaren Fachkenntnis und Erfahrung befindet sich in den Händen von Männern oder Frauen, die sich nicht sehr mit den Ideen der Frauenbewegung befaßten und wahrscheinlich nicht viel Sympathie für sie übrig haben. Falls du mit einer Therapeutin arbeitest, deren politische Ansichten von den deinen abweichen, wirst du herausfinden müssen, ob sie über genügend Integrität verfügt, um dich als Individuum zu behandeln und nicht als Patientin, und folglich deinen unterschiedlichen Standpunkt respektiert.

Eine Frau, die Hilfe für ihr Kind suchte, lehnte eine Klinik ab, weil sie und ihr Kind dort scheinbar nicht als Menschen behandelt wurden. Man unterließ es, ihr direkt und offen zu sagen, ob ihr zum gegebenen Zeitpunkt überhaupt Therapie angeboten werden könne; sie ignorierten einen langen Brief, den sie geschrieben hatte und in dem sie versucht hatte, das Wesentliche des Problems und die Art von Hilfe, die sie suchte, zu erklären; sie wandten eine genormte Interviewform an, ohne zu überlegen, ob diese der Situation angepaßt sei. Es fand keine Diskussion politischer Prinzipien statt, obgleich diese Art von Behandlung die der Klinik zugrunde liegenden sozialen und politischen Vorurteile widerspiegelt.

Wir glauben, daß erfolgreiche Arbeit mit Therapeutinnen, die unsere politische Perspektive nicht teilten, möglich war, wo:

wir in unserer Auffassung von der Beziehung zwischen Therapie und Politik durch unsere Selbsthilfegruppe und in zunehmendem Maß durch die Entwicklung von Ideen innerhalb der Frauenbewegung unterstützt wurden.

wir die unterschiedlichen Standpunkte geklärt hatten, bevor wir mit der Arbeit begonnen haben, so daß wir über die jeweiligen Voraussetzungen informiert waren. Es kann sogar eine Abmachung getroffen werden, gewisse Bereiche auszuklammern.

wir genügend Therapie gemacht hatten, um genau zu wissen, welches therapeutische Fachwissen uns fehlt, ein Wissen, das wir uns nicht immer innerhalb eines feministischen Kontextes aneignen können (ein Teil unserer Arbeit soll bezwecken, daß andere Feministinnen diese Fertigkeiten entwickeln).

WERDE ICH MICH SCHLECHTER FÜHLEN, BEVOR ES MIR BESSER GEHT?

Hinter dieser Frage verbirgt sich die Angst, daß mit Beginn einer Therapie alle Arten von scheußlichen oder erschreckenden Dingen in uns selbst, die wir am besten in Ruhe lassen, zum Vorschein kommen oder wir möglicherweise die Schleusen eines reißenden Stroms an Emotionen öffnen, die zu bändigen wir nicht in der Lage sein werden. Häufig sind sich Frauen dieser Art von Befürchtungen ganz bewußt. „Wenn ich anfange, meiner Abhängigkeit Ausdruck zu geben, werde ich nicht mehr damit aufhören“, „Wenn ich meine Bedürfnisse zeige, wird niemand sie je befriedigen können.“ Es gibt auch andere Ängste. „Werde ich in meinem gewohnten Lebensstil weiterfahren können, meiner Arbeit nachgehen und für meine Familie sorgen?“, „Werde ich etwas Wertvolles verlieren wie etwa meinen Elan oder meine Fähigkeit, kreativ zu sein?“

Wahrscheinlich wirst du dich erleichtert fühlen, wenn du mit der Therapie beginnst. Die Hürde des Entschlusses nehmen, stellt eine Erleichterung an sich dar; aber auch die Gewißheit, einen sicheren Ort zu haben, wo diese Gefühle aufkommen können, oder die Entdeckung, daß du dich auch noch anders fühlen kannst als bloß festgefahren und verwirrt, werden dir Selbstvertrauen geben.

Einige Frauen sind zu Beginn dermaßen eingeschüchtert, daß sie wie gelähmt sind und in den ersten Sitzungen nichts machen können. Es ist eine unangenehme Erfahrung, falls sie dir jedoch passieren sollte, mußt du nicht verzweifeln. Es ist nichts Ungewöhnliches dabei, wenn du in einer neuen Situation Angst hast. Verweile bei deiner Angst und versuche darüber zu sprechen.

Du wirst wahrscheinlich erst nach ein paar Monaten Therapie anfangen, dich schlechter zu fühlen. Du kommst leichter durch eine schlechte Zeit hindurch, wenn dir klar ist, was vor sich geht und du weißt, daß es ein Ausdruck deiner Veränderung ist.

Du fühlst dich möglicherweise schlechter, weil du alte Methoden, dich zu schützen, aufgibst. Dies kann das Aufgeben eines Symptoms bedeuten (zum Beispiel Spannungsschmerzen), einer Sucht (Zigaretten rauchen) oder eines Zustands innerer Stumpfheit und Bedrücktheit.

Du bist vielleicht auf einen psychischen Block gestoßen. Deine Verwirrung und deinen Widerstand erleben, was Perls mit „ins schwarze Loch hinuntersteigen" bezeichnete, kann unerträglich sein. Du wirst dich vermutlich besser fühlen, wenn du den Schmerz, dem du ausgewichen bist, tatsächlich verspürst.

Du erlebst vielleicht vergangene Schmerzen (beispielsweise indem du die starke Eifersucht bei der Geburt deines jüngeren Bruders wiedererlebst) und hast noch keinen Weg gefunden, sie zu integrieren, mit ihnen in Güte zu leben oder zu erkennen, daß deine Kindheitsängste unberechtigt waren.

WIE LANGE DAUERT EINE THERAPIE? WIE WEISS ICH, WANN SIE ZU ENDE IST?

Wir sehen die Therapie als einen kontinuierlichen Prozeß an. Du wirst vielleicht das ganze Leben hindurch auf verschiedene Arten an dir arbeiten wollen. Deshalb wirst du wahrscheinlich zu verschiedenen Zeiten an drängenden Konflikten oder Sorgen zu arbeiten wünschen oder eine neue Seite an dir entdecken wollen: Vielleicht Massage, falls du nie irgendwelche Körperarbeit gemacht hast, oder eine Gruppe werdender Mütter, wenn du bald ein Baby kriegst.

Selbsthilfe

Die Leute waren häufig überrascht, wenn sie sahen, daß wir nach fünf Jahren immer noch aktive Mitglieder einer Selbsthilfetherapiegruppe waren. Wahrscheinlich deshalb, weil sie Therapie innerhalb eines medizinischen Modells sehen, wo eine kranke Person eine Behandlung erhält und entlassen wird, wenn sie „geheilt" ist. In unserer Gruppe machten wir alle die Erfahrung, daß wir unser Leben besser in Kontrolle und befriedigendere Erlebnisse hatten als vor der Therapie. Wir stellten jedoch fest, daß wir je nach Bedürfnis unsere Gruppe weiterhin für Diskussionen, Unterstützung und gemeinsame Therapie benutzen könnten. Eine Selbsthilfegruppe kann sich auf diese Weise wandeln, um sich den Bedürfnissen ihrer Mitglieder anzupassen.

Professionelle Therapie

Die Frage, wann und ob eine Therapie abgebrochen oder beendet werden soll, stellt sich dringender bei einer Einzeltherapie oder in einer geleiteten Gruppe. Bei Beginn der Therapie kann es recht beängstigend sein, sich auf einen Prozeß einzulassen, bei dem wir nicht wissen, ob es sich um ein sechswöchiges oder sechsjähriges Engagement handeln wird, besonders wenn man von Leuten gehört hat, die sich seit Jahren „in Analyse" befinden. Es kann ebenso beängstigend sein, sich einer Person oder einer Gruppe zu öffnen, wenn wir befürchten müssen, daß die Therapie zu Ende ist, bevor wir selbst dazu bereit sind.

Wenn du die Therapie mit einem bestimmten Problem beginnst, lohnt es sich, deine eigene Lebensgeschichte sorgfältig zu studieren und zu versuchen, dir ehrlich einzugestehen, ob dieses Problem tatsächlich Teil eines beständigen Verhaltensmusters ist. In den Therapien für Eßsüchtige beispielsweise machen wir häufig die Erfahrung, daß eine Frau, die schon seit früher Kindheit Eßprobleme oder Übergewicht hatte, *wahrscheinlich* länger braucht, um ihr Problem des zwanghaften Essens durchzuarbeiten als eine Frau, die erst vor kurzem dieses Symptom als vermutliche Reaktion auf eine offensichtliche Veränderung der Lebensumstände aufweist, etwa als Folge auf einen Umzug in ein unbekanntes Land, eine Heirat oder die Geburt ihres ersten Kindes.

Es gibt jedoch keine festen und „handlichen" Regeln, die dir sagen, wie lange deine Therapie dauern oder wann du sie beendet haben wirst. Der gesunde Menschenverstand sagt dir vielleicht, daß sie dann zu Ende ist, wenn die Probleme, die dich zunächst in die Therapie brachten, gelöst worden sind. Aber dir wird dann vermutlich schon bewußt sein, daß es bei der Therapie nicht um diese Art von Prozeß geht. Hier einige Hinweise, die dir vielleicht nützlich sein könnten:

1 Falls du die Therapie abbrechen möchtest, überprüfe zunächst, ob du dich festgefahren fühlst oder nicht. Sollte dies zutreffen, sieh unter „Festgefahrensein" ein wenig weiter unten in diesem Kapitel nach und versuche ein paar der von uns vorgeschlagenen Übungen zu machen.

2 Falls du dich sicherer fühlst, daß deine Wahrnehmung von Leuten und Situationen auf dem basieren, was in der Gegenwart geschieht, und du sie nicht als eine Art „Sprungbrett" für dein Phantasieleben benutzt, bist du vielleicht soweit, die Therapie abzubrechen.

3 Falls du spürst, daß es dir leichter fällt, zu erkennen, wann sich die Dinge für dich zum Guten wenden und du dein Leben so einrichten kannst, daß deine Erfahrungen eher deinen Ansprüchen entsprechen (offensichtlich solche, die sich innerhalb der gesellschaftlichen Realität bewegen), wirst du vermutlich die Therapie weniger dringend brauchen.

4 Bist du eine Frau, die Mühe hat, sich abhängig zu fühlen, und lernst du dies in der Therapie, kann es ein Hinweis dafür sein, daß du eine wichtige Veränderung durchgemacht hast. Frauen hingegen, die sich in der Therapie schnell abhängig und kindlich fühlen, sind vielleicht bereit, die Therapie abzubrechen, wenn sie sich in Beziehung zu ihrer Therapeutin als Erwachsene erfahren.

Sogar die professionelle Therapie ist kein einmaliger in sich abgeschlossener Prozeß mit einem endgültigen Schluß. Für einige Frauen ist es vielleicht sinnvoller, eine bestimmte Zeit lang Therapie zu machen, um dann später, wenn sie das Bedürfnis haben, wieder darauf zurückzukommen.

Ich habe ziemlich viel Therapie gemacht, aber ich fühle mich immer noch in mancher Hinsicht festgefahren. Was soll ich jetzt tun? Soll ich meine Selbsthilfegruppe (oder meine Therapeutin) verlassen?
Dies geschieht allen, die Therapie machen. Du mußt herausfinden, ob dein Festgefahrensein Teil eines therapeutischen Prozesses darstellt, was du in der Therapie durcharbeiten kannst, oder ob du entweder die Therapie verlassen oder deine Probleme anders anpacken mußt.

Versuche deine gegenwärtige psychische Lage einzuschätzen. Frage dich, wie du dich bei Beginn der Therapie gefühlt hast, was sich für dich geändert hat oder was in Bewegung geraten ist und welche Seiten an dir sich nicht verändern. Du kannst es von dir aus machen *und* zugleich innerhalb deines augenblicklichen therapeutischen Rahmens (mit deiner Selbsthilfegruppe, geleiteten Gruppe oder deiner Therapeutin). Wenn du glaubst, daß ein Teil des Problems aus deinem Mißtrauen der Gruppe oder der Therapeutin gegenüber besteht, schau, daß du eine/n Freund/in findest, mit der/dem du arbeiten und deine Gefühle innerhalb der therapeutischen Situation zur Sprache bringen kannst. Hier jedoch eine Warnung: Wir haben festgestellt, daß wir uns bei der Aussprache mit einer Freundin leicht selbst rechtfertigen, anstatt unseren widersprüchlichen Gefühlen nachzugehen. Versuche deshalb, mit deiner Freundin nach einer bestimmten Struktur vorzugehen. Hier einige Vorschläge für Strukturen, die du mit einer Freundin oder in einer Gruppe verwenden kannst.

142 Benutze eine Beschreibung, eine Zeichnung oder den Tanz, um die Entwicklung vom Beginn der Therapie bis zum gegenwärtigen Zeitpunkt darzustellen. Dann sprichst du über das, was du ausgedrückt hast und bittest um Feedback.

143 Bilde ein Rollenspiel, bei dem du zuerst dich selbst spielst und dann die Gruppe oder die Therapeutin.

Stelle abwechslungsweise einen Dialog her zwischen zwei Teilen von dir: Zwischen dem Teil, der die gegenwärtige Therapieform beibehalten möchte und dem anderen Teil, der sich festgefahren fühlt, und eine neue Gruppe oder eine andere Therapeutin wünscht.

Du kannst diese Ideen weiterentwickeln und abändern, damit sie deiner Situation entsprechen und andere Leute miteinbeziehen, indem du sie aufforderst, verschiedene Rollen zu spielen oder dich zu „doublen". Sollte dir ein therapeutischer Rahmen fehlen, versuchst du jemanden zu finden, die mit dir Co-counselling macht, so daß du einige deiner festgefahrenen Gefühle ausdrücken kannst und Feedback bekommst.

Hier ein Beispiel von zwei Frauen, die zu entscheiden versuchen, ob sie in ihren Selbsthilfegruppen bleiben oder eine neue Therapieform bevorzugen sollten.

Doreen fühlte sich in ihrer Gruppe allmählich immer weniger sicher. Sie konnte der Gruppe keine der Dinge anvertrauen, die sie plagten. Nachdem sie mehrere Wochen lang fast nur geschwiegen hatte, teilte sie den anderen mit, daß sie die Gruppe verlassen werde, weil sie ihr keine Hilfe mehr bedeute. Mehrere Frauen sagten ihr, wie leid es ihnen täte, wenn sie wegginge, und Doreen begann zu weinen. Allmählich zeigte sich, daß sie sich in der Gruppe sehr stark so wie in ihrer Familie fühlte: daß sie, sollte sie die Wahrheit sagen, als verrückt angesehen und sich nicht mehr für voll nehmen würde. Als Doreen begriff, daß sie ihre Gefühle gegenüber ihrer Familie auf die Gruppe projizierte, fühlte sie sich außerordentlich erleichtert und war imstande zu sehen, wie das gleiche auch an anderen Orten passierte.

In der Gruppe bleiben war für Doreen das einzig Richtige. Wäre sie weggegangen, hätte sie eines ihrer problematischsten Verhaltensmuster wiederholt und verstärkt.

Mary befand sich schon seit Jahren in unserer Selbsthilfegruppe und wurde sich in zunehmendem Maß bewußt, wie ihre Kindheitserfahrungen sie in der Gegenwart beeinflußten. Sie arbeitete verschiedene Male in der Gruppe an ihrer Kindheit, spürte aber, daß sie mehr Zeit, Raum und gleichmäßige Aufmerksamkeit brauchte, als die Gruppe ihr zu geben vermochte. Wir unterstützten sie alle in ihrem Entschluß, etwas Einzeltherapie zu machen, während sie weiterhin in der Gruppe blieb.

KANN ICH DIE THERAPIE AUF EIN BESTIMMTES PROBLEM BESCHRÄNKEN?

Wir haben festgestellt, daß eine Therapie, die sich auf ein bestimmtes Problem konzentriert, sehr hilfreich sein kann, nicht weil jener Konflikt von der übrigen Erfahrung und Persönlichkeit der Frau isoliert wird, sondern weil sie durch ein wirksameres Bearbeiten jenes Problems, wie etwa ihre Angst vor dem Fahren mit der Untergrundbahn oder ihre Orgasmusschwierigkeiten, an Selbstvertrauen gewinnt und weiß, daß sie in Zukunft andere Bereiche ihres Lebens effektiver beherrschen lernen wird. Es kann auch dieses bestimmte Problem aus dem Handlungsbrennpunkt rücken und einer allgemeineren Selbsterforschung den Weg bahnen.

Eine sehr erfolgreiche Form feministischer Therapie, die sich auf ein bestimmtes Problem konzentriert, ist die Therapie für Eßsüchtige, die in den USA von einer Frauenselbsthilfegruppe innerhalb der Frauenbewegung ins Leben gerufen wurde und von Susie Orbach, die sie in ihrem Buch „Fat is a Feminist Issue“ – deutsch: „Antidiätbuch“[1] – beschreibt, nach Großbritannien gebracht wurde. In den „Eßsüchtigen-Gruppen“ besteht das Ziel für jede Frau in der Erkenntnis, wie sie das Essen als ein Mittel mit Problemen fertigzuwerden benutzte, die in Wirklichkeit nicht dadurch gemeistert werden können, daß sie ein weiteres Päckchen Kekse ißt oder dicker wird. Eine Frau zum Beispiel, die jedesmal zwanghaft ißt (das heißt, nicht weil sie hungrig ist und das Essen ihr wirklich schmeckt), wenn sie glaubt mit ihren Kindern nicht zu Rande zu kommen, erkennt vielleicht, daß sie sich so verhält, um sich stärker vorzukommen, erwachsener und somit fähiger, ihre Autorität geltend zu machen. Wird ihr klar, daß dicker sein sie nicht stärker macht, lernt sie diese Verbindung zu durchbrechen und wird das Essen nicht mehr brauchen, um mit Konfliktsituationen umzugehen. Sie kann sich selbst umerziehen, um ihre Autorität geltend zu machen, ohne sich buchstäblich gewichtiger zu machen.

Eine themenzentrierte Therapie dieser Art zielt nicht darauf ab, alle zugrundeliegenden unbewußten Empfindungen, die es dieser Frau erschwerten, ihre Macht auszuüben, zu bearbeiten. Was sie jedoch bezweckt, ist das Aufstöbern dieser Gefühle. Die betreffende Frau soll dieses neue Wissen dazu verwenden, die Kontrolle über ihr Essen zu behalten.

Selbsthilfetherapiegruppen, die auf einem gemeinsamen Problem beruhen wie etwa Eßsucht, können sehr erfolgreich sein, wahrscheinlich weil die gemeinsamen Schwierigkeiten und die Arbeit am Umgang mit diesem Problem die Gruppe zusammenbindet. Ebenso kann auch eine Gruppe Erfolg haben, die sich auf gemeinsame Lebenserfahrungen gründet: zum Beispiel getrennt lebende und geschiedene Frauen, Frauen, die Probleme mit der Fruchtbarkeit haben, junge Mütter.

Zwei weitere Formen von Therapie, die sich auf ein bestimmtes Problem konzentrieren und sich für Frauen als sehr nützlich erwiesen, sind Präorgasmus-Gruppen und Gruppen, in denen das Durchsetzungsvermögen geschult wird. Manchmal löst das Problem jedoch zuviele Ängste aus, so daß nicht direkt daran gearbeitet werden kann. Lana beispielsweise entschloß sich zu einer Therapie, als sie merkte, daß ihr Unvermögen, die Untergrundbahn zu benutzen, ihr Leben erheblich beeinträchtigte. Ihre krankhafte Furcht hatte sie zu einer Therapie gezwungen, sie wußte jedoch, daß sie viele Jahre Unglücklichsein und unbefriedigende Beziehungen bearbeiten mußte. Als ihre Therapeutin ihr die Gelegenheit bot, direkt an ihren Phobien zu arbeiten, hatte sie zuviel Angst davor. Später, als die allgemeineren Gefühle bei ihr weniger Angst auslösten, merkte sie, daß die Phobien allmählich nachließen. Sie arbeitete in der Therapie nie an den Phobien als gesondertem Konflikt. Es gibt keinen einfachen Weg, wie du feststellen kannst, ob du fähig bist, an einem bestimmten Problem zu arbeiten, oder ob es für dich beängstigend ist; außer du probierst es aus oder malst dir in der Phantasie aus, wie es wäre, wenn du daran arbeitest. Dazu könntest du das Co-counselling benutzen.

Eine weitere Richtlinie, an die du dich halten kannst, ist die Feststellung, ob du vermeidest, die Therapie auf einen bestimmten Konflikt zu beschränken, weil er dir zu viel Kummer bereitet. Dein Mangel an Kontrolle, was das Essen anbelangt, macht dir vielleicht Sorgen und dein Aussehen gefällt dir auch nicht, aber du meidest jegliches Gespräch über „Eßsucht"-Gruppen. Wahrscheinlich bist du in diesem Fall noch nicht bereit, das Problem direkt anzupacken und fühlst dich sicherer, wenn du mit einer allgemeinen Therapie beginnst.

Manchmal wollen Frauen eine Therapie machen, um mit einer bestimmten Krise fertig zu werden. Beispiele dieser Art können eine Abtreibung, ein Todesfall, die Anpassung an eine neue und verantwortungsvollere Arbeit sein. Die Therapie ist von beschränkter Dauer und richtet sich auf die spezielle Krise.

Es ist schwierig zu beurteilen, ob eine kurzfristige oder konzentrierte Therapie für dich sinnvoll ist oder ob sie bloß die Oberfläche deiner Probleme berühren wird. Wenn du ein Mensch bist, der dazu neigt, von Krise zu Krise zu leben, kann dir die Arbeit an irgendeiner der konflikthaften Situationen Einblick in das Verhaltensmuster geben. Die Krisen können aber auch Ausdruck grundlegenderer Konflikte sein. Das gleiche gilt, wenn du spürst, daß dein gegenwärtiges Dilemma Teil eines Beziehungsmusters ist, das du seit Jahren lebst. In diesem Fall mag eine kurzfristige Therapie allein klärend wirken, wird aber wahrscheinlich nicht ausreichen, einen grundlegenden Bereich deiner Persönlichkeit zu verändern. Falls andererseits diese Situation für dich eine einmalige Krise zu sein scheint, wird ein kurzfristiger konzentrierter Blick auf deine Gefühle alles sein, was du benötigst.

WELCHE ART VON VERÄNDERUNGEN KANN ICH VON DER THERAPIE ERWARTEN?

Du kannst erwarten, daß die Therapie deine Haltung gegenüber deinen Gefühlen verändern wird. Du empfindest den Schmerz und die Trauer intensiver, aber ebenso die Freude, die Zuneigung und das Glück. Du wirst dich deiner Gefühle annehmen, anstatt jedesmal, wenn dich ein Gefühl schmerzt, nach einer Zigarette, einem Drink oder einem Schlafmittel zu greifen. Du wirst entdecken, daß einige Symptome wie etwa die Angst vor geschlossenen Räumen oder Kopfschmerzen verschwinden, wenn die Gefühle direkter ausgedrückt werden können. Du wirst dich lebendiger fühlen und weniger von Emotionen beherrscht, die du nicht verstehst und vielleicht sogar fürchtest.

Oft wird geglaubt, die Veränderung bedeute eine vollständige Umwandlung, etwas, das sowohl erhofft, als auch gefürchtet wird. Eine tatsächliche Änderung deiner grundlegenden emotionalen oder psychischen Struktur ist mit einem langwierigen Prozeß des Durcharbeitens deiner Widerstände verbunden, bis du dich sicher genug fühlst, nicht nur frühen Schmerz wiederzuerleben, sondern auch mit der Außenwelt anders umzugehen. So betrachtet, kannst du die Therapie dazu benutzen, alte Gefühlsmuster zu durchbrechen und neue und befriedigendere zu errichten. David Boadella drückt das folgendermaßen aus: „Wir sind alle krumme Bäume ... die Krümmungen dominieren aber nicht so stark und die Zwischenräume können vergrößert werden.“[2]

MIT WELCHEN PROBLEMEN WERDE ICH ZU TUN HABEN, WENN ICH DIE THERAPIE AUF MEINEN ALLTAG BEZIEHE?

Dieses Problem zeigt sich vielleicht am häufigsten in den persönlichen Beziehungen. Den Leuten bereitet es oft Mühe, die neuen Erlebnisse ihren Freundinnen oder Arbeitskolleginnen mitzuteilen, die keine Therapieerfahrungen haben und ihnen gegenüber vielleicht feindselig eingestellt sind, wie eine Frau in der *Red Therapy* beschrieb:

Zunächst fand ich es schwierig, daß niemand von den Personen, die mir am nächsten standen, Gruppen besuchte. Ihre Reaktionen bewegten sich zwischen Interesse und Feindseligkeit. Einige Leute wollten intellektuelle Diskussionen darüber und griffen die Sache häufig politisch an. Ich bin nicht gut im Argumentieren und gewöhnlich merkte ich, daß ich diesen Diskussionen nicht standhalten konnte, weil sie von einer emotionalen Position aus geführt wurden.

In dieser Situation reagieren einige Leute mit Rückzug, halten Therapieerfahrungen vom übrigen Leben völlig getrennt und lassen nur diejenigen daran teilhaben, die davon betroffen sind oder der Sache Sympathie entgegenbringen. Andere wiederum reagieren genau entgegengesetzt, nehmen eine kämpferische Haltung ein, versuchen in Diskussionen die Oberhand zu gewinnen und Freundinnen von der Notwendigkeit einer Therapie zu überzeugen. Eine weitere Versuchung besteht darin, starke Gefühle auszudrükken, mit denen du in der Therapie in Berührung gekommen bist und sie an anderen, die keine Therapieerfahrung besitzen oder kein Verständnis für den Prozeß aufbringen, abzulassen. Dies kann sich etwa im Anschreien oder schrillen Gekreische gegenüber einer nicht vorbereiteten Freundin über den Frühstückstisch hinweg äußern, oder im Entschluß, nachdem du in der Therapie an deinen negativen Gefühlen gegenüber deiner Mutter gearbeitet hast, daß es am ehrlichsten sei, sie aufzusuchen, um ihr mitzuteilen, daß du sie verabscheust und sie nie mehr sehen möchtest.

Keine dieser Methoden, mit der Schwierigkeit fertig zu werden, bringt dir etwas ein. Es ist anmaßend zu meinen, nur weil wir uns für eine Therapie entschieden haben, sollten andere Leute dies ebenfalls tun. Die anderen tun, was für sie richtig ist, zu ihrer Zeit. Sie können auf ganz verschiedenen Wegen zu den gleichen Einsichten gelangen. Es wäre schade, sich in ein Ghetto von Leuten zurückzuziehen, die alle Therapie machen: Die Therapie gibt uns nicht auf alles eine Antwort, und die Menschen außerhalb dieses Bereiches haben uns weiterhin eine Menge beizubringen. Häufig ist es sehr verletzend, unverdaute Gefühle über jemanden zu ergießen, die nicht willens oder bereit ist, diese Erfahrung zu machen. Es kann eine Form psychischer Schikane sein, bei der die Kraft und Energie, die die Therapie hervorgebracht hat, mißbraucht wird. Eine unangemessene, dramatische Zurschaustellung von Gefühlen, die zeigen soll, wie laut du schreien, wie unverschämt du fluchen kannst, vermittelt wenig und blockiert Beziehungen eher als daß sie sie klärt. Körperliche Wärme und Nähe nehmen in Therapiegruppen zu. Diese Nähe aber anderen aufzuzwingen, indem beispielsweise Leute umarmt werden, wenn sie es gar nicht wollen, ist gefühllos und exhibitionistisch. Die Kraft, mit der wir in der Therapie in Berührung kommen, ist die Kraft zu sein und zu tun, nicht die Macht, andere Menschen mit unseren neugefundenen Emotionen zu tyrannisieren.

Ein häufiger Fehler besteht im Glauben, daß die Therapie das enthüllt hat, „was ich tatsächlich fühle", was dann unter der Flagge der Aufrichtigkeit direkt an der betroffenen Person ausagiert oder ihr offenbart werden muß. Genau genommen entspricht das, was die Therapie uns enthüllt, nicht so sehr unseren „realen" Empfindungen, sondern vielmehr dem, was wir gewöhnlich verdrängen. Wir haben viele ambivalente und sich widersprechende Gefühle zu verschiedenen Zeiten. Die Therapie ist speziell dafür bestimmt, die Untersuchung schwieriger, unvernünftiger oder kindlicher Gefühle zuzulassen. Wir müssen uns sorgfältig überlegen, wie wir diese Gefühle in unser Alltagsleben einbauen wollen. In jeder Situation können unsere Gefühle nur ein Faktor unter vielen sein, die unser Verhalten beeinflussen. Eine Frau beispielsweise untersucht, inwiefern sie die Bedingungen, unter denen sie lebt, einschränken. Sie mag aber dennoch fühlen, daß sie sich, hätte sie die Wahl, für die gleichen Bedingungen entscheiden würde. Am Ende einer Sitzung empfiehlt sich eine Diskussion darüber, wie ihr die in der Therapiesitzung gemachten Erfahrungen in die Praxis umsetzen könnt. Dies kann etwa ein langes Gespräch mit deiner Wohnungsnachbarin über Schwierigkeiten mit ihr bedeuten, oder es kann heißen, bei eurem nächsten Treffen den Forderungen deiner Mutter weniger nachzugeben – oder sogar den Entschluß, sie für eine Weile nicht mehr zu sehen, bis du dich über sie beruhigt hast und beurteilen kannst, welches die beste Methode ist, sie an deinen Veränderungen und Einsichten teilhaben zu lassen.

Sehr oft tritt eine zeitliche Verzögerung auf, während der die Therapieerfahrungen verdaut werden: Eine Frau in unserer Gruppe arbeitete viele Male an ihrer Angst, ihren Job aufzugeben. Sie stellte sich dabei vor, was sie mit ihrem Tag anfangen würde, wenn nichts mehr da wäre, wofür sie aufstehen müßte. In ihrer Phantasie verabschiedete sie sich bei ihren Arbeitskollegen und so weiter. Zwei Jahre später reichte sie schließlich die Kündigung ein. Eine weitere schwierige Situation ergibt sich, wenn das Ausagieren deiner Gefühle eine andere Person verletzen würde. Nehmen wir zum Beispiel an, eine Frau teilt der Gruppe mit, wie sehr sie es haßt, jede Nacht von ihrem Kind geweckt zu werden. Ihr wird vorgeschlagen, sich vorzustellen, wie sie ihr Kind auf ein Kissen legt und aus vollem Halse

„Nein“ und „Halt den Mund!“ schreit. Damit ist aber nicht gemeint, daß sie unverzüglich beschließen wird, das Kind von nun an schreien zu lassen. Sie würde nicht grob auf dieses Gefühl reagieren, sondern sich jede Handlung sorgfältig überlegen und die verschiedenen daran beteiligten Faktoren und Möglichkeiten einbeziehen.

Kann ich die therapeutischen Fähigkeiten, die ich in einer Selbsthilfegruppe erlerne, in meinem Alltagsleben verwenden?
Mit Freundinnen, die ebenfalls an der Therapie engagiert sind, können sich für eure Beziehungen viele Möglichkeiten eröffnen. Du kannst die therapeutischen Techniken dazu benutzen, um irgendwelche Spannungen oder Konflikte zwischen euch zu untersuchen. Es ist jedoch bei jeder Konfrontation äußerst wichtig, daß ihr beide damit einverstanden seid und die eine die andere nicht bloß auf irgendeine Weise tyrannisiert. Nach unseren Erfahrungen ist es auch sehr wichtig, klar und deutlich zu unterscheiden, wann du Therapie machst und wann nicht:

„Ich möchte später eine Stunde Co-counselling mit dir machen.“
„Ich bin wirklich ganz durcheinander, könntest du mir für zehn Minuten deine Aufmerksamkeit schenken, damit ich kurz stöhnen und jammern kann.“
„Ich bin wütend wegen der Arbeit. Sprich nicht mit mir oder du kriegst eine aufs Dach. Ich werde einige Kissen in meinem Zimmer zusammenhauen.“

Die Therapie kann tatsächlich zu einem nützlichen Werkzeug werden, um unnötige Konflikte zu vermeiden. Wenn du dich schlecht fühlst, bittest du vielleicht um Zeit, anstelle eines fürchterlichen Krachs mit deiner/m Geliebten. Du lernst erkennen, wann du unkontrolliert, von irrationalen Gefühlen gelenkt, handelst, die nicht von der anwesenden Person verursacht worden sind, und du lernst, sie nicht an dieser Person auszulassen.

Therapeutische Fähigkeiten kannst du auch in vielen verschiedenen Formen der Interaktion in deinen Alltag einbringen. Zum Beispiel die Fähigkeit, anderen *zuzuhören*, „wie“ zu fragen und sie selbst ihre Erlebnisse ausfüllen zu lassen, anstatt sie für sie zu interpretieren, auf ihren Körper zu achten und sowohl körperlich wie auch mit Worten auf sie zu reagieren. All diese Fähigkeiten helfen dir, sensibler auf andere zu reagieren, ob diese anderen nun mit Therapie zu tun haben oder nicht. Es ist auch möglich, mit therapeutischen Übungen kreativ zu experimentieren. Wir haben herausgefunden, daß dies besonders bei Kindern zutrifft. Hier ein Beispiel dazu:

Wir waren in den Ferien an einem regnerischen Tag mit vier Kindern in einem Häuschen eingepfercht. Die Kinder wurden immer angespannter und schlechter gelaunt. Wir fragten sie, ob sie gerne ein „Therapiespiel“ machen würden, und nahmen sie alle mit nach oben und ließen sie sich auf Matratzen legen. Dann zeigten wir ihnen eine bioenergetische Übung, bei der du mit den Händen und Füßen auf die Matratze trommelst, während du „Nein! Nein!" schreist. Dies taten sie etwa zehn Minuten lang und hatten wirklich ihren Spaß daran, ließen eine Menge Dampf ab und kehrten in besserer Stimmung zurück.

In einer anderen Situation kamen die Kinder einer Frau in eine Therapiesitzung spaziert. Eine Frau ist gerade dabei, ihre Klaustrophobie zu untersuchen, wobei die Gruppe sie zusammenquetscht. Als es vorbei ist, wollen die Kinder das gleiche ausprobieren. Die Mutter willigt schließlich ein.

Ich liege auf Tania, und die übrige Gruppe unterstützt sie, sich zu befreien. Ich sage: „Bleib ruhig Tania, du weißt, ich bin größer und stärker als du" und „Zeit, um ins Bett zu gehen, Tania". Ich benutze sowohl meine Kraft wie meine Vernunft, um sie unten zu halten. Sie windet sich, zappelt, zerrt und zieht mit aller Kraft und befreit sich schließlich. Meine andere Tochter möchte auch drankommen, und als ich ablehne, klettern beide auf meinen Rücken. Wie bin ich so tief in diese Lage hineingeraten? Es gibt keinen Ausweg, ich kann mich nicht so verhalten, wie ich gerne möchte. Ich möchte sie abschütteln ... ich schüttle und winde mich, sie sind immer noch oben. Ich rede ihnen gut zu. Die Gruppe ermutigt sie zu bleiben. Ich ziehe an ihnen mit meinen Händen, kriege aber immer nur eine runter und in der Zwischenzeit macht die andere weiter. Diese ganze Szene könnte noch Stunden dauern. Richtig, ein weiterer Versuch. Steh auf. Ein weiteres Runterziehen. O.k., ich habe dich gewarnt. Nun habe ich eine von mir runtergepflückt und werfe sie auf den Boden, gefolgt von der anderen. Sie kehren wieder zurück ... Zwei Kinder prallen zurück auf den Boden. Und nun lachen wir alle. Sie kommen nicht wieder zurück. Zusammenbruch.

Ich hätte die Situation nicht herstellen können. Es geschah, weil die Kinder sowieso da waren. Bis zum Ende, und obwohl ich engagiert war und an meinen Gefühlen arbeitete, fühlte ich mich nicht weggerissen, ich hätte jederzeit aufhören können ... Die Gruppe half. Ihre Unterstützung und Ermutigung der Kinder glichen unsere unterschiedlichen physischen Kräfte aus und neutralisierten meine Wortkraft. Ich begriff äußerst zwingend, wie verschieden ich meine zwei Kinder behandle. Das ganze Erlebnis war sehr körperlich. Später sagten mir die Kinder wiederholte Male, daß sie gerne wieder „Therapie machen" wollten.

Dies war ein gutes Beispiel für die Verwendung der Therapie, um Beziehungen zu Kindern zu untersuchen: Die Art, wie die Mutter ihre ältere Tochter unterdrückt und die Auflehnung des Kindes dagegen; den Kampf der Mutter, ihre Kinder „vom Buckel runter" zu holen und deren Entschluß, oben zu bleiben.

Wir selbst haben festgestellt, daß uns therapeutisches Wissen hilft, unseren Kindern gegenüber offener zu sein, indem wir es beispielsweise zulassen, daß sie weinen, wenn ihnen danach zumute ist und ihnen nicht sagen „sei still" oder „Kopf hoch". Sie ihrerseits scheinen es als aufschlußreiches Spiel zu betrachten. Wie Sheilas elfjährige Tochter schrieb:

„Ich glaube, die Therapie ist eine gute Sache, weil sie den Menschen hilft, ihre Gefühle zu verstehen, und weil ich weiß, wie schwierig es ist, sie ohne fremde Hilfe zu verstehen.

Manchmal fühle ich mich sehr elend, aber ich weiß nicht weshalb. Die Therapie hilft dir, deine Probleme auszusortieren, und dadurch fühlst du dich besser.

Einige Erwachsene, die ich kenne, brauchen eine Therapie, einer von ihnen, weil er deprimiert wird wegen dem Schreiben, und der andere, weil alles ihn deprimiert."

ANMERKUNGEN

1 Susie Orbach, *Fat is a Feminist Issue.* Hamlyn Paperback, London 1979; deutsch: *Antidiätbuch. Über die Psychologie der Dickleibigkeit – die Ursachen von Eßsucht,* München 1979. Dies ist eines der wenigen Bücher über Therapie, das von einer Feministin geschrieben ist. Es beinhaltet einen sehr nützlichen Abschnitt über das Führen einer Selbsthilfegruppe für Eßsüchtige. Die Methode könnte vielleicht übernommen werden: Zum Beispiel wurden ähnliche Techniken bei einer Gruppe von Leuten ausprobiert, die das Rauchen aufgeben wollten.

2 Jenny James, *Room to Breathe*, Coventure, London 1975.

WEITERE LITERATUR

– Joel Kovel, *A Complete Guide to Therapy.* Pantheon, New York 1976. Der Autor vertritt einen klaren Standpunkt, den er als konservativ in der Therapie und als radikal in der Politik beschreibt. Die Therapien, die ihm am sympathischsten sind, beschreibt er am besten: den psychoanalytischen Zugang. Umfaßt einen Abschnitt über allgemeine Fragen zur Therapie. Nicht besonders einfühlsam, was die Konflikte der Frauen anbelangt.

– Susan Stanford Friedman u. a., *A Woman's Guide to Therapy,* Prentice Hall, New Jersey, 1979. Eine gute Kritik der Gefahren der psychiatrischen Behandlung und Etikettierung für Frauen, aber enttäuschend insofern, als es die frühere Periode feministischen Verständnisses von psychischer Gesundheit widerspiegelt: Es wird der status quo kritisiert, ohne Vorschläge, wie wir das von den bestehenden Einrichtungen bekommen, was wir gerne möchten oder Vorschläge oder Listen von Alternativen. Lest dieses Buch nicht, wenn ihr euch verzweifelt fühlt und wissen wollt, wie ihr eine Therapie für euch ausfindig machen könnt.

– Bridget Proctor, *Counselling Shop,* André Deutsch, London 1979. Eine Reihe einfühlsamer Interviews mit Beratern und Therapeuten, die verschiedene Methoden verwenden: Es ist für Studenten gedacht, gibt aber der/m zukünftigen Klientin/en ein gutes Bild dessen, was professionelle Therapie bedeutet.

– Jerome Liss, *Free to Feel,* Wildwood House, London 1974. Enthusiastischer und anschaulich geschriebener Führer durch das Growth Movement.

– *Room to Breathe*, (siehe oben). Es gibt sehr wenig lebendig geschilderte Darstellungen von Therapieerfahrungen einer einzelnen. Obwohl wir mit dem Konfrontationskurs, den Jenny James am Ende des Buches erreicht zu haben scheint, nicht einig gehen, vermittelt vieles von dem, was sie schreibt, aufs Schönste die Eigenart der Therapie. Einen zusätzlichen Gewinn stellt ihre Übereinstimmung mit David Boadella dar, ihrem Reichschen Therapeuten, der ihre Entwicklung in Richtung Selbsthilfetherapie unterstützt.

XI
Das Innere und das Äußere: Die Politik der Therapie

Es ist kein Zufall, daß in der Frauenbewegung die Verbindungen zwischen dem Persönlichen und dem Politischen und damit zwischen Therapie und Politik zu einem wesentlichen Thema wurden.

„... jede Form der Unterordnung unterdrückt ein grundlegendes Verständnis, das nur durch die Befreiung der unterdrückten Gruppe selbst ganz erreicht und übermittelt werden kann. Zum Beispiel hatte keine derartige Organisation (eine radikale politische Organisation des linken Flügels) irgendein reales Verständnis für die Subjektivität der Unterdrückung, von den Verbindungen zwischen persönlichen Beziehungen und öffentlichen politischen Organisationen oder von den emotionalen Komponenten des Bewußtseins, bis die Frauenbewegung diese Themen zutage förderte und sie zum Gegenstand politischen Denkens und Handelns machte."[1]

Bei unserer eigenen Tätigkeit verwendeten wir die Therapie als Teil einer reichen und alles einschließenden politischen Praxis. Als wir uns mit anderen Frauen am Aufbau einer Nahrungsmittelkooperative beteiligten, zeigte es sich, daß viele Frauen nicht nur wegen der billigen Lebensmittel zu den Versammlungen kamen. In einer gesonderten Therapiegruppe konnten die Frauen Gefühle der Einsamkeit, des mangelnden Vertrauens, der Wut, der Erschöpfung im Kampf um Unabhängigkeit ausdrücken; diese Aktivität entwickelte sich parallel zu den mehr nach außen gerichteten Tätigkeiten der Lebensmittelkooperative und der sich daraus ergebenden Beschäftigung mit kommenden Problemen. Und als kürzlich eine Schwester ins Gefängnis mußte, nahm unser Kampf um Unterstützung und Verteidigung viele Formen an. Die Verbreitung von Informationen und Propaganda für ihre Sache, die Konfrontation mit Vorurteilen im Rechtssystem, die Organisation von Demonstrationen und Streikposten, der enge Kontakt von Freundinnen, die in der Lage waren, sich bei den Besuchen auf sie zu beziehen, und ihr halfen, mit ihren Gefühlen in Berührung zu bleiben und zu weinen, wenn sie es nötig hatte, das bewußte Senden liebender Energie von Freundinnen im Gerichtssaal, als sie auf der Anklagebank saß. All diese Aktivitäten waren nötig und bildeten eine umfassende politische Reaktion auf ihre Situation. Die mehr persönliche und gefühlsorientierte Unterstützung schien so unentbehrlich wie der Rest.

Die Bedeutung der Frauenbewegung liegt darin, daß sie uns erkennen läßt, wie der Kapitalismus in alle Bereiche unseres Lebens eindringt und sie zu kontrollieren versucht, und somit eine Reaktion, einen Kampf erfordert und zwar nicht nur in der Fabrik, sondern auch auf dem Spielplatz, in den Schulen, zu Hause und im Bett. Das Beharren der Frauenbewegung auf emotionalen und persönlichen Themen ist die Folge der besonderen Verantwortung, die Frauen in einer patriarchalen Gesellschaft für das Gefühlsleben empfinden.

Das Reich der Frauen: Die privatisierte Welt der Emotionen
In ihrem Buch *Towards a New Psychology of Women*[2] sieht Jean Baker Miller die Frauen in der wenig beneidenswerten Rolle der „Trägerinnen" der Gesellschaft, das heißt von gewissen Aspekten der menschlichen Erfahrung: Von jenen Aspekten, die wir am wenigsten verstehen und über die wir am wenigsten Kontrolle haben. Frauen als Trägerinnen von unkontrollierbaren, erschreckenden Erfahrungen können dann von Männern als emotional gestört betrachtet werden. Sally Berry gibt eine solche Erfahrung sehr prägnant in ihrem Gedicht wieder:

Ich schreie
Du liest dein Buch
Ich schreie wieder
Du blätterst um[3]

Eine übliche Art, mit ungeliebten Aspekten von uns selbst umzugehen, ist die, sie einer anderen, meist weniger einflußreichen Gruppe zuzuweisen. Die patriarchale Gesellschaft benutzt in der radikalen feministischen Deutung die Frauen auf diese Weise:

„Tatsache ist, daß wir in einer durch und durch antiweiblichen Gesellschaft leben, einer frauenfeindlichen ‚Zivilisation, in der Männer kollektiv die Frauen zu Opfern machen, uns als Personifikationen ihrer eigenen neurotischen Ängste attackieren, als Der Feind'."[4]

Mary Daly vertritt die Ansicht, daß die Art, wie Frauen gesehen werden, jede Faser der Kultur durchdrungen hat: Daß die „Leib/Seele/Geist-Verschmutzung durch die patriarchalen Mythen bewirkt wird". Sie ist nicht nur um uns herum, sondern die „Geister-Gase ... (sind) in die tiefen Kammern unserer Seelen/Sinne eingedrungen".[5] In *Purity and Danger* beschreibt Mary Douglas die Methoden, mit denen die Gesellschaft das als sauber und sicher Angesehene vom Dreckigen und Verschmutzten absondert als Mittel, die Ordnung aufrechtzuerhalten.

„Vorstellungen über das Absondern, Reinigen, Abgrenzen und Bestrafen von Übergriffen bezwecken hauptsächlich, einer dem Wesen nach unordentlichen Erfahrung ein System aufzuzwingen. Nur durch ein Übertreiben des Unterschiedes zwischen innen und außen, oben und unten, männlich und weiblich, für und gegen, kann eine äußere Form von Ordnung hergestellt werden."[6]

Unserer Kultur wurde dieses System unter anderem durch die Aufteilung in Rationales, Äußeres, Politisch-Männliches und Irrationales, Emotionales, Spirituell-Weibliches auferlegt. Letzteres wird als etwas Unanständiges und Verschmutztes aufgefaßt:

> „Rühr mich nicht an", sagte sie zu ihrem jungen Liebhaber.
> „Eine alte Frau vermodert zwischen meinen Beinen und ich kann den Gestank nicht wegwaschen."[7]

Um zu verstehen, weshalb unsere Gesellschaft in bestimmten Formen Ordnung aufzwingt, dürfen wir nicht vergessen, daß wir in einer patriarchalen Gesellschaft leben, deren Formen von einer kapitalistischen, ökonomischen Organisation geprägt sind. Diese Tatsache hat einen tiefgreifenden Einfluß auf jeden Aspekt unseres Lebens.

DIE ENTWICKLUNG DER THERAPIE

Die Entwicklung der Psychologie im allgemeinen und der Therapie im besonderen wurde dazu benutzt, einen Hauptwiderspruch innerhalb des Kapitalismus aufzunehmen: Daß der zunehmende materielle Reichtum (für einige) auf Kosten von großem persönlichem Streß geschaffen wurde. Als die für den emotionalen Bereich Zuständigen mußten die Frauen mit dieser Belastung fertig werden. Ein Beweis dafür sind die drastisch höheren Aufnahmeziffern von Frauen in psychiatrischen Kliniken. Die Pharmaindustrie trägt dieser Tatsache Rechnung und fördert mit Hilfe der Mediziner die Verwendung von Beruhigungsmitteln und Aufputschmitteln für überbelastete und einsame Frauen.

Seit den fünfziger Jahren fand eine beispiellose Entwicklung der Therapie und Beratung statt. Von den „Growth Centres" in Kalifornien bis zur Einzelarbeit von Sozialarbeitern in England und die durch die Medien verbreitete Populärpsychologie setzte sich die Vorstellung durch, daß der Umgang mit Gefühlen besondere und häufig spezialisierte Kenntnisse erfordert. Eine Verbraucher-Gesellschaft hebt die Lebenserwartungen der Menschen über das Niveau des bloßen Überlebens. Das muß sie tun, damit die Leute über die Motivation, das Geld und die entsprechende Muse verfügen, um ihre Produkte zu konsumieren. Ironischerweise kann dieser Produktions-Konsumprozeß zu einem entfremdeteren Leben führen, sowohl zu Hause wie bei der Arbeit. Die Unzufriedenheit ist schwerer auszumachen. Die Leute sind vielleicht auf eine Art unsicher und ängstlich, die zu erklären ihnen schwer fällt. Es ist leichter zu wissen, daß wir einen Urlaub brauchen oder eine Toilette im Hause, schwerer hingegen verstehen wir, weshalb wir in der Nacht nicht schlafen können oder am Morgen bekümmert und verletzlich sind. Wir kennen eine einundneunzigjährige Frau, die uns erzählte, daß sie zwölf Stunden am Tag, fünf Tage in der Woche und einen halben Tag am Samstag gearbeitet hatte, und das alles für sechs Shilling die Woche. Sie hat sicher gewußt, was sie brauchte: Eine Ruhepause und mehr Geld. Sie brauchte nicht die Hilfe eines Experten, um herauszufinden, was sie plagte. Sie hätte auch nicht viel Zeit übrig gehabt für eine Therapie.

Sobald Menschen mehr vom Leben erwarten und von ihrer eigenen Unzufriedenheit verwirrt sind, werden die alten sozialen Formen der täglichen Kontrolle und des Zusammenhalts geschwächt. Die Familie bleibt nicht zusammen: Kinder können ihren Eltern entwischen. Die Gemeinschaft, ob Dorf oder Straße, liefert nicht mehr die Verbindungen von Unterstützung und moralischer Zensur, die die Leute auf einem gerade noch tolerierbaren Niveau des Elends halten konnte. Eine ordentliche Gesellschaft hängt jedoch von ordentlichen Psychen ab. Die offiziell angebotene Psychiatrie und ihre Ausläufer, Therapie, Beratung und Sozialarbeit, zielen auf eine Kontrolle der Menschen ab, wenn andere Mittel versagen. Psychiatrie kann als ein Mittel eingesetzt werden, Menschen zu Opfern zu machen oder die loszuwerden, die die Schwierigkeiten der Familie austragen[8] oder auf andere Art ihrer Umgebung zur Last fallen. Für Frauen kann das bedeuten, abgestempelt oder in Schach gehalten zu werden, weil sie sich nicht den weiblichen Rollenmodellen konform verhalten oder weil sie nicht mehr in der Lage sind, anderen zu dienen. Sie können so, sollten sie das Leben anderer erschweren, dem Abfalleimer einer psychiatrischen Klinik zugewiesen werden. Damit wollen wir nicht sagen, daß es solchen Frauen gut ginge, wenn man sie nur in Ruhe ließe. Oft sind sie zutiefst unglücklich. Es geht darum, daß die sogenannte Behandlung nicht einmal annähernd die Ursachen ihres Elends berührt oder angeht. Dies ist kein Buch über psychiatrische Kliniken und deren Behandlungsmethoden; einige Tatsachen darüber sind jedoch für uns von Bedeutung.[9] Psychisch Kranke, die unfreiwillig eingewiesen wurden, haben weniger Bürgerrechte als Gefangene. Frauen passiert es häufiger als Männern, daß sie einen Teil ihres Lebens in einer psychiatrischen Klinik verbringen. Psychisch Kranke wissen, daß sie die Klinik verlassen können, wenn sie sich gut benehmen.

„Schließlich wurde mir klar: Man durfte nicht wütend werden. Oh nein, sie sperren dich ein, werfen den Schlüssel weg, und dann sollst du sie auch noch anlächeln, den Schwestern Komplimente machen, das Musterkind spielen – das tat ich schließlich, nur um herauszukommen."[10]

Der Schul- oder Eheberater, der Arzt, der nur ein paar Beruhigungsmittel verschreibt, um dich durch ein momentanes Tief zu kriegen, die Sozialarbeiterin, die ihre Klientin besucht, sie alle scheinen vergleichsweise gutartig, es gibt jedoch Parallelen. In den letzten zehn Jahren nahm die Zahl der in „helfenden" Berufen Beschäftigten stark zu. Beratung und soziale Einzelarbeit können dazu verwendet werden, die jeweiligen Empfänger zum Akzeptieren von Situationen zu bringen, denen sie berechtigterweise Widerstand leisten oder über die sie sich ärgern. Ein Schulberater bemüht sich wahrscheinlich mehr darum, eine aufsässige Schülerin anzupassen, als ihr dabei zu helfen, ihre Kritik an der Schule wirksamer auszudrücken. So kann auch die Eheberatung ein Mittel sein, eine Beziehung zu halten, die für alle Beteiligten schädlich ist, wobei sie sich vermutlich auch noch auf eine Sicht der Frauenrolle in der Ehe stützt, die wir als Feministinnen ablehnen.

Natürlich arbeiten einige Leute in diesen Institutionen, die von einem feministischen und sozialistischen Standpunkt aus handeln. Eine uns bekannte Schulberaterin bemerkte, daß die wichtigste Arbeit, die sie geleistet habe, darin bestand, die Verwaltung auf ihre herablassende Art im Umgang mit den Eltern aufmerksam zu machen, die mit Sicherheit Eltern der Arbeiterklasse und Farbige der Schule entfremdete. Es gelang ihr tatsächlich die Verwaltung soweit zu bringen, daß sie jene Eltern mit Respekt behandelte, was sie als einen kleinen Sieg betrachtete. In ähnlicher Weise konzentrierte sich eine Feministin in einem Tageszentrum für ehemalige psychische Kranke darauf, Frauengruppen in Gang zu bringen, wobei sie Techniken des Selbstbehauptungs-Trainings verwendete. Wir müssen für Therapie- und Beratungszentren kämpfen, die vom Staat finanziert, aber von uns kontrolliert werden, wo Feministinnen ihre Energien in der Hilfe für Frauen einsetzen können, anstatt gegen die Verwaltung anzukämpfen. Bis es soweit ist, müssen wir der Tatsache Rechnung tragen, daß die Therapie weitgehend reaktionär verwendet wurde: Wir werden nun genau untersuchen, wie es dazu kam.

DIE VERWENDUNG DER THERAPIE ZUR VERSTÄRKUNG SOZIALER UND SEXISTISCHER NORMEN

Den Unterschied zwischen radikaler, anti-sexistischer Therapie und reaktionärer sexistischer Therapie beschreiben, heißt erklären, weshalb wir dieses Buch geschrieben haben.

Von Anfang an waren die Männer die Therapeuten und die Frauen ein Großteil der Patienten/Klienten. Nun entwickelt sich ein starker Strang feministischer Therapie. Es besteht ein tatsächlicher Unterschied zwischen „normaler“ Therapie und einer Therapie, die radikal ist und sich im Zusammenhang der Frauenbewegung vollzieht. Dieser Unterschied betrifft nicht so sehr die Technik (wie du aus diesem Buch ersehen kannst, nahmen wir uns die Freiheit, das uns sinnvoll Erscheinende aus vielen verschiedenen Therapierichtungen herauszunehmen), als vielmehr die Art, wie wir uns auf die therapeutische Situation beziehen, die Voraussetzungen, von denen wir ausgehen, unsere Sichtweise der psychischen Entwicklung der Frauen, die Konflikte, die wir ansprechen, den sozialen Kontext, in dem wir arbeiten und unsere übergreifenden Ziele.

Grundsätzlich wird jede/r Therapeut/in oder Gruppenleiter/in, der/die in Übereinstimmung mit den Werten einer patriarchalen, kapitalistischen

Gesellschaft lebt, diese auf irgendeine Weise fortsetzen. Wie Phyllis Chesler schrieb: „Bisher hat der Psychotherapeut die objektiven Fakten der Unterdrückung der Frau ignoriert. So führt die Patientin in keiner Hinsicht ein ‚echtes' Gespräch – weder mit ihrem Mann noch mit dem Therapeuten. Wie sollte es auch möglich sein, mit denjenigen ein ‚echtes' Gespräch zu führen, die direkt von ihrer Unterdrückung profitieren?"[11] Und trotzdem ist die Angelegenheit komplexer, als sie vermuten läßt, denn uns wurde von orthodoxen Therapeut/inn/en geholfen, die sich an elitären Instituten ausgebildet hatten und manchmal „elitäre" Honorare forderten. Das Problem besteht darin herauszufinden, welche Aspekte der Therapie Sexismus und autoritäres Verhalten verstärken. Wir müssen ständig wachsam und selbstkritisch sein, sowohl in unseren eigenen Selbsthilfegruppen wie auch in der professionellen Therapie: „Uns allen fällt schwer zu tolerieren, daß wir im Chaos unserer Kultur keine Antwort haben; schwer, aus einer halben Wahrheit keine ganze Wahrheit zu machen; schwer, keine Anführer zu suchen, und schwer, auf des Messers Schneide der Ambivalenz zu leben, ohne zynisch oder passiv zu werden."[12]

Ausgehend von unseren eigenen Erfahrungen begannen wir einige reaktionäre Aspekte der Therapie zu erkennen. Das ist nicht leicht, wenn du isoliert Therapie machst. Obwohl wir den tatsächlichen Wert bestimmter Formen von Einzeltherapie anerkennen, wissen wir dennoch um die besonders wichtige Funktion der Frauenbewegung, der Frauengruppen und Selbsthilfetherapiegruppen für die Beibehaltung einer kritischen Wachsamkeit.

Wer sind die Therapeutinnen und Therapeuten?

Ich (Sheila) fand es nützlich, meine eigenen Erfahrungen mit der psychoanalytischen Therapie, die vor der Frauenbewegung stattfand, näher zu beleuchten. Mein Analytiker trug einen Anzug, lebte in einem großen Haus in einem mittelständischen Vorort mit einem gepflegten Garten, hatte eine Frau, die nicht arbeitete, und ein untadeliges Kind, das in eine Privatschule ging. Ich weiß immer noch nicht, was er von der Rolle der Frauen dachte oder was er von meinen Versuchen hielt, mein Studentinnendasein mit den Haushalts- und Erziehungspflichten für meinen kleinen Stiefsohn und meinen gewerkschaftlichen Aktivitäten zu kombinieren. Ich sprach nie mit ihm über das Ausmaß an Organisation, das erforderlich war, das alles zu tun und noch zwei- oder sogar dreimal in der Woche in Therapiesitzungen zu kommen.

Ich begriff nie richtig, was sich in meiner Therapie abspielte, obwohl ich zu jener Zeit auf theoretische Art Kinderpsychologie studierte. Ich las nichts über den Therapieprozeß, weil ich eine emotionale und keine intellektuelle Erfahrung wollte. (Dies zeigt, so glaube ich heute, daß ich mein intellektuelles Leben als etwas betrachtete, das sich in einer Männerprovinz abspielte, aber nicht als etwas, das mir wirklich gehörte.) Das Ergebnis war, daß ich die Machtbeziehung zwischen dem Analytiker und mir nicht erkannte und mich statt dessen von ihm als Analytiker und von mir als Patientin bedroht fühlte. Dazu kommt noch, daß ich in Therapie ging, weil ich mich für „frigide" hielt, und so war das Ganze für mich eine bedrükkende Situation. Dennoch war er offensichtlich ein liebenswürdiger Mensch. Er sagte mir nie, was ich tun oder denken sollte, und belegte mich nicht mit Deutungen. Er war nicht auf die eklatante Art repressiv, wie Feministinnen das in Therapieberichten dokumentieren. Er versuchte nicht, mich zu verführen, sagte mir nicht, ich sollte Make-up verwenden oder mich anders anziehen, und beschuldigte mich nicht, nicht wirklich lieben zu können, weil ich keinen Orgasmus hatte. Ich bezweifle nicht, daß Frauen ganz offen in der Therapie unterdrückt werden[13], aber ich glaube, daß das, was mir passierte, ebenso häufig geschieht und vielleicht schwieriger darzustellen ist. Die Unterdrückung zeigte sich in dem, *was er war,* in den Fragen, die *er nicht stellte* und dem Material, das *ich nicht brachte.* Sie zeigte sich in meinen Empfindungen, wenn ich auf meinem Fahrrad bei seinem Haus ankam und er in seinem großen Wagen vorfuhr; meinem Gefühl, daß er seine Frau, seine Familie und sein Haus als normal und meinen Haushalt als ein Anzeichen meiner Abnormität betrachten mußte. Geheilt zu sein würde bedeuten, so leben zu können wie er.

Probleme, wie sie mir begegneten, können auftreten, wenn sogar noch ausgeprägtere Unterschiede in Klasse, Rasse oder Geschlecht vorhanden sind. Es gibt nicht genügend feministische Therapeutinnen, geschweige denn schwarze feministische Therapeutinnen oder lesbische Therapeutinnen der Arbeiterklasse. Auch feministische Therapeutinnen sind der Konditionierung und den Auswirkungen der Gesellschaft, in der wir leben, ausgesetzt. Auch sie können elitär werden oder ihre Ansichten ändern, um eine Stelle zu behalten. Wir können nicht außer acht lassen, was der Therapeut oder die unterstützende Institution ihren Klienten zu verstehen geben. Die Growth Movement-Leiterin, die offensichtlich viel Geld verdient, übermittelt ihrer politisch aktiven und verarmten Klientin eine stillschweigende Botschaft. Sie braucht ihrer Klientin nicht zu sagen, daß sie deren Wahl als neurotisch betrachtet; die Klientin wird davon ausgehen. In einer feministischen Situation entwickelt sich der Prozeß entgegengesetzt. Die Frauen nehmen von ihren Therapeutinnen an, daß sie sie in ihren Kämpfen um Unabhängigkeit und in ihrer Ablehnung weiblicher Klischees bestätigen. Manchmal wird sogar vorausgesetzt, daß die Therapeutin sie wegen zu großer Abhängigkeit von Männern oder wegen Einnahme von Aufputschmitteln kritisiert. Wir müssen aber auch gegenüber neuen „frau sollte" wachsam sein, die von der feministischen Theorie und Praxis herrühren.

Die Ausbildung von Therapeutinnen und Therapeuten

Die Tatsache, daß die Therapieausbildung strikt kontrolliert wird, beinhaltet einen der schlimmsten Aspekte akademischen Lernens und ist gewöhnlich sehr kostspielig. Das alles sind Faktoren, die bei der Auslese von Therapeut/inn/en eine wichtige Rolle spielen, was uns dazu bringt, die Methoden, wie therapeutische Fähigkeiten und therapeutisches Fachwissen weitergegeben werden, zu kritisieren. Die Therapieausbildung verläuft hierarchisch, und in den traditionellen Instituten besteht einer der wichtigsten Mechanismen akademischer Kontrolle darin, jegliche Kritik oder Forderung nach Demokratie von den Studierenden in Begriffen ihrer persönlichen Pathologie zu interpretieren. Noch ist nicht genügend Zeit vergangen, um die Ausbildungsprogramme innerhalb des Growth Movement durch Tradition verknöchern zu lassen. Ihre freiere und zwanglosere Haltung spiegelt sich in der Ausbildung wider. Die ist jedoch immer noch sehr kostspielig, und eine der Gefahren zwangloser Hierarchie besteht darin, daß sie einen Persönlichkeitskult um gewisse erfahrenere oder farbigere Therapeut/inn/en fördern kann.

Die Vorauswahl von Leuten, die sogar die Ausbildung in Begriffen ihrer Klasse, Erziehung und Rasse betrachten, ist offensichtlich. Die Studierenden werden leicht in die Richtung von Werten gedrängt, die ein solches System verkörpert. Wir glauben, daß es nicht sinnvoll ist, auf jegliche professionelle Therapieausbildung zu verzichten, daß jedoch versucht werden sollte, sie mit politischem Selbst-Bewußtsein zu erfüllen: Frauen, die als professionelle Therapeutinnen arbeiten oder noch in Ausbildung stehen, können sich gegenseitig unterstützen, zum Beispiel in Supervisionsgruppen unter ihresgleichen. Es gibt inzwischen Kurse über bestimmte therapeutische Techniken, die demokratischer ablaufen und zu realistischeren Preisen angeboten werden. So etwa die Kurse im Counselling. Es werden Schritte zu einer feministischen Therapieausbildung unternommen. Die Entwicklung einer Ausbildung, die in ihrer Ausrichtung feministisch und Frauen aus ganz verschiedener sozialer Herkunft zugänglich ist, würde mit der Zeit Therapeutinnen mit einem breiteren Horizont und größerer Erfahrung hervorbringen.

DER REPRESSIVE INHALT EINIGER THERAPIEMETHODEN

Hier beschränken wir uns darauf, wie sich Struktur und Inhalt verschiedener Therapiearten für Frauen als repressiv erweisen können, während sie anscheinend Einsichten und die Möglichkeit anbieten, unerwünschtes Verhalten zu ändern und unterdrückte Gefühle auszudrücken.

Verhaltenstherapie

Die Verhaltenstherapie zielt nicht so sehr auf die Erforschung der Gründe ab, *warum* sich eine Frau auf eine bestimmte Art verhält, sondern auf die Hilfe, ihr Verhalten zu ändern. Die offensichtlichste Gefahr bei der Verhaltenstherapie ist die, daß sie dazu verwendet werden kann, Frauen an Normen anzupassen, die uns nicht zuträglich sind oder uns schaden und die zu bekämpfen wir nicht ermutigt oder unterstützt werden. Ein Beispiel dafür ist die Aversionstherapie für Lesben. Der Verhaltenstherapie fehlt ein ganz wesentlicher Wert, den Therapie für Frauen haben kann: Die Möglichkeit, dich selbst zu erforschen und zurückzugewinnen. Statt dessen bietet sie Verhaltensänderungen an, die zwangsläufig begrenzt sind, nicht nur in ihren Auswirkungen, sondern auch in den Perspektiven oder im neuen Bewußtsein, das sie schaffen können. (Du wirst sie nirgendwo in diesem Buch erwähnt finden, obwohl wir Techniken entleihen, die zusammen mit „Einsicht" vermittelnden Therapieformen verwendet werden.)

Psychoanalytische Therapie
Es gibt verschiedene feministische Kritiken an der psychoanalytischen Theorie[14], deshalb werden wir uns hier nur auf ihre Auswirkungen in der Praxis konzentrieren. Schlimmstenfalls kann die Freudsche Auffassung, daß kleine Mädchen Jungen sein möchten, und die daraus folgende Annahme, daß es Aufgabe der Therapie sei, einer Frau zur Anpassung an eine den Konventionen entsprechende Lebenssituation zu verhelfen, dazu führen, daß der Wunsch nach Unabhängigkeit, die Ablehnung Kinder zu kriegen oder Schwierigkeiten mit männlichen Vorgesetzten als klinische Symptome interpretiert werden, wobei die realen sozialen oder psychologischen Erfahrungen der betreffenden Frau überhaupt nicht berücksichtigt werden. Dieser Standpunkt schließt auch den Wunsch der Frau nach kreativem Selbstausdruck und seine Bestätigung aus. Zum Beispiel unterstellte ein Therapeut Frauen, die sich für feministische Therapie engagierten, ungelöste Vaterbeziehungen. Diese Art der Vereinfachung ist lächerlich und einfach auszumachen. Häufig wird sie dort nicht wahrgenommen, wo sie subtilere Formen annimmt, wie wir sie am Anfang dieses Kapitels beschreiben. Die andere Tendenz in der Psychoanalyse geht dahin, alles auf die Kindheit zurückzubeziehen, was die Auswirkungen der gegenwärtigen sozialen und ökonomischen Realitäten ignorieren heißt. Eine alleinstehende Frau mit zwei Kindern, die Mühe hat, ökonomisch zu überleben, und die ihre Kinder vernachlässigt, mag feststellen, daß ihr Therapeut nach einem ungelösten Ödipuskomplex sucht, der zum Zusammenbruch der Beziehung zum Vater der Kinder und zu den Problemen, die sie mit ihnen hat, führte. Die Wahrheit ist wahrscheinlich die, daß komplexe Interaktionen zwischen ihrer eigenen Kindheit und der Tatsache bestehen, daß das Aufrechterhalten des Familienlebens objektiv schwierig ist und in vieler Hinsicht noch schwieriger, wenn sie Alleinerziehende ist.

Die Übertragungsbeziehung, richtig gehandhabt, ist der maßgebende und äußerst nützliche Bestandteil der Psychotherapie, und kann den Wunsch der Frau, den/die Therapeuten/in zufriedenzustellen und deshalb seinen/ihren vermeintlichen Normen nachzukommen, verstärken. (Dieser Umstand erstaunt uns kaum, da er zwangsläufig Ausdruck ihrer Konditionierung ist.) Da diese Normen mit Sicherheit sexistisch sind, wird ihr tatsächliches Problem wiederum vermischt werden. Die Verknüpfung dieser abhängigen Beziehung mit der Rolle des Therapeuten als dem Deuter des Unbewußten, gibt dem Therapeuten sehr viel Macht. Wie wird damit in sexistischer Weise umgegangen? Nehmen wir an, eine Frau erzählt ihrer Therapeutin, daß sie wütend auf sie sei, weil sie ihre Frustration bei der Arbeit nicht ernst nehme. Diese Aussage kann in bezug auf die Gefühle der Frau zu ihrer Therapeutin, und wie sie sie mit ihrer Mutter identifiziert, gedeutet werden. Wiederum ignoriert die Therapeutin die aktuelle soziale Realität, interpretiert diesmal jedoch gänzlich im Rahmen der Übertragungsbeziehung. Konflikte wegen der Therapiekosten können ebenfalls „weggedeutet" werden, so daß echte finanzielle Schwierigkeiten mit hohen Honorarforderungen und stichhaltige politische Einwände gegen eine Honorarpflicht überhaupt der Ansicht der Therapeutin untergeordnet werden, daß ein Nichtbezahlenwollen den Wunsch widerspiegele, in infantiler Abhängigkeit verbleiben zu wollen. Es scheint uns nicht richtig, eine solche Deutung von einer/m Therapeutin/en anzunehmen, deren/dessen Erwerbsmöglichkeiten diejenigen der Klientin um ein Vielfaches übersteigen. Damit ist nicht zwangsläufig gemeint, daß das Thema der unbefriedigten infantilen Abhängigkeit für Frauen belanglos sei.

Das Growth Movement
Wir glauben, daß ohne sozialistische und feministische Perspektive das Growth Movement Gefahr läuft, zu einer Methode zu werden, die autoritäre Systeme und Sexismus in unserer Gesellschaft unterstützt. Das Growth Movement legt besonderen Wert auf die persönliche Verantwortung und ignoriert soziale Zwänge. Dieser Schwerpunkt drückt eine verständliche Reaktion auf verschiedene wichtige Faktoren der fünfziger Jahre aus, als Encounter und Gestalt entwickelt wurden. Die Leugnung persönlicher Verantwortung unter dem Faschismus war noch in frischer Erinnerung. Eine Reaktion auf die klassische Entschuldigung: „Ich habe nur Befehle befolgt", war nötig. Gleichzeitig förderte die Alltagsrealität ein Gefühl der Hilflosigkeit, sei es wegen der Entwicklung der Atomkraft, des „kalten Krieges" oder der mangelnden Kontrolle über Maschinen, von denen die Existenz abhing. Dem wurde zum Teil widersprochen, vor allem in den Vereinigten Staaten, wo von einer Konsumgesellschaft unmittelbare Befriedigung (bestimmter Bedürfnisse) versprochen wurde. Mit der Befriedigung des Konsumenten ging eine Lockerung der sexuellen Sitten einher: Eine offenbar in zunehmendem Maß libidinöse Gesellschaft.[15] Die Growth Movement-Therapeuten handelten gemäß dem Zeitgeist, indem sie eine kürzere Therapieform anboten und sofortiger Nachfrage und Befriedigung entgegenkamen. (EST wurde kürzlich als der „MacDonalds" der Therapie bezeichnet.) Ironischerweise bot das Growth Movement eine individualistische Lösung für die Machtlosigkeit des einzelnen an.

Die Annahme, daß es bei der Einzelperson liegt zu wissen, was sie möchte und zu ihren eigenen Gefühlen zu stehen, ist im Growth Movement mit dem Rezept verbunden, daß du, wenn du weißt, was du willst, unbeirrbar deine eigenen Ziele verfolgen sollst. Ein Grundsatz des Growth Movement besagt, daß in einer Therapiegruppe, in der nur eine begrenzte Zeit zur Verfügung steht, der Person die Zeit zur Verfügung gestellt wird, die zuerst fragt. In einer Gruppe, in der eines unserer Mitglieder anwesend war, sagte der Leiter: „Wer seine Kleider zuerst runter hat und in der Mitte des Kreises ist, arbeitet."

Der Konkurrenzkampf um Zeit und Raum unterstützt unter Umständen geschlechtsspezifische Verhaltensweisen. Den Männern fällt es leichter, Zeit zu verlangen und darum zu kämpfen, wohingegen Frauen möglicherweise ihre Anziehungskraft einsetzen, um die Aufmerksamkeit des/r Gruppenleiters/in zu gewinnen oder andere gängige Methoden anwenden wie weinen, anderen gegenüber mitfühlend oder besorgt sein: Falls eine Frau keine Zeit erhält, um für sich in der Gruppe zu arbeiten, bekommt sie sie vielleicht in der Funktion als „Mutter" eines anderen Mitgliedes.

Die Gruppenziele spiegeln die persönliche Ausrichtung vieler Gruppenleiter/innen wider: Die Teilnehmer/innen sollen mehr Erfolg in einer kapitalistischen, sexistischen Gesellschaft haben. Wir haben Gruppen mit folgendem Arbeitsmotto gesehen: „Deine Karriere: Kannst du dich in deiner Arbeit voll verwirklichen?", „Hast du die für dich richtige Karriere eingeschlagen?" Jene Gruppe bot unverblümt eine Übung an, wie man unter kapitalistischen Bedingungen noch besser vorankommt. Ähnliches in einer Gruppe über „Eine Beziehung beenden": Auch hier keine Spur von Kritik an einer Gesellschaft, die sich zwar auf Paarbeziehungen aufbaut, es jedoch unglaublich schwierig macht, sie aufrechtzuerhalten. Den Teilnehmern wird zunächst in einem ziemlich realistischen Teil angeboten zu „Entdekken, wie vergangene Erfahrungen sich auf aktuelle Beziehungen auswirken". Sodann werden ihnen „Drei Schlüssel zur Errichtung befriedigender zukünftiger Beziehungen" offeriert. Wiederum der Mythos von der schnellen, leichten Lösung. Reklametext: „Wenn Sie bloß die Zahnpasta Marke X benutzen würden, wären Sie das begehrteste Mädchen im Büro." Vermögen werden verdient, sobald die Therapie zum allerletzten Warenartikel wird, der dich glücklich macht. Wenn Gefühle das einzige sind, was wirklich zählt, und jede/r einzelne für ihre/seine eigenen Gefühle verantwortlich ist, geht jede Frage nach sozialer Verantwortung oder politischem Determinismus flöten. Dumm für dich, wenn du zufällig zur Arbeiterschicht gehörst, weiblichen Geschlechts oder schwarz bist. Es werden keine Begrenzungen unseres „Potentials" anerkannt außer denjenigen, die wir uns angeblich selbst auferlegen und die wir im Prinzip beseitigen könnten.

Wie gehen die Growth Movement-Gruppen mit den Problemen des Sexismus um?

Sie stützen sich nicht ausdrücklich auf sexistische Theorien der Persönlichkeitsentwicklung. Das Fairste, was wir dazu sagen können, ist, daß vieles vom persönlichen Bewußtsein der/s Leiterin/s abhängt. Wir haben einem Gruppenleiter zugesehen, der sensibel mit einer Frau arbeitete, die als Folge ihrer Aktivität in der Frauenbewegung neue Schwierigkeiten in ihrer Familie erlebte. Andererseits sind wir auch einigen Leitern begegnet mit der

Auffassung, daß mangelnde Anpassung an die weiblichen Normen neurotisch sei. Gruppenleiter fühlen sich Frauen gegenüber zu sexistischen Bemerkungen berechtigt wie etwa den folgenden: „Du könntest anziehend sein, wenn du es bloß versuchen würdest", „Möchtest du größere Brüste haben?"

Die allgemeine Gefühllosigkeit Frauen gegenüber in Growth Movementgruppen zeigt sich deutlich beim Problem des Berührens. Berühren dürfen wir häufig als einen der eher befreienden Aspekte des Growth Movement ansehen, verglichen mit den herkömmlichen Therapiemethoden. Wie die sogenannte permissive Gesellschaft und die sexuelle Revolution hat sich auch dieser Aspekt weitgehend innerhalb männlicher Maßstäbe und Interessen ausgebildet.[16] In Gruppen, in denen mit dem Körper gearbeitet wird wie bei der Massage und auch beim Encounter, wird zum gegenseitigen Berühren ermutigt. Umarmen, halten und berühren dürfen ist notwendig bei Personen, die dazu erzogen wurden, solche Formen des Kontaktes auf sexuelle Begegnungen oder Familienrituale zu beschränken. Die Tatsache jedoch, daß dies zur Norm gehört, wenn also ein Gruppenleiter spontan seine Arme um eine Frau legt oder Männer in der Gruppe sie umarmen, bedeutet nicht, daß das ebenso unmittelbar von der Frau empfunden wird. Von einer Autoritätsperson oder von fremden Männern umarmt zu werden hat für die meisten Frauen eine besondere Bedeutung. Einige Männer verwenden die Gruppe als Mittel, um sexuellen Kontakt zu Frauen zu haben. Die meisten Männer jedoch, wie gut auch ihre Absichten sein mögen, zeigen gewisse anerzogene Reaktionen auf das Berühren von Frauen. Dies sind Faktoren, die bei einer Entscheidung sorgfältig erwogen werden müssen, ob in einer gemischten oder gleichgeschlechtlichen Therapiegruppe gearbeitet werden soll.

Fragen zur Gruppenleitung sind für die therapeutische Situation ebenfalls von ausschlaggebender Bedeutung. Trotz des egalitären Stils der Gruppen, in denen alle mit Vornamen angesprochen werden und die Leiter/innen mit Gruppenmitgliedern geselligen Kontakt aufnehmen, wird innerhalb der Growth Movement-Therapien das Thema der Leitung an sich selten in Frage gestellt. Es besteht immer noch eine starke Tendenz, sich dem Urteil der/s Experten/in zu beugen als einer Person, die über eine klare Theorie und über Erfahrungen verfügt. Dies geschieht sogar in Gruppen, deren Struktur bewußt antiautoritär ist (wie Frauengruppen und einige linke Gruppen). Das ist nicht erstaunlich, da wir alle dazu erzogen worden sind, in einer hierarchischen und autoritären Gesellschaft zu funktionieren, und es braucht mehr als bloße Äußerungen guter Absicht, diese Konditionierung zu verändern. In Growth Movement-Gruppen sehen wir häufig Einzelpersonen, die obgleich nicht offen dazu gezwungen, den/die Gruppenleiter/in nachahmen und nachäffen, um Zustimmung zu erheischen. In einer Gruppe, in der die gefährlichen Aspekte der autoritären Rolle nicht erkannt werden, wirst du dich nicht sicher genug fühlen, um die eigenen komplexen Bedürfnisse und Widerstände in bezug auf Autorität preiszugeben. Werden sie jedoch nicht geklärt, kann der Widerstand gegen die Autorität so unflexibel oder dogmatisch wie die Autorität selbst werden.

Dieser Mangel an Respekt oder Verständnis für die Bedeutung des Gruppenprozesses spiegelt sich in bei einigen Leiter/inne/n im mangelnden Respekt für die Gruppe als Ganzes wider. Sie sehen die Gruppe als eine Reihe von Einzelpersonen, ohne die Bedeutung ihrer Beziehungen zueinander zu erkennen. Sogar in Gruppen, die zusammenkommen, um an anderen Problemen zu arbeiten, spielen die Beziehungen zwischen den Gruppenmitgliedern eine äußerst wichtige Rolle. Dieser Mangel an Rücksicht kann sich auch darin zeigen, daß ein/e Leiter/in willkürlich die Gruppenmitgliedschaft verändert, ohne sich mit der Gruppe abzusprechen.

Die Bedeutung all dieser Bruchstücke an Kritik, die wir zusammengetragen haben, liegt in ihrer Aussage über die häufig impliziten oder unbewußten zugrundeliegenden Aussagen des/r Therapeutin/en, der Therapie und ihrer Institutionen. Diese Annahmen decken nicht bloß intellektuelle Interessen auf: sie spiegeln auch die Machtinteressen derer, die sie fortbestehen lassen, wider.

WIE KANN THERAPIE ANDERS GEMACHT WERDEN?

Die feministische Kritik an der Therapie trägt der sozialen Unterdrückung der Frauen bis in tiefste Ebenen Rechnung und zeigt auf, daß diese Tatsache in den traditionellen und den Growth Movement-Therapien häufig nicht anerkannt wird. Mit diesem Buch versuchen wir darüber hinauszugehen und auf Wege der Therapie hinzuweisen, die uns unsere tiefsten Erfahrungen der Unterdrückung bewußt und somit weniger zersetzend machen. Uns wird langsam klar, wie eine Therapie, die wir selbst steuern und die feministische und sozialistische Werte verkörpert, in diesem Prozeß eine Rolle spielen muß.

Die Realität äußerer Unterdrückung und das Bedürfnis, sie zu bekämpfen, anerkennen

Wir akzeptieren nicht, daß Menschen ihre Leiden, ihre Situation oder ihre schlechten Erfahrungen selbst gewählt haben. Wenn eine Frau auf der Straße sexuell belästigt wurde und ihren Kummer in einer Growth Movement-Gruppe einbringt, wird man ihr vielleicht entgegnen: „Dieser Vorfall macht dir nur zu schaffen, weil du dich schlecht wegen dir selbst fühlst."

In einem feministischen Rahmen würde sie darin unterstützt, ihre Gefühle der Wut und der Demütigung auszudrücken und dem Selbsthaß nachzugehen, der der durch die Beleidigungen des Mannes ausgelösten Demütigung zugrunde liegen kann. Der Haß auf sich selbst hindert sie vielleicht daran, wirksam zu reagieren. Wenn andere Frauen darin unterstützt werden, Identitifikation mit ihr auszudrücken, werden ihre Gefühle bestätigt. Sie braucht nicht noch Scham wegen ihrer unzulänglichen Reaktionen einem Erlebnis hinzuzufügen, das ohnehin schon schlimm genug war.

Wir sprechen hier von verschiedenen Phasen:

1 Das Erlebnis der Frau untersuchen und es zu den realen Hindernissen oder objektiven Schwierigkeiten, mit denen sie konfrontiert ist, in Beziehung setzen.
2 Erkennen, daß ein Leben voll ähnlicher Erfahrungen die Auffassungen der Frau über ihre Umwelt beeinträchtigen, ebenso ihre Wahrnehmung von sich selbst, ihre Selbstachtung und die Art, wie sie mit anderen umgeht.
3 Versuchen, ihr beim Anpacken der Hindernisse, denen sie begegnet, zu helfen, und dabei wissen, daß sie dazu eher in der Lage sein wird, wenn sie ihre Empfindungen versteht und ausdrücken kann.

Wir bilden uns nicht ein, daß sie sich bei der nächsten Beleidigung auf der Straße automatisch gut fühlen, sondern eher im vollen Bewußtsein ihrer Gefühle und im Wissen handeln können wird, daß sie an einer Bewegung teil hat, die Frauen stärker macht. In England haben Frauen Demonstrationen organisiert, bei denen sie die „Nacht zurückgefordert" haben, um die Möglichkeit zurückzufordern, nachts sicher durch die Straßen gehen zu können: Nachts mit anderen Frauen durch die Straßen von Soho gehen, stellt einen kollektiven Ausdruck des Widerstandes gegen diese Form der Unterdrückung dar und ist zugleich eine Erweiterung der Art von Therapie, von der wir sprechen.

So wie wir die Realitäten des Sexismus und seine Auswirkungen auf unsere Psyche anerkennen, versuchen wir auch in unserer Therapie, die Einflüsse von Klassen- und Rassenzugehörigkeit zu berücksichtigen. In einem feministischen Rahmen bemühen wir uns diejenigen zu begünstigen, die wegen ihrer Schichtzugehörigkeit oder/und Rasse größere Schwierigkeiten haben, sich selbstsicher zu fühlen und auch dafür zu sorgen, daß sie genügend Zeit und Raum bekommen, um an ihren Gefühlen zu ihrer spezifischen Unterdrückung zu arbeiten. Es bringt nichts, in einer Gruppe von Weißen zu einer Asiatin einfach nett zu sein. Wir müssen uns mit ihr zusammen ihrer Erfahrung stellen. Das ist oft schwierig, weil dabei vielleicht Gefühle hochkommen, die wir lieber unter einem liberalen Akzeptieren unserer Unterschiede verbergen.

In einigen Growth Movement-Gruppen wird das bloße Erwähnen politischer Aktivitäten als neurotisch und als Vermeidungstechnik betrachtet. Wir sehen politische Aktivitäten bei Personen, die mit ihren Emotionen und ihrer inneren Bereitschaft in Berührung sind, als ein gesundes Zeichen des Aktivseins, der Verantwortungsbereitschaft für sich selbst und für andere, als ein Zeichen der Liebe im weitesten Sinn.

Sich selbst nähren

Für Frauen *können* politische Aktivitäten, wenn sie nicht hinterfragt werden, zu einer Art Ersatzpflichtübung des Ehefrau- und Mutterseins werden. In unserer Gesellschaft wird von Frauen erwartet, daß wir andere umhegen und umsorgen. Sogar wenn wir diese Rolle bewußt zurückweisen, merken wir, daß wir einige ihrer Aspekte so tief verinnerlicht haben, daß wir uns nicht mit dem Willen allein von ihnen losmachen können. Ein Teil unserer Therapie muß unserem Bedürfnis, uns selbst zu umsorgen und Fürsorge von anderen zu verlangen, entgegenkommen. Dies kann bedeuten, Fürsorge von anderen Frauen zu verlangen lernen und emotionale Unterstützung von Männern zu fordern, anstatt dem traditionellen Modell zu folgen, bei dem die Frau finanziell vom Mann abhängig ist, aber ein Großteil der emotionalen Fürsorge von der Frau geleistet wird. Wir müssen erkennen, daß wir es wert sind, daß sich andere um uns kümmern. Unsere niedrige Selbstachtung sollte nicht durch vage Versuche überdeckt werden, uns und anderen vorzumachen, dies sei kein Problem. Statt dessen sollten wir es durch das Verständnis seiner Wurzeln verändern, was eine Basis für eine neue Haltung der Selbstbejahung und Liebe bilden kann. Wir bemerkten in unserer Selbsthilfegruppe, daß wir langsam anfingen, uns gegenseitig um Unterstützung zu bitten, und diese Forderungen nicht mehr länger auf unsere engsten Beziehungen beschränkten:

„Ich war die ganze Woche sehr damit beschäftigt, Arbeit und einen Ort zum Leben zu suchen. Tagelang hatte ich einen steifen Hals, und nur ein paar Stunden in der Frauengruppe genügten, um mich wieder sicher zu fühlen, sicher genug, um traurig und schwach sein zu können. Dann hielt mich die Gruppe und unterstützte mich, während ich es zuließ, daß ich aufgab – nicht meinen Kopf hochhielt – ihn auf den Schultern einer anderen Frau ruhen ließ und weinte.“[17]

Es gibt keine einfachen Regeln, wann Frauen unterstützt werden müssen, stärker oder schwächer zu sein. In diesem letzten Beispiel war die Frau die ganze Woche hindurch sehr stark. Sie mußte stark sein und dennoch fähig, vermehrt Hilfe zu verlangen. In anderen Situationen müssen Frauen in der Therapie an der Entwicklung ihrer Kräfte arbeiten. Dies ist ein sehr doppeldeutiger Bereich, da uns die Gesellschaft einerseits als „schwach“ definiert, aber gleichzeitig von uns verlangt, andere zu unterstützen, was gewöhnlich eine große Menge an steter Kraft fordert. In unserer Gruppe hatten wir es nicht leicht, die sich widersprechenden und so klar hervortretenden Gefühle von Schwäche und Stärke miteinander zu vereinbaren. Wir stießen auch auf Auswirkungen dieser Widersprüche, während wir dieses Buch schrieben. In der Frauenbewegung werden Frauen oft dazu angehalten, stark zu sein. Wenn wir uns jedoch nicht stark *fühlen* oder unsere Schwäche nicht ausdrücken können, wenn wir uns schwach fühlen, ist diese Stärke hauchdünn und kann außerdem zu einer weiteren Lüge in unserem realen Empfinden werden.

Unsere Widersprüche zulassen

In einigen Frauengruppen entwickelt sich eine Art puritanisches feministisches Bewußtsein, daß „nicht-feministische" Gefühle nicht zuläßt, ob sie nun mit Abhängigkeit von männlicher Anerkennung, Eifersucht und Konkurrenzstreben zu anderen Frauen oder Ängsten, sich männliche Kenntnisse oder Eigenschaften anzueignen, zu tun haben. Eine feministische Therapie muß diese Gefühle zulassen und ihnen nachgehen, damit eine wirkliche Veränderung erarbeitet werden kann. Eine Frau muß ungehemmt ihre Motivationen für eine politische Aktivität untersuchen oder ihre Wut auf einen Mann ausdrücken können oder ihn in Schutz nehmen dürfen, ohne beurteilt zu werden.

„Ich glaube, die Frauenbewegung hat wenig Gespür für den individuellen Widerspruch, und ich glaube, die Therapie hat das ... Seit ich Therapie betreibe, macht mich die Massenpsychologie der Linken *und* der verdammten Frauenbewegung besonders ungeduldig. Die Therapie hilft verstehen, daß die Geschichte der einzelnen für sie besonders ist und zugleich Teil der gesellschaftlichen Geschichte oder Rolle; daß sich die Bedürfnisse oder gewählten Möglichkeiten einer einzelnen von den deinen unterscheiden werden und sich vermutlich zeitweise innerlich widersprechen ... und daß jener inneren Unlogik in keiner Weise durch das eher soziologische Modell der Motivation der radikalen politischen Bewegungen Rechnung getragen wird. Und solange politische Bewegungen der Komplexität persönlicher Erfahrungen nicht tatsächlich entgegenkommen, werden sie *nicht* sehr viel ausrichten können, außer in einer selbstverleugnenden und moralistischen Subkultur."[18]

Die Verwendung der Therapie zur Klärung unserer Politik

Die größere Herausforderung in bezug auf politische Aktivität scheint von der Klärung in der Therapie bedingt, was unsere *Motive* für eine politische Aktivität anbelangt. Eine Frau in unserer Gruppe, die freiwillig hunderte von Taschen zusammennähte, die dann zugunsten der Abtreibungskampagne verkauft werden sollten, untersuchte in einer Sitzung ihre Angst vor soviel Extraarbeit neben einem anstrengenden Beruf. Sie entdeckte, daß es die verinnerlichte Stimme ihrer Mutter war, die sie dazu bewegte und ihr sagte, sie sollte noch mehr arbeiten. Politische Tätigkeit kann zu einer neuen Arbeitsethik oder einer neuen Form von Masochismus, des Konkurrierens oder der Schuldgefühle oder zu einem Dogma werden. Manchmal zeigt sich, daß das „Ausagieren" von ungelösten Kindheitsempfindungen den eigentlichen Kern der politischen Motivation ausmacht. Zum Beispiel mag sich in einer Sitzung ergeben, daß eine allgemeine Feindseligkeit gegenüber Autoritäten in der anhaltenden Wut auf die Eltern jener Person begründet ist. Eine Aktivität, die sich auf derartige nicht erkannte Gefühle der Wut oder Schuld aus der Vergangenheit aufbaut, kann sich auf zahlreiche Arten selbstzerstörerisch auswirken. Sie kann sich im zwanghaften Arbeiten an belanglosen Aufgaben ausdrücken, im Dominieren anderer innerhalb der Gruppe, im Verhalten wie ein „trotziges Kind“ oder in Taktiken, die unweigerlich eine Niederlage zur Folge haben (womit wieder eine Kindheitssituation hergestellt wird, in der das Kind in bezug auf die Eltern machtlos ist). Sie kann sich auch in unkontrollierten körperlichen Ausbrüchen auswirken, zum Beispiel einer Attacke auf einen Polizisten, wenn ein solches Verhalten überhaupt nichts einbringt und nur die Angreiferin selbst den Schaden davonträgt. Eine Frau in der Red Therapy formulierte es so: „Viel Politik und ich kümmere mich nur um die Linke, das ist maskiertes persönliches Schlamassel, eine Revolutionärin zu sein wäre viel wirkungsvoller und erfreulicher, wenn es anerkannt würde.“

Wenn wir diese Wurzeln unserer Motivation erkennen, untergraben wir noch lange nicht unsere politische Aktivität, sondern werden in unseren Aktionen klarer und bewußter. Ein anderes Mitglied der Red Therapy sagte:

Ich begann die gefühlsmäßige Basis für mein intellektuelles Engagement klarer zu sehen. Ich begriff, daß ein tiefverwurzelter Wunsch, einem Tory-Vater, dem ich nichts bedeutete, und einer religiösen Mutter, die mir sagte, daß ich von Grund auf und unausweichlich verdorben sei, eins auszuwischen, vermutlich sehr wohl meiner ursprünglichen Motivation für meine politische Aktivität zugrunde gelegen hat. Diese Erkenntnis beseitigte mein politisches Engagement nicht, sondern diente vielmehr dazu, es eindeutiger werden zu lassen. Ich erlag weniger der Versuchung, in die Rolle des trotzigen Kindes zu verfallen, das um jeden Preis gewinnen will, sondern ich fällte meine Urteile viel eher auf der Basis der jeweiligen realen Gegebenheiten, mit denen ich zu tun hatte.

Reich unterscheidet zwischen „irrationaler“ und „rationaler“ Wut. Irrationale Wut, so meint er, ist eine Wut aus der Vergangenheit, häufig lang verdrängte Wut auf Eltern oder Geschwister, die von weit zurückliegenden Kränkungen herrührt. Diese Wut kann uns über Jahre hinweg motivieren oder sich in unkontrollierbaren explosiven Ausbrüchen entladen. Sie kommt in beiden Fällen in der Gegenwart auf unangemessene Weise zum Vorschein. Reich unterscheidet diese Art von Wut von der „rationalen“ Wut, die eine klare, bewußte und angemessene Reaktion auf Dinge darstellt, die in der Gegenwart passieren; eine Reaktion frei von jeglicher verzerrender Belastung durch andere Erlebnisse. Reich sah, daß es in unserer Welt genügend Ungerechtigkeiten und Leiden gibt, um eine Reaktion starker rationaler Wut in Form sozialer politischer Aktion auszulösen. Die Therapie war für ihn ein Mittel, uns von irrationaler Wut und anderen Trümmern aus der Vergangenheit zu befreien, um in der Gegenwart stärker und bewußter handeln zu können. Er war auch davon überzeugt, daß jeder Mensch zur Liebe fähig ist und nach Freiheit und Selbstausdruck strebt, was sich, falls neurotisches Festhalten und Verdrängen geklärt werden, in

Auflehnung gegen die lebensverachtenden Normen unserer Gesellschaft ausdrückt. In unserer Gruppe sahen wir, daß uns die Therapie dazu verhelfen konnte, mit unserer Kraft zu handeln und mit unseren Impulsen, uns weniger angepaßt und eingeschränkt zu verhalten, in Berührung zu kommen.

Ziele unterstützen, die über Geschlechterrollenklischees hinausgehen
Eine Beschreibung feministischer Therapie drückt dies so aus:

„Die feministische Therapie untersucht mit Klientinnen die inneren Widersprüche in den vorgeschriebenen sozialen Rollen für Frauen ... Sie fördert die Entwicklung individueller Zielsetzung und unterstützt jene Ziele der Klientin, die über die traditionellen Geschlechterrollenklischees hinausgehen. Sie fördert die Untersuchung verschiedener Lebensformen und sexueller Orientierung und befürwortet den Erwerb von Fähigkeiten und Kenntnissen für ein autonomes und in sich geschlossenes Leben."[19]

Als Feministinnen weichen unsere Vorstellungen darüber, was ein Problem ausmacht, von denjenigen ab, die ohne jegliches feministisches Bewußtsein zustande kommen. Wir würden Frauen in Arbeitskollektiven nicht fragen, weshalb sie sich nicht um reguläre Arbeitsstellen bemühen, wo sie gut verdienen, sondern wir würden statt dessen ihre Motivationen respektieren und versuchen, die Komplikationen durchzuarbeiten, die in einer solchen Situation unweigerlich auftauchen. Falls eine Lesbe an ihren Schwierigkeiten arbeitet, würden wir sie nicht fragen: „Warum bist du lesbisch?", sondern vielmehr herauszufinden versuchen, inwiefern sie unterdrückt wird, weil sie lesbisch ist. Wir sind auch offen für unüblichere Lösungen von Schwierigkeiten. So betrachten wir etwa sexuelle Enthaltsamkeit als positiv für eine Frau, die von ihren sexuellen Beziehungen dermaßen beherrscht wurde, daß sie nicht in der Lage war, mit anderen Aspekten ihres Lebens angemessen umzugehen.

Neue Entwicklungen innerhalb der Frauenbewegung schaffen für Frauen ihre eigenen emotionalen Widersprüche. In allen Frauenarbeitskollektiven haben wir festgestellt, daß Frauen, die sich nicht mehr mit männlicher Autorität und Führung abgeben mußten, sich statt dessen mit der Tatsache auseinanderzusetzen hatten, daß sie sich aufgrund von Schuldgefühlen gegenüber Frauen, die es schlechter hatten als sie, zu sehr antrieben. In einer therapeutischen Situation konnten sie sich auf ihre eigenen Schwierigkeiten, sich selbst zu umsorgen, konzentrieren und lernten, Grenzen zu ziehen. Hier sehen wir, wie die feministische Therapie, obwohl sie das innere Erleben der einzelnen untersucht, immer an der Grenze zwischen Innen und Außen arbeitet und nie nur die individuelle Situation oder Lösung als Bezugsrahmen nehmen kann.

Therapie, die Zusammenarbeit und Solidarität fördert

Wir müssen die Bedeutung der Solidarität bei der Veränderung und Verbesserung unseres Lebens ausdrücklich anerkennen; Therapie allein genügt nicht. Das heißt vielleicht, sich in politischen Organisationen engagieren oder Dinge in unserem privaten Leben tun, die uns die Erfahrung emotionaler Nähe und Übereinstimmung mit anderen Frauen vermitteln. Bewußtseinserweiternde Gruppen haben genau diese Funktion, indem sie die Ähnlichkeiten im Leben der Frauen herausarbeiten. Die Therapie erlaubt uns, so verschieden zu sein, wie wir sind, wobei sie zugleich unsere gemeinsamen gefühlsmäßigen Erfahrungen anerkennt. Eine Selbsthilfetherapiegruppe stellt eine Ergänzung in bezug auf andere Aktivitäten dar, die zu Solidarität und Zusammenarbeit ermutigen.

In der Selbsthilfetherapie fällt die Gruppe auseinander, wenn die Mitglieder sich nicht gegenseitig helfen. Wir müssen versuchen, zusammenzuarbeiten und nicht eine Frau zur Leiterin machen. Wir müssen auch dafür sorgen, daß wir eine Frau, die sich scheut oder Angst hat, Zeit zu verlangen oder Vorschläge zu machen, unterstützen und die Gründe für ihre Schwierigkeiten erkennen. Sie kann sich vielleicht weniger gut als andere in der Gruppe Gehör verschaffen. Sie fühlt sich vielleicht im Nachteil, weil sie die einzige Lesbe oder Einzelperson in einer Gruppe ist, die sich vorwiegend aus heterosexuellen oder Frauenpaaren zusammensetzt. Das geschieht nicht nur über guten Willen. Es bedeutet, daß Fragen zu Führung und Passivität, Konkurrenzstreben und Ungleichheit in der Gruppe erörtert werden müssen und nicht geleugnet werden dürfen:

„Es gibt hier Probleme der Gruppendynamik, die sicher nicht übersehen werden dürfen. Wenn sechs Leute arbeiten wollen, werden sicher nicht alle genügend Zeit dafür haben. Es ist möglich, die Zeit zwischen den Leuten gleichmäßig aufzuteilen, aber eine Frau kann gut den ganzen Abend brauchen, um herauszufinden, was alle fühlen; deshalb müssen wir versuchen, sensibel auf das zu reagieren, was vor sich geht, und auf sich einschleifende rigide Verhaltensmuster achtgeben und sie zur Sprache bringen. Wenn zum Beispiel die gleiche Frau zu Beginn jeder Gruppensitzung zu weinen anfängt, kann sie mit dieser Tatsache konfrontiert werden und die zwischenmenschlichen Probleme, die damit vielleicht hochkommen, durcharbeiten.“[20]

Als Frauen kämpfen wir einerseits darum, unsere eigenen Bedürfnisse zu erkennen und zu erfüllen, während uns andererseits bewußt ist, daß wir von anderen abhängig sind. Einfach in ein „Was wir wollen“ verfallen, löst diesen Widerspruch nicht auf. Das stellt für uns Frauen ein besonders schwieriges Dilemma dar. Es besteht die Gefahr, uns von unserer traditionellen Position des „Alle Bedürfnisse der anderen zuerst“ wegzubewegen und nur noch unsere eigenen zu sehen und geltend zu machen, wobei uns nicht bewußt ist, daß sie nur innerhalb eines sozialen Zusammenhangs befriedigt werden können.

Die Selbsthilfetherapie muß sich mit den sich wiederholenden Spannungen zwischen persönlichen und Gruppeninteressen befassen oder die Gruppe kann nicht funktionieren. Der Prozeß der Selbsthilfe zeigt nicht nur, wie wir unsere Unterdrückung weitergeben, sondern bestätigt uns auch, daß wir zur Zusammenarbeit fähig sind, um einige der Auswirkungen jener Unterdrückung rückgängig zu machen. Innerhalb der Selbsthilfegruppe wissen wir, daß es keine individuellen Lösungen für unterdrückte Menschen gibt und daß wir die Unterdrückung mit einer autoritären Struktur nicht erfolgreich bekämpfen werden. Die egalitäre Form der Selbsthilfetherapie an sich stellt ein autoritäres System in Frage.

Wir haben euch unsere Erfahrungen und unser Wissen über die Selbsthilfetherapie mitgeteilt und hoffen, daß es uns auch gelungen ist, unsere Begeisterung , unsere Überzeugung zu vermitteln, daß wir tatsächlich unsere eigene Therapie machen *können*, sowie unsere Vision von den Kräften verwirklichen, die eine sozialistische und feministische Therapie freisetzen kann.

ANMERKUNGEN

1 Sheila Rowbotham, Lynne Segal and Hilary Wainwright, *Beyond the Fragments,* Merlin Press, London 1979. Wichtiges Buch, das den Beitrag des Feminismus für eine revolutionäre Bewegung klärt. Gibt unsere eigenen Ansichten wieder, wie die Therapie ein wesentlicher Bestandteil der Politik sein kann, und gibt eine umfassendere Darstellung der politischen Ideen, die auch die unseren sind.

2 Jean Baker Miller, *Towards a New Psychology of Women*, Penguin, Harmondsworth 1978. Deutsch: *Die Stärke weiblicher Schwäche*, Frankfurt 1977.

3 Sally Berry in Lilian Mohin (Hrsg.), *One Foot on the Mountain: An Anthology of British Feminist Poetry 1969-1979,* Onlywomen Press, London 1979, S. 209.

4 Mary Daly, *Gyn/Ecology: the Meta-Ethics of Radical Feminism,* Beacon Press, Boston 1978; deutsch: *Gyn/Ökologie. Eine Meta-Ethik des radikalen Feminismus,* München 1981, S. 51.

5 *Gyn/Ökologie,* S. 23.

6 Mary Douglas, *Purity and Danger,* Penguin, Harmondsworth 1970, S. 15.

7 Valerie Sinason in *One Foot on the Mountain,* S. 242.

8 R. D. Laing und A. Esterson, *Sanity, Madness and the Family,* Penguin, Harmondsworth 1970; deutsch: *Wahnsinn und Familie,* Köln 1975.

9 Siehe: Phyllis Chesler: *Women and Madness,* Avon, New York 1973; deutsch: *Frauen – das verrückte Geschlecht,* Reinbek 1977; und Susan Stanford Friedman et al, *A Woman's Guide to Therapy,* Prentice Hall, New Jersey 1979.

10 *Frauen – das verrückte Geschlecht,* S. 166; siehe auch: Janet Frame, *Faces in the Water,* George Braziller, New York 1961; Neuauflage bei The Women's Press, London 1980; Marge Piercy, *Woman on the Edge of Time,* Alfred A. Knopf, New York 1976; The Women's Press, London 1979. Diese zwei Romane illustrieren

deutlich die Bestrafung, die sogenannte Verrückte von den sogenannten Gesunden erfahren.

11 *Frauen – das verrückte Geschlecht,* S. 107.

12 Michael Rossman, *New Age Blues,* Dutton, New York 1979. Einige interessante Artikel, die vom Standpunkt eines Insiders eine Kritik am Growth Movement wiedergeben.

13 Siehe: *Frauen – das verrückte Geschlecht* und *A Woman's Guide to Therapy:* auch die meisten Ausgaben von *State and Mind* (PO Box 89, Somerville, MA 02144, USA) enthalten wichtige Artikel.

14 Für eine Vielzahl von Perspektiven und Kritiken an der Psychoanalyse von einem feministischen Standpunkt aus, siehe: Shulamith Firestone, *Dialectic of Sex,* neu bei Bantam, New York 1971; deutsch: *Frauenbefreiung und sexuelle Revolution,* Frankfurt 1975. Kate Millet, *Sexual Politics,* New York 1971; deutsch: *Sexus und Herrschaft,* München 1973. Jean Baker Miller (Hrsg.), *Psychoanalysis and Women,* Brunner/Mazel, New York 1973. Juliet Mitchell, *Psychoanalysis and Feminism,* Pantheon, New York 1975; deutsch: *Psychoanalyse und Feminismus,* Frankfurt 1976. Jean Strouse (Hrsg.), *Women and Analysis,* Dell, New York 1974.

15 Für eine ausführlichere Diskussion der Implikationen dieser Widersprüche siehe: Herbert Marcuse, *Eros and Civilisation,* Beacon Press, Boston 1974, deutsch: *Eros und Kultur,* Stuttgart 1957. Herbert Marcuse, *One-Dimensional Man,* Beacon Press, Boston 1964; deutsch: *Der eindimensionale Mensch,* Neuwied/Berlin 1976.

16 Siehe Barbara Ehrenreich und Deirdre English, *For Her Own Good: 150 Years of the Experts' Advice to Women,* Doubleday/Anchor, New York 1978. Dieses Buch ist ein historischer Abriß dessen, wie Frauen von medizinischen Experten mißhandelt worden sind. Es zeigt, wie sich die autoritäre Haltung der Gynäkologen des neunzehnten Jahrhunderts in den psychologischen Ratschlägen der vierziger und fünfziger Jahre und in der Growth Movement-Methode der sechziger und siebziger Jahre niederschlägt. Die Autorinnen erkennen das Bedürfnis der Frauen nach eigenen Gesundheitszentren an, scheinen aber leider die psychische und geistige Gesundheit nicht mit einzubeziehen.

17 *Red Therapy,* Red Therapy, c/o 28 Redbourne Avenue, London, N3 2BS, 1978, S. 40. Enthält interessante Ideen von Aktivistinnen, die sowohl therapeutisch wie politisch tätig sind.

18 Ann Scott, unveröffentlichter Artikel, 1976.

19 *Feminist Therapy: A Working Definition,* ein Artikel, den das „Feminist Therapy Referrals Committee" herausgab, Penn Women's Center, c/o 115 South Beechwood Street, Philadelphia, PA 19103, USA.

20 *Red Therapy,* S. 31.

WEITERE LITERATUR

Neben den Büchern, auf die wir uns in den Anmerkungen beziehen, können wir noch empfehlen:

– Wilhelm Reich, *What Is Class Consciousness?* Socialist Reproduction, London 1972; deutsch: Ernst Parell (Pseudonym), *Was ist Klassenbewußtsein,* o.O., ca. 1970. Wilhelm Reich, *The Mass Psychology of Fascism,* Neuaufl. von Farrar Straus & Giroux, New York 1970; deutsch: *Die Massenpsychologie des Faschismus,* Köln 1971. Grundlegend für unsere Auffassung von den Beziehungen zwischen Politik, Gesellschaft und Charakterstruktur. Für die aktuelle Politik immer noch von Bedeutung und spannend zu lesen.

– Eli Zaretsky, *Capitalism, the Family and Personal Life,* Harper & Row, New York 1976; deutsch: *Die Zukunft der Familie,* Frankfurt 1978. Lohnende Lektüre, falls du das Thema der Verbindungen zwischen Produktionswandel und dessen Auswirkungen auf die Struktur des persönlichen Lebens und des Familienlebens weiter verfolgen willst.

– Michael Schneider, *Neurose und Klassenkampf,* Reinbek 1973. Untersucht die Beziehungen zwischen Marxismus und Psychoanalyse, meint, daß beide zum besseren Verständnis der Gesellschaft beitragen können. (Der Marxismus benötigt eine Psychologie und der Psychoanalyse fehlt ein sozialer und materieller Bezugsrahmen.) Zeigt auch auf, wie eine solche Synthese angestrebt werden könnte, indem er auf Typen von Persönlichkeitsformen verweist, die die ökonomische Struktur einer Konsumgesellschaft widerspiegeln.

– Bruce Brown, *Marx, Freud and the Critique of Everyday Life,* Monthly Review Press, New York 1973. Der Titel spricht für sich selbst. Ein weniger theoretisches Buch als das von Schneider, das versucht, obwohl in bestimmter Hinsicht weniger interessant, die Theorie zu den Erfahrungen der Leute aus der Studentenbewegung und der nachfolgenden Periode in Beziehung zu setzen.

– Claude Steiner (Hrsg.), *Readings in Radical Psychiatry,* Grove Press, New York 1975. Theoretischer und praktischer Abriß der Radikalen Psychiatriebewegung in den Vereinigten Staaten. Die Lektüre lohnt sich trotz der Einschränkungen, auf die wir an anderer Stelle aufmerksam gemacht haben.

STICHWORTVERZEICHNIS DER ÜBUNGEN

FRAUENTHERAPIE- UND BERATUNGSGRUPPEN

BERLIN (1000)
BeTS-PSIFF e.V. (Beratung-Therapie, Selbsthilfe für Frauen),
Landhausstr. 37, 1 – 31,
Tel.: 030/456 15

BIFF e.V. (Beratung und Information für Frauen) im Frauenzentrum,
Stresemannstr. 40, 1 – 61,
Tel.: 030/251 09 12

Frauenkrisentelefon 030/65 42 43
Mo, Do 10 – 12 Uhr; Di, Mi, Fr 19 – 21 Uhr; Sa, So 17 – 19 Uhr

FrauenTraum e.V. (Selbsthilfe, Therapie, Fortbildung für Frauen),
Wartburgstr. 9, 1 – 62,
Tel.: 030/782 82 65

TUBFF e.V. (Therapie und Beratung für Frauen),
Mommsenstr. 52, 1 – 12,
Tel.: 030/323 50 39

Violetta Clean (Therapeutische Wohngemeinschaft für drogenabhängige
Frauen), Bettinastr. 12, 1 – 33,
Tel.: 030/25 71 01

Wildwasser,
Friesenstr. 6, 1 – 61,
Tel.: 030/786 50 19

BIELEFELD (4800)
Psychologisches Beratungszentrum für Frauen,
Ernst Reinstr. 33,
Tel.: 05 21/12 15 97

BONN (5300)
TUBF e.V. (Therapie und Beratung für Frauen),
Dorotheenstr. 1 – 3,
Tel.: 02 28/65 32 22

BREMEN (2800)
Frauentherapiezentrum,
Humboldtstr. 88, 28 – 1,
Tel.: 04 21/764 05

DETMOLD (4930)
ALRAUNE e.V. (Treffpunkt, Beratung und Hilfe für Frauen und Kinder),
Freiligrathstr. 24,
Tel.: 052 31/201 77

DÜSSELDORF (4000)
Frauenberatungsstelle,
Kölnerstr. 214,
Tel.: 02 11/77 32 69

ESSEN (4300)
DISTEL e.V. (Frauenberatungsstelle),
Brassertstr. 44, 43 – 1,
Tel.: 02 01/77 67 77

GÖTTINGEN (4300)
Therapeutische Frauenberatung e.V.,
Weenderstr. 20,
Tel.: 04 41/456 15

HAMBURG (2000)
BIFF Eimsbüttel,
Stellinger Weg 45, 2 – 20,
Tel.: 05 51/469 10

BIFF Winterhude,
Moorfurthweg 9, 2 – 60,
Tel.: 040/270 13 00

Frauentherapiezentrum,
Warnholtzstr. 2, 2 – 50,
Tel.: 040/38 38 48

KÖLN (5000)
Frauenberatungsstelle Frauen Lernen Leben e.V.,
Venloerstr. 405 – 407, 5 – 30,
Tel.: 02 21/54 19 76 und 52 15 79

MÜNCHEN (8000)
Frauentherapiezentrum,
Güllstr. 3, 8 – 2,
Tel.: 089/725 25 50 und 725 88 29

MÜNSTER (4400)
Frauenberatung Friedensstraße,
Friedensstr. 33,
Tel.: 02 51/37 57 99

NÜRNBERG (8500)
FFGZ,
Fürtherstr. 154, Rückgebäude,
Tel.: 09 11/32 82 62

OLDENBURG (2900)
Therapie- und Beratungszentrum für Frauen,
Huntestr. 22

PADERBORN (4790)
Frauenberatungsstelle LILITH,
Königstr. 64,
Tel.: 052 51/213 11

SAARBRÜCKEN (6600)
Beratungsstelle für Frauen und Mädchen,
Dellengartenstr. 14

TROISDORF (5210)
Frauenberatungsstelle Troisdorf,
Hippolytusstr. 17,
Tel.: 022 41/722 50

WUPPERTAL (5600)
Frauenberatung,
Kieselstr. 41, 56 – 1,
Tel.: 02 02/42 39 46

ÖSTERREICH

GRAZ
Frauenberatungsstelle, Triesterstr. 97,
Tel.: 03 16/273 19

WIEN
Frauenberatungsstelle, Lehargasse 9/17,
Tel.: 02 22/587 67 50

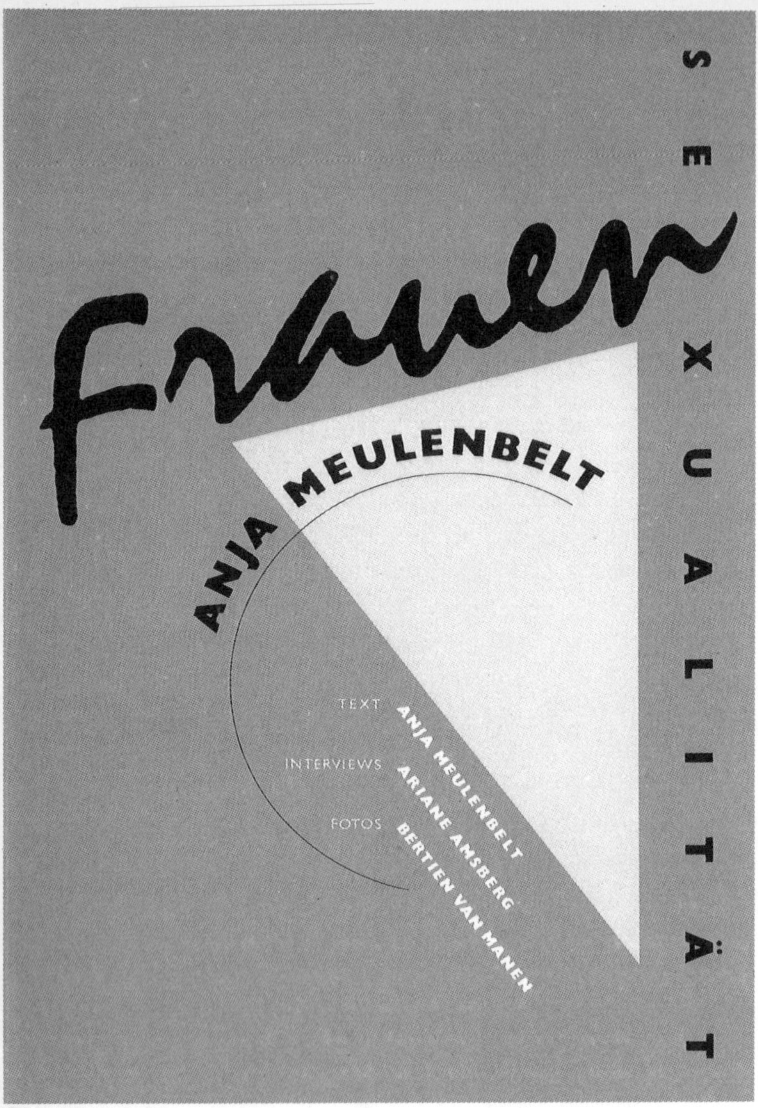
Frauen
SEXUALITÄT
ANJA MEULENBELT
TEXT ANJA MEULENBELT
INTERVIEWS ARIANE AMSBERG
FOTOS BERTIEN VAN MANEN

Diane Mariechild
TRAUMKRAFT
Handbuch
zur
psychischen
Selbsthilfe
FRAUENOFFENSIVE